魏晋南北朝方镇年表新编

北魏卷

鲁力 著

本書爲 2012 年度國家社會科學基金項目
"魏晉南北朝方鎮年表考補"（項目批准號：12BZS026）成果

前　言

　　魏晉南北朝是一個大分裂時期，改朝換代頻繁，各朝疆域變化不定，地方行政區劃、地方行政制度及中央與地方的關係都頗爲複雜，對這些問題的研究，在一定程度上有賴於方鎮年表。前人在這方面已經做了大量的工作，南宋李燾編有《江左方鎮年表》，①現已不傳。目前所見，主要有萬斯同、吴廷燮兩家。萬氏編有《三國漢季方鎮年表》《魏方鎮年表》《晉方鎮年表》《東晉方鎮年表》《宋方鎮年表》《齊方鎮年表》6表，②吴氏編有《漢季方鎮年表》《三國方鎮年表》《晉方鎮年表》《東晉方鎮年表》《宋齊梁陳方鎮年表》《後魏方鎮年表》《東西魏北齊周隋方鎮年表》7表。③另外，還有洪飴孫所編《三國職官表》、④秦錫圭所編《補晉方鎮表》、⑤嚴耕望《兩漢太守刺史表》⑥也有涉及。其中，秦表隨處可見"略""略表"，於晉穆帝永和元年荆州條又提到周氏，可知還有周氏所編兩晉方鎮年表，惜筆者并未查到。

　　以上諸表爲相關研究提供了很大的幫助，但就實際使用而言，仍

---

① ［元］脱脱等撰：《宋史》卷三八八《李燾傳》，北京：中華書局，1977年，第11920頁。
② 以上諸表皆見《二十五史補編》，上海：開明書店，1936年。
③ 以上諸表皆見吴廷燮：《歷代方鎮年表》，遼海書社本。
④ ［清］洪飴孫：《三國職官表》，《二十五史補編》第二册，上海：開明書店，1936年。又見劉祜仁點校：《後漢書三國志補表三十種》，北京：中華書局，1984年。
⑤ 秦錫圭：《補晉方鎮表》，《二十五史補編》第三册，上海：開明書店，1936年。
⑥ 嚴耕望：《兩漢太守刺史表》，上海：商務印書館，1948年。

存在不足。萬氏諸表以年爲經,以州爲緯,即按年代順序編排,在各年之下列出諸州,後附都督、刺史等長官,并對其官銜、事蹟、遷轉等情況略作說明。這種體例簡明方便,可快速檢索,并了解同一年內不同方鎮之間的關係,以及整體方鎮格局的前後變化,對研究政治史頗爲有利。惜萬表未注明史料出處,不知哪些年份有明確記載,哪些年份爲萬氏自己推斷,更無從了解都督、刺史等長官遷轉的背景或緣由,因此使用時仍要一一查對,不免重複勞動。吳氏諸表注明了部分史料,讓使用者省去了一些翻檢之勞,但問題較多。一是體例與萬表不同。吳氏諸表以鎮或州爲經,以年爲緯,即按鎮或州的順序編排,各鎮或州之下按年代順序列出都督、刺史等長官。這種體例有利於了解某一鎮或州之長官的前後遷轉,卻失去了萬表的優點,不利於了解同一年內不同方鎮之間的關係,以及整體方鎮格局的前後變化,只有按年代將各州重新排在一起纔可得知,對研究政治史頗爲不便。而且吳氏三國、晉二表皆都督、刺史分列,同居一州卻分見兩處,也增加了查詢的難度。二是梁、陳和北朝諸表列州甚少。因"天監以後,置州過多",①"元魏既分,疆土愈狹,建州愈多",②故吳表僅選列了部分相對重要的州,其中梁19州、陳14州、北魏30州、東魏23州、西魏16州、北齊14州、北周29州,這與本新編諸表所列有都督、刺史等長官可考的州數相比較,普遍相差3倍至5倍(詳後),大大降低了吳表的參考價值。三是史料闕略頗多。如宋、齊、梁、陳諸表多引本紀,很少引列傳。又近百年來出土了大量北朝墓誌,吳表多未及參考。四是地理沿革不明。南北朝後期州郡置廢頻繁,很難厘清,而吳表鮮作說明。洪飴孫《三國職官表》的相關部分體例略同吳表,其持節都督、監軍、司隸校尉等條略列人名、年份及出處,刺史只列人名,都沒有列

---

① 吳廷燮:《宋齊梁陳方鎮年表·序錄》,《歷代方鎮年表》。
② 吳廷燮:《東西魏北齊周隋方鎮年表·序錄》,《歷代方鎮年表》。

史料，比較簡約。秦錫圭《補晉方鎮表》體例略同萬表，但全表略寫，如泰始元年豫州條書"都駿，四都揚還豫六雍監刺胡威附"，[①]不查原文很難理解，使用很不方便。

另外，已有諸表都在不同程度上存在脱誤。以萬斯同《三國漢季方鎮年表》爲例，有些是人物的闕漏，如司隸校尉條闕榮邵、丁沖，冀州條闕壺壽，豫州條闕劉勳之兄（名不詳）、劉威，青州條闕孫毓，徐州條闕浩周，揚州條闕鄭泰，涼州條闕种劭，益州條闕嚴幹。有些是人名的錯誤，如初平二年豫州條之周䎘誤爲周昂，建安四年幽州條之袁紹誤爲袁術。有些是時間的錯誤，如韋端爲涼州牧在初平三年後，萬表誤爲中平六年；劉虞拜太尉在中平六年，萬表誤爲初平元年；嚴綱被殺於初平二年，萬表誤爲三年；張繡降於曹操在建安四年，萬表誤爲三年；袁熙走烏桓、焦觸自稱幽州刺史皆在建安十年，萬表誤爲九年；馬騰入爲衛尉，馬超代領父衆在建安十三年，萬表誤爲十五年；馬超奔漢中，韓遂被殺於建安十九年，萬表誤爲十六年；孫權徙治秣陵在建安十六年，萬表誤爲十七年；曹操并十四州爲九州在建安十八年正月或三月，萬表同年司隸校尉、并州、幽州、涼州條皆誤爲五月；建安二十年張魯降，凡據漢中三十年，萬表誤爲十年。有些是説明文字的錯誤，如董卓中平六年爲并州牧，萬表誤爲"刺史"；建安六年張魯領漢寧太守，萬表誤爲"鎮漢寧太守"；建安七年自稱車騎將軍者爲袁譚，萬表誤爲袁尚；建安十九年馬超奔漢中，萬表誤爲"漢陽"。

針對以上情況，本新編諸表於漢季（中平六年以後）及魏、西晉、東晉、宋、齊五朝大體沿襲萬表，對有明顯脱誤處作補充、修訂，對各州重新排序，并一一查考史料出處，附於各州之後。於梁、陳、北魏、東魏、西魏、北齊、北周七朝則重新列表，體例上遵照萬表，將有都督、刺史等長官可考的州全部列入，并注明史料出處。對吴廷燮等所編

[①] 秦錫圭：《補晉方鎮表》，《二十五史補編》第三册，第3399頁。

諸表，則予以參照，擇善而從。對有明顯出入或脫誤者，在按語中作出説明。

衆所周知，這一時期在州郡縣之上還有兼統軍事與民事，範圍及權力更大之都督區、總管區、行臺區，北魏還有與州并行之軍鎮，這些纔是嚴格意義上的鎮，僅有刺史出任的州不能稱之爲鎮。而前引諸表雖多冠以方鎮之名，實際上只有吳廷燮之三國、晉二表及洪亮吉之《三國職官表》是都督區、州分列的，其餘皆以州爲單位羅列。那麽，以州爲單位來編排這一時期的方鎮年表是否合理呢？筆者的看法是肯定的。

首先，州的組織機構具有很强的軍事性質。州始設於漢武帝時期，本爲監察區劃，後逐漸演變爲行政區劃。至魏晉南北朝，由於軍事活動頻繁，州刺史不論任都督、總管、行臺與否，多加軍號，置軍府，因此各州一般有兩個僚佐系統，一爲州佐，如別駕、治中、部郡從事等，負責民事；一爲府佐，如長史、司馬、諮議參軍等，負責軍事，有論者稱之爲"府州僚佐雙軌制"。府佐地位在州佐之上，且不斷侵奪州佐之權，至北周時已有混合兩系的趨勢。隋統一後，便廢掉州佐，專以軍府之長史、司馬、諸曹參軍負責地方行政。當然，這一時期也有刺史不加軍號者，謂之單車刺史，但大抵限於曹魏、西晉，其後不僅數量很少，且由於史書時或省略軍號而難以甄别。方鎮年表强調的是軍事性質，既然刺史例加軍號，各州普置軍府，那麽以州爲單位來編排，將刺史列於表中，是完全有必要的。

其次，都督區、總管區、行臺區大體以州爲本位。都督制産生於東漢末年，此後通行於魏晉南北朝。都督的範圍大小不定，從一州、數州、十數州至數十州皆有，然不論怎樣變化，大體以州數多少來劃定。也有區域較爲特殊者，如曹魏之隴右、淮北都督，西晉之河北都督，東晉之會稽、河中都督，南朝之會稽都督，數量較少，也不出州的範圍。尤爲重要的是，這一時期的都督多兼治所所在州之刺史。都督在產生之初，本來只負責軍事，民事則由刺史負責，但曹魏時已有都督兼領刺史的情況。西晉太康年間，曾一度規定"都督知軍事，刺史治民，各用人"，然"惠帝末，乃并任"。① 此後東晉南北朝凡爲都督者，必領治所之刺史，不領刺史的情況很少見。北周改都督爲總管，只是名稱的變更，并非制度的創新。總管區域仍大體以州來劃定，總管也照例領治所之刺史，只是不領刺史的情況稍多，如益州、吴州、鄘州、徐州、相州等總管與治所之刺史都曾各自用人。北魏末年天下大亂，爲應付頻繁的軍事需要，中央於是在地方設置行臺，作爲尚書臺的地方分支機構。當時都督制仍然存在，行臺往往直接加於都督、刺史之上，行臺區與都督區大多吻合。東魏沿襲此制，至北齊時，大的都督區已比較少見，而行臺普遍設立，成爲地方行政的最高機構。東魏、北齊的行臺例兼治所之州刺史，并統轄鄰近若干州，這一點與都督、總管相同。比較特殊的是北魏的軍鎮，有學者考證出九十三個，大致分爲三類：不設州郡縣地區之鎮，皆位於北邊及西邊；與州并置且同治所之鎮，除雲中外，皆偏於東南及西南邊境；置於州内但轄區及治所獨立之鎮，位於前二類交匯處及東南地區。其中第二類鎮如長安、仇池、虎牢、彭城等，與州的關係非常密切，鎮大將例都督本州或兼督附近諸州，并有兼本州刺史者。太和中葉後，第二、三類鎮多改置爲州，至北魏末年，第一類鎮也全部改置爲州。此後雖仍有鎮（北周多稱防），但地位下降，已統屬於州。②

由此可知，州與鎮關係密切，很難截然分開。從編撰年表的操作層面上看，因爲都督、總管、行臺多兼州刺史，以州爲單位來編排方鎮

---

① ［梁］蕭子顯：《南齊書》卷一六《百官志》，北京：中華書局，2019年，第364頁。
② 以上關於州的組織機構及都督區、總管區、行臺區、軍鎮與州之關係，據嚴耕望《魏晉南北朝地方行政制度》（臺北："中研院"歷史語言研究所，1990年）之相關章節概括、引申。

年表，可以將刺史、都督、總管、行臺的有關史料基本囊括進去。① 而反過來，由於州刺史不一定同時任都督、總管、行臺，如以都督區、總管區、行臺區爲單位來列表，則不僅會將刺史的有關史料大量遺落，而且使人無從了解都督、總管、行臺與所屬州刺史之間的統轄關係。這應是以前諸表多以州爲單位來編排的主要原因。本新編諸表遵循舊例，而不另列都督、總管、行臺表，理由也在於此。但以州爲單位列表也有缺陷，即只能從所引史料中了解哪些刺史加了都督、總管、行臺，而不能清晰呈現都督、總管、行臺的區劃與數量。嚴耕望《魏晉南北朝地方行政制度》於各朝都督、總管、行臺及軍鎮羅列甚明，胡阿祥、②牟發松③等復有深考，本新編諸表之序言參照已有研究作了概述，此不贅。

由於疆域變化，分割合并，魏晉南北朝各朝的州數總是處于變動狀態。這裏將各朝前後設置的總的州數（非特定時間點的州數），與本新編諸表所列有刺史、都督等長官可考的州數作一比較。東漢末年有14州（含司隸），即司隸、豫、兗、徐、青、冀、幽、并、雍、涼、益、荆、揚、交，新表同。曹魏16州，即司、豫、兗、徐、青、冀、幽、平、并、雍、秦、涼、梁、益、荆、揚，新表列15州，無秦州。④ 西晉21州，即司、豫、兗、徐、青、冀、幽、平、并、雍、秦、涼、梁、益、寧、荆、湘、揚、江、廣、交，新表同。東晉27州（含僑州，下同），即揚、徐、兗、青、并、幽、豫、江、北徐、北兗、北青、冀、荆、湘、雍、司（寄治合肥或襄陽）、司（治虎牢）、

---

① 只有北魏在州域之外的北邊及西邊軍鎮難以列入。
② 周振鶴主編；胡阿祥、孔祥軍、徐成著：《中國行政區劃通史·三國兩晉南朝卷》，上海：復旦大學出版社，2017年。
③ 周振鶴主編；牟發松、毋有江、魏俊傑著：《中國行政區劃通史·十六國北朝卷》，上海：復旦大學出版社，2017年。
④ 遼東爲公孫淵所據，魏曾置平州，以田豫爲刺史，蓋遥領。景元四年平蜀，得益州，分置梁州。秦州於魏初分隴右置，後廢，無刺史可考。

北雍、東秦、梁(寄治襄陽)、梁(治漢中或魏興)、秦、益、寧、安、廣、交,新表列24州,司州、梁州僑實合列,無安州。① 宋28州,即揚、東揚、南徐、南兗、南豫、江、徐、東徐、兗、豫、青、東青、冀、荊、湘、雍、北雍、郢、司、北豫、梁、南秦、北秦、益、寧、廣、越、交,新表同。② 齊23州,即揚、南徐、南兗、南豫、江、徐、兗、豫、青、冀、荊、湘、雍、郢、司、梁、南秦、巴、益、寧、廣、越、交,新表同。梁168州,③新表列104州。陳78州,④新表列45州。北魏131州,⑤新表列96州。⑥ 東魏98州,⑦新表列70州。西魏144州,⑧新表列101州。北齊108州,⑨新表列72州。北周262州,⑩新表列174州。

---

① 安州於咸康四年分寧州置,七年廢,無刺史可考。
② 東揚、東徐、東青、北雍、北豫皆南朝宋孝武帝、明帝時暫置。
③ 《中國行政區劃通史·三國兩晉南朝卷》列158州(含寧蠻府、與梁州同治之南秦州;青冀、南北青、南梁北巴、西益潼各計爲2州;北益、沙計爲1州)。本書《梁方鎮年表》另有北豫、北司(治湖陂城)、潁、秦(治尉氏)、東荊、勞、西楚、洪、夏、南梁(在嶺南)10州。南北朝後期州郡置廢無常,史書記載也不完整,難以準確統計,這裏所得總州數僅供參考和比較,非爲確數。僑州皆納入統計,有些州不能確定是僑置還是遥領,也納入統計,可以肯定爲遥領的州不納入統計。梁及以下各朝州數太多,此不備列,分見各表。
④ 《中國行政區劃通史·三國兩晉南朝卷》列75州(豐閩、南北青各計爲2州)。本書《陳方鎮年表》另有梁、益、沙3州。
⑤ 《中國行政區劃通史·十六國北朝卷》列128州,本書《北魏方鎮年表》另有義(治弘農)、廣(分并肆置)、衡3州。
⑥ 對州名改變但領地及治所不變者不重複統計。
⑦ 《中國行政區劃通史·十六國北朝卷》列87州,本書《東魏方鎮年表》另有汾、南岐、華、東夏、河、東義、南益、荊、東荊、南荊、通11州。
⑧ 《中國行政區劃通史·十六國北朝卷》列123州,本書《西魏方鎮年表》另有東洛、兗、濟、南兗、潁、豫、東豫、建(治車箱)、蒲、晉(治絳)、并、瀛、營、青、徐、北徐、東徐、南青、揚、南郢、殷21州。
⑨ 《中國行政區劃通史·十六國北朝卷》列98州,本書《北齊方鎮年表》另有東朔、汾、岐、幽、涼、鄀、河、東秦、通、宜10州。
⑩ 《中國行政區劃通史·十六國北朝卷》列259州,本書《北周方鎮年表》另有武(治武陵)、營、東揚3州。

本新編諸表的史料來源以正史爲主,其他如雜史、方志、文集、類書、碑刻等也儘量採集。其中正史對魏晉南朝方鎮遷轉的記載相對完整,對北朝的記載則頗爲闕略,而大量北朝墓誌的出土,在很大程度上彌補了這一不足,這裏略作説明。

墓誌中有些誌主不見於史書,有些内容詳於史書,正可作爲年表的補充,自不待言。於年表編撰而言,墓誌還爲年份的斷定提供了重要依據。如《隋書·尒朱敞傳》載敞於周天和至隋開皇間歷信、臨、熊、潼、南光、膠州刺史,①但没有具體年份,無法準確列於表中,而《尒朱敞墓誌》不僅年份甚明,而且對官職的記載詳於正史。② 墓誌還可糾正史書記載的失誤。如《北齊書·李稚廉傳》載:"顯祖嘗召見,問以治方……以應對失宜,除濟陰郡守,帶西兗州刺史。"③刺史領郡守很常見,郡守帶刺史則難以理解。而《李稚廉墓誌》載其歷"濟陰太守、西兗州長史、太府少卿、廷尉少卿"等,④知傳之"刺史"當爲"長史"之誤,也使本表避免了將李稚廉作爲刺史列入。

但墓誌内容也不可全以爲據。一是墓誌中有很多官職是贈官。贈官是死後所贈,自然不能列入年表。有些墓誌對是否爲贈官有明確的説明,有些則没有;對没有説明的,有些可以參照史書得知,有些則不能確知。如《元羽墓誌》載羽爲"使持節、侍中、司徒公、驃騎大將軍、冀州刺史",⑤參其本傳,全爲死後所贈。⑥《李伯欽墓誌》載其

---

① [唐]魏徵等:《隋書》卷五五《尒朱敞傳》,北京:中華書局,2020年,第1549頁。
② 王其禕、周曉薇編著:《隋代墓誌銘彙考》第二册,北京:綫裝書局,2007年,第18頁。
③ [唐]李百藥:《北齊書》卷四三《李稚廉傳》,北京:中華書局,1972年,第572頁。
④ 毛遠明:《漢魏六朝碑刻校注》第十册,北京:綫裝書局,2008年,第55頁。
⑤ 趙超:《漢魏南北朝墓誌彙編》,天津:天津古籍出版社,2008年,第40頁。
⑥ [北齊]魏收:《魏書》卷二一上《廣陵王羽傳》,北京:中華書局,2018年,第623頁。

父佐歷"懷相荆秦四州刺史",①據李佐本傳,懷相荆三州刺史爲實職,秦州刺史則是死後所贈。②《侯君妻張列華墓誌》載其爲"幽州使君、范陽文康公之孫,相州使君、廣平簡公之女",③參照史書,范陽公爲張袞,幽州刺史爲實職,廣平公爲張白澤,相州刺史爲贈官。④《元弼墓誌》載其父崘爲"秦雍二州刺史",而元崘本傳僅載其爲秦州刺史,⑤其雍州刺史則不能確定,"蓋卒後贈官"。⑥ 二是墓誌中有些官職疑爲遥領。如《宇文顯和墓誌》載顯和隨魏孝武帝西遷,宇文泰"即用爲帳内大都督、都督倉州諸軍事、倉州刺史",⑦倉州當即滄州,時爲高歡所控制,顯和不可能前往任職,史書中也未見西魏僑置滄州,疑顯和爲遥領。又如《趙熾墓誌》載熾"除使持節、都督鄴州諸軍事、車騎大將軍、鄴州刺史",天統初,除常山太守。⑧《吴遷墓誌》載遷天統五年"除使持節、幽州諸軍事、幽州刺史"。⑨ 鄴州、幽州屬西魏、北周,東魏、北齊未見僑置,疑趙熾、吴遷皆爲遥領。三是墓誌中有些官職爲杜撰。如《秦洪墓誌》載其高祖凱爲"晉泰始授持節、東莞校尉、鎮西將軍、秦州刺史",趙萬里認爲"於史俱無徵。誌叙先世事,疑出私譜杜撰,或緣飾他事爲之"。⑩ 查《晉書》,秦州泰始五年

---

① 羅新、葉煒:《新出魏晉南北朝墓誌疏證》,北京:中華書局,2016年,第58頁。
② 《魏書》卷三九《李佐傳》,第988—989頁。
③ 毛遠明:《漢魏六朝碑刻校注》第四册,第92頁。
④ 《魏書》卷二四《張袞傳》,第688、691頁。
⑤ 《魏書》卷一五《元崘傳》,第443頁。
⑥ 趙萬里:《漢魏南北朝墓誌集釋》,《石刻史料新編》第三輯第三册,臺北:新文豐出版公司,1986年,第65頁。
⑦ 毛遠明:《漢魏六朝碑刻校注》第十册,第268頁。
⑧ 毛遠明:《漢魏六朝碑刻校注》第九册,第278頁。
⑨ 趙超:《漢魏南北朝墓誌彙編》,第447頁。
⑩ 趙萬里:《漢魏南北朝墓誌集釋》,《石刻史料新編》第三輯第三册,第141頁。"東莞校尉"當爲"東羌校尉"之誤。

置,胡烈、杜預、向雄先後任刺史,秦凱無由出任,趙說是。《司馬紹墓誌》載其爲晉"使持節、鎮北將軍、徐兖二州刺史……司馬叔璠之孫"。①徐兖二州爲東晉重鎮,東晉後期先後由謝琰、司馬元顯、桓脩、劉裕等宗室近屬或權臣出鎮,班班可考。司馬叔璠爲宗室疏屬,出鎮徐兖的可能性很小,史書中亦無記載,應爲杜撰。上引《吴遷墓誌》載遷爲"宋丞相、揚州刺史吴金昌十二世之玄孫",揚州爲京師所在,出任刺史者皆非等閒之輩,劉宋絕無吴氏任丞相、揚州刺史者,吴金昌之官職顯爲杜撰。《緱光姬墓誌》載光姬爲"宋使持節、都督青徐齊三州諸軍事、齊州刺史永之孫",②宋無齊州,應爲杜撰。《孟元華墓誌》載"高祖孟君,宋車騎將軍、江州刺史。……宗祖宋征虜將軍、交州刺史",③劉宋刺江州、交州者歷年可考,無孟姓。《宋永貴墓誌》載其曾祖丞歷"桑干郡守、恒州刺史",宋永貴於"周天和四年出身",④據之推算,宋丞約爲北魏孝文、宣武時人,時恒州治平城,任刺史者非宗室即勳貴,宋丞似不得出任,疑爲杜撰。另外,隋唐墓誌多有記載父祖任前代刺史、都督、總管者,然傳世文獻不載,年份不明,其中不少亦當屬贈官或杜撰。對於死後所贈及杜撰的官職,能够確定者,本新編諸表皆未列入。如不能確定,則在按語中加以說明。

本新編諸表所涉史料甚廣,筆者雖盡力搜求,仍難免脱漏。很多都督、刺史等長官的遷轉年份史書没有明確記載,以北朝諸史爲甚,有些可以通過互相參照得知,有些則無法判定,只能據相關史料大致估計一個時間插於表中。年份不明者,本新編諸表皆在按語中注"年不详"字樣,以免引起誤解。

---

① 毛遠明:《漢魏六朝碑刻校注》第四册,第168頁。
② 王連龍:《新見北朝墓誌集釋》,北京:中國書籍出版社,2012年,第50頁。
③ 毛遠明:《漢魏六朝碑刻校注》第五册,第170頁。
④ 陸增祥:《八瓊室金石補正》,《石刻史料新編》第一輯第六册,臺北:新文豐出版公司,1977年,第4442頁。

目　録

前言 …………………………………………… 1

凡例 …………………………………………… 1

北魏方鎮年表 ………………………………… 1

參考文獻 …………………………………… 745

人名索引 …………………………………… 753

石刻索引 …………………………………… 791

凡　例

一、本新編諸表包括漢季、魏、西晉、東晉、宋、齊、梁、陳、北魏、東魏、西魏、北齊、北周13個方鎮年表。本卷爲北魏卷。其中，漢季至齊6表有關都督、刺史的遷轉大體沿襲萬斯同諸表，對有明顯脱誤處作了補充、修訂，對各州重新排序，并附上史料出處。梁至北周7表爲新編。

二、除萬氏諸表外，前人所編這一時期的方鎮年表還有吴廷燮《漢季方鎮年表》《三國方鎮年表》《晉方鎮年表》《東晉方鎮年表》《宋齊梁陳方鎮年表》《後魏方鎮年表》《東西魏北齊周隋方鎮年表》及秦錫圭《補晉方鎮表》，嚴耕望《兩漢太守刺史表》、洪飴孫《三國職官表》也有涉及。本新編諸表參照以上諸表，對有明顯出入者在按語中作出説明。

三、各表前加序言，略述各朝疆域變遷、州鎮沿革及都督、刺史等長官之任用。

四、各表大體遵照萬表體例，先列年代，次列諸州，州後列都督、刺史等，并對官銜、遷轉等事項略作説明。

五、各表於第一年列出本朝有都督、刺史等長官可考的全部州名（非本朝的全部州名），以後各年有長官可考者則列，無則不列，死後所贈及杜撰的官職不列入。對各朝之内地望、治所不變但名稱變更的州，在第一年并排列出，以後各年只列當年的州名。如北魏天興中置司州，治平城，太和十七年改稱恒州，仍治平城。本《北魏方鎮年表》於第一年（皇始元年）并列"[司州][恒州]"，太和十七年前只列

"[司州]",太和十七年後只列"[恒州]"。對雙頭州,第一年及以後各年皆并排列出,如"[青州][冀州]""[梁州][南秦州]"。

六、對各表第一年所列諸州,皆參照正史紀傳和地志、後人所補正史地志、《元和郡縣圖志》《太平寰宇記》及《中國行政區劃通史》(三國兩晉南朝卷和十六國北朝卷)等略述沿革。

七、梁陳及北魏以後州數較多,本新編相應諸表大致以都城所在爲中心按地理方位排序。梁、陳:江表、淮南、淮北、江漢、山南、劍南、嶺南。北魏:河南、河北、關中、隴右、山南。東魏、北齊:河北、河南、淮南。西魏、北周:關中、隴右、山南、劍南、河北、河南、淮南。

八、各州下羅列史料出處。首條史料列書名、卷數和篇名,後面連續出現於同書的史料則只列卷數和篇名。史料中無直接關係的内容略去,以省略號表示。因省略而致人物、時間不明者,加上括弧,補入人名、時間。

九、對有疑問處加按語説明。由於史書記載闕略,許多都督、刺史等長官不能判明準確的任職年份,本新編諸表據相關史料估計其大致時間,列於表中,并在按語中注"年不詳"字樣。大致時間亦難以推知者,集中列於各表最後一年的相關州下。

十、本新編諸表羅列史料時只標書(篇)名和卷數,詳細的版本信息見書後所附參考文獻。對部分引用較多的書用簡稱,簡稱書名附於本條參考文獻之後。

北魏方鎮年表

鮮卑族拓跋部先居匈奴故地，西晉末入居代郡，前秦時爲苻堅所破，部落離散，淝水之戰後復國。後道武帝破後燕，據河北，始置并、司（治平城）、冀、定、相、兖、幽、平等州。明元帝時，得劉宋河南地，置洛、豫、濟等州。太武帝時，滅大夏、北燕、北涼，逐仇池氏、吐谷渾，伐柔然、劉宋，統一北方，置雍、東雍、涇、泰、朔、肆、秦、涼、荆（治上洛）、營等州。獻文帝時，得劉宋淮北四州及豫州淮西，置徐、東兖、青、齊、光、南豫、東徐、懷等州。孝文帝遷都洛陽前，廢鎮改州，置陝、岐、華、東秦、夏、河、汾、梁（治駱谷）、東荆、郢（治南安）、南徐、瀛、燕等州。遷都洛陽後，改洛州爲司州，省郢、豫、兖、陝、懷、泰、東雍州入司州，又南征蕭齊，攻取沔北。宣武帝初繼續南擴，得壽春、義陽、漢中、武興，置揚、郢（治義陽）、梁（治南鄭）等州，疆域臻於極盛。孝明帝正光以後，六鎮擾亂，梁乘機北伐，北魏邊境內縮，然置州頗濫，數量激增。北魏前後所置州，共約一百三十餘個。

置州郡的同時，北魏又置有軍鎮。軍鎮蓋起源於十六國時，北魏於北邊及西邊不置州郡之地，置沃野、懷朔、武川、撫冥、柔玄、懷荒六鎮及赤城、御夷、高平、統萬、薄骨律、敦煌等鎮，以備柔然、高車、羌胡等。此類軍鎮多置於太武帝時，鎮都大將兼統軍事與民事，前期地位甚高。孝文帝時唯統萬鎮改爲夏州，其餘諸鎮仍予以保留，然地位轉降。及魏末發生六鎮之亂，遂皆改爲州郡。與州并置且與州同治所者，有和龍（營州）、涼州（後改名姑臧鎮，涼州）、雲中（朔州）、長安（雍州）、蒲坂（泰州）、安定（涇州）、上封（秦州）、仇池（梁州）、樂陵

(東荆州,後鎮、州皆遷比陽)、虎牢(豫州)、懸瓠(南豫州)、瑕丘(東兖州)、東陽(青州)、團城(東徐州)、東萊(光州)、彭城(徐州)等鎮。此類軍鎮,鎮都大將常兼同治所之州刺史,權力甚重。孝文帝時厲行漢化,此類軍鎮盡廢,後唯置平城鎮與恒州同治。參置於州郡區域然與州不同治所者,有崎城、凡城、枹罕、鄯善(治西平)、離石、吐京、廣阿、平原、枋頭、河內、龍門、杏城、李潤、三縣、雍城、汧城、武都、武興、隆城、陝城、魯陽、臨濟、宿豫等鎮。此類軍鎮數量衆多,地位不一,孝文帝時多改爲州郡,所存及後來新置者例爲小鎮,地位約與郡相當,長官唯稱鎮將,未見"都大"二字。北魏前後所置軍鎮,共約一百餘個。

州郡與軍鎮之上,北魏還設有都督區。州鎮并置地區,孝文帝之前,單以刺史爲都督者較少,多以鎮都大將爲都督(或兼任刺史)。如以長安鎮都大將都督秦雍涇梁益等州、仇池鎮都大將都督秦雍荆梁益等州、涼州鎮都大將都督涼州及西戎、廣阿鎮都大將都督定冀相三州、平原鎮都大將都督冀青徐濟四州、枋頭鎮都大將都督兖相二州、虎牢鎮都大將都督洛豫二州及河內、東陽鎮都大將都督青州、瑕丘鎮將都督兖州、彭城鎮將都督徐南北兖州。孝文帝之後,州鎮并置地區大鎮盡廢,始依魏晉南朝,普遍以刺史爲都督。然以都督本州較爲常見(正史常省略,或見於墓誌),至魏末,都督本州諸軍事幾成具文,或於其上加"當州(大)都督"之號。都督多州則置廢無常,且督區亦不如東晉南朝穩定。如以雍州刺史都督雍岐華東秦等州(魏末賀拔岳至都督雍華北華東雍二岐豳四梁二益巴二夏蔚寧南益涇二十州)、并州刺史都督并肆雲恒朔燕蔚顯汾等九州或十州、晉州刺史都督晉建南汾等州、冀州刺史都督冀定瀛等州、定州刺史都督定瀛幽等州、豫州刺史都督豫東豫郢等州、青州刺史都督青齊光南青等州、徐州刺史都督三徐、荆州刺史都督三荆(魏末賀拔勝至都督三荆二郢南襄南雍七州)。至於北邊及西邊不置州郡之軍鎮,孝文帝之前并無都督,自孝文帝時開始設置。如以柔玄鎮大將都督柔玄撫冥懷荒三鎮、懷朔鎮大將都督懷朔沃野武川三鎮、平城鎮將都督柔玄御夷懷荒三鎮、沃野鎮將都督沃野薄骨律二鎮。

孝明帝正光以後,各地叛亂蜂起,蓋因都督難以應對,朝廷又常設置行臺以節度討叛諸軍。行臺一般指行尚書臺,本爲尚書臺的地方分支機構,魏晉南朝及北魏初年偶見設置。及至北魏末年,行臺不僅設置頻繁,而且令、僕、尚書等長官常兼任刺史、都督,遂逐漸向地方之最高行政機構轉化。魏末行臺因事而置,初無定稱,多以方位爲名,參用州名或地域名,或於行臺前加一"大"字以示尊崇。主要有:
(一)西道行臺。因範圍不同,又有關西行臺、關右行臺、隴右行臺、幽夏行臺、二夏幽三州行臺、涇岐東秦南岐四州行臺等名目,節度以雍州爲中心的關西地區,長官或兼任雍秦岐等州刺史、雍秦岐涇華幽等州都督。另有山南行臺,也有稱之爲西道行臺者,節度以梁州爲中心的山南地區,長官兼任東益州或梁州刺史,或都督梁巴二益四州。
(二)北道行臺。又有東北道行臺、西北道行臺、河北行臺、山東行臺、幽平營安四州行臺、并肆行臺、并肆汾行臺、并肆雲恒朔燕蔚顯汾九州行臺等名目,節度以定相冀中心的河北地區或以并肆汾爲中心的西北地區,長官或兼任定相冀幽并恒等州刺史、定相冀殷幽安并肆恒雲燕朔汾顯蔚等州都督。(三)東道行臺。又有東南道行臺、徐州行臺、二徐行臺、三徐行臺、徐兗行臺、二兗行臺、青兗行臺、二豫郢潁四州行臺等名目,節度以徐兗爲中心的東部地區或以豫州爲中心的東南地區,長官或兼任徐兗青濟豫等州刺史、徐兗青光膠齊豫郢等州都督。(四)南道行臺。又有荆郢行臺、三荆二郢行臺等名目,節度以荆州爲中心的南部地區,長官常兼任荆州刺史、三荆都督。

南朝出任地方都督、刺史者以宗王爲主,重要方鎮幾乎非皇帝子、弟不用。而北魏統治者以少數族入主漢人佔絕大多數的中原,在統一北方的過程中又兼并了衆多其他政權,在州鎮長官(刺史、鎮將、都督等)的人選上並不局限於拓跋(元)氏的狹小範圍,對各族、各地的人皆能善加任用,前期尤爲明顯。儘管如此,宗室仍然是最高統治者依賴的核心力量。自道武帝至太武帝初,宗室出鎮的重點是并州和定州,鎮并州者有元素延(北魏首個刺史)、元六頭、元屈、元崇,鎮定州者有元儀、元磨渾、元纂、元勿期。自太武帝平統萬至獻文帝,河南地區,宗室出鎮的重點是虎牢鎮(豫州),出鎮者有元他、元麗、元天賜。河北地區,宗室出鎮的重點是平原鎮、和龍鎮(平州、營州),鎮平原者有元提、元拔干、元小新成、元鬱,鎮和龍者有元嬰、元渾、元羽豆眷、元萬壽、元雲。關西地區,宗室出鎮的重點是長安鎮(雍州)、統萬鎮、涼州鎮(涼州),鎮長安者有元範、元紇、元仁、元他、元石、元良、元子推、元道符,鎮統萬者有元素、元提、元崳、元惠壽、元新成,鎮涼州者有元丕、元健、元渾、元他。自孝文帝至魏末,蓋與推行門閥制度有關,宗室出鎮者大增(以下所列州鎮長官人數據史料所見統計,不一定是全部,兩人及以下不計,單爲行臺者不計)。河南地區,司州十五人(異姓唯見尒朱世隆一人),洛州三人,荆州六人,豫州(治懸瓠)四人,兗州(治瑕丘)七人,南兗州三人,青州十八人,光州四人,齊州十人,徐州十七人,東徐州三人,揚州六人。河北地區,相州八人,冀州十一人,定州十人,幽州五人,營州六人。西北地區,并州九人,肆州四人,恒州(平城鎮)十五人。關西地區,雍州十六人,東秦州(北華州)四人,豳州四人,涇州四人,夏州三人,秦州七人,梁州(治駱谷)五人,涼州七人,梁州(治南鄭)五人。

至於以六鎮爲主體的北邊諸鎮,孝文帝之前,蓋因鄰近都城平城,邊境有事朝廷可迅速遣兵征討,故很少派宗室鎮守,唯見懷荒鎮將元比陵、元建,賀侯延鎮都督元渴洛侯。孝文帝時,宗室出鎮者大增,如沃野鎮將有元長壽、元鬱,懷朔鎮將有元天賜、元鬱、元頤、元萇、元尼須,武川鎮將有元英、元蘭、元叱奴,撫冥鎮將有元篤、元繼、元業,柔玄鎮將有元繼,賀侯延鎮將有元偃,度斤鎮將有元度和。孝文帝之後,宗室出鎮者又大減,直至北魏滅亡,唯見懷朔鎮副將元略(未之任)、撫冥鎮將元萇、柔玄鎮將元鷙。蓋孝文帝時有意在鎮將人選上提升北邊諸鎮的地位,加強北邊的防務,然遷洛後政治、軍事重心南移,孝文帝死後此舉又未能延續,故北邊諸鎮的地位日趨下降,及魏末發生六鎮之亂,北魏的統治也隨之動搖。

道武帝皇始元年丙申(396)

七月,拓跋珪建天子旌旗,改元。

[洛州][洛城鎮][南雍州][司州] 泰常八年克金墉,并置洛州與洛城鎮,治洛陽。約延和元年於洛州僑置南雍州,治洛陽,蓋太平真君九年廢。太和十七年遷都洛陽,改洛州爲司州。

《宋書》卷四《少帝紀》:"(景平元年正月)虜將達奚印破金墉,進圍虎牢。"《魏書》卷三一《于栗磾傳》:"奚斤之征虎牢也,栗磾別率所部攻德宗河南太守王涓之於金墉,涓之棄城遁走。遷豫州刺史……洛陽雖歷代所都,久爲邊裔,城闕蕭條,野無煙火。栗磾刊闢榛荒,勞來安集。"卷三八《王慧龍傳》:"拜洛城鎮將,配兵三千人鎮金墉。既拜十餘日,太宗崩。世祖初即位,咸謂南人不宜委以師旅之任,遂停前授。"《劉滋墓誌》(《墓誌集成》二五六):"曾祖子遺,皇始之年,初宦聖魏,解褐入朝,帶仗給事,後除持節、平西將軍、洛都鎮將。"《魏書》卷四二《寇讚傳》:"姚泓滅,秦雍人千有餘家推讚爲主,歸順。拜綏遠將軍、魏郡太守。其後,秦雍之民來奔河南、滎陽、河内者户至萬數,拜讚安遠將軍、南雍州刺史、軹縣侯,治于洛陽,立雍州之郡縣以撫之。由是流民繦負自遠而至,叁倍於前。賜讚爵河南公,加安南將軍,領護南蠻校尉,仍刺史,分洛豫二州之僑郡以益之。……讚在州十七年……真君九年卒。"

《廿二史考異》卷三九《北史二·寇讚傳》："此州（南雍州）《魏志》不載，蓋在宋武已殂、奚斤入洛陽之後，與洛、豫二州同置。"《魏書》卷一〇六中《地形志中》洛州："太宗置，太和十七年改爲司州。"《魏晉南北朝史札記·〈魏書〉札記·六部尉與四中郎將》："孝文遷洛後，於洛陽置司州，罷懷陝郢北豫東雍諸州屬焉，仿古王畿千里之制，四中郎府所在諸州皆改屬司州。……北中爲重要門户。"按：《少帝紀》之景平元年即魏泰常八年。《于栗磾傳》云栗磾爲豫州刺史，然《魏書》卷四上《世祖紀上》及卷三〇《周幾傳》皆云栗磾爲洛州刺史，時洛州治洛陽，豫州治虎牢，栗磾在洛陽，當以洛州爲是。《滋誌》之洛都鎮疑即洛城鎮，二鎮各僅見一例，不知何年廢。《寇讚傳》云讚真君九年卒，始任約在延和元年，是後不見洛陽之南雍州，蓋廢。《考異》云南雍州"與洛、豫二州同置"，以爲豫州亦治洛陽，當襲《于栗磾傳》之誤。本表於鎮、州同治者并列，鎮、州不同治者分列。

[陝城鎮][陝州]　文成帝至孝文帝時見置陝城鎮。太和十一年置陝州，治陝城。太和十八年罷入司州。建明元年復置。

《魏書》卷二四《崔寬傳》："高宗以（寬父）剖誠著先朝，贈散騎常侍、鎮西將軍、涼州刺史、武陵公。……寬後襲爵武陵公、鎮西將軍，拜陝城鎮將。……諸鎮之中，號爲能政。及解鎮還京，民多追戀……高祖嘉之。延興二年卒。"卷一〇六下《地形志下》陝州："太和十一年置。治陝城。八年罷，天平初復，後陷。"《廿二史考異》卷三〇《魏書三·地形志下》陝州："當云'十八年罷'，蓋遷洛之後，以畿内罷州也。"《元和志》卷六陝州："（太和）十八年，罷陝州。孝武帝永熙中重置。"《北齊書》卷二〇《薛脩義傳》："及尒朱兆立魏長廣王爲主，除脩義右將軍、陝州刺史，假安南將軍。魏前廢帝初，以脩義爲持節、後將軍、南汾州刺史。"按：陝州與陝城鎮同治,蓋由陝城鎮所改。《地形志》《元和志》云陝州天平初或永熙中復置,據《薛脩義傳》,脩義在長廣王時已爲陝州刺史,前廢帝時遷南汾州,長廣王立於建明元年,則是年已復置陝州。

[金門鎮] 太武帝時見置。

《新唐書》卷一《高祖紀》："(李)歆爲沮渠蒙遜所滅。歆生重耳,魏弘農太守。重耳生熙,金門鎮將,戍于武川,因留家焉。"牟發松《北魏軍鎮考補》(《魏晉南北朝隋唐史資料》第七期)："陳寅恪先生曾考證此金門鎮即……金門塢戍。……當在東魏金門郡一帶,即今河南洛寧東南。"按：李歆於泰常五年被殺,其孫熙爲鎮將蓋在太武時。

[大谷鎮] 建義元年見置,治胡城。

《周書》卷四四《陽雄傳》："上洛邑陽人也。世爲豪族。……父猛,魏正光中,万俟醜奴作亂關右,朝廷以猛商洛首望,乃擢爲襄威將軍、大谷鎮將,帶胡城令,以禦醜奴。"周一良《領民酋長與六州都督》(《魏晉南北朝史論集》)注："《漢書·地理志》上京兆郡所屬有湖縣……後漢改屬宏農郡,其地在今閿鄉縣東。……至以湖縣爲胡城者……開皇十六年以前已有湖城之稱……胡城蓋即湖城歟？"按：醜奴起兵在建義元年,《陽雄傳》云"正光中",誤。

[義州] 永安三年見置,治恒農。

《周書》卷二九《侯植傳》："後從賀拔岳討万俟醜奴等,每有戰功,除義州刺史。在州甚有政績,爲夷夏所懷。及齊神武逼洛陽,植從魏孝武西遷。"《侯植墓誌》(《墓誌集成》一一三七)："其先侯姓……稍遷使持節、驃騎大將軍、開府儀同三司、大都督、義州諸軍事、義州刺史。"《魏書》卷一〇六上《地形志上》司州汲郡汲："興和二年,恒農人率户歸國,仍置義州於城中。"按：平醜奴在永安三年四月。恒農即弘農，避拓跋弘諱改，後屬西魏。東魏因恒農人歸國，於汲郡僑置義州，是北魏末年之義州當置於恒農。

[**洛州**] 太和十八年，改上洛之荆州爲洛州。

按：洛州沿革見是年荆州條。

[**商城鎮**] 太和中見置。

《王忻墓誌》(《墓誌集成》七二九)："高祖文帝商城太守育之少子。……太和之歲，巴人泉榮祖，擁率逋逃，敢行稱亂。且地鄰商境，郡從疆場。既力制鄉徒，人隨偽舉。齊授持節、綏遠將軍、梁州刺史。……父育，商城鎮將、商城太守、齊持節、綏遠將軍、梁州刺史。"《寰宇記》卷一四一商州商洛縣："漢爲商縣，屬弘農郡。《周地圖記》云：'商洛郡領商、豐陽二縣，屬洛州。'盛弘之《荆州記》云'武關西北一百二十里有商城'，即謂此邑城也。隋開皇四年改商縣爲商洛縣。按其地接南陽郡界，漢立商縣，所謂商於之地。"校勘記："'商洛郡領商、豐陽二縣'……兩晉北朝有上洛郡，無'商洛郡'之記錄，疑此'商'爲'上'字之訛。"按：《忻誌》釋文"地鄰商境"之"商"字不可解，上洛近齊之梁秦二州，疑"商"爲"敵"字之省寫或誤寫。

[**荆州**] 蓋自後秦起，魯軌即爲荆州刺史，鎮長社，晉、宋、魏仍之。正平元年，軌子爽降宋。太延五年置荆州，治上洛。太和十八年，改上洛之荆州爲洛州，改魯陽鎮爲荆州。太和二十二年，罷魯陽之荆州，於穰城置荆州。延興二年，於樂陵置東荆州，荆州或稱西荆州。

《宋書》卷七四《魯爽傳》："祖宗之……與(司馬)休之北奔。……盡室入羌，頃之病卒。高祖定長安，(父)軌爲寧南將軍、荆州刺史、襄陽公，鎮長社。……爽少有武藝，虜主拓跋燾知之,常置左右。元嘉二十六年,軌死,爽爲寧南將軍、荆州刺史、襄陽公,鎮長社。"卷七二《南平王鑠傳》:"(元嘉)二十八年夏,虜荆州刺史魯爽及弟秀等,率部曲詣鑠歸順。"《魏書》卷一○六下《地形志下》洛州:"太延五年置荆州,太和十一年改。治上洛城。"《廿二史考異》卷三○《魏書三·地形志下》洛州:"當作'太和十八年',字誤。"《魏書》卷一○六中《地形志中》廣州魯陽郡:"太和十一年置鎮,十八年改爲荆州,二十二年罷,置。"卷一○六下《地形志下》荆州:"太延中治上洛,太和中治穰城。"按:不知魯軌之荆州刺史爲後秦所授,抑或自署,晉、宋、魏仍之,羈縻而已。宋元嘉二十八年即魏正平元年,是年軌子爽降宋。

[新野鎮] 建明元年見置。

《周書》卷一六《獨孤信傳》:"建明初,出爲荆州新野鎮將,帶新野郡守。"《王士良妻董榮暉墓誌》(《墓誌集成》一一四五):"父羨……南陽太守、新野鎮將。夫人……以周保定五年六月廿九日薨於長安,春秋卌有一。"按:董氏生於孝昌元年,其父羨爲鎮將蓋在魏末。

[東荆州][樂陵鎮][比陽鎮] 延興二年太陽蠻内附,并置東荆州與樂陵鎮,治樂陵。太和十年州、鎮皆遷比陽。十八年後鎮蓋廢。

《魏書》卷七《高祖紀上》:"(延興)二年春正月……大陽蠻酋桓誕率户内屬,拜征南將軍,封襄陽王。"卷一○一《蠻傳》:"延興中,大陽蠻酋桓誕擁沔水以北,滍葉以南八萬餘落,遣使内屬。高祖嘉之,拜誕征南將軍、東荆州刺史、襄陽王,聽自選郡縣。……誕既内屬,治於朗陵。太和……十年,移居潁陽。"《廿二史考異》卷二八《魏書一·高祖紀下》:"(潁陽、比陽)未審孰是。"《魏書》卷四五《韋珍傳》:"高祖初,蠻首桓誕歸款，朝廷思安邊之略，以誕爲東荆州刺史。令珍爲使，與誕招慰蠻左。……以奉使稱旨，除左將軍、樂陵鎮將。……高祖詔珍移鎮比陽。"《元和志》卷二一唐州："後魏太和中於此置東荆州，理比陽故地。"《嘉慶重修一統志》卷二一一《南陽府二》比陽故城："後魏得其地，置樂陵鎮。太和中，詔樂陵鎮將韋鎮移治比陽，置東荆州於此。"《魏書》卷四二《寇臻傳》："拜振武將軍、比陽鎮將，有威惠之稱。遷建威將軍、郢州刺史。及高祖南遷，郢州地爲王畿。"《水經注》卷二九《比水注》："余以延昌四年，蒙除東荆州刺史，州治比陽縣故城。"按：《蠻傳》之"朗陵"當爲"樂陵"，"潁陽"當爲"比陽"，《嘉慶志》之"韋鎮"當爲"韋珍"，皆蓋音近致訛。寇臻在遷洛前爲比陽鎮將，此後鎮無考，蓋廢。嚴耕望《魏晉南北朝地方行政制度》下第十一章云樂陵鎮在青州樂陵郡樂陵縣，牟發松《北魏軍鎮考補》（《魏晉南北朝隋唐史資料》第七期）云"實誤"。譚其驤《中國歷史地圖集》第四册《司、豫、荆、洛等州圖》標樂陵鎮於東荆州，是。樂陵地望不詳，當距比陽不遠，譚圖注樂陵鎮於"沘陽"之下，二者實非一地。

[**南荆州**] 延昌元年置，治安昌。

《魏書》卷一〇一《蠻傳》："延昌元年，拜（桓叔興）南荆州刺史，居安昌，隸於東荆。……四年，叔興上表請不隸東荆，許之。"《寰宇記》卷一四四隨州棗陽縣："本漢蔡陽縣地，後魏于此立南荆州。"《元和志》卷二一隨州棗陽縣："本漢蔡陽地，屬南陽郡。後漢分蔡陽立襄鄉縣，周改爲廣昌，隋仁壽元年改爲棗陽縣。"

[**淅州**] 永安初見置，治淅陽。

《隋書》卷三〇《地理志中》淅陽郡："西魏置淅州。"《周書》卷四四《泉企傳》："遷左將軍、淅州刺史。……永安中，梁將王玄真入寇荆州。加企持節、都督,率衆援之。"《北齊書旁證》卷五《尉景傳》:"淅州之置,當在永安初矣。"按:《魏書》卷一〇六下《地形志下》有析州,當即淅州。《隋書》云淅州西魏置,參《魏書》《周書》,北魏已有淅州,《旁證》是。

[南廣州][廣州] 太和中見置廣州,地望不詳。永安元年置南廣州,治魯陽。永安三年岢嵐之廣州廢,魯陽之南廣州改稱廣州。

《魏書》卷七下《高祖紀下》:"(太和二十年)四月甲辰,廣州刺史薛法護南叛。"《廿二史考異》卷二八《魏書一·高祖紀下》:"據此紀,則廣州之名先已有之。但其時魯陽爲荆州治所,未知廣州治何城也。"《魏書》卷一〇《孝莊紀》:"(永安元年八月)詔大都督宗正珍孫率南廣州刺史、都督鄭先護討劉舉於濮陽,破平之。"卷一〇六下《地形志下》南廣州:"領郡五……襄城郡……魯陽郡……高昌郡……南陽郡……襄城郡。"卷一〇六中《地形志中》廣州:"永安中置。治魯陽。武定中陷,徙治襄城。領郡七……南陽郡……順陽郡……定陵郡……魯陽郡……汝南郡……漢廣郡……襄城郡。"按:《地形志》所載之南廣州與廣州領郡重復,當爲同一州。二者領郡有異,蓋因所據版籍不同。《地形志》序稱"録武定之世以爲《志》","其淪陷諸州戶,據永熙縮籍",南廣州條所列蓋據北魏永熙版籍,廣州條所列蓋據東魏武定版籍,武定時廣州領郡較永熙時當有所增改,故二條所列有異。南廣州改稱廣州事見下岢嵐之廣州條。

[梁城鎮] 文成帝時置。

《魏書》卷一〇一《蠻傳》:"興光中,蠻王文武龍請降,詔褒慰之,拜南雍州刺史、魯陽侯。"《問度墓誌》(《墓誌集成》一三一〇):"廣州魯陽石臺人也。……祖虎龍,正平年中,以祖英略有聞,文成皇帝召赴平城都。……祖憨恭帝側,除龍驤將軍、雍州刺史。後除冠軍將軍、梁城鎭將、魯陽侯。"《雷亥郎妻文羅氣墓誌》(《墓誌集成》七三八):"南陽人也。……祖虎龍,魏太武皇帝太延三年秋七月,帝以龍承勳望冑,文武超群,詔除冠軍將軍、梁城鎭將、魯陽侯。"《水經注》卷二一《汝水注》:"水又逕梁城西。……杜預曰:河南(梁)縣西南有梁城。"按:《羅氣誌》云文虎龍太武時爲梁城鎭將,《度誌》則云在文成時,《度誌》與《蠻傳》略合,從之。文虎龍封魯陽侯,蠻左降附者多就地授官封爵,其所任之梁城鎭當近魯陽,在梁縣之梁城。

[襄城鎭] 獻文帝至孝文帝時見置。

《魏書》卷二七《穆吐萬傳》:"襲爵。襄城鎭將。"按:同卷云吐萬父安國爲乙渾所殺,時在獻文初,吐萬爲鎭將蓋在獻文、孝文時。

[襄州] 孝昌中置,治北南陽郡。

《魏書》卷一〇六下《地形志下》襄州:"孝昌中置。……北南陽郡,孝昌中置,爲宣義郡,後改。州治。"

[南雍州] 興光中置,治蔡陽。

《隋書》卷三一《地理志下》春陵郡蔡陽:"梁置蔡陽郡,後魏置南雍州。"按:南雍州沿革參見上梁城鎭條。時雍州治長安,《度誌》"雍州"前當闕一"南"字。

[郢州] 太和十三年於南安郡置郢州,十八年改爲南中府。正始元年克義陽,置郢州,建義元年没於梁。永安中復置,治真陽。

《魏書》卷一〇六下《地形志下》襄州南安郡:"太和十三年置郢州,十八年改爲南中府。"卷四二《寇臻傳》:"遷建威將軍、郢州刺史。及高祖南遷,郢州地爲王畿,除弘農太守。"卷三七《司馬悦傳》:"(正始元年)悦與鎭南將軍元英攻義陽,克之。詔改蕭衍司州爲郢州,以悦爲征虜將軍、郢州刺史。"卷一〇《孝莊紀》："(建義元年四月)郢州刺史元願達據城南叛。"卷一〇六中《地形志中》南司州："劉彧置司州,正始元年改爲郢州,孝昌三年陷,蕭衍又改爲司州。"卷四三《房叔祖傳》："永安中,安東將軍、郢州刺史。"《周書》卷一九《宇文貴傳》："元顥入洛,貴率鄉兵從爾朱榮焚河橋,力戰有功。……除郢州刺史。"《魏書》卷一〇六下《地形志下》郢州安陽郡："領縣四:真陽、安陽、清陰、淮陰。"《隋書》卷三〇《地理志中》汝南郡真陽："舊置郢州。"按:《地形志中》之"孝昌三年"當誤,元願達以義陽南叛在建義元年。元顥入洛在永安二年。《孫惲墓誌》(《墓誌集成》二四):"唯大代太和五年六月四日,郢州刺史、冠軍將軍孫惲之銘。"《韓顯宗墓誌》(《墓誌集成》五〇):"妻,魏故中書侍郎、使持節、冠軍將軍、郢州刺史、昌平侯昌黎孫玄明之叔女。"孫惲與孫玄明之軍號、所任州皆同,年亦相近,當爲一人,蓋惲爲名,玄明爲字。誌所云郢州刺史若爲實授,則太和五年前已有郢州,非太和十三年始置。若爲贈官,則其時郢州未必爲實州。

[南郢州] 正光中見置。

《魏書》卷四五《韋朏傳》："爲荆郢和糴大使。南郢州刺史田夷啓稱朏父珍往任荆州,恩洽夷夏,乞朏充南道別將,領荆州驍勇,共爲腹背。詔從之。"卷一〇六下《地形志下》南郢州："領郡十二……北遂安郡……馮翊郡……江夏郡……"按:田夷爲南郢州刺史約在正光年間,見正光二年南荆州條。

[西郢州] 正光五年前置,治比陽故縣。

《隋書》卷三〇《地理志中》淮安郡比陽："又有比陽故縣,置西郢州。西魏改爲鴻州,後周廢爲真昌郡。"《魏書》卷四五《裴詢傳》："出爲平南將軍、郢州刺史。詢以凡司戍主蠻酋田朴特地居要險,衆踰數萬,足爲邊捍,遂表朴特爲西郢州刺史。

朝議許之。蕭衍遣將李國興寇邊……鄀州獲全，朴特頗有力焉。"《梁書》卷三《武帝紀下》："（普通五年十二月）武勇將軍李國興攻平靜關，剋之。"按：梁普通五年即魏正光五年。

[**虎牢鎮**][**豫州**] 天興二年置豫州，治野王。泰常八年得宋司州，并置虎牢鎮與豫州，治虎牢。獻文帝初於懸瓠置南豫州，豫州或稱北豫州。太和十九年罷豫州，置東中府。

《魏書》卷二《太祖紀》："（天興二年）七月……姚興遣眾圍洛陽，司馬德宗將辛恭靖請救。八月，遣太尉穆崇率騎六千往赴之。"卷二七《穆崇傳》："未至，恭靖敗，詔崇即鎮野王，除豫州刺史，仍本將軍。"卷三《太宗紀》："（泰常八年正月）司空奚斤既平兗豫，還圍虎牢。……閏（四）月……虎牢潰。……十有一月己巳，帝崩於西宮。"《奚眷傳》："太宗時爲尚書、假安南將軍、虎牢鎮將。"卷二七《穆羆傳》："除虎牢鎮將，頻以不法致罪。高祖以其勳德之胄，讓而赦之。"卷一〇六中《地形志中》北豫州："司馬德宗置司州。泰常中復，治虎牢，太和十九年罷，置東中府。"按：泰常八年平虎牢，明元帝死，虎牢鎮當置於是年，奚眷爲首任鎮將。穆羆後不見虎牢鎮，蓋廢。懸瓠之豫州設置前，虎牢之豫州本稱豫州，並無北豫州之名，《地形志》之"北豫州"乃東魏之名。

[**懸瓠鎮**][**南豫州**][**豫州**] 天安元年宋司州內附，并置懸瓠鎮與南豫州，治懸瓠。太和中鎮蓋廢，十九年虎牢之豫州罷，南豫州改稱豫州。

《魏書》卷六《顯祖紀》："（天安元年）九月，劉彧司州刺史常珍奇以懸瓠內屬。"卷一〇六中《地形志中》豫州："劉義隆置司州，治懸瓠城。皇興中改。"卷三〇《尉撥傳》："顯祖即位，爲北征都將。復爲都將，南攻懸瓠，破劉彧將朱湛之水軍三千人，拜懸瓠鎮將，加員外散騎常侍，進爵安城侯。"按：宋司州初治虎牢,後治懸瓠,先後没於魏。

[東豫州] 太和十九年置,治廣陵城。孝昌三年没於梁。

《魏書》卷六一《田益宗傳》:"光城蠻也。……世爲四山蠻帥,受制於蕭賾。太和十七年,遣使張超奉表歸款。十九年,拜員外散騎常侍、都督光城弋陽汝南新蔡宋安五郡諸軍事、冠軍將軍、南司州刺史;光城縣開國伯,食蠻邑一千户;所統守宰,任其銓置。後以益宗既渡淮北,不可仍爲司州,乃於新蔡立東豫州,以益宗爲刺史。"卷一〇六中《地形志中》東豫州:"太和十九年晉治廣陵城。孝昌三年陷。"校勘記:"疑此處'晉'爲'置'字之訛。"

[西豫州] 正光二年置,地望不詳。

按:西豫州見下義州條。

[汝陰鎮][潁州] 太和末至正始中見置汝陰鎮。孝昌三年置潁州,治汝陰。永安元年没於梁。

《魏書》卷七〇《傅永傳》:"裴叔業又圍渦陽,時高祖在豫州,遣永爲統軍……往救之。……詔曰:'……可揚武將軍、汝陰鎮將,帶汝陰太守。'……行秦梁二州事,代邢巒鎮漢中。"《元和志》卷七潁州汝陰縣:"後魏孝昌三年,於此置潁州。"《魏書》卷一〇六中《地形志中》潁州:"孝昌四年置,武泰元年陷。"《梁書》卷三《武帝紀下》:"(大通二年十月)魏豫州刺史鄧獻以地内屬。"按:傅永鎮漢中在正始中。《地形志》云潁州孝昌四年置,此從《元和志》。武泰元年四月改元建義,九月改元永安,鄧獻降梁在十月,《地形志》之武泰元年當云永安元年。

[江州] 始光中見置,地望不詳。景明四年置,戍陽石,旋罷。正始元年復置,治麻城,旋罷并東豫州。

《魏書》卷一〇一《蠻傳》:"泰常八年,蠻王梅安率渠帥數千朝京師,求留質子以表忠款。始光中,拜安侍子豹爲安遠將軍、江州刺史、順陽公。"卷六一《陳伯之傳》:"仕於江南,爲鎮南大將軍、江州刺史、豐城縣開國公。景明三年,伯之遣使密表請降……四年,以伯之爲持節、都督江郢二州諸軍事、平南將軍、江州刺史……"卷一九中《任城王澄傳》:"朝議有南伐之意,以蕭寶夤爲東揚州刺史據東城,陳伯之爲江州刺史戍陽石,以澄總督二鎮,授之節度。"卷六一《田益宗傳》:"益宗兄興祖,太和末,亦來歸附。景明中,假郢州刺史。及義陽置郢州,改授征虜將軍、江州刺史……治麻城。興祖卒,益宗請隨興代之,世宗不許,罷并東豫。"按:陳伯之原爲梁江州刺史,降魏後復授江州刺史,蓋遥領。義陽置郢州在正始元年,見上郢州條。

[**義州**] 正光二年得梁義州置,地望不詳,旋没。

《魏書》卷九《肅宗紀》:"(正光二年四月)蕭衍義州刺史文僧明率衆内屬。"卷一〇一《蠻傳》:"蕭衍義州刺史、邊城王文僧明,鐵騎將軍、邊城太守田官德等率户萬餘舉州内屬,拜僧明平南將軍、西豫州刺史,封開封侯;官德龍驤將軍、義州刺史。……義州尋爲蕭衍將裴邃所陷。"

[**信州**] 永熙三年梁人毛香内附置,地望不詳。

《魏書》卷一一《出帝紀》:"(永熙三年二月)蕭衍假節、豫州刺史、南昌王毛香舉城内附,授以持節、安南將軍、信州刺史、義昌王。"

[**兗州**][**西兗州**] 天興中置兗州,治滑臺。泰常元年没於宋,七年復。皇興元年置東兗州,兗州或稱西兗州,太和十八年罷。孝昌三年復置西兗州,治定陶城,後遷左城。

《魏書》卷二《太祖紀》:"(天興四年)詔鎮遠將軍、兗州刺史長孫肥步騎二萬南徇許昌、彭城。"卷三《太宗紀》:"(泰常元年)司馬德宗相劉裕泝河伐姚泓……兗州刺史尉建畏懦,棄州北渡,王仲德遂入滑臺。"卷三《太宗紀》:"(泰常七年)劉義符東郡太守王景度棄滑臺走,詔成皋侯元苟兒爲兗州刺史,鎮滑臺。"卷一〇六上《地形志上》司州東郡:"秦置,治滑臺城。晉改爲濮陽,後復。天興中置兗州,太和十八年改。"卷一〇六中《地形志中》西兗州:"孝昌三年置,治定陶城,後徙左城。"

[瑕丘鎮][東兗州][兗州] 天安元年宋兗州内附,并置瑕丘鎮與東兗州,治瑕丘。太和中鎮蓋廢,東兗州改稱兗州。

《魏書》卷六《顯祖紀》:"(天安元年)十有一月壬子,劉彧兗州刺史畢衆敬遣使内屬。"卷六一《畢衆敬傳》:"及尉元至,遂以城降。……皇興初,就拜散騎常侍、寧南將軍、兗州刺史,賜爵東平公,與中書侍郎李璨對爲刺史。"卷五五《游明根傳》:"遷散騎常侍、平東將軍、都督兗州諸軍事、瑕丘鎮將,尋就拜東兗州刺史。"《魏晉南北朝地方行政制度》下第十一章瑕丘鎮:"獻文帝初天安元年及皇興元年兩年間,宋之豫、徐、兗、青四州一時俱降,州名仍舊,但於治所置鎮以統軍事,即懸瓠、彭城、瑕丘、東陽四鎮是也。"按:瑕丘之兗州内附之初,蓋無定稱。或稱兗州,如《魏書》之《畢衆敬傳》云"拜散騎常侍、寧南將軍、兗州刺史"、《李璨傳》云"與張讜對爲兗州刺史";或稱東兗州,如《尉元傳》云"中書侍郎李璨與畢衆敬對爲東兗州刺史"、《游明根傳》云"就拜東兗州刺史";或稱南兗州,如《尉元傳》云"都督徐南北兗州諸軍事"、《孔伯恭傳》云"都督徐南兗州諸軍事"(《北史》本傳"南兗"作"南北兗")、《薛初古拔傳》云"南兗州刺史游明根"。太和後,則皆稱兗州。史書稱瑕丘之兗州爲南兗州,未必是書寫之誤。

[南兗州] 太和十八年置,治渦陽,景明中罷。正始四年復置,治譙城。中興元年没於梁,太昌元年復。

《魏書》卷六一《孟表傳》："仕蕭鸞爲馬頭太守。太和十八年,表據郡歸誠,除輔國將軍、南兗州刺史,領馬頭太守,賜爵譙縣侯,鎮渦陽。"《水經注》卷二三《陰溝水注》："渦水又東南逕渦陽城北,臨側渦水,魏太和中爲南兗州治,以孟表爲刺史,後罷州立郡,衿帶遏戍。"《魏書》卷一〇六中《地形志中》譙州:"景明中置渦陽郡。"卷八《世宗紀》:"(正始四年)四月戊戌,鍾離大水。中山王英敗績而還。"卷七九《范紹傳》:"(元)英敗。詔以徐豫二境,民稀土曠,令紹量度處所,更立一州。紹以譙城形要之所,置州爲便,遂立南兗。"卷一〇六中《地形志中》南兗州:"正光中置。治譙城。"校勘記:"'正光',疑爲'正始'之訛。"卷一一《後廢帝紀》:"(中興元年十一月)南兗城民王乞德逼前刺史劉世明以州降蕭衍,衍使其將元樹入據譙城。"同卷《出帝紀》:"(太昌元年七月)東南道大行臺樊子鵠大破蕭衍軍於譙城,擒其鄴王元樹及譙州刺史朱文開。"按:《梁書》卷三《武帝紀下》載劉世明降梁在中大通四年(即魏中興二年)正月。

[梁國鎮] 太和初見置。

《魏書》卷四四《費萬傳》:"太和初,除平南將軍、梁國鎮將。後高祖南伐,萬從駕渡淮,戰歿。"卷一〇六中《地形志中》南兗州梁郡:"漢高帝爲梁國,後改。治梁國城。"《元舉(長融)墓誌》(《墓誌集成》四五七):"以孝昌三年……終……詔贈寧朔將軍、梁國鎮將。"按:元舉之梁國鎮將爲贈官,不知魏末是否仍有此鎮。

[東陽鎮][青州] 魏初僑置青州於冀州。泰常八年置青州,治尹卯固,後遷濟陰。興安元年治羊蘭城。皇興元年宋青州內附,并置東陽鎮與青州,治東陽城。蓋太和中鎮廢。

《魏書》卷三八《刁雍傳》:"(泰常八年)假雍鎮東將軍、青州刺史。……雍遂鎮尹卯固。……遷鎮濟陰。"卷七〇《傅竪眼傳》："(傅)靈根、(傅)靈越奔河北。靈越至京師,高宗見而奇之。靈越因説齊民慕化,青州可平,高宗大悦。拜靈越鎮遠將軍、青州刺史、貝丘子,鎮羊蘭城;靈根爲臨齊副將,鎮明潛壘。……劉駿恐靈越在邊,擾動三齊,乃以靈越叔父琰爲冀州治中,乾愛爲樂陵太守。樂陵與羊蘭隔河相對。"卷六《顯祖紀》："(皇興元年閏正月)劉彧青州刺史沈文秀、冀州刺史崔道固並遣使請舉州内屬。……三月……沈文秀、崔道固復叛歸劉彧,白曜回師討之。……三年春正月乙丑,東陽潰,虜沈文秀。"卷一〇六中《地形志中》青州:"司馬德宗治東陽,魏因之。"卷四二《酈範傳》:"鎮將元伊利表範與外賊交通。高祖詔范曰:'……鎮將伊利妄生姦撓……有罪者今伏其辜矣……'"按:魏初僑置青州於冀州事見是年冀州條。參《傅竪眼傳》及《宋書》卷五《文帝紀》、卷五三《張永傳》,傅靈越降魏在宋元嘉二十九年,即魏興安元年。元伊利任鎮將在太和中,是後不見東陽鎮將,蓋廢。

[東青州] 太武帝時置,治樂安。獻文帝時罷。

《魏書》卷六四《張彝傳》:"字慶賓,清河東武城人。曾祖幸,慕容超東牟太守,後率户歸國。世祖嘉之,賜爵平陸侯,拜平遠將軍、青州刺史。祖準之襲,又爲東青州刺史。"《中國行政區劃通史·十六國北朝卷》中編第一章第三節東青州:"大概初名青州,後來改稱東青州。"《廿二史考異》卷二八《魏書一·韓茂傳》:"東青州未詳所在。"《宋書》卷七八《蕭斌傳》:"元嘉二十七年,統王玄謨等衆軍北伐。斌遣將軍崔猛攻虜青州刺史張淮之於樂安,淮之棄城走。"《隋書》卷三〇《地理志中》北海郡千乘:"舊置樂安郡,開皇初郡廢。"《魏書》卷五一《韓均傳》:"河外未賓,民多去就,故權立東青州爲招懷之本,新附之民,咸受優復。然舊人姦逃者,多往投焉。均表陳非便,朝議罷之。後均所統,劫盜頗起,顯祖詔書誚讓之。"按:《宋書》之張淮之當即《魏書》之張準之,青州當即東青州。宋元嘉二十七年即魏太平真君十一年,東青州置於是年前。據《蕭斌傳》,東青州當置於樂安郡。

[團城鎮][東徐州][南青州] 皇興元年宋東徐州內附,并置團城鎮與東徐州,治團城。太和十九年東徐州改稱南青州。

《魏書》卷六一《張讜傳》:"劉彧之立,遥授冠軍將軍、東徐州刺史。及革徐兗,讜乃歸順於尉元。元亦表授冠軍、東徐州刺史,遣中書侍郎高閭與讜對爲刺史。"卷五四《高閭傳》:"(尉)元表閭以本官領東徐州刺史,與張讜對鎮團城。"卷八六《趙琰傳》:"皇興中,京師儉,婢簡粟糶之,琰遇見切責。……初爲兗州司馬,轉團城鎮副將。還京,爲淮南王他府長史。"卷一○六中《地形志中》南青州:"治團城。顯祖置,爲東徐州,太和二十二年改。"卷七《高祖紀下》:"(太和十七年六月)詔免徐、南豫、陝、岐、東徐、洛、豫七州軍糧。……(十九年十月)詔徐、兗、光、南青、荆、洛六州纂嚴戎備,應須赴集。"卷二一上《廣陵王羽傳》:"車駕南伐,羽進號衛將軍,除使持節、都督青齊光南青四州諸軍事、征東大將軍、開府、青州刺史。"按:團城鎮何年始置不詳,以宋司、徐、兗、青等州內附後置鎮之例,蓋亦在內附後不久。《地形志》稱東徐州改爲南青州在太和二十二年,參《高祖紀》及《羽傳》,十九年已有南青州。

[光州][東萊鎮] 皇興四年分青州置光州,治掖城。延興五年并置東萊鎮,景明元年鎮廢。

《魏書》卷一○六中《地形志中》光州:"治掖城。皇興四年分青州置,延興五年改爲鎮,景明元年復。……東萊郡……

掖,州、郡治。"校勘記:"按本書卷七上《高祖紀》上太和七年正月、卷七下《高祖紀》下太和十九年十月、卷一一二上《靈徵志》上地震類太和十九年,並見'光州'。疑延興五年於光州置東萊鎮,州實未廢,或廢而旋復,疑'景明元年復'爲罷鎮而非復州。"

[膠州] 永安二年置,治東武城。

《魏書》卷一〇六中《地形志中》膠州:"永安二年置。治東武陵。"校勘記:"溫校、楊校、錢大昕《考異》卷二九並以爲乃'東武城'之訛,疑是。"

[南冀州][齊州] 皇興元年宋冀州内附,改稱南冀州,治歷城。皇興三年改稱齊州。

《魏書》卷二四《崔道固傳》:"後爲寧朔將軍、冀州刺史,移鎮歷城。劉彧既殺子業自立,徐州刺史薛安都與道固等舉兵推立子業弟子勛。子勛敗,乃遣表歸誠,顯祖以爲安南將軍、南冀州刺史、清河公。劉彧遣説道固,以爲前將軍、徐州刺史。復叛受彧命。"《廿二史考異》卷二八《魏書一·崔玄伯傳》:"劉宋冀州治歷城,魏因崔道固故官授之。信都有冀州,故加'南'字。"《魏書》卷一〇六中《地形志中》齊州:"治歷城。劉義隆置冀州,皇興三年更名。"按:崔道固初降於皇興元年,見是年東揚鎮、青州條。

[明壘鎮] 太武帝時見置。

《魏書》卷二四《許洛陽傳》:"世祖善之。進爵北地公,加鎮南將軍。出爲明壘鎮將,居八年,卒。"牟發松《北魏軍鎮考補》(《魏晉南北朝隋唐史資料》第七期):"羊蘭城就在宋的樂陵郡對岸,明潛壘亦距羊蘭城不遠處。若明壘即明潛壘之簡稱,則當在今山東高青境内。"按:明壘鎮參見是年東陽鎮、青州條。

[**盤陽鎮**] 皇興三年置。

《王休墓誌》(《墓誌集成》六二三):"父惠,英望瓌奇,文成之際,爲内行内小。既剋青州,除槃陽鎮將。"《魏書》卷一〇六中《地形志中》齊州東清河郡:"劉裕置,魏因之。治盤陽城。"《廿二史考異》卷二八《魏書一·房法壽傳》:"'槃'與'盤'同。"按:克青州在皇興三年,見是年東陽鎮、青州條。

[**臨濟鎮**] 蓋獻文帝時置。

《元弘嬪侯氏墓誌》(《墓誌集成》六四):"考伊莫汗,世祖之世,爲散騎常侍,封安平侯,又遷侍中、尚書,尋出鎮臨濟,封曰南郡公。"《魏書》卷一一二上《靈徵志上》:"(太和六年)八月,徐、東徐、兗、濟、平、豫、光七州,平原、枋頭、廣阿、臨濟四鎮大水。"卷一〇六中《地形志中》齊州東平原郡:"領縣六……臨濟。"按:臨濟屬齊州,獻文時方有其地,伊莫汗鎮臨濟不應早於獻文時。

[**濟州**] 泰常八年置,治磝碻城。

《魏書》卷一〇六中《地形志中》濟州:"治濟北磝碻城。泰常八年置。"

[**平原鎮**] 神䴥三年置,太和二十三年廢。

《魏書》卷二九《叔孫建傳》:"太宗假建前號安平公。……(泰常七年)除使持節、都督前鋒諸軍事、楚兵將軍、徐州刺史,率衆自平原濟河,徇下青兗諸郡。……(神䴥三年)劉義隆兗州刺史竺靈秀棄須昌,南奔湖陸,建追擊,大破之。……世祖以建威名南震,爲義隆所憚,除平原鎮大將,封丹陽王,加征南大將軍、都督冀青徐濟四州諸軍事。……在平原十餘年……太延三年薨。"《水經注》卷五《河水注》:"黃溝……又東南逕王城北。魏泰常七年,安平王鎮平原所築,世謂之王城。太和二十三年,罷鎮,立平原郡,治此城也。"《魏書》卷一〇六中《地形志中》濟州平原郡聊城："有王城,郡、縣治。"按:叔孫建泰常七年爲徐州刺史,神䴥三年爲平原鎮大將,本傳云"在平原十餘年",自神䴥三年計僅八年,自泰常七年計則有十五年,正合,是徐州亦治平原。《水經注》云"魏泰常七年,安平王鎮平原所築"(建時爲假安平公),亦證徐州初治平原。神䴥三年建爲平原鎮大將,都督冀青徐濟四州,是徐州未廢。延和二年於外黃城立徐州,徐州始與平原鎮分治,見下徐州條。

[彭城鎮][徐州] 泰常七年見置徐州,治平原,神䴥三年并置平原鎮。延和二年,立徐州於外黃城,皇興初罷。天安元年宋徐州内附,并置彭城鎮與徐州,治彭城。蓋太和後鎮廢。孝昌元年彭城没於梁,尋復。

《魏書》卷三八《刁雍傳》:"延和二年,立徐州於外黃城,置譙、梁、彭、沛四郡九縣,以雍爲平南將軍、徐州刺史,賜爵東安侯。"卷一〇六中《地形志中》梁州陽夏郡濟陽:"延和二年置徐州,皇興初罷。"卷六《顯祖紀》:"(天安元年九月)劉彧徐州刺史薛安都以彭城内屬。"卷九《肅宗紀》:"孝昌元年春正月庚申,徐州刺史元法僧據城反……遣其子景仲歸於蕭衍……衍遣其豫章王綜入守彭城。……六月……諸將逼彭城,蕭綜夜潛出降。"按:徐州治平原事見上平原鎮條。

[郯城鎮] 太和中見置。

《魏書》卷八八《鹿生傳》:"歷徐州任城王澄、廣陵侯元衍征東、安南二府長史,帶淮陽太守、郯城鎮將。"卷一〇六中《地形志中》東徐州郯郡:"秦置,漢高改爲東海,後漢爲國,晉復,武定八年改。治郯城。"按:元澄、元衍爲徐州刺史皆在太和年間。

[東徐州] 孝昌元年置,治下邳。永熙二年没於梁。

《魏書》卷一〇六中《地形志中》東徐州："孝昌元年置，永熙二年州郡陷，武定八年復。治下邳城。"《梁書》卷三《武帝紀下》："（中大通五年）六月己卯，魏建義城主蘭寶殺魏東徐州刺史，以下邳城降。秋七月辛卯，改下邳爲武州。"按：梁中大通五年即魏永熙二年，是年東徐州没於梁，梁改爲武州。

[南徐州] 太和中置，治宿預。永平二年没於梁。

《魏書》卷一〇六中《地形志中》東楚州："司馬德宗置宿豫郡。高祖初，立東徐州，後陷。"《中國行政區劃通史·十六國北朝卷》中編第一章第六節南徐州："《地形志中》……東徐州當爲南徐州之誤。"《水經注》卷二五《泗水注》："泗水又逕宿預城之西，又逕其城南，故下邳之宿留縣也……魏太和中，南徐州治，後省爲戍。"《梁書》卷二《武帝紀中》："（天監）八年春正月……魏鎮東參軍成景儁斬宿預城主嚴仲寶，以城内屬。"《隋書》卷三一《地理志下》下邳郡："後魏置南徐州，梁改爲東徐州，東魏又改曰東楚州。"按：梁天監八年即北魏永平二年。

[北徐州] 永安二年置，治臨沂。

《魏書》卷一〇六中《地形志中》北徐州："永安二年置。"《寰宇記》卷二三沂州："莊帝永安二年置北徐州，琅邪郡屬焉。……臨沂縣……州理城，後魏北徐州城也。莊帝永安二年築，北徐州理之。"

[揚州] 景明元年得齊豫州，置揚州，治壽春。孝昌二年没於梁。

《魏書》卷三《太宗紀》："（泰常七年）九月，詔假司空奚斤節，都督前鋒諸軍事，爲晉兵大將軍、行揚州刺史……前鋒伐劉義符。"《宋書》卷九五《索虜傳》："（元嘉）十九年，虜鎮東將軍武昌王宜勒庫莫提移書益、梁二州，往伐仇池，侵其附屬，而移書越詣徐州曰：'……使持節、侍中、都督梁益寧三州諸軍事、領護西戎校尉、鎮西大將軍、開府儀同三司、揚州刺史晉琅邪王司馬楚之南趣壽春……'"《魏書》卷二一下《彭城王勰傳》："景明初，蕭寶卷豫州刺史裴叔業以壽春內屬，詔勰都督南征諸軍事，餘官如故，與尚書令王肅迎接壽春。……又詔勰以本官領揚州刺史。"卷九《肅宗紀》："（孝昌二年閏十一月）衍將元樹逼壽春，揚州刺史李憲力屈，以城降之。"卷一〇六中《地形志中》揚州："後漢治歷陽，魏治壽春，後治建業。晉亂，置豫州，劉裕、蕭道成並同之。景明中改，孝昌中陷，武定中復。"按：宋元嘉十九年即魏太平真君三年。魏初之揚州乏考，疑奚斤、司馬楚之乃遙領。

[梁城鎮] 宣武帝時見置。

《魏書》卷二七《穆度孤傳》："平南將軍、梁城鎮將。"《水經注》卷三〇《淮水注》："淮水于壽陽縣西北，肥水從城北西入于淮，謂之肥口。……淮水又北逕山硤中，謂之硤石。……淮水又北逕下蔡縣故城東。……又東逕梁城，臨側淮川。"熊會貞按："《通鑑》梁天監五年，昌義之與魏陳伯之戰於梁城，即此。胡《注》，晉太元中，僑立梁郡於淮南壽春界，故有梁城。……齊、梁控扼之地。……在今鳳臺縣東北。"《魏晉南北朝地方行政制度》下第十一章梁城鎮："疑穆度孤加平南將軍爲梁城鎮將，亦即此地。"按：此梁城鎮屬揚州，揚州景明元年置，梁城鎮之始置不應早於是年。

[東揚州] 景明四年置，旋罷。

《魏書》卷五九《蕭寶夤傳》："（景明四年）四月，除使持節、都督東揚南徐兗三州諸軍事、鎮東將軍、東揚州刺史、丹陽郡開國公、齊王，配兵一萬，令且據東城，待秋冬大舉。……正始元年三月，寶夤行達汝陰，東城已陷，遂停壽春之栖賢寺。"按：蕭寶夤參見是年江州條。時魏有壽春之揚州，以"都督東揚南徐兖三州"推之,蓋稱梁建康之揚州爲東揚州,以蕭寶夤遥領。

[相州] 天興四年置,治鄴城。

《魏書》卷二八《庾岳傳》:"及罷鄴行臺,以所統六郡置相州,即拜岳爲刺史。"卷一〇六上《地形志上》司州:"治鄴城……太祖天興四年置相州。"《通鑑》卷一一二晉安帝隆安五年四月胡注:"魏相州統魏郡、陽平、廣平、汲郡、頓丘、清河六郡。"

[枋頭鎮] 太武帝時置。蓋太和中廢。

《魏書》卷三一《于栗磾傳》:"遷使持節,都督兖相二州諸軍事、鎮南將軍、枋頭都將。"卷四四《薛虎子傳》:"及文明太后臨朝,出虎子爲枋頭鎮將。……(太和四年)以本將軍爲彭城鎮將。"《慕容鑒墓誌》(《墓誌集成》六二七):"春秋卅有九,以天平四年閏九月五日薨于京師。……祖善,字休望,枋頭鎮將。"《魏晉南北朝地方行政制度》下第十一章枋頭鎮:"枋頭當古淇水口,在今河南濬縣西南八十里。"按:于栗磾仕於太武時。慕容鑒生於太和十三年,其祖善爲鎮將蓋在獻文至孝文時。薛虎子、慕容善後不見枋頭鎮將,蓋廢。

[南相州] 永安中見置,地望不詳。

《魏書》卷一九下《元貴平傳》:"莊帝初……除平北將軍、南相州刺史。莊帝既殺尒朱榮,加武衛將軍,兼侍中,爲河北、山東慰勞大使。"

[冀州] 皇始二年置,治信都。

《魏書》卷一〇六上《地形志上》冀州:"慕容垂治信都。皇始二年平信都,仍置。"卷三〇《王建傳》:"中山平……遷太僕,徙爲真定公,加散騎常侍,冀青二州刺史。"按:北魏前期多見冀青二州刺史,如王建、封豆、奚和觀、閭大肥、安同、崔賾、邸蒙、李嶷、韓均等,蓋僑置青州於冀州,二州爲雙頭州。

[南冀州] 武泰初置,治平原,永安中罷。

《魏書》卷一○六中《地形志中》濟州平原郡:"漢高帝置。皇始中屬冀州,太和十一年分屬,武泰初立南冀州,永安中罷州。"卷七二《路思令傳》:"割冀州之清河、相州之陽平、齊州之平原以爲南冀州,仍以思令爲左將軍、南冀州刺史、假平東將軍、都督。"

[東冀州] 孝昌末置,地望不詳。

《魏書》卷四九《崔秉傳》:"孝昌末,冀州流民聚於河外,因立東冀州,除秉爲刺史,加征東將軍。不之任。"《北齊書》卷二一《高乾傳》:"父翼……孝昌末,葛榮作亂於燕、趙,朝廷以翼山東豪右,即家拜勃海太守。至郡未幾,賊徒愈盛,翼部率合境,徙居河、濟之間。魏因置東冀州,以翼爲刺史。"《廿二史考異》卷二八《魏書一·崔鑒傳》:"東冀州未詳所在。"

[廣阿鎮][殷州] 明元帝時置廣阿鎮,蓋太和中廢。孝昌二年分定、相二州置殷州,治廣阿。

《魏書》卷三《太宗紀》:"(泰常三年)五月丙午,詔叔孫建鎮廣阿。"卷二九《叔孫建傳》:"遷廣阿鎮將,群盜斂跡,威名甚震。"卷五一《韓均傳》:"廣阿澤在定、冀、相三州之界,土廣民稀,多有寇盜,乃置鎮以靜之。"卷一○六上《地形志上》殷州:"孝昌二年分定、相二州置,治廣阿。……南趙郡,太和十一年爲南鉅鹿,屬定州,十八年屬相州,後改。孝昌中屬。……廣阿,前漢屬鉅鹿,後罷。太和十三年復。有廣阿城。"《魏晉南北朝地方行政制度》下第十一章廣阿鎮:"疑即以太和十一年改鎮置鉅鹿郡,十三年又置縣也。"

[安州][定州] 皇始二年置安州,治盧奴。天興三年改爲定州。

《魏書》卷一○六上《地形志上》定州:"太祖皇始二年置

安州,天興三年改。……中山郡……盧奴,州、郡治。"

[瀛州] 太和十一年置,治趙都軍城。

《魏書》卷一〇六上《地形志上》瀛州:"太和十一年分定州河間、高陽,冀州章武、浮陽置,治趙都軍城。"

[滄州] 熙平二年置,治饒安城。

《魏書》卷一五《元洪超傳》:"大乘賊亂之後,詔洪超持節兼黃門侍郎綏慰冀部。還,上言:'冀土寬廣,界去州六七百里,負海險遠,宜分置一州,鎮遏海曲。'朝議從之,後遂立滄州。"卷一〇六上《地形志上》滄州:"熙平二年分瀛、冀二州置,治饒安城。"

[幽州] 皇始二年置,治薊城。

《十六國春秋輯補》卷四五《後燕録四·慕容寶》:"永康元年……八月……魏大舉來伐,別遣封真等襲幽州,圍薊。……二年……(慕容會)迎寶薊南。……寶率百數騎馳如龍城。"《魏書》卷二《太祖紀》:"皇始元年……八月……別詔將軍封真等三軍,從東道出襲幽州,圍薊。"卷五一《封敕文傳》:"祖豆,皇始初領衆三萬東征幽州,平定三郡,拜幽州刺史。"卷一〇六上《地形志上》幽州:"治薊城。"按:後燕永康元年即魏皇始元年,封豆(疑即封真)是年襲幽州,任刺史蓋在二年慕容寶自薊奔龍城後。

[燕州] 太和中分恒州置,治廣寧。孝昌二年没於杜洛周。

《魏書》卷一〇六上《地形志上》東燕州:"太和中分恒州東部置燕州,孝昌中陷,天平中領流民置。寄治幽州宣都城。……平昌郡……昌平,天平中置。"《廿二史考異》卷二九《魏書二·地形志中》東燕州:"幽州無宣都城,一本作'宜都',亦誤,當是'軍都'之訛。"《魏書》卷二七《穆羆傳》:"隨例降王爲魏郡開國公,邑五百户。除鎮北將軍、燕州刺史,鎮廣寧。"卷一四《元丕傳》:"及高祖欲遷都,臨太極殿,引見留守之官大議。乃詔丕等,如有所懷,各陳其志。燕州刺史穆罷進曰:'移都事大,如臣愚見,謂爲未可。'"卷九《肅宗紀》:"(孝昌二年五月)燕州刺史崔秉率衆棄城南走中山。"按:太和十七年遷都,燕州應置於此前。

[昌平鎮] 約孝文、宣武帝時置。

《周書》卷二七《梁椿傳》:"代人也。祖屈朱,魏昌平鎮將。……椿初以統軍從爾朱榮入洛。"按:梁椿魏末隨爾朱榮,其祖屈朱爲昌平鎮將蓋在孝文、宣武時。參上燕州條,此昌平鎮當治太和中所置之燕州昌平縣,非天平中寄治幽州之東燕州昌平縣。《魏晉南北朝地方行政制度》下第十一章昌平鎮條釋爲後者,存疑。

[廣昌鎮] 太和前置。

《魏書》卷三二《高湖傳》:"(子)各拔,廣昌鎮將。"《魏晉南北朝地方行政制度》下第十一章廣昌鎮:"湖長子真,第三子謐,各拔蓋次子或季子,謐卒於延興二年,年四十五,則各拔爲鎮將,正當在太和遷都以前。按漢置廣昌縣,在今河北淶源縣北……北魏廣昌鎮必即其地。"

[安州] 皇興二年置,治方城。

《魏書》卷一〇六上《地形志上》安州:"皇興二年置,治方城。……廣陽郡,延和元年置益州,真君二年改爲郡。……安樂郡,延和元年置交州,真君二年罷州置。"

[密雲鎮] 孝文帝前見置。

《姬静墓誌》(《墓誌集成》六四九):"廣寧人也。……太昌元年十月九日在州瘦患薨,時年卅有六。……其祖龍驤將軍、密雲鎮將、代郡太守農之孫。"《魏書》卷一〇六上《地形志上》安州:"密雲郡,皇始二年置。治提攜城。……密雲,真君九年并方城屬焉。"按：姬静生於太和二十年，其祖農爲密雲鎮將蓋在獻文至孝文時。

[崎城鎮] 太武帝時見置。

《魏書》卷二四《張衮傳》："上谷沮陽人也。……永興二年……卒，年七十二。……次子度……除使持節，都督幽州廣陽、安樂二郡諸軍事，平東將軍，崎城鎮都大將，又轉和龍鎮都大將。"按：和龍鎮太延二年置，張度爲崎城鎮大將蓋在是年前不久。廣陽、安樂二郡初屬幽州，皇興二年後屬安州。

[平州] 天賜四年治令支，延和二年治肥如，太延三年治和龍，太平真君五年後治肥如。孝昌二年没。

《晉書》卷一二四《慕容熙載紀》："上庸公懿爲鎮西將軍、幽州刺史，鎮令支。"《魏書》卷二《太祖紀》："（天賜四年）慕容寶養子高雲殺熙自立。"卷九五《慕容熙傳》："雲之立也，熙幽州刺史、上庸公慕容懿以遼西歸降，太祖以懿爲征東將軍、平州牧、昌黎王。"卷九七《馮文通傳》："文通廢其元妻王氏，黜世子崇，令鎮肥如。……崇遣（馮）邈入朝。（延和二年）世祖遣兼鴻臚李繼持節拜崇假節、侍中、都督幽平二州東夷諸軍事、車騎大將軍、領護東夷校尉、幽平二州牧，封遼西王。"卷一六《南平王渾傳》："（太延三年）拜假節、都督平州諸軍事、領護東夷校尉、鎮東大將軍、儀同三司、平州刺史，鎮和龍。"卷一○六上《地形志上》平州："治肥如城。"《魏書》卷九《肅宗紀》："（孝昌二年九月）就德興攻陷平州，殺刺史王買奴。"按：太平真君五年於和龍置營州，見是年營州條，平州當還治肥如。

[凡城鎮] 孝文帝前見置。

《魏書》卷二九《奚延傳》："出爲瓦城鎮將。"校勘記："瓦城，宋本《册府》卷一七三作'万城'，《册府》卷一七三作'萬城'。按'瓦城''万城'抑或'萬城'不見他處,疑'瓦''万'俱是'凡'字之訛,'万'又寫作'萬'。"卷四上《世祖紀上》校勘記:"凡城又見《水經注》卷一四濡水。城當自盧龍出塞至和龍之要道。"《晉書》卷一四《地理志上》平州:"慕容熙以……并州刺史鎮凡城。"按:奚延父他觀皇興中卒,延爲凡城鎮將蓋在獻文、孝文時。

[北平鎮] 孝文帝至宣武帝時見置。

《□墮暨妻趙氏墓誌》(《隋代墓誌銘彙考》四·三二四):"君諱墮……祖,魏揚麾將軍、北營州長史、北平鎮將。……君……開皇十三年□月十四日終於洛州歸義鄉之宅。春秋八十有五。"《魏書》卷一〇六上《地形志上》平州北平郡朝鮮:"二漢、晉屬樂浪,後罷。延和元年徙朝鮮民於肥如,復置。"按:墮生於永平二年,其祖爲北平鎮將蓋在孝文、宣武時。

[和龍鎮][營州] 太延二年滅北燕,置和龍鎮。三年,平州與和龍鎮同治。太平真君五年另置營州,與和龍鎮同治。蓋太和後鎮廢。永安末州陷。

《魏書》卷一〇六上《地形志上》營州:"治和龍城。太延二年爲鎮,真君五年改置。永安末陷,天平初復。"《魏晉南北朝地方行政制度》下第十一章和龍鎮:"蓋真君五年於和龍置營州,而鎮未廢,《志》文誤書耳。……孝文中葉以後,營州刺史常見於史傳,而竟不見鎮將,豈後廢之耶?"按:和龍鎮與平州同治事見是年平州條。和龍或稱黃龍,如《周書》卷三六《段永傳》云"曾祖憬,仕魏,黃龍鎮將",《長孫季及妻慕容氏墓誌》(《墓誌集成》五五五)云"夫人昌黎慕容氏……黃龍鎮將定之女也"。周一良《北魏鎮戍制度考及續考》(《魏晉南北朝史論集》)認爲"黃龍蓋即和龍之異稱也"。據《十六國春秋·前燕錄》,慕容皝"以柳城之北,龍山之南,所謂福德之地也……築龍城,構宮室宗廟……遷都龍城。……十二年(晉永和元年)……黑龍一白龍一見於龍山,皝親率群僚觀之,去龍二百餘步,祭之以太牢。二龍交首嬉翔,解角而去。皝大悦,還宮殿,赦其境内,號新宮曰和龍"。故"和龍"因黑白二龍交首嬉翔而得名。晉金德,常以白龍爲祥,皝蓋以水德自許,以黑龍爲祥。時皝受晉燕王封號,"和龍"之"和"當指燕晉和好。然金生水,即晉生燕,新宮雖以"和"爲名,實有代晉之意。或由於此,《晉書》除"載記"外未見和龍之名,《宋書》《南齊書》亦未見和龍之名,皆改稱黄龍。北魏初稱燕都爲龍城或和龍,太和十五年自定爲水德,蓋是年後亦改稱和龍爲黄龍。

[**南營州**] 永熙二年置,寄治英雄城。

　　《魏書》卷一〇六上《地形志上》南營州:"孝昌中營州陷,永熙二年置。寄治英雄城。"

[**河内鎮**][**懷州**] 明元帝時見置河内鎮。天安二年置懷州,治野王。太和十八年罷入司州。

　　《魏書》卷四四《羅結傳》:"太宗時,除持節、散騎常侍、寧南將軍、河内鎮將。"卷一〇六上《地形志上》懷州:"天安二年置,太和十八年罷。……河内郡……野王……州、郡治。"《魏晉南北朝地方行政制度》下第十一章河内鎮:"疑太宗時置河内鎮,至天安二年改鎮置州郡也。在今河南沁陽縣。"

[**建州**] 永安中改建興郡置,治高都城。

　　《魏書》卷一〇六上《地形志上》建州:"慕容永分上黨置建興郡,真君九年省,和平五年復。永安中罷郡置州。治高都城。"

[**蒲坂鎮**][**泰州**] 始光中置蒲坂鎮。延和元年,改蒲坂之雍州爲泰州,與鎮并置。太和十八年州、鎮皆罷。

　　《魏書》卷三一《于栗磾傳》:"平統萬,遷蒲坂鎮將。"按:

平統萬在始光四年六月。泰州沿革見是年雍州條,遷都後州罷,鎮當亦罷。

[龍門鎮] 孝昌中見置。

《北齊書》卷二〇《薛脩義傳》:"絳蜀賊陳雙熾等聚汾曲,詔脩義爲大都督,與行臺長孫稚共討之。……熾等遂降。拜脩義龍門鎮將。後脩義宗人鳳賢等作亂,圍鎮城。脩義亦以天下紛擾,規自縱擅,遂與鳳賢聚衆爲逆,自號黃鉞大將軍。詔都督宗正珍孫討之。……魏孝明遣西北道大行臺胡元吉奉詔曉喻,脩義降。……鳳賢降,拜鳳賢龍驤將軍、假節、稷山鎮將……"《魏晉南北朝地方行政制度》下第十一章龍門鎮:"此龍門係指今山西河津縣西者,北魏於此置龍門縣、龍門郡,蓋亦置鎮也。"稷山鎮:"在今山西稷山縣境。"

[稷山鎮] 孝昌中見置。

按:稷山鎮見是年龍門鎮條。

[絳城鎮] 太和中見置。

《魏書》卷四五《杜洪太傳》:"太和中,除鷹揚將軍、絳城鎮將,帶新昌、陽平二郡太守。"《魏晉南北朝地方行政制度》下第十一章絳城鎮:"按今新絳縣,在北周改置絳州之前尚無絳名。此前絳地多在汾水之東,一在今翼城縣東南十五里,一在今曲沃縣西南二里,一在今絳縣東南十里,此絳城當爲此三地之一。"

[唐州][晉州] 武泰元年以平陽郡置唐州,治白馬城。建義元年改爲晉州。

《魏書》卷五七《崔元珍傳》:"正光末,山胡作逆,除平陽太守、假右將軍,爲別將以討之,頻破胡賊,郡內以安。武泰初,改郡爲唐州,仍除元珍爲刺史,加右將軍。……尒朱榮之趣洛也,遣其都督樊子鵠取唐州。元珍與行臺酈惲拒守不從,爲子鵠所陷,被害。"卷一〇《孝莊紀》:"(建義元年五月)晉州刺史樊子鵠克唐州,斬刺史崔元珍、行臺酈惲。"卷一〇六上《地形志上》晉州:"孝昌中置唐州,建義元年改。治白馬城。"按:《地形志》云唐州孝昌中置,此從《崔元珍傳》。

[**南汾州**] 永安中置,治定陽。

《魏書》卷一〇《孝莊紀》:"(永安三年十月)以中軍將軍、前東荆州刺史元顯恭爲使持節、都督晉建南汾三州諸軍事、鎮西將軍、晉州刺史。"《隋書》卷三〇《地理志中》文城郡:"東魏置南汾州。……吉昌,後魏曰定陽縣,并置定陽郡。"《北周地理志》卷九南汾州定陽郡:"永安中,分汾州置南汾州,定陽爲南汾州治。"

[**吐京鎮**] [**汾州**] 延和三年置吐京鎮。太和十二年改爲汾州,治蒲子城。孝昌二年没,移治西河。

《魏書》卷一〇六上《地形志上》汾州:"延和三年爲鎮,太和十二年置州。治蒲子城。孝昌中陷,移治西河。"《廿二史考異》卷二九《魏書二·地形志中》汾州:"蒲子城即吐京鎮也。"《魏書》卷二七《穆羆傳》:"轉征東將軍、吐京鎮將。……後改吐京鎮爲汾州,仍以羆爲刺史。"卷六九《裴良傳》:"爲汾州刺史……良以飢窘,因與城人奔赴西河。汾州之治西河,自良始也。"

[**離石鎮**] 道武帝時置,蓋太和中廢。

《魏書》卷四〇《陸俟傳》:"父突,太祖時率部民隨從征伐,數有戰功,拜厲威將軍、離石鎮將。天興中,爲上黨太守,關内侯。"《元和志》卷一四石州:"在秦爲西河郡之離石縣。……石勒時改爲永石郡,後魏明帝改爲離石鎮。"校勘記:"《攷證》:官本'鎮'作'郡',樂史同,此疑誤。"《魏晉南北朝地方行政制度》下第十一章離石鎮:"高祖孝文帝初葉,吐京鎮所屬有離石都將,則其時鎮已見廢矣。"

[顯州] 永安二年置,治汾州六壁城。

《魏書》卷一〇六上《地形志上》顯州:"永安中置。治汾州六壁城。"《竇泰墓誌》(《墓誌集成》八六三):"及巨釁滔天,長戟內指,既等闕南之敗,遂成山北之災。……東遷所依,伯舅是賴。公亦志在不二,任實同心……除使持節、都督顯州諸軍事、車騎將軍、顯州刺史。"按:元顥入洛、莊帝遷至河內在永安二年。

[蔚州] 永安中改懷荒、禦夷二鎮置,寄治并州鄔縣界。

《魏書》卷一〇六上《地形志上》蔚州:"永安中改懷荒、禦夷二鎮置,寄治并州鄔縣界。"《嘉慶重修一統志》卷一四四《汾州府》蔚州故城:"在平遥縣。……後魏僑置蔚州於此,後周廢。"

[并州] 皇始元年置,治晉陽。

元素延 刺史。

《魏書》卷二《太祖紀》:"(皇始元年)九月……并州平。"卷一四《元素延傳》:"以小統從太祖征討諸部,初定并州,爲刺史。"卷一〇六上《地形志上》并州:"漢、晉治晉陽,晉末治臺壁,後治晉陽。皇始元年平,仍置。"

[肆州] 太平真君七年置,治九原。

《魏書》卷一〇六上《地形志上》肆州:"治九原。天賜二年爲鎮,真君七年置州。"

[廣州] 孝昌二年分并肆置,治旹嵐。永安三年廢。

《魏書》卷七四《尒朱榮傳》:"鮮于脩禮之反也,榮表東討,復進號征東將軍、右衛將軍、假車騎將軍、都督并肆汾廣恒雲六州諸軍事,進爲大都督,加金紫光祿大夫。"《通鑑》卷一五二梁武帝大通二年二月胡注:"'廣'當作'唐'。魏收志:

孝昌中置唐州。高歡建義,改唐州曰晉州。按尒朱榮時駐兵於晉陽。"《廿二史考異》卷二八《魏書一·尒朱榮傳》:"廣州治魯陽,非榮所得督,當是'燕'字之訛。"《魏晉南北朝史札記·〈魏書〉札記·廣州》:"燕州遠在東方……尒朱榮時駐兵晉陽,其(胡三省)説是。"《魏書》卷一九下《元肅傳》:"莊帝初……除散騎常侍,出爲後將軍、廣州刺史。"《元肅墓誌》(《墓誌集成》五八四):"故天柱大將軍尒朱榮,建義旗於晉陽,公預參遠略。……於時并肆之地,分置廣州。以公高明在躬,群望所屬,乃除持節、後將軍、廣州刺史。"《元和志》卷一四嵐州:"後魏於今理置嵐州,因州西岢嵐山爲名也。隋大業四年,於静樂縣界置樓煩郡,因漢樓煩縣爲名。"《北周地理志》卷九北朔州廣安郡岢嵐:"後魏建義中,確分并肆二州之地,别置廣州也。《隋書·地理志》不載此廣州者,以唐初史臣修《隋志》時,皆取材於隋世所修之圖經,而圖經爲隋煬帝諱,已改作嵐州也。《隋書·地理志》於置於魯陽之廣州,以帝諱改作魯州。……唐世去後魏稍遠,已不知隋圖經所載之嵐州即此廣州也。宋白《續通典》謂嵐州治在今静樂縣,當有所據。……尒朱氏滅而廣州、梁郡並廢。"按:參所引傳、誌,尒朱榮所督確爲廣州,菲唐州或燕州,《北周志》是。鮮于脩禮起兵於孝昌二年,是年尒朱榮都督并肆汾廣恒雲六州,岢嵐之廣州蓋置於是年。尒朱榮永安三年被殺,是後不見岢嵐之廣州,當廢。

[司州][恒州][平城鎮] 天興中置司州,治平城。後廢,太和十二年復置。十七年遷都洛陽,改稱恒州。宣武帝至孝明帝時見置平城鎮。孝昌中州陷。

《魏書》卷一〇六上《地形志上》恒州:"天興中置司州,治代都平城,太和中改。孝昌中陷。"卷一一〇《食貨志》:"太和八年……所調各隨其土所出。……司州萬年……皆以麻布充稅。"《元芟墓誌》(《墓誌集成》一九九):"太和十二年,代都平城改俟懃曹,創立司州。"《魏晉南北朝地方行政制度》下第二章司州建置:"太和十一年或稍前後數月復置司州。其間不置司州者不知若干歲月。又(《北史》卷一五)《元贊傳》載孝文昭書有'郡縣初置'之語,此當就京西京北地區而言,舊爲八國大夫之制,今一律華化,改造郡縣,歸司州統轄也。然則,此時京畿東西漢胡同制,與以前漢胡異制迥異,而司州轄境亦與太武以前大異矣。"明建《北魏太和十二年前後平城司州的廢而復置——以〈元芟墓誌〉爲中心》(《魏晉南北朝隋唐史資料》第二十六輯):"北魏平城時期司州廢置的時間在太和八年至十二年間當無疑問。"《魏書》卷五〇《慕容契傳》:"正始初,除征虜將軍、營州刺史。徙……沃野鎮將……轉……平城鎮將。"《元朗(顯明)墓誌》(《墓誌集成》四二一):"除君持節、征虜將軍、平城鎮將。……十餘年間,凶奴不敢南面如坐者,殆君之由矣。逮神龜二年,以母憂去職。"《魏書》卷一〇六上《地形志上》序:"孝昌之際,亂離尤甚。恒代而北,盡爲丘墟;崤潼已西,煙火斷絶;齊方全趙,死如亂麻。於是生民耗減,且將大半。"

[雲中鎮][朔州][雲州] 太武帝時并置雲中鎮與朔州,治盛樂。蓋太和中鎮廢。孝昌中改朔州爲雲州。後没,永熙中寄治并州界。

《魏書》卷三〇《安原傳》:"太宗時爲獵郎,出監雲中軍事。……知原驍勇,遂任以爲將,鎮守雲中。"卷三七《司馬楚之傳》:"拜假節、侍中、鎮西大將軍、開府儀同三司、雲中鎮大將、朔州刺史,王如故。在邊二十餘年,以清儉著聞。和平五年薨。"卷四四《費穆傳》:"及六鎮反叛,詔穆爲別將,隸都督李崇北伐。都督崔暹失利,崇將班師……乃請爲朔州刺史,仍本將軍,尋改除雲州刺史。……棄城南走,投尒朱榮於秀容。"卷一〇六上《地形志上》雲州:"舊置朔州,後陷,永熙中改,寄治并州界。"《元和志》卷一三太原府祁縣:"雲州故城,後魏雲州城也,在縣西二十里。孝武帝永熙中寄理并州界,謂此也。"按:司馬楚之爲朔州刺史二十餘年,和平五年卒,始任約在真君初。費穆爲雲州刺史在孝昌中,《地形志》云"永熙中改",當誤。

[**沃野鎮**] 太武帝時置,初置於漢沃野縣故城,太和十年遷於漢朔方故城,正始元年遷於唐天德軍北。孝昌中改爲州。

沈垚《六鎮釋》(《落帆樓文集》卷一):"後魏六鎮,沃野最西,懷荒最東。沃野、懷朔、武川三鎮詳《元和郡縣志》,柔元鎮見《水經注·瀠水篇》,懷荒鎮見《太平寰宇記》雲州下,獨撫冥鎮地志家皆不言耳。"《元和志》卷四天德軍:"沃野故城,在軍城北六十里,即是後魏時六鎮從西第一鎮也。"唐長孺《北魏沃野鎮的遷徙》(《華中師院學報》一九七九年第三期):"沃野鎮始置實在漢沃野縣故城(今內蒙臨河縣西南),太和十年遷於漢朔方故城(今內蒙杭錦旗北),正始元年又遷於唐天德軍北(今內蒙五原東北)。"佐川英治《北魏六鎮史研究》(《中國中古史研究》第五卷):"今烏梁素海以北的根子場古城可能就是沃野鎮舊址。"《魏書》卷九《肅宗紀》:"(正光五年)三月,沃野鎮人破落汗拔陵聚衆反,殺鎮將。……八月……丙申,詔曰:'……諸州鎮軍貫,元非犯配者,悉免爲民,鎮改爲州,依舊立稱……'"卷八九《酈道元傳》:"肅宗以沃野、懷朔、薄骨律、武川、撫冥、柔玄、懷荒、禦夷諸鎮並改爲州,其郡縣戍名令準古城邑。詔道元持節兼黃門侍郎,與都督李崇籌宜置立,裁減去留,儲兵積粟,以爲邊備。"按:六鎮中唯懷朔鎮史書明言延和二年置,餘五鎮不詳,《魏晉南北朝地方行政制度》下第十一章"北魏軍鎮置廢表"云"蓋與懷朔同時置"。正光五年八月詔改鎮爲州,後酈道元等籌措其事,《魏書·地形志》云孝昌中改懷朔鎮爲朔州,改薄骨律鎮爲靈州,永安中改懷荒、禦夷二鎮爲蔚州,《酈道元傳》所列其餘四鎮與懷朔鎮東西相連,亦當同改於孝昌中,蓋爲朔州之屬郡屬縣。

[懷朔鎮][朔州] 延和二年於漢五原郡置鎮,後遷至懷朔。孝昌中改爲朔州。後没,寄治并州界。

《魏書》卷一〇六上《地形志上》朔州:"本漢五原郡,延和二年置爲鎮,後改爲懷朔,孝昌中改爲州。後陷,今寄治并州界。領郡五,縣十三。大安郡……廣寧郡……神武郡……太平郡……附化郡。"《元和志》卷四東受降城:"光禄城東北有懷朔古城,其城即後魏六鎮從西第二鎮,在今中城界向北化柵側近也。"《魏晉南北朝地方行政制度》下第十一章懷朔鎮:"魏之懷朔鎮當在今固陽縣地區。"佐川英治《北魏六鎮史研究》(《中國中古史研究》第五卷):"懷朔鎮原本在太武帝延和二年設置於舊漢代五原郡,之後移至懷朔,也就是今天固陽縣白靈淖鄉的城圐圙古城址。"《北周地理志》卷九并州太原郡東受陽:"一九七三年在山西壽陽縣城西南三里出北齊厙狄洛及洛妻斛律氏兩墓誌,並云'葬於朔州城南',是北齊世,朔州猶寄治壽陽。"

[武川鎮] 太武帝時置。孝昌中改爲州。

《元和志》卷四東受降城:"武川城,今名里城,後魏六鎮從西第三鎮,在(振武)軍北三百里。"張郁《内蒙古大青山後東漢北魏古城遺址調查記》(《考古通訊》一九五八年第三期):"烏蘭不浪鄉土城梁村,當武川縣西南二十餘公里……土城梁古城,似即北魏武川鎮城。"佐川英治《北魏六鎮史研究》

（《中國中古史研究》第五卷）："關於武川鎮的位置……目前有武川縣的二份子古城址和達茂旗希拉穆仁的城圐圙古城址兩個候補。"

[**撫冥鎮**] 太武帝時置。孝昌中改爲州。

張郁《内蒙古大青山後東漢北魏古城遺址調查記》（《考古通訊》一九五八年第三期）："北魏武川懷朔二鎮，經衛可孤之亂後，曾改置朔州併大安郡，其後荒棄。……當時既以懷朔爲朔州，則大安當在朔州之東與武川相近。……烏蘭花土城子，即第三鎮撫冥，或是朔州之東，大安郡址所在。"嚴耕望《唐代交通圖考》篇伍叁《北朝隋唐東北塞外東西交通線》："撫冥鎮正當在今綏遠之陶林縣地區。檢譚其驤《中國歷史地圖集》第四册《武川、禦夷等鎮圖》，置撫冥鎮於四子王旗附近，似亦無確證。"佐川英治《北魏六鎮史研究》（《中國中古史研究》第五卷）："學界一般認爲撫冥鎮就是今天的四子王旗烏蘭花的土城子古城址。不過，嚴耕望通過文獻考證，推定在該城址東察右後旗的克里孟古城址附近。"

[**柔玄鎮**] 太武帝時置。孝昌中改爲州。

《魏書》卷四四《羅斤傳》："後平涼州……除長安鎮都大將。會蠕蠕侵境，馳驛徵還，除柔玄鎮都大將。"《水經注》卷一三《灤水注》："灤水又東，左得于延水口，水出塞外柔玄鎮西長川城南小山。……東南流逕且如縣故城南。"張郁《内蒙古大青山後東漢北魏古城遺址調查記》（《考古通訊》一九五八年第三期）："烏蘭不浪土城梁東北，距離烏蘭花土城子85公里，再東北31公里，抵庫侖圖城卜子。……我們斷定庫侖圖城卜子即第四鎮柔玄或大安郡的屬邑。"《魏晉南北朝地方行政制度》下第十一章柔玄鎮："柔玄鎮當在今興和之北，約東經一一四度，北緯四一·五度地區也。"佐川英治《北魏六鎮史研究》(《中國中古史研究》第五卷):"關於柔玄鎮的位置,一説在察右後旗的克里孟古城。不過,魏雋如、張智海(《北魏柔玄鎮地望考述》,《北方文物》二〇〇九年第一期)……指出柔玄鎮遺址應當是河北省尚義縣三工地鎮的土城子古城址,這一看法更具有説服力。"

[懷荒鎮] 道武帝時置。永安中與禦夷鎮改爲蔚州,寄治并州。

王居伏 鎮將。

《王善來墓誌》(《隋代墓誌銘彙考》三·二四二):"晉西河人也。……祖居伏,上儀同三司,魏道武皇帝以其有雄幹勇毅,補任迴荒鎮將,禦捍北蕃,獫狁見之,無不膽碎,是以不敢内侵猾夏。父蓋仁……齊獻武皇帝補任前鋒直盪、第一領民酋長。君……以大隋大業元年……奄卒於家,春秋六十有三。"趙萬里釋(《墓誌集釋》卷八):"迴荒即北魏六鎮之懷荒。……《廣陽王淵傳》載'淵上書皇始以移防爲重,盛簡親賢,擁麾作鎮'。觀此誌道武時已有迴荒鎮,則傳云'皇始作鎮',殆不誣矣。"佐川英治《北魏六鎮史研究》(《中國中古史研究》第五卷):"王善來生於東魏武定元年(543),亡於大業元年(605),享年63歲。即使以道武帝薨年天賜六年(409)來計算,中間也相隔了134年,實在難以將其祖王居伏視爲道武年間的人物。墓誌中的'道武'或許爲'宣武'的誤刻。"《魏書》卷四〇《陸俟傳》:"出爲平東將軍、懷荒鎮大將。未朞,諸高車莫弗訟俟嚴急,待下無恩,還請前鎮將郎孤。世祖詔許之,徵俟還京。"《寰宇記》卷四九雲州雲中縣:"《入塞圖》云:'……至大甯城,當涿郡懷戎縣北三百里也。從大甯西北行百里至懷荒鎮……'"《魏晉南北朝地方行政制度》下第十一章懷荒鎮:"懷荒鎮當在今萬全(張家口)以北之張北縣附近,約當東經一一五度稍西,北緯四一度稍北地區也。"按:王善來生於武定元年,如王居伏確爲其祖,以二代五十年計,則約生於太和末,宣武時不過十餘歲,恐難任鎮將,誌之"道武"未必是"宣武"之訛。疑王居伏非王善來之祖,乃王善來之先祖。然道武時是否已置懷荒鎮及鎮將,誌之"鎮將"是否爲追稱或虛飾,尚有疑問。太武時有懷荒鎮,則確定無疑。懷荒鎮改蔚州事見是年蔚州條。

[赤城鎮] 太武帝時置。

《魏書》卷五二《趙逸傳》:"神䴥三年三月上巳,帝幸白虎殿,命百寮賦詩,逸製詩序,時稱爲善。久之,拜寧朔將軍、赤城鎮將。"《水經注》卷一四《沽河注》:"沽河出禦夷鎮西北九十里,丹花嶺下。……水有二源,南即陽樂水也,出且居縣……歷女祈縣故城南。……陽樂水又東南傍狼山南……又逕赤城西,屈逕其城南,東南入赤城河。"《魏晉南北朝地方行政制度》下第十一章赤城鎮:"此赤城在禦夷鎮南,當陽樂水與沽河會合處之稍北地區也。按今察哈爾省沽源縣南沽河西岸有赤城縣,又陽樂水即今龍門水,則《沽水注》之赤城當在今赤城縣南,龍門水與沽河合流處之稍北地區也。"

[白道鎮] 魏末見置。

《鄭子尚墓誌》(《墓誌集成》一〇九九):"祖萬,白道鎮將、雲中太守。……君……春秋五十七,以武平五年五月……喪。"《水經注》卷三《河水注三》:"其水又西南入芒干水,又西南,逕白道南谷口。有城在右,縈帶長城,背山面澤,謂之白道城。"牟發松《北魏軍鎮考補》(《魏晉南北朝隋唐史資料》第七期):"白道與武川極近,不容同時有二鎮。白道鎮蓋於魏之極末,即武川鎮因六鎮起義荒廢後所置。故北齊時有白道而無武川。"

[賀侯延鎮] 蓋太武帝時置。

《元寧墓誌》(《墓誌集成》三五〇):"故使持節、龍驤將軍、雍州刺史、外都大官、賀延鎮都督、武陽侯渴洛侯曾孫。……君……春秋六十有壹,以正光五年薨於京師。"周一良《北魏鎮戍制度考及續考》(《魏晉南北朝史論集》):"賀延,當即賀侯延之省稱。"《元偃墓誌》(《墓誌集成》四二):"太和十五年十二月廿七日制詔:'使持節、安北將軍、賀侯延鎮都大將、始平公元偃,今加安西將軍。'"《長孫忻墓誌》(《墓誌集成》二七九):"君……春秋卌有六,薨于第。暨正光二年……葬。……親庫狄氏,父吴提,爲冠軍將、賀侯延鎮將。"《元懸墓誌》(《墓誌集成》三八五):"正光五年五月中,朔卒跋扈,侵擾邊塞。以君王室英傑,智勇絕倫,服未卒哭,詔起君爲統軍,北征賀延。"羅新、葉煒疏證(《墓誌疏證》五〇):"元懸應當就在臨淮王元彧的大軍中,并且很可能死於五月的五原之敗。……賀延鎮很可能在五原一帶,位於沃野、懷朔諸鎮的南邊。"佐川英治《北魏六鎮史研究》(《中國中古史研究》第五卷):"賀延鎮是武川鎮的北俗之名。"按:元寧生於和平五年,其曾祖爲賀延鎮都督蓋在太武帝時。《長孫忻墓誌》,《墓誌集成》標注"疑僞",本表不列吴提,録此備參。

[**度斤鎮**] 文成帝至孝文帝時見置。

《元龍墓誌》(《墓誌集成》一三二九):"父任屬維城,守四方而作鎮。君……太和之始,襲爵平舒男。……父諱度和,散騎常侍、外都大官、使持節、鎮北將軍、度斤鎮大將、平舒男。"《宗欣墓誌》(《墓誌集成》七二五):"父□,聖世□寧遠將軍、□□□北府司馬、度斤鎮子都將。……使君春秋六十有七,以武定三年……薨。"《隋書》卷八四《突厥傳》:"(開皇)十七年,突利遣使來逆女……妻以宗女安義公主。……突利本居北方,以尚主之故,南徙度斤舊鎮,錫賚優厚。"卷五一《長孫晟傳》:"十七年,染干遣五百騎隨晟來逆女,以宗女封安義公主以妻之。晟説染干率衆南徙,居度斤舊鎮。"《通鑑》卷一七八隋文帝開皇十七年七月胡注:"度斤舊鎮,蓋即都斤山,突厥沙鉢略舊所居也。"按:元龍太和初襲爵,其父度和爲鎮大將蓋在文成至孝文初。宗欣生於太和三年,其父爲子都將蓋在孝文時。都斤山即今之杭愛山,度斤鎮之得名或與都斤山有關,然地望未必遠在此山。

[長安鎮][雍州] 始光三年據長安,神䴥元年復失,於蒲坂置雍州。神䴥三年平關中,并置長安鎮與雍州,治長安。延和元年,改蒲坂之雍州爲泰州。蓋太和中鎮廢。

《魏書》卷四上《世祖紀上》:"帝以屈丐既死,諸子相攻,(始光三年)九月,遣司空奚斤率義兵將軍封禮、雍州刺史延普襲蒲坂,宋兵將軍周幾率洛州刺史于栗磾襲陝城。……十有一月……奚斤遂入蒲坂。十有二月,詔斤西據長安。……神䴥元年……三月……司空奚斤追(赫連)定於平涼馬髦嶺,爲定所擒。丘堆先守輜重在安定,聞斤敗,棄甲東走蒲坂。……三年……十有二月……定長安、臨晉、武功守將皆奔走,關中平。"卷一〇六下《地形志下》泰州:"神䴥元年置雍州,延和元年改,太和中罷。"《水經注》卷四《河水注四》:"蒲坂……魏秦州刺史治。太和遷都罷州,置河東郡。"《魏晉南北朝史札記·〈魏書〉札記·秦州》:"王氏合校本泰亦誤秦。"

[北雍州] 永安元年置,治泥陽。

《北史》卷四九《毛鴻賓傳》:"明帝以鴻賓兄弟所定處多,乃改北地郡爲北雍州,鴻賓爲刺史。"《元和志》卷一京兆府上三原縣:"明帝孝昌三年,蕭寶夤逆亂,毛洪賓立義柵捍賊,永安元年於此置北雍州,洪賓爲刺史。"卷二京兆府下華原縣:"魏、晉皆於其地置北地郡,元魏廢帝三年改爲通川郡,領泥陽縣。"

[東雍州] 泰常三年置,治不詳。太平真君四年置,治正平郡城,太和十八年罷。孝昌二年復置,治鄭。

《北史》卷三六《薛辯傳》:"及晉將劉裕平姚泓,即署相國掾。尋除平陽太守,委以北道鎮捍。及長安失守,辯遂歸魏。仍立功於河際,位平西將軍、東雍州刺史,賜爵汾陰侯。其年詣闕,明元深加器重,明年方得旋鎮。"《魏書》卷一〇六上《地形志上》晉州平陽郡:"晉分河東置。真君四年置東雍州,太和十八年罷,改置。"東雍州:"世祖置,太中罷,天平初復。"《水經注》卷六《汾水注》:"(汾水)又西逕魏正平郡南,故東雍州治。"《北周地理志》卷九絳州正平郡:"後魏、東魏之東雍州並在汾水北岸之正平郡城。"《寰宇記》卷二九華州:"《後魏書》云:'太平真君元年置華山郡,至孝明帝分華山郡又置武鄉郡。孝昌二年又改爲東雍州,仍領華山郡,以西有雍州,故曰東雍。'"《隋書》卷二九《地理志上》京兆郡鄭:"後魏置東雍州,并華山郡。"按:《北史》卷三六《薛辯傳》之東雍州,《魏書》卷四二《薛辯傳》作雍州,時長安爲赫連勃勃所據,當以《北史》爲是。劉裕失長安在泰常三年,薛辯所任之東雍州當置於是年,薛辯後蓋罷。

[李潤鎮][華州] 太武帝至孝文時見置李潤鎮。太和十一年置華州,治李潤堡。

《王忻墓誌》(《墓誌集成》七二九):"太武皇帝除鷹揚將軍、里潤鎮將寬之曾孫。"《魏書》卷九四《王遇傳》:"馮翊李潤鎮羌也……坐事腐刑。……例降爲侯。"卷一〇六下《地形志下》華州:"太和十一年分秦州之華山、澄城、白水置。"校勘記:"'泰'爲'秦'字之訛。"卷一九下《安定王燮傳》:"世宗初,襲,拜太中大夫,除征虜將軍、華州刺史。燮表曰:'謹惟州治李潤堡,雖是少梁舊地,晉、芮錫壤,然胡夷內附,遂爲戎落。……竊見馮翊古城,羌魏兩民之交,許洛水陸之際,先漢之左輔,皇魏之右翼,形勝名都,實惟西蕃奧府……'遂詔曰:'一勞永逸,便可聽移。'"《寰宇記》卷二八同州:"自今奉先縣東北五十里李潤鎮,分秦州置華州理于此。廢帝三年又改爲同州。其州城蓋自後魏以後修築,非漢之臨晉縣也。……晉改爲大荔。後魏初復名臨晉,孝文太和十一年又改爲華陰。至孝昌二年,以重名又改爲武鄉縣,仍屬武鄉郡。"按:《忻誌》所云里潤鎮蓋即李潤鎮。《地形志》華州條校勘記倒錯,當云"'秦'爲'泰'字之訛"。華州與李潤鎮同治,蓋爲李潤鎮所改。

[杏城鎮][東秦州][北華州] 漢趙至後秦時置杏城鎮,魏沿置。太和十五年改爲東秦州,治杏城。正光五年改爲北華州。

《元和志》卷三坊州:"漢爲左馮翊翟道縣之地。魏晉陷於夷狄,不置郡縣。劉、石、苻、姚時,於今州理西七里置杏城鎮,常以兵守之。後魏孝文帝改鎮爲東秦州,孝明帝改爲北華州。"《魏書》卷一〇六下《地形志下》北華州:"太和十五年置東秦州,後改。治杏城。"《元馗墓誌》(《墓誌集成》五〇九):"正光之末,三輔馳烽,五陵傳檄。……上乃除君右將軍、東秦州刺史。……又州南接崇華,因便徙稱,復授君安西將軍、北華州刺史、當州都督。"《魏書》卷九《肅宗紀》:"(正光五年十月)胡琛遣其將宿勤明達寇豳、夏、北華三州。"按:《馗誌》之"正光之末,三輔馳烽,五陵傳檄"當指正光五年莫折大提於秦州起兵事,"州南接崇華"指杏城之東秦州與華州相接,"因便徙稱"指改東秦州爲北華州,《肅宗紀》正光五年宿勤明達所寇州中有北華州,可知是年已改杏城之東秦州爲北華州。

[南豳州] 正光中見置,在周永壽縣界。

《北史》卷六七《唐永傳》："正光中，爲北地太守，當郡別將。俄而賊將宿勤明達、車金雀等寇郡境，永擊破之，境内稍安。……行臺蕭寶夤表永爲南豳州刺史。"《魏書》卷九《肅宗紀》："（正光五年十月）胡琛遣其將宿勤明達寇豳、夏、北華三州。"《寰宇記》卷三一乾州永壽縣："周大象元年改爲永壽。……南豳故城，後魏時所築，在縣北據山。其東西南三面險絶，實控禦之地。"《北周地理志》卷一豳州："後魏本有南豳州，但在永壽界。孝昌後廢。"《周書》卷三一《韋孝寬傳》："父旭……永安二年，拜右將軍、南豳州刺史。時氐賊數爲抄竊，旭隨機招撫，並即歸附。尋卒官。"按：永安二年尚有南豳州，不得云孝昌後廢。

[**華州**][**三縣鎮**][**豳州**] 皇興二年置華州，治定安。延興二年改爲三縣鎮，太和十一年改爲班州，十四年改爲邠州，二十年改爲豳州。

《魏書》卷一〇六下《地形志下》豳州："皇興二年爲華州，延興二年爲三縣鎮，太和十一年改爲班州，十四年爲邠州，二十年改焉。"《隋書》卷二九《地理志上》北地郡："後魏置豳州，西魏改爲寧州。"《中國行政區劃通史·十六國北朝卷》中編第六章第六節："太武帝真君二年置趙興郡，同時分置有定安、趙安、高望三縣屬之……孝文帝延興二年所置三縣鎮當在此。"

[**安定鎮**][**涇州**] 神䴥三年平關中，并置安定鎮及涇州，治安定。蓋太和中鎮廢。

《魏書》卷四上《世祖紀上》："（神䴥三年十二月）關中平。壬申，車駕東還，留巴東公延普等鎮安定。……（延和二年二月）征西將軍金崖與安定鎮將延普及涇州刺史狄子玉爭權構隙。"《元和志》卷三涇州："後魏太武神䴥三年於此（安定）置涇州,因水爲名。"《隋書》卷二九《地理志上》安定郡:"舊置涇州。"

[**雍城鎮**][**岐州**] 太武帝時置雍城鎮。太和十一年改爲岐州,治雍城。

《元和志》卷二鳳翔府:"後魏太武帝於今州理東五里築雍城鎮,(孝)文帝改鎮爲岐州。"《魏書》卷一〇六下《地形志下》岐州:"太和十一年置。治雍城鎮。"卷七〇《劉藻傳》:"太和中,改(雍城)鎮爲岐州,以藻爲岐州刺史。"

[**汧城鎮**][**東秦州**] 後秦、魏末見置汧城鎮。正光五年置東秦州,治汧城。

《王忻墓誌》(《墓誌集成》七二九):"姚汧城鎮將、隴東太守,歸投大魏明元皇帝,太常八年除建節將軍、歸親侯……寬之曾孫。"《周書》卷一九《達奚武傳》:"父長,汧城鎮將。……(天和)五年十月,(武)薨,年六十七。"《魏晉南北朝地方行政制度》下第十一章汧城鎮:"(武)父爲鎮將,當在魏末未分東西時。其地無考,或亦在今陝甘接境汧水流域。"《寰宇記》卷三二隴州:"孝明正光三年分涇州、岐州之地,兼置東秦州于故汧城,領隴東、安夷、汧陽三郡。至孝昌三年爲万俟醜奴所破。孝武永熙元年于今州東南八里復置東秦州,仍于州所理置汧陰縣。"按:正光五年改杏城之東秦州爲北華州,於汧城另置東秦州亦當在是年,《寰宇記》云在"正光三年",則正光三年至五年間有二東秦州,於理難通,疑"三"爲"五"之誤。

[**高平鎮**][**原州**] 太延二年置高平鎮。正光五年改爲原州,治高平城。

《魏書》卷一〇六下《地形志下》原州:"太延二年置鎮,正光五年改置,并置郡縣。治高平城。"《魏晉南北朝地方行政制度》下第十一章高平鎮:"在今甘肅固原縣治。"

［統萬鎮］［夏州］ 始光四年置統萬鎮。太和十一年并置夏州，治統萬。蓋十三年鎮廢。

《魏書》卷一〇六下《地形志下》夏州："赫連屈孑所都，始光四年平，爲統萬鎮，太和十一年改置。治大夏。"卷一九下《章武王彬傳》："出爲使持節、都督東秦幽夏三州諸軍事、鎮西大將軍、西戎校尉、統萬鎮都大將、朔州刺史。以貪惏削封。"卷七下《高祖紀下》："（太和十三年）夏州刺史章武王彬以貪賕削封。"《魏晉南北朝地方行政制度》下第十一章統萬鎮："章武王彬事，據《高祖紀》，太和十三年尚在任，是在改鎮爲州之後也；而傳云統萬鎮都大將、夏州刺史、都督夏幽東秦三州，蓋太和十一年雖於統萬置夏州，但鎮未即廢。……其後只有夏州刺史，不見鎮將，蓋旋亦廢鎮也。……疑此城本名統萬突，漢語省之歟？按統萬故城在今陝西橫山縣西百里長城外白城子。"按：《章武王彬傳》校勘記引張森楷云"朔"當作"夏"。

［東夏州］ 延昌二年置，治廣武。

《魏書》卷一〇六下《地形志下》東夏州："延昌二年置。"卷四二《薛和傳》："永平四年正月，山賊劉龍駒擾亂夏州，詔和發汾、華、東秦、夏四州之衆討龍駒，平之。和因表立東夏州，世宗從之。"

［黑城鎮］ 文成帝至孝文帝時見置。

《王茂墓誌》（《墓誌集成》六一九）："祖彪，黑城鎮將。……君……春秋五十四，以永安二年七月廿二日薨。"《寰宇記》卷三六延州臨真縣："黑城，在縣東二十五里，庫利、東流川交口，赫連勃勃置。……其城緣山坡，崎嶇不正，遂名黑城。"按：王茂生於承明元年，其祖彪爲鎮將蓋在文成至孝文時。

[**薄骨律鎮**][**靈州**] 太延二年置薄骨律鎮。孝昌二年改爲靈州，治薄骨律。

《魏書》卷一〇六上《地形志上》靈州："太延二年置薄骨律鎮，孝昌中改，後陷關西。"《寰宇記》卷三六靈州："後魏太武帝平赫連昌後，置薄骨律鎮在河渚上，舊赫連果城也。孝昌二年置靈州。按《括地志》云：'……初在河北胡城，大統六年於果園復築城……'"

[**上封鎮**][**秦州**] 太延五年并置上封鎮與秦州，治上封。蓋太和中鎮廢。

《魏書》卷四上《世祖紀上》："（太延五年三月）以故南秦王世子楊保宗爲征南大將軍、秦州牧、武都王，鎮上邽。……十有二月……楊難當寇上邽，鎮將元勿頭擊走之。"卷一一二下《靈徵志下》："高祖太和五年六月，上邽鎮將上言……"卷一〇六下《地形志下》秦州："治上封城。"按：上封即上邽，避拓跋珪諱改。

[**隴西鎮**] 孝文帝至魏末見置。

《徐君妻李氏墓誌》（《墓誌集成》六〇八）："鎮遠將軍、隴西鎮將葵之女。……春秋六十有二，卒於鄴都。以天平二年歲次乙卯二月……葬於鄴城。"《魏書》卷六一《薛辯傳》："尚書郎、秦州刺史、鎮遠將軍、隴西鎮將，帶隴西太守。後爲滎陽太守，遷平北將軍、肆州刺史。所在貪穢，在州彌甚。納賄於司空劉騰，以求美官，未得而騰死。"按：如李氏葬年即卒年，則生於延興四年，其父葵爲鎮將蓋在孝文至宣武時。劉騰死於正光四年。

[**仇池鎮**][**梁州**][**益州**][**南秦州**] 太平真君三年置仇池鎮，四年平仇池，孝文帝初并置梁州，蓋太和末鎮廢。正始元年得梁漢中之梁州，改仇池之梁州爲益州。永平元年，分晉壽置益州，改仇

池之益州爲南秦州。

《魏書》卷五一《皮豹子傳》:"真君三年,劉義隆遣將裴方明等侵南秦王楊難當,遂陷仇池。世祖徵豹子,復其爵位。尋拜使持節、仇池鎮將。"卷四下《世祖紀下》:"(真君四年)二月……克仇池。"卷六六《李崇傳》:"高祖初,爲大使巡察冀州。尋以本官行梁州刺史。"卷八九《羊祉傳》:"正始二年,王師伐蜀,以祉假節、龍驤將軍、益州刺史,出劍閣而還。"卷四五《裴宣傳》:"出爲征虜將軍、益州刺史。宣善於綏撫,甚得羌戎之心。後晉壽更置益州,改宣所莅爲南秦州。"《北周地理志》卷二成州:"則南秦州曾稱益州,《地形志》失書。"按:羊祉所任之益州地望不詳,或爲遥領,或爲仇池之梁州所改,裴宣所任之益州則必在仇池。《魏書》卷一〇六下《地形志下》南秦州條云"真君七年置仇池鎮,太和十二年爲渠(梁)州,正始初置。治洛谷城",各年皆與紀、傳不合,疑誤。又同卷校勘記云"'渠州'或是'梁州'之訛,然疑本當作'益州'",然太和十二年後元澄、元衍、元英、李崇、楊椿、李焕等皆任梁州刺史,則是年未改梁州爲益州,改益州當在正始元年得梁漢中之梁州後。

[武都鎮] 太武帝時置。

《元和志》卷三九武州:"後魏平仇池,於仙陵山東置武都鎮,宣武帝於鎮城復置武都郡。"

[脩城鎮] 太和中見置。

《魏書》卷一九中《任城王澄傳》:"以氐羌反叛,除都督梁益荆三州諸軍事、征南大將軍、梁州刺史。……澄至州,量彼風俗,誘導懷附。表送婆羅,授(楊)仲顯循城鎮副將。"牟發松《北魏軍鎮考補》(《魏晉南北朝隋唐史資料》第七期):"此循城當爲脩城之誤。"《魏書》卷一〇六下《地形志下》南秦州:

"領郡六……脩城郡。"按：元澄約太和十二年至十五年爲梁州刺史。

[**渭州**] 永安三年置，治襄武。

《元和志》卷三九渭州："後魏莊帝永安三年，於郡置渭州，因渭水爲名。"《閭伯昇及妻元仲英墓誌》(《墓誌集成》六六四)："正光中，除渭州刺史，不拜。"按：《元和志》云渭州永安三年置，據誌，則正光中已有渭州，存疑。

[**枹罕鎮**][**河州**] 太平真君六年平枹罕，置枹罕鎮。太和十六年改爲河州，治枹罕。

《魏書》卷四下《世祖紀下》："(太平真君六年)夏四月庚戌，征西大將軍、高涼王那等討吐谷渾慕利延於陰平白蘭。詔秦州刺史、天水公封敕文擊慕利延兄子什歸於枹罕，散騎常侍、成周公萬度歸乘傳發涼州以西兵襲鄯善。……八月丁亥，封敕文入枹罕，分徙千家還上邽。壬辰，度歸以輕騎至鄯善，執其王真達以詣京師。"卷一〇六下《地形志下》河州："真君六年置鎮，後改。治枹罕。"《元和志》卷三九河州："後魏平定秦隴西，改置枹罕鎮。孝文帝太和十六年，改鎮復爲河州。"

[**榆中鎮**] 魏末見置。

《周書》卷二九《王傑傳》："金城直城人也。……父巢，龍驤將軍、榆中鎮將。……魏孝武初，(傑)起家子都督。後從西遷。"《魏晉南北朝地方行政制度》下第十一章榆中鎮："巢爲榆中鎮將在魏分東西前之可能性甚大。檢《地形志》，河州金城郡、涼州建昌郡皆有榆中縣。巢爲金城人，其爲榆中鎮將當即以本郡豪望而任職，必金城之榆中也。其地在今甘肅榆中縣西北。"

[**鄯善鎮**][**鄯州**] 太平真君六年平西域鄯善國。後於西平郡置鄯善鎮。孝昌二年改鄯善鎮爲鄯州，治西平。

《鄯乾墓誌》(《墓誌集成》一三五):"侍中、鎮西將軍、鄯鄯王寵之孫,平西將軍、青平涼三州刺史、鄯鄯王、臨澤懷侯視之長子。考以去真君六年歸國。自祖已上,世守西夏。"《魏書》卷一〇二《鄯善傳》:"(太平真君六年)真達面縛出降,(萬)度歸釋其縛,留軍屯守,與真達詣京都。世祖大悦,厚待之。是歲,拜交趾公韓拔爲假節、征西將軍、領護西戎校尉、鄯善王以鎮之,賦役其人,比之郡縣。"卷四下《世祖紀下》:"(太平真君九年)夏五月甲戌,以交趾公韓拔爲假節、征西將軍、領護西戎校尉、鄯善王,鎮鄯善,賦役其民,比之郡縣。"卷三〇《王安都傳》:"世祖拜爲太子庶子,出爲鄯善鎮將。高宗時,爲内都大官。"《元和志》卷三九鄯州:"後魏以西平郡爲鄯善鎮,孝昌二年改鎮立鄯州。"《寰宇記》卷一五一鄯州:"後魏爲鎮,孝昌二年改鎮爲鄯州。後周又爲樂都郡。"《隋書》卷二九《地理志上》西平郡湟水:"舊曰西都,後周置樂都郡。"《北周地理志》卷二鄯州:"後魏之鄯善鎮及孝昌所置之鄯州,疑皆與西平郡同治西平亭,及孝昌以後,中原多故,吐谷渾强盛,西平荒棄,鄯州始移治樂都,改樂都縣爲西都縣並置樂都郡耳。"按:《鄯善傳》云"是歲"(真君六年)韓拔鎮故鄯善國,而《世祖紀》云在九年,存疑。各書未云於故鄯善國置鄯善鎮,《王安都傳》所云鄯善鎮蓋指西平之鄯善鎮。故鄯善國在敦煌西,與西平之鄯善鎮相去甚遠,二者關係不詳。

[涼州鎮][姑臧鎮][涼州] 太延五年滅北涼,并置涼州鎮與涼州,治姑臧。太和十四年改涼州鎮爲姑臧鎮,十七年鎮廢。

《魏書》卷四上《世祖紀上》:"(太延五年八月)車駕至姑臧。……九月……牧犍與左右文武五千人面縛軍門。……十月辛酉,車駕東還……留驃騎大將軍、樂平王丕,征西將軍賀多羅鎮涼州。"卷六八《張纂傳》:"祖珍……真君……二年,拜使持節、鎮西將軍、涼州刺史。"卷一九下《城陽王鸞傳》："高祖時，拜外都大官，又出爲持節、都督河西諸軍事、征西大將軍、領護西戎校尉、涼州鎮都大將。改鎮立州，以鸞爲涼州刺史，姑臧鎮都大將，餘如故。後朝于京師。會車駕南討，領鎮軍將軍。"卷一〇六下《地形志下》涼州："漢置，治隴。神䴥中爲鎮，太和中復。"《元和志》卷四〇涼州："及太武帝，改州鎮，置四軍戍，孝文帝太和十四年復爲涼州，領武威等十郡二十縣。"《魏晉南北朝地方行政制度》下第十一章涼州鎮、姑臧鎮："涼州入魏版圖在太延末年，《地形志》云神䴥中已置鎮，必誤。……據《鸞傳》，所謂'改鎮立州'者，惟改涼州鎮名爲姑臧鎮耳；州刺史則已先置也。"按：傳、志皆云太和中改鎮立州，然太和前屢見涼州刺史，如張珍、高湖、元渾、元楨、元天賜等，是涼州鎮當與涼州并置，太和中唯改鎮名爲姑臧鎮，嚴説是。孝文帝南討在太和十七年，是年元鸞還京，此後不見姑臧鎮，蓋廢。

[敦煌鎮][瓜州] 太平真君三年敦煌內附，置敦煌鎮。孝昌元年改爲瓜州，治敦煌。

《魏書》卷四下《世祖紀下》："（太平真君三年四月）李暠孫寶據敦煌，遣使內附。"《元和志》卷四〇沙州："後魏太武帝於郡置敦煌鎮，明帝罷鎮立瓜州，以地爲名也，尋又改爲義州，莊帝又改爲瓜州。"肅州："後魏太武帝平沮渠氏，以酒泉爲軍，屬敦煌鎮。明帝孝昌中，改鎮立瓜州，復置酒泉郡。"《元華光墓誌》（《墓誌集成》三六八）："樂安王範之曾孫，城門騰之女，泒州榮之第二妹。……孝昌元年歲次乙巳九月癸卯朔廿四日丙寅。"趙萬里釋（《墓誌集釋》卷三）："泒州即瓜州。"按：誌刻於孝昌元年，榮所任當爲現職，則是年已改鎮立州。

[晉昌鎮] 文成帝時見置。

《魏書》卷三〇《尉撥傳》："遷晉昌鎮將,綏懷邊民,甚著稱績。入爲知臣監。出爲杏城鎮將,在任九年……高宗以撥清平有惠績,賜以衣服。"《魏晉南北朝地方行政制度》下第十一章晉昌鎮:"是高宗文成帝時曾於晉昌置鎮也。觀其地位不甚高,蓋郡之比,雖爲鎮亦屬敦煌歟?按此晉昌當在今甘肅安西縣東。"

[梁州] 正始元年得梁漢中置,治南鄭。西魏大統元年没於梁。

《魏書》卷八《世宗紀》:"(正始元年)閏(十二)月癸卯朔,蕭衍行梁州事夏侯道遷據漢中來降。"卷一〇六下《地形志下》梁州:"蕭衍梁、秦二州,正始初改置。"《梁書》卷三《武帝紀下》:"(大同元年)北梁州刺史蘭欽攻漢中,尅之,魏梁州刺史元羅降。"按:梁大同元年即西魏大統元年。

[固道鎮][南岐州] 太平真君二年置固道鎮。太和元年置固道郡。孝昌中以固道郡置南岐州,治梁泉。

《元和志》卷二二鳳州:"後魏太平真君二年,招定仇池,其年於此城立鎮。太和元年置固道郡,孝昌中以固道郡置南岐州。"《隋書》卷二九《地理志上》河池郡梁泉:"舊曰故道,後魏置郡,曰固道,縣曰涼泉,尋改曰梁泉。"《王忻墓誌》(《墓誌集成》七二九):"太武皇帝除鷹楊將軍、里潤鎮將寬之曾孫,固道鎮將兕之孫。"

[武興鎮][東益州] 正始三年克武興,置武興鎮。神龜元年改爲東益州,治武興。孝昌後爲氐所據。

《魏書》卷八《世宗紀》:"(正始三年正月)梁秦二州刺史邢巒連破氐賊,克武興。"卷一〇一《氐傳》:"(楊)集義見梁益既定,恐武興不得久爲外藩,遂扇動諸氐,推紹先僭稱大號,集起、集義並稱王,外引蕭衍爲援。安西將軍邢巒遣建武將軍傅豎眼攻武興,尅之,執紹先送于京師,遂滅其國,以爲武興鎮,復改鎮爲東益州。前後鎮將唐法樂,刺史杜纂、邢豹,以威惠失衆,氐豪仇石柱等相率反叛。……後唐永代(魏)子建爲州,未幾,氐人悉反,永棄城東走,自此復爲氐地。其後,紹先奔還武興,復自立爲王。"《寰宇記》卷一三五興州:"(楊)鼠子集始稱藩于魏,後謀叛魏,魏遂廢武興爲藩鎮。其年改鎮爲東益州。"《宇文永妻韓氏墓誌》(《墓誌集成》二一五):"魏假節、員外散騎常侍、顯武將軍、柔玄武興二鎮將宇文永妻昌黎韓氏墓銘。……熙平三年歲在戊戌二月丁亥朔廿三日己酉。"《宇文永墓誌》(《墓誌集成》三五五):"轉振武將軍、柔玄鎮副將。遷顯武將軍、武興鎮將,帶武興太守。獻計立州,移授假節、鎮遠將軍、武川鎮將。春秋五十六,卒於官。正光五年十二月丁丑朔八日甲申遷措於京東。"《魏書》卷九《肅宗紀》:"(熙平三年)二月……詔以神龜表瑞,大赦改年。東益州氐反。"卷八八《杜纂傳》:"肅宗初,拜征虜將軍、清河內史。……還,以本將軍除東益州刺史。"卷一〇六下《地形志下》東益州:"治武興。"按:《永誌》云永歷柔玄、武興鎮將,卒於武川鎮將,而其妻韓氏墓誌唯列柔玄、武興二鎮,是韓氏葬時,永正爲武興鎮將,未遷武川。韓氏葬於熙平三年,則是年武興鎮仍存。參《肅宗紀》,是年改元神龜,已有東益州,則改鎮爲州亦當在是年。《永誌》又云永"獻計立州",是改州之議正出於永,改州後永即遷武川。《杜纂傳》云纂孝明帝初爲清河內史,後遷東益州刺史,歷官之年與永相近,當繼永。《寰宇記》云置鎮當年(正始三年)即改爲州,顯誤。

[益州] 延和元年置益州,治燕樂,真君二年罷。約真君初另置益州,與秦州同治上封。正始初改仇池之梁州爲益州。永平元年分晉壽置益州,東魏天平二年沒於梁。

《魏書》卷一〇六上《地形志上》安州廣陽郡:"延和元年

置益州,真君二年改爲郡。……燕樂,州、郡治。"《宋書》卷九五《索虜傳》:"(元嘉)十九年,虜鎮東將軍武昌王宜勒庫莫提移書益、梁二州,往伐仇池,侵其附屬,而移書越詣徐州曰:'……員外散騎常侍平南將軍南益州刺史建德公庫拔阿浴河引出斜谷,陁白馬之險……"《魏書》卷五一《封敕文傳》:"始光初爲中散,稍遷西部尚書。出爲使持節、散騎常侍、鎮西將軍、開府、領護西夷校尉、秦益二州刺史,賜爵天水公,鎮上邽。"卷六一《薛懷吉傳》:"永平初,分梁州晉壽爲益州。"《通鑑》卷一五七大同元年七月:"益州刺史鄱陽王範、南梁州刺史樊文熾合兵圍晉壽,魏東益州刺史傅敬和來降。"按:《索虜傳》之南益州乏考,宋元嘉十九年即魏太平真君三年,時蓋已於上封置益州,故稱宋之益州爲南益州,以庫拔阿浴河遥領。封敕文以秦益二州刺史鎮上邽(封),秦、益州二州蓋爲雙頭州。梁大同元年即東魏天平二年,《通鑑》"東益州"之"東"字當衍,時東益州已没於氐,且它文皆作益州,見永熙三年益州條。

[隆城鎮][南梁州] 延昌三年置隆城鎮,孝昌初改爲南梁州。

《魏書》卷一〇一《獠傳》:"孝昌初,諸獠以(嚴)始欣貪暴,相率反叛,攻圍巴州。山南行臺魏子建勉諭,即時散罷。自是獠諸頭王相率詣行臺者相繼,子建厚勞資之。始欣見中國多事,又失彼心,慮獲罪譴。時蕭衍南梁州刺史陰子春扇惑邊陲,始欣謀將南叛。始欣族子愷時爲隆城鎮將,密知之,嚴設邏候,遂禽蕭衍使人,并封始欣詔書、鐵券、刀劍、衣寇之屬,表送行臺。子建乃啓以鎮爲南梁州,愷爲刺史,發使執始欣,囚於南鄭。遇子建見代,梁州刺史傅豎眼仍爲行臺。"《魏晉南北朝地方行政制度》下第十一章隆城鎮:"楊氏《地形志圖》置於四川之閬中巴中縣間。"按:隆城鎮沿革參見是年巴州條。

［巴州］正始二年於北巴西郡置，旋没。延昌三年復於大谷郡置。西魏大統元年没於梁。

《魏書》卷六五《邢巒傳》："（正始二年）蕭衍巴西太守龐景民恃遠不降，巒遣巴州刺史嚴玄思往攻之，斬景民，巴西悉平。……巒又表曰：'……巴西、南鄭相離一千四百，去州迢遞，恒多生動。昔在南之日，以其統綰勢難，故增立巴州，鎮静夷獠，梁州藉利，因而表罷。……比建議之始，嚴玄思自號巴州刺史，剋城以來，仍使行事……'……巒既剋巴西，遣軍主李仲遷守之。……城人斬其首，以城降衍將譙希遠，巴西遂没。"卷一〇一《獠傳》："朝廷以梁益二州控攝險遠，乃立巴州以統諸獠，後以巴酋嚴始欣爲刺史。又立隆城鎮，所綰獠二十萬户。"《寰宇記》卷一三九巴州："後魏正始元年，梁州刺史夏侯道遷以其地内屬，于是分其地于漢昌縣理所置大谷郡，帶防兵以鎮撫之。延昌三年于大谷郡北置巴州，蓋取古巴國以爲名。"校勘記："'北'……萬本、庫本作'地'。"《北史》卷九五《獠傳》："以傅曇表爲（巴州）刺史。後元羅在梁州，爲所陷，自此遂絶。"按：元羅降梁在西魏大統元年，見是年南鄭之梁州條。

［東梁州］孝昌三年置，治安康。

《魏書》卷七一《淳于誕傳》："（孝昌）三年，朝議以梁州安康郡阻帶江山，要害之所，分置東梁州。"

［南河鎮］文成帝至孝文帝時見置，地望不詳。

《邢巒墓誌》（《墓誌集成》一六五）："父脩年，南河鎮將。……公……春秋五十一，延昌三年三月九日丁巳薨于第。"《邢偉墓誌》（《墓誌集成》一六四）："父脩年，南河鎮將。"按：邢巒生於和平五年，其父脩年爲南河鎮將蓋在文成至孝文時。

［五軍鎮］　獻文帝時見置,地望不詳。

《元鬱及妻慕容氏墓誌》(《墓誌集成》一七八):"幼除使持節、征西大將軍、五軍鎮都大將。"按:據同誌,鬱約皇興四年爲平原鎮大將,爲五軍鎮大將當在此前不久。

［固州鎮］　孝文帝時見置,地望不詳。

《司馬紹墓誌》(《墓誌集成》一二○):"魏故寧朔將軍、固州鎮將、鎮東將軍、漁陽太守、宜陽子司馬元興墓誌銘。君諱紹,字元興……以魏太和十七年歲次戊申七月庚辰朔十二日壬子薨於第。"

皇始二年丁酉(397)　　十月,平中山。

［冀州］

長孫嵩　　刺史。

《魏書》卷二五《長孫嵩傳》:"代人也。……從征中山,除冀州刺史。"

［幽州］

封豆　　刺史。

元素延　　刺史。左遷。

張袞　　奮武將軍、刺史。

《魏書》卷五一《封敕文傳》:"代人也。祖豆,皇始初領衆三萬東征幽州,平定三郡,拜幽州刺史。"卷一四《元素延傳》:"中山平,拜幽州刺史。豪奢放逸,左遷上谷太守。"卷二四《張袞傳》:"既剋中山,聽入八議,拜袞奮武將軍、幽州刺史,賜爵臨渭侯。"《侯氏妻張列華墓誌》(《墓誌集成》九三):"諱列華。先上谷沮陽人。魏故左光祿大夫、幽州使君范陽文康公之孫。"按:張袞諡文康,然本傳未載其封范陽公,《墓誌集

[離石鎮]

陸突　厲威將軍、鎮將。

《魏書》卷四〇《陸俟傳》："父突,太祖時率部民隨從征伐,數有戰功,拜厲威將軍、離石鎮將。天興中,爲上黨太守。"

[并州]

元素延　免。

奚牧　輔國將軍、刺史。

《魏書》卷二《太祖紀》："二月……并州守將封真率其種族與徒何爲逆,將攻刺史元延,延討平之。"校勘記:"本書卷一四……有曲陽侯素延……或是雙名單稱。"卷一四《元素延傳》:"太祖之驚於栢肆也,并州守將封寶真爲逆,素延斬之。時太祖意欲撫悦新附,悔參合之誅,而素延殺戮過多,坐免官。"卷二八《奚牧傳》:"代人也。……太祖征慕容寶,加輔國將軍,略地晉川,獲寶丹陽王買得及離石護軍高秀和於平陶。以軍功拜并州刺史。"

天興元年戊戌(398)　六月,定國號爲魏。七月,自盛樂遷都平城。十二月,拓跋珪即皇帝位,改元。

[冀州]

和跋　龍驤將軍、鄴行臺尚書,鎮鄴。

王輔　刺史。被殺。

常山王遵　撫軍大將軍、尚書左僕射、冀青兗豫徐州諸軍事、冀州牧,鎮勃海之合口。遷鎮中山。

《魏書》卷二《太祖紀》:"正月……帝至鄴,巡登臺榭,遍覽宮城,將有定都之意,乃置行臺,以龍驤將軍日南公和跋爲尚書,與左丞賈彝率郎吏及兵五千人鎮鄴。……帝慮還後山東有變,乃置行臺於中山,詔左丞相、守尚書令、衛王儀鎮中山,撫軍大將軍、略陽公元遵鎮勃海之合口。……廣川太守賀盧殺冀州刺史王輔,驅勒守兵,抄掠陽平、頓丘諸郡,遂南渡河,奔慕容德。……三月……徵左丞相、衛王儀還京師,詔略陽公遵代鎮中山。夏四月壬戌,進遵封常山王。……廣平太守、遼西公元意烈謀反,於郡賜死。"卷二八《和跋傳》:"代人也,世領部落,爲國附臣。……從平中原,以功進爲尚書,鎮鄴。"《和紹隆墓誌》(《墓誌集成》一〇一〇):"清都臨漳人。……高祖尚書令、定陵公。"《魏書》卷三三《賈彝傳》:"太祖即位,拜尚書左丞,參預國政,加給事中。於鄴置行臺,與尚書和跋鎮鄴,招攜初附。久乃召還。"卷八三上《賀盧傳》:"太祖以盧爲廣川太守。盧性雄豪,恥居冀州刺史王輔下,襲殺輔,奔慕容德。"卷一五《常山王遵傳》:"昭成子壽鳩之子也。……及平中山,拜尚書左僕射,加侍中,領勃海之合口。及博陵、勃海群盜起,遵討平之。遷州牧,封常山王。遵好酒,天賜四年,坐醉亂失禮於太原公主,賜死,葬以庶人禮。"校勘記:"'領',《册府》卷七七作'鎮',疑是。"《元誕墓誌》(《墓誌集成》四七六):"字那延。……驃騎大將軍、左承相、都督中外諸軍事、得銅虎符、冀州刺史、常山王之曾孫。"《元世緒墓誌》(《墓誌集成》一一七一):"高祖諱遵,字伏六兜,魏左右承相,常山王。"《太僕卿元公墓誌》(《金石續編》卷三):"六世祖遵,假節、侍中、撫軍大將軍、尚書左僕射、冀青兗豫徐州諸軍事、冀州牧、常山王。"《魏書》卷一五《遼西公意烈傳》:"昭成子力真之子也。……除廣平太守。時和跋爲鄴行臺,意烈性雄耿,自以帝屬,恥居跋下,遂陰結徒黨,將襲鄴,發覺賜死。"按:中山時屬安州(天興三年改爲定州),參《太祖紀》及

《遵傳》,遵天興二年後四處征討,天賜四年被殺,蓋暫鎮中山。吴表列遵於冀州刺史天賜元年至四年條。

[安州]

衛王儀　驃騎大將軍、都督中外諸軍事、兖豫雍荆徐揚六州牧、左丞相、中山行臺守尚書令,鎮中山。尋徵還。

《魏書》卷二《太祖紀》:"(皇始二年)五月……以東平公元儀爲驃騎大將軍、都督中外諸軍事、兖豫雍荆徐揚六州牧、左丞相,封衛王。"卷一五《衛王儀傳》:"遷都督中外諸軍事、左丞相,進封衛王。中山平,復遣儀討鄴,平之。太祖將還代都,置中山行臺,詔儀守尚書令以鎮之,遠近懷附。尋徵儀以丞相入輔。"卷三三《宋隱傳》:"西河介休人也。……(父)恭始家於廣平列人焉。……太祖平中山,拜隱尚書吏部郎。車駕還北,詔隱以本官輔衛王儀鎮中山。尋轉行臺右丞,領選如故。"卷二四《燕鳳傳》:"代人也。……太祖即位,歷吏部郎、給事黃門侍郎、行臺尚書,甚見禮重。"按:元儀參見是年冀州條。皇始二年魏未置兖豫等六州,儀當遥領。時有鄴行臺、中山行臺,燕鳳不知爲何行臺尚書,附於此。

[幽州]

張衮

封沓干　刺史。

《魏書》卷二四《張衮傳》:"天興初,徵還京師。"按:封沓干見次年幽州條。

[并州]

奚牧

[司州]

毗陵王順　司隸校尉。

《魏書》卷一五《毗陵王順傳》:"昭成子地干之子

也。……及太祖討中山，留順守京師。栢肆之敗，軍人有亡歸者，言大軍奔散，不知太祖所在。順聞之，欲自立，納莫題諫，乃止。時賀力眷等聚衆作亂於陰館，順討之不剋，乃從留宮自白登南入繁畤故城，阻灅水爲固，以寧人心。太祖善之，進封爲王，位司隸校尉。"卷二《太祖紀》："（皇始二年）二月……栢肆之役，遠近流言，賀蘭部帥附力眷、紇突隣部帥匿物尼、紇奚部帥叱奴根聚党反於陰館，南安公元順率軍討之，不克，死者數千。"卷一〇六上《地形志上》恒州："天興中置司州，治代都平城。"

天興二年己亥（399）

[豫州]

穆崇 征虜將軍、刺史，鎮野王。

《魏書》卷二《太祖紀》："七月……姚興遣衆圍洛陽，司馬德宗將辛恭靖請救。八月，遣太尉穆崇率騎六千往赴之。"卷二七《穆崇傳》："代人也。……太祖爲魏王，拜崇征虜將軍。……未至，恭靖敗，詔崇即鎮野王，除豫州刺史，仍本將軍。徵爲太尉，又徙宜都公。天賜三年薨。"《通鑑》卷一一一隆安三年十月胡注："秦既克洛陽，魏置鎮於野王，以備其渡河侵軼。"

[冀州]

和跋

庾岳 征虜將軍、鄴行臺。

王建 冀青二州刺史。

《魏書》卷二《太祖紀》："二月……征虜將軍庾岳破張超於勃海。超走平原，爲其黨所殺。……三月……氐人李辯叛慕容德，求援於鄴行臺尚書和跋。跋輕騎往應之，克滑臺。"卷二八《和跋傳》："慕容德使兄子和守滑臺，和長史李辨殺和，求援於跋。跋率輕騎赴之。既至，辨悔，閉門拒守。跋使尚書郎鄧暉説之，辨乃開門。跋入，收其府藏。德聞之，遣將率三千騎，擊跋。跋逆擊，大破之，擒其將士千餘人而還。於是陳穎之民，多來向化。"卷二八《庾岳傳》："進號征虜將軍。又討反人張超、清河太守傅世，並破平。以岳爲鄴行臺。"卷三〇《王建傳》："廣寧人也。祖姑爲平文后，生昭成皇帝。……中山平，賜建爵濮陽公。烏丸庫傉官鳴聚黨爲寇，詔建討平之。遷太僕，徙爲真定公，加散騎常侍，冀青二州刺史。卒。"

[幽州]

封沓干 被殺。

奚斤 晉兵將軍、刺史。

《魏書》卷二《太祖紀》："二月……破高車雜種三十餘部。……三月……破侯莫陳部。……八月……范陽人盧溥聚衆海濱，稱使持節、征北大將軍、幽州刺史，攻掠郡縣，殺幽州刺史封沓干。"卷二九《奚斤傳》："代人也，世典馬牧。……從征高車諸部，大破之。……又進擊侯莫陳部。……遷都水使者，出爲晉兵將軍，幽州刺史。"

[并州]

奚牧

《魏書》卷二八《奚牧傳》："州與姚興接界，興頗寇邊，牧乃與興書，稱頓首，鈞禮抗之，責興侵邊不直之意。興以與國通和，恨之。有言於太祖，太祖戮之。"

[司州]

毗陵王順

天興三年庚子(400)

［冀州］

庚岳

封豆　都督冀青二州諸軍事、前將軍、冀青二州刺史。

　　《魏書》卷五一《封敕文傳》："祖豆……後爲使持節、都督冀青二州諸軍事、前將軍、開府、冀青二州刺史。"按：同傳云封豆皇始初爲幽州刺史,後爲冀青二州刺史,年不詳,列於此。

［定州］

劉羅辰　征東將軍、刺史。

　　《魏書》卷八三上《劉羅辰傳》："代人,宣穆皇后之兄也。……從平中原……以軍功除征東將軍、定州刺史。卒。"卷一〇六上《地形志上》定州："太祖皇始二年置安州,天興三年改。"按：年不詳,定州天興三年置,列於此。

［幽州］

奚斤

［司州］

毗陵王順

天興四年辛丑(401)

［兗州］

長孫肥　鎮遠將軍、刺史。

　　《魏書》卷二《太祖紀》："七月,詔鎮遠將軍、兗州刺史長孫肥步騎二萬南徇許昌、彭城。"卷二六《長孫肥傳》："除肥鎮遠將軍、兗州刺史,給步騎二萬,南徇許昌,略地至彭城。司馬德宗將劉該遣使詣肥請降。"

［相州］

庾岳 罷鄴行臺，拜相州刺史。

《魏書》卷二《太祖紀》："夏四月辛卯，罷鄴行臺。"卷二八《庾岳傳》："及罷鄴行臺，以所統六郡置相州，即拜岳爲刺史。"

［冀州］

庾岳 遷相州。

［幽州］

奚斤

［并州］

房静 鎮東將軍、刺史。

《房蘭和墓誌》（《墓誌集成》六九四）："常山零壽人也。……高祖静……重道應符，東平燕趙。蒙授使持節、平東將軍、山東慰勞大使、常山太守，轉加鎮東將軍、并州刺史。……祖綽……道武南巡，鞭弭從駕。"按：年不詳，列於此。

［司州］

毗陵王順

天興五年壬寅（402）

［兗州］

長孫肥

《魏書》卷二六《長孫肥傳》："姚平之寇平陽，太祖將討之，選諸將無如肥者，乃徵還京師，遣肥與毗陵王順等六萬騎爲前鋒。……遣肥還鎮兗州。"

［相州］

庾岳 徵還。

長孫嵩　刺史。

《魏書》卷二《太祖紀》："十有一月……徵相州刺史庾岳爲司空。"卷二五《長孫嵩傳》："歷侍中、司徒、相州刺史。"

[幽州]

奚斤

[司州]

毗陵王順

天興六年癸卯（403）

[兗州]

長孫肥

[相州]

長孫嵩

[幽州]

奚斤

[司州]

毗陵王順　免。

庾路　司隸校尉。

《魏書》卷二《太祖紀》："秋七月，鎮西大將軍、司隸校尉、毗陵王順有罪，以王還第。"卷一五《毗陵王順傳》："太祖好黄老，數召諸王及朝臣親爲説之，在坐莫不祇肅，順獨坐寐欠伸，不顧而唾。太祖怒，廢之。以王薨於家。"卷二八《庾岳傳》："後遷司空。岳兄子路有罪，諸父兄弟悉誅，特赦岳父子。天賜四年，詔賜岳舍地於南宫，岳將家僮治之。……路，皇始初，從征慕容寶，爲城門校尉。遷司隸校尉。爵高平公而誅。"按：參同書卷二《太祖紀》，庾岳被徵爲司空在天興五年，庾路爲司隸校尉當在是年至天賜四年間,繼元順。

天賜元年甲辰(404)

[兗州]

　長孫肥

[相州]

　長孫嵩

[幽州]

　奚斤

[并州]

　叔孫建　龍驤將軍、刺史。

　　《魏書》卷二九《叔孫建傳》:"代人也。……隨秦王觚使慕容垂,歷六載乃還。拜後將軍。頃之,爲都水使者,中領軍,賜爵安平公,加龍驤將軍。出爲并州刺史。"按:傳下云叔孫建明元時爲相州刺史,爲并州刺史在前,年不詳,從吳表。

[司州]

　庾路

天賜二年乙巳(405)

[豫州]

　索度真　刺史。

　　《宋書》卷五一《長沙王道憐傳》:"義熙元年,索虜托跋開遣僞豫州刺史索度真、大將軍斛斯蘭寇徐州。"按:宋義熙元年即魏天賜二年。

[兗州]

　長孫肥

［相州］

　　長孫嵩

［幽州］

　　奚斤

［并州］

　　叔孫建

［司州］

　　庾路

天賜三年丙午（406）

［兗州］

　　長孫肥

［相州］

　　長孫嵩

［幽州］

　　奚斤

［并州］

　　叔孫建　免。

　　　　《魏書》卷二九《叔孫建傳》："後以公事免,守鄴城園。"

［司州］

　　庾路　被誅。

　　　　按：庾路見天興六年司州條。

天賜四年丁未（407）

［兗州］

　　長孫肥

［相州］

　　長孫嵩

［幽州］

　　奚斤

［平州］

　　慕容懿　　征東將軍、平州牧。

　　　　《晉書》卷一二四《慕容熙載紀》："（熙）以……上庸公懿爲鎮西將軍、幽州刺史，鎮令支。"《魏書》卷二《太祖紀》："是歲，慕容寶養子高雲殺熙自立。"卷九五《慕容熙傳》："雲之立也，熙幽州刺史、上庸公慕容懿以遼西歸降，太祖以懿爲征東將軍、平州牧、昌黎王。後坐反，伏誅。"

天賜五年戊申（408）

［兗州］

　　長孫肥　　卒。

　　尉建　　刺史。

　　　　《魏書》卷二六《長孫肥傳》："肥撫慰河南，得吏民心，威信著於淮泗。……天賜五年卒。"按：尉建見泰常元年兗州條，蓋繼長孫肥。

［相州］

　　長孫嵩

［幽州］

　　奚斤

明元帝永興元年己酉（409）　　十月，太武帝爲清河王紹所殺，太子嗣殺紹，即位，改元。

［兗州］

　尉建

［相州］

　長孫嵩

　尉太真　平南將軍、刺史。

　　　《魏書》卷二五《長孫嵩傳》:"太宗即位,與山陽侯奚斤、北新侯安同、白馬侯崔宏等八人,坐止車門右,聽理萬幾,故世號八公。"卷二六《尉古真傳》:"代人也。……古真弟太真,太宗初,爲平南將軍、相州刺史。"

［冀州］

　長孫道生　南統將軍、刺史。

　　　《魏書》卷二五《長孫道生傳》:"太宗即位,除南統將軍、冀州刺史。"

［幽州］

　奚斤

　尉諾　東統將軍、刺史。

　　　《魏書》卷二九《奚斤傳》:"太宗即位,爲鄭兵將軍,循行州郡,問民疾苦。"卷二六《尉諾傳》:"太宗初,爲幽州刺史,加東統將軍。"

［并州］

　元六頭　刺史。

　　　按:元六頭見永興二年并州條,始任年不詳,斷於此。

永興二年庚戌(410)

［兗州］

　尉建

[相州]

　尉太真

[冀州]

　長孫道生

[幽州]

　尉諾

[離石鎮]

　周觀

　　　《魏書》卷三《太宗紀》："冬十有二月辛巳，詔將軍周觀率衆詣西河離石，鎮撫山胡。"卷三〇《周觀傳》："代人也。……以功進爲軍將長史，尋轉軍將。擊赫連屈丐有功，賜爵安川子，遷北鎮軍將。"按：周觀轉軍將蓋在鎮離石時。

[并州]

　元六頭

　　　《魏書》卷三《太宗紀》："正月……平陽民黃苗等依汾自固，受姚興官號。并州刺史元六頭討平之。"

永興三年辛亥（411）

[兗州]

　尉建

[相州]

　尉太真

[冀州]

　長孫道生

[定州]

　元磨渾　刺史。

《魏書》卷一四《元磨渾傳》："元紹之逆也，太宗潛隱於外，磨渾與叔孫俊詐云太宗所在。紹使帳下二人隨磨渾往，規爲逆。磨渾既得出，便縛帳下詣太宗斬之。太宗得磨渾，大喜，因爲羽翼。以勳賜爵長沙公，拜尚書，出爲定州刺史。卒。"按：元紹之逆在天賜六年，元磨渾爲定州刺史蓋在是後不久，列於此。

[幽州]
　尉諾
[并州]
　元六頭

永興四年壬子(412)

[兗州]
　尉建
[相州]
　尉太真
[冀州]
　長孫道生
[定州]
　元磨渾
[幽州]
　尉諾
[并州]
　元六頭

永興五年癸丑(413)

[兗州]

尉建

[相州]

　　尉太真

[冀州]

　　長孫道生

[幽州]

　　尉諾

[并州]

　　元六頭

　　元屈　攝州事。被誅。

　　《魏書》卷八三上《賀泥傳》："與北新侯安同持節行并定二州，劾奏并州刺史元六頭等，皆伏罪，州郡肅然。"卷三《太宗紀》："五月……遣元城侯元屈等率衆三千鎮并州。……十月丁巳，將軍元屈、會稽公劉潔、永安侯魏勤等，擊吐京叛胡，失利，潔被傷，勤死之。"卷一四《元屈傳》："太宗以屈没失二將，欲斬之。時并州刺史元六頭荒淫怠事，乃赦屈令攝州事。屈縱酒，頗廢政事，太宗積其前後失，檻車徵還，斬於市。"

神瑞元年甲寅（414）

[兗州]

　　尉建

[相州]

　　尉太真

　　　　《魏書》卷三《太宗紀》："八月……詔平南將軍、相州刺史尉古真與司馬德宗太尉劉裕相聞，使博士王諒假平南參軍將命焉。"校勘記："張森楷云：'"古"當作"太"，太真是古真弟，見《尉古真傳》。古真未嘗爲平南、相州。'"按：吳表相州刺史條仍作尉古真。

［冀州］

　長孫道生

［幽州］

　尉諾

［并州］

　樓伏連　晉兵將軍、刺史。

　　《北史》卷二〇《樓伏連傳》："代人也。代爲酋帥。……明元時，爲晉兵將軍、并州刺史。"《魏書》卷三〇《樓伏連傳》："太祖時，爲晉兵將軍、并州刺史。伏連招誘西河胡曹成等七十餘人，襲殺赫連屈孑吐京護軍及其守士三百餘人，并擒叛胡阿度支等二百餘家。"校勘記："'太祖'，疑當作'太宗'。"卷三《太宗紀》："二月……西河胡曹成、吐京民劉初原攻殺屈孑所置吐京護軍及其守三百餘人。"

神瑞二年乙卯（415）

［兗州］

　尉建

［相州］

　尉太眞

［冀州］

　長孫道生

［幽州］

　尉諾

［并州］

樓伏連

《魏書》卷三〇《樓伏連傳》："徵伏連爲內都大官。"

泰常元年丙辰（416）

[兗州]

尉建　棄州，被斬。

《魏書》卷三《太宗紀》："九月……司馬德宗相劉裕泝河伐姚泓，遣其部將王仲德爲前鋒，從陸道至梁城。兗州刺史尉建畏懦，棄州北渡，王仲德遂入滑臺。詔將軍叔孫建等渡河，耀威滑臺，斬尉建於城下。"卷三三《公孫表傳》："及劉裕征姚興，兗州刺史尉建聞寇至，棄滑臺北走，詔表隨壽光侯叔孫建屯枋頭。"

[相州]

尉太真

[冀州]

長孫道生

《魏書》卷三三《張蒲傳》："泰常初，丁零翟猛雀驅逼吏民入白㟧山，謀爲大逆。詔蒲與冀州刺史長孫道生等往討……追斬猛雀首。"

[幽州]

尉諾

《魏書》卷三《太宗紀》："十月……徒何部落庫傉官斌先降，後復叛歸馮跋。驍騎將軍延普渡濡水討擊，大破之，斬斌及馮跋幽州刺史、漁陽公庫傉官昌，征北將軍、關內侯庫傉官提等首，生擒庫傉官女生，縛送京師。幽州平。"

[河內鎮]

于栗磾　鎮遠將軍、鎮將。

《魏書》卷三一《于栗磾傳》:"代人也。……永興中,關東群盜大起,西河反叛。栗磾受命征伐,所向皆平,即以本號留鎮平陽。轉鎮遠將軍,河內鎮將,賜爵新城男。栗磾撫導新邦,甚有威惠。"

[并州]

苟孤　鎮軍大將軍、刺史。

《魏書》卷四四《苟孤傳》:"太宗即位,以定策功拜車騎將軍。後除鎮軍大將軍、并州刺史、博陵公。"

泰常二年丁巳(417)

[相州]

尉太真

叔孫建　正直將軍、刺史。

《魏書》卷三《太宗紀》:"十月……遣叔孫建鎮鄴。"卷二九《叔孫建傳》:"太宗即位,念建前功,乃以建爲正直將軍、相州刺史。"

[幽州]

尉諾

[河內鎮]

于栗磾

《魏書》卷三一《于栗磾傳》:"劉裕之伐姚泓也,栗磾慮其北擾,遂築壘於河上,親自守焉。禁防嚴密,斥候不通。裕甚憚之,不敢前進。裕遺栗磾書,遠引孫權求討關羽之事,假道西上,題書曰'黑矟公麾下'。栗磾以狀表聞,太宗許之,因授黑矟將軍。"

[并州]

苟孤

丘堆　鎮并州。

　　《魏書》卷三〇《丘堆傳》："代人也。……姚泓既滅,堆留鎮并州。赫連屈丐遣三千騎寇河西,堆自并州與游擊將軍王洛生擊走之。"《丘哲墓誌》(《墓誌集成》五二一):"鎮西大將軍、都督定州諸軍事、定州刺史、臨淮公庫堆之孫。"按:是年宋滅姚秦。傳未云丘堆爲定州刺史,疑死後所贈。

泰常三年戊午(418)

[相州]

叔孫建　遷廣阿鎮。

[冀州]

奚和觀　冀青二州刺史。

　　《魏書》卷二九《奚和觀傳》："太宗以其世典戎御,遂拜典御都尉。……出爲冀青二州刺史。"按:年不詳,當在長孫道生後,列於此。

[廣阿鎮]

叔孫建　鎮將。

　　《魏書》卷三《太宗紀》："五月丙午,詔叔孫建鎮廣阿。"卷二九《叔孫建傳》："遷廣阿鎮將,群盜斂跡,威名甚震。"

[定州]

尉古真　刺史。

　　《魏書》卷二六《尉古真傳》："泰常三年,除定州刺史。"

[幽州]

尉諾　轉寧東將軍。

　　《魏書》卷二六《尉諾傳》："長孫道生之討馮跋也,諾與驍騎將軍延普率師次遼西。轉寧東將軍。"卷三《太宗紀》："五月……遣征東將軍長孫道生、給事黃門侍郎奚觀率精騎二萬襲馮跋。"

[河內鎮]

　于栗磾

[并州]

　丘堆

[東雍州]

　薛辯　平西將軍、刺史。

　　《北史》卷三六《薛辯傳》："及晉將劉裕平姚泓，即署相國掾。尋除平陽太守，委以北道鎮捍。及長安失守，辯遂歸魏。仍立功於河際，位平西將軍、東雍州刺史，賜爵汾陰侯。其年詣闕，明元深加器重，明年方得旋鎮。帝謂之曰：'朕委卿西蕃，志在關右，卿宜克終良算，與朕爲長安主人。'"按：劉裕失長安在是年十一月。《魏書》卷四二《薛辯傳》東雍州作雍州，時長安爲赫連勃勃所據，此從《北史》。

泰常四年己未(419)

[廣阿鎮]

　叔孫建

[定州]

　尉古真

[河內鎮]

　于栗磾

[并州]

　丘堆

薛辯　刺史。

　　按：薛辯見是年東雍州條。

[東雍州]

　薛辯　遷并州。

　　《北史》卷三六《薛辯傳》："辯既還任，務農教戰，恒以數千之衆，摧抗赫連氏。帝甚褒獎之。又除并州刺史。"按：薛辯歷并州，《魏書》卷四二本傳失載。辯泰常七年卒，何年遷并州不詳，斷於此。

泰常五年庚申（420）

[冀州]

　怡文　刺史。

　　《周書》卷一七《怡峰傳》："高祖寬，燕遼西郡守。魏道武時，率户歸朝，拜羽真，賜爵長蚳公。曾祖文，冀州刺史。"按：年不詳，列於此。

[廣阿鎮]

　叔孫建

[定州]

　尉古真

[河內鎮]

　于栗磾

[并州]

　薛辯

[雲中鎮]

　安原　鎮雲中，加魯兵將軍。

　　《魏書》卷三〇《安原傳》："太宗時爲獵郎，出監雲中軍事。時赫連屈丐犯河西,原以數十騎擊之,殺十餘人。太宗以原輕敵,違節度,加其罪責。然知原驍勇,遂任以爲將,鎮守雲中。寬和愛下,甚得衆心。蠕蠕屢犯塞,原輒摧破之。以功賜爵武原侯,加魯兵將軍。"按:傳下云原太武初徵還,始任當在泰常中,斷於此。

泰常六年辛酉(421)

[廣阿鎮]

　叔孫建

[河內鎮]

　于栗磾

[并州]

　薛辯

　伊樓拔　刺史。

　　　《北史》卷三六《薛辯傳》:"徵授大羽真。泰常七年,卒於官。"按:伊樓拔見泰常八年并州條。

[雲中鎮]

　安原

泰常七年壬戌(422)　　五月,劉裕死。九月,遣奚斤南伐。

[兗州]

　元苟兒　刺史。

　　　《魏書》卷三《太宗紀》:"十有一月……劉義符東郡太守王景度棄滑臺走,詔成皋侯元苟兒爲兗州刺史,鎮滑臺。"

[徐州]

　叔孫建　都督前鋒諸軍事、楚兵將軍、徐州刺史,鎮平原。

《魏書》卷三《太宗紀》："十有二月,遣壽光侯叔孫建等率衆自平原東渡,徇下青、兗諸郡。"卷二九《叔孫建傳》："除使持節、都督前鋒諸軍事、楚兵將軍、徐州刺史,率衆自平原濟河,徇下青兗諸郡。建濟河,劉裕兗州刺史徐琰奔彭城,建遂東入青州。"

[揚州]

奚斤 都督前鋒諸軍事、晉兵大將軍、行揚州刺史。

《魏書》卷三《太宗紀》："九月,詔假司空奚斤節,都督前鋒諸軍事,爲晉兵大將軍、行揚州刺史,交阯侯周幾爲宋兵將軍、交州刺史,安固子公孫表爲吳兵將軍、廣州刺史,前鋒伐劉義符。"卷二九《奚斤傳》："劉義符立,其大臣不附,國内離阻。乃遣斤收劉裕前侵河南地,假斤節,都督前鋒諸軍事、司空公、晉兵大將軍、行揚州刺史,率吳兵將軍公孫表等南征。"卷三三《公孫表傳》："泰常七年,劉裕死,議取河南侵地。太宗以爲掠地至淮,滑臺等三城自然面縛。表固執宜先攻城,太宗從之。於是以奚斤爲都督,以表爲吳兵將軍、廣州刺史。斤等濟河,表攻滑臺,歷時不拔。太宗乃南巡,爲之聲援。表等既剋滑臺,引師西伐,大破劉義隆將翟廣等於土樓,遂圍虎牢。"按：是年之揚州、交州、廣州乏考,奚斤、周幾、公孫表皆蓋遥領,列於此。

[相州]

崔浩 刺史。

《魏書》卷三五《崔浩傳》："會聞劉裕死,太宗欲取洛陽、虎牢、滑臺。……遣奚斤南伐。……斤等濟河,先攻滑臺,經時不拔,表請濟師。太宗怒,乃親南巡。拜浩相州刺史,加左光禄大夫,隨軍爲謀主。"

[廣阿鎮]

叔孫建 遷徐州。

［河内鎮］

　于栗磾

［并州］

　伊樓拔

［雲中鎮］

　安原

泰常八年癸亥（423）　正月，克金墉。閏四月，克虎牢。十一月，明元帝死，太子燾即位。

［洛州］［洛城鎮］

　于栗磾　　刺史。

　王慧龍　　鎮將。未任。

　劉子遺　　平西將軍、鎮將。

　　《宋書》卷四《少帝紀》："正月……虜將達奚印破金墉，進圍虎牢。"《魏書》卷三一《于栗磾傳》："奚斤之征虎牢也，栗磾別率所部攻德宗河南太守王涓之於金墉，涓之棄城遁走。遷豫州刺史，將軍如故，進爵新安侯。洛陽雖歷代所都，久爲邊裔，城闕蕭條，野無煙火。栗磾刊闢榛荒，勞來安集。"卷三八《王慧龍傳》："自云太原晉陽人，司馬德宗尚書僕射愉之孫。……後拜洛城鎮將，配兵三千人鎮金墉。既拜十餘日，太宗崩。世祖初即位，咸謂南人不宜委以師旅之任，遂停前授。"《劉滋墓誌》（《墓誌集成》二五六）："定州中山人也。……逮於高祖冏，因宦燕朝。……曾祖子遺，皇始之年，初宦聖魏，解褐入朝，帶仗給事，後除持節、平西將軍、洛都鎮將。"按：《于栗磾傳》之"豫州"疑爲"洛州"之誤，說見皇始元年洛州條。洛都鎮蓋即洛城鎮，劉子遺何年爲鎮將不詳，列於此。洛城鎮或洛都鎮僅見此二例，本表是年以下唯列洛州。

[荆州]

魯軌　寧南將軍、荆州刺史。

司馬楚之　假使持節、征南將軍、荆州刺史。

嚴稜　平遠將軍、假荆州刺史。

《宋書》卷七四《魯爽傳》："祖宗之……以功爲輔國將軍、雍州刺史。……子軌……爲竟陵太守。宗之自以非高祖舊隸，屢建大功，有自疑之心。會司馬休之見討，猜懼，遂與休之北奔。……盡室入羌，頃之病卒。高祖定長安，軌爲寧南將軍、荆州刺史、襄陽公，鎮長社。……爽少有武藝，虜主拓跋燾知之，常置左右。"《魏書》卷三《太宗紀》："（泰常四年三月）司馬德文寧朔將軍、平陽太守、匈奴護軍薛辯及司馬楚之、司馬順明、司馬道恭，並遣使請降。"校勘記："本書卷三七《司馬楚之傳》云……'太宗末，山陽公奚斤略地河南，楚之遣使請降'。……此紀繫楚之降魏於本年三月，誤。"卷三七《司馬楚之傳》："及從祖荆州刺史休之爲裕所敗，乃亡於汝潁之間。……及劉裕自立，楚之規欲報復，收衆據長社，歸之者常萬餘人。……太宗末，山陽公奚斤略地河南，楚之遣使請降。……於是假楚之使持節、征南將軍、荆州刺史。奚斤既平河南，以楚之所率户民分置汝南、南陽、南頓、新蔡四郡，以益豫州。"《廿二史考異》卷二八《魏書一·司馬楚之傳》："是時豫州治虎牢，楚之屯據汝、潁間，距南陽尚遠，蓋僑置也。"《司馬昇墓誌》(《墓誌集成》六一一)："祖荆州，才地孤雄，震玉譽於江左。來賓大魏，爲白駒之客。始踐北都，遥授侍中、使持節、征南大將軍、開府儀同三司、十州諸軍事，封琅琊王，後遷司徒公。"《孟縣誌》(《金石萃編》卷三〇昇誌跋引)："此誌所云'祖荆州'者，斷爲司馬楚之無疑。"《司馬裔碑》(《庾子山集》卷一三）："曾祖楚之……江淮志節之士，汝潁風塵之客，感激一言，咸多依附。……擁衆萬家，歸於魏室。魏明元皇帝，遥授平南大將軍、荆州刺史。"《魏書》卷四三《嚴稜傳》："泰常中，山陽公奚斤南討，軍至潁川，稜率文武五百人詣斤降，驛送稜朝太宗於冀州。嘉其誠款，拜平遠將軍，賜爵邰陽侯，假荆州刺史。隨駕南討，還爲上客。"按：不知魯軌之荆州刺史爲後秦所授，抑或自署，晉、宋、魏仍之，羈縻而已。以司馬楚之爲荆州刺史當在泰常八年，楚之初"收衆據長社"，爲刺史後蓋亦鎮長社。嚴稜居潁川，與軌、楚之亦同處一郡。本書所引《庾子山集》之碑、誌，爲統一體例，題名皆用簡稱。

[虎牢鎮][豫州]

奚眷 假安南將軍、鎮將。

王度 監軍。徵還。

《魏書》卷三《太宗紀》："正月……司空奚斤既平兗豫，還圍虎牢。……閏（四月）月……虎牢潰。……十有一月己巳，帝崩於西宮。"卷三〇《奚眷傳》："代人也。……太宗時爲尚書、假安南將軍、虎牢鎮將，爲寇所憚。"同卷《王度傳》："太宗時爲虎牢鎮監軍。世祖即位，徵拜殿中給事，遷尚書。"

[兗州]

元苟兒

[青州]

薛道千 越兵將軍、刺史。

刁雍 假鎮東將軍、刺史。鎮尹卯固，後遷鎮濟陰。

《魏書》卷三八《刁雍傳》："八年，太宗南幸鄴，朝於行觀。……謂之曰：'朕先遣叔孫建等攻青州，民盡藏避，城猶未下。彼既素憚卿威，士民又相信服，今欲遣卿助建等，卿宜勉之。'於是假雍鎮東將軍、青州刺史、東光侯，給五萬騎，使別立義軍。……雍遂鎮尹卯固。……遷鎮濟陰。"按：薛道千見是年徐州條。刁雍何年遷鎮濟陰不詳。

[濟州]

張蒲 陳兵將軍、刺史。

《魏書》卷三三《張蒲傳》："河內脩武人。……與安平公叔孫建將兵自平原東渡，徇下劉義符青兖諸郡。詔加陳兵將軍、濟州刺史。又與建攻青州，不剋而還。"卷一〇六中《地形志中》濟州："治濟北碻磝城。泰常八年置。"

[徐州]

叔孫建

《宋書》卷九五《索虜傳》："少帝景平元年正月……虜又遣楚兵將軍徐州刺史安平公涉歸幡能健、越兵將軍青州刺史臨菑侯薛道千、陳兵將軍淮州刺史壽張子張模東擊青州，所向城邑皆奔走。"《通鑑》卷一一九景平元年正月《考異》："《後魏書》無涉歸等姓名，蓋皆胡中舊名，即叔孫建等也。"《魏書》一〇六中《地形志中》西淮州："蕭衍置，魏因之。治豫州界白苟堆。"淮州："蕭衍置，魏因之。治淮陰城。"按：薛道千所歷之青州乏考。《魏書》所載之西淮州、淮州皆梁置，張模所歷之淮州乏考。

[揚州]

奚斤

《魏書》卷二九《奚斤傳》："太宗崩，斤乃班師。"

[相州]

崔浩

司馬準 寧遠將軍、假相州刺史。

《魏書》卷三七《司馬準傳》："以泰常末，率三千餘家歸國。時太宗在虎牢，授寧遠將軍、新蔡公、假相州刺史。隨駕至京。出除廣寧太守。"

[定州]

  元纂 刺史。

    《魏書》卷一五《元纂傳》："世祖踐阼，除定州刺史。"

[河內鎮]

  于栗磾 遷洛州。

  羅結 寧南將軍、鎮將。

    《魏書》卷四四《羅結傳》："太宗時，除持節、散騎常侍、寧南將軍、河內鎮將。"

[并州]

  伊樓拔

    《宋書》卷九五《索虜傳》："少帝景平元年……三月……嗣又遣并州刺史伊樓拔助鄭兵攻虎牢。"

[雲中鎮]

  安原

    《魏書》卷三〇《安原傳》："世祖即位，徵拜駕部尚書。"

太武帝始光元年甲子(424)

[洛州]

  于栗磾

[荊州]

  魯軌

  司馬楚之 徵還。

    《魏書》卷三七《司馬楚之傳》："世祖初，楚之遣妻子內居於鄴，尋徵入朝。"

[虎牢鎮][豫州]

奚眷

　　《魏書》卷三〇《奚眷傳》："世祖初,爲中軍、都曹尚書。"

[兗州]

元苟兒

　　按:元苟兒何年去職不詳,斷於此。

[青州]

刁雍

[濟州]

張蒲　轉相州。

[徐州]

叔孫建

[相州]

張蒲　刺史。

　　《魏書》卷三三《張蒲傳》："世祖即位,以蒲清貧,妻子衣食不給,乃出爲相州刺史。"

[冀州]

閭大肥　安南將軍、冀青二州刺史。

　　《魏書》卷三〇《閭大肥傳》:"蠕蠕人也。太祖時,與其弟大埿倍頤率宗族歸國。……世祖初,復與奚斤出雲中白道討大檀,破之。還爲内都大官。出除使持節、冀青二州刺史,假滎陽公。尋徵還,位特進。"《金石錄》卷二二《跋尾十二·北齊郁久閭業碑》:"碑云'祖名大泥鵲起',而史作'大肥'。"《赫連子悦妻閭炫墓誌》(《墓誌集成》九五七):"夫人諱炫,字光輝,代郡平城人,即茹茹國主步渾之玄孫也。……曾祖大肥,相時而動,來賓有魏。……除使持節、安南將軍、冀州刺史。"

[廣阿鎮]

費峻　征南將軍、鎮大將。

《魏書》卷四四《費于傳》:"代人也。祖峻,仕赫連昌,爲寧東將軍。泰常末,率衆來降,拜龍驤將軍,賜爵犍爲公。後遷征南將軍、廣阿鎮大將。"

[定州]

　元纂

[河內鎮]

　羅結

　　《魏書》卷四四《羅結傳》:"世祖初,遷侍中、外都大官。"

[雲中鎮]

　周觀　都副將。

　　《魏書》卷三〇《周觀傳》:"世祖即位,從討蠕蠕。以軍功進爲都副將,鎮雲中。"

[李潤鎮]

　王寬　鷹揚將軍、鎮將。

　　《王忻墓誌》(《墓誌集成》七二九):"阿陽三坑人也。……太常八年除建節將軍、歸親侯,太武皇帝除鷹楊將軍、里潤鎮將寬之曾孫。"按:里潤鎮疑即李潤鎮。王寬爲鎮將蓋在太武初,列於此。

始光二年乙丑(425)

[洛州]

　于栗磾

[荊州]

　魯軌

[江州]

　梅豹　安遠將軍、刺史。

《魏書》卷一〇一《蠻傳》:"泰常八年,蠻王梅安率渠帥數千朝京師,求留質子以表忠款。始光中,拜安侍子豹爲安遠將軍、江州刺史。"按:年不詳,列於此。

[青州]

刁雍

[徐州]

叔孫建

[相州]

張蒲

[定州]

元纂

[雲中鎮]

周觀

始光三年丙寅(426)

[洛州]

于栗磾

《魏書》卷四上《世祖紀上》:"帝以屈丐既死,諸子相攻,九月,遣司空奚斤率義兵將軍封禮、雍州刺史延普襲蒲坂,宋兵將軍周幾率洛州刺史于栗磾襲陝城。……十有一月……奚斤遂入蒲坂。十有二月,詔斤西據長安。"卷三〇《周幾傳》:"進號宋兵將軍。率洛州刺史于栗磾以萬人襲陝城,卒於軍。"

[荊州]

魯軌

[虎牢鎮][豫州]

韓延之　鎮將。

《魏書》卷三八《韓延之傳》:"泰常二年,與司馬文思來入國,以延之爲虎牢鎭將。……延之死後五十餘年而高祖徙都。"按:遷洛在太和十八年,上推五十年爲眞君五年,延之蓋卒於眞君初。何年爲鎭將不詳,當在奚斤後,列於此。

[青州]

刁雍

[徐州]

叔孫建

[相州]

張蒲　卒。

《魏書》卷三三《張蒲傳》:"扶弱抑彊,進善黜惡,教化大行。始光三年卒於州。"

[冀州]

閭大肥　復爲冀青二州刺史。

《魏書》卷三〇《閭大肥傳》:"復出爲冀青二州刺史。尋入爲內都大官。從討赫連昌。"

[定州]

元纂

[并州]

陳留王崇　刺史。

《魏書》卷一五《陳留王崇傳》:"世祖詔令襲桓王爵。……拜并州刺史,有政績。從征蠕蠕,別督諸軍出大澤,越涿邪山,威慴漠北。薨。"卷一〇三《蠕蠕傳》:"(太延四年)陳留王崇從大澤向涿邪山……不見蠕蠕而還。"按:崇爲并州刺史在太延四年前,年不詳,從吳表。

[雲中鎭]

周觀

[雍州]

　延普　刺史。

　　　按：延普見是年洛州條。

始光四年丁卯(427)　　六月，平統萬。

[荆州]

　魯軌

[青州]

　刁雍

[徐州]

　叔孫建

[冀州]

　安同　征東大將軍、冀青二州刺史。

　　　《魏書》卷三〇《安同傳》："遼東胡人也。……世祖即位……除征東大將軍、冀青二州刺史。"

[幽州]

　尉諾　復除安東將軍、幽州刺史。

　　　《魏書》卷二六《尉諾傳》："諾之在州，有惠政，民吏追思之。世祖時，薊人張廣達等二百餘人詣闕請之，復除安東將軍、幽州刺史。"按：始任年不詳，從吳表。

[蒲坂鎮]

　于栗磾　安南將軍、鎮將。

　　　《魏書》卷三一《于栗磾傳》："加安南將軍。平統萬，遷蒲坂鎮將。時弘農、河內、上黨三郡賊起，栗磾討之。"

[并州]

　陳留王崇

[雲中鎮]

周觀

[統萬鎮]

常山王素 征西大將軍、都督河西諸軍事、統萬鎮都大將。

莫雲 執金吾,鎮統萬。加平西將軍,後遷鎮西大將軍。

《魏書》卷四上《世祖紀上》:"(始光四年)六月……班師,留常山王素、執金吾桓貸鎮統萬。"卷一五《常山王素傳》:"及平統萬,以素有威懷之略,拜假節、征西大將軍以鎮之。"《元誕墓誌》(《墓誌集成》四七六):"征西大將軍、都督河以西諸軍事、儀同三司、侍中、太尉公、常山王之孫。"《元顥(神周)墓誌》(《墓誌集成》七八〇):"征西大將軍、內羽真、統万突鎮都大將、常山康王之孫。"《元昭墓誌》(《墓誌集成》三二八):"祖連,使持節、侍中、征西大將、都督河西諸軍事、內都坐大官、羽真、統万突鎮都大將、常山王,諡曰康。"《元保洛墓誌》(《墓誌集成》一一九):"曾祖故素連,侍中、羽真、使持節、征南大將軍、都督河以西諸軍事、吐万突鎮都大將、中都內都大官、儀同三司、常山王,得銅虎符,諡曰康王。"《太僕卿元公墓誌》(《金石續編》卷三):"高祖素,假節、征西大將軍、內都大官。"《魏書》卷二三《莫雲傳》:"遷執金吾,常參軍國謀議。世祖之剋赫連昌,詔雲與常山王素留鎮統萬。進爵安定公,加平西將軍,後遷鎮西大將軍。時初并河西,人心未一,雲撫慰新舊,皆得其所。"按:《誕誌》《顥誌》之祖、《昭誌》之連、《保洛誌》之素連,官、爵、諡皆與元素合,當爲一人。桓貸、莫雲皆爲執金吾,疑爲一人。《通鑑》卷一二〇宋文帝元嘉四年六月云"以常山王素……與執金吾桓貸、莫雲留鎮統萬",作二人。

神䴥元年戊辰(428)

[荆州]

魯軌

[青州]

刁雍

[明壘鎮]

許洛陽　鎮將。

　　《魏書》卷二四《許洛陽傳》："世祖善之。進爵北地公,加鎮南將軍。出爲明壘鎮將,居八年,卒。"按:年不詳,列於此。

[徐州]

叔孫建

[相州]

穆莫提　寧南將軍、刺史。

　　《魏書》卷二七《穆莫提傳》："從平中原,爲中山太守。除寧南將軍、相州刺史,假陽陵侯。"《元玒妻穆玉容墓誌》(《墓誌集成》二三六):"曾祖堤,寧南將軍、相州刺史。"按:穆堤當即穆莫提。年不詳,從吳表。

[冀州]

安同

[定州]

劉稽

　　《獨孤公靈表》(《毘陵集》卷一〇):"公諱某,其先劉氏。……廷尉生稽……魏世祖初,從平滑臺,以功授散騎常侍,歷守冀定相三州。時新定律令,慎選廷尉,徵公拜焉。"《魏書》卷一一一《刑罰志》:"神䴥中,詔司徒浩定律令。"按:年不詳,從吳表。

[幽州]

　尉諾

[蒲坂鎮]

　于栗磾

[并州]

　陳留王崇

[雲中鎮]

　周觀　遷都將。

　　　《魏書》卷三〇《周觀傳》："神䴥中,又討蠕蠕,大獲,增爵爲侯。從征平涼,進爵金城公,遷爲都將。"

[統萬鎮]

　常山王素

　莫雲

神䴥二年己巳(429)

[荆州]

　魯軌

[虎牢鎮][豫州]

　鄧權　龍驤將軍、刺史。

　　　《魏書》卷二四《鄧權傳》："從世祖征伐,官至龍驤將軍、豫州刺史,賜爵新野侯。從征蠕蠕,坐法死。"按：年不詳,列於此。

[青州]

　刁雍

[徐州]

　叔孫建

［冀州］

　　安同　卒。

　　　　《魏書》卷三〇《安同傳》："及在冀州，年老，頗殖財貨，大興寺塔，爲百姓所苦。神䴥二年卒。"

［幽州］

　　尉諾

［蒲坂鎮］

　　于栗磾

［并州］

　　陳留王崇

［雲中鎮］

　　來大千　征北大將軍，鎮雲中，兼統白道軍事。

　　　　《魏書》卷三〇《來大千傳》："代人也。……從討赫連昌，共長孫道生與賊交戰。……從討蠕蠕，戰功居多。遷征北大將軍，賜爵廬陵公，鎮雲中，兼統白道軍事。"校勘記："《北史》卷二五本傳作'來大干'。"

［統萬鎮］

　　常山王素

　　莫雲

　　　　《魏書》卷二三《莫雲傳》："神䴥中卒。"按：年不詳，斷於此。

神䴥三年庚午（430）　　十二月，關中平。

［荊州］

　　魯軌

［虎牢鎮］［豫州］

于栗磾　鎮大將,加督河内軍。

　　《魏書》卷三一《于栗磾傳》:"轉虎牢鎮大將,加督河内軍。"

[兗州]

羅忸　刺史。

　　按:羅忸見延和元年兗州條,始任年不詳,斷於此。

[青州]

刁雍

[平原鎮]

叔孫建　鎮大將,加征南大將軍、都督冀青徐濟四州諸軍事。

　　《魏書》卷四上《世祖紀上》:"十有一月……義隆兗州刺史竺靈秀棄須昌,南奔湖陸。"卷二九《叔孫建傳》:"建與汝陰公長孫道生濟河而南,(到)彦之、(王)仲德等自清入濟,東走青州。劉義隆兗州刺史竺靈秀棄須昌,南奔湖陸,建追擊,大破之。……世祖以建威名南震,爲義隆所憚,除平原鎮大將,封丹陽王,加征南大將軍、都督冀青徐濟四州諸軍事。"按:叔孫建本以徐州刺史鎮平原,今雖遷職,仍鎮平原。建仍都督徐州,是徐州亦未廢。

[徐州]

叔孫建　遷平原鎮大將。

[相州]

杜超　都督冀定相三州諸軍事、行征南大將軍。

　　《魏書》卷四上《世祖紀上》:"七月……詔大鴻臚卿杜超假節、都督冀定相三州諸軍事、行征南大將軍、太宰,進爵爲王,鎮鄴,爲諸軍節度。"卷八三上《杜超傳》:"魏郡鄴人,密皇后之兄也。"

[冀州]

陸俟　龍驤將軍、刺史。

《魏書》卷四〇《陸俟傳》："轉龍驤將軍、給事中。……與西平公安頡督諸軍攻虎牢,尅之,賜爵建業公,拜冀州刺史。"卷四上《世祖紀上》："十月……安頡平虎牢,義隆司州刺史尹沖墜城死。"

[幽州]

尉諾

[蒲坂鎮]

于栗磾　遷虎牢鎮。

王斤　衛兵將軍,鎮蒲坂。遷長安。

《魏書》卷三〇《王斤傳》："劉義隆遣將到彥之寇河南,世祖西征赫連定,以斤爲衛兵將軍,鎮蒲坂。關隴平,斤徙鎮長安,假節、鎮西將軍。"

[雲中鎮]

來大千

[長安鎮][雍州]

王斤　鎮西將軍,鎮長安。

按:王斤見是年蒲坂鎮條。

[安定鎮][涇州]

延普　鎮將。

狄子玉　刺史。

《魏書》卷四上《世祖紀上》："十有一月……取安定。……十有二月……(赫連)定長安、臨晉、武功守將皆奔走,關中平。壬申,車駕東還,留巴東公延普等鎮安定。"按:延普、狄子玉參見延和二年安定鎮、涇州條。

[統萬鎮]

常山王素

神䴥四年辛未（431）　六月，吐谷渾俘赫連定，大夏亡。

［洛州］

　　楊暉　平南將軍、刺史。

　　　　《魏書》卷五八《楊鈞傳》："祖暉，庫部給事，稍遷洛州刺史。卒。"《楊鈞墓誌》（《墓誌集成》四九二）："祖平南將軍、洛州刺史。"《楊胤墓誌》（《墓誌集成》一九四）："熙平元年……薨……春秋六十五。……祖平南將軍、洛州刺史暉。"《楊濟墓誌》（《墓誌集成》一二〇九）："字文立，弘農華陰人。本姓陽氏，魏末諸高勳望族，擢而賜姓，君因而改焉。……高祖暉，魏懷州刺史。曾祖宥，魏洛州刺史。祖鈞，魏司空公、臨貞文恭公。父暄，魏華州刺史、臨貞忠公。"按：楊胤生於興安元年，其祖暉爲刺史蓋在太武時，列於此。《濟誌》之"陽氏"當爲"楊氏"。誌未云賜姓何氏，參《賀蘭祥墓誌》（《墓誌集成》一一三二）、《越勤操墓誌》（《墓誌集成》一一九八），賜越勤氏。參《鈞傳》，《濟誌》所述先世歷官皆誤。

［荆州］

　　魯軌

［虎牢鎮］［豫州］

　　于栗磾

［兗州］

　　羅忸

［青州］

　　刁雍

［濟州］

　　悉煩庫結　刺史。

　　　　《通鑑》卷一二二元嘉八年正月："檀道濟等自清水救滑

臺……斬魏濟州刺史悉煩庫結。"

[平原鎮]

叔孫建

[相州]

杜超

[冀州]

陸俟

[定州]

元勿期　刺史。

《魏書》卷一五《元寔君傳》："寔君孫勿期,位定州刺史,賜爵林慮侯。卒。"按:年不詳,從吳表。

[幽州]

尉諾

[雲中鎮]

來大千

《魏書》卷三〇《來大千傳》："延和初,車駕北伐,大千爲前鋒,大破虜軍。"按:大千延和初從駕北伐,不知是否去職。

[長安鎮][雍州]

王斤

陽文祖　刺史。

李順　都督秦雍梁益四州諸軍事、寧西將軍、長安鎮都大將。尋徵還。

《魏書》卷三六《李順傳》："以順爲太常,策拜蒙遜爲太傅、涼王。使還,拜使持節、都督秦雍梁益四州諸軍事、寧西將軍、開府、長安鎮都大將,進爵高平公。未幾,復徵爲四部尚書,加散騎常侍。延和初,復使涼州。"卷四上《世祖紀上》："九月……詔兼太常李順持節拜河西王沮渠蒙遜爲……太傅、涼州牧、涼王。"《高僧傳》卷二《曇無讖傳》："魏虜託跋燾……又遣僞太常高平公李順,策拜蒙遜爲……太傅、驃騎大將軍、涼州牧、涼王。"按:陽文祖見次年雍州條。

[安定鎮][涇州]

　　延普

　　狄子玉

[統萬鎮]

　　常山王素

延和元年壬申(432)

[洛州][南雍州]

　　寇讚　安遠將軍、南雍州刺史。加安南將軍,領護南蠻校尉,仍刺史。

　　　　《魏書》卷四二《寇讚傳》："上谷人,因難徙馮翊萬年。……後除襄邑令。姚泓滅,秦雍人千有餘家推讚爲主,歸順。拜綏遠將軍、魏郡太守。其後,秦雍之民來奔河南、滎陽、河內者户至萬數,拜讚安遠將軍、南雍州刺史、軹縣侯,治于洛陽,立雍州之郡縣以撫之。由是流民繦負自遠而至,叁倍於前。賜讚爵河南公,加安南將軍,領護南蠻校尉,仍刺史,分洛豫二州之僑郡以益之。"卷一一四《釋老志》："世祖時,道士寇謙之,字輔真,南雍州刺史讚之弟。"《寇臻墓誌》(《墓誌集成》八一):"南雍州使君、河南宣穆公之少子。"《寇演墓誌》(《墓誌集成》二二五):"曾祖讚,綏遠將軍、魏郡太守、安南將軍、領護南蠻校尉、雍州刺史。……祖元寶,本州別駕、安南將軍、豫州刺史、再假太尉、河南藺公。"《南北史合注》卷一一四《寇讚傳》李清按:"内入諸姓,有若口引氏,孝文改寇氏,不知此即寇否?"按:《讃傳》云讃在州十七年,真君九年卒,始任約在延和元年。《演誌》云寇元寶歷豫州刺史,參《讃傳》,爲贈官。

[荆州]

  魯軌

[虎牢鎮][豫州]

  于栗磾　遷枋頭鎮。

  陸俟　都督洛豫二州諸軍事、龍驤將軍、虎牢鎮大將。

　　　按:陸俟見是年冀州條。

[兗州]

  羅忸

　　《魏書》卷三〇《尉撥傳》:"撥爲太學生,募從兗州刺史羅忸擊賊於陳汝,有功,賜爵介休男。從討和龍,遷虎賁帥,轉千人軍將。又從樂平王丕討和龍。"

[青州]

  刁雍

[平原鎮]

  叔孫建

[相州]

  杜超

[枋頭鎮]

  于栗磾　都督兗相二州諸軍事、鎮南將軍、枋頭都將。

　　《魏書》卷三一《于栗磾傳》:"尋遷使持節,都督兗相二州諸軍事、鎮南將軍、枋頭都將。"《魏晉南北朝地方行政制度》下第十一章枋頭鎮:"當即鎮將。"

[冀州]

  陸俟　遷虎牢鎮。

  崔賾　平東將軍、青冀二州刺史。

《魏書》卷四〇《陸俟傳》："時考州郡治功，唯俟與河內太守丘陳爲天下第一。轉都督洛豫二州諸軍事、本將軍、虎牢鎮大將。"卷三二《崔賾傳》："稍遷散騎常侍，賜爵清河侯。世祖聞劉義隆以諲爲冀州刺史……乃以賾爲平東將軍、冀州刺史。"《宋書》卷五《文帝紀》："（元嘉九年六月）分青州置冀州……以司徒參軍崔諲爲冀州刺史。"《魏書》卷三五《崔浩傳》："始浩與冀州刺史賾、滎陽太守模等年皆相次。"《盧令媛墓誌》（《墓誌集成》二八六）："曾祖度世……夫人清河崔氏，父賾，散騎常侍、大鴻臚卿、使持節、平東將軍、青冀二州刺史、清河侯。"按：宋元嘉九年即魏延和元年。

[幽州]

尉諾

[蒲坂鎮][泰州]

任延明 刺史。

《魏書》卷一〇六下《地形志下》泰州："神䴥元年置雍州，延和元年改。"按：任延明見是年雍州條。

[并州]

娥清 鎮并州。

《魏書》卷三〇《娥清傳》："代人也。……與（奚）斤俱爲（赫連）定所擒。世祖克平涼，乃得還。後詔清鎮并州。"

[雲中鎮]

朱脩之 鎮將。從討和龍，奔馮文通。

《魏書》卷四上《世祖紀上》："六月庚寅，車駕伐和龍。"卷四三《毛脩之傳》："從討和龍。……雲中鎮將朱脩之，劉義隆故將也，時從在軍，欲率吳兵謀爲大逆，因入和龍，冀浮海南歸。以告脩之，脩之不聽，乃止。是日無脩之，大變幾作。朱脩之遂亡奔馮文通。"同卷《朱脩之傳》："劉義隆司徒從事中郎。守滑臺,安頡圍之……爲頡所擒。世祖善其固守,授以内職,以宗室女妻之。而佞巧輕薄,爲人士所賤。爲雲中鎮將。及入馮文通,文通送之江南。"

[**長安鎮**][**雍州**]

　王斤　　被誅。

　陽文祖

　王度　　都督秦涇梁益雍五州諸軍事,鎮長安。

　竇瑾　　都督秦雍二州諸軍事、寧西將軍、長安鎮將。

　　《魏書》卷三〇《王斤傳》:"斤遂驕矜,不順法度,信用左右,調役百姓,民不堪之,南奔漢川者數千家。而委罪於雍州刺史陽文祖、秦州刺史任延明。世祖召問二人,各以狀對。世祖知爲斤所誣,遣宜陽公伏樹覆按虛實,得數十事。遂斬斤以徇。"卷三〇《王度傳》:"加散騎常侍,平南將軍。詔度率五千騎與叔孫建合擊劉義隆兗州刺史竺靈秀於湖陸,大破之。後出鎮長安,假節,都督秦、涇、梁、益、雍五州諸軍事,開府。卒。"卷四六《竇瑾傳》:"初定三秦,人猶去就,拜使持節、散騎常侍、都督秦雍二州諸軍事、寧西將軍、長安鎮將、毗陵公。"按:《王斤傳》之"秦州"當爲"泰州"之誤,説見興安二年泰州條。泰州延和元年置,則斤被殺於是年,《通鑑》列於宋元嘉七年,即魏神䴥三年,存疑。参《世祖紀》,王度擊竺靈秀在神䴥三年,蓋繼李順爲都督,斷於此。竇瑾始任年不詳,蓋繼王度。

[**安定鎮**][**涇州**]

　延普

　狄子玉

[**雍城鎮**]

　張那　　寧遠將軍、鎮將。

　　《魏書》卷二四《張那傳》:"寧遠將軍、雍城鎮將。"《元和志》卷二鳳翔府:"後魏太武帝於今州理東五里築雍城鎮。"
　　按:那父衮明元帝時卒,那爲鎮將蓋在太武時,列於此。
[統萬鎮]
　常山王素

延和二年癸酉(433)

[洛州][南雍州]
　寇讚
[荆州]
　魯軌
[虎牢鎮][豫州]
　陸俟　遷安定鎮。
　奚眷　都督豫洛二州河内諸軍事、鎮南將軍,鎮虎牢。
　　《魏書》卷三〇《奚眷傳》:"復鎮虎牢,賜爵南陽公,加使持節、侍中、都督豫洛二州河内諸軍事、鎮南將軍,開府。"
[青州]
　刁雍　遷徐州。
　司馬天助　平東將軍、青徐二州刺史。
　　《魏書》卷四上《世祖紀上》:"三月,司馬德宗驃騎將軍司馬元顯子天助來降。"卷三七《司馬天助傳》:"自云司馬德宗驃騎將軍元顯之子。劉裕自立,乃來歸闕。除平東將軍、青徐二州刺史、東海公。"
[平原鎮]
　叔孫建
[徐州]
　刁雍　平南將軍、刺史。

《魏書》卷三八《刁雍傳》:"延和二年,立徐州於外黄城,置譙、梁、彭、沛四郡九縣,以雍爲平南將軍、徐州刺史。"

[相州]

　杜超

[枋頭鎮]

　于栗磾

[冀州]

　崔賾

[定州]

　毛天愛　刺史。

　　《北史》卷四九《毛脩傳》:"世爲酋帥。曾祖天愛,太武時,至定州刺史。"按:年不詳,從吳表。

[幽州]

　尉諾　卒。

　張昭　寧東將軍、刺史。

　　《魏書》卷二六《尉諾傳》:"燕土亂久,民户凋散,諾在州前後十數年,還業者萬餘家。延和中卒。"卷三三《張昭傳》:"延和二年,出爲幽州刺史,開府,加寧東將軍。"

[平州]

　馮崇　都督幽平二州東夷諸軍事、車騎大將軍、領護東夷校尉、幽平二州牧。

　　《魏書》卷四上《世祖紀上》:"延和元年……十有二月己丑,馮文通長樂公崇及其母弟朗、朗弟邈,以遼西内屬。文通遣將封羽圍遼西。……二年春正月乙卯,撫軍大將軍、永昌王健督諸軍救遼西。……二月庚午,詔兼鴻臚卿李繼持節假馮崇車騎大將軍、遼西王,承制聽置尚書已下。"卷九七《馮文通傳》:"文通廢其元妻王氏,黜世子崇,令鎮肥如。……崇遣邈入朝。世祖遣兼鴻臚李繼持節拜崇假節、侍中、都督幽平二州東夷諸軍事、車騎大將軍、領護東夷校尉、幽平二州牧,封遼西王。……文通遣其將封羽率衆圍崇,世祖詔永昌王健督諸軍救之。封羽又以凡城降,徙其三千餘家而還。"

[蒲坂鎮][泰州]

 任延明

[并州]

 娥清

[懷荒鎮]

 郎孤 鎮將。

  按:郎孤見太延四年懷荒鎮條,始任年不詳,斷於此。

[赤城鎮]

 趙逸 寧朔將軍、鎮將。

  《魏書》卷五二《趙逸傳》:"天水人也。……神䴥三年三月上巳,帝幸白虎殿,命百寮賦詩,逸製詩序,時稱爲善。久之,拜寧朔將軍、赤城鎮將,綏和荒服,十有餘年,百姓安之。頻表乞免,久乃見許。"按:年不詳,列於此。

[賀侯延鎮]

 元渴洛侯 都督。

  《元寧墓誌》(《墓誌集成》三五〇):"故使持節、龍驤將軍、雍州刺史、外都大官、賀延鎮都督、武陽侯渴洛侯曾孫。……君……春秋六十有壹,以正光五年薨於京師。"按:元寧生於和平五年,其曾祖爲賀延鎮都督蓋在太武帝時,列於此。

[長安鎮][雍州]

 樂安王範 都督秦雍涇梁益五州諸軍事、衛大將軍、長安鎮都大將。

崔徽　督雍涇梁秦四州諸軍事、平西將軍、副將，行樂安王傅。
竇瑾

《魏書》卷四上《世祖紀上》："正月……以樂安王範爲假節、加侍中、都督秦雍涇梁益五州諸軍事、衛大將軍、儀同三司，鎮長安。"卷一七《樂安王範傳》："世祖以長安形勝之地，非範莫可任者，乃拜範都督五州諸軍事、衛大將軍、開府儀同三司、長安鎮都大將，高選才能，以爲僚佐。範謙恭惠下，推心撫納，百姓稱之。時秦土新罹寇賊，流亡者相繼，範請崇易簡之治，帝納之。於是遂寬徭，與人休息。"《元仙墓誌》（《墓誌集成》二九九）："使持節、侍中、都督秦雍涇梁益五州諸軍事、衛大將軍、雍州刺史、内都大官、開府儀同三司、萇安鎮都大將、樂安宣王之孫。"《元騰及妻程法珠墓誌》（《墓誌集成》二三七）："使持節、都督秦雍涇涼益五州諸軍事、開府儀同三司、衛大將軍、雍州刺史、樂安宣王範之孫。"《元尚之墓誌》（《墓誌集成》三一九）："曾祖樂安王範，太武皇帝第二弟，使持節、侍中、都督秦雍涇梁益五州諸軍事、衛大將軍、開府儀同三司、萇安鎮都大將、雍州刺史。"《魏書》卷二四《崔徽傳》："樂安王範鎮長安，世祖以範年少，而三秦民夷，恃險多變，乃選忠清舊德之士，與範俱鎮。以徽爲散騎常侍、督雍涇梁秦四州諸軍事、平西將軍、副將，行樂安王傅。"卷四八《高允傳》："勃海人也。……神䴥……四年，與盧玄等俱被徵，拜中書博士。遷侍郎，與太原張偉並以本官領衛大將軍、樂安王範從事中郎。範，世祖之寵弟，西鎮長安，允甚有匡益，秦人稱之。尋被徵還。"卷八四《張偉傳》："世祖時，與高允等俱被辟命，拜中書博士。轉侍郎、大將軍樂安王範從事中郎、馮翊太守。"卷二八《張黎傳》："以征赫連定功，進號征北大將軍。與樂安王範、濟南公崔徽鎮長安，清約公平，甚著聲稱。"卷三八《袁式傳》：

"延和二年,衛大將軍、樂安王範爲雍州刺史,詔式與中書侍郎高允俱爲從事中郎,辭而獲免。"趙萬里釋(《墓誌集釋》卷三):"範父子官雍州刺史,俱兼長安鎮將。《地形志》,雍州治長安,知魏之長安鎮,即雍州治所。厥後宜都王目辰、陽平王他、任城王雲、南安王楨、源懷均以雍州刺史鎮長安;則以刺史兼鎮將,必當時成例也。……範官雍州刺史,亦見於史,特本傳遺之耳。"按:墓誌及《袁式傳》皆云範爲雍州刺史,據所引《世祖紀》,範後督雍州刺史葛那取上洛,知刺史別用人。或範曾兼任刺史,或刺史爲範死後所贈,或刺史爲墓誌所加,未詳。

[杏城鎮]

安國　冠軍將軍、鎮將。

《魏書》卷三〇《安同傳》:"同弟胆,太宗時爲樂陵太守。卒。長子國,位至冠軍將軍,賜爵北平侯,杏城鎮將。"按:年不詳,蓋在太武時,列於此。

[安定鎮][涇州]

延普

狄子玉

陸俟　平西將軍、鎮大將。

《魏書》卷四上《世祖紀上》:"二月……征西將軍金崖與安定鎮將延普及涇州刺史狄子玉爭權構隙,舉兵攻普,不克,退保胡空谷,驅掠平民,據險自固。詔散騎常侍、平西將軍、安定鎮將陸俟討獲之。"卷四〇《陸俟傳》:"平涼休屠金崖、羌狄子玉等叛,復轉爲使持節、散騎常侍、平西將軍、安定鎮大將。既至,懷柔羌戎,莫不歸附。追討崖等,皆獲之。"《陸子玉墓誌》(《墓誌集成》七二七):"曾祖羽真、使持節、征西大將軍、涇秦雍三州諸軍事、涇州刺史……東平成王。"按:《陸俟傳》云俟文成時拜征西大將軍,進爵東平王,謚成,即陸子玉之曾祖。傳云俟爲鎮大將,誌則云俟爲刺史,此從傳。

[統萬鎮]

  常山王素

延和三年甲戌(434)

[洛州][南雍州]

  寇讚

[荆州]

  魯軌

[虎牢鎮][豫州]

  奚眷　遷長安。

  淮南王他　都督豫洛河南諸軍事、鎮南大將軍,鎮虎牢。

    《魏書》卷三〇《奚眷傳》:"尋徙鎮長安。世祖幸美稷,眷受詔督諸軍,共討山胡白龍于西河,破之。"卷一六《淮南王他傳》:"從世祖討山胡白龍於西河,屠其城,別破餘黨,斬首數千級。改封臨淮王,拜鎮東將軍。尋改封淮南王,除使持節、都督豫洛河南諸軍事、鎮南大將軍、開府儀同三司,鎮虎牢。威名甚著。"卷四上《世祖紀》:"七月……行幸美稷,遂至隰城。命諸軍討山胡白龍于西河。九月戊子,克之,斬白龍及其將帥,屠其城。"

[青州]

  司馬天助

[平原鎮]

  叔孫建

[徐州]

  刁雍

[相州]

杜超

[枋頭鎮]

于栗磾

《魏書》卷三一《于栗磾傳》:"又爲外都大官……卒。"按:于栗磾何年去職不詳,斷於此。

[冀州]

崔賾

按:崔賾何年去職不詳,斷於此。

[幽州]

張昭

[蒲坂鎮][泰州]

薛謹　平西將軍、刺史。進安西將軍。

《魏書》卷四二《薛謹傳》:"襲爵平西將軍、汾陰侯。……遷秦州刺史,將軍如故。山胡白龍憑險作逆,世祖詔鎮南將軍奚眷與謹自太平北入,討平之。除安西將軍、涪陵公,刺史如故。"校勘記:"'秦州',疑爲'泰州'之訛。"《周書》卷三五《薛端傳》:"高祖謹,泰州刺史、内都坐大官。"校勘記:"'泰',原作'秦'。……張森楷云:'作"泰"是,此時固無"秦州"也。'按泰州治蒲坂,錢大昕《考異》卷三〇有辯。"

[吐京鎮]

元陵　冠軍將軍、鎮都大將。

《元平墓誌》(《墓誌集成》三二六):"君諱平,字平國,河南洛陽人也。其先魏照成皇帝之後,驃騎大將軍、左丞相、衛王瑝之孫,羽真尚書、冠軍將軍、使持節、吐京鎮大都將陵之次子也。君……春秋卌七,薨於家。正光五年歲次甲辰三月十日庚申卜窆于先陵。"毛遠明題注(《碑刻校注》五·六四五):

"一九二五年於河南省洛陽城北姚凹村東南嶺出土,曾歸三原于右任,一九三八年于氏捐藏西安碑林。"按:"鎮大都將"疑當作"鎮都大將"。誌云元平祖父爲左承(丞)相、衛王塂,然《魏書》中唯有左丞相、衛王儀,疑塂即儀。如元陵確爲儀子,則任鎮將蓋在太武時,吐京鎮延和三年置,列於此。誌又云元平年四十七,正光五年葬,如是年卒,則生於太和二年。而元儀天賜六年被殺,如陵爲其子,於太和二年生平,則時已年逾七十,不合常理。此誌於洛陽出土,如非僞誌,疑正光五年元平乃自代北遷葬洛陽,其卒年當遠在是年前,也非生於太和二年。

[并州]

娥清

《魏書》卷三〇《娥清傳》:"討山胡白龍於西河,斬白龍父及其將帥,遂屠其城。"《韓震墓誌》(《墓誌集成》五四六):"君妻南陽娥氏,羽真、南平公、魚曹尚書、使持節、秦雍二州刺史、仇池都督娥清之女。"《宋書》卷八八《薛安都傳》:"索虜使助秦州刺史北賀汩擊反胡白龍子,滅之。由是爲僞雍、秦二州都統,州各有刺史,都統總其事。"校勘記:"北賀汩,即《魏書》卷三〇《娥清傳》之并州刺史娥清。"按:誌云娥清歷秦雍二州刺史、仇池都督,《薛安都傳》亦云北賀汩(校勘記釋爲娥清)爲秦州刺史,然本傳不載,且秦州太延五年置,存疑。

[懷荒鎮]

郎孤

[長安鎮][雍州]

樂安王範

崔徽

竇瑾

奚眷　鎮長安。

按：奚眷見是年虎牢鎮、豫州條，官職不詳。

[安定鎮][涇州]

陸俟

[統萬鎮]

常山王素

太延元年乙亥(435)

[洛州][南雍州]

寇讚

[荆州]

魯軌

[虎牢鎮][豫州]

淮南王他

[青州]

司馬天助

[平原鎮]

叔孫建

[徐州]

刁雍

[相州]

杜超

[定州]

乞文　鎮軍將軍、刺史。

《寰宇記》卷六七易州滿城縣五迴山條引《水經注》："委折五迴，下望層山，若蟻蛭也。下有三碑，即後魏所立，文云：

'皇帝太延元年,車駕東巡,援弓而射,飛矢踰于巖山三百餘步,後鎮軍將軍、定州刺史樂良公乞文于射所造亭立碑,中山安喜賈聰書。"按:今本《水經注》無"三百餘步……賈聰書"文字。乞文何年任職不詳,從吳表。

[幽州]

張昭 卒。

《魏書》卷三三《張昭傳》:"在任三年,卒。"

[蒲坂鎮] [泰州]

薛謹

[并州]

娥清

[雲中鎮]

奚干 鎮西將軍、鎮大將。

《奚智墓誌》(《墓誌集成》八八):"故徵士奚君諱智,字洪籌者,恒州樊氏崞山渾人也。始與大魏同先,僕膽可汗之後裔。中古遷移,分領部衆,遂因所居,改爲達奚氏焉。逮皇業徙嵩,更新道制,敕姓奚氏。君,故大人大莫弗烏洛頭之曾孫,内行羽真、散騎常侍、鎮西將軍、雲中鎮大將内亦干之孫,兗州治中、衛將軍府長史步洛汗之子。頭年耆多策,每蒙引議,下關之謀,時亦預焉。干受任遍威,雄名遠振,爲夷之俗,以爲誓首。……君……卒於洛陽,時年七十三矣。……大魏正始四年……記。"《奚真及妻孫氏墓誌》(《墓誌集成》三二〇):"君諱真,字景琳,河陰中練里人也。……高祖大人烏籌……嘗爲昭成皇帝尸,位尊公傅,式擬王儀。蒙賜雞人之官,肅旅之衛。曾祖使持節、鎮西將軍、雲中鎮大將干,氣略勇毅,威偃邊夷,並流聲所苤,勳刊秘牒。……君……春秋六十,卒於河陰西鄉。……大魏正光四年……葬於洛京。"按:奚智正始四年葬,若是年卒,則生於太延元年。奚真正光四年葬,若是年卒,則生於和平五年。奚干爲奚智之祖,智真之曾祖,爲雲中鎮大將蓋在明元至太武時,列於此。

[懷荒鎮]

　郎孤

[長安鎮][雍州]

　樂安王範

　崔徽

　竇瑾

[安定鎮][涇州]

　陸俟　徵還。

　　《魏書》卷四〇《陸俟傳》:"徵還,拜散騎常侍。"按:陸俟太延中爲懷荒鎮大將,自安定鎮徵還在前,斷於此。

[統萬鎮]

　常山王素

太延二年丙子(436)　三月,伐馮文通,文通奔高麗,北燕亡。

[洛州][南雍州]

　寇讚

[荆州]

　魯軌

[虎牢鎮][豫州]

　淮南王他

　尉眷　都督豫洛二州及河内諸軍事、安南將軍,鎮虎牢。

　　《魏書》卷二六《尉眷傳》:"後從征和龍,眷督萬騎前驅,慰喻降二千餘户。尋爲假節、加侍中、都督豫洛二州及河内諸軍事、安南將軍、開府,鎮虎牢。"卷四上《世祖紀上》:"三月……以(闕)鎮虎牢。"校勘記:"本書卷一六《陽平王熙傳》附《淮南王他傳》,元他從討山胡白龍,後'除使持節、都督豫洛河南諸軍事、鎮南大將軍、開府儀同三司,鎮虎牢'。太武親征山胡白龍,據此紀在延和三年,時間大致相符。疑此處所闕爲淮南王他爲某官等字。"按:元他從討白龍,尋鎮虎牢,事在延和三年。尉眷從征和龍,尋鎮虎牢,事在太延二年。是元他去職,尉眷繼任,《世祖紀》所闕爲尉眷,而非元他,校勘記誤。

[青州]

司馬天助

[平原鎮]

叔孫建

[徐州]

刁雍

[相州]

杜超

[冀州]

邸蒙 青冀二州刺史。

《邸珍碑》(《北圖拓本》六·二四):"七世祖蒙,魏青冀二州刺史、中山公。"按:邸珍仕於魏末,其七世祖蒙何年爲刺史不詳,列於此。吳表列於延和二年。

[幽州]

李崇 平西將軍、刺史。

《魏書》卷四六《李訢傳》:"范陽人也。……父崇,馮跋吏部尚書、石城太守。延和初,車駕至和龍,崇率十餘郡歸降。

世祖甚禮之，呼曰'李公'，以崇爲平西將軍、北幽州刺史、固安侯。卒。"《廿二史考異》卷二八《魏書一·李訢傳》："北幽州未詳所在。"《諸史考異》卷九《魏書上》"北幽州"條："《地形志》無北幽州，下文世祖曰'云何不取幽州刺史李崇老翁兒也'，無'北'字。"《楊君妻李叔蘭墓誌》(《隋代墓誌銘彙考》三·二七五)："曾祖崇，使持節、幽州刺史、太尉、固安襄公。"按：誌亦作幽州，傳之北幽州蓋即幽州。李崇爲幽州刺史在延和後，年不詳，吴表列於太延五年。

[崎城鎮]

張度　都督幽州廣陽安樂二郡諸軍事、平東將軍、崎城鎮都大將。遷和龍鎮。

　　按：張度見是年和龍鎮條，爲崎城鎮將蓋在太延二年前，列於此。

[平州]

元嬰　刺史。

　　《魏書》卷四上《世祖紀上》："三月……平東將軍娥清、安西將軍古弼，率精騎一萬討馮文通，平州刺史元嬰又率遼西將軍會之。文通迫急，求救於高麗，高麗使其大將葛蔓盧以步騎二萬人迎文通。"

[和龍鎮]

張度　鎮都大將。

　　《魏書》卷二四《張袞傳》："永興二年……卒，年七十二。……次子度……除使持節，都督幽州廣陽、安樂二郡諸軍事，平東將軍，崎城鎮都大將，又轉和龍鎮都大將，所在著稱。還朝爲中都大官。卒。"卷一〇六上《地形志上》營州："治和龍城。太延二年爲鎮。"按：是年置和龍鎮，張度何年爲鎮將不詳，列於此。

［蒲坂鎮］［泰州］

　薛謹

［懷荒鎮］

　陸俟　平東將軍、鎮大將。

　　　　按：陸俟見太延四年懷荒鎮條。

［長安鎮］［雍州］

　樂安王範

　崔徽

　竇瑾

［高平鎮］

　周觀　鎮將。

　　　《魏書》卷三〇《周觀傳》："從破離石胡，加散騎常侍。轉高平鎮將。觀善撫士卒，號有威名。"卷一〇六下《地形志下》原州："太延二年置鎮。"

［統萬鎮］

　常山王素

太延三年丁丑（437）

［洛州］［南雍州］

　寇讚

［荊州］

　魯軌

［虎牢鎮］［豫州］

　尉眷

［青州］

　司馬天助

[平原鎮]

叔孫建　卒。

武昌王提　鎮東大將軍、鎮都大將。

　　《魏書》卷二九《叔孫建傳》："在平原十餘年，綏懷內外，甚得邊稱，魏初名將尟有及之。南方憚其威略，青兗輒不爲寇。太延三年薨。"卷一六《武昌王提傳》："改封武昌。拜使持節、鎮東大將軍、平原鎮都大將。"按：《提傳》下文云提在任十年，真君八年遷統萬鎮，當繼叔孫建。

[徐州]

刁雍

[相州]

杜超

[平州]

南平王渾　都督平州諸軍事、領護東夷校尉、鎮東大將軍、平州刺史，鎮和龍。

　　《魏書》卷四上《世祖紀上》："三月丁丑，以南平王渾爲鎮東大將軍、儀同三司，鎮和龍。"卷一六《南平王渾傳》："拜假節、都督平州諸軍事、領護東夷校尉、鎮東大將軍、儀同三司、平州刺史，鎮和龍。"

[蒲坂鎮][泰州]

薛謹

[懷荒鎮]

陸俟　徵還。

郎孤　鎮將，復鎮。

　　按：陸俟、郎孤見太延四年懷荒鎮條。

[長安鎮][雍州]

樂安王範

崔徽

竇瑾

古弼　安西將軍,鎮長安。

　　《魏書》卷二八《古弼傳》:"代人也。……與永昌王健等討馮文通。……文通得東奔。將士皆怨弼不擊。世祖大怒,徵還,黜爲廣夏門卒。尋復爲侍中,與尚書李順使于涼州。拜安西將軍,賜爵建興公,鎮長安,甚著威名。"按:馮文通東奔高麗在太延二年,古弼鎮長安當在此後不久。

[高平鎮]

　　周觀

[統萬鎮]

　　常山王素

太延四年戊寅(438)

[洛州][南雍州]

　　寇讚

[荆州]

　　魯軌

[虎牢鎮][豫州]

　　尉眷

[青州]

　　司馬天助

[平原鎮]

　　武昌王提

[徐州]

　　刁雍　徵還。

《魏書》卷三八《刁雍傳》:"在鎮七年,太延四年,徵還京師。"

[相州]

杜超

[平州]

南平王渾

[蒲坂鎮][泰州]

薛謹

[并州]

尉力斤　刺史。

《魏書》卷二六《尉力斤傳》:"歷位御史中尉、并州刺史。"按:同卷云力斤兄地干太武帝時戰死,吳表列力斤於太延四年,從之。

[懷荒鎮]

郎孤　被殺。

《魏書》卷四〇《陸俟傳》:"出爲平東將軍、懷荒鎮大將。未朞,諸高車莫弗訟俟嚴急,待下無恩,還請前鎮將郎孤。世祖詔許之,徵俟還京。既至朝見,言於世祖曰:'陛下今以郎孤復鎮,以臣愚量,不過周年,孤身必敗,高車必叛。'世祖疑謂不實,切責之,以公歸第。明年,諸莫弗果殺郎孤而叛。……復除散騎常侍。世祖征蠕蠕,破涼州,常隨駕別督輜重。"按:據同書卷四上《世祖紀上》,征蠕蠕在太延四年,破涼州在太延五年,蓋郎孤復爲懷荒鎮將在太延三至四年,陸俟爲鎮將在太延初,郎孤初爲鎮將當在延和中。

[長安鎮][雍州]

樂安王範

崔徽

竇瑾

古弼

[高平鎮]

周觀

[統萬鎮]

常山王素

太延五年己卯(439)　　九月,沮渠牧犍降,北涼亡。

[洛州][南雍州]

寇讚

[荆州]

魯軌

張太　平西將軍、刺史。

《魏書》卷二四《張衮傳》:"上谷沮陽人也。……永興二年……卒,年七十二。……(子)太,平西將軍、荆州刺史、沮陽侯。"卷一〇六下《地形志下》洛州:"太延五年置荆州……治上洛城。"按:張衮生於昭成帝建國二年,其子太何年爲荆州刺史不詳,是年於上洛置荆州,列於此。

[虎牢鎮][豫州]

尉眷

[青州]

司馬天助

[平原鎮]

武昌王提

[相州]

杜超

［平州］

　南平王渾

［蒲坂鎮］［泰州］

　薛謹

［柔玄鎮］

　羅斤　平西將軍、鎮都大將。

　　　按：羅斤見是年長安鎮、雍州條。

［懷荒鎮］

　元比陵　安遠將軍、鎮大將。

　　《魏書》卷一六《元比陵傳》："太延五年爲司空,賜爵牂牁公。除安遠將軍、懷荒鎮大將。"

［長安鎮］［雍州］

　樂安王範　徵還。

　崔徽　徵還。

　竇瑾　徵還。

　古弼

　葛那　刺史。

　羅斤　平西將軍、鎮都大將。遷柔玄鎮。

　　《魏書》卷四上《世祖紀上》："三月丁卯,詔衛大將軍、樂安王範遣雍州刺史葛那取上洛,劉義隆上洛太守鐔長生棄郡走。"《元尚之墓誌》(《墓誌集成》三一九)："又徵(曾祖範)爲内都大官。"吳廷燮《元魏方鎮年表》："按《蠕蠕傳》,真君四年,樂安王範出東道,是已離長安。"《魏書》卷二四《崔徽傳》："以疾徵還京師。真君四年卒。"四六《竇瑾傳》："在鎮八年,甚著威惠。徵爲殿中、都官尚書。"卷二八《古弼傳》："及議征涼州,弼與順咸言涼州乏水草,不宜行師。世祖不從。"卷四四《羅斤傳》："加平西將軍。後平涼州,攻城野戰,多有克捷,以功賜爵帶方公,除長安鎮都大將。會蠕蠕侵境,馳驛徵還,除柔玄鎮都大將。"卷一〇三《蠕蠕傳》:"(太延)五年,車駕西伐沮渠牧犍,宜都王穆壽輔景穆居守,長樂王嵇敬、建寧王崇二萬人鎮漠南,以備蠕蠕。吳提果犯塞。"按:《尚之誌》云範徵爲內都大官,《魏書》卷一七範本傳失載。範何年徵還不詳,吳表斷於真君元年。崔徽何年徵還亦不詳,斷於此。

[高平鎮]

周觀

[統萬鎮]

常山王素

《魏書》卷一五《常山王素傳》:"後拜內都大官。……薨,諡曰康。"按:元素參見是年涼州條,何年去職不詳,從吳表。

[上封鎮][秦州]

楊保宗　征南大將軍、秦州牧。

元勿頭　鎮將。

《魏書》卷四上《世祖紀上》:"三月……以故南秦王世子楊保宗爲征南大將軍、秦州牧、武都王,鎮上邽。……十有二月……楊難當寇上邽,鎮將元勿頭擊走之。"校勘記:"'元勿頭',本書卷五一《呂羅漢傳》、《北史》卷三七《呂羅漢傳》、《冊府》卷八四七並作'元意頭',《通鑑》卷一二三《宋紀》五元嘉十六年十二月作'拓跋意頭'。"

[涼州鎮][涼州]

樂平王丕　驃騎大將軍,鎮涼州。

賀多羅　征西將軍,鎮涼州。

《魏書》卷四上《世祖紀上》:"六月甲辰,車駕西討沮渠牧犍。……七月……撫軍大將軍、永昌王健,尚書令、鉅鹿公劉潔督諸軍,與常山王素二道並進,爲前鋒;驃騎大將軍、樂平王丕,太宰、陽平王杜超,督平涼、鄜城諸軍爲後繼。八月……車駕至姑臧。……九月……牧犍與左右文武五千人面縛軍門。……十月辛酉,車駕東還,徙涼州民三萬餘家于京師。留驃騎大將軍、樂平王丕,征西將軍賀多羅鎮涼州。"

太平真君元年庚辰(440)

[洛州][南雍州]

　　寇讚

[金門鎮]

　　李熙　　鎮將。

　　《新唐書》卷一《高祖紀》:"(李)歆爲沮渠蒙遜所滅。歆生重耳,魏弘農太守。重耳生熙,金門鎮將,戍于武川,因留家焉。"按:李歆泰常五年被殺,其孫熙爲鎮將蓋在太武時,列於此。

[荆州]

　　魯軌

[虎牢鎮][豫州]

　　尉眷　　遷涼州。

　　公孫軌　　鎮將。徵還。

　　王慧龍　　寧南將軍、鎮都副將。未至,卒。

　　《魏書》卷三三《公孫軌傳》:"出爲虎牢鎮將。初,世祖將北征,發民驢以運糧,使軌部詣雍州。軌令驢主皆加絹一疋,乃與受之。……坐徵還。真君二年卒。"卷三八《王慧龍傳》:"真君元年,拜使持節、寧南將軍、虎牢鎮都副將。未至鎮而卒。"

[青州]

司馬天助

[平原鎮]

武昌王提

[相州]

杜超

[平州]

南平王渾

[和龍鎮]

慕容定　鎮將。

《長孫季及妻慕容氏墓誌》(《墓誌集成》五五五):"夫人昌黎慕容氏,大燕文明皇帝之後,領軍邵陵王薈曾孫,黃龍鎮將定之女也。"按:黃龍鎮即和龍鎮,蓋太和後改稱,説見皇始元年和龍鎮條。慕容氏之孫長孫子梵永安三年死,年二十七,見永安三年益州條。據之推算,慕容定爲鎮將蓋在太武時,列於此。

[蒲坂鎮][泰州]

薛謹　徵還。

《魏書》卷四二《薛謹傳》:"真君元年,徵還京師,除内都坐大官。"

[并州]

劉殊暉　刺史。

《魏書》卷八三上《劉羅辰傳》:"子殊暉,襲爵,位并州刺史。"按:傳云劉羅辰道武時爲定州刺史,卒,其子殊暉何年爲并州刺史不詳,從吳表。

[雲中鎮]

陸宜　鎮將。

《魏書》卷四〇《陸俟傳》:"俟族弟宜,雲中鎮將。子雋,高宗世,歷侍中、給事。"按:宜子雋仕於文成時,宜爲鎮將蓋在太武時,列於此。

[懷朔鎮]

可朱渾護野肱 鎮將。

《北齊書》卷二七《可朱渾元傳》:"字道元。自云遼東人,世爲渠帥,魏時擁衆内附,曾祖護野肱終於懷朔鎮將,遂家焉。元寬仁有武略,少與高祖相知。北邊擾亂,遂將家屬赴定州,值鮮于修禮作亂,元擁衆屬焉。"《可朱渾孝裕墓誌》(《墓誌集成》一一一四):"太安郡狄那縣人也。昔夏后御天,大啓磐石,本枝旁秀,遂雄朔野。……父道元。……王……以大齊武平五年五月十一日薨於楊州之地,春秋年卅八。"按:道元仕於魏末,其曾祖護野肱爲鎮將蓋在太武時,列於此。

[柔玄鎮]

羅斤

[懷荒鎮]

元比陵

[長安鎮][雍州]

皮豹子 都督秦雍荆梁四州諸軍事、安西將軍,鎮長安。尋加征西將軍。

《魏書》卷五一《皮豹子傳》:"漁陽人。……世祖時,爲散騎常侍,賜爵新安侯,加冠軍將軍。又拜選部尚書,餘如故。出除使持節、侍中、都督秦雍荆梁四州諸軍事、安西將軍、開府儀同三司,進爵淮陽公,鎮長安。尋加征西將軍。"

[安定鎮][涇州]

劉出建 刺史。

《封君妻長孫氏墓誌》(《墓誌集成》三七三):"祖陵,獻文皇帝時外都坐大官。……祖親河澗劉氏,父出建,使持節、平西大將軍、涇州刺史。"按：長孫陵仕於文成、獻文時，見和平六年仇池鎮、梁州條。其婦翁劉出建爲刺史蓋在太武時，列於此。

[雍城鎮]

公孫國 寧遠將軍、鎮將。

《公孫猗墓誌》(《墓誌集成》四一四)："祖國，寧遠將軍、平秦武都二郡太守、雍城鎮將、平原男。……君諱猗……春秋六十有五，孝昌二年三月九日遘疾，薨于州治。"按：公孫猗生於和平三年，其祖國爲鎮將蓋在太武、文成時，列於此。

[高平鎮]

周觀

《魏書》卷三〇《周觀傳》："真君初，詔觀統五軍西討禿髮保周於張掖。徙其民數百家，將置於京師，至武威，輒與諸將私分之。世祖大怒，黜觀爲金城侯，改授內都大官。"

[上封鎮][秦州]

楊保宗

元勿頭

[涼州鎮][涼州]

永昌王健 撫軍大將軍，鎮涼州。

尉眷 都督涼沙河三州諸軍事、安西將軍，領護羌戎校尉。

《魏書》卷四下《世祖紀下》："四月……詔撫軍大將軍、永昌王健等督諸軍討保周。……七月……保周自殺。"卷九九《沮渠蒙遜傳》："真君初，(沮渠)無諱圍酒泉……時永昌王健鎮涼州。"卷二六《尉眷傳》："張掖王禿髮保周之反也，徵眷與永昌王健等率師討之，破保周於番禾。保周遁走，眷率騎追之，保周窮迫自殺。詔眷留鎮涼州，加都督涼沙河三州諸軍事、安西將軍，領護羌戎校尉。"

太平真君二年辛巳(441)

[洛州][南雍州]

　寇讚

[荆州]

　魯軌

[虎牢鎮][豫州]

　刁雍　刺史,徐州兼。

[青州]

　司馬天助

[平原鎮]

　武昌王提

[徐州]

　刁雍　都督揚豫兗徐四州諸軍事、征南將軍、徐豫二州刺史。

　　《魏書》卷三八《刁雍傳》:"頻歲爲邊民所請。世祖嘉之,真君二年復授使持節、侍中、都督揚豫兗徐四州諸軍事、征南將軍、徐豫二州刺史。"

[相州]

　杜超

　許彥　安東將軍、刺史。

　　《魏書》卷四六《許彥傳》:"高陽新城人也。……世祖初,被徵,以卜筮頻驗,遂在左右,參與謀議。……拜安東將軍、相州刺史。……真君二年,卒。"吳廷燮《元魏方鎮年表》:"杜超以太宰督相州,其時刺史當即爲許彥。"按:許彥任期不詳,不晚於真君二年,列於此。

[冀州]

　仇洛齊　平遠將軍、刺史。

《魏書》卷九四《仇洛齊傳》："從平涼州，以功超遷散騎常侍，又加中書令、寧南將軍、進爵零陵公。拜侍中、平遠將軍、冀州刺史。"

[平州]

　南平王渾

[和龍鎮]

　魏留　鎮將。

　　《皇甫驎墓誌》(《墓誌集成》一六八)："安定朝那人也。……春秋七十有五……薨于家。以延昌四年……四月……葬。……妻安定梁氏……妻鉅鹿魏氏，鎮西將軍、內都太官、黃龍鎮將趙興公留孫女。"按：皇甫驎延昌四年葬，若是年卒，則生於真君二年。其後妻之父魏留何年為鎮將不明，列於此。

[柔玄鎮]

　羅斤　遷長安鎮。

[懷荒鎮]

　元比陵

[長安鎮][雍州]

　皮豹子　徙邊。

　羅斤　平西將軍、鎮都大將。

　馮朗　刺史。

　　《魏書》卷五一《皮豹子傳》："後坐盜官財，徙於統萬。"卷四四《羅斤傳》："後以斤機辯，敕與王俊使蠕蠕，迎女備後宮。又以本將軍開府，為長安鎮都大將。"《元悅妃馮季華墓誌》(《墓誌集成》三四九)："祖朗，燕封廣平公。真君中入國，蒙除散騎常侍、駙馬都尉。又除使持節、征西大將軍、秦雍二州刺史。"《魏書》卷八三上《馮熙傳》："長樂信都人，文明太后之兄也。……世祖平遼海,熙父朗内徙,官至秦雍二州刺史、遼西郡公,坐事誅。"卷一三《文成文明皇后馮氏傳》:"父朗,秦、雍二州刺史、西城郡公。……后生於長安……朗坐事誅,后遂入宫。……(太和)十四年,崩於太和殿,時年四十九。"吴廷燮《元魏方鎮年表》:"自崩年上溯至太平真君二年,爲四十九年。"按:《皮豹子傳》下文云真君三年徵還,則徙於統萬在三年前。

[高平鎮]

渴丸頹 寧西將軍、鎮將。

《渴丸瓌墓誌》(《墓誌集成》三二一):"河南河陰人也。其先蕃御朔山,羅毅幽岨而□胤綿緼。故帝王枝佐,尋其彩幹根資,蓋渴丸部落大人之後。祖頹,太武皇帝以世映籍繡,弈地洪勳,補内行内小,領東宫豆雷,又遷爲給事。而忠純徽洽,工武摰决,轉假節、寧西將軍、高平鎮將。"按:高平鎮太延二年置,渴丸頹蓋在周觀後,斷於此。

[上封鎮][秦州]

楊保宗

元勿頭

[涼州鎮][涼州]

永昌王健 卒。

尉眷

沮渠無諱 征西大將軍、涼州牧、酒泉王。

張珍 鎮西將軍、刺史。

《魏書》卷四下《世祖紀下》:"正月癸卯,拜沮渠無諱爲征西大將軍、涼州牧、酒泉王。……九月戊戌,撫軍大將軍、永昌王健薨。"卷六八《張纂傳》:"祖珍……真君元年,關右慰勞大使。二年,拜使持節、鎮西將軍、涼州刺史。"

[固道鎮]

　　王兇　　鎮將。

　　　　《王忻墓誌》(《墓誌集成》七二九):"太武皇帝除鷹楊將軍、里潤鎮將寬之曾孫,固道鎮將兇之孫。"《元和志》卷二二鳳州:"後魏太平真君二年,招定仇池,其年於此城立鎮。"按:固道鎮真君二年置,王兇爲鎮將不早於是年,列於此。

太平真君三年壬午(442)

[洛州][南雍州]

　　寇讚

[荆州]

　　魯軌

　　宗畎　　冠軍將軍、南蠻校尉、荆州刺史。

　　司馬文思　　都督荆梁南雍三州諸軍事、領護南蠻校尉、征南大將軍、荆州刺史。遷懷荒鎮。

　　　　吳廷燮《元魏方鎮年表》荆州刺史太和十四年條:"魏初荆州有三:一爲司馬楚之、司馬文思所領之荆州;一爲魯軌所領之荆州;一爲宗畎所領之荆州。魯氏荆州治長社,見《宋書·魯爽傳》。宗畎之荆州即《地形志》太延所置之荆州。"按:魯軌、宗畎、司馬文思見是年雍州條。《魏書》卷三七《司馬楚之傳》云"劉裕自立,楚之規欲報復,收衆據長社,歸之者常萬餘人",則楚之亦當治長社。

[虎牢鎮][豫州]

　　刁雍

[青州]

　　司馬天助　　都督青徐兗三州諸軍事、征東將軍、青兗二州刺史。

《魏書》卷三七《司馬天助傳》："拜侍中、都督青徐兗三州諸軍事、征東將軍、青兗二州刺史，公如故。真君三年，與司馬文思等南討。還，又從駕北征。在陣殁。"按：司馬天助參見是年雍州條。《宋書》卷九五《索虜傳》"青兗二州刺史"作"青徐二州刺史"。

[平原鎮]

武昌王提

[徐州]

刁雍

《魏書》卷三八《刁雍傳》："三年，劉義隆將裴方明寇陷仇池，詔雍與建興公古弼等十餘將討平之。"按：刁雍參見是年雍州條。

[揚州]

司馬楚之　都督梁益寧三州諸軍事、領護西戎校尉、鎮西大將軍、揚州刺史。

《司馬金龍妻欽文姬辰墓誌》（《墓誌集成》一八）："使持節、侍中、鎮西大將軍、啓府儀同三司、都督梁益兗豫諸軍事、領護南蠻校尉、楊州刺史、羽真、瑯琊貞王故司馬楚之嗣子……金龍妻。"《刁遵墓誌》（《墓誌集成》二〇九）："長兄纂，奉宗，早亡。妻河内司馬氏，父楚之，魏使持節、侍中、鎮西大將軍、啓府儀同三司、楊州刺史、琅邪貞王。"《元譚妻司馬氏墓誌》（《墓誌集成》三〇四）："司徒、楊州刺史、瑯琊貞王之曾孫。"按：司馬楚之參見是年雍州條。景明元年方於壽春置揚州，楚之蓋遥領。

[相州]

杜超

[冀州]

仇洛齊

[平州]

南平王渾

[和龍鎮]

段愾　鎮將。

　　《周書》卷三六《段永傳》:"其先遼西石城人。……曾祖愾,仕魏,黃龍鎮將,因徙高陸之河陽焉。"校勘記:"《魏書》卷一〇六上《地形志》上石城屬營州建德郡,建德郡與遼東相鄰,或曾隸遼東。遼西郡……無石城縣。疑傳誤。"《段永碑》(《庾子山集》卷一四):"東燕遼東石城縣零泉里人也。……(天和)五年六月十六日,薨於賀葛城,春秋六十有八。"按:段永生於景明四年,其曾祖愾爲鎮將蓋在太武時,列於此。

[懷荒鎮]

司馬文思　鎮將。

　　《魏書》卷三七《司馬文思傳》:"劉義隆遣將裴方明擊楊難當於仇池,世祖以文思爲假節、征南大將軍,進爵譙王,督洛豫諸軍南趣襄陽,邀其歸路。還京,爲懷朔鎮將。"校勘記:"'懷朔',《北史》卷二九《司馬休之傳》附《司馬文思傳》作'懷荒',疑是。按本書卷三九《李寶傳》:'高宗初,代司馬文思鎮懷荒。'"

[長安鎮][雍州]

羅斤

古弼　都督雍秦二州諸軍事、安西將軍。

娥延　安南將軍、刺史。

　　《魏書》卷四下《世祖紀下》:"七月丙寅,詔安西將軍、建興公古弼督隴右諸軍及殿中虎賁,與武都王楊保宗等從祁山南入,征西將軍、淮陽公皮豹子與琅邪王司馬楚之等督關中諸軍從散關西入，俱會仇池。"《宋書》卷九五《索虜傳》："（元嘉）十九年，虜鎮東將軍武昌王宜勒庫莫提移書益、梁二州，往伐仇池，侵其附屬，而移書越詣徐州曰：'……使持節、侍中、都督雍秦二州諸軍事、安西將軍、建興公吐奚愛弼，率南秦王楊難當，自祁山南出，直衝建安，令南秦自遣信臣，招集舊户。使持節、侍中、都督秦雍梁益四州諸軍事、安西將軍、開府儀同三司、淮陰公皮豹子，員外散騎常侍、平南將軍、南益州刺史、建德公庫拔阿浴河，引出斜谷，阤白馬之險。散騎常侍、安南將軍、雍州刺史、南平公娥後延，出自駱谷，直截漢水。冠軍將軍、南蠻校尉、荆州刺史、建平公宗睞，使持節、員外散騎常侍、冠軍將軍、梁州刺史、順陽公劉買德，平遠將軍、永安侯若干内亦千，出自子午，東襲梁漢。使持節、侍中、都督荆梁南雍三州諸軍事、領護南蠻校尉、征南大將軍、開府儀同三司、荆州刺史、故晉譙王司馬文思，寧遠將軍、荆州刺史、襄陽公魯軌，南趨荆州。使持節、都督洛豫州及河内諸軍事、鎮南大將軍、開府儀同三司、淮南王直勤它大翰，爲其後繼。使持節、侍中、都督梁益寧三州諸軍事、領護西戎校尉、鎮西大將軍、開府儀同三司、揚州刺史晉琅邪王司馬楚之，南趣壽春。使持節、侍中、都督揚豫充徐四州諸軍事、征南將軍、徐充二州刺史、東安公刁雍，東趣廣陵，南至京口。使持節、侍中、都督青充徐三州諸軍事、征東將軍、青徐二州刺史、東海公故晉元顯子司馬天助，直趣濟南……'"校勘記："吐奚愛弼即古弼。……疑（皮豹子）'安西'爲'征西'之訛。……疑'淮陰'爲'淮陽'之訛。"《宇文紹義妻姚洪姿墓誌》（《墓誌集成》一〇三九）："祖掌，秦州刺史。……親吐奚氏，父弼，秦雍岐凉河五州刺史。"按：《索虜傳》云庫拔阿浴河爲南益州刺史，時於上邽置益州，南益州乏考。娥後延，舊中華書局點校本《宋書》校勘記云"即娥青子娥延"。魯軌之"寧遠將軍",《宋書》卷七四《魯爽傳》作"寧南將軍"。劉貫德之梁州刺史蓋遥領,時未必實置梁州。

[上封鎮][秦州]

楊保宗

元勿頭

[仇池鎮]

皮豹子 征西將軍、鎮將。

《魏書》卷五一《皮豹子傳》:"真君三年,劉義隆遣將裴方明等侵南秦王楊難當,遂陷仇池。世祖徵豹子,復其爵位。尋拜使持節、仇池鎮將,督關中諸軍,與建興公古弼等分命諸將,十道並進。"卷四下《世祖紀下》:"閏(五)月,劉義隆龍驤將軍裴方明、梁州刺史劉康祖寇南秦,南秦王楊難當敗,奔於上邽。六月丙戌,難當朝於行宮。"按:皮豹子參見是年雍州條。是年已拜皮豹子仇池鎮將,然次年二月仇池方平。

[涼州鎮][涼州]

尉眷

沮渠無諱 據鄯善。

張珍

《魏書》卷四下《世祖紀下》:"四月,無諱走渡流沙,據鄯善。"

[敦煌鎮]

李寶 都督西垂諸軍事、鎮西大將軍、領護西戎校尉、沙州牧,鎮敦煌。

《魏書》卷四下《世祖紀下》:"四月……李暠孫寶據敦煌,遣使内附。……十有二月……李寶遣使朝貢,以寶爲鎮西大將軍、開府儀同三司、沙州牧,封敦煌公。"卷三九《李寶傳》:"遣弟懷達奉表歸誠。世祖嘉其忠款,拜懷達散騎常侍、敦煌太守,別遣使授寶使持節、侍中、都督西垂諸軍事、鎮西大將軍、開府儀同三司、領護西戎校尉、沙州牧、敦煌公,仍鎮敦煌,四品以下聽承制假授。"

太平真君四年癸未(443)　　二月,平仇池。

[洛州][南雍州]
　寇讚
[荊州]
　魯軌
[虎牢鎮][豫州]
　刁雍
[平原鎮]
　武昌王提
[徐州]
　刁雍
[相州]
　杜超
[冀州]
　仇洛齊
[平州]
　南平王渾
[懷荒鎮]
　司馬文思
[長安鎮][雍州]
　羅斤
　元紇　副將。

按：元絃見真君六年長安鎮、雍州條，始任年不詳，斷於此。

[東雍州]

沮渠秉 刺史。

《魏書》卷九九《沮渠秉傳》："蒙遜子秉，字季義。世祖以其父故，拜東雍州刺史。"按：是年置東雍州。

[上封鎮][秦州]

楊保宗 謀反，被擒。

元勿頭

封敕文 鎮西將軍、領護西夷校尉、秦益二州刺史。

《魏書》卷四下《世祖紀下》："四月，武都王楊保宗謀反，諸將擒送京師。"卷五一《封敕文傳》："始光初爲中散，稍遷西部尚書。出爲使持節、散騎常侍、鎮西將軍、開府、領護西夷校尉、秦益二州刺史，賜爵天水公，鎮上邽。"按：元勿頭何年去職不詳，斷於此。元勿頭後不見上封鎮將，本表是年以下唯列秦州。封敕文以秦益二州刺史鎮上邽(封)，秦、益州二州蓋爲雙頭州。

[仇池鎮]

皮豹子 加都督秦雍荊梁益五州諸軍事，進號征西大將軍。

《魏書》卷四下《世祖紀下》："二月……克仇池。"卷五一《皮豹子傳》："四年正月，豹子進擊樂鄉，大破之。……義隆使其秦州刺史胡崇之鎮仇池，至漢中，聞官軍已西，懼不敢進，方明益其兵而遣之。豹子與司馬楚之至於濁水，擊擒崇之，盡虜其衆。進至高平，義隆將姜道祖降，仇池平。未幾，諸氐復反，推楊文德爲主以圍仇池。古弼率諸軍討平之。……尋除都督秦雍荊梁益五州諸軍事，進號征西大將軍，開府、仇池鎮將、持節、公如故。"《皮演墓誌》(《墓誌集成》一九六)："選部尚書、散騎常侍、侍中、使持節、都督秦雍荆梁益五州諸軍事、征西大將軍、開府儀同三司、淮陽襄王豹子之孫。"

[涼州鎮][涼州]

　尉眷

　張珍

[敦煌鎮]

　李寶

太平真君五年甲申(444)

[洛州][南雍州]

　寇讚

[荆州]

　魯軌

[虎牢鎮][豫州]

　刁雍

[平原鎮]

　武昌王提

[徐州]

　刁雍　遷薄骨律鎮。

[相州]

　杜超　被殺。

　杜遺　安南將軍、刺史。

　　《魏書》卷四下《世祖紀下》："四月乙亥,侍中、太宰、陽平王杜超爲帳下所殺。"卷八三上《杜超傳》："真君五年,超爲帳下所害。……超既薨,復授超從弟遺侍中、安南將軍、開府、相州刺史。"

[冀州]

仇洛齊

[定州]

段霸　都督定州諸軍事、安東將軍、刺史。

《魏書》卷九四《段霸傳》："雁門原平人。父乾,慕容垂廣武令。太祖初遣騎略地至雁門,霸年幼見執,因被宮刑。乾尋率鄉部歸化雲中。……出爲安東將軍、定州刺史。世祖親考內外,大明黜陟。前定州治中張渾屯告霸前在定州濁貨貪穢,便道致財,歸之鄉里。召霸定對,霸不首引。世祖以霸近臣而不盡實,由此益怒,欲斬之。恭宗進請,免霸爲庶人。霸從弟榮,雍州別駕。兄弟諸從遂世居廣武城。"《段通墓誌》(《墓誌集成》八三○)："君諱通,字靈德,雁門廣武人。……曾祖霸……去燕歸魏……使持節、都督定州諸軍事、安東大將軍、定州刺史。還,授侍中、南部尚書,兼尚書令。"按:段霸何年爲定州刺史不詳,吳表列於真君二年至五年。傳云免霸爲庶人,誌則云霸還爲南部尚書,蓋虛飾或後事。霸幼遭宮刑,疑通爲其同族之後。

[平州]

南平王渾

朱霸　平州諸軍事、安遠將軍、平州刺史。

《魏書》卷一六《南平王渾傳》："在州綏導有方,民夷悅之。"按:元渾鎮和龍,是年於和龍另置營州,渾蓋於是年去職。朱霸見真君十一年平州條,蓋上繼元渾,斷於此。

[和龍鎮][營州]

于洛拔　寧東將軍、和龍鎮都大將、營州刺史。

《魏書》卷三一《于洛拔傳》："轉監御曹令。恭宗之在東宮,厚加禮遇,洛拔以恭宗雖則儲君,不宜逆自結納,恆畏避屏退,左轉領候宫曹事。頃之,襲爵。出爲使持節、散騎常侍、寧東將軍、和龍鎮都大將、營州刺史。"《金石録》卷二一《跋尾十一·後魏太尉于烈碑》:"(碑云)其父洛拔爲黄龍鎮都大將,而(《後魏書》)曰'和龍'。"《于神恩墓誌》(《墓誌集成》四四九):"曾祖諱拔,散騎常侍、殿中尚書、使持節、征南大將軍、都督并肆二州諸軍事、并州刺史、零陵公。祖諱知,使持節、左將軍、營州刺史、東城侯。父諱亮,散騎常侍、大甯太守、高車國使主、東城子。"按:是年於和龍置營州,與和龍鎮同治,于洛拔蓋爲首任刺史。誌所云,唯于亮見《魏書》卷一〇三《高車傳》。于洛拔本傳所載官爵與誌多不合,所載洛拔六子亦無于知,疑誌有誤,或于洛拔、于拔并非一人。

[雲中鎮][朔州]

司馬楚之 鎮西大將軍、雲中鎮大將、朔州刺史。

《魏書》卷三七《司馬楚之傳》:"車駕伐蠕蠕,詔楚之與濟陰公盧中山等督運以繼大軍。時鎮北將軍封沓亡入蠕蠕,説令擊楚之等以絶糧運。……尋拜假節、侍中、鎮大將軍、開府儀同三司、雲中鎮大將、朔州刺史,王如故。"按:據同書卷四下《世祖紀下》,封沓亡入蠕蠕在真君四年九月,楚之爲鎮將當在此後不久。

[懷荒鎮]

司馬文思

[長安鎮][雍州]

羅斤

元紇

《辛祥妻胡顯明墓誌》(《墓誌集成》二九一):"父方回,中書侍郎、雍州刺史、臨涇宣侯。"按:胡方回參見是年東雍州條。誌云胡方回歷雍州刺史,《魏書》卷五二本傳未載,附於此，存疑。

[東雍州]

沮渠秉 被誅。

游雅 平南將軍、刺史。

《魏書》卷四下《世祖紀下》："七月癸卯，東雍州刺史沮渠秉謀叛伏誅。"卷六一《薛安都傳》："真君五年，與東雍州刺史沮渠秉謀逆，事發，奔於劉義隆。"卷九九《沮渠秉傳》："險詖多端，真君中，遂與河東蜀薛安都謀逆。至京師，付其兄弟扼而殺之。"卷五四《游雅傳》："受詔與中書侍郎胡方回等改定律制。出爲散騎常侍、平南將軍、東雍州刺史，假梁郡公。在任廉白，甚有惠政。徵爲祕書監，委以國史之任。"

[統萬鎮]

長孫道生 征西大將軍，鎮統萬。

《魏書》卷四下《世祖紀下》："三月……詔征西大將軍、司空、上党王長孫道生鎮統萬。"按：同書卷二五及《北史》卷二二道生本傳皆闕鎮統萬事。

[薄骨律鎮]

刁雍 征南將軍、鎮將。

封羽 副將。

《魏書》卷三八《刁雍傳》："五年，以本將軍爲薄骨律鎮將。"《北史》卷二六《刁雍傳》："後除薄骨律鎮將。雍以西土乏雨，表求鑿渠，溉公私田。又奉詔以高平、安定、統萬及薄骨律等四鎮，出車牛五千乘運屯穀五十萬斛付沃野，以供軍糧。道多深沙，車牛艱阻，求於牽屯山河水之次造船水運。又以所綰邊表，常懼不虞，造城儲穀，置兵備守。詔皆從之。詔即名此城爲刁公城，以旌功焉。"卷九四《封津傳》："勃海蓨人也。祖羽，真君中爲薄骨律鎮副將，以貪汙賜死。"按：《魏書·刁雍傳》載雍表鑿渠事在真君五年,造船事在七年,造城事在九年。封羽任期不詳,列於此。

[秦州]
　封敕文
[仇池鎮]
　皮豹子
[涼州鎮][涼州]
　尉眷　遷敦煌鎮。
　張珍
　　　按:珍何年去職不詳,斷於此。
[敦煌鎮]
　李寶　入朝。
　尉眷　鎮將。
　　　《魏書》卷四下《世祖紀下》:"真君五年,因入朝,遂留京師,拜外都大官。"卷二六《尉眷傳》:"轉敦煌鎮將。又擊破吐谷渾,俘三千餘口。"卷四下《世祖紀下》:"八月……晉王伏羅督高平、涼州諸軍討吐谷渾慕利延。"

太平真君六年乙酉(445)　四月,平枹罕、鄯善。九月,蓋吳起兵於杏城。
[洛州][南雍州]
　寇讚
[荆州]
　魯軌
　　　《宋書》卷七四《魯爽傳》:"世祖鎮襄陽,軌遣親人程整奉書,規欲歸順,自拔致誠,以昔殺劉康祖、徐湛之父,故不歸。

太祖累遣招納,許以爲司州刺史。"按:宋武陵王駿鎮襄陽在元嘉二十二年,即魏太平真君六年。

[虎牢鎮][豫州]

奚烏侯 鎮將。

《魏書》卷二九《奚烏侯傳》:"從征蠕蠕及赫連昌,以功進爵城陽公,加員外散騎常侍,出爲虎牢鎮將。興光中卒。"按:年不詳,真君末至興光中虎牢鎮將蓋爲元他,烏侯當在元他前,列於此。

[平原鎮]

武昌王提

[徐州]

郭逸 刺史。

《魏書》卷六四《郭祚傳》:"祖逸,州別駕,前後以二女妻司徒崔浩,一女妻浩弟上黨太守恬。世祖時,浩親寵用事,拜逸徐州刺史。"按:崔浩真君十一年被殺,郭逸爲徐州刺史在前,蓋繼刁雍。

[相州]

杜遺

[冀州]

仇洛齊

[平州]

朱霸

[和龍鎮][營州]

于洛拔

[蒲坂鎮][泰州]

周觀 平南將軍、刺史。卒。

《魏書》卷四下《世祖紀下》:"十有一月……河東蜀薛永

宗聚黨盜官馬數千匹,驅三千餘人入汾曲,西通蓋吳,受其位號。秦州刺史、金城公周鹿觀率衆討之,不克而還。"卷三〇《周觀傳》:"出除平南將軍,秦州刺史,復爵金城公。撫馭失和,民薛永宗聚衆於汾曲以叛。觀討永宗,爲流矢所中。世祖幸蒲坂,觀聞帝至,驚怖而起,瘡重遂卒。"按:《世祖紀》《周觀傳》之"秦"當爲"泰"之訛,說見興安二年泰州條。周觀始任年不詳。

[雲中鎮][朔州]

司馬楚之

[懷荒鎮]

司馬文思

[長安鎮][雍州]

羅斤

元紇　被殺。

《魏書》卷四四《羅斤傳》:"卒,贈本將軍、雍州刺史,諡曰靜。……(子)拔……諡曰康。"《羅宗墓誌》(《墓誌集成》二三九):"曾祖斤,侍中、羽真、四部尚書,遷爲散騎常侍、使持節、征西大將軍、雍州刺史、儀同三司、帶方公,諡曰康公。……祖拔……諡曰靖王。"《魏書》卷四下《世祖紀下》:"九月,盧水胡蓋吳聚衆反於杏城。冬十月戊子,長安鎮副將元紇率衆討之,爲吳所殺。"按:不知羅斤是否卒於長安鎮,次年長安鎮大將爲陸俟。誌云斤爲雍州刺史,據本傳,爲死後所贈。誌又云斤諡康,拔諡靖,與傳相反,未知孰是。

[杏城鎮]

郝溫　鎮將。起兵,自殺。

《魏書》卷四五《韋閬傳》:"世祖徵拜咸陽太守,轉武都太守。屬杏城鎮將郝溫及蓋吳反,關中擾亂,閬盡心撫納,所部獨全。"卷四下《世祖紀下》："三月……酒泉公郝溫反於杏城，殺守將王幡。縣吏蓋鮮率宗族討溫，溫棄城走，自殺，家屬伏誅。"

[薄骨律鎮]

刁雍

[秦州]

封敕文

[仇池鎮]

皮豹子

[枹罕鎮]

秦王翰　鎮枹罕。

《魏書》卷四下《世祖紀下》："夏四月庚戌，征西大將軍、高涼王那等討吐渾慕利延於陰平白蘭。詔秦州刺史、天水公封敕文擊慕利延兄子什歸於枹罕，散騎常侍、成周公萬度歸乘傳發涼州以西兵襲鄯善。……八月丁亥，封敕文入枹罕，分徙千家還上邽。壬辰，度歸以輕騎至鄯善，執其王真達以詣京師。"《元龍墓誌》(《墓誌集成》一三二九)："祖諱阿斗那，侍中、内都大官、都督河西諸軍事、啓府儀同三司、高梁王。"《魏書》卷一八《東平王翰傳》："真君三年封秦王，拜侍中、中軍大將軍，參典都曹事。……後鎮枹罕，以信惠撫衆，羌戎敬服。"按：《龍誌》之阿斗那，名、爵與那略合，當爲一人。《翰傳》未書翰仕年、官銜，枹罕鎮真君六年置，元翰蓋首任鎮將，斷於此。

[鄯善鎮]

韓拔　征西將軍、領護西戎校尉、鄯善王，鎮故鄯善國。

《鄯乾墓誌》(《墓誌集成》一三五)："侍中、鎮西將軍、鄯鄯王寵之孫，平西將軍、青平涼三州刺史、鄯鄯王、臨澤懷侯視之長子。考以去真君六年歸國。自祖已上，世君西夏。"《魏書》卷一

○二《鄯善傳》："（太平真君六年）真達面縛出降，（萬）度歸釋其縛，留軍屯守，與真達詣京都。世祖大悦，厚待之。是歲，拜交趾公韓拔爲假節、征西將軍、領護西戎校尉、鄯善王以鎮之，賦役其人，比之郡縣。"卷四下《世祖紀下》："（太平真君九年）夏五月甲戌，以交趾公韓拔爲假節、征西將軍、領護西戎校尉、鄯善王，鎮鄯善，賦役其民，比之郡縣。"按：《鄯善傳》云"是歲"（真君六年）韓拔鎮故鄯善國，而《世祖紀》云在九年，此從前者。韓拔所鎮乃故鄯善國，非鄯善鎮，任期不詳。

[涼州鎮][涼州]

　　高湖　　寧西將軍、鎮都大將。

　　　《魏書》卷三二《高湖傳》："字大淵，勃海蓨人也。漢太傅袞之後。祖慶，慕容垂司空。父泰，吏部尚書。湖……少歷顯職，爲散騎常侍。……（慕容）寶立，乃起湖爲征虜將軍、燕郡太守。寶走和龍，兄弟交爭，湖見其衰亂，遂率户三千歸國。太祖賜爵東阿侯，加右將軍，總代東諸部。世祖時，除寧西將軍、涼州鎮都大將，鎮姑臧。"《高樹生墓誌》（《墓誌集成》五八六）："祖諱湖……歸國爲涼州鎮將、河東侯。"《高建墓誌》（《墓誌集成》八六八）："曾祖湖，燕散騎常侍、吏部尚書，魏涼州鎮都大將、秦州刺史、東阿侯。"《高盛墓碑》（《碑刻校注》七·九〇二）："高祖□玄……燕散騎常侍、殿中尚書。入國爲涼州鎮都大將、東阿侯。"按：年不詳，列於此。

[敦煌鎮]

　　尉眷

太平真君七年丙戌（446）　　八月，蓋吳平。

[洛州][南雍州]

寇讚

[荆州]

鲁軌

[平原鎮]

武昌王提

[相州]

杜遺

[冀州]

仇洛齊

[平州]

朱霸

[和龍鎮][營州]

于洛拔

[并州]

  李寶 鎮南將軍、刺史。

    《魏書》卷三九《李寶傳》："真君五年，因入朝，遂留京師，拜外都大官。轉鎮南將軍、并州刺史。"《李伯欽墓誌》(《墓誌集成》六二)："祖寶，使持節、侍中、鎮西大將軍、開府儀同三司、并州刺史、燉煌宣公。"《元飀妃李媛華墓誌》(《墓誌集成》三三八)："亡祖諱寶，使持節、侍中、鎮西大將軍、開府儀同三司、并州刺史、燉煌宣公。"按：傳、誌軍號不一，時都城爲平城，并州在南，此從傳。誌之軍號蓋後所進或所贈。

[肆州]

  元突 刺史。

    《元弼及妻張氏墓誌》(《墓誌集成》一三二八)："字扶皇。……祖突，肆州刺史。父崘，秦雍二州刺史、隴西定公。"按：據《魏書》卷一五《元崘傳》，崘文成初爲秦州刺史，其父突爲肆州刺史當在前,肆州真君七年置,列於此。

[司州]

宋宣 行司隸校尉。

《魏書》卷三三《宋宣傳》:"後與范陽盧玄、勃海高允及從子愔俱被徵,拜中書博士。尋兼散騎常侍,使劉義隆。加冠軍將軍,賜爵中都侯,領中書侍郎,行司隸校尉。真君七年卒,贈司隸。"按:參同書卷四八《高允傳》,宋宣被徵在神䴥四年,何年行司隸校尉不詳,不晚於真君七年,列於此。

[雲中鎮][朔州]

司馬楚之

[懷荒鎮]

司馬文思

[長安鎮][雍州]

陸俟 都督秦雍二州諸軍事、平西將軍、長安鎮大將。平蓋吳,遷內都大官。復加都督秦雍諸軍事,鎮長安,平劉超,徵還。

竇瑾 鎮長安。

《魏書》卷四下《世祖紀下》:"五月……蓋吳復聚杏城,自號秦地王,假署山民,衆旋復振。於是遣永昌王仁、高涼王那督北道諸軍同討之。……八月,蓋吳爲其下人所殺。"卷四〇《陸俟傳》:"又以俟都督秦雍二州諸軍事、平西將軍、長安鎮大將。與高涼王那擊蓋吳於杏城,大破之。獲吳二叔……遂遣吳二叔,與之期……果斬吳以至。……遷內都大官。安定盧水劉超等聚党萬餘以叛,世祖以俟威恩被於關中,詔以本官加都督秦雍諸軍事,鎮長安。……遂平之。世祖大悅,徵俟還京師,轉外都大官。"卷四六《竇瑾傳》:"從征蓋吳……蓋吳平,瑾留鎮長安。"《宋書》卷八八《薛安都傳》:"元嘉二十一年,索虜主拓跋燾擊芮芮大敗,安都與宗人薛永宗起義,永宗營汾曲,安都襲得弘農。會北地人蓋吳起兵,遂連衡相應。燾自率衆擊永宗,滅其族,進擊蓋吳。安都料衆寡不敵,率壯士辛靈度等,棄弘農歸國。"按:薛安都參見延和三年雍州條。

[東雍州]

伊䭾　刺史。

《魏書》卷四四《伊䭾傳》:"出爲東雍州刺史。……轉殿中尚書,常典宿衛。世祖親任之。從幸瓜步,頻有戰功。"按:太武帝至瓜步在真君十一年,伊䭾爲刺史在前,列於此。

[雍城鎮]

和歸　冠軍將軍、鎮都大將。

《魏書》卷二八《和歸傳》:"蓋吳作亂於關中,復拜歸龍驤將軍往討之。還,拜使持節、冠軍將軍、雍城鎮都大將。"《和紹隆墓誌》(《墓誌集成》一〇一〇):"曾祖雍城鎮將。"按:誌無曾祖名,當即和歸。

[薄骨律鎮]

刁雍

[秦州]

封敕文

《魏書》卷四下《世祖紀下》:"三月……金城邊冏、天水梁會反,據上邽東城。秦州刺史封敕文擊之,斬冏,衆復推會爲帥。"

[仇池鎮]

皮豹子

[枹罕鎮]

秦王翰

[敦煌鎮]

尉眷

太平真君八年丁亥(447)

[洛州][南雍州]

　寇讃

[荆州]

　魯軌

[虎牢鎮][豫州]

　崔恬　　平南將軍、刺史。

　　　《魏書》卷二四《崔恬傳》:"出爲上黨太守、平南將軍、豫州刺史。……坐(兄)浩伏誅。"《水經注》卷七《濟水注一》:"索水又北,逕大柵城東。晉榮陽民張卓、董邁等遭荒,鳩聚流雜堡固,名爲大柵塢。至太平真君八年,豫州刺史崔白自虎牢移州治此,又東開廣舊城,創制改築焉。"按:崔恬死於真君十一年,此前歷豫州刺史,與崔白相近,疑爲一人。

[平原鎮]

　武昌王提　遷統萬鎮。

　　　《魏書》卷一六《武昌王提傳》:"在任十年,大著威名。後與淮南王他討平吐京叛胡,遷使持節、車騎大將軍、統萬鎮都大將。……太安元年薨。"卷四下《世祖紀下》:"(太平真君)八年春正月,吐京胡阻險爲盜。詔征東將軍武昌王提、征南將軍淮南王他討之。"按:提始鎮平原時爲鎮東大將軍,當進征東大將軍,《世祖紀下》疑闕一"大"字。

[相州]

　杜遺

[冀州]

　仇洛齊

　　　《魏書》卷九四《仇洛齊傳》:"爲内都大官。興安二年卒。"

[平州]

　朱霸

[和龍鎮][營州]

　于洛拔

　　　《魏書》卷三一《于洛拔傳》："以治有能名，進號安東將軍。又爲外都大官。會隴西屠各王景文等恃險竊命，私署王侯，高宗詔洛拔與南陽王惠壽督四州之衆討平之。"按：《魏書》卷五《高宗紀》云討王景文在興安元年，于洛拔被徵還在前，斷於此。

[并州]

　李寶

[雲中鎮][朔州]

　司馬楚之

[懷荒鎮]

　司馬文思

[長安鎮][雍州]

　竇瑾　　徵還。

　永昌王仁　　征西大將軍，鎮長安。

　　　《魏書》卷四六《竇瑾傳》："還京，復爲殿中、都官。"按：元仁見真君十一年及興安二年長安鎮、雍州條，當繼陸俟爲長安鎮大將，本傳失載。

[雍城鎮]

　和歸

[統萬鎮]

　武昌王提　　車騎大將軍、鎮都大將。

　　　按：元提見是年平原鎮條。

[薄骨律鎮]

　刁雍

[秦州]

　封敕文

[仇池鎮]

　皮豹子

[枹罕鎮]

　秦王翰

[敦煌鎮]

　尉眷

太平真君九年戊子(448)

[洛州][南雍州]

　寇讚　卒。

　　《魏書》卷四二《寇讚傳》："讚在州十七年,甚獲公私之譽,年老表求致仕。真君九年卒。"按：寇讚後不見洛陽之南雍州,蓋廢,本表是年以下唯列洛州。

[荊州]

　魯軌

[虎牢鎮][豫州]

　元麗　安南將軍、鎮都大將。

　長孫蘭　寧南將軍、刺史。

　　《元賄墓誌》(《墓誌集成》二五八)："樂安蕑王之子。旨繼從伯持節、安南將軍、虎牢鎮都大將、建寧哀王之後。"《魏書》卷二六《長孫蘭傳》："世祖初,爲中散。……後除豫州刺史。"《宋書》卷九五《索虜傳》："時疆埸之民,多相侵盜。(元嘉)二十五年,虜寧南將軍、豫州刺史北井侯若庫辰樹蘭移書豫州曰……"按:誌所云從伯,名不詳,參《魏書》卷五《高宗紀》、卷一七《樂安王範傳》及《建寧王崇傳》,蓋爲建寧王崇之子麗。《崇傳》云麗封濟南王,父子並賜死,疑麗死後改襲父爵建寧王,以元賄爲後。麗死於興安二年,爲鎮將當在是年前,列於此。宋元嘉二十五年即魏真君九年,若庫辰樹蘭當即長孫蘭。

[濟州]

王買得 刺史。

　　按:王買德見真君十一年濟州條,始任年不詳,斷於此。

[平原鎮]

元拔干 鎮將。

　　《魏書》卷一五《遼西公意烈傳》:"子拔干……太宗踐阼,除渤海太守,吏人樂之。賜爵武遂子。轉平原鎮將,得將士心。卒。"按:年不詳,當在元提後,列於此。

[相州]

杜遺

[枋頭鎮]

杜道儁 平南將軍、鎮將。

　　按:杜道儁見真君十一年兗州條,始任年不詳,斷於此。

[平州]

朱霸

[和龍鎮][營州]

陸□ 冠軍將軍、刺史。

　　王褒《陸逞碑》(《藝文類聚》卷四六《職官部二·太保》):"祖營州使君。"庾信《陸逞碑》(《庾子山集》卷一三):"本姓陸,吳郡人也。……曾祖載,爲宋王司馬,留鎮關中。赫連之亂,仗劍魏室。……高祖,冠軍將軍、營州刺史。吴人有降附者,悉領爲別軍。……父政。"《步六孤須蜜多墓誌》(《墓誌集成》一一八八):"夫人諱須蜜多,本姓陸,吴郡吴人也。……高祖載,爲劉義真長史,留鎮關中。既没赫連,因即仕魏。"按:王褒《陸逞碑》無逞祖之名。庾信《陸逞碑》先敘曾祖,再敘高祖,次序顛倒,又無祖父事蹟,吴表引文"高祖"作"祖高",不知所本,疑臆改。逞祖何年爲營州刺史不詳,從吴表。

[并州]
　李寶
[雲中鎮][朔州]
　司馬楚之
[懷荒鎮]
　司馬文思
[長安鎮][雍州]
　永昌王仁
[雍城鎮]
　和歸
[薄骨律鎮]
　刁雍
[秦州]
　封敕文
[仇池鎮]
　皮豹子
[枹罕鎮]
　秦王翰
[敦煌鎮]
　尉眷

太平真君十年己丑(449)

[荆州]

魯軌 卒。

魯爽 寧南將軍、刺史。

《宋書》卷七四《魯爽傳》:"元嘉二十六年,軌死,爽爲寧南將軍、荆州刺史、襄陽公,鎮長社。"按:宋元嘉二十六年即魏真君十年。

[虎牢鎮][豫州]

長孫蘭

[濟州]

王買得

[相州]

杜遺

[枋頭鎮]

杜道儁

[冀州]

薛提 鎮東大將軍、刺史。

《魏書》卷三三《薛提傳》:"出爲鎮東大將軍、冀州刺史。"

[平州]

朱霸

[并州]

李寶

《魏書》卷三九《李寶傳》:"還,除内都大官。"按:傳下云寶文成初鎮懷荒,徵還在前,斷於此。

[雲中鎮][朔州]

司馬楚之

[懷荒鎮]

　司馬文思

[長安鎮][雍州]

　永昌王仁

[統萬鎮]

　樓伏連　督河西諸軍、鎮西大將軍。

　　《魏書》卷三〇《樓伏連傳》："除假節、督河西諸軍、鎮西大將軍,出鎮統萬。真君十年薨。"按:樓伏連鎮統萬在真君十年前,年不詳,列於此。

[薄骨律鎮]

　刁雍

[秦州]

　封敕文

[仇池鎮]

　皮豹子

[枹罕鎮]

　秦王翰

[鄯善鎮]

　王安都　鎮將,鎮西平郡。

　　《魏書》卷三〇《王安都傳》："世祖拜爲太子庶子,出爲鄯善鎮將。"《元和志》卷三九鄯州："後魏以西平郡爲鄯善鎮。"按:真君六年平西域鄯善國,後於西平郡置鄯善鎮,王安都爲鎮將當不早於真君六年,年不詳,斷於此。

[涼州鎮][涼州]

　穆顗　鎮涼州。

　　《魏書》卷二七《穆顗傳》："出爲北鎮都將,徵拜殿中尚書。出鎮涼州,所在著稱。還加散騎常侍,領太倉尚書。高宗時,爲征西大將軍、督諸軍事。"按:顗鎮涼州,蓋爲鎮將。年不詳,當在太武末,吳表列於真君十年,從之。

[敦煌鎮]

尉眷

太平真君十一年庚寅(450)　六月,誅崔浩。十二月,太武帝至瓜步。

[洛州]

張提　刺史。

　　按:張提參見是年蒲坂鎮、泰州條。

[荆州]

魯爽

[虎牢鎮][豫州]

淮南王他　鎮都大將。

長孫蘭

《宋書》卷七二《南平王鑠傳》:"(元嘉)二十七年,大舉北伐,諸蕃並出師。鑠遣中兵參軍胡盛之出汝南,到坦之出上蔡,向長社,長社戍主魯爽委城奔走。既克長社,遣幢主王陽兒、張略等進據小索。僞豫州刺史僕蘭於大索率步騎二千攻陽兒,陽兒擊大破之。"按:《宋書》卷七四《魯爽傳》"僕蘭"作"跋僕蘭",當即長孫蘭。元他見是年長安鎮、雍州條。

[兗州]

杜道儁　刺史。

《魏書》卷四下《世祖紀下》:"七月……仍使寧朔將軍王玄謨西攻滑臺。詔枋頭鎮將、平南將軍、南康公杜道儁助守兗州。"卷八三上《杜道儁傳》:"鎮枋頭,除兗州刺史。"

[東青州]

張準之 刺史。

《魏書》卷六四《張彝傳》："字慶賓，清河東武城人。曾祖幸，慕容超東牟太守，後率戶歸國。世祖嘉之，賜爵平陸侯，拜平遠將軍、青州刺史。祖準之襲，又爲東青州刺史。……初，彝曾祖幸，所招引河東民爲州裁千餘家，後相依合，至於罷入冀州，積三十年，析別有數萬户。故高祖比校天下民户，最爲大州。"《宋書》卷七八《蕭斌傳》："元嘉二十七年，統王玄謨等衆軍北伐。斌遣將軍崔猛攻虜青州刺史張淮之於樂安，淮之棄城走。"卷七七《顏師伯傳》："（大明二年）索虜拓跋濬遣偽散騎常侍、鎮西將軍天水公拾賁敕文率衆寇清口。……虜又遣河南公、黑水公、濟州公、青州刺史張懷之等屯據濟岸，師伯又遣中兵參軍江方興就傅乾愛擊破之。"按：《蕭斌傳》之張淮之，《顏師伯傳》之張懷之，當即《張彝傳》之張準之，"懷"蓋"淮"之音訛，"淮""準"則有一形訛，未知孰是，此從《張彝傳》。傳云張幸爲青州刺史，其子準之爲東青州刺史，《中國行政區劃通史·十六國北朝卷》中編第一章第三節東青州條云"大概初名青州，後來改稱東青州"。宋元嘉二十七即魏真君十一年，大明二年即魏太安四年，張準之始任當在真君十一年前，去職當在太安四年後。

[濟州]

王買得 棄州走。

《魏書》卷四下《世祖紀下》："七月，義隆遣其輔國將軍蕭斌之率衆六萬寇濟州，刺史王買得棄州走，斌之遂入城。"《宋書》卷九五《索虜傳》："其年（元嘉二十七年），大舉北討……歷城建武府司馬申元吉率馬步□餘人向磝碻，取泗瀆口。虜磝碻戍主、濟州刺史王買德憑城拒戰，元吉破之，買德棄城走。"

[徐州]

　韓茂　平南將軍、刺史。

　　　《魏書》卷五一《韓茂傳》："字元興,安定安武人也。……加平南將軍……從征懸瓠,頻破賊軍。車駕南征,分爲六道,茂與高涼王那出青州。諸軍渡淮,降者相繼,拜茂徐州刺史以撫之。"《韓玫墓誌》(《墓誌集成》三三五):"曾祖元興,散騎常侍、殿中尚書、侍中尚書、左僕射、領太子少師、尚書令、使持節、征東大將軍、都督徐兗二州諸軍事、徐兗二州刺史、安定王,謚曰桓。"

[相州]

　杜遺

[枋頭鎮]

　杜道儁　遷兗州。

[冀州]

　薛提

　沮渠萬年　刺史。

　　　《魏書》卷三三《薛提傳》："徵爲侍中,治都曹事。世祖崩,秘不發喪。"卷九九《沮渠蒙遜傳》:"萬年、祖並以先降,萬年拜安西將軍、張掖王,祖爲廣武公。萬年後爲冀定二州刺史。"

[平州]

　朱霸　奔宋。

　　　《朱岱林墓誌》(《墓誌集成》一○四四):"曾祖霸……魏使持節、平州諸軍事、安遠將軍、平州刺史。俗隣疆場,布以威恩,酌酒空陳,夜金不受。於後謗言及樂,讒巧亂鄒,倏介鷹揚,翻然鵠起,擁鄉里三十餘户,來逝河南。值元嘉之末,朝多喪亂,不獲其賞,仍居青州之樂陵郡。……兄元旭。"《朱緒墓誌》(《墓誌集成》一二二八):"字次興,樂陵樂陵人也。……曾祖霸,平州刺史。"《魏書》卷七二《朱元旭傳》:"祖霸,真君末南叛,投劉義隆,遂居青州之樂陵。"按:傳云朱霸爲朱元旭之祖,據誌,則爲曾祖。

[蒲坂鎮][泰州]

何難 鎮將。

杜道生 刺史。

《魏書》卷九七《島夷劉裕傳》:"義隆又遣寧朔將軍王玄謨率其太子步兵校尉沈慶之、鎮軍諮議參軍申坦等入河。……車駕發滑臺,過碻磝,義隆又遣雍州刺史、竟陵王誕率其將薛安都、柳元景等入盧氏,進攻弘農。詔洛州刺史張提率衆度崤,蒲城鎮將何難於風陵堆濟河,秦州刺史杜道生至閿鄉。元景退走。"《宋書》卷七七《柳元景傳》:"十一月,元景率衆至弘農……衆並造陝下,即入郭城,列營於城内以逼之,並大造攻具。……虜洛州刺史地河公張是連提率衆二萬,度崤來救。……元景回據白楊嶺,賊定未至,更下山進弘農,入湖關口,虜蒲阪戍主泰州刺史杜道生率衆二萬至閿鄉水,去湖關一百二十里。"校勘記:"'泰州',原作'沃州'。按北魏無沃州,《魏書》卷六一《薛安都傳》、卷九七《島夷劉裕傳》作秦州刺史杜道生。然蒲坂之秦州,據錢大昕《考異》卷三〇,乃係'泰州'之訛,今改正。"《通鑑》卷一二五元嘉二十七年十一月《考異》:"《宋略》作'張是連蹄'。"《魏書》卷六一《薛安都傳》:"後自盧氏入寇弘農,執太守李拔等,遂逼陝城。時秦州刺史杜道生討安都。仍執拔等南遁,及世祖臨江,拔乃得還。"卷八三上《杜超傳》:"長子道生……後爲秦州刺史。"按:《劉裕傳》云"蒲城鎮將何難",蒲城當即蒲坂。《柳元景傳》云"蒲阪戍主泰州刺史杜道生",“戍主"後當闕何難。《杜超傳》之"秦州"當亦爲"泰州"之誤。

[司州]

杜胤寶 司隸校尉。

《魏書》卷八三上《杜元寶傳》："元寶弟胤寶,司隸校尉。"
按:始任年不詳,斷於此。

[雲中鎮][朔州]

司馬楚之

[懷荒鎮]

司馬文思

[長安鎮][雍州]

永昌王仁 南征。

淮南王他 都督雍秦二州諸軍事、鎮西大將軍、雍州刺史,鎮長安。遷虎牢鎮。

《魏書》卷四下《世祖紀下》："二月……車駕遂征懸瓠。……十有一月……次于彭城。……十有二月……車駕臨江,起行宮於瓜步山。永昌王仁自歷陽至於江西,高涼王那自山陽至於廣陵,諸軍皆同日臨江。"卷五三《李孝伯傳》："世祖至彭城……遣孝伯至小市,(劉)駿亦遣其長史張暢對孝伯。……孝伯曰:'永昌王自頃恒鎮長安,今領精騎八萬直造淮南,壽春亦閉門自固,不敢相禦。向送劉康祖首,彼之所見……'"卷一三《文成元皇后李氏傳》："世祖南征,永昌王仁出壽春,軍至后宅,因得后。"卷一六《淮南王他傳》："劉義隆遣將寇邊,他從征於懸瓠,破之。拜使持節、都督雍秦二州諸軍事、鎮西大將軍、開府儀同三司、雍州刺史,鎮長安。綏撫秦土,得民夷之心。時義隆寇南鄙,以他威信素著,復爲虎牢鎮都大將。"

[統萬鎮]

元崘　鎮將。

　　《魏書》卷一五《元崘傳》："世祖時襲父爵,以功除統萬鎮將。後從永昌王仁南征,別出汝陰。濟淮,劉義隆將劉康祖屯於慰武亭以邀軍路……斬康祖。"按:據《宋書》卷五〇《劉康祖傳》,康祖死於元嘉二十七年,即魏真君十一年,元崘爲鎮將不晚於是年,列於此。

[薄骨律鎮]
　　刁雍
[秦州]
　　封敕文
[仇池鎮]
　　皮豹子
[枹罕鎮]
　　秦王翰
[鄯善鎮]
　　王安都
[敦煌鎮]
　　尉眷

　　《魏書》卷二六《尉眷傳》："眷歷鎮四蕃,威名並著。高宗時,率師北擊伊吾,剋其城,大獲而還。尋拜侍中、太尉,進爵爲王。與太宰常英等評尚書事。……和平四年薨。"按:據同書卷五《高宗紀》,尉眷和平二年擊伊吾,三年爲録尚書事,不知何年去職,斷於此。

正平元年辛卯(451)　　六月,太子晃死。
[荆州]

魯爽　降宋。

《宋書》卷七二《南平王鑠傳》:"(元嘉)二十八年夏,虜荊州刺史魯爽及弟秀等,率部曲詣鑠歸順。"

[虎牢鎮][豫州]

淮南王他

長孫蘭

[兗州]

杜道儁

[東青州]

張準之

[濟州]

穆相國　安東將軍、刺史。

《魏書》卷二七《穆壽傳》:"子平國……正平元年卒。……平國弟相國,官至安東將軍、濟州刺史、上洛公。"按:年不詳,蓋在太武、文成時,列於此。

[徐州]

韓茂

《魏書》卷五一《韓茂傳》:"車駕還,以茂爲侍中、尚書左僕射。"

[相州]

杜遺

[冀州]

沮渠萬年　遷定州。

竇瑾　鎮南將軍、刺史。

《魏書》卷四六《竇瑾傳》:"恭宗薨於東宮,瑾兼司徒,奉詔册謚。出爲鎮南將軍、冀州刺史。"

[定州]

沮渠萬年　　刺史。

　　按：沮渠萬年見次年定州條。

[和龍鎮][營州]

元羽豆眷　　鎮大將。

《拓跋榮興妻裴智英墓誌》(《墓誌集成》一一九四)："公名榮興，河南洛陽人也，昭成皇帝之後。五世祖烏泥，左丞相、中山王。高祖禮半，内都達官、中山王。曾祖羽豆眷，黄龍鎮大將、晉陽侯。……夫人……以建德元年……春秋七十四遇疾薨。"按：北魏元氏任左丞相者僅見元儀一人，參《魏書》卷一五《元儀傳》，儀子纂封中山王，歷内大將軍，爵、官略與誌合。又泥與儀音近，半與纂音近，疑烏泥即儀，禮半即纂。羽豆眷蓋纂子，爲鎮將蓋在太武、文成時，列於此。

[司州]

杜胤寶

[雲中鎮][朔州]

司馬楚之

[柔玄鎮]

奚真　　平遠將軍、鎮將。

《魏書》卷七三《奚康生傳》："其先代人也，世爲部落大人。祖直，平遠將軍、柔玄鎮將。入爲鎮北大將軍，内外三都大官。"校勘記："'直'，《北史》卷三七《奚康生傳》、《通志》一四九並作'真'。"按：傳云康生正光二年被殺，年五十四，則生於皇興二年，其祖真(直)爲鎮將蓋在太武、文成時，列於此。

[懷荒鎮]

司馬文思

[長安鎮][雍州]

永昌王仁

[薄骨律鎮]

刁雍

[秦州]

封敕文

[仇池鎮]

皮豹子

[枹罕鎮]

秦王翰

《魏書》卷四下《世祖紀下》："十有二月……封秦王翰爲東平王。"卷一八《東平王翰傳》："改封東平王。世祖崩，諸大臣等議欲立翰，而中常侍宗愛與翰不協，矯太后令立南安王余，遂殺翰。"按：是年元翰改封東平王，次年被殺，當已徵還，斷於此。

[鄯善鎮]

王安都

[涼州鎮][涼州]

叔孫隣　鎮大將，加鎮西將軍。

奚牧　副將。

《魏書》卷二九《叔孫隣傳》："轉尚書令。出爲涼州鎮大將，加鎮西將軍。隣與鎮副將奚牧，並以貴戚子弟，競貪財貨，專作威福。遂相糾發，坐伏誅。"按：年不詳，從吳表。萬斯同《魏將相大臣年表》斷叔孫隣爲尚書令在和平六年。

文成帝興安元年壬辰（452）　　三月，中常侍宗愛殺太武帝及東平王翰，立南安王余。十月，宗愛殺余，長孫渴侯與陸麗迎立皇孫濬。

[洛州]

　李靈　平南將軍、刺史。

　　《魏書》卷四九《李靈傳》："趙郡人。……高宗踐祚,除平南將軍、洛州刺史而卒。"

[虎牢鎮][豫州]

　淮南王他

　長孫蘭

　　《魏書》卷九七《島夷劉裕傳》："興安元年……義隆又遣雍州刺史臧質向崤陝,梁州刺史劉秀之、輔國將軍楊文德出子午。豫州刺史長孫蘭遣騎破之,季之等僅以身免。"《宋書》卷七四《魯爽傳》："(元嘉二十九年)四月入朝,時燾已死,上更謀經略。五月,遣爽、秀、程天祚等率步騎并荆州軍甲士四萬,出許、洛。八月,虜長社戍主永平公禿髮幡乃同棄城走。進向大索戍,戍主僞豫州刺史跋僕蘭曰:'爽勇而無防,我今出城,必輕來據之,設伏檀山,必可禽也。'"

[兗州]

　杜道儁

[青州]

　傅靈越　鎮遠將軍、刺史,鎮羊蘭城。

　　《魏書》卷七〇《傅豎眼傳》："祖父融……有三子,靈慶、靈根、靈越。……劉駿將蕭斌、王玄謨寇碻磝,時融始死,玄謨彊引靈慶爲軍主……(靈慶)與壯士數十騎遁還……斌所遣壯士執靈慶殺之。……靈根、靈越奔河北。靈越至京師,高宗見而奇之。靈越因説齊民慕化,青州可平,高宗大悦。拜靈越鎮遠將軍、青州刺史、貝丘子,鎮羊蘭城;靈根爲臨齊副將,鎮明潛壘。……劉駿恐靈越在邊,擾動三齊,乃以靈越叔父琰爲冀州治中,乾愛爲樂陵太守。樂陵與羊蘭隔河相對。"《傅豎眼墓誌》（《墓誌集成》六〇二）："父諱靈越，冠軍將軍、青兗二州刺史。"按：參《宋書》卷五《文帝紀》、卷五三《張永傳》，宋攻磧磝在元嘉二十九年，即魏興安元年。

[東青州]

張準之

[平原鎮]

穆翰　鎮將。

《魏書》卷二七《穆翰傳》："平原鎮將、西海王。"按：據同卷，翰兄觀泰常八年卒，年三十五，翰爲平原鎮將蓋在太武、文成時，亦當在元提後，列於此。

[相州]

杜遺

陸馛　安南將軍、刺史。

《魏書》卷八三上《杜超傳》："（遺）入爲内都大官，進爵廣平王。"卷五《高宗紀》："興安元年……十有二月……廣平公杜遺進爵爲王。"卷四〇《陸馛傳》："興安初，賜爵聊城侯，出爲散騎常侍、安南將軍、相州刺史，假長廣公。"《太平廣記》卷一七四《俊辯二·陸琇》引《談藪》："後魏東平王陸俟……子馥……爲相州刺史。"《元凝妃妻陸順華墓誌》（《墓誌集成》七四四）："祖受洛跋，相州刺史、吏部尚書、太保、建安貞王。……父琇。"按：《談藪》之"馥"當爲"馛"之訛。受洛跋當爲陸馛之鮮卑名，不見於本傳。

[冀州]

竇瑾

[定州]

沮渠萬年　賜死。

《魏書》卷四下《世祖紀下》："（正平）二年春正月庚辰朔，

南來降民五千餘家於中山謀叛,州軍討平之。冀州刺史、張掖王沮渠萬年與降民通謀,賜死。"卷九九《沮渠蒙遜傳》:"萬年後爲冀定二州刺史,復坐謀逆,與祖俱死。"按:《世祖紀下》正平二年稱萬年爲冀州刺史,《沮渠蒙遜傳》稱萬年歷冀定二州刺史,吳表疑萬年已遷定州,從之。

[幽州]

陳建 冠軍將軍、刺史。

《魏書》卷三四《陳建傳》:"高宗初,賜爵阜城侯,加冠軍將軍。出爲幽州刺史。"

[和龍鎮][營州]

楊難當 刺史。

《魏書》卷一〇一《氐傳》:"高宗時,拜難當營州刺史。"

[司州]

杜胤寶

[雲中鎮][朔州]

司馬楚之

[懷荒鎮]

司馬文思 卒。

李寶 鎮北將軍、鎮將。

《魏書》卷三七《司馬文思傳》:"興安初薨。"卷三九《李寶傳》:"高宗初,代司馬文思鎮懷荒,改授鎮北將軍。"

[長安鎮][雍州]

永昌王仁

元石 刺史。

李璞 左將軍、副將。

《魏書》卷一四《元石傳》:"從世祖南討,至瓜步。位尚書令,雍州刺史。"卷四六《李璞傳》:"歷中書博士、侍郎、漁陽王尉眷傅、左將軍、長安副將，賜爵宜陽侯，太常卿。承明元年……卒。"按：元石、李璞何年任職皆不詳，列於此。

[涇州]

尉長壽 刺史。

《魏書》卷二六《尉長壽傳》："從征劉義隆，至江。賜爵會稽公，加冠軍將軍。高宗時，除涇州刺史。"按：征劉義隆在真君十一年，尉長壽爲刺史蓋在文成初，列於此。

[統萬鎮]

南陽王惠壽 鎮將。

《魏書》卷五《高宗紀》："十有一月……隴西屠各王景文叛，詔統萬鎮將、南陽王惠壽討平之。"

[薄骨律鎮]

刁雍

[秦州]

封敕文

元崙 刺史。

《魏書》卷一五《元崙傳》："高宗即位，除秦州刺史，進爵隴西公。卒。"《元弼及妻張氏墓誌》(《墓誌集成》一三二八)："父崙，秦雍二州刺史、隴西定公。"趙萬里釋(《墓誌集釋》卷三)："誌之秦雍二州刺史與傳之秦州刺史又小異，蓋卒後贈官。"

[仇池鎮]

皮豹子

[鄯善鎮]

王安都

《魏書》卷三〇《王安都傳》："高宗時，爲内都大官。"按：王安都何年徵還不詳，斷於此。

[敦煌鎮]

　　王景仁　　鎮將。

　　　　《周書》卷三六《王士良傳》:"其先太原晉陽人也。後因晉亂,避地涼州。魏太武平沮渠氏,曾祖景仁歸魏,爲燉煌鎮將。"按:年不詳,當在太武、文成時,列於此。

興安二年癸巳(453)

[虎牢鎮][豫州]

　　淮南王他

[兗州]

　　杜道儁　　被誅。

　　　　按:杜道儁見是年司州條。

[青州]

　　傅靈越

[東青州]

　　張準之

[相州]

　　陸馛

[冀州]

　　竇瑾　　徵還。

　　　　《魏書》卷四六《竇瑾傳》:"還爲内都大官。興光初……誅。"

[定州]

　　劉尼　　征南將軍、刺史。

　　　　《魏書》卷三〇《劉尼傳》:"代人也。本姓獨孤氏。……世祖見而善之,拜羽林中郎。……宗愛既殺南安王余於東廟,祕之,惟尼知狀。……尼與(陸)麗迎高宗於苑中。……以尼爲内行長……遷尚書右僕射……出爲征南將軍、定州刺史。"

[幽州]

陳建

[平州]

王睹　刺史。

《魏書》卷八三上《常英傳》:"高宗以乳母常氏有保護功,既即位,尊爲保太后,後尊爲皇太后。興安二年……妹夫王睹爲平州刺史、遼西公。"

[和龍鎮][營州]

楊難當

[蒲坂鎮][泰州]

李孝伯　平西將軍、刺史。

《魏書》卷五三《李孝伯傳》:"趙郡人也。……興安二年,出爲使持節、散騎常侍、平西將軍、秦州刺史。"《盧令媛墓誌》(《墓誌集成》二八六):"祖諱淵……夫人趙郡李氏,父孝伯,散騎常侍、尚書、使持節、平西將軍、泰州刺史、宣城公。"趙萬里釋(《墓誌集釋》卷二):"誌又稱'祖淵……泰州刺史',《魏書·李孝伯傳》則作秦州。此蓋傳誤而誌是。知者:《地形志》有兩秦州,一治上邽城,一治蒲坂。錢大昕《考異》謂治蒲坂之秦州當作泰州。其言曰:'《地形志》州名相同者,多加東西南北以别之。獨兩秦州並置六十餘年,何以不議改易。……言泰州者多矣,而志無之,乃悟蒲坂之秦州,當爲泰州之訛。'……《魏書·崔衡傳》:'除秦州刺史,先是河東年饑,刼盜大起,衡至脩龔遂之法,周年之間寇盜止息。'《王建傳》:'子斤以衛兵將軍鎮蒲坂,關隴平,徙鎮長安,斤遂驕矜不順法度,而委罪於雍州刺史陽文祖、秦州刺史任延明。'《周觀傳》：'出除平南將軍、秦州刺史，撫馭失和，民薛永宗聚衆於汾曲以叛，觀討永宗，爲流矢所中，世祖幸蒲坂，觀驚怖而起，瘡重遂卒。'以上三秦州，亦皆泰州之訛。"

[離石鎮]

奚受真 龍驤將軍、鎮將。

《魏書》卷二九《奚受真傳》："高宗即位，拜龍驤將軍，賜爵成都侯。遷給事中，出爲離石鎮將。"

[司州]

杜胤寶 被誅。

《魏書》卷八三上《杜元寶傳》："元寶又進爵京兆王。及歸而父遺喪，明當入謝，元寶欲以表聞。高宗未知遺薨，怪其遲，召之。……未幾，以謀反伏誅，親從皆斬。……後兗州故吏汲宗等以道儁遺愛在人，前從坐受誅，委骸土壤，求得葬。"校勘記："上文不記杜元寶之出外，'及歸'二字無著，上當有脫文。"卷五《高宗紀》："二年春正月辛巳，司空杜元寶進爵京兆王。……二月己未，司空、京兆王杜元寶謀反，伏誅。"按：道儁爲元寶從父超子。

[雲中鎮][朔州]

司馬楚之

[懷荒鎮]

李寶

[長安鎮][雍州]

永昌王仁 賜死。

樂安王良 都督秦雍涇梁益五州諸軍事、衛大將軍、長安鎮都大將、雍州刺史。

《魏書》卷五《高宗紀》："七月……濮陽王閭若文，征西大將軍、永昌王仁謀反。乙丑，賜仁死於長安，若文伏誅。"卷一七《永昌王仁傳》："後與濮陽王閭若文謀爲不軌，發覺，賜死。"卷一三《文成元皇后李氏傳》："及仁鎮長安，遇事誅，后與其家人送平城宮。"卷一七《樂安王良傳》："高宗時，襲王。拜長安鎮都大將、雍州刺史。"《元仙墓誌》(《墓誌集成》二九九)："使持節、侍中、都督秦雍涇梁益五州諸軍事、衛大將軍、開府儀同三司、萇安鎮都大將、内都大官……樂安蕳王之第四子也。"《元騰及妻程法珠墓誌》(《墓誌集成》二三七)："使持節、都督秦雍涇涼益五州諸軍事、開府儀同三司、衛大將軍、雍州刺史、樂安簡王良之第八子也。"《元尚之墓誌》(《墓誌集成》三一九)："祖樂安王良，使持節、侍中、都督秦雍涇梁益五州諸軍事、衛大將軍、開府儀同三司、萇安鎮都大將、雍州刺史。"

［高平鎮］

　苟莫于　鎮將。

　　　按：苟莫于見是年仇池鎮條。《北史》卷三七《皮豹子傳》作"苟莫干"。

［統萬鎮］

　豆代田　鎮大將。

　　　《魏書》卷三〇《豆代田傳》："代人也。……從駕南討。轉太子太保。出爲統萬鎮大將。興安中卒。"

［薄骨律鎮］

　刁雍

［秦州］

　元崘

［仇池鎮］

　皮豹子　徵還。

　　　《魏書》卷五一《皮豹子傳》："興安二年正月，義隆遣其將蕭道成、王虬、馬光等入漢中，別令楊文德、楊頭等率諸氐羌圍武都。……詔高平鎮將苟莫于率突騎二千以赴之，道成等乃退。徵豹子爲尚書。"

[涼州鎮][涼州]

南平王渾　都督涼州及西戎諸軍事、領護西域校尉、征西大將軍、涼州鎮將。

《魏書》卷一六《南平王渾傳》："徙涼州鎮將、都督西戎諸軍事、領護西域校尉。"《元倪墓誌》(《墓誌集成》三〇〇)："祖使持節、都督涼州及西戎諸軍事、領護西域校尉、征西大將軍、儀同三司、涼州刺史、南平王，諡曰康王。"按：傳云渾爲鎮將，誌云渾爲刺史，此從傳。年不詳，從吳表。

興光元年甲午(454)

[南雍州]

文虎龍　龍驤將軍、刺史。

《魏書》卷一〇一《蠻傳》："興光中，蠻王文武龍請降，詔褒慰之，拜南雍州刺史、魯陽侯。"《問度墓誌》(《墓誌集成》一三一〇)："字延度，廣州魯陽石臺人也。……祖虎龍，正平年中，以祖英略有聞，文成皇帝召赴平城都。……祖憖恭帝側，除龍驤將軍、雍州刺史。後除冠軍將軍、梁城鎮將、魯陽侯。在任身喪，帝思忠節，贈使持、洛州刺史，諡曰恭侯。"《雷亥郎妻文羅氣墓誌》(《墓誌集成》七三八)："夫人姓文，字羅氣，南陽人也。其先槃護之苗裔。曾祖欽，晉司徒公。祖虎龍，魏太武皇帝太延三年秋七月，帝以龍承勳望胄，文武超群，詔除冠軍將軍、梁城鎮將、魯陽侯。真君五年春三月，帝以龍鎮捍有方，威名肅振，詔遷洛州刺史。在任薨徂，嘉其誠績，諡粵恭公。"《隋書》卷三一《地理志下》春陵郡:"蔡陽,梁置蔡陽郡,後魏置南雍州。"按:文武龍、問虎龍、文虎龍之地望、官爵相近,當爲一人。"武"字蓋避唐諱改,"問""文"不知孰是,此從《羅氣誌》。文虎龍所歷,《羅氣誌》云在太武時,《度誌》則云在文成時,《度誌》與《蠻傳》略合,從之。時雍州治長安,文虎龍所歷蓋蔡陽之南雍州,《度誌》"雍州"前當闕一"南"字。

[虎牢鎮] [豫州]

淮南王他

[青州]

傅靈越

[東青州]

張準之

[濟州]

晃暉　征虜將軍、濟州刺史、假寧東將軍。

《魏書》卷八七《晁清傳》:"遼東人也。祖暉,濟州刺史、潁川公。"卷九一《晁崇傳》:"遼東襄平人也。……崇兄子暉。太祖時給事諸曹,稍遷給事中,賜爵長平侯。征虜將軍、濟州刺史,假寧東將軍、潁川公。劉駿鎮東平郡,徙戍近境,暉上表求擊之,高宗不許。暉乃爲書以大義責之。卒。"按:年不詳,在文成時,列於此。

[相州]

陸馛

[冀州]

閭染　刺史。

《魏書》卷八三上《閭毗傳》:"代人。本蠕蠕人,世祖時自其國來降。毗即恭皇后之兄也,皇后生高宗。高宗太安二年,以毗爲平北將軍……弟紇爲寧北將軍。……紇弟染,位外都大官、冀州刺史、江夏公。卒。"按：間染何年爲冀州刺史不詳，從吳表。

[定州]

劉尼

《魏書》卷三〇《劉尼傳》："在州清慎，然率多酒醉，治日甚少。徵爲殿中尚書。"

[幽州]

陳建

[平州]

王睹

[和龍鎮][營州]

楊難當

[蒲坂鎮][泰州]

李孝伯

[雲中鎮][朔州]

司馬楚之

[懷荒鎮]

李寶

[長安鎮][雍州]

樂安王良

[涇州]

陸石跋　刺史。

《魏書》卷四〇《陸俟傳》："俟弟石跋，涇州刺史。"按：陸俟仕於太武至孝文初，其弟石跋爲涇州刺史蓋亦在其間，列於此。

[薄骨律鎮]

刁雍

[秦州]

　元崪

　　　　按：元崪何年去職不詳，斷於此。

[涼州鎮][涼州]

　南平王渾

[晉昌鎮]

　尉撥　鎮將。

　　　　《魏書》卷三〇《尉撥傳》："代人也。……遷晉昌鎮將，綏懷邊民，甚著稱績。入爲知臣監。"按：據同傳下文，尉撥文成末爲杏城鎮將，爲晉昌鎮將在此前，列於此。

太安元年乙未(455)

[南雍州]

　文虎龍

[虎牢鎮][豫州]

　淮南王他

[兗州]

　穆伏真　刺史、假寧東將軍。

　　　　《魏書》卷二七《穆伏真傳》："高宗世，稍遷尚書，賜爵任城侯。出爲兗州刺史、假寧東將軍、濮陽公。"按：年不詳，列於此。

[青州]

　傅靈越

　　　　按：靈越何年去職不詳，斷於此。

[東青州]

　張準之

［平原鎮］

侯□　鎮南將軍、鎮將。

《侯剛墓誌》(《墓誌集成》四〇四)："上谷居庸人也。……高祖魏昌公、相州刺史。……曾祖江陽侯、并州刺史。……祖鎮南、平原鎮將,世號禦侮,功著淮濟。父内小,以儒雅稽古,清韻夷放。……爰逮于公,慶餘藉甚……太和五年,文明太后調爲内小。"按:《魏書》卷九三《侯剛傳》無其父祖事蹟,唯云"河南洛陽人,其先代人也。本出寒微,少以善於鼎俎,進飪出入",不知誌所列官爵是否爲贈官或虛飾,附於此。

［相州］

陸馛

［定州］

許宗之　鎮東將軍、刺史。

《魏書》卷四六《許宗之傳》："高宗踐阼,遷殿中尚書,出爲鎮東將軍、定州刺史,潁川公。"

［幽州］

陳建

《魏書》卷三四《陳建傳》："高祖初,徵爲尚書右僕射。"按:孝文帝前歷幽州刺史者尚有孔昭、常訢,疑傳有脱誤,斷於此。

［平州］

王睹

［和龍鎮］［營州］

楊難當

［蒲坂鎮］［泰州］

李孝伯

[并州]

　　乞伏成龍　　刺史。

　　　　　　按：乞伏成龍見次年定州、雍州條，始任年不詳。

[雲中鎮][朔州]

　　司馬楚之

[懷荒鎮]

　　李寶

[長安鎮][雍州]

　　樂安王良

[高平鎮]

　　元建　　鎮西將軍、鎮都大將。

　　　　　　《魏書》卷一五《陳留王崇傳》："子建，襲，降爵爲公。位鎮北將軍、懷荒鎮大將。卒。建子琛。"《元琛墓誌》(《墓誌集成》二二八)："祖崇……父眷，鎮西將軍、高平懷荒二鎮都大將、陳留王。"按：傳所云建與誌所云眷音近，父皆爲崇，子皆爲琛，當爲一人，此從傳。建(眷)父崇仕於太武時，建(眷)蓋仕於文成時，年不詳，列於此。

[薄骨律鎮]

　　刁雍　　徵還。

　　　　　　《魏書》卷三八《刁雍傳》："興光二年，詔雍還都。"

[仇池鎮]

　　閭驎　　鎮將。

　　　　　　《魏書》卷三〇《閭大肥傳》："弟驎，襲爵。出爲仇池鎮將。"《慕容纂(元仁)墓誌》(《墓誌集成》六八八)："妻閭，父驎，散騎常侍、華林都將、武衛將軍、平北將軍、并州刺史。"按：傳云閭大肥太武時卒，驎爲鎮將蓋在文成時，列於此。誌云驎歷并州刺史，不知是否爲贈官，本表不列。

［涼州鎮］［涼州］

　　南平王渾

［敦煌鎮］

　　段信　征西將軍、鎮將。

　　　　《北齊書》卷一六《段榮傳》："字子茂,姑臧武威人也。祖信,仕沮渠氏,後入魏,以豪族徙北邊,仍家於五原郡。"《段榮墓誌》(《墓誌集成》九三二): "祖征西將軍、燉煌鎮將信。……王……以元象元年六月薨於中山,時年六十一。"按:太延五年沮渠牧犍降,信爲鎮將蓋在太武、文成時,列於此。

太安二年丙申(456)

［南雍州］

　　文虎龍

［虎牢鎮］［豫州］

　　淮南王他

［東青州］

　　張準之

［相州］

　　陸馛

［冀州］

　　源賀　征南將軍、刺史。

　　　　《魏書》卷四一《源賀傳》："高宗即位,社稷大安,賀有力焉。……出爲征南將軍、冀州刺史,改封隴西王。"卷五《高宗紀》："十有一月,尚書、西平王源賀改封隴西王。"

［定州］

　　許宗之　被誅。

《魏書》卷五《高宗紀》:"二月……丁零數千家亡匿井陘山,聚爲寇盜。詔定州刺史許宗之、并州刺史乞佛成龍討平之。"卷四六《許宗之傳》:"受敕討丁零,丁零既平,宗之因循郡縣,求取不節。深澤人馬超訕謗宗之,宗之怒,遂毆殺超。……太安二年冬,遂斬於都南。"

[平州]
　王睹
[和龍鎮][營州]
　楊難當
[蒲坂鎮][泰州]
　李孝伯
[并州]
　乞伏成龍
[雲中鎮][朔州]
　司馬楚之
[懷荒鎮]
　李寶
[長安鎮][雍州]
　樂安王良
　陸真　安西將軍、鎮將。
　　《魏書》卷三〇《陸真傳》:"代人也。……遷散騎常侍,選部尚書。時丁零數千家寇竊并定,真與并州刺史乞伏成龍自樂平東入,與定州刺史許宗之併力討滅。從駕巡東海,以真爲寧西將軍。尋遷安西將軍、長安鎮將,假建平公。"
[涼州鎮][涼州]
　南平王渾
　　《魏書》卷一六《南平王渾傳》:"臨鎮清慎,恩著涼土。更滿還京。"

太安三年丁酉(457)

[梁城鎮]

　文虎龍　冠軍將軍、鎮將。

　　　　按：文虎龍見興光元年南雍州條，何年遷梁城鎮不詳，斷於此。

[南雍州]

　文虎龍　遷梁城鎮。

[虎牢鎮][豫州]

　淮南王他

[東青州]

　張準之

[濟州]

　唐和　刺史。

　　　《魏書》卷四三《唐和傳》："晉昌冥安人也。……李氏爲沮渠蒙遜所滅，和與兄契攜外甥李寶避難伊吾，招集民衆二千餘家，臣於蠕蠕。蠕蠕以契爲伊吾王。經二十年，和與契遣使來降。……太安中，出爲濟州刺史，甚有稱績。徵爲内都大官。"

[相州]

　陸馛

[冀州]

　源賀

[平州]

　王睹

［和龍鎮］［營州］

　楊難當

　　　《魏書》卷一〇一《氐傳》："（難當）還爲外都大官。卒。"
卷五《高宗紀》："（和平五年）十有二月，南秦王楊難當薨。"

［蒲坂鎮］［泰州］

　李孝伯

［雲中鎮］［朔州］

　司馬楚之

［懷荒鎮］

　李寶

［長安鎮］［雍州］

　樂安王良

　陸真

［杏城鎮］

　尉撥　鎮將。

　　　《魏書》卷三〇《尉撥傳》："出爲杏城鎮將。"

［秦州］

　皇甫奇　刺史。

　　　《皇甫琳墓誌》（《墓誌集成》九〇二）："曾祖預，赫連時荆
州刺史。……祖奇……貢秀魏庭，除北地太守、秦州刺
史。……公……所壽七十有六，以天保九年……卒。"按：皇
甫琳生於太和七年，其祖奇爲刺史蓋在太武、文成時，列於此。

太安四年戊戌（458）

［梁城鎮］

　文虎龍

[虎牢鎮][豫州]

　淮南王他

[東青州]

　張準之

　　　按：張準之見真君十一年東青州條，何年去職不詳，在太安四年後，斷於此。

[相州]

　陸馛　徵還。

　李訢　安南將軍、刺史。

　　　《魏書》卷四〇《陸馛傳》："在州七年，家至貧約。徵爲散騎常侍。"卷四六《李訢傳》："高宗即位，訢以舊恩親寵，遷儀曹尚書，領中秘書。……出爲使持節、安南將軍、相州刺史。"

[冀州]

　源賀

[平州]

　王睹

　　　按：王睹不知何年去職，吳表斷於太安四年，從之。

[和龍鎮][營州]

　張偉　平東將軍、刺史。

　　　《魏書》卷八四《張偉傳》："聘劉義隆，還，拜給事中、建威將軍，賜爵成皋子。出爲平東將軍、營州刺史。"吳廷燮《元魏方鎮年表》："按：《偉傳》頗略，偉聘宋，《本紀》在真君二年，爲營州在高宗末。"

[蒲坂鎮][泰州]

　李孝伯

[并州]

　王憲　安南將軍、刺史。

《魏書》卷三三《王憲傳》："出爲并州刺史,加安南將軍。……天安初卒。"按:年不詳,從吳表。

[雲中鎮][朔州]

　司馬楚之

[懷荒鎮]

　李寶

[長安鎮][雍州]

　樂安王良

　陸真

[杏城鎮]

　尉撥

[涇州]

　封阿君　刺史。

　　按:封阿君見和平元年涇州條,任期不詳,從吳表。

太安五年己亥(459)

[梁城鎮]

　文虎龍

[虎牢鎮][豫州]

　淮南王他

[相州]

　李訢

[冀州]

　源賀

[幽州]

　孔昭　鎮東將軍、刺史。

《魏書》卷五一《孔伯恭傳》:"魏郡鄴人也。父昭……遷侍中、鎮東將軍、幽州刺史,進爵魯郡公。"按:傳云昭和平二年卒,始任年不詳,斷於此。

[和龍鎮][營州]

張偉

[蒲坂鎮][泰州]

李孝伯　卒。

《魏書》卷五三《李孝伯傳》:"太安五年卒,高宗甚悼惜之。"

[并州]

王憲

[雲中鎮][朔州]

司馬楚之

[懷荒鎮]

李寶　卒。

《魏書》卷三九《李寶傳》:"太安五年薨。"

[長安鎮][雍州]

樂安王良　徵還。

京兆王子推　征南大將軍、都督五州諸軍事、長安鎮都大將、雍州刺史。

陸真

《魏書》卷一七《樂安王良傳》:"爲内都大官。"《元尚之墓誌》(《墓誌集成》三一九):"又徵(祖良)爲中都大官。"吳廷燮《元魏方鎮年表》:"《本紀》:'和平元年二月,衛將軍、樂安王良督東雍、吐京諸軍趣河西。'是已解雍州。"《魏書》卷一九上《京兆王子推傳》:"太安五年封。位侍中、征南大將軍、長安鎮都大將。子推性沈雅,善於綏接,秦雍之人,服其威惠。"

《元定墓誌》(《墓誌集成》五四):"使持節、侍中、征南大將軍、都督五州諸軍事、青雍二州刺史、故京兆康王之第四子。"《元榮宗墓誌》(《墓誌集成》五五):"使持節、侍中、征南大將軍、都督五州諸軍事、青雍二州刺史、故京兆康王之第四子,廣平内史、前河間王元定之長子。"《元液墓誌》(《墓誌集成》五二六):"祖使持節、都督中外諸軍事、開府儀同三司、中都大官、長安鎮都大將、清雍二州刺史、京兆康王。"《元靈曜墓誌》(《墓誌集成》三〇五):"使持節、侍中、征南大將軍、啓府儀同三司、青雍二州刺史、京兆康王之孫。"按:《定誌》《宗誌》所云五州,蓋即元良所督秦雍涇梁益五州。

[杏城鎮]

尉撥

[涇州]

封阿君

[涼州鎮][涼州]

慕容没真 都督涼州諸軍事、鎮東將軍、涼州刺史。

《慕容莨墓誌》(《洛陽新獲墓誌 二〇一五》二七):"曾祖没真,使持節、都督涼州諸軍事、鎮東將軍、涼州刺史。……君諱莨,字永壽,河南洛陽人也。普泰初,出身殿中將軍。……春秋卌四,大統九年二月十二日卒。"按:慕容莨生於景明元年,若非贈官,其曾祖没真爲刺史蓋在文成、獻文時,列於此。

和平元年庚子(460)

[洛州]

常喜 刺史。

《魏書》卷八三上《常英傳》:"高宗以乳母常氏有保護功,

既即位,尊爲保太后,後尊爲皇太后。……弟喜……和平元年,喜爲洛州刺史。"

[梁城鎮]

文虎龍

按:文虎龍見興光元年南雍州條,卒於梁城鎮將,年不詳,斷於此。

[虎牢鎮][豫州]

淮南王他

[相州]

李訢

[冀州]

源賀

[定州]

乙瓌　征東將軍、刺史。

《魏書》卷四四《乙瓌傳》:"代人也。其先世統部落。世祖時,瓌父匹知慕國威化,遣瓌入貢,世祖因留之。……數從征伐,甚見信待。尚上谷公主,世祖之女也。除鎮南將軍、駙馬都尉,賜爵西平公。從駕南征,除使持節、都督前鋒諸軍事。……後除侍中、征東將軍、儀同三司、定州刺史。"《北史》卷一三《文帝文皇后乙弗氏傳》:"河南洛陽人也。其先世爲吐谷渾渠帥,居青海,號青海王。涼州平,后之高祖莫瓌擁部落入附,拜定州刺史,封西平公。"

[幽州]

孔昭

[和龍鎮][營州]

張偉

[吐京鎮]

谷季孫 鎮將。

《魏書》卷三三《谷季孫傳》:"中書學生,入爲祕書中散,遷中部大夫。出爲吐京鎮將。"按:據同卷,季孫父渾延和二年卒,季孫爲鎮將蓋在文成、獻文時,列於此。

[并州]

王憲

[肆州]

閭鳳 鎮南將軍、刺史。

《魏書》卷三〇《閭鳳傳》:"高宗時爲内都大官,出爲鎮南將軍、肆州刺史。卒。"按:年不詳,列於此。

[雲中鎮][朔州]

司馬楚之

[懷朔鎮]

慕容帶 平西將軍、鎮都大將。遷秦州。

《元鬱及妻慕容氏墓誌》(《墓誌集成》一七八):"王妃慕容氏,西河東燕昌黎之人,衛大將軍、趙王驎之後矣。……父帶……屬文成皇帝巡莨安,徵爲作曹尚書,不拜,辭不獲已,乃從慈旨。居公休稱,除平西將軍、懷朔鎮都大將。政道揚績,化沾鄰葦,尋拜使持節、平西將軍、秦益二州刺史、沛郡公。"按:在文成時,年不詳,列於此。

[懷荒鎮]

元建 鎮北將軍、鎮都大將。

《魏書》卷一五《陳留王崇傳》:"子建,襲,降爵爲公。位鎮北將軍、懷荒鎮大將。卒。"《元琛墓誌》(《墓誌集成》二二八):"祖崇……父眷,鎮西將軍、高平懷荒二鎮都大將、陳留王。"按:元建即元眷。建(眷)父崇仕於太武時,建(眷)蓋仕於文成時,年不詳,列於此。

[長安鎮][雍州]

　京兆王子推

　陸真

[杏城鎮]

　尉撥

[涇州]

　封阿君

　　　《魏書》卷五一《皮豹子傳》："河西諸胡,亡匿避命。豹子及前涇州刺史封阿君督河西諸軍南趣石樓,與衛大將軍、樂安王良以討群胡。豹子等與賊相對,不覺胡走,無捷而還,又坐免官。……和平五年六月,卒。"卷五《高宗紀》："二月,衛將軍、樂安王良督東雍、吐京、六壁諸軍西趣河西,征西將軍皮豹子等督河西諸軍南趨石樓,以討河西叛胡。"

[統萬鎮]

　陽平王新成　　征西大將軍。

　　　《魏書》卷五《高宗紀》："六月甲午,詔征西大將軍、陽平王新成等督統萬、高平諸軍出南道,南郡公李惠等督涼州諸軍出北道,討吐谷渾什寅。"

[秦州]

　慕容帶　　平西將軍、秦益二州刺史。

　　　按：慕容帶見是年懷朔鎮條。

和平二年辛丑(461)

[洛州]

　常喜

[虎牢鎮][豫州]

淮南王他

汝陰王天賜　征南大將軍、鎮都大將。

　　《魏書》卷五《高宗紀》："秋七月戊寅,封皇弟小新成爲濟陰王,加征東大將軍,鎮平原;天賜爲汝陰王,加征南大將軍,鎮虎牢;萬壽爲樂浪王,加征北大將軍,鎮和龍。"卷一九上《汝陰王天賜傳》："和平二年封,拜鎮南大將軍、虎牢鎮都大將。"按:傳云天賜爲鎮南大將軍,時同授者皆爲"征",天賜不應獨爲"鎮",此從紀。

[平原鎮]

濟陰王小新成　征東大將軍、都督冀相濟三州諸軍事、平原鎮大將。

　　《元瓚墓誌》(《墓誌集成》二三八):"使持節、征東大將軍、都督冀相濟三州諸軍事、平原鎮大將、濟陰新城王之孫。"《祖子碩妻元阿耶墓誌》(《墓誌集成》六六九):"曾祖濟陰宣王,字小新城……使持節、征西大將軍、濟相冀兗四州諸軍事。"按:小新成參見是年虎牢鎮、豫州條。《瓚誌》之"濟陰新城王"當爲"濟陰王小新成"。

[相州]

李訢

[冀州]

源賀

[定州]

乙瑰

[幽州]

孔昭　卒。

　　《魏書》卷五一《孔伯恭傳》:"(父昭)和平二年卒。"

[和龍鎮][營州]

樂浪王萬壽　征北大將軍,鎮和龍。

　　《魏書》卷一九上《樂浪王萬壽傳》:"和平二年封,拜征東大將軍,鎮和龍。"校勘記:"疑當作'征北大將軍'。……征東大將軍乃濟陰王小新成。"按:萬壽參見是年虎牢鎮、豫州條。小新成、天賜皆爲鎮都大將,萬壽亦當爲鎮都大將。

[雲中鎮][朔州]

　司馬楚之

[長安鎮][雍州]

　京兆王子推

　陸真

[杏城鎮]

　尉撥

[涇州]

　李峻　鎮西將軍、刺史。

　　《魏書》卷八三上《李峻傳》:"梁國蒙縣人,元皇后兄也。父方叔,劉義隆濟陰太守。高宗遣間使諭之,峻與五弟誕、巀、雅、白、永等前後歸京師。拜峻鎮西將軍、涇州刺史、頓丘公。"

[統萬鎮]

　陽平王新成

[涼州鎮][涼州]

　穆栗　鎮將。

　　《魏書》卷二七《穆栗傳》:"涼州鎮將、安南公。"按:年不詳,從吳表。

和平三年壬寅(462)

[洛州]

常喜
　　按：常喜何年去職不明，斷於此。
[荆州]
鄧怡　刺史、假寧南將軍。
　　《魏書》卷二四《鄧怡傳》："官至荆州刺史、假寧南將軍。……和平中卒。"按：年不詳，列於此。
[虎牢鎮][豫州]
汝陰王天賜
[平原鎮]
濟陰王小新成
[相州]
李訢
[冀州]
源賀
[定州]
乙瓌
[幽州]
王融　都督幽州諸軍事、鎮東將軍、幽州刺史。
　　《王昌墓誌》(《墓誌集成》一七五)："魏故使持節、都督幽州諸軍事、鎮東將軍、幽州刺史、汝南莊公之孫。……君……春秋卅七，延昌四年十二月廿六日卒於涼州。"《楊穎墓誌》(《墓誌集成》一二六)："春秋卅有八，以永平四年……卒。……母太原王氏……父融，幽州刺史、汝南莊公。"按：王昌生於太和三年，其祖融爲幽州刺史蓋在文成至孝文時，列於此。
[和龍鎮][營州]
樂浪王萬壽　卒。

《魏書》卷五《高宗紀》:"正月……樂浪王萬壽薨。"卷一九上《樂浪王萬壽傳》:"性貪暴,徵還,道憂薨。"

[并州]

薛野腊　平南將軍、刺史。

《魏書》卷四四《薛野腊傳》:"和平中,除平南將軍、并州刺史,進爵河東公。"

[雲中鎮][朔州]

司馬楚之

[長安鎮][雍州]

京兆王子推

陸真

《魏書》卷三〇《陸真傳》:"是時,初置長蚍鎮,真率衆築城,未訖,而氐豪仇傉檀等反叛,氐民咸應,其衆甚盛。真擊平之,殺四千餘人,卒城長蚍而還。"卷五《高宗紀》:"(和平三年)六月……詔將軍陸真討雍州叛氐仇傉檀等,平之。"

[杏城鎮]

尉撥

[涇州]

李峻

[統萬鎮]

陽平王新成

和平四年癸卯(463)

[虎牢鎮][豫州]

汝陰王天賜

[東青州]

　高祚　刺史。

　　《魏書》卷五七《高祐傳》："勃海人也。……祐兄祚，襲爵，東青州刺史。……祐博涉書史……高祖拜祕書令。"按：獻文帝時游明根爲東青州刺史，後罷州，高祚當在張準之、游明根間，斷於此。

[平原鎮]

　濟陰王小新成

[相州]

　李訢

[冀州]

　源賀

[定州]

　乙瓌

[并州]

　薛野䐗

[雲中鎮][朔州]

　司馬楚之

[長安鎮][雍州]

　京兆王子推

[杏城鎮]

　尉撥

[涇州]

　李峻

[統萬鎮]

　陽平王新成

和平五年甲辰(464)

[虎牢鎮][豫州]

　汝陰王天賜

[東青州]

　高祚

[濟州]

　孔伯恭　安南將軍、刺史。

　　《魏書》卷五一《孔伯恭傳》:"出爲安南將軍、濟州刺史,進爵成陽公。"按:始任年不詳,斷於此。

[平原鎮]

　濟陰王小新成

[相州]

　李訢

[冀州]

　源賀

[定州]

　乙瓌

　　《魏書》卷四四《乙瓌傳》:"又爲西道都將。和平中薨。"

[和龍鎮][營州]

　任城王雲　征東大將軍、鎮都大將。

　　《魏書》卷一九中《任城王雲傳》:"和平五年封,拜使持節、侍中、征東大將軍、和龍鎮都大將。"《邢巒墓誌》(《墓誌集成》一六五):"後夫人河南元氏,父岱雲,使持節、都督中外諸軍事、開府、征東大將軍、冀雍徐三州刺史,任城康王。"

[蒲坂鎮][泰州]

　薛野䐗　刺史。

《魏書》卷四四《薛野䐗傳》："轉太州刺史。卒,年六十一。"按:薛野䐗何年遷泰州不詳,斷於此。

[并州]

薛野䐗　遷泰州。

[雲中鎮][朔州]

司馬楚之　卒。

司馬金龍　鎮西大將軍、雲中鎮大將、朔州刺史。

《魏書》卷五《高宗紀》："十月,琅邪王司馬楚之薨。"卷三七《司馬楚之傳》："在邊二十餘年,以清儉著聞。和平五年薨。……楚之後尚諸王女河內公主,生子金龍。……顯祖在東宮,擢爲太子侍講。後襲爵。拜侍中、鎮西大將軍、開府、雲中鎮大將、朔州刺史。"《司馬金龍妻欽文姬辰墓誌》(《墓誌集成》一八):"使持節、侍中、鎮西大將軍、朔州刺史、羽真、瑯琊王金龍妻。"

[長安鎮][雍州]

京兆王子推

[杏城鎮]

尉撥

[涇州]

李峻

[統萬鎮]

陽平王新成

[秦州]

李惠　征西大將軍、秦益二州刺史。

《魏書》卷八三上《李惠傳》："中山人,思皇后之父也。……歷位散騎常侍、侍中、征西大將軍、秦益二州刺史,進爵爲王。"按:始任年不詳,斷於此。

和平六年乙巳(465)　　五月,文成帝死,太子弘即位。

[虎牢鎮][豫州]

汝陰王天賜　徵還。

《魏書》卷六《顯祖紀》:"十月,徵陽平王新成、京兆王子推、濟陰王小新成、汝陰王天賜、任城王雲入朝。"卷一九上《汝陰王天賜傳》:"後爲内都大官。"

[東青州]

高祚

[濟州]

孔伯恭

[平原鎮]

濟陰王小新成　徵還。

吕洛拔　都將。

《魏書》卷三〇《吕洛拔傳》:"代人也。……以壯勇知名,高宗末爲平原鎮都將。"按:小新成徵還事見是年虎牢鎮、豫州條。

[相州]

李訢

吐谷渾權　刺史。

《魏書》卷五《高宗紀》:"三月戊戌,相州刺史、西平郡王吐谷渾權薨。"按:時李訢亦爲相州刺史,存疑。

[冀州]

源賀

《魏書》卷一一一《刑罰志》:"和平末,冀州刺史源賀上言:'自非大逆、手殺人者,請原其命,謫守邊戍。'詔從之。"

[定州]

馮熙　征東大將軍、刺史。

林金閭　刺史。爲乙渾所殺。

《元悦妃馮季華墓誌》(《墓誌集成》三四九)："父熙，和平四年，蒙授冠軍將軍、肥如侯。到六年，進爵昌黎王。又除侍中、太傅，王如故。又除使持節、征東大將軍、駙馬都尉、定州刺史。"《魏書》卷八三上《馮熙傳》："賜爵肥如侯。尚恭宗女博陵長公主，拜駙馬都尉。出爲定州刺史，進爵昌黎王。顯祖即位，爲太傅。"卷一三《孝文貞皇后林氏傳》："叔父金閭，起自閹官……顯祖初爲定州刺史。未幾爲乙渾所誅，兄弟皆死。"卷四四《和其奴傳》："和平六年，遷司空，加侍中。高宗崩，乙渾與林金閭擅殺尚書楊保年等。殿中尚書元郁率殿中宿衛士欲加兵於渾。渾懼，歸咎於金閭，執金閭以付郁。時其奴以金閭罪惡未分，乃出之爲定州刺史。"按：乙渾次年二月被殺，林金閭被殺在是月前。

[和龍鎮][營州]

任城王雲　徵還。

《魏書》卷一九中《任城王雲傳》："顯祖時，拜都督中外諸軍事、中都坐大官。"按：雲徵還事參見是年虎牢鎮、豫州條。

[肆州]

尒朱代勤　假寧南將軍、刺史。

《魏書》卷七四《尒朱榮傳》："北秀容人也。……祖代勤……高宗末，假寧南將軍，除肆州刺史。高祖賜爵梁郡公。以老致仕。"

[雲中鎮][朔州]

司馬金龍

[長安鎮][雍州]

京兆王子推　徵還。

東平王道符　　鎮都大將。

李㤅　安西將軍、副將。

萬振　寧西將軍、副將。

張白澤　行雍州刺史。

《魏書》卷一九上《京兆王子推傳》："入爲中都大官。"卷一八《東平王道符傳》："顯祖踐阼，拜長安鎮都大將。"卷四九《李㤅傳》："襲子爵。高宗以㤅師傅之子，拜員外散騎常侍、安西將軍、長安鎮副將，進爵爲侯，假鉅鹿公。"卷三四《萬安國傳》："代人也。祖真，世爲酋帥，恒率部民從世祖征伐。……父振，尚高陽長公主，拜駙馬都尉。遷散騎常侍、寧西將軍、長安鎮將。"卷二四《張白澤傳》："白澤本字鍾葵，顯祖賜名白澤，納其女爲嬪。出行雍州刺史。"《侯氏妻張列華墓誌》(《墓誌集成》九三)："相州使君、廣平簡公之女。"按：子推徵還事參見是年虎牢鎮、豫州條。萬振參見皇興元年長安鎮、雍州條，《魏書》卷六《顯祖紀》作萬古真。誌所載廣平簡公即張白澤，據本傳，其相州刺史爲死後所贈。白澤何年行雍州刺史不詳，列於此，《通鑑》卷一三四列於宋順帝昇明元年十一月，即魏太和元年。

[杏城鎮]

尉撥

《魏書》卷三〇《尉撥傳》："在任九年，大收民和，山民一千餘家、上郡徒各、盧水胡八百餘落，盡附爲民。高宗以撥清平有惠績，賜以衣服。顯祖即位，爲北征都將。"

[涇州]

李峻

[統萬鎮]

陽平王新成　徵還。

按：新成徵還事見是年虎牢鎮、豫州條。

[黑城鎮]

王彪 鎮將。

《王茂墓誌》（《墓誌集成》六一九）："祖彪，黑城鎮將。……君……春秋五十四，以永安二年七月廿二日薨。"按：王茂生於承明元年，其祖彪爲鎮將蓋在文成至孝文時，列於此。

[秦州]

李惠

[仇池鎮]

長孫陵 都督秦雍荆梁益五州諸軍事、征西將軍、仇池鎮都大將。

《元鷙妃公孫甄生墓誌》（《墓誌集成》六二五）："祖順，字順孫，給事中、義平子。夫人河南長孫氏，父諱壽，字敕斤陵，散騎常侍、左光禄大夫、都督秦雍荆梁益五州諸軍事、征西將軍、東陽汎池鎮都大將、征東將軍、都督青州諸軍事、青州刺史、蜀郡公，諡曰莊王。"《長孫子澤墓誌》（《墓誌集成》六〇三）："柱國、大將軍、太尉公、北平宣王嵩之曾孫，使持節、散騎常侍、征西大將軍、都督秦雍荆梁益五州諸軍事、仇池鎮都大將、外都坐大官、蜀郡莊王陵之孫，左將軍、光州刺史康之子。"《封君妻長孫氏墓誌》（《墓誌集成》三七三）："祖陵，獻文皇帝時外都坐大官、左光禄大夫、征東大將軍、東陽鎮都大將、督青州諸軍事、蜀郡公，薨，諡曰蜀郡莊王。"《宋書》卷八八《沈文秀傳》："（泰始三年）八月，虜蜀郡公拔式等馬步數萬人入西郭，直至城下。文秀使輔國將軍垣諶擊破之。"羅新、葉煒疏證（《墓誌疏證》四九）："長孫陵之鮮卑本名是敕斤陵。《宋書》卷八八《沈文秀傳》提到'虜蜀郡公拔式'，拔式即長孫陵。長孫氏本作拔拔氏，或省作拔氏……長孫陵寫作拔式，可能與公孫甑生墓誌所謂'諱壽，字敕斤陵'之鮮卑本名的前半部音節有關，隸定其名爲壽，或即得自於'敕斤'之音，壽、式音近，當時或無定字。"吳廷燮《元魏方鎮年表》梁州刺史太安元年："《魏書·肅宗紀》有益州刺史長孫壽，官位無如此之崇，且其時仇池已改置南秦州，此所列長孫壽，似當在元魏高宗、顯祖時爲仇池鎮都大將。"按：宋泰始三年即魏皇興元年，是年長孫陵討青州，爲仇池鎮將在前，列於此。吳表列於太安元年。

[涼州鎮][涼州]

淮南王他　都督涼州諸軍事、鎮西大將軍。

《魏書》卷六《顯祖紀》："五月……以淮南王他爲鎮西大將軍、儀同三司，鎮涼州。"卷一六《淮南王他傳》："高宗時，轉使持節、都督涼州諸軍事、鎮西大將軍，儀同如故。"

獻文帝天安元年丙午（466）　九月，宋司州、徐州內附。十一月，宋兗州內附。

[懸瓠鎮][南豫州]

常珍奇　平南將軍、刺史。

《魏書》卷六《顯祖紀》："九月，劉彧司州刺史常珍奇以懸瓠內屬。……殿中尚書、鎮西大將軍、西河公元石都督荊豫南雍州諸軍事，給事中、京兆侯張窮奇爲副，出西道救懸瓠。"卷六一《常珍奇傳》："爲劉駿司州刺史，亦與薛安都等推立劉子勛。子勛敗，遣使馳告長社鎮請降，顯祖遣殿中尚書元石爲都將，率衆赴之。……事定，以珍奇爲持節、平南將軍、豫州刺史、河內公。"按：常珍奇降魏時爲汝南、新蔡二郡太守，見《宋書》卷八七《殷琰傳》，《魏書》作司州刺史，存疑。《慈慶墓誌》

(《墓誌集成》三三一)云珍奇入魏後爲玄瓠鎮將。

[兖州]

羅伊利　安東將軍、刺史。

  《魏書》卷四四《羅伊利傳》："伊利曾病，顯祖幸其宅。……稍遷散騎常侍、儀曹尚書，出爲安東將軍、兖州刺史。"

[東青州]

游明根　寧遠將軍、刺史。

  《魏書》卷五五《游明根傳》："廣平任人也。……賜爵安樂男、寧遠將軍。……顯祖初，以本將軍出爲東青州刺史，加員外常侍。"

[濟州]

孔伯恭

盧度世　鎮遠將軍、刺史。

  《魏書》卷五一《孔伯恭傳》："入爲散騎常侍。劉彧徐州刺史薛安都以彭城内附……顯祖進伯恭號鎮東將軍，副尚書尉元救之。"卷四七《盧度世傳》："除假節、鎮遠將軍、齊州刺史。"《北史》卷三〇《盧度世傳》："除濟州刺史。"《盧令媛墓誌》(《墓誌集成》二八六)："曾祖度世，字子遷，散騎常侍、太常卿、使持節、鎮遠將軍、濟州刺史、固安惠侯。"按：盧度世所歷，《魏書》作齊州刺史，此從《北史》及《令媛誌》。度世卒於延興元年，當繼伯恭。

[平原鎮]

吕洛拔　加建義將軍。

  《魏書》卷三〇《吕洛拔傳》："劉彧徐州刺史薛安都歸誠，請援。詔遣尉元率衆救之，洛拔隨元入彭城。……賜爵成武侯，加建義將軍。"

[徐州]

薛安都　都督徐南北兗青冀五州豫州之梁郡諸軍事、鎮南大將軍、徐州刺史。

《魏書》卷六《顯祖紀》："九月……劉彧徐州刺史薛安都以彭城內屬,彧將張永、沈攸之擊安都。詔北部尚書尉元爲鎮南大將軍、都督諸軍事,鎮東將軍、城陽公孔伯恭爲副,出東道救彭城。"卷六一《薛安都傳》："和平六年,劉彧殺其主子業而自立,群情不協,共立子業弟晉安王子勛,安都與沈文秀、崔道固、常珍奇等舉兵應之。彧遣將張永討安都,安都遣使來降,請兵救援。……乃遣鎮東大將軍、博陵公尉元,城陽公孔伯恭等率騎一萬赴之。拜安都使持節、散騎常侍、都督徐南北兗青冀五州豫州之梁郡諸軍事、鎮南大將軍、徐州刺史,賜爵河東公。"卷五〇《尉元傳》："天安元年,薛安都以徐州內附,請師救援。顯祖以元爲使持節、都督東道諸軍事、鎮南大將軍、博陵公,與城陽公孔伯恭赴之。……劉彧兗州刺史畢衆敬遣東平太守章仇摽詣軍歸款,元並納之。……安都出城見元,元依朝旨,授其徐州刺史。遣中書侍郎高閭、李璨等與安都俱還入城,別令孔伯恭精甲二千,撫安內外,然後元入彭城。"卷四九《李璨傳》："天安初,劉彧徐州刺史薛安都舉彭城降,詔鎮南大將軍、博陵公尉元,鎮東將軍、城陽公孔伯恭等率衆迎之。顯祖復以璨參二府軍事。……元等入城,收管龠。"

[相州]

李訢

[枋頭鎮]

薛虎子　鎮將。

《魏書》卷四四《薛虎子傳》："及文明太后臨朝,出虎子爲枋頭鎮將。"

[冀州]

　　源賀　　徵還。

　　李嶷　　都督冀青定相濟五州諸軍事、征南將軍、冀青二州刺史。

　　　　《魏書》卷六《顯祖紀》："三月庚子,以隴西王源賀爲太尉。"卷四一《源賀傳》："在州七年,乃徵拜太尉。"卷六五《李平傳》："頓丘人也,彭城王嶷之長子。……後以例降,襲爵彭城公。"《高道悦妻李氏墓誌》(《墓誌集成》二二三):"夫人李,頓丘衛國人也。顯祖獻文皇帝之内妹,元恭皇后之季姪。……父攜之,使持節、都督冀青定相濟五州諸軍事、征南將軍、啓府儀同三司、冀青二州刺史、彭城静王。朝格既班,非元氏不王,至夫人兄平始降爲公。"按:《源賀傳》云賀在州七年,參《高宗紀》《顯祖紀》,則歷十一年。《李氏誌》所云"攜之",《魏書》卷八九《李洪之傳》作"攜之"。李慈銘《北史札記·李洪之傳》(《越縵堂讀史札記全編》)云:"攜之似是珍之兄弟,然此上既不出攜之名,而……傳皆無其人。"參傳、誌,攜之當爲李平父嶷之字。李嶷又見《魏書》卷六《顯祖紀》和平六年、卷八三上《李峻傳》,事蹟皆不詳,爲冀青二州刺史蓋在獻文初,列於此。

[定州]

　　韓均　　征南大將軍、刺史。

　　　　《魏書》卷五一《韓均傳》："襲爵安定公、征南大將軍。出爲使持節、散騎常侍、本將軍、定州刺史。"

[幽州]

　　常訢　　安東將軍、刺史。

　　　　《李緬妻常敬蘭墓誌》(《墓誌集成》二二一):"使持節、安東將軍、幽州刺史、廣甯公之孫。"按:常訢參見是年平州條。

[平州]

常英　刺史。

　　《魏書》卷八三上《常英傳》："天安中，英爲平州刺史，訴爲幽州刺史。"

[和龍鎮][營州]

屈拔　刺史。

　　《魏書》卷三三《屈拔傳》："顯祖以其功臣子，拜營州刺史。卒。"

[雲中鎮][朔州]

司馬金龍

[沃野鎮]

馮□　鎮將。

　　《馮虬墓誌》(《墓誌集成》一〇一一)："代順平城人也。……祖沃野鎮將。……君……春秋八十有八，丙戌之年正月廿五日終於家第。……大齊天統四年。"按：誌之"順"當爲"郡"之訛。丙戌年即齊天統二年，虬生於太和三年，其祖爲鎮將蓋在文成至孝文時，列於此。

[長安鎮][雍州]

東平王道符

李恢

萬振

魚玄明　安西將軍、刺史。

　　按：魚玄明見皇興元年長安鎮、雍州條。

[涇州]

李峻

[秦州]

李惠

[涼州鎮][涼州]

淮南王他

皇興元年丁未（467） 閏正月,宋青州、冀州、東徐州内附。

[陝城鎮]

　崔寬　鎮西將軍、鎮將。

　　　《魏書》卷二四《崔寬傳》:"清河崔寬,字景仁。祖彤,隨晉南陽王保避地隴右,遂仕於沮渠、李暠。……寬後襲爵武陵公、鎮西將軍,拜陝城鎮將。"按：寬延興二年卒,始任年不詳,斷於此。

[荆州]

　郭白　輔國將軍、刺史。

　　　《郭肇墓誌》(《墓誌集成》六八九):"祖白,中書侍郎、輔國將軍、荆州刺史。……公諱肇,字平始,太原晉陽人也。……春秋六十有八,終於上京建忠里。越以武定元年閏月廿九日葬於鄴城西南十五里。"《郭欽墓誌》(《墓誌集成》七六四):"祖白,中書侍郎、輔國將軍、荆州刺史。……君……武定七年七月十九日卒於鄴都建忠里,春秋五十四。"按：郭肇生於承明元年,其祖白蓋仕於文成至孝文時,年不詳,亦不知荆州刺史是否爲贈官,列於此。

[懸瓠鎮][南豫州]

　常珍奇

[兗州]

　羅伊利

[東兗州]

　畢衆敬　寧南將軍、刺史。
　李璨　寧朔將軍、刺史。

《魏書》卷六《顯祖紀》:"(天安元年)十有一月壬子,劉彧兗州刺史畢衆敬遣使内屬。"卷六一《畢衆敬傳》:"東平須昌人。……及劉彧殺子業而自立,遣衆敬出詣兗州募人。到彭城,刺史薛安都召與密謀……乃矯彧命,以衆敬行兗州事,衆敬從之。……及尉元至,遂以城降。……皇興初,就拜散騎常侍、寧南將軍、兗州刺史,賜爵東平公,與中書侍郎李璨對爲刺史。"卷四九《李璨傳》:"定淮北。加璨寧朔將軍,與張讜對爲兗州刺史,綏安初附。……(子)仲胤。"校勘記:"'張讜',疑爲'畢衆敬'之誤。'兗州',疑當作'東兗州'。"《李仲胤墓誌》(《墓誌集成》八七):"定州趙郡柏仁縣永寧鄉吉遷里人也。東兗州刺史之小子。"《李瞻墓誌》(《墨香閣墓誌》六):"祖璨,東兗州刺史。"按:《瞻誌》之"璨",拓本模糊,《墓誌集成》九五録文作"璩",參史傳,當以"璨"爲是。李璨、畢衆敬參見是年東徐州條。

[東陽鎮] [青州]

長孫陵　平東將軍、督青州諸軍事、東陽鎮都大將。

酈範　刺史。

《魏書》卷六《顯祖紀》:"閏(正)月……劉彧青州刺史沈文秀、冀州刺史崔道固並遣使請舉州内屬。詔平東將軍長孫陵,平南將軍、廣陵公侯窮奇赴援之。二月,詔使持節、都督諸軍事、征南大將軍慕容白曜督騎五萬次於碻磝,爲東道後援。……三月……沈文秀、崔道固復叛歸劉彧,白曜回師討之。……四月,白曜攻升城,戍主房崇吉遁走。"卷四二《酈範傳》:"征南大將軍慕容白曜南征,範爲左司馬。……表範爲青州刺史以撫新民。"按:長孫陵參見和平六年仇池鎮、梁州條。陵之軍號,紀作平東將軍,誌作征東將軍或征東大將軍,蓋此後進號或死後所贈。《甄生誌》(《墓誌集成》六二五)又云陵爲青州刺史,時酈範、慕容白曜先後爲刺史,陵不應同任,蓋墓誌虛增。

[東青州]

游明根

[團城鎮][東徐州]

高閭　南中郎將、刺史。

張讜　冠軍將軍、刺史。

《魏書》卷五〇《尉元傳》:"劉彧東徐州刺史張讜據團城,徐州刺史王玄載守下邳,輔國將軍、兖州刺史樊昌侯王整,龍驤將軍、蘭陵太守桓忻驅掠近民,保險自固。元遣慰喻,張讜及青州刺史沈文秀等皆遣使通誠,王整、桓忻相與歸命。……玄載狼狽夜走,宿豫、淮陽皆棄城而遁。於是遣南中郎將、中書侍郎高閭領騎一千,與張讜對爲東徐州刺史;中書侍郎李璨與畢衆敬對爲東兖州刺史。以安初附。"卷五四《高閭傳》:"漁陽雍奴人。……加南中郎將,與鎮南大將軍尉元南赴徐州,閭先入彭城,收管籥,元表閭以本官領東徐州刺史,與張讜對鎮團城。後還京城。"卷六一《張讜傳》:"讜仕劉駿,歷給事中、泰山太守、青冀二州輔國府長史,帶魏郡太守。劉彧之立,遥授冠軍將軍、東徐州刺史。及革徐兖,讜乃歸順於尉元。元亦表授冠軍、東徐州刺史,遣中書侍郎高閭與讜對爲刺史。"

[南冀州]

崔道固　安南將軍、刺史。復歸宋。

房法壽　平遠將軍、刺史。

韓麒麟　冠軍將軍、刺史。

《魏書》卷二四《崔道固傳》:"後爲寧朔將軍、冀州刺史,移鎮歷城。劉彧既殺子業自立,徐州刺史薛安都與道固等舉兵推立子業弟子勛。子勛敗,乃遣表歸誠,顯祖以爲安南將軍、南冀州刺史、清河公。劉彧遣說道固,以爲前將軍、徐州刺史。復叛受彧命。"卷四三《房法壽傳》:"遇沈文秀、崔道固起兵應劉子勛。明僧暠、劉乘民起兵應劉彧,攻討文秀。法壽亦與清河太守王玄邈起兵西屯,合討道固。……詔以法壽爲平遠將軍,與韓騏驎對爲冀州刺史,督上租糧。"卷六〇《韓麒麟傳》:"昌黎棘城人也。……參征南慕容白曜軍事,進攻升城。……後白曜表麒麟爲冠軍將軍,與房法壽對爲冀州刺史。……贈散騎常侍、安東將軍、燕郡公,謚曰康。"《韓顯宗墓誌》(《墓誌集成》五〇):"大魏使持節、散騎常侍、安東將軍、齊冀二州刺史、燕郡康公之仲子。"《宇文永妻韓氏墓誌》(《墓誌集成》二一五):"祖麒麟,冀齊二州刺史、燕郡康公。"《宇文測墓誌》(《墓誌集成》七七八):"祖騏驎,平北將軍、營州刺史。父永。"按:崔道固參見是年青州條。韓氏之祖與宇文測之祖不應皆名麒麟,《測誌》蓋誤。

[濟州]

　盧度世

[平原鎮]

　吕洛拔

[徐州]

　薛安都

　　　《魏書》卷六一《薛安都傳》:"安都以事窘歸國,(尉)元等既入彭城,安都乃中悔,謀圖元等,欲還以城叛。會元知之,遂不果發。安都因重貨元等,委罪於女壻裴祖隆,元乃殺祖隆而隱安都謀。"

[相州]

　李訢

[枋頭鎮]

薛虎子

[冀州]

李嶷

韓均　征南大將軍、青冀二州刺史。

《魏書》卷五一《韓均傳》："轉青冀二州刺史，餘如故。恤民廉謹，甚有治稱。"

[定州]

韓均　遷冀州。

陸儁　安東將軍、刺史。

《魏書》卷四〇《陸儁傳》："顯祖初，侍御長。以謀誅乙渾，拜侍中、樂部尚書。遷散騎常侍、吏部尚書，賜爵安樂公，甚見委任。尋拜尚書令。後除安東將軍、定州刺史。"

[幽州]

常訢

[平州]

常英

[懷州]

費于　平南將軍、刺史。

《魏書》卷四四《費于傳》："世祖南伐，從駕至江。以宿衛之勤，除寧遠將軍，賜爵松楊男。遷商賈部二曹令，除平南將軍、懷州刺史。卒。"卷一〇六上《地形志上》懷州："天安二年置。"

[并州]

孫小　冠軍將軍、刺史。

《魏書》卷九四《孫小傳》："咸陽石安人。父瓚，姚泓安定護軍，爲赫連屈丐所侵……小没入宮刑。會魏平統萬，遂徙平城，内侍東宮。……出爲冠軍將軍、并州刺史。……小之爲并州,以郭祚爲主簿,重祚門才,兼任之以書記。"卷六四《郭祚傳》:"弱冠,州主簿,刺史孫小委之書記。……高祖初,舉秀才。"按:孫小爲并州刺史約在孝文帝即位前後,年不詳,斷於此。吳表斷於天安元年至太和五年。

[肆州]

元乙斤　征南將軍、刺史。

《元琢墓誌》(《墓誌集成》一六〇):"高涼王之玄孫,征南將軍、肆州刺史、襄陽公之孫。"《魏書》卷一四《高涼王孤傳》:"孤孫度……子乙斤,襲爵襄陽侯。顯祖崇舊齒,拜外都大官,甚見優重。卒。"按:元乙斤之肆州刺史本傳不載,不知是否爲贈官,列於此。

[雲中鎮][朔州]

司馬金龍

[長安鎮][雍州]

東平王道符　起兵,敗死。

李　　爲道符所殺。

萬振　爲道符所殺。

魚玄明　爲道符所殺。

陸真　鎮將。

劉邈　刺史。

《魏書》卷六《顯祖紀》:"正月……庚子,東平王道符謀反於長安,殺副將、駙馬都尉萬古真,鉅鹿公李、雍州刺史魚玄明。丙午,詔司空、平昌公和其奴,東陽公元丕等討道符。丁未,道符司馬段太陽攻道符,斬之,傳首京師。道符兄弟皆伏誅。"卷一八《東平王道符傳》:"皇興元年,謀反,司馬段太陽討斬之。"卷四九《李傳》:"皇興元年,鎮軍大將軍、東平王道符謀反,殺及雍州刺史魚玄明、雍州別駕李允等。"《魚玄明墓誌》(《墓誌集成》一三):"皇興二年戊申歲十一月癸卯朔十九日辛酉,安西將軍、雍州刺史、南康公魚玄明之銘。"《魏書》卷四四《和其奴傳》:"皇興元年,長安鎮將東平王道符反,詔其奴領征西大將軍,率殿中精甲萬騎以討之,未至而道符敗,軍還。"卷三〇《陸真傳》:"東平王道符反于長安,殺雍州刺史魚玄明,關中草草。以真爲長安鎮將,賜爵河南公。長安兵民,素伏威信,真到,撫慰之,皆怡然安靜。咸陽民趙昌受劉彧署龍驤將軍,扇動鄠、盩厔二縣,聚黨數百人據赤谷以叛。真與雍州刺史劉邈討平之,昌單騎走免。"吳廷燮《元魏方鎮年表》:"魏初長安最重,有長安鎮都大將、長安鎮將、副將、雍州刺史,略如西晉都督之外,復有刺史,而員額較多。即如樂安王範以都大鎮將都督秦雍二州,仍有刺史葛那,並有副將崔徽,是一州而任統治權者四人。東平王道符之反見《本紀》,被殺者有副將萬古真、李恢、雍州刺史魚玄明是也。"

[涇州]

李峻 徵還。

《魏書》卷六《顯祖紀》:"閏(正)月,以頓丘王李峻爲太宰。"卷八三上《李峻傳》:"徵爲太宰,薨。"

[薄骨律鎮]

奚兆 鎮將,假鎮遠將軍。

《魏書》卷二九《奚兆傳》:"世祖時親侍左右,隨從征討,常持御劍。後以罪徙龍城。尋徵爲知臣監。出爲薄骨律鎮將,假鎮遠將軍,賜爵富城侯。時高車叛,圍鎮城。兆擊破之,斬首千餘級。延興中卒。"按:年不詳,在延興前,列於此。

[秦州]

李惠

[仇池鎮]

張玫　前將軍、鎮將。

《張惇墓誌》(《墓誌集成》八一四):"曾祖諱玫,前將軍、仇池鎮將。……君諱惇,字子明,南陽人也。……年五十有六,二年……薨。"按:惇西魏廢帝二年卒,則生於太和二十二年,其曾祖玫爲鎮將蓋在文成、獻文時,列於此。

[涼州鎮][涼州]

淮南王他

皇興二年戊申(468)

[陝城鎮]

崔寬

[懸瓠鎮][南豫州]

常珍奇　降宋。

尉撥　鎮將。

薛初古拔　冠軍將軍、刺史。

《魏書》卷六一《常珍奇傳》:"珍奇雖有虛表,而誠款未純。歲餘,徵其子超,超母胡氏不欲超赴京師,密懷南叛。時汝徐未平,元石自出攻之。珍奇乘虛於懸瓠反叛……匹馬逃免。"《慈慶墓誌》(《墓誌集成》三三一):"尼俗姓王氏,字鍾兒,太原祁人。……適故豫州主簿、行南頓太守恒農楊興宗。……于時宗父坦之出宰長社,率家從職,爰寓豫州。值玄瓠鎮將汝南人常珍奇據城反叛,以應外寇。王師致討,掠没奚官。"《宋書》卷八《明帝紀》:"(泰始四年)二月辛丑,以前龍驤將軍常珍奇爲平北將軍、司州刺史,珍奇子超越爲北冀州刺史。"卷八六《劉勔傳》:"勔與常珍奇書,勸令反虜,珍奇乃與子超越、羽林監式寶,於譙殺虜子都公費拔等凡三千餘人。勔馳驛以聞，太宗大喜，以珍奇爲使持節、都督司北豫二州諸軍事、平北將軍、司州刺史……超越輔國將軍、北豫州刺史。……珍奇爲虜所攻，引軍南出，虜追擊破之，珍奇走依山，得至壽陽，超越、式寶爲人所殺。"《魏書》卷三〇《尉撥傳》："顯祖即位，爲北征都將。復爲都將，南攻懸瓠，破劉彧將朱湛之水軍三千人，拜懸瓠鎮將，加員外散騎常侍，進爵安城侯。顯祖嘉其聲效，復賜衣服。"卷四二《薛初古拔傳》："本名洪祚，世祖賜名。……皇興三年，除散騎常侍，尚西河長公主，拜駙馬都尉。其年，拔族叔劉彧徐州刺史安都據城歸順，敕拔詣彭城勞迎。除冠軍將軍、南豫州刺史。"《元湛妻薛慧命墓誌》（《墓誌集成》四五五）："祖……遷鎮西大將軍、左光禄大夫、啓府、南豫州刺史、駙馬都尉、河東康公，即是西河長公主之貴婿也。……夫人……祖初古拔，祖親西長公主。"按：《清蓮墓誌》（《墓誌集成》三三二），拓本見《秦晉豫墓誌》一九，所述全同《慈慶墓誌》，唯誌主法號、撰者、書者不同，《墓誌集成》標注"疑僞"。薛安都内附在天安元年，非皇興三年，《拔傳》誤，拔爲南豫州刺史當在常珍奇降宋後。

[兗州]

羅伊利

《魏書》卷四四《羅伊利傳》："善撫導，在州數年，邊民歸之五千餘户。高祖時，蠕蠕來寇，詔伊利追擊之，不及而反。"按：伊利去職當在孝文前，斷於此。

[東兗州]

畢衆敬　入京。

李璨

《魏書》卷六一《畢衆敬傳》："二年，與薛安都朝于京師，因留之。"

[東陽鎮][青州]

長孫陵

酈範

《魏書》卷六《顯祖紀》："三月,白曜進圍東陽。"《宋書》卷八八《沈文秀傳》："(泰始四年)虜青州刺史王隆顯於安丘縣又爲軍主高崇仁所破,死者數百人。虜圍青州積久,太宗所遣救兵並不敢進。"按:王隆顯不見於《魏書》,時酈範爲刺史,隆顯不應同任,存疑。

[東青州]

游明根

[團城鎮][東徐州]

張讜　入京。

成固公　都將、刺史。

《魏書》卷六一《張讜傳》："後至京師。"《南齊書》卷二五《垣崇祖傳》："太祖在淮陰,板爲朐山戍主。……虜僞圀城都將東徐州刺史成固公始得青州,聞叛者説,遣步騎二萬襲崇祖,屯洛要,去朐山城二十里。"校勘記:"'圀城',疑爲'團城'之訛。"

[南冀州]

崔道固　降,入京。

房法壽　入京。

韓麒麟

《魏書》卷六《顯祖紀》："二月……崔道固及劉彧梁鄒戍主、平原太守劉休賓舉城降。"卷四三《房法壽傳》："及歷城、梁鄒降,法壽、崇吉等與崔道固、劉休賓俱至京師。"卷六〇《韓麒麟傳》："白曜攻東陽,麒麟上義租六十萬斛,并攻戰器械,於是軍資無乏。"

［濟州］

　盧度世

［平原鎮］

　吕洛拔

　　　《魏書》卷三〇《吕洛拔傳》："年五十六,卒。"按:吕洛拔何年去職不詳,斷於此。

［彭城鎮］［徐州］

　薛安都　入京。

　尉元　都督徐南北兖州諸軍事、鎮東大將軍、徐州刺史。

　孔伯恭　都督徐南北兖州諸軍事、鎮東將軍、彭城鎮將。

　　　《宋書》卷八八《薛安都傳》"(泰始)四年三月,召還桑乾。"《魏書》卷六一《薛安都傳》:"皇興二年,與畢衆敬朝于京師。"卷五〇《尉元傳》:"拜元都督徐南北兖州諸軍事、鎮東大將軍、開府、徐州刺史、淮陽公,持節、散騎常侍、尚書如故。"卷五一《孔伯恭傳》:"二年,以伯恭爲散騎常侍、都督徐南兖州諸軍事、鎮東將軍、彭城鎮將、東海公。"校勘記:"'南'下《北史》卷三七《孔伯恭傳》、《册府》卷三五三有'北'字,則所督爲三州。"按:"南兖"當指瑕丘之東兖州,説見皇興元年瑕丘鎮、東兖州條。

［相州］

　李訢

［枋頭鎮］

　薛虎子

［冀州］

　韓均

［定州］

　陸儁

[幽州]

常訢

[平州]

常英

[并州]

孫小

[雲中鎮][朔州]

司馬金龍

[長安鎮][雍州]

陸真

李惠　征南大將軍、都督關右諸軍事、雍州刺史。

《魏書》卷六《顯祖紀》："四月辛丑,以南郡公李惠爲征南大將軍、儀同三司、都督關右諸軍事、雍州刺史,進爵爲王。"卷八三上《李惠傳》："轉雍州刺史、征南大將軍。"

[華州]

元石　刺史。

《魏書》卷一四《元石傳》："平文帝之玄孫也。……歷比部侍郎、華州刺史。"卷六《顯祖紀》："(天安元年九月)殿中尚書、鎮西大將軍、西河王元石都督荆、豫、南雍州諸軍事……出西道救懸瓠。"按:華州皇興二年置,治定安,元石爲刺史不早於是年,斷於此。

[涇州]

王樹　平西將軍、刺史。

《魏書》卷三〇《王建傳》："建曾孫樹,以善射有寵於顯祖……出爲平西將軍、涇州刺史。卒。"按:年不詳,從吳表。

[秦州]

李惠　遷雍州。

乙乾歸　征西將軍、刺史。

　　《魏書》卷四四《乙乾歸傳》："顯祖初,除征西將軍、秦州刺史。"

[涼州鎮][涼州]

　淮南王他

皇興三年己酉(469)

[陝城鎮]

　崔寬

[懸瓠鎮][南豫州]

　尉撥

　薛初古拔

[西兗州]

　李式　平東將軍、刺史。

　　《魏書》卷三六《李敷傳》："敷弟式……歷散騎常侍、平東將軍、西兗州刺史,濮陽侯。……式子憲……拜趙郡太守……(憲子)騫,字希義……騫弟希禮,字景節。"《李憲墓誌》(《墓誌集成》六五〇):"考安南使君。"李慈銘《李憲墓志銘跋》(《越縵堂讀書記》):"式以非罪被誅,史不言其後有褒贈,據此則當是追贈安南將軍。"《李騫墓誌》(《墓誌集成》八二二):"字希義,趙郡柏仁人。……祖兗州,兄弟四人,咸以盛德高名,顯居朝列。"《李希禮墓誌》(《墓誌集成》八八一):"君諱希禮,字景節,趙郡平棘人。……祖兗州使君。"《元鑒妃李季嬪墓誌》(《墓誌集成》八九二):"祖式,兗州康公。"《崔孝直妻李幼芷墓誌》(《墓誌集成》九〇九):"祖兗州使君,俊遠傑出,功立淮涘。孝趙郡府君。"按:皇興元年得宋瑕丘之兗州,置東兗州,滑臺之兗州或稱西兗州,本表是年以下改以西兗州爲目。李式次年被誅,始任年不詳,斷於此。

[東兗州]

李璨

[東陽鎮][青州]

長孫陵

酈範

慕容白曜　都督青齊東徐三州諸軍事、征南大將軍、青州刺史。

　　《魏書》卷四二《酈範傳》:"遷尚書右丞。"卷六《顯祖紀》:"三年春正月乙丑,東陽潰,虜沈文秀。……二月……以上黨公慕容白曜爲都督青齊東徐三州諸軍事、征南大將軍、開府儀同三司、青州刺史,進爵濟南王。"

[東青州]

游明根

　　按:獻文帝時罷東青州,見是年廣阿鎮條。

[南冀州][齊州]

韓麒麟

　　《魏書》卷一〇六中《地形志中》齊州:"劉義隆置冀州,皇興三年更名。"

[槃陽鎮]

王惠　龍驤將軍、鎮將。

　　《王休墓誌》(《墓誌集成》六二三):"太原晉陽人也。……父惠,英望瓌奇,文成之際,爲内行内小。既剋青州,除槃陽鎮將。"《王融墓誌》(《墓誌集成》六二四):"祖惠……文成之際,爲内行内小,除龍驤將軍,襲爵北平公。既定青州,以功除槃陽鎮將。"《王熾墓誌》(《墓誌集成》一三四五):"祖惠,出身内行内小,除使持節、龍驤將軍、槃陽鎮將。"

[臨濟鎮]

侯骨伊莫汗　鎮臨濟。

《元弘嬪侯氏墓誌》(《墓誌集成》六四):"夫人本姓侯骨,其先朔州人,世酋部落。……考伊莫汗,世祖之世,爲散騎常侍,封安平侯,又遷侍中、尚書,尋出鎮臨濟,封日南郡公。孝文皇帝徙縣伊京,夫人始賜爲侯氏焉。"按:臨濟屬齊州,獻文時方有其地,伊莫汗鎮臨濟不應早於獻文時,列於此。職不詳,蓋爲鎮將。

[濟州]

盧度世

[彭城鎮][徐州]

尉元

孔伯恭　卒。

元解愁　鎮將。

《魏書》卷五一《孔伯恭傳》:"三年十月卒。"按:元解愁見次年彭城鎮、徐州條。

[相州]

李訢

陸馛　征東大將軍、刺史。

《魏書》卷四六《李訢傳》:"以訢治爲諸州之最,加賜衣服。自是遂有驕矜自得之志。乃受納民財及商胡珍寶。……顯祖聞訢罪狀,檻車徵訢,拷劾抵罪。"吳廷燮《元魏方鎮年表》:"按《李訢傳》,以告李敷免。《敷傳》以皇興四年被誅,訢解相州當在是年。"《魏書》卷四〇《陸馛傳》:"轉征東大將軍、相州刺史。政尚寬惠,民吏安定。卒。"按:陸馛何年轉相州刺史不詳,吳表列於皇興三年,從之。又陸馛先爲定州,後轉相州,然吳表斷陸馛爲相州在皇興三年,爲定州反在太和五年,倒錯。

[枋頭鎮]

薛虎子

[冀州]

韓均　遷廣阿鎮。

[廣阿鎮]

韓均　征南大將軍、廣阿鎮大將,加都督定冀相三州諸軍事。

《魏書》卷五一《韓均傳》:"廣阿澤在定、冀、相三州之界,土廣民稀,多有寇盜,乃置鎮以靜之。以均在冀州,劫盜止息,除本將軍、廣阿鎮大將,加都督三州諸軍事。……先是,河外未賓,民多去就,故權立東青州爲招懷之本,新附之民,咸受優復。然舊人姦逃者,多往投焉。均表陳非便,朝議罷之。後均所統,劫盜頗起,顯祖詔書誚讓之。又以五州民户殷多,編籍不實,以均忠直不阿,詔均檢括,出十余萬户。"按:韓均何年遷廣阿鎮不詳,斷於此。

[定州]

陸雋　轉相州。

[幽州]

常訢

[平州]

常英

[和龍鎮][營州]

羊規　衛將軍、刺史。

《梁書》卷三九《羊侃傳》:"祖規,宋武帝之臨徐州,辟祭酒從事、大中正。會薛安都舉彭城降北,規由是陷魏,魏授衛將軍、營州刺史。"《羊烈墓誌》(《隋代墓誌銘彙考》一·七三):"祖規之,營州刺史。"

[并州]

孫小

[雲中鎮][朔州]

司馬金龍

[長安鎮][雍州]

陸真

李惠

[華州]

元石

[涇州]

王樹

[高平鎮]

奚陵　假鎮將。

按：奚陵見延興元年高平鎮條，始任年不詳，斷於此。

[秦州]

乙乾歸

[涼州鎮][涼州]

淮南王他

[五軍鎮]

元鬱　征西大將軍、鎮都大將。

《元鬱及妻慕容氏墓誌》(《墓誌集成》一七八)："幼除使持節、征西大將軍、五軍鎮都大將。"按：五軍鎮乏考。參同誌及《魏書》卷六《顯祖紀》，元鬱之父小新成皇興元年卒，鬱約皇興四年爲平原鎮大將，爲五軍鎮大將在前，斷於此。

皇興四年庚戌(470)

[陝城鎮]

崔寬

[襄城鎮]

穆吐萬　鎮將。

　　《魏書》卷二七《穆吐萬傳》："襲爵。襄城鎮將。"按：傳云吐萬父安國爲乙渾所殺，時在獻文初，吐萬爲鎮將蓋在獻文、孝文時，列於此。

[虎牢鎮][豫州]

車歇　平西將軍、刺史。

　　《魏書》卷三〇《車歇傳》："皇興末，拜使持節、平西將軍、豫州刺史。"

[懸瓠鎮][南豫州]

尉撥

薛初古拔

[西兖州]

李式　被誅。

　　《魏書》卷三六《李敷傳》："敷既見待二世，兄弟親戚在朝者十有餘人。弟弈又有寵於文明太后。李訢列其隱罪二十餘條，顯祖大怒，皇興四年冬，誅敷兄弟。……（式）與兄俱死。"卷八七《汲固傳》："爲兖州從事。刺史李式坐事被收，吏民皆送至河上。時式子憲生始滿月……固乃攜憲逃遁，遇赦始歸。"

[東兖州]

李璨

[東陽鎮][青州]

長孫陵

慕容白曜　被誅。

盧度世　平東將軍、刺史。未拜。

《魏書》卷五〇《慕容白曜傳》："四年冬見誅。初乙渾專權，白曜頗所俠附，緣此追以爲責。及將誅也，云謀反叛，時論冤之。"按：長孫陵何年去職不詳，斷於此。盧度世見是年濟州條。

[光州]

叔孫瑱 刺史。

《魏書》卷一〇六中《地形志中》光州："治掖城。皇興四年分青州置。"按：叔孫瑱見延興二年光州條。是年置光州，叔孫瑱蓋爲首任刺史。

[齊州]

韓麒麟 徵還。

武昌王平原 都督齊兗二州諸軍事、鎮南將軍、齊州刺史。

《魏書》卷六〇《韓麒麟傳》："及白曜被誅，麒麟亦徵還，停滯多年。"卷一六《武昌王平原傳》："顯祖時，蠕蠕犯塞，從駕擊之，平原戰功居多。拜假節、都督齊兗二州諸軍事、鎮南將軍、齊州刺史。"卷六《顯祖紀》："八月……蠕蠕犯塞。九月丙寅，興駕北伐，諸將俱會于女水，大破虜衆。"按：東兗州與齊州相連，平原所督之兗州當爲東兗州。

[濟州]

盧度世

《魏書》卷四七《盧度世傳》："州接邊境，將士數相侵掠。度世乃禁勒所統，還其俘虜，二境以寧。後坐事囚繫，久之，還鄉里。尋徵赴京，除平東將軍、青州刺史，未拜，遇患。延興元年卒。"

[平原鎮]

濟陰王鬱 征東大將軍、都督冀相濟三州諸軍事、平原鎮都大將。

《元鬱及妻慕容氏墓誌》(《墓誌集成》一七八):"遷征東大將軍、都督冀相濟三州諸軍事、平原鎮都大將、持節。……韶齡九歲,於皇興中奉璽繼國,襲玉稱王。"按:誌云鬱太和十五年卒,年三十,九歲即皇興四年,爲鎮將當在是年或前不久,斷於此。鬱之前爲平原鎮將者或歷十餘年,誌云鬱十九歲爲征北都大將,在太和四年,其間不見他人爲平原鎮將,蓋皆爲元鬱。

[彭城鎮][徐州]

尉元 徵還,尋還鎮。

元解愁 被殺。

任城王雲 都督徐兖二州緣淮諸軍事、征東大將軍、徐州刺史。

《魏書》卷五〇《尉元傳》:"四年,詔徵元還京赴西郊,尋還所鎮。"卷六《顯祖紀》:"八月,群盜入彭城,殺鎮將元解愁,長史勒兵滅之。"卷一九中《任城王雲傳》:"後蠕蠕犯塞,雲爲中軍大都督,從顯祖討之,遇於大磧。……後仇池氏反,以雲爲征西大將軍討平之。除都督徐兖二州緣淮諸軍事、征東大將軍、開府、徐州刺史。雲以太妃蓋氏薨,表求解任,顯祖不許。雲悲號動疾,乃許之。性善撫綏,得徐方之心,爲百姓所追戀。送遺錢貨,一無所受。顯祖聞而嘉之。"按:據同書卷六《顯祖紀》及卷七上《高祖紀上》,獻文帝皇興四年、延興二年兩次討蠕蠕,皇興四年尉元還京,雲蓋替之,斷於此。

[相州]

陸隽

[枋頭鎮]

薛虎子

[廣阿鎮]

韓均

[幽州]

常訢

[平州]

常英

　　《魏書》卷八三上《常英傳》："英黷貨，徙燉煌。……承明元年，徵英復官。"

[和龍鎮][營州]

羊規

[懷州]

李洪之　刺史。

　　《魏書》卷八九《李洪之傳》："後爲懷州刺史，封汲郡公，徵拜內都大官。河西羌胡領部落反叛，顯祖親征，命洪之與侍中、東郡王陸定總統諸軍。"《水經注》卷九《沁水注》："沁水東逕野王縣故城北……魏懷州刺史治，皇都遷洛，省州，復郡。水北有華岳廟，廟側有攢柏數百根……懷州刺史頓邱李洪之之所經構也。"按：陸定即陸定國，天安元年封東郡王，參見《魏書》卷六《顯祖紀》及卷四〇本傳。李洪之獻文帝時爲懷州刺史，年不詳，列於此。

[并州]

孫小

[雲中鎮][朔州]

司馬金龍

[長安鎮][雍州]

陸真

李惠

[華州]

唐玄達　安西將軍、刺史。

《魏書》卷四三《唐玄達傳》："拜安西將軍、晉昌公。顯祖時，出爲華州刺史，將軍如故。"

[涇州]

王樹

[高平鎮]

奚陵

[統萬鎮]

長孫觀　征西大將軍。

《魏書》卷六《顯祖紀》："二月……吐谷渾拾寅不供職貢，詔使持節、征西大將軍、上党王長孫觀討之。"

[秦州]

乙乾歸

[武都鎮]

宇文生　鎮將。

《魏書》卷一〇一《宕昌傳》："（梁）虎子死，彌治立。虎子弟羊子先奔吐谷渾，吐谷渾遣兵送羊子，欲奪彌治位。彌治遣文度救，顯祖詔武都鎮將宇文生救之，羊子退走。"校勘記："《北史》卷九六《宕昌傳》作'彌治遣使請救'。"按：年不詳，在獻文時，列於此。

[涼州鎮][涼州]

淮南王他

[敦煌鎮]

尉多侯　征西將軍、領護羌戎校尉、鎮將。

《魏書》卷二六《尉多侯傳》："顯祖時，爲假節、征西將軍、領護羌戎校尉、敦煌鎮將。"按：始任年不詳，斷於此。

[五軍鎮]

元鬱　遷平原鎮。

孝文帝延興元年辛亥(471)　　八月,獻文帝禪位於太子宏,改元。

[洛州]

　常伯夫　鎮南將軍、刺史。

　　《魏書》卷八三上《常英傳》:"天安中……伯夫進爵范陽公。……後伯夫爲洛州刺史,以贓汙欺妄徵斬於京師。承明元年,徵英復官。"《李緬妻常敬蘭墓誌》(《墓誌集成》二二一):"侍中、選部尚書、鎮南將軍、洛州刺史、范陽公之第三女。"按:伯夫天安至承明間歷洛州刺史,當在丘頓前,列於此。

[陝城鎮]

　崔寬　徵還。

　　《魏書》卷二四《崔寬傳》:"諸鎮之中,號爲能政。及解鎮還京,民多追戀,詣闕上章者三百餘人。書奏,高祖嘉之。延興二年卒。"

[虎牢鎮][豫州]

　王讓　刺史。

　　《魏書》卷一一二上《靈徵志上》:"高祖延興元年九月,有司奏豫州刺史、臨淮公王讓表,有豬生子,一頭、二身、八足。"

[懸瓠鎮][南豫州]

　尉撥

　薛初古拔

[西兗州]

　郁久閭車朱渾　驃騎大將軍、都督兗州諸軍事、兗州刺史。

　　《郁久閭伏仁墓誌》(《隋代墓誌銘彙考》一·四八):"本姓茹茹……父車朱渾,驃騎大將軍、開府儀同三司、使持節、都督兗州諸軍、兗州刺史、太常卿。太和之時,值魏南徙,始爲河南洛陽人也。改姓郁久閭氏。"按:車朱渾都督兗州在太和前,年不詳,列於此。

[東兗州]

　李璨　卒。

　于洛侯　刺史。

　　　《魏書》卷四九《李璨傳》:"延興元年,年四十,卒。"卷七上《高祖紀上》:"十月……劉彧將垣崇祖率衆二萬自郁洲寇東兗州,屯于南城固。十有一月,刺史于洛侯討破之,崇祖還郁洲。"

[東陽鎮][青州]

　屈車渠　鎮將。

　韓頹　刺史。

　　　《魏書》卷三三《屈車渠傳》:"高祖初,出爲東陽鎮將。卒。"卷一一四《釋老志》:"東萊人王道翼……常隱居深山,不交世務,年六十餘。顯祖聞而召焉。青州刺史韓頹遣使就山徵之,翼乃赴都。"按:年皆不詳,蓋繼長孫陵、慕容白曜,列於此。

[光州]

　叔孫瓄

[齊州]

　武昌王平原

　　　《魏書》卷七上《高祖紀上》:"十有一月……妖賊司馬小君聚衆反於平陵,齊州刺史、武昌王平原討擒之。"卷一六《武昌王平原傳》:"高祖時,妖賊司馬小君自稱晉後,聚黨三千餘人,屯聚平陵,號年聖君。攻破郡縣,殺害長吏。平原身自討擊,殺七人,擒小君。"

[平原鎮]

　濟陰王鬱

[彭城鎮][徐州]

　尉元

　　　《魏書》卷五〇《尉元傳》:"延興元年五月,假元淮陽王。"

[相州]

　谷闡　平南將軍、刺史。

　　　《魏書》卷三三《谷闡傳》:"稍遷平南將軍、相州刺史。"

[枋頭鎮]

　薛虎子

[廣阿鎮]

　韓均

[幽州]

　常訢　免。

　　　《魏書》卷八三上《常英傳》:"(常)訢子伯夫……次子員……後員與伯夫子禽可共爲飛書,誣謗朝政。……訢年老,赦免歸家。"

[和龍鎮][營州]

　安定王休　都督諸軍事、征東大將軍、領護東夷校尉、和龍鎮將。

　　　《魏書》卷一九下《安定王休傳》:"高祖初,庫莫奚寇邊,以休爲使持節、侍中、都督諸軍事、征東大將軍、領護東夷校尉、儀同三司、和龍鎮將。休撫防有方,賊乃款附。"

[懷州]

　高允　征西將軍、刺史。

　　　《魏書》卷四八《高允傳》:"顯祖於是傳位於高祖。……以定議之勳,進爵咸陽公,加鎮東將軍。尋授使持節、散騎常侍、征西將軍、懷州刺史。"

［雲中鎮］［朔州］

　司馬金龍

［懷荒鎮］

　于仁　鎮將。

　　　《周書》卷一五《于謹傳》："曾祖婆,魏懷荒鎮將。"校勘記:"《殿本考證》據《北史》卷二三《于栗磾傳》附《于謹傳》及《魏書》卷八三下《外戚·于勁傳》,以爲'謹之曾祖乃仁生,無所謂"婆"者'。按《新唐書》卷七二下《宰相世系表》二下,謹之曾祖乃仁非婆。"按:同傳云謹孝昌中爲元纂行臺參軍,其曾祖仁爲鎮將蓋在獻文、孝文時,列於此。

［度斤鎮］

　元度和　鎮北將軍、鎮大將。

　　　《元龍墓誌》(《墓誌集成》一三二九):"父任屬維城,守四方而作鎮。君……太和之始,襲爵平舒男。……以正始元年十月十六日薨於第。……父諱度和,散騎常侍、外都大官、使持節、鎮北將軍、度斤鎮大將、平舒男。"按:元龍太和初襲爵,其父度和爲鎮將在前,列於此。

［長安鎮］［雍州］

　陸真

　李惠

［東雍州］

　劉乞歸　刺史。

　　　《北史》卷二〇《劉乞歸傳》："孝文初,位東雍州刺史。"

［華州］

　唐玄達

［高平鎮］

　奚陵　被殺。

《魏書》卷一九上《汝陰王天賜傳》："高祖初,殿中尚書胡莫寒簡西部敕勒豪富兼丁者爲殿中武士,而大納財貨,簡選不平。衆怒,殺莫寒及高平假鎮將奚陵,於是諸部敕勒悉叛。詔天賜與給事中羅雲督諸軍討之。……敕勒輕騎數千襲殺雲,天賜僅得自全。"卷七上《高祖紀上》："冬十月丁亥,沃野、統萬二鎮敕勒叛。"

[統萬鎮]

閭虎皮 鎮將。

　　按:閭虎皮見次年統萬鎮條。

[秦州]

乙乾歸

穆亮 刺史。

　　《魏書》卷四四《乙乾歸傳》："高祖初即位,爲征西道都將。"卷二七《穆亮傳》："高祖初,除使持節、秦州刺史。"

[仇池鎮]

皮喜 都督秦雍荆梁益五州諸軍事、平西將軍、仇池鎮將。

　　《魏書》卷五一《皮喜傳》："高祖初,吐谷渾拾寅部落飢窘,侵掠澆河,大爲民患。詔假喜平西將軍、廣川公,領涼州、枹罕、高平諸軍,與上党王長孫觀討拾寅。又拜爲使持節、侍中、都督秦雍荆梁益五州諸軍事、本將軍、開府、仇池鎮將,假公如故,以其父豹子昔鎮仇池有威信故也。喜至,申恩布惠,夷民大悦,酋帥強奴子等各率户歸附,於是置廣業、固道二郡以居之。"卷六《顯祖紀》："(皇興四年)正月,詔州鎮十一民飢,開倉賑恤。二月……吐谷渾拾寅不供職貢,詔使持節、征西大將軍、上党王長孫觀討之。"《北史》卷三七《皮歡喜傳》:"道明第八弟歡喜。"校勘記:"其人本名'歡喜',《魏書》避高歡諱,故單作'喜'。《高祖紀》作'懽喜',當是後人所增。

'懽'即'歡'字。"《皮演墓誌》(《墓誌集成》一九六)："南部尚書、使持節、散騎常侍、都督秦雍荆梁益五州軍事、開府、安南將軍、豫州刺史、廣川恭公歡欣之子也。"羅新、葉煒疏證(《墓誌疏證》三六)："皮演之父皮歡欣,很可能就是《魏書》卷五一《皮豹子傳》所附豹子第八子皮喜,皮喜在《魏書》卷七上《孝文帝紀上》、卷一〇一《氐傳》,又作皮歡喜。據墓誌,當作歡欣。可能喜是名,歡欣是字,《魏書》誤竄名字作歡喜。"《元龍墓誌》(《墓誌集成》一三二九)："夫人洛陽紇干氏……父萇命,代郡尹。夫人下邳皮氏,祖豹,侍中、儀同三司、淮陽王。父欣,侍中、豫州刺史、廣川公。"按：皮喜、皮歡喜、皮欣、皮歡欣當爲一人,此從《魏書》本傳。

[武都鎮]

長孫烏孤　鎮將。

《魏書》卷二六《長孫烏孤傳》："高祖初,出爲武都鎮將。"

[枹罕鎮]

楊鍾葵　鎮將。

《魏書》卷一〇一《吐谷渾傳》："拾寅部落大饑,屢寇澆河,詔平西將軍、廣川公皮歡喜率敦煌、枹罕、高平諸軍爲前鋒,司空、上党王長孫觀爲大都督以討之。觀等軍入拾寅境,芟其秋稼,拾寅窘怖,遣子詣軍,表求改過。……拾寅後復擾掠邊人,遣其將良利守洮陽,枹罕所統,枹罕鎮將、西郡公楊鍾葵貽拾寅書以責之。拾寅表曰：'奉詔聽臣還舊土,故遣良利守洮陽,若不追前恩,求令洮陽貢其土物。'辭旨懇切,顯祖許之。自是歲修職貢。"

[涼州鎮][涼州]

淮南王他

南安王楨　鎮都大將,加都督涼州及西戎諸軍事、征西大將軍、領護西域校尉、涼州刺史。

　　《魏書》卷一六《淮南王他傳》："高祖初，入爲中都大官。"卷七上《高祖紀上》："十月……以征東大將軍、南安王楨爲假節、都督涼州及西戎諸軍事、領護西域校尉、儀同三司，鎮涼州。"卷一九下《南安王楨傳》："高祖即位，除涼州鎮都大將。尋以綏撫有能，加都督西戎諸軍事、征西大將軍、領護西域校尉、儀同三司、涼州刺史。"《元湛（琜興）墓誌》（《墓誌集成》四七九）："使持節、征南大將軍、開府儀同三司、涼雍相三州刺史、南安惠王之孫。"

[敦煌鎮]

尉多侯

延興二年壬子(472)

[東荆州][樂陵鎮]

桓誕　　征南將軍、刺史。

韋珍　　左將軍、鎮將。

　　《魏書》卷七《高祖紀上》："二年春正月……大陽蠻酋桓誕率戶內屬，拜征南將軍，封襄陽王。"卷一〇一《蠻傳》："延興中，大陽蠻酋桓誕擁沔水以北，滍葉以南八萬餘落，遣使內屬。高祖嘉之，拜誕征南將軍、東荆州刺史、襄陽王，聽自選郡縣。誕字天生，桓玄之子也。初玄西奔至枚回洲，被殺，誕時年數歲，流竄大陽蠻中，遂習其俗。……誕既內屬，治於朗陵。"卷四五《韋珍傳》："高祖初，蠻首桓誕歸款，朝廷思安邊之略，以誕爲東荆州刺史。令珍爲使，與誕招慰蠻左。……以奉使稱旨，除左將軍、樂陵鎮將。"《韋彧墓誌》（《墓誌集成》四二三）："祖魏雍州刺史、杜縣繭侯，諱尚。……考郢荆青三州使君、霸城懿侯,諱珎。"《韋彪墓誌》(《墓誌集成》一二〇七):"曾祖尚,雍州刺史。……祖珎,荆郢青三州刺史。"按:《蠻傳》之朗陵蓋即樂陵。據《韋珍傳》,韋尚贈雍州刺史,韋珍贈南青州刺史。

[虎牢鎮][豫州]

 尉撥 平南將軍、刺史。

  《魏書》卷三〇《尉撥傳》:"轉平南將軍、北豫州刺史。"按:撥何年遷豫州不詳,當在王讓後,斷於此。

[懸瓠鎮][南豫州]

 尉撥 遷豫州。

 薛初古拔 除鎮西大將軍。

  《魏書》卷四二《薛初古拔傳》:"延興二年,除鎮西大將軍、開府。"

[瑕丘鎮][東兖州]

 游明根 平東將軍、都督兖州諸軍事、瑕丘鎮將。尋拜東兖州刺史。

  《魏書》卷五五《游明根傳》:"遷散騎常侍、平東將軍、都督兖州諸軍事、瑕丘鎮將,尋就拜東兖州刺史,改爵新泰侯。爲政清平,新民樂附。"

[光州]

 叔孫瓚

  《魏書》卷七上《高祖紀上》:"七月,光州民孫晏等聚黨千餘人叛,通劉昱,刺史叔孫瓚討平之。"

[齊州]

 武昌王平原

[平原鎮]

 濟陰王鬱

[彭城鎮][徐州]

　尉元

[相州]

　谷闡

[枋頭鎮]

　薛虎子

[廣阿鎮]

　韓均

[和龍鎮][營州]

　安定王休

[懷州]

　高允

[雲中鎮][朔州]

　司馬金龍

[長安鎮][雍州]

　陸真　　卒。

　李惠　　加長安鎮大將。

　　　《魏書》卷三〇《陸真傳》:"在鎮數年,甚著威稱。延興二年卒。"卷八三上《李惠傳》:"加長安鎮大將。"按:李惠加鎮大將當在陸真卒後。

[華州]

　唐玄達　罪免。

　　　《魏書》卷四三《唐玄達傳》:"延興三年,有罪免官。"校勘記:"'三年',他本並作'二年'。"卷一〇六下《地形志下》幽州:"皇興二年爲華州,延興二年爲三縣鎮。"按:華州延興二年改爲三縣鎮,唐玄達免官不應晚於是年,當以二年爲是。

[統萬鎮]

閭虎皮 賜死。

《魏書》卷七上《高祖紀上》:"正月乙卯,統萬鎮胡民相率北叛。……九月……統萬鎮將、河間王閭虎皮坐貪殘賜死。"《郁久閭肱墓誌》(《墓誌集成》六七三):"郁久閭肱者,茹茹國人也。……父諱瓊,字處斗瓌。遠慕聖化,丹誠歸國。……以隣國子弟,封爵河間王。……後除使持節、平北將軍、雲州刺史。息肱,仰承父祖之資,蒙襲父王品,至高祖孝文皇帝例改封爲益都侯。"王連龍釋(《新見北朝墓誌集釋》四):"《魏書》卷五《文成帝紀》:'(興安二年)三月壬午,安豐公閭虎皮進爵爲河間王。'……以時間及封爵推之,閭虎皮或即郁久閭瓊。"按:據《魏書》卷一〇六上《地形志上》,雲州魏末改朔州置,疑《肱誌》之雲州即朔州,撰者以後名稱之。不知瓊何年爲刺史,附於此。

[秦州]

穆亮 徵還。

呂羅漢 鎮西將軍、秦益二州刺史。

《魏書》卷二七《穆亮傳》:"在州未朞,大著聲稱。徵爲殿中尚書。"卷五一《呂羅漢傳》:"及蠕蠕犯塞,顯祖討之,羅漢與右僕射南平公元目振都督中外軍事。出爲鎮西將軍、秦益二州刺史。"卷七上《高祖紀上》:"二月……蠕蠕犯塞。太上皇帝次於北郊,詔諸將討之。"《魏晉南北朝史札記·〈魏書〉札記·呂羅漢傳》:"秦州治上封(甘肅天水),北魏避道武帝諱,改邽爲封。治於晉壽(四川昭化)之益州則正始中置。……此益州治所當距秦州不遠,或即在晉壽一帶。"按:《魏書》卷五一《封敕文傳》云敕文太武帝初爲"秦益二州刺史……鎮上邽",後慕容帶、李惠、呂羅漢皆爲秦益二州刺史,是秦益二州蓋爲雙頭州,同鎮上封(邽),益州未必另有治所。

又正始中乃改仇池之梁州爲益州,永平元年方分晉壽置益州,見本表皇始元年益州條。

[仇池鎮]

　皮喜

[涼州鎮][涼州]

　南安王楨

[敦煌鎮]

　尉多侯　進號征西大將軍。

　　　《魏書》卷七上《高祖紀上》:"閏(六)月壬子,蠕蠕寇敦煌,鎮將尉多侯擊走之。又寇晉昌,守將薛奴擊走之。"卷二六《尉多侯傳》:"高祖初,蠕蠕部帥無盧真率三萬騎入塞圍鎮,多侯擊之走,以功進號征西大將軍。"

延興三年癸丑(473)

[洛州]

　丘頓　刺史。

　　　按:丘頓見延興五年豫州條。始任年不詳,斷於此。

[東荆州][樂陵鎮]

　桓誕

　韋珍

[虎牢鎮][豫州]

　尉撥

[懸瓠鎮][南豫州]

　薛初古拔　徵詣京師,尋還州。

　　　按:薛初古拔見是年瑕丘鎮、東兗州條。

[西兗州]

崔鑒 行兗州事。

《魏書》卷四九《崔鑒傳》："鑒頗有文學,自中書博士轉侍郎。延興中受詔使齊州,觀省風俗,行兗州事。"

[瑕丘鎮][東兗州]
游明根

《魏書》卷四二《薛初古拔傳》："(延興)三年,拔與南兗州刺史游明根、南陽平太守許含等以治民著稱,徵詣京師。顯祖親自勞勉,復令還州。"校勘記:"'南兗州',疑爲'東兗州'之誤。錢大昕《考異》卷二八云:'《明根傳》作"東兗",此誤也。正光中,始置南兗州於譙城,延興中尚無"南兗"之名。'按南兗州實是正始間置……錢説微誤,但延興中確無南兗。"卷五五《游明根傳》:"爲政清平,新民樂附。高祖初,入爲給事中。"按:時東兗似無定稱,或曰兗,或曰東兗,或曰南兗,未必是書寫之誤,説見皇始元年瑕丘鎮、東兗州條。吳表據《游明根傳》,列游明根於皇興三年至延興元年,在于洛侯前。然據《拔傳》,游明根延興三年仍爲東兗州刺史,則其徵還當在延興三年後,始任當在于洛侯後。

[光州]
叔孫瓚

按:瓚不知何年去職,斷於此。

[齊州]
武昌王平原

《魏書》卷七上《高祖紀上》:"是年,妖人劉舉自稱天子,齊州刺史、武昌王平原捕斬之。"卷一六《武昌王平原傳》:"又有妖人劉舉,自稱天子,扇惑百姓。復討斬之。時歲穀不登,齊民饑饉,平原以私米三千餘斛爲粥,以全民命。"

[平原鎮]

濟陰王鬱

[彭城鎮][徐州]

尉元

《魏書》卷七上《高祖紀上》："七月……劉昱遣將寇緣淮諸鎮,徐州刺史、淮陽公尉元擊走之。"

[相州]

谷闡

《魏書》卷三三《谷闡傳》："入爲外都大官。延興四年卒。"

[枋頭鎮]

薛虎子　黜免,尋復除鎮將。

《魏書》卷四四《薛虎子傳》："虎子素剛簡,爲近臣所疾,因小過黜爲鎮門士。及顯祖南巡,次於山陽。虎子拜訴于路。……時山東飢饉,盜賊競起。相州民孫誨等五百餘人,稱虎子在鎮之日,土境清晏,訴乞虎子。乃復除枋頭鎮將,即日之任。至鎮,數州之地,姦徒屏跡。顯祖璽書慰喻。"卷七上《高祖紀上》："太上皇帝南巡,至於懷州。……是歲,州鎮十一水旱,丏民田租,開倉賑恤。相州民餓死者二千八百四十五人。"

[廣阿鎮]

韓均　遷定州。

[定州]

韓均　刺史。

《魏書》卷五一《韓均傳》："復授定州刺史,輕徭寬賦,百姓安之。"按:韓均延興五年卒,遷定州在前,斷於此。

[和龍鎮][營州]

安定王休

[懷州]

　高允

[雲中鎮][朔州]

　司馬金龍

[沃野鎮]

　城陽王長壽　　鎮都大將。

　　　《魏書》卷一九下《城陽王長壽傳》："皇興二年封,拜征西大將軍、外都大官。出爲沃野鎮都大將。性聰惠,善撫接,在鎮甚有威名。延興五年薨。"按：年不詳,在延興五年前,斷於此。

[武川鎮]

　長孫吳兒　　鎮將。

　　　《魏書》卷二六《長孫吳兒傳》："高祖初,爲中散、武川鎮將。"

[長安鎮][雍州]

　李惠

[秦州]

　吕羅漢

[仇池鎮]

　皮喜

[涼州鎮][涼州]

　南安王楨

[敦煌鎮]

　尉多侯

　樂洛生　　鎮將。

　　　《魏書》卷七上《高祖紀上》："七月……蠕蠕寇敦煌,鎮將樂洛生擊破之。"

延興四年甲寅(474)

[洛州]

　丘頓

[東荊州][樂陵鎮]

　桓誕

　韋珍

[虎牢鎮][豫州]

　尉撥

[懸瓠鎮][南豫州]

　薛初古拔

[瑕丘鎮][東兗州]

　游明根

[齊州]

　武昌王平原

　　《魏書》卷一六《武昌王平原傳》："及還京師，每歲率諸軍屯於漠南，以備蠕蠕。"按：平原何年還京不詳，斷於此。

[平原鎮]

　濟陰王鬱

[彭城鎮][徐州]

　尉元

[枋頭鎮]

　薛虎子

[冀州]

　穆泥乾　假安南將軍、刺史。

　　《魏書》卷二七《穆泥乾傳》："爲羽林中郎，賜爵臨安男。後稍歷顯職，除冀州刺史，假安南將軍、鉅鹿公。卒。"按：同卷云泥乾父顗卒於獻文帝天安元年，泥乾爲冀州刺史蓋在孝文時，年不詳，從吳表。

[定州]
　韓均
[和龍鎮][營州]
　安定王休
[懷州]
　高允
[雲中鎮][朔州]
　司馬金龍
[武川鎮]
　長孫吳兒
[長安鎮][雍州]
　李惠
[秦州]
　吕羅漢
[仇池鎮]
　皮喜
[涼州鎮][涼州]
　南安王楨
[敦煌鎮]
　尉多侯

　　《魏書》卷七上《高祖紀上》："七月……蠕蠕寇敦煌，鎮將尉多侯大破之。"卷二六《尉多侯傳》："後多侯獵于南山，蠕蠕遣部帥度拔入圍敦煌，斷其還路。多侯且前且戰，遂衝圍而入。率衆出戰，大破之。"卷四二《韓秀傳》："延興中，尚書奏以敦煌一鎮，介遠西北，寇賊路衝，慮或不固，欲移就涼州。群官會議，僉以爲然。秀獨謂非便，曰：'此蹙國之事，非闢土之宜。愚謂敦煌之立，其來已久。雖土隣彊寇，而兵人素習，縱有姦竊，不能爲害，循常置戍，足以自全。進斷北狄之覘途，退塞西夷之闚路。若徙就姑臧，慮人懷異意。或貪留重遷，情不願徙，脫引寇内侵，深爲國患。且敦煌去涼州及千餘里，捨遠就近，遙防有闕。一旦廢罷，是啓戎心，則夷狄交構，互相來往。恐醜徒協契，侵竊涼土及近諸戍，則關右荒擾，烽警不息，邊役煩興，艱難方甚。'乃從秀議。"

延興五年乙卯（475）

[洛州]

丘頹

苟頹 寧遠將軍、刺史。

《魏書》卷四四《苟頹傳》："代人也。……加寧遠將軍。……以本將軍拜洛州刺史。爲政剛嚴，抑彊扶弱，山蠻畏威，不敢爲寇。"按：丘頹見是年豫州條。

[荆州]

公孫處顯 刺史。

《魏書》卷九四《趙黑傳》："本涼州隸戶……没入爲閹人。……黑得幸兩宮，禄賜優厚。是時尚書李訢亦有寵於顯祖，與黑對綰選部。訢奏中書侍郎崔鑒爲東徐州，北部主書郎公孫處顯爲荆州，選部監公孫蘧爲幽州，皆曰有能也，實有私焉。"卷四二《寇臻傳》："高祖初，母憂未闋，以恒農大盜張煩等賊害良善，徵爲都將，與荆州刺史公孫初頭等追揃之。"按："處"與"初"音近，"顯"與"頭"形近，處顯與初頭官職相同，歷官之年亦相近，當爲一人。次年獻文帝死，後年誅李訢，處顯等爲刺史在前,斷於此。

[東荆州][樂陵鎮]

桓誕

韋珍

[虎牢鎮][豫州]

尉撥

《魏書》卷三〇《尉撥傳》:"洛州民田智度聚黨謀逆。詔撥乘傳發豫州兵與洛州刺史丘頓擊之,獲智度,送京師。撥卒。"卷七上《高祖紀上》:"九月癸卯,洛州人賈伯奴、豫州人田智度聚黨千餘人,伯奴稱恒農王,智度上洛王,夜攻洛州。州郡擊之,斬伯奴於緱氏,執智度送京師。"

[懸瓠鎮][南豫州]

薛初古拔

[瑕丘鎮][東兗州]

游明根

[東陽鎮][青州]

陸尼　都將。

《魏書》卷四〇《陸尼傳》:"内侍校尉,東陽鎮都將。"按:陸尼弟麗和平六年被殺,尼蓋在長孫陵、屈車渠後,列於此。

[團城鎮][東徐州]

崔鑒　奮威將軍、刺史。

《魏書》卷四九《崔鑒傳》:"出爲奮威將軍、東徐州刺史。"按:崔鑒參見是年荆州條。

[平原鎮]

濟陰王鬱

[彭城鎮][徐州]

尉元

[枋頭鎮]

　薛虎子

[定州]

　韓均　卒。

　　　《魏書》卷五一《韓均傳》："延興五年卒。"

[幽州]

　公孫邃　刺史。

　　　按：公孫邃見是年荊州條。

[和龍鎮][營州]

　安定王休

[懷州]

　高允

[雲中鎮][朔州]

　司馬金龍

[武川鎮]

　長孫吳兒

[長安鎮][雍州]

　李惠

　元蘭　鎮將。

　　　《魏書》卷四三《嚴稚玉傳》："真君中，詔稚玉副長安鎮將元蘭率衆一萬，迎漢川附化之民，入自斜谷，至甘亭。劉義隆梁州刺史王玄載遣將拒嶮，路不得通，班師。太和二年，太倉令。"按：據《宋書》卷九《後廢帝紀》，王玄載爲梁秦二州刺史在宋元徽元年十月至四年正月，即魏延興三年至承明元年，《稚玉傳》之"真君"當爲"延興"之誤。

[秦州]

　吕羅漢

[仇池鎮]
　皮喜
[涼州鎮][涼州]
　南安王楨
[敦煌鎮]
　尉多侯

承明元年丙辰(476)　　五月,獻文帝死,改元,太皇太后馮氏臨朝稱制。
[洛州]
　苟頹　徵還。
　馮熙　車騎大將軍、都督并雍懷洛秦肆北豫七州諸軍事、洛州刺史。

　　《魏書》卷八七《王玄威傳》:"恒農北陝人也。顯祖崩,玄威立草廬於州城門外,衰裳疏粥,哭踴無時。刺史苟頹以事表聞。"卷四四《苟頹傳》:"承明元年,文明太后令百官舉才堪幹事、人足委仗者,於是公卿咸以頹應選。徵拜散騎常侍、殿中尚書。"卷八三上《馮熙傳》:"高祖即位,文明太后臨朝,王公貴人登進者衆。高祖乃承旨皇太后,以熙爲侍中、太師、中書監、領祕書事。熙以頻履師傅,又中宮之寵,爲群情所駭,心不自安,乞轉外任。文明太后亦以爲然。於是除車騎大將軍、開府、都督、洛州刺史,侍中、太師如故。"卷四二《寇臻傳》:"字仙勝。……顯祖末,爲中川太守。時馮熙爲洛州刺史,政號貪虐。仙勝微能附之,甚得其意。轉弘農太守。"《元悦妃馮季華墓誌》(《墓誌集成》三四九)"(父熙)又除使持節、車騎大將軍、都督并雍懷洛秦肆北豫七州諸軍事、開府、洛州刺史、羽真、尚書、都坐大官,侍中、王如故。"

[東荊州][樂陵鎮]

　桓誕

　韋珍

[懸瓠鎮][南豫州]

　薛初古拔

[瑕丘鎮][東兗州]

　游明根　　徵還。

　　　《魏書》卷五五《游明根傳》："高祖初,入爲給事中,遷儀曹長。"按：此"高祖初"蓋指獻文帝死、馮氏稱制時。

[東陽鎮][青州]

　京兆王子推　　征南大將軍、青州刺史。

　　　《魏書》卷七上《高祖紀上》："十有一月……京兆王子推爲青州刺史。"卷一九上《京兆王子推傳》："高祖即位,拜侍中、本將軍、開府儀同三司、青州刺史。"

[齊州]

　閭□　　刺史。

　　　《閭祥墓誌》(《墓誌集成》七一〇)："北國主之六世孫也。……祖齊州。……公……武定二年七月寢疾,春秋五十三,薨於第。"按：閭祥生於太和十六年,若非贈官,其祖爲刺史蓋在獻文、孝文時。齊州皇興三年置,韓麒麟、元平原先後任刺史,閭祥之祖當在後,列於此。

[平原鎮]

　濟陰王鬱

[彭城鎮][徐州]

　尉元　　徵還。

　李訢　　鎮南大將軍、刺史。

《魏書》卷五〇《尉元傳》："太和初，徵爲內都大官。"卷七上《高祖紀上》："十有一月……司空李訢爲徐州刺史。"卷四六《李訢傳》："顯祖崩。訢遷司空，進爵范陽公。七月，以訢爲侍中、鎮南大將軍、開府儀同三司、徐州刺史。"卷九四《趙黑傳》："黑得幸兩宮，祿賜優厚。是時尚書李訢亦有寵於顯祖，與黑對綰選部。……黑告訢專恣，訢遂出爲徐州。"

[相州]

薛虎子　平南將軍、刺史。未任。

元忠　刺史。

《魏書》卷一五《元忠傳》："高祖時，累遷右僕射，賜爵城陽公，加侍中、鎮西將軍。"《太僕卿元公墓誌》(《金石續編》卷三)："曾祖忠，使持節、散騎常侍、鎮西大將軍、相太二州刺史、侍中、尚書左僕射、城陽宣王。"按：薛虎子見是年枋頭鎮條。誌云元忠爲相泰二州刺史，《魏書》卷一五本傳未載。

[枋頭鎮]

薛虎子　遷相州，不行。

《魏書》卷四四《薛虎子傳》："後除平南將軍、相州刺史。顯祖崩，不行。"

[冀州]

任城王雲　征東大將軍、刺史。

《魏書》卷一九中《任城王雲傳》："出爲冀州刺史，仍本將軍。"

[定州]

安樂王長樂　刺史。

《魏書》卷七上《高祖紀上》："十有一月……以太尉、安樂王長樂爲定州刺史。"卷二〇《安樂王長樂傳》："承明元年拜太尉，出爲定州刺史。"

[**幽州**]

元平 輔國將軍、刺史。

《元珍墓誌》(《墓誌集成》一六〇):"輔國將軍、幽州刺史、松玆公之子也。"《元孟輝墓誌》(《墓誌集成》二五九):"祖輔國,貞標塞愕,領袖舊京,作牧幽州,爲朝野所重。考驃騎,以武烈承業,剋隆前緒,始遇高祖深知,末爲世宗心旅。稠穆禁御廿餘載,自侍中至車騎將軍、尚書左僕射。"《元鑒之墓誌》(《墓誌集成》三二三):"祖平,使持節、征虜將軍、幽州刺史。父莨。"《魏書》卷一四《高涼王孤傳》:"孤孫度……子乙斤……子平,字楚國,襲世爵松滋侯。以軍功賜艾陵男。卒。子莨,高祖時,襲爵松滋侯,例降侯,賜艾陵伯。……莨弟珍,字金省,襲爵艾陵男。世宗時,曲事高肇,遂爲帝寵昵。彭城王勰之死,珍率壯士害之。後卒於尚書左僕射。"按:參《孤傳》《鑒誌》,《珍誌》之"松玆公"、《輝誌》之"祖輔國"當爲元平。元珍(玠)仕於宣武時,其父平爲刺史蓋在獻文、孝文時,列於此。

[**平州**]

李貴 刺史。

《周書》卷一五《李弼傳》:"遼東襄平人也。……祖貴醜,平州刺史。父永,太中大夫,贈涼州刺史。弼……元年十月,薨於位,年六十四。世宗即日舉哀。……弼弟標。"校勘記:"《北史》卷六〇《李弼傳》作'隴西成紀人'。按遼東是本貫,隴西是西魏時所改。……'貴醜',《新唐書》卷七二上《宰相世系表》二上單稱'貴',官爵提高爲征東將軍、汝南公。按《隋李椿墓誌》亦單稱'貴'。"《徒何標墓誌》(《墓誌集成》一一四二):"君諱標,河南洛陽人也。本姓李氏,遼東襄平人也。祖貴,開府儀同、平州刺史。"《徒何綸墓誌》(《墓誌集成》一二

○○）："君諱綸，字毗羅，梁城郡泉洪縣人。繫本高陽，祖于柱史。……曾祖貴……祖永……父弼。……大統十六年，賜姓爲徒何氏。"按：李弼生於太和十八年，其祖貴爲刺史蓋在獻文、孝文時，列於此。

[和龍鎮][營州]

 安定王休

  《魏書》卷一九下《安定王休傳》："入爲中都大官。"按：休何年徵還不詳，從吳表。

[懷州]

 高允

[雲中鎮][朔州]

 司馬金龍

[武川鎮]

 長孫吳兒

[長安鎮][雍州]

 李惠

 元丕 征西大將軍、刺史。

  《魏書》卷七上《高祖紀上》："十月……進征西大將軍、假東陽王元丕爵爲正王。"按：元丕參見次年長安鎮、雍州條。

[秦州]

 吕羅漢 徵還。

 于洛侯 刺史。

  《魏書》卷五一《吕羅漢傳》："自羅漢莅州，撫以威惠，西戎懷德，土境帖然。高祖詔羅漢曰：'……卿所得口馬，表求貢奉，朕嘉乃誠，便敕領納。其馬印付都牧，口以賜卿。'徵拜內都大官。"卷八九《于洛侯傳》："代人也。以勞舊爲秦州刺史。"

[仇池鎮]

皮喜　徵還。

皮雙仁　冠軍將軍、鎮將。

《魏書》卷五一《皮喜傳》:"徵爲南部尚書。……喜弟雙仁,冠軍將軍、仇池鎮將。"按:同傳載次年皮喜討楊鼠,徵還在前,斷於此。雙仁何年爲鎮將不詳,蓋繼歡喜。

[涼州鎮][涼州]

南安王楨　徵還。

汝陰王天賜　征西大將軍、領護西域校尉、都督涼州諸軍事、涼州刺史。

《魏書》卷一九下《南安王楨傳》:"徵爲内都大官。"卷七上《高祖紀上》:"七月……以汝陰王天賜爲征西大將軍、儀同三司。"《元始和墓誌》(《墓誌集成》七七):"故使持節、侍中、征西大將軍、儀同三司、領護西域校尉、都督涼州諸軍事、涼州刺史、汝陰王賜之孫。"趙萬里釋(《墓誌集釋》卷四):"殆名賜而字天賜歟?"

[敦煌鎮]

尉多侯

太和元年丁巳(477)

[洛州]

馮熙

《魏書》卷七上《高祖紀上》:"十有一月……懷州民伊祁苟初自稱堯後應王,聚衆於重山。洛州刺史馮熙討滅之。"

[東荆州][樂陵鎮]

桓誕

韋珍

[虎牢鎮] [豫州]

皮喜　安南將軍、刺史。

《魏書》卷五一《皮喜傳》:"太和元年,劉準葭蘆戍主楊文度遣弟鼠竊據仇池,喜率衆四萬討鼠。軍到建安,鼠棄城南走。進次濁水,遣平西將軍楊靈珍擊文度所置仇池太守楊真,真衆潰,僅而得免。……攻葭蘆城,拔之,斬文度。……南天水郡民柳旃據險不順,喜率衆討滅之。轉散騎常侍、安南將軍、豫州刺史。"

[懸瓠鎮] [南豫州]

薛初古拔

[西兗州]

李茂　鎮西將軍、刺史。

按:李茂見是年長安鎮、雍州條。茂孝文初歷長安鎮都將,遷西兗州蓋在太和初,列於此。

[瑕丘鎮] [東兗州]

丘麟　鎮將、假平南將軍。遷刺史。

《魏書》卷三〇《丘堆傳》:"後征蓋吳,戰没。子麟,襲爵。歷位駕部令。出爲瑕丘鎮將、假平南將軍、東海公。遷東兗州刺史,卒官。"按:游明根前、嚴稚玉後東兗州刺史略可考,麟蓋在其間,列於此。

[梁國鎮]

費萬　平南將軍、鎮將。

《魏書》卷四四《費萬傳》:"太和初,除平南將軍、梁國鎮將。後高祖南伐,萬從駕渡淮,戰歿。贈鎮東將軍、冀州刺史。"《費康遠墓誌》(《墓誌集成》九三七):"祖萬,冀州刺史。父霞,荆州刺史。"按:費霞不見於《魏書》,不知其荆州刺史是否爲贈官。

[東陽鎮][青州]

京兆王子推 未至,卒。

李惠 刺史。

《魏書》卷七上《高祖紀上》:"七月壬辰,侍中、開府儀同三司、青州刺史、京兆王子推薨。"卷一九上《京兆王子推傳》:"未至,道薨。"卷八三上《李惠傳》:"後爲開府儀同三司、青州刺史。"

[平原鎮]

濟陰王鬱

[彭城鎮][徐州]

李訢 被誅。

元嘉 刺史。

長孫渾 鎮將。

《魏書》卷七上《高祖紀上》:"十月……誅徐州刺史李訢。"卷四六《李訢傳》:"范摽知文明太后忿訢也,又知内外疾之。太和元年二月,希旨告訢外叛。文明太后徵訢至京師……遂見誅。"卷九四《趙黑傳》:"及其(訢)將獲罪也,黑構成以誅之。"卷一八《廣陽王嘉傳》:"高祖初,拜徐州刺史,甚有威惠。後封廣陽王。"卷二六《長孫渾傳》:"初爲中散,久之爲彭城鎮將。太和中卒。"按:長孫渾太和中卒,爲彭城鎮將當在薛虎子前,列於此。

[相州]

元忠

《魏書》卷一五《元忠傳》:"太和四年,病篤辭退,養疾於高柳。"吳廷燮《元魏方鎮年表》:"按墓誌,忠終于僕射,本傳太和四年辭退。按爲相泰二州在僕射前,鎮西將軍,泰州刺史所加。"

[枋頭鎮]

薛虎子

[冀州]

任城王雲

[定州]

安樂王長樂

[幽州]

宋紹祖　刺史。

　　《宋紹祖磚誌》(《墓誌集成》二二):"大代太和元年歲次丁巳,幽州刺史、燉煌公燉煌郡宋紹祖之柩。"按:宋紹祖何年爲幽州刺史、其刺史是否爲贈官不詳,列於此。

[凡城鎮]

奚延　鎮將。

　　《魏書》卷二九《奚延傳》:"出爲瓦城鎮將。"按:"瓦城"蓋爲"凡城"之訛,説見皇始元年凡城鎮條。據同卷,延父他觀皇興中卒,延爲凡城鎮將蓋在獻文、孝文時,列於此。

[平州]

薛道標　鎮南將軍、刺史。

　　《魏書》卷六一《薛道標傳》:"太和初,出爲鎮南將軍、平州刺史。"

[和龍鎮][營州]

華興　鎮將。

　　《華考墓誌》(《墓誌集成》九二八):"祖興,魏黄龍鎮將。……君……以齊皇建二年八月十三日卒於鄴縣里,時年七十二。"按:華考生於太和十四年,其祖興爲鎮將蓋在文成至孝文時,列於此。

[懷州]

　高允

[并州]

　趙蔚　刺史。

　　　《周書》卷三三《趙剛傳》:"曾祖蔚,魏并州刺史。"按:據傳,趙剛周保定中卒,年五十七,則約生於宣武帝初,其曾祖蔚爲并州刺史蓋在文成至孝文初,列於此。吳表分列於太延二年與太和六年,重出。

[雲中鎮][朔州]

　司馬金龍

[沃野鎮]

　韓天生　平北將軍、鎮將。

　　　《魏書》卷五一《韓天生傳》:"爲内厩令,後典龍牧曹。出爲持節、平北將軍、沃野鎮將。"按:據同卷,天生兄均延興五年卒,天生爲鎮將蓋在孝文初,列於此。

[懷朔鎮]

　劉天興　鎮將。

　　　《劉滋墓誌》(《墓誌集成》二五六):"祖天興,承明之年,以武持拔三郎軍將,後爲懷朔鎮將。"按:在承明後,列於此。

[武川鎮]

　長孫吳兒　卒。

　　　《魏書》卷二六《長孫吳兒傳》:"太和初,卒。"

[長安鎮][雍州]

　元丕　徵還。

　宜都王目辰　刺史。

　李茂　鎮西將軍、都將。遷西兗州。

　王定州　鎮將。

《魏書》卷七上《高祖紀上》："三月庚子,徵征西大將軍、雍州刺史、東陽王丕爲司徒。"卷一四《宜都王目辰傳》："高祖即位,遷司徒,封宜都王,除雍州刺史,鎮長安。"卷三九《李茂傳》："高宗末,襲父爵,鎮西將軍、敦煌公。高祖初,除長安鎮都將。轉西兗州刺史,將軍如故。入爲光禄大夫,例降爲侯。"卷三四《王定州傳》："高祖初,爲長安鎮將。卒。"按：李茂、王定州何年任職皆不詳,列於此。

[統萬鎮]

尉元 鎮西大將軍、都將。

《魏書》卷五〇《尉元傳》："太和初……出爲使持節、鎮西大將軍、開府、統萬鎮都將,甚得夷民之心。"

[薄骨律鎮]

高稚 鎮將。

《魏書》卷三二《高謐傳》："延興二年九月卒,時年四十五。……謐弟稚,字幼寧。薄骨律鎮將,營州刺史。"按：高稚爲鎮將蓋在獻文、孝文時,列於此。

[秦州]

于洛侯 被誅。

尉洛侯 秦益二州刺史。

《魏書》卷八九《于洛侯傳》："貪酷安忍。……百姓王元壽等一時反叛。有司糾劾。高祖詔使者於州刑人處宣告兵民,然後斬洛侯以謝百姓。"卷七上《高祖紀上》："正月……秦州略陽民王元壽聚衆五千餘家,自號爲衝天王。……二月……秦益二州刺史、武都公尉洛侯討破元壽,獲其妻子,送京師。"吳廷燮《元魏方鎮年表》："《通鑑》系太和七年,恐不合。"按：《通鑑》卷一三四太和元年二月述尉洛侯破王元壽,卷一三五太和七年復述王元壽反、斬于洛侯,倒錯,吳説是。

[涼州鎮][涼州]

　汝陰王天賜

[敦煌鎮]

　尉多侯　被殺。

　　　《魏書》卷二六《尉多侯傳》："太和元年,爲妻元氏所害。"按:多侯延興四年仍爲鎮將,太和元年相去不遠,蓋於任上被殺。

[南河鎮]

　邢脩年　鎮將。

　　　《邢巒墓誌》(《墓誌集成》一六五):"父脩年,南河鎮將。……公……春秋五十一,延昌三年三月九日丁巳薨于弟。"《邢偉墓誌》(《墓誌集成》一六四):"父脩年,南河鎮將。……君……春秋卅有五,延昌三年七月廿六日壬申暴疾,卒于洛陽永和里。"按:南河鎮乏考。邢巒生於和平五年,邢偉生於皇興四年,邢脩年爲南河鎮將蓋在文成至孝文時。

太和二年戊午(478)

[洛州]

　馮熙

[東荆州][樂陵鎮]

　桓誕

　韋珍

[虎牢鎮][豫州]

　皮喜

[懸瓠鎮][南豫州]

　薛初古拔

[東陽鎮][青州]

 李惠 被誅。

  《魏書》卷七上《高祖紀上》:"十有二月癸巳,誅南郡王李惠。"卷八三上《李惠傳》:"歷政有美績。惠素爲文明太后所忌,誣惠將南叛,誅之。……惠本無釁,故天下冤惜焉。"

[平原鎮]

 濟陰王鬱

[彭城鎮][徐州]

 元嘉

[枋頭鎮]

 薛虎子

  《魏書》卷四四《薛虎子傳》:"太和二年,襲爵。"

[冀州]

 任城王雲

[定州]

 安樂王長樂

[幽州]

 胡泥 刺史。

  《魏書》卷八九《胡泥傳》:"出爲幽州刺史,假范陽公。以北平陽尼碩學,遂表薦之。"卷七二《陽尼傳》:"幽州刺史胡泥以尼學藝文雅,乃表薦之。徵拜祕書著作郎,奏佛道宜在史錄。後改中書學爲國子學,時中書監高閭、侍中李沖等以尼碩學博識,舉爲國子祭酒。"

[平州]

 薛道標

[懷州]

 高允

封磨奴　冠軍將軍、刺史。

《魏書》卷四八《高允傳》:"太和二年,又以老乞還鄉里,十餘章上,卒不聽許,遂以疾告歸。"卷三二《封磨奴傳》:"出爲冠軍將軍、懷州刺史。"《封魔奴墓誌》(《墓誌集成》二七五):"除使持節、冠軍將軍、懷州刺史。"按:傳、誌皆云封磨奴太和七年卒,蓋繼高允。

[雲中鎮][朔州]

司馬金龍

[長安鎮][雍州]

宜都王目辰

陳提　鎮將。

按:陳提見太和三年長安鎮、雍州條。

[涇州]

鄧宗慶　安南將軍、刺史。

《魏書》卷二四《鄧宗慶傳》:"稍遷尚書,加散騎常侍,賜爵定安侯。轉典南部。……進爵南陽公,除安南將軍、涇州刺史,徙趙郡公。"卷一一二下《靈徵志下》:"太和元年冬十月,南部尚書安定侯鄧宗慶奏……"按:吳表列宗慶於延興元年至三年,據《靈徵志》,當在太和元年十月後,斷於此。

[統萬鎮]

尉元

[秦州]

尉洛侯

[涼州鎮][涼州]

汝陰王天賜

[敦煌鎮]

穆亮　征西大將軍、西戎校尉、鎮都大將。

《魏書》卷二七《穆亮傳》："遷使持節、征西大將軍、西戎校尉、敦煌鎮都大將。"按：穆亮約太和八年爲仇池鎮將，爲敦煌鎮將在前，蓋繼尉多侯，斷於此。

太和三年己未（479）

[洛州]

馮熙

《南齊書》卷三八《蕭景先傳》："建元元年……虜尋遣僞南部尚書頎跋屯汝南，洛州刺史昌黎王馮莎屯清丘。景先嚴備待敵。"按：齊建元元年即魏太和三年，"莎"當爲"熙"之訛。

[東荆州][樂陵鎮]

桓誕

韋珍

[虎牢鎮][豫州]

皮喜

[懸瓠鎮][南豫州]

薛初古拔

[東陽鎮][青州]

酈範　平東將軍、刺史。

《魏書》卷四二《酈範傳》："後除平東將軍、青州刺史，假范陽公。"《水經注》卷二六《巨洋水注》："先公以太和中作鎮海岱。"同卷《淄水》："陽水東逕故七級寺禪房南……魏太和中，此水復竭，輟流積年，先公除州，即任未朞，是水復通。"

[齊州]

鄧靈奇　立忠將軍、刺史。

《魏書》卷二四《鄧靈奇傳》:"立忠將軍、齊州刺史。"按:年不詳,同卷云其侄鄧羨仕於孝文末至孝明時,靈奇爲刺史蓋在孝文初,吳表列於太和三年,從之。

[平原鎮]

濟陰王鬱

[彭城鎮][徐州]

元嘉

[枋頭鎮]

薛虎子

《魏書》卷四四《薛虎子傳》:"三年,詔虎子督三將出壽春,與劉昶南討。"

[冀州]

任城王雲　遷雍州。

王琚　征南將軍、刺史。

《魏書》卷九四《王琚傳》:"高平人,自云本太原人。……高祖以琚歷奉先朝,志在公正,授散騎常侍。後爲侍中、征南將軍、冀州刺史。"《王琚妻郭氏墓誌》(《墓誌集成》一二三):"魏故侍中、散騎常侍、祠部尚書、使持節、征南大將軍、冀州刺史、羽真、高平靖公王琚之夫人郭氏之銘。"《王皓墓誌》(《墓誌集成》一四八):"祖琚,侍中、散騎常侍、祠部尚書、使持節、征南大將軍、青冀二州刺史、羽真、高平王。"

[定州]

安樂王長樂　賜死。

趙黑　鎮南大將軍、刺史。

《魏書》卷七上《高祖紀上》:"九月……定州刺史、安樂王長樂有罪,徵詣京師,賜死。"卷二〇《安樂王長樂傳》:"鞭撻豪右,頓辱衣冠,多不奉法,爲人所患。……以罪徵詣京師。

後與内行長乙肆虎謀爲不軌,事發,賜死於家。"卷九四《趙黑傳》:"出爲假節、鎮南大將軍、儀同三司、定州刺史,進爵爲王。"

[幽州]

　胡泥

[平州]

　薛道標

[和龍鎮][營州]

　高稚　刺史。

　　　《魏書》卷三二《高謐傳》:"延興二年九月卒,時年四十五。……謐弟稚,字幼寧。薄骨律鎮將,營州刺史。"按:高稚爲刺史蓋在獻文、孝文時,吳表列於太和三年,從之。

[懷州]

　封磨奴

[雲中鎮][朔州]

　司馬金龍

[長安鎮][雍州]

　宜都王目辰　賜死。

　陳提　徙邊。

　于烈　行秦雍二州事。徵還。

　任城王雲　都督陝西諸軍事、征南大將軍、長安鎮都大將、雍州刺史。

　　　《魏書》卷七上《高祖紀上》:"四月……雍州刺史、宜都王目辰有罪賜死。"卷一四《宜都王目辰傳》:"好財利,在州,政以賄成。有罪伏法,爵除。"卷三一《于烈傳》:"太和初,秦州刺史尉洛侯,雍州刺史、宜都王目辰,長安鎮將陳提等,貪殘不法,烈受詔案驗,咸獲贓罪,洛侯、目辰等皆致大辟,提坐徙邊。

仍以本官行秦雍二州事。遷司衛監,總督禁旅。"卷一九中《任城王雲傳》:"遷使持節、都督陝西諸軍事、征南大將軍、長安鎮都大將、雍州刺史。"

[涇州]

鄧宗慶

[統萬鎮]

尉元

《魏書》卷五〇《尉元傳》:"三年,進爵淮陽王,以舊老見禮,聽乘步挽,杖於朝。"

[秦州]

尉洛侯　被誅。

陸定國　鎮南將軍、秦益二州刺史。

《魏書》卷四〇《陸定國傳》:"太和初,復除侍中、鎮南將軍、秦益二州刺史。"按:尉洛侯見是年雍州條。

[涼州鎮][涼州]

汝陰王天賜

按:天賜何年去職不詳,斷於此。

[敦煌鎮]

穆亮

太和四年庚申(480)

[洛州]

馮熙

《魏書》卷八三上《馮熙傳》:"後求入朝,授内都大官。"
按:馮熙何年還朝不詳,斷於此。

[東荆州][樂陵鎮]

桓誕　南征西道大都督。
韋珍
　　《魏書》卷一〇一《蠻傳》："太和四年，王師南伐，誕請爲前驅，乃授使持節、南征西道大都督，討義陽，不果而還。"
[虎牢鎮][豫州]
　皮喜
[懸瓠鎮][南豫州]
　薛初古拔
[東陽鎮][青州]
　酈範
[平原鎮]
　濟陰王鬱
　　《元鬱及妻慕容氏墓誌》（《墓誌集成》一七八）："十九（歲），使持節、征北都大將。北征阿延軍。"按：誌云鬱太和十五年卒，年三十，十九歲即太和四年。
[彭城鎮][徐州]
　元嘉
　鄧宗慶　安南將軍、刺史。尋伏誅。
　薛虎子　平南將軍、鎮將。除刺史。
　　《魏書》卷七上《高祖紀上》："（閏七月）蕭道成角城戍主請舉城內屬。八月丁酉，詔徐州刺史、假梁郡王嘉赴接之。"《高僧傳》卷一三《釋法悅傳》："彭城宋王寺有丈八金像。……宋泰始初，彭城北屬。……齊初，兗州數郡欲起義南附，亦驅逼衆僧，助守營壘。時虜帥蘭陵公攻陷此營，獲諸沙門。於是盡執二州道人，幽系圍裏。遣表僞臺，誣以助亂，像時流汗，舉殿皆濕。時僞梁王諒鎮在彭城。"《法苑珠林》卷一四《齊彭城金像汗出表祥緣》："魏徐州刺史梁王奉法勤勤，至寺親使人以巾帛拭,隨拭隨出不已。"卷一五《梁沙門法悦》:"時僞梁王謙鎮在彭城,亦多少信向。親往像所,使人拭之,隨拭隨出,終莫能止。"《魏書》卷二四《鄧宗慶傳》:"宗慶在州,爲民所訟,雖訊鞠獲情,上下大不相得。轉徐州刺史,仍本將軍。未幾,坐妻韓巫蠱,伏誅。"卷三三《王憲傳》:"遷南部尚書。……李訢、鄧宗慶等號爲明察,勤理時務,而二人終見誅戮,餘十數人或黜或免,唯巚(憲子)卒得自保。"吴廷燮《元魏方鎮年表》:"宗慶誅在李訢後,太和元年九月誅李訢。"《魏書》卷四四《薛虎子傳》:"四年,徐州民桓和等叛逆,屯於五固。詔虎子爲南征都副將,與尉元等討平之。以本將軍爲彭城鎮將。至鎮,雅得民和。除開府、徐州刺史。時州鎮戍兵,資絹自隨,不入公庫,任其私用,常苦飢寒。虎子上表曰:'……徐州左右,水陸壤沃,清、汴通流,足盈激灌。其中良田十萬餘頃。若以兵絹市牛,分減戍卒,計其牛數,足得萬頭。興力公田,必當大獲粟稻。一歲之中,且給官食,半兵耘植,餘兵尚衆,且耕且守,不妨捍邊。一年之收,過於十倍之絹;暫時之耕,足充數載之食……'高祖納之。"《北齊書》卷二六《薛琡傳》:"父豹子,魏徐州刺史。"按:齊初即魏太和初,時鎮彭城者爲假梁郡王嘉,《高僧傳》之"諒",《法苑珠林》之"謙",皆當爲"嘉"字之訛。鄧宗慶何年爲徐州刺史不詳,蓋在元嘉、薛虎子間。《薛琡傳》之豹子即虎子,避唐諱改。

[枋頭鎮]

薛虎子　遷彭城鎮。

[冀州]

王琚

[定州]

趙黑

[幽州]

　胡泥

[平州]

　薛道標

[懷州]

　封磨奴

[雲中鎮][朔州]

　司馬金龍　徵還。

　司馬躍　鎮將、刺史、假安北將軍。

　　《魏書》卷三七《司馬金龍傳》："徵爲吏部尚書。太和八年薨。贈大將軍、司空公、冀州刺史。……金龍弟躍，字寶龍。……代兄爲雲中鎮將、朔州刺史，假安北將軍、河內公。"《司馬金龍墓銘》(《墓誌集成》二五)："大代太和八年歲在甲子十一月庚午朔十六日乙酉，懷州河內郡溫縣肥鄉孝敬里使持節、侍中、鎮西大將軍、吏部尚書、羽真、司空、冀州刺史、琅琊康王司馬金龍之銘。"按：《司馬金龍墓表》(《墓誌集成》二六)略同墓銘。金龍何年徵還不詳，從吳表。

[懷朔鎮]

　叔孫協　平北將軍、鎮都大將。

　　《叔孫協及妻百宇文氏墓誌》(《墓誌集成》二六〇)："魏平北將軍懷朔鎮都大將終廣男叔孫公墓誌銘。君諱協，字地力懃，河南洛陽人也。其先軒轅皇帝之裔胄。魏馮翊景王渴羅侯之孫，倉部尚書勅俟堤之子。其考德茂蘭松，志真鏡玉，特除平東大將軍、黃龍將。化同姬輔，弈嚃東州。君爲人猛惠恭懃，算合忠恩，召除平北將軍、懷朔鎮將。春秋卅，遊神放世。夫人百宇文氏，六壁鎮將胡活撥女。……年六十八，逝矣都里。正光元年……葬。"按：叔孫協年三十卒，其夫人年六十八卒,正光元年葬,則協蓋卒於太和初。誌又云協歷黄龍將,婦翁胡活撥歷六壁鎮將,《墓誌集成》標注"疑僞",列此備參。

[長安鎮][雍州]

　任城王雲

[涇州]

　鄧宗慶　遷徐州。

[秦州]

　陸定國

[敦煌鎮]

　穆亮

太和五年辛酉(481)

[洛州]

　楊懿　督洛州諸軍事、安南將軍、洛州刺史。未之任,卒。

　　《魏書》卷五八《楊播傳》:"自云恒農華陰人也。……父懿,延興末爲廣平太守,有稱績。高祖南巡,吏人頌之,加寧遠將軍……徵爲選部給事中,有公平之譽。除安南將軍、洛州刺史,未之任而卒。贈以本官,加弘農公,謚曰簡。"《楊椿妻崔氏墓誌》(《墓誌集成》一二九):"魏故使持節、督洛州諸軍事、安南將軍、洛州刺史、弘農楊簡公第二子婦清河崔氏墓誌銘。"《楊順妻吕法勝墓誌》(《墓誌集成》三一〇):"魏故洛州史君、恒農蕳公楊懿之第四子婦天水吕夫人之殯誌。"《楊無醜墓誌》(《墓誌集成》二一四):"洛州刺史懿第四子之女。"《楊範墓誌》(《墓誌集成》一二五):"祖父諱懿,洛州史君、弘農蕳公。"《楊仲彦墓誌》(《墓誌集成》四三三):"洛州刺史、恒農荀公懿之孫。"《楊元讓墓誌》(《墓誌集成》一〇六三):"祖懿,魏洛州刺史、弘農荀公。"按:楊懿延興後歷廣平太守、洛州刺史,蓋繼馮熙爲刺史,年不詳,列於此。

[東荆州][樂陵鎮]

桓誕

韋珍

[虎牢鎮][豫州]

皮喜

[懸瓠鎮][南豫州]

薛初古拔

[東兗州]

嚴稚玉　平南將軍、刺史。

《魏書》卷四三《嚴稚玉傳》:"五年,出爲平南將軍、東兗州刺史,假馮翊公。"

[東陽鎮][青州]

酈範

元伊利　鎮將。

《魏書》卷四二《酈範傳》:"鎮將元伊利表範與外賊交通。高祖詔範曰:'……鎮將伊利妄生姦撓,表卿造船市玉與外賊交通,規陷卿罪,窺覦州任。有司推驗,虛實自顯,有罪者今伏其辜矣。卿其明爲算略,勿復懷疑……'還朝。"《魏晉南北朝地方行政制度》下第十一章"鎮府組織·都大將":"範既爲青州刺史,則此鎮將當爲東陽鎮將。"按:元伊利後不見東陽鎮將,本表是年以下唯列青州。

[彭城鎮][徐州]

薛虎子

[相州]

薛道標 刺史。

《魏書》卷六一《薛道標傳》："轉相州刺史。"按：薛道標何年由平州轉相州不詳，從吳表。

[枋頭鎮]

慕容善 鎮將。

《慕容鑒墓誌》(《墓誌集成》六二七)："春秋卌有九，以天平四年閏九月五日薨于京師。……祖善，字休望，方頭鎮將、使持節、都督幽州諸軍事、平東將軍、幽州刺史、北平公。"注："'方'，《安豐》《墨香閣》作'方'，《燕趙》作'万'。"按：方（万）頭蓋即枋頭。慕容鑒生於太和十三年，其祖善爲鎮將蓋在獻文、孝文時，幽州刺史不知是否爲贈官，列於此。

[冀州]

王琚

趙黑 刺史。

《魏書》卷九四《王琚傳》："高祖、文明太后東巡冀州，親幸其家，存問周至。還京，以其年老，拜散騎常侍，養老於家。"卷七上《高祖紀上》："二月……車駕幸信都。"按：趙黑見是年定州條。

[定州]

趙黑 遷冀州。

《魏書》卷九四《趙黑傳》："克己清儉，憂濟公私。……高祖、文明太后幸中山，聞之，賜帛五百匹、穀一千五百石。轉冀州刺史。"卷七上《高祖紀上》："正月己卯，車駕南巡。丁亥，至中山。"

[幽州]

胡泥

[平州]

薛道標　遷相州。

[和龍鎮][營州]

尒朱真　鎮大將。

《魏書》卷七五《尒朱彥伯傳》："榮從弟也。祖侯真，高祖時并安二州刺史、始昌侯。"《尒朱紹墓誌》(《墓誌集成》五一六)："祖東宮詹事、內都大官、使持節、黃龍鎮大將、鎮南將軍、安并二州刺史、始昌侯真。"按：尒朱真又見《尒朱襲墓誌》(《墓誌集成》五一七)，襲爲紹弟。傳所云"侯真"，疑涉"始昌侯"之"侯"字衍。真爲并安二州刺史在孝文時，爲鎮將蓋在獻文、孝文時，列於此。

[懷州]

封磨奴

[蒲坂鎮][泰州]

呂受恩　刺史。

《魏書》卷八六《閻元明傳》："河東安邑人也。少而至孝，行著鄉閭。太和五年，除北隨郡太守。元明以違離親養，興言悲慕，母亦慈念，泣淚喪明。元明悲號上訴，許歸奉養。一見其母，母目便開。刺史呂壽恩列狀上聞，詔下州郡，表爲孝門。"卷四二《堯暄傳》："(呂)受恩，爲侍御中散，典宜官曹，累遷外都曹令，轉北部給事、秦州刺史。卒於官。"卷一四《元丕傳》："及高祖欲遷都，臨太極殿，引見留守之官大議。……前懷州刺史青龍，前秦州刺史呂受恩等仍守愚固，帝皆撫而答之。"按：河東郡時屬泰州。呂壽恩當即呂受恩，《堯暄傳》《元丕傳》之"秦"皆蓋"泰"字之訛。

[并州]

元陵　征虜將軍、刺史。

《元鷙墓誌》(《墓誌集成》六七六)："祖陵，散騎常侍、征虜將軍、并州刺史。……王……春秋六十有九……興和三年……薨。"按：元鷙生於延興三年，其祖陵爲并州刺史蓋在文成至孝文初，列於此。吴表列於太和九年。

[雲中鎮][朔州]

司馬躍

[武川鎮]

賀□　鎮都大將。

《賀拔墓誌》（《墓誌集成》二九三）："字進興，昌平人也。……武川鎮都大將、康侯之子。君……春秋五十二，正光三年歲次壬寅六月十三日卒於第。"按：賀拔生於延興元年，其父爲鎮將蓋在孝文時，列於此。

[撫冥鎮]

元篤　北中郎將、鎮將。

《魏書》卷一六《元篤傳》："太子右率、北中郎將、撫冥鎮將、光禄卿。出除平北將軍、幽州刺史。卒。"按：據同卷，篤父他太和十二年卒，年七十三，篤爲鎮將蓋在獻文、孝文時，列於此。

[柔玄鎮]

苟愷　鎮大將。

《魏書》卷四四《苟愷傳》："累遷冠軍將軍，柔玄、懷荒、武川鎮大將，襲爵河東王，例降爲公。正光二年卒。"按：年不詳，改降五等在太和十六年，列於此。

[長安鎮][雍州]

任城王雲　卒。

京兆王太興　鎮都大將。

《魏書》卷一九中《任城王雲傳》："太和五年，薨於州。"卷一九上《元太興傳》："拜長安鎮都大將。"

[涇州]

穆蒲坂　征虜將軍、刺史。

《魏書》卷二七《穆蒲坂傳》："虞曹尚書、征虜將軍、涇州刺史。"按：吳表列蒲坂於太和五年，從之。吳表又列於真君六年，重出。

[統萬鎮]

竇羅　鎮將。

《北齊書》卷一五《竇泰傳》："本出清河觀津冑，祖羅，魏統萬鎮將，因居北邊。父樂，魏末破六韓拔陵爲亂，與鎮將楊鈞固守，遇害。"校勘記："'冑'，南監本、北監本、殿本、《通志》卷一五二作'曾'。"按：太和十一年改統萬鎮爲夏州，竇羅爲鎮將當在是年前，列於此。

[秦州]

　陸定國

[敦煌鎮]

　穆亮

太和六年壬戌(482)

[荆州]

李崇　鎮西大將軍、刺史。

《魏書》卷六六《李崇傳》："頓丘人也，文成元皇后第二兄誕之子。年十四，召拜主文中散，襲爵陳留公，鎮西大將軍。高祖初，爲大使巡察冀州。尋以本官行梁州刺史。巴氏擾動，詔崇以本將軍爲荆州刺史，鎮上洛。……乃輕將數十騎馳到上洛，宣詔綏慰，當即帖然。尋勒邊戍，掠得蕭賾人者，悉令還之。南人感德，仍送荆州之口二百許人。兩境交和，無復烽燧之警。"卷七上《高祖紀上》:"八月癸未朔,分遣大使,巡行天下遭水之處,丐民租賦。"《李馬頭墓誌》(《洛陽新獲墓誌 二〇一五》三八):"黎陽頓丘人也。……曾祖誕,太傅、陳留貞王。祖悦,太常卿、豫州刺史。……夫人……天統三年……卒……時年卅四。"按:李崇何年爲荆州刺史不詳,《通鑑》卷一三五斷於齊建元四年,即魏太和六年,吴表斷於太和十三年。蕭賾太和六年即位,此從《通鑑》。誌所云李悦蓋崇弟,《魏書》未載,其豫州刺史不知是否爲贈官,年亦不詳,附於此。

[東荆州][樂陵鎮]

桓誕

韋珍

[虎牢鎮][豫州]

皮喜

穆羆　鎮將。

　　《魏書》卷五一《皮喜傳》:"詔讓其在州寬怠,以飲酒廢事,威不禁下,遣使者就州決以杖罰。七年卒。"卷二七《穆羆傳》:"襲爵。尚新平長公主,拜駙馬都尉。又除虎牢鎮將,頻以不法致罪。高祖以其勳德之胄,讓而赦之。"按:《羆傳》下云羆太和十二年前後爲吐京鎮將,爲虎牢鎮將在前,斷於此。

[懸瓠鎮][南豫州]

薛初古拔

　　《魏書》卷四二《薛初古拔傳》:"太和六年,改爵爲河東公。"

[東兗州]

嚴稚玉

[彭城鎮][徐州]

薛虎子

[相州]

　薛道標

[冀州]

　趙黑　　卒。

　孫小　　刺史。

　　　《魏書》卷九四《趙黑傳》："太和六年秋薨於官。"同卷《孫小傳》："後遷冀州刺史。"

[幽州]

　胡泥

[平州]

　韓曜　　龍驤將軍、刺史。

　　　《韓震墓誌》(《墓誌集成》五四六)："以孝昌二年十月十三日卒於晉陽,時年六十二。……父曜,字伯驥,綏遠達之子,綏遠將軍、本州治中、寧遠將軍、桑乾太守,後除龍驤將軍、平州刺史。"按：韓震生於和平六年,其父曜爲平州刺史蓋在獻文、孝文時,列於此。

[懷州]

　封磨奴

[雲中鎮][朔州]

　司馬躍

[長安鎮][雍州]

　京兆王太興

[秦州]

　陸定國

[仇池鎮][梁州]

　李崇　　鎮西大將軍、行刺史。遷荊州。

　薛湖　　都將。

《北史》卷三六《薛湖傳》:"字破胡。……爲本州治中從事、別駕,除河東太守。……復受詔爲仇池都將。後罷郡,終於家。"《魏書》卷四二《薛破胡傳》:"州治中、別駕。稍遷河東太守、征仇池都將。"按:李崇見是年荆州條。薛湖之兄初古拔太和八年卒,湖爲都將蓋亦在太和中,列於此。

[涼州鎮][涼州]

　段憘　　龍驤將軍、刺史、鎮將。

《段通墓誌》(《墓誌集成》八三〇):"父憘,龍驤將軍、涼州刺史、涼州都將。君……春秋七十,魏孝昌二年三月……卒。"按:誌所云都將蓋即鎮將。段通生於太安三年,其父憘爲涼州鎮將蓋在文成至孝文時,列於此。

[敦煌鎮]

　穆亮

太和七年癸亥(483)

[荆州]

　李崇

[東荆州][樂陵鎮]

　桓誕

　韋珍

[懸瓠鎮][南豫州]

　薛初古拔

[東兗州]

　嚴稚玉

[青州]

　韓秀　　平東將軍、刺史。

《魏書》卷四二《韓秀傳》:"太和初,遷内侍長。後爲平東將軍、青州刺史,假漁陽公。在州數年,卒。"

[彭城鎮][徐州]

薛虎子

[相州]

薛道標

[冀州]

孫小

[幽州]

胡泥

[和龍鎮][營州]

元衍　刺史。

《元璨墓誌》(《墓誌集成》三四六):"征北大將軍、營梁徐雍定五州刺史、廣陵康公衍之元子。"按:《魏書》卷一九上《元衍傳》云衍"歷牧四州",載梁、徐、雍三州,参《璨誌》,所闕當爲營州,定州蓋卒後所贈。元衍太和十七年爲徐州刺史,爲營州、梁州刺史在前,列於此。

[懷州]

封磨奴　卒。

《魏書》卷三二《封磨奴傳》:"太和七年卒。"《封魔奴墓誌》(《墓誌集成》二七五):"以疾乞解,優旨徵還。降年不永,以太和七年冬十一月九日薨於代京。"

[雲中鎮][朔州]

司馬躍

[長安鎮][雍州]

京兆王太興

[秦州]

陸定國

[敦煌鎮]

穆亮　徵還。

《魏書》卷二七《穆亮傳》:"政尚寬簡,賑恤窮乏。被徵還朝,百姓追思之。"

太和八年甲子(484)

[荊州]

李崇

[東荊州][樂陵鎮]

桓誕

韋珍

[虎牢鎮][豫州]

苟若周　安南將軍、刺史。

《魏書》卷四四《苟若周傳》:"太和中,安南將軍、豫州刺史、潁川侯。卒。"按:年不詳,列於此。

[懸瓠鎮][南豫州]

薛初古拔　卒。

《魏書》卷四二《薛初古拔傳》:"八年三月,詔拔入朝,暴病卒。"

[西兗州]

來提　冠軍將軍、刺史。

《魏書》卷三〇《來提傳》:"官至監御曹給事,冠軍將軍,兗州刺史,濮陽侯。太和十年卒。"按:年不詳,在太和十年前,列於此。

[東兗州]

嚴稚玉
  按：嚴稚玉何年去職不詳，斷於此。
[團城鎮][東徐州]
 趙琰　副將。
  《魏書》卷八六《趙琰傳》："天水人。……皇興中，京師儉，婢簡粟糶之，琰遇見切責。……初爲兗州司馬，轉團城鎮副將。還京，爲淮南王他府長史。"按：參同書卷七上《高祖紀上》、卷一六《淮南王他傳》，元他太和九年爲司徒，十二年卒，趙琰爲副將當在九年前，斷於此。趙琰後不見團城鎮，本表是年以下唯列東徐州。
[彭城鎮][徐州]
 薛虎子
[相州]
 薛道標
[冀州]
 孫小
[定州]
 胡泥　平東將軍、刺史。
  《魏書》卷八九《胡泥傳》："遷平東將軍、定州刺史。"按：年不詳，從吳表。
[幽州]
 胡泥　遷定州。
 張敕提　冠軍將軍、刺史。
  《魏書》卷八九《張敕提傳》："中山安喜人也。……除冠軍將軍、幽州刺史，假安喜侯。"按：年不詳，從吳表。
[懷州]
 沈文秀　平南將軍、刺史。

《魏書》卷六一《沈文秀傳》："太和三年,遷外都大官。……後爲南征都將,臨發,賜以戎服。尋除持節、平南將軍、懷州刺史,假吳郡公。……在州數年,年六十一,卒。"按:年不詳,列於此。

[蒲坂鎮][泰州]

王亮　安西將軍、刺史。

《魏書》卷九三《王亮傳》："承明初,擢爲中散。告沙門法秀反,遷冠軍將軍,賜爵永寧侯,加給事中。出爲安西將軍、泰州刺史。"按:法秀反於太和五年,王亮出爲泰州刺史在後,斷於此。

[并州]

尒朱真　刺史。

《魏書》卷七五《尒朱彥伯傳》："祖侯真,高祖時并安二州刺史。"《尒朱紹墓誌》(《墓誌集成》五一六):"祖東宮詹事、內都大官、使持節、黃龍鎮大將、鎮南將軍、安并二州刺史、始昌侯真。"按:在孝文時,年不詳,列於此。

[雲中鎮][朔州]

司馬躍

[懷朔鎮]

潘長　鎮將。

《元和姓纂》卷四《二十六桓‧潘》："《後魏官氏志》,破多羅氏改九潘氏。……後魏潘長,懷朔鎮北將,生永興、龍興。……永生相樂。"岑校:"'北'字疑衍。"《北齊書》卷一五《潘樂傳》："字相貴,廣寧石門人也。本廣宗大族,魏世分鎮北邊,因家焉。父永。……樂……初歸葛榮,授京兆王,時年十九。"按:潘樂生於永平年間,其祖長爲鎮將蓋在孝文、宣武時,列於此。

[長安鎮][雍州]

京兆王太興　免。

《魏書》卷一九上《元太興傳》:"以黷貨,削除官爵。"

[統萬鎮]

蔡紹　鎮將。

《周書》卷二七《蔡祐傳》:"曾祖紹爲夏州鎮將,徙居高平,因家焉。祖護,魏景明初,爲陳留郡守。"按:夏州鎮將當即統萬鎮將,太和十一年改統萬鎮爲夏州,蔡紹爲鎮將當在是年前,列於此。

[秦州]

陸定國　卒。

李洪之　安南將軍、秦益二州刺史。

《魏書》卷四〇《陸定國傳》:"八年,薨於州。"卷八九《李洪之傳》:"後爲使持節、安南將軍、秦益二州刺史。"卷七〇《李神傳》:"恒農人。父洪之,秦益二州刺史。"

[隴西鎮]

李葵　鎮遠將軍、鎮將。

《徐君妻李氏墓誌》(《墓誌集成》六〇八):"鎮遠將軍、隴西鎮將葵之女。……春秋六十有二,卒於鄴都。以天平二年……葬。"按:如李氏葬年即卒年,則生於延興四年,其父葵爲鎮將蓋在孝文時,列於此。

[仇池鎮][梁州]

穆亮　都督秦梁益三州諸軍事、征南大將軍、領護西戎校尉、仇池鎮將。

楊靈珍　副將。

《魏書》卷二七《穆亮傳》:"除都督秦梁益三州諸軍事、征南大將軍、領護西戎校尉、仇池鎮將。"按:楊靈珍見次年仇池鎮、梁州條。

[敦煌鎮]

張□　鎮將。

《張斌墓誌》(《墓誌集成》四四四):"涼州燉煌人也。……晉涼州刺史、燉煌公四世之孫,大魏燉煌鎮將、酒泉公之少子也。……春秋六十有七,大魏孝昌三年歲次鶉火四月十一日遇疾而薨。"按:張斌生於和平二年,其父爲鎮將蓋在文成至孝文時,列於此。

太和九年乙丑(485)

[荆州]

李崇　徵還。

《魏書》卷六六《李崇傳》:"在治四年,甚有稱績。召還京師,賞賜隆厚。"

[東荆州][樂陵鎮]

桓誕

韋珍

[懸瓠鎮][南豫州]

元禎　刺史。

《魏書》卷一五《元禎傳》:"高祖初,賜爵沛郡公。後拜南豫州刺史。……後徵爲都牧尚書。"按:年不詳,當在薛初古拔後,列於此。

[兗州]

畢衆敬　寧南將軍、刺史。

《魏書》卷六一《畢衆敬傳》:"後復爲兗州刺史,將軍如故。"按:畢衆敬曾爲東兗州刺史,傳稱"復爲兗州刺史",則此兖州亦當爲瑕丘之東兖州。此後不見東兖州之名，蓋改稱兖州，本表是年以下亦改以兖州爲目。時西兖州仍存，至太和十八年方罷。

[青州]

陸龍成 安南將軍、都督青齊光豫四州諸軍事、青州刺史。

《魏書》卷四〇《陸龍成傳》："出爲安南將軍、青州刺史，假樂安公。"卷二四《崔模傳》："(崔恩)累政州主簿，至刺史陸龍成時謀叛，聚城北高柳村，將攻州城，龍成討斬之。"《陸子玉墓誌》(《墓誌集成》七二七)："祖散騎常、使持節、安南將軍、都督青齊光豫四州諸軍事、青州刺史、樂安康公。"按：陸龍成爲陸麗弟，麗和平六年被殺，龍成何年爲青州刺史不詳，從吳表。

[齊州]

韓麒麟 冠軍將軍、刺史。

《魏書》卷六〇《韓麒麟傳》："高祖時，拜給事黄門侍郎，乘傳招慰徐兖，叛民歸順者四千餘家。尋除冠軍將軍、齊州刺史，假魏昌侯。"按：韓麒麟太和十二年卒官，始任年不詳，斷於此。

[彭城鎮][徐州]

薛虎子

[相州]

薛道標 遷秦州。

李安世 安平將軍、刺史。

《魏書》卷五三《李安世傳》："出爲安平將軍、相州刺史、假節、趙郡公。……初，廣平人李波，宗族彊盛，殘掠生民。前刺史薛道摽親往討之，波率其宗族拒戰，大破摽軍。遂爲通逃之藪，公私成患。……安世設方略誘波及諸子姪三十餘人，斬于鄴市,境内肅然。"

[定州]

　胡泥

[幽州]

　張敕提

[蒲坂鎮][泰州]

　王亮

[雲中鎮][朔州]

　司馬躍　徵還。

　　　《魏書》卷三七《司馬躍傳》:"還爲祠部尚書、大鴻臚卿、潁川王師。以疾表求解任。太和十九年卒。……楚之父子相繼鎮雲中,朔土服其威德。"卷七上《高祖紀上》:"三月……封皇弟……雍爲潁川王。"按:司馬躍徵還不晚於太和九年,斷於此。

[撫冥鎮]

　江陽王繼　安北將軍、鎮都大將。

　　　按:元繼見太和十一年撫冥鎮條,據本傳上下文,爲鎮將在遷洛前,列於此。

[柔玄鎮]

　李兜　都將。

　　　按:李兜見太和十一年柔玄鎮條,始任年不詳,斷於此。

[長安鎮][雍州]

　武昌王平原　都督雍秦梁益四州諸軍事、征南大將軍、雍州刺史。

　劉寵　平西將軍、鎮將。

　　　《魏書》卷一六《武昌王平原傳》:"遷都督雍秦梁益四州諸軍事、征南大將軍、開府、雍州刺史,鎮長安。"《封君妻長孫氏墓誌》(《墓誌集成》三七三):"春秋卅,以大魏孝昌元年七月廿五日寢疾,終於安武里。……母河澗劉氏,父寵,平西將軍、長安鎮將、合陽侯。"按:長孫氏生於太和十年,其外祖劉寵爲鎮將蓋在獻文至孝文時,列於此。

[秦州]

李洪之 賜死。

薛道標 鎮南將軍、刺史。

《魏書》卷八九《李洪之傳》:"洪之素非廉清,每多受納。時高祖始建祿制,法禁嚴峻,司察所聞,無不窮糾。遂鎖洪之赴京。……以其大臣,聽在家自裁。"卷六一《薛道標傳》:"復以本將軍爲秦州刺史。十三年卒。"按:太和八年四月始班俸祿,李洪之自裁當在是後不久,斷於此。《通鑒》斷於八年,吳表斷於十三年。吳表相州刺史太和八年條云《薛道標傳》之"秦州爲泰州之誤",時泰州刺史另有其人,吳表所云不知所據,此仍從本傳。

[仇池鎮][梁州]

穆亮

楊靈珍

《魏書》卷二七《穆亮傳》:"時宕昌王梁彌機死,子彌博立,爲吐谷渾所逼,來奔仇池。亮以彌機蕃欸素著,矜其亡滅;彌博凶悖,氐羌所棄;彌機兄子彌承,戎民歸樂,表請納之。高祖從焉。於是率騎三萬,次于龍鵠,擊走吐谷渾,立彌承而還。是時,階陵比谷羌董耕奴、斯卑等率衆數千人,寇仇池,屯于陽遏嶺,亮副將楊靈珍率騎擊走之。氐豪楊卜,自延興以來,從軍征伐,二十一戰,前來鎮將,抑而不聞。亮表卜爲廣業太守,豪右咸悅,境內大安。"卷七上《高祖紀上》:"七月……遣使拜宕昌王梁彌機兄子彌承爲其國王。"

[涼州鎮][涼州]

城陽王鸞　都督河西諸軍事、征西大將軍、領護西戎校尉、涼州鎮都大將。

《魏書》卷一九下《城陽王鸞傳》："高祖時，拜外都大官，又出爲持節、都督河西諸軍事、征西大將軍、領護西戎校尉、涼州鎮都大將。"按：始任年不詳，從吳表。

太和十年丙寅（486）

[東荆州][比陽鎮]

桓誕　遷治比陽。

韋珍　遷治比陽。

《魏書》卷一〇一《蠻傳》："十年，（誕）移居潁陽。"卷四五《韋珍傳》："高祖詔珍移鎮比陽。"《嘉慶重修一統志》卷二一一《南陽府二》比陽故城："太和中，詔樂陵鎮將韋鎮移治比陽，置東荆州於此。"按：《蠻傳》之"潁陽"當爲"比陽"，《嘉慶志》之"韋鎮"當爲"韋珍"。

[懸瓠鎮][南豫州]

薛胤　鎮西大將軍、鎮將。

《魏書》卷四二《薛胤傳》："襲爵鎮西大將軍、河東公，除懸瓠鎮將。"《元湛妻薛慧命墓誌》（《墓誌集成》四五五）："考鎮西大將軍、玄瓠鎮將、河東敬公之第五女也。……夫人……父胤，母梁氏。"按：胤父初古拔太和八年卒，胤爲鎮將當在此後不久，斷於此。

[西兖州]

鄭羲　安東將軍、督西兖州諸軍事、西兖州刺史。

《魏書》卷五六《鄭羲傳》："及李沖貴寵，與羲姻好，乃就家徵爲中書令。文明太后爲父燕宣王立廟於長安,初成,以義兼太常卿,假滎陽侯,具官屬,詣長安拜廟,刊石建碑於廟門。還,以使功,仍賜侯爵,加給事中。出爲安東將軍、西兗州刺史,假南陽公。……文明太后爲高祖納其女爲嬪,徵爲秘書監。太和十六年卒。"《鄭羲下碑》(《碑刻校注》四·四七〇):"太和初,除使持節、安東將軍、督兗州諸軍事、兗州刺史、南陽公。……太和中,徵爲秘書監。春秋六十有七,寢疾,薨於位。"《李叔胤妻崔賓媛墓誌》(《墓誌集成》二三〇):"夫人長弟逸……逸妻滎陽鄭氏,父羲,中書令、西兗州刺史、南陽公。"按:萬斯同《魏將相大臣年表》斷鄭羲爲西兗州刺史在太和十年,《通鑑》卷一三六列於齊永明元年即魏太和十六年,此從萬表。

[兗州]

畢衆敬

[齊州]

韓麒麟

[彭城鎮][徐州]

薛虎子

[相州]

李安世

[冀州]

元肱　撫軍將軍、刺史。

《元鷙墓誌》(《墓誌集成》六七六):"父肱,散騎常侍、撫軍將、冀州刺史。王……太和廿年,釋褐爲給事中。"按:原刻"將"下脫"軍"字。元肱何年爲刺史不詳,列於此。

[定州]

胡泥

[幽州]

　　張敕提

[密雲鎮]

　　姬農　　龍驤將軍、鎮將。

　　　　《姬静墓誌》(《墓誌集成》六四九)："廣寧人也。……太昌元年十月九日在州瘻患薨,時年卅有六。……其祖龍驤將軍、密雲鎮將、代郡太守農之孫。"按:姬静生於太和二十年,其祖農爲密雲鎮將蓋在獻文、孝文時,列於此。

[平州]

　　薛真度　　鎮遠將軍、刺史。

　　　　《魏書》卷六一《薛真度傳》："太和初,賜爵河北侯,加安遠將軍,爲鎮遠將軍、平州刺史,假陽平公。"按:年不詳,從吴表。

[和龍鎮][營州]

　　安豐王猛　　鎮都大將、刺史。

　　　　《魏書》卷二〇《安豐王猛傳》："太和五年封,加侍中。出爲和龍鎮都大將、營州刺史。"按:猛太和十三年卒,始任年不詳,斷於此。

[懷州]

　　染雅　　征虜將軍、刺史。

　　　　《染華墓誌》(《墓誌集成》四一五)："父雅,孝文皇帝爲興曹給事,遷使持節、征虜將軍、懷州刺史、北平侯。"按:年不詳,列於此。

[蒲坂鎮][泰州]

　　王亮

[絳城鎮]

　　杜洪太　　鷹揚將軍、鎮將,帶新昌、陽平二郡太守。

　　　　《魏書》卷四五《杜洪太傳》："太和中,除鷹揚將軍、絳城鎮將,帶新昌、陽平二郡太守。"按:太和十二年改吐京鎮爲汾州,絳城鎮不遠,蓋亦隨廢,則洪太爲鎮將當在是年前,列於此。

[吐京鎮]

穆羆　征東將軍、鎮將。

《魏書》卷二七《穆羆傳》:"轉征東將軍、吐京鎮將。羆賞善罰惡,深自克勵。時西河胡叛,羆欲討之,而離石都將郭洛頭拒違不從。羆遂上表自劾,以威不攝下,請就刑戮。高祖乃免洛頭官。……後改吐京鎮爲汾州,仍以羆爲刺史。"按:太和十二年改吐京鎮爲汾州,仍以羆爲刺史,則羆爲吐京鎮將在此前不久,斷於此。

[武川鎮]

邢萇山　冠軍將軍、鎮將。

《是連公妻邢阿光墓誌》(《墓誌集成》九二九):"齊故大都督是連公妻邢夫人墓誌銘。夫人諱阿光,河間鄭人也。……父萇山,冠軍將軍、武川鎮將。……(夫人)以皇建元年十月十六日遘疾,卒……時年八十三。"按:邢阿光生於太和二年,其父萇山爲鎮將蓋在孝文時,列於此。

[撫冥鎮]

江陽王繼

[柔玄鎮]

李兜

[懷荒鎮]

苟愷　鎮大將。

《魏書》卷四四《苟愷傳》:"累遷冠軍將軍,柔玄、懷荒、武川鎮大將,襲爵河東王,例降爲公。正光二年卒。"按:改降五等在太和十六年,苟愷爲鎮將在前,列於此。

[長安鎮][雍州]

武昌王平原

[涇州]

張鸞旗　冠軍將軍、刺史。

　　《魏書》卷九四《張宗之傳》："太和二十年卒。……宗之兄鸞旗，中書侍郎、東宮中庶子，兼宿衛給事。加寧遠將軍，賜爵洛陽男。轉殿中給事。出爲散騎常侍、冠軍將軍、涇州刺史，進爵爲侯。復爲殿中給事、中常侍。卒。"吴廷燮《元魏方鎮年表》："按《鸞旗傳》，自洛陽男進爲侯，不言降，蓋卒在太和十六年前。"

[雍城鎮]

劉藻　龍驤將軍、鎮將。

　　《北史》卷四五《劉藻傳》："以藻爲北地太守。……在任八年，遷雍城鎮將。"《魏書》卷七〇《劉藻傳》："遷龍驤將軍、雍城鎮將。先是，氐豪徐成、楊黑等驅逐鎮將，故以藻代之。至鎮，擒獲成、黑等，斬之以徇，群氐震懾。"按：劉藻遷雍城鎮事，《北史》有闕，《魏書》錯訛，見《魏書》校勘記。始任年不詳，斷於此。

[統萬鎮]

西河王太興　鎮將。

　　《魏書》卷一九上《元太興傳》："後除祕書監，還復前爵，拜統萬鎮將，改封西河。"

[秦州]

薛道標

[仇池鎮][梁州]

穆亮　徵還。

楊靈珍

臨淮王提　都督秦梁益雍四州諸軍事、征西大將軍、領護羌戎校尉、仇池鎮都大將、梁州刺史。

《魏書》卷二七《穆亮傳》："徵爲侍中、尚書右僕射。"校勘記："'右僕射'，《北史》卷二〇《穆崇傳》附《穆亮傳》作'左僕射'，疑是。"卷一八《臨淮王提傳》："爲梁州刺史。"《元秀墓誌》（《墓誌集成》二九七）："祖使持節、侍中、都督荆梁益雍四州諸軍事、征西大將軍、領護羌戎校尉、雍梁二州刺史、臨淮懿王。"《元圓墓誌》（《墓誌集成》八六二）："使持節、都督秦梁益雍四州諸軍事、領護羌戎校尉、仇池鎮大都將、車騎大將軍、開府儀同三司、雍州刺史、臨淮懿王步落提之孫。"按：萬斯同《魏將相大臣年表》列穆亮爲左僕射於太和十年，從之。《秀誌》作"荆梁益雍"，此從《圓誌》。《圓誌》之"鎮大都將"疑當作"鎮都大將"。據元提本傳，雍州刺史爲贈官。

[涼州鎮]　[涼州]

城陽王鸞

[固州鎮]

司馬紹　寧朔將軍、鎮將。

《司馬紹墓誌》（《墓誌集成》一二〇）："魏故寧朔將軍、固州鎮將、鎮東將軍、漁陽太守、宜陽子司馬元興墓誌銘。君諱紹，字元興……以魏太和十七年歲次戊申七月庚辰朔十二日壬子薨於第。"《司馬昞墓誌》（《墓誌集成》二六一）："字景和，河內溫人也。……魏平北將軍、固州鎮大將、魚陽郡宜陽子興之子。"按：固州鎮乏考。司馬紹太和十七年卒，爲固州鎮將在前，列於此。

太和十一年丁卯（487）

[陝州]

王亮　刺史。

《魏書》卷九三《王亮傳》:"後轉陝州刺史,坐事免。卒於家。"卷一〇六下《地形志下》陝州:"太和十一年置。治陝城。"

[東荆州][比陽鎮]

桓誕

韋珍

《魏書》卷四五《韋珍傳》:"蕭賾遣其雍州刺史陳顯達率衆來寇。……於是憑城拒戰,殺傷甚衆。"按:《南齊書》卷三《武帝紀》云陳顯達爲雍州刺史在永明五年,即魏太和十一年。

[懸瓠鎮][南豫州]

薛胤

《魏書》卷四二《薛胤傳》:"蕭賾遣將寇邊,詔胤爲都將,與穆亮等拒於淮上。尋授持節義陽道都將。"《南齊書》卷三《武帝紀》:"(永明)五年春正月……雍、司二州蠻虜屢動,丁酉,遣丹陽尹蕭景先出平陽,護軍將軍陳顯達出宛、葉。"按:齊永明五年即魏太和十一年,胤當是年遷職。此後不見懸瓠鎮,蓋廢,本表是年以下唯列南豫州。

[兗州]

畢衆敬　徵還。

《魏書》卷六一《畢衆敬傳》:"徵還京師。……太和中,高祖賓禮舊老,衆敬與咸陽公高允引至方山。"按:畢衆敬何年徵還不詳,斷於此。

[青州]

侯文和　刺史。

《魏書》卷九一《蔣少游傳》:"高祖時,青州刺史侯文和亦以巧聞,爲欹舟,水中立射。"按:年不詳,列於此。

[齊州]

　韓麒麟

[彭城鎮][徐州]

　薛虎子

[相州]

　李安世

[定州]

　胡泥

　　　《魏書》卷八九《胡泥傳》："以暴虐,刑罰酷濫,受納貨賄,徵還戮之。將就法也,高祖臨太華殿引見,遣侍臣宣詔責之,遂就家賜自盡。"

[瀛州]

　張庫　刺史。

　　　《魏書》卷二四《張白澤傳》："太和五年卒。……白澤弟庫,瀛州刺史、宜陽侯。"卷一〇六上《地形志上》瀛州："太和十一年分定州河間、高陽,冀州章武、浮陽置,治趙都軍城。"按:張庫何年爲刺史不詳,列於此。

[幽州]

　張赦提

[安州]

　尒朱真　刺史。

　　　《魏書》卷七五《尒朱彥伯傳》："祖侯真,高祖時并安二州刺史。"《尒朱紹墓誌》(《墓誌集成》五一六):"祖東宮詹事、内都大官、使持節、黄龍鎮大將、鎮南將軍、安并二州刺史、始昌侯真。"按:在孝文時,年不詳,列於此。

[平州]

　薛真度

[和龍鎮][營州]

安豐王猛

[蒲坂鎮][泰州]

王亮　轉陝州。

崔衡　鎮西將軍、刺史。

《魏書》卷二四《崔衡傳》："襲爵武陵公,鎮西將軍。……以本將軍除秦州刺史。"校勘記："'秦州',疑爲'泰州'之訛。"

[吐京鎮]

穆羆

[并州]

綦辰　刺史。

《魏書》卷八一《綦儁傳》："河南洛陽人也,其先代人。祖辰,并州刺史。"按:傳云綦儁仕於莊帝時,其祖辰爲刺史蓋在孝文、宣武時,吳表列於太和十一年,從之。

[雲中鎮][朔州]

閻善　龍驤將軍、鎮將。

于果　刺史。

《周書》卷二〇《閻慶傳》："曾祖善,仕魏,歷龍驤將軍、雲州鎮將,因家于雲州之盛樂郡。"《魏晉南北朝地方行政制度》下第十一章雲中鎮："當即雲中鎮將。"《魏書》卷三一《于果傳》："太和中,歷朔、華、并、恒四州刺史。"吳廷燮《元魏方鎮年表》恒州刺史條:"《元丕傳》:'十八年,大議遷都,尚書于杲以爲不可。'……按(于果)即于杲之誤。"按:雲州孝昌元年改朔州置,閻善爲閻慶之曾祖,時無雲州,當爲雲中。傳云閻慶正光中入仕,閻善爲鎮將蓋在於孝文時。閻善後不見雲中鎮將,本表是年以下唯列朔州。果、杲不知孰是,中華書局點校本《魏書》卷一四《元丕傳》改于杲爲于果,從之。于果何年爲朔州刺史不詳,列於此。

[沃野鎮]

濟陰王鬱　鎮都大將。

《元鬱及妻慕容氏墓誌》(《墓誌集成》一七八):"除侍中、使持節、沃野鎮都大將。"

[懷朔鎮]

汝陰王天賜　鎮大將。

《魏書》卷一九上《汝陰王天賜傳》:"累遷懷朔鎮大將。"
按:天賜太和十三年免,始任年不詳,斷於此。

[撫冥鎮]

江陽王繼　遷柔玄鎮。

安定王休　征北大將軍、鎮大將。

《魏書》卷一六《江陽王繼傳》:"高祖時,除使持節、安北將軍、撫冥鎮都大將,轉都督柔玄、撫冥、懷荒三鎮諸軍事、鎮北將軍、柔玄鎮大將。"《元繼墓誌》(《墓誌集成》五一三):"平北、安北、鎮北、柔玄、撫冥、懷荒、青州、恒州、司州牧,儀同、司空公、司徒、太保、太傅、大將軍、録尚書各一。"《魏書》卷一九下《安定王休傳》:"蠕蠕犯塞,出爲使持節、征北大將軍、撫冥鎮大將。休身先將士,擊虜退之。入爲内都大官,遷太傅。"按:傳云元繼歷撫冥、柔玄二鎮大將,爲柔玄鎮大將時都督柔玄、撫冥、懷荒三鎮,疑誌所列爲所督三鎮,非三鎮大將。據《魏書》卷七下《高祖紀下》,太和十年、十一年蠕蠕皆有南下之舉,休遷太傅在太和十五年,爲撫冥鎮將當在其間,蓋繼元繼。

[柔玄鎮]

李兜

江陽王繼　都督柔玄撫冥懷荒三鎮諸軍事、鎮北將軍、柔玄鎮大將。

《魏書》卷七三《奚康生傳》："太和十一年,蠕蠕頻來寇邊,柔玄鎮都將李兜討擊之。"按:元繼見是年撫冥鎮條。

[長安鎮][雍州]

武昌王平原 卒。

南安王楨 征西大將軍、鎮都大將、刺史。

《魏書》卷一六《武昌王平原傳》:"太和十一年薨。"卷一九下《南安王楨傳》:"出爲使持節、侍中、本將軍、開府、長安鎮都大將、雍州刺史。"

[東雍州]

張宗之 寧西將軍、刺史。

《魏書》卷九四《張宗之傳》:"出爲散騎常侍、寧西將軍、東雍州刺史。以在官有稱,入爲内都大官。"按:據本傳下文,張宗之爲東雍州刺史在太和十六年改降五等前,列於此。

[李潤鎮][華州]

紇干吐拔 鎮大將。

《紇干廣墓誌》(《墨香閣墓誌》二二四):"字孟孫,高陸人。……祖吐拔,東商曹尚書、李閏鎮大將。……君……以開皇十八年……奄捐館舍,春秋八十。"按:紇干廣生於神䚢二年,其祖吐拔蓋仕於孝文、宣武時。太和十一年於李潤堡置華州,吐拔爲鎮將不應晚於是年,列於此。

[涇州]

張鸞旗

[雍城鎮][岐州]

劉藻 刺史。

《魏書》卷五八《劉藻傳》:"太和中,改鎮爲岐州,以藻爲岐州刺史。"卷一〇六下《地形志下》岐州:"太和十一年置。

治雍城鎮。"

[統萬鎮][夏州]

西河王太興 是年改鎮爲州,仍爲刺史。

《魏書》卷一九上《元太興傳》:"後改鎮爲夏州,仍以太興爲刺史。除守衛尉卿。"卷一〇六下《地形志下》夏州:"太和十一年改置。"

[秦州]

薛道標

[仇池鎮][梁州]

臨淮王提

[涼州鎮][涼州]

城陽王鸞

太和十二年戊辰(488)

[荊州]

石馛 刺史。

《元繼妃石婉墓誌》(《墓誌集成》一〇二):"勃海南皮人也。魏故使持節、都督荊豫二州諸軍事、平南將軍、荊豫青三州刺史、汝陽公馛之季女。……以永平元年歲次戊子十一月庚辰朔廿三日壬寅葬於西崗。"按:誌所云荊、豫、青三州刺史,不知是否爲贈官,年亦不詳,蓋在孝文、宣武時,列於此。

[東荊州][比陽鎮]

桓誕

韋珍

[虎牢鎮][豫州]

元斤 刺史。

《魏書》卷七下《高祖紀下》:"四月……蕭賾將陳顯達等寇邊。甲寅,詔豫州刺史元斤率衆禦之。"

[西兗州]

高祐 輔國將軍、刺史。

《魏書》卷五七《高祐傳》:"高祖拜祕書令。……時李彪專統著作,祐爲令,時相關豫而已。出爲持節、輔國將軍、西兗州刺史,假東光侯,鎮滑臺。……轉宋王劉昶傅。"

[兗州]

畢元賓 平南將軍、刺史。

《魏書》卷六一《畢衆敬傳》:"子元賓……以元賓勳重,拜使持節、平南將軍、兗州刺史,假彭城公。父子相代爲本州,當世榮之。"按:傳稱"父子相代爲本州",則元賓所任亦爲瑕丘之東兗州,衆敬復任時已改稱兗州。

[東徐州]

寇祖嘆 安南將軍、刺史。

《魏書》卷四二《寇讚傳》:"長子元寶……子祖,襲爵。高祖時,爲安南將軍、東徐州刺史,卒。"校勘記:"'祖',神龜二年《寇演墓誌》稱'父祖嘆',即此寇祖。'祖'字乃兄弟排行,下文有祖訓、祖禮,均從兄弟。當時雖多雙名單稱,然不應取兄弟所同之'祖'字,疑此傳'祖'下脱'嘆'字。《漢魏南北朝墓誌集釋》載寇氏墓誌多件,官、爵、諡和名、字與此傳頗有不同,未必誌是而傳非。"《寇演墓誌》(《墓誌集成》二二五):"父祖嘆,使持節、安南將軍、徐州刺史、三假太尉、河南愼公。"注:"'嘆',《芒洛文三》《誌録》《彙編》等作'嘆',《洛選》《碑校》《出古2010-3》作'嘆'。"按:年不詳,在孝文時,列於此。

[光州][東萊鎮]

孔伯孫 鎮東將軍、鎮將。

《魏書》卷五一《孔伯孫傳》:"拜鎮東將軍、東萊鎮將。"按:孔伯孫參見次年光州、東萊鎮條,始任當在太和十三年前,斷於此。

[齊州]

韓麒麟　卒。

張靈符　鎮遠將軍、刺史。

《魏書》卷六〇《韓麒麟傳》:"十二年春,卒於官。"卷三三《張靈符傳》:"除鎮遠將軍、齊州刺史。"按:張靈符太和十六年遷光州,爲齊州在前,當繼韓麒麟。

[濟州]

徐廣　刺史。

《徐徹墓誌》(《墓誌集成》九〇四):"高平金鄉人也。……祖廣,淵泉子、濟州刺史。……(君)以天保九年七月廿日薨於州府。時年五十七。"按:徐徹生於景明三年,其祖廣爲刺史蓋在孝文、宣武時,列於此。

[彭城鎮][徐州]

薛虎子

[相州]

李安世

[冀州]

張宗之　鎮東將軍、刺史。

《魏書》卷九四《張宗之傳》:"出除散騎常侍、鎮東將軍、冀州刺史。又例降爲侯。太和二十年卒。"

[定州]

趙諡　龍驤將軍、刺史。

《趙諡墓誌》(《墓誌集成》五七):"大魏故持節、龍驤將軍、定州刺史、趙郡趙諡墓誌銘。……魏景明二年歲次辛巳十月壬戌朔廿四日乙酉造。"按：年不詳，在景明前，不知是否爲贈官，列於此。

[幽州]

張赦提 賜死。

邱思 刺史。

《魏書》卷八九《張赦提傳》："赦提克己厲約，遂有清稱。後頗縱妻段氏，多有受納，令僧尼因事通請，貪虐流聞。……高祖詔賜死於第。"《邱珍碑》(《北圖拓本》六·二四)："祖思，散騎常侍、幽州刺史。"按：邱珍仕於魏末，其祖思爲刺史蓋在孝文、宣武時，列於此。

[平州]

薛真度

[和龍鎮][營州]

安豐王猛

[懷州]

楊㪇 平南將軍、刺史。

《楊兒墓誌》(《墓誌集成》一三四一)："皇考㪇……位至平南將軍、懷州刺史。……君稟資京山……春秋七十，永安二年二月九日卒於洛陽。"按：楊兒生於和平元年，其父㪇爲懷州刺史蓋在獻文、孝文時，懷州太和十八年廢，列於此。

[蒲坂鎮][泰州]

崔衡 卒。

《魏書》卷二四《崔衡傳》："十二年卒。"

[吐京鎮][汾州]

穆羆 是年改鎮爲州，仍爲刺史。

《魏書》卷二七《穆羆傳》："後改吐京鎮爲汾州，仍以羆爲刺史。"卷一〇六上《地形志上》汾州："延和三年爲鎮，太和十二年置州。治蒲子城。"

[司州]

　元贊　刺史,復置。

　　《元蓂墓誌》(《墓誌集成》一九九):"太和十二年,代都平城改俟懃曹,創立司州。"《北史》卷一五《元贊傳》:"初置司州,以贊爲刺史。……詔曰:'司州刺史,官尊位重……今司州始立,郡縣初置,公卿已下皆有本屬,可人率子弟,用相展敬。'"

[沃野鎮]

　濟陰王鬱

[懷朔鎮]

　汝陰王天賜

[柔玄鎮]

　江陽王繼

[度斤鎮]

　宗□　子都將。

　　《宗欣墓誌》(《墓誌集成》七二五):"父□,聖世□寧遠將軍、□□□□北府司馬、度斤鎮子都將。……使君春秋六十有七,以武定三年……薨。"按:宗欣生於太和三年,其父爲子都將蓋在孝文時,列於此。

[長安鎮][雍州]

　南安王楨

[涇州]

　張鸞旗

[岐州]

　劉藻

[統萬鎮][夏州]

章武王彬 都督東秦幽夏三州諸軍事、鎮西大將軍、西戎校尉、統萬鎮都大將、夏州刺史。

《魏書》卷一九下《章武王彬傳》:"章武王太洛……無子。高祖初,以南安惠王第二子彬爲後。彬……出爲使持節、都督東秦幽夏三州諸軍事、鎮西大將軍、西戎校尉、統萬鎮都大將、朔州刺史。"校勘記:"'朔州',張森楷云:'《北史》卷一八"朔"作"夏"。據上文"爲統萬鎮都大將",統萬鎮在夏州,不在朔州,疑《魏書》誤。又刺史例不在所督州之外,上文"都督東秦幽夏三州",無朔州,尤確證也。'按太和二十三年《元彬墓誌》正稱彬爲'統萬突鎮都大將、夏州刺史'。又傳記彬此次所授軍號'鎮西',誌作'征西'。"《元彬墓誌》(《墓誌集成》四八):"自國升朝,出苾爲使持節、征西大將軍、都督東秦邠三州諸軍事、領護西戎校尉、統萬突鎮都大將、夏州刺史、章武王。"《元融墓誌》(《墓誌集成》四三一):"鎮西大將軍、都督東秦邠夏三州諸軍事、西戎校尉、統萬突鎮都大將、汾夏二州刺史、章武王之元子也。"《元湛(琡興)墓誌》(《墓誌集成》四七九):"使持節、鎮西大將軍、都督東秦幽夏三州諸軍事、西戎校尉、統萬突鎮都大將、荆汾夏三州刺史、章武王之第四子。"《元翚(景昇)墓誌》(《墓誌集成》四五六):"鎮西大將軍、都督東秦邠夏三州諸軍事、西戎校尉、統萬突鎮都大將、邠州刺史、章武烈王之孫。"按:元彬之軍號,除本誌外,餘皆作鎮西大將軍。"邠"同"幽"。

[秦州]

薛道標

[仇池鎮][梁州]

臨淮王提 免。

任城王澄 都督梁益荆三州諸軍事、征南大將軍、梁州刺史。

《魏書》卷七下《高祖紀下》:"十有一月……梁州刺史、臨淮王提坐貪縱,徙配北鎮。"卷一八《臨淮王提傳》:"以貪縱削除,加罰,徙配北鎮。"卷一九中《任城王澄傳》:"以氐羌反叛,除都督梁益荆三州諸軍事、征南大將軍、梁州刺史。"按:《通鑑》卷一三六列澄於齊永明三年即魏太和九年,此從吴表。

[涼州鎮][涼州]

城陽王鸞

太和十三年己巳(489)

[東荆州][比陽鎮]

桓誕

韋珍

[鄢州]

趙怡　刺史。

《魏書》卷九三《趙邕傳》:"自云南陽人。……邕父怡,太和中歷鄢州刺史。"卷一〇六下《地形志下》襄州南安郡:"太和十三年置鄢州,十八年改爲南中府。"按:趙怡何年爲刺史不詳,列於此。

[虎牢鎮][豫州]

元斤

[兗州]

畢元賓

[青州]

裴思賢　刺史。

《周書》卷三六《裴果傳》:"河東聞喜人也。祖思賢,魏青州刺史。……果……魏太昌初,起家前將軍、乾河軍主。"按:

裴果太昌初起家,其祖爲青州刺史蓋在孝文、宣武時,列於此。

[光州][東萊鎮]

孔伯孫

《魏書》卷七下《高祖紀下》:"十有三年春正月……兗州民王伯恭聚衆勞山,自稱齊王。東萊鎮將孔伯孫討斬之。"

[齊州]

張靈符

[彭城鎮][徐州]

薛虎子

[相州]

李安世

[冀州]

張宗之

[幽州]

元篤　平北將軍、刺史。

《魏書》卷一六《元篤傳》:"太子右率、北中郎將、撫冥鎮將、光禄卿。出除平北將軍、幽州刺史。卒。"按:據同卷,篤父他太和十二年卒,年七十三,篤爲刺史蓋在獻文、孝文時,吴表列於太和十三年,從之。

[平州]

薛真度

[和龍鎮][營州]

安豐王猛　卒。

《魏書》卷七下《高祖紀下》:"十有一月己未,安豐王猛薨。"卷二〇《安豐王猛傳》:"猛寬仁雄毅,甚有威略,戎夷畏愛之。薨于州。"

[汾州]

穆羆
[司州]
元贊
[朔州]
　于染干　後將軍、刺史。
　　　《于纂（萬年）墓誌》（《墓誌集成》四三七）："字万年。……持節、後將軍、朔州刺史染干之子也。……太和十三年，襲品富平伯。"按：于染干何年爲朔州刺史不詳，不晚於太和十三年，列於此。
[沃野鎮]
　濟陰王鬱　遷懷朔鎮。
[懷朔鎮]
　汝陰王天賜　免。
　濟陰王鬱　征東大將軍、鎮都大將。
　　　《魏書》卷一九上《汝陰王天賜傳》："坐貪殘，恕死，削除官爵。"卷七下《高祖紀下》："六月，汝陰王天賜、南安王楨並坐贓賄免爲庶人。"《元鬱及妻慕容氏墓誌》（《墓誌集成》一七八）："在鎮未周，復拜使持節、征東大將軍、懷朔鎮都大將。"
[武川鎮]
　苟愷　鎮大將。
　　　《魏書》卷四四《苟愷傳》："累遷冠軍將軍，柔玄、懷荒、武川鎮大將，襲爵河東王，例降爲公。正光二年卒。"按：據同卷，愷父頹卒於太和十三年，改降五等在太和十六年，列於此。
[柔玄鎮]
　江陽王繼
[懷荒鎮]
　達奚眷　鎮將。

《周書》卷一九《達奚武傳》："祖眷,魏懷荒鎮將。"按:同傳云武天和五年卒,年六十七,則生於正始元年,其祖眷爲鎮將蓋在孝文時,列於此。

[長安鎮][雍州]

　南安王楨　　免。

　源懷　　鎮將、刺史。

　　　《魏書》卷一九下《南安王楨傳》："後乃聚斂肆情。……高祖乃詔曰:'……削除封爵,以庶人歸第,禁錮終身。'"卷四一《源懷傳》:"除殿中尚書,出爲長安鎮將、雍州刺史。清儉有惠政,善於撫恤,劫盜息止,流民皆相率來還。"按:元楨參見是年懷朔鎮條。

[涇州]

　張鸞旗

[岐州]

　劉藻

[統萬鎮][夏州]

　章武王彬　　免。

　　　《魏書》卷一九下《章武王彬傳》:"以貪悷削封。"卷七下《高祖紀下》:"三月……夏州刺史章武王彬以貪賕削封。"按:元彬後不見統萬鎮將,本表是年以下唯列夏州。

[秦州]

　薛道標　　卒。

　薛道次　　安西將軍、刺史。

　　　《魏書》卷六一《薛道標傳》:"十三年卒。"同卷《薛道次傳》:"出爲安西將軍、秦州刺史、假河南公。"按:道次爲道標之弟。

[仇池鎮][梁州]

任城王澄

《魏書》卷一九中《任城王澄傳》："梁州氐帥楊仲顯、婆羅、楊卜兄弟及符叱盤等，自以居邊地險，世爲凶狡。澄至州，量彼風俗，誘導懷附。表送婆羅，授仲顯循城鎮副將，楊卜廣業太守，叱盤固道鎮副將，自餘首帥，各隨才而用之，款附者賞，違命加誅。於是仇池帖然，西南款順。"牟發松《北魏軍鎮考補》(《魏晉南北朝隋唐史資料》第七期)："此循城當爲脩城之誤。"

[脩城鎮]

　楊仲顯　　鎮副將。

　　　按：楊仲顯見是年仇池鎮、梁州條。

[固道鎮]

　符叱盤　　鎮副將。

　　　按：符叱盤見是年仇池鎮、梁州條。

[涼州鎮][涼州]

　城陽王鸞

太和十四年庚午(490)　九月，太皇太后馮氏死。

[東荆州][比陽鎮]

　桓誕

　韋珍

[南豫州]

　趙郡王幹　　都督南豫郢東荆三州諸軍事、征南大將軍、南豫州刺史。

　　　《魏書》卷二一上《趙郡王幹傳》："拜使持節、都督南豫郢東荆三州諸軍事、征南大將軍、開府、豫州刺史。"按：幹都督南豫郢東荆三州,當爲南豫州刺史,傳之"豫州"前當闕"南"字。幹太和十七年遷關右,始任年不詳,斷於此。

[西兗州]

叱羅興 安東將軍、都督兗州諸軍事、兗州刺史。

《元伴墓誌》(《墓誌集成》一二二):"以永平四年……終於第。……父鎮遠將軍、光州刺史諱悝,字純施。夫人叱羅氏,儀曹尚書、使持節、散騎常侍、安東將軍、都督兗州諸軍事、兗州刺史、帶方靜公興之長女也。"《叱羅協墓誌》(《墓誌集成》一二〇一):"祖興,爲西部護軍。……公……以建德三年十月十七日薨于私第,春秋七十有五。"按:《伴誌》未書年壽,難以推考。據《協誌》,協生於景明元年,其祖興爲刺史蓋在孝文、宣武時,不知是否爲贈官,列於此。

[兗州]

畢元賓

[青州]

房菩薩 刺史。

《房纂墓誌》(《墓誌集成》七六一):"河南洛陽人也。訪諸圖錄,蓋大庭氏之苗裔。家有大人,世民領袖。……父菩薩,青朔二州刺史、北中郎將、安北將軍、駙馬都尉。母,景穆皇帝之長女。妻,大司馬、錄尚書、司州牧、城陽王之元姊。戚連皇室,家累公侯。早年襲爵……春秋六十有七,大魏武定七年二月薨於治下里。"按:房纂生於太和七年,其父菩薩爲刺史蓋在孝文時,不知是否爲贈官,列於此。

[光州][東萊鎮]

孔伯孫

[齊州]

張靈符

[彭城鎮][徐州]

薛虎子

[相州]

李安世

[冀州]

張宗之

[瀛州]

王質　鎮遠將軍、刺史。

《魏書》卷九四《王質傳》："高陽易人也。其家坐事，幼下蠶室。……出爲鎮遠將軍、瀛州刺史。"

[幽州]

王琿奴　冠軍將軍、刺史。

《王琿奴墓誌》(《墓誌集成》一〇一)："公諱琿奴，字道岷，樂浪遂城人也。……太和十四年……除幽州刺史，加使持節、冠軍將軍、廣陽侯。……至正始三年，徵授太中大夫。……春秋七十有五，永平元年……薨……即柩贈營州刺史。"《元願平妻王氏墓誌》(《墓誌集成》一一一)："聖朝幽營二州刺史、廣陽靖侯道岷之第三女。……茂齡卅，永平二年……卒。"按：《琿奴誌》云琿奴自太和十四年至正始三年刺幽州，歷十七年，其間確知刺幽州者尚有高閭、李韶等，誌敘事蓋有闕。

[平州]

薛真度

[和龍鎮][營州]

樂陵王思譽　鎮東大將軍、和龍鎮都大將、營州刺史，加領護東夷校尉。

《魏書》卷一九下《樂陵王思譽傳》："出爲使持節、鎮東大將軍、和龍鎮都大將、營州刺史,加領護東夷校尉。"

[懷州]

　青龍　刺史。

　　　　按:青龍見太和十七年燕州條,年不詳,列於此。

[汾州]

　穆羆

[司州]

　元贊

[懷朔鎮]

　濟陰王鬱

[柔玄鎮]

　江陽王繼

[長安鎮][雍州]

　源懷　徵還。

　　　　《魏書》卷四一《源懷傳》:"歲餘,復拜殿中尚書。"

[涇州]

　張鸞旗

[岐州]

　劉藻

[夏州]

　陸騏驎　刺史。

　　　　《魏書》卷四〇《陸騏驎傳》:"太和初,新平太守、銀青光禄大夫,以彭城勳除夏州刺史。"

[秦州]

　薛道次

[仇池鎮][梁州]

　元衍　刺史。

《魏書》卷一九上《元衍傳》:"賜爵廣陵侯。位梁州刺史,表請假王,以崇威重。詔曰:'可謂無厭求也,所請不合。'"按:元衍太和十七年爲徐州刺史,爲梁州刺史在前,吴表斷於太和十四年,從之。

[姑臧鎮][涼州]

城陽王鸞

《魏書》卷一九下《城陽王鸞傳》:"改鎮立州,以鸞爲涼州刺史,姑臧鎮都大將,餘如故。"按:涼州已先置,是年唯改鎮名爲姑臧鎮,説見皇始元年涼州條。

[敦煌鎮]

陸□ 安西將軍、鎮都大將。

《陸紹墓誌》(《墓誌集成》四七五):"河南河陰人也。……父,散騎常侍、安西將軍、燉煌鎮都大將,在官未幾,奄然棄背。君……春秋五十有一,武泰元年四月十三日卒於京廛。"按:陸紹生於太和二年,其父爲鎮將蓋在孝文至宣武時,列於此。

太和十五年辛未(491)

[陝州]

唐欽 鎮南將軍、刺史。

按:唐欽見是年長安鎮、雍州條。

[東荆州][比陽鎮]

桓誕

韋珍

[郢州]

崔蔚 刺史。

《周書》卷三六《崔彥穆傳》:"祖蔚,遭從兄司徒浩之難,南奔江左。……延興初,復歸於魏,拜潁川郡守,因家焉。後終於鄈州刺史。"按:鄈州太和十三年置,十八年罷,崔蔚爲刺史當在太和中,列於此。

[南豫州]

　趙郡王幹

[兗州]

　畢元賓　解任。

　李崇　鎮西大將軍、刺史。

　　《魏書》卷六一《畢元賓傳》:"以父憂解任。"卷六六《李崇傳》:"以本將軍除兗州刺史。"

[青州]

　元天琚　征虜將軍、刺史。

　　《魏書》卷一六《元天琚傳》:"高祖時征虜將軍、青州刺史。從駕南征,拜後將軍,尋降公爲侯,除西中郎將。"

[光州][東萊鎮]

　孔伯孫

[齊州]

　張靈符

[濟州]

　陸延　安南將軍、刺史。

　　按:陸延見是年長安鎮、雍州條。

[彭城鎮][徐州]

　薛虎子　卒。

　濟陰王鬱　徐州諸軍事、刺史。賜死。

　任城王澄　征東大將軍、刺史。

　　《魏書》卷四四《薛虎子傳》:"在州十一載,太和十五年卒。"卷一九上《濟陰王小新成傳》："子鬱,字伏生,襲。位開府。爲徐州刺史,以黷貨賜死,國除。"《元鬱及妻慕容氏墓誌》(《墓誌集成》一七八)："以徐方始附,江民未化……俄遷使持節、侍中、徐州諸軍事、啓府、徐州刺史,濟陰王如故。……春秋卅,太和十五年夏六月廿六日負茲歸旻。"《魏書》卷一九中《任城王澄傳》："後轉征東大將軍、開府、徐州刺史。"

[郯城鎮]

鹿生　鎮將。

《魏書》卷八八《鹿生傳》："歷徐州任城王澄、廣陵侯元衍征東、安南二府長史,帶淮陽太守、郯城鎮將。"

[相州]

李安世

[冀州]

張宗之

咸陽王禧　刺史。

《魏書》卷二一上《咸陽王禧傳》："出爲使持節、開府、冀州刺史,高祖餞於南郊。又以濟陰王鬱枉法賜死之事,遣使告禧,因而誡之。"按:濟陰王事見是年彭城鎮、徐州條。

[瀛州]

王質

[幽州]

王仲智　刺史。

《魏書》卷三三《王憲傳》："天安初卒……子崇,襲。早卒。子仲智襲。歷中書侍郎、安西將軍、幽州刺史。"按:年不詳,列於此。

[廣昌鎮]

高各拔 鎮將。

《魏書》卷三二《高湖傳》:"(子)各拔,廣昌鎮將。"《高建墓誌》(《墓誌集成》八六八):"祖拔,廣昌鎮將、燕州刺史。"《魏晉南北朝地方行政制度》下第十一章廣昌鎮:"湖長子真,第三子謐,各拔蓋次子或季子,謐卒於延興二年,年四十五,則各拔爲鎮將,正當在太和遷都以前。按漢置廣昌縣,在今河北淶源縣北……北魏廣昌鎮必即其地。"按:年不詳,列於此。

[平州]

薛真度

[和龍鎮][營州]

樂陵王思譽

[汾州]

穆羆

《魏書》卷二七《穆羆傳》:"後徵爲光禄勳。隨例降王爲魏郡開國公。"

[并州]

王襲 鎮西將軍、刺史。

《魏書》卷九三《王襲傳》:"太后崩後,襲仍在高祖左右,然禮遇稍薄,不復關與時事。久之,出爲鎮西將軍、秦州刺史,又轉并州刺史。"

[司州]

元贊

[朔州]

侯莫陳斛古提 刺史。

《北齊書》卷一九《侯莫陳相傳》:"父斛古提,朔州刺史。……(相)武平二年四月,薨於州,年八十三。"《北史》卷五三《侯莫陳相傳》:"相七歲喪父。……後從神武起兵。"按:

相生於太和十三年,七歲喪父,則斛古提爲朔州刺史在太和二十年前,不知是否爲贈官,列於此。

[懷朔鎮]

濟陰王鬱 遷徐州。

陽平王頤 鎮大將。

《魏書》卷一九上《陽平王頤傳》:"累遷懷朔鎮大將。"

[武川鎮]

元英 平北將軍、鎮都大將。遷梁州。

按:元英見是年仇池鎮、梁州條。

[柔玄鎮]

江陽王繼

[賀侯延鎮]

元偃 安北將軍、鎮都大將,加安西將軍。

《元偃墓誌》(《墓誌集成》四二):"太和十五年十二月廿七日制詔:'使持節、安北將軍、賀侯延鎮都大將、始平公元偃,今加安西將軍。'太和十九年十二月廿九日乙未朔癸亥除制詔:'光爵元偃,今除城門校尉。'太和廿二年六月辛亥朔七日丁巳除制詔:'城門校尉元偃,今除大中大夫。案諡法,敏以敬謹曰順侯。'"《始平公造像記》(《碑刻校注》三·三六二):"父使持節、光□大夫、洛州刺史、始平公奄焉薨放……遂爲亡父造石像一區……太和廿二年九月十四日訖。"《元瓚墓誌》(《墓誌集成》二三八):"君諱瓚,字寶首。……使持節、安西將軍、西中郎將、夏州刺史、始平順公之第二子,濟陰誕王之元弟。……熙平元年……春秋卅有七,十一月六日薨於第。"《祖子碩妻元阿耶墓誌》(《墓誌集成》六六九):"祖偃,右衛將軍、太中大夫、始平侯。"《魏書》卷一九上《濟陰王小新成傳》:"子鬱,字伏生,襲。……長子弼,字邕明……以世嫡應襲先爵,爲季父尚書僕射麗因于氏親寵,遂奪弼王爵,橫授同母兄子誕。於是弼絶棄人事,託疾還私第。……鬱弟偃,字仲琁,位太中大夫。卒。子誕,字雲首。……景明三年……詔以偃正元妃息曇首,濟陰王嫡孫,可聽紹封。"按:《造像記》所云父"始平公",爵名、卒年與元偃合,當爲元偃。同記云偃爲洛州刺史,不見於本誌、本傳,蓋爲贈官,本表不列,吳表列於洛州刺史太和二十二年。《瓚誌》之"始平順公",爵名、謚號與元偃合,亦當爲元偃。同誌之"濟陰誕王",據《小新成傳》,當爲"濟陰王誕"。瓚爲誕弟,《魏書》失載。同誌又云偃爲夏州刺史,該誌晚於《造像記》,"夏州"疑爲"洛州"之誤。

[**長安鎮**][**雍州**]

劉善 刺史。

陸延 鎮將。遷濟州。

唐欽 鎮南將軍、副將。遷陝州。

《周書》卷三六《劉志傳》:"祖善,魏天安中,舉秀才,拜中書博士。後至弘農郡守、北雍州刺史。……志……魏正光中,以明經徵拜國子助教。"校勘記:"'天安',原作'大安',據三朝本改。"卷三〇《陸延傳》:"累遷歷長安鎮將,拜安南將軍、濟州刺史。例降,改封汝陽侯。"卷四三《唐欽傳》:"太和中,拜鎮南將軍、長安鎮副將,轉陝州刺史,將軍如故。後降爵爲侯。二十年卒。"按:《劉志傳》云志祖善天安後歷北雍州刺史,然北雍州置於永安元年,時距天安已六十餘年,疑此北雍州即雍州。改降五等在太和十六年。年皆不詳,列於此。

[**華州**]

于果 刺史。

《魏書》卷三一《于果傳》:"太和中,歷朔、華、并、恒四州刺史。"按:太和十一年分泰州置華州,治李潤堡,此前華州治定安。于果何年爲華州刺史不詳,從吳表。

[涇州]

　張鸞旗

[岐州]

　劉藻

[夏州]

　陸騏驎

[秦州]

　薛道次

　王嶷　鎮西將軍、刺史。

　　　《魏書》卷六一《薛道次傳》:"太和十五年,爲光禄大夫,卒。"卷三三《王嶷傳》:"高祖初……遷南部尚書,在任十四年。……出爲持節、鎮西將軍、秦州刺史。"

[仇池鎮][梁州]

　元英　都督梁益寧三州諸軍事、安南將軍、領護西戎校尉、仇池鎮都大將、梁州刺史。

　　　《魏書》卷一九下《中山王英傳》:"高祖時,爲平北將軍、武川鎮都大將、假魏公。未幾,遷都督梁益寧三州諸軍事、安南將軍、領護西戎校尉、仇池鎮都大將、梁州刺史。"按:元英太和二十年解任,在鎮六年,始任約在十五年,正始元年方封中山王。

[枹罕鎮]

　長孫百年　鎮將。

　　　《魏書》卷七下《高祖紀下》:"二月乙亥,枹罕鎮將長孫百年請討吐谷渾所置洮陽、泥和二戍,許之。……五月……百年攻洮陽、泥和二戍,克之,俘獲三千餘人,詔悉免歸。"

[姑臧鎮][涼州]

城陽王鸞

太和十六年壬申(492)　　正月,制諸遠屬非太祖子孫及異姓爲王皆降爲公,公爲侯,侯爲伯,子男仍舊。

[洛州]

穆泰　鎮南將軍、刺史。

　　《魏書》卷二七《穆泰傳》:"出爲鎮南將軍、洛州刺史。例降爲侯。"

[東荆州][比陽鎮]

桓誕

韋珍

　　《魏書》卷一〇一《蠻傳》:"十六年,(誕)依例降王爲公。"

[虎牢鎮][豫州]

楊椿　安遠將軍、刺史。

　　《魏書》卷五八《楊椿傳》:"及文明太后崩……轉授宮輿曹少卿,加給事中。出爲安遠將軍、豫州刺史。"《楊椿墓誌》(《墓誌集成》五五八):"十六年,除安遠將軍、北豫州刺史。"

[南豫州]

趙郡王幹

[西兖州]

員標　刺史。

　　《員標墓誌》(《墓誌集成》六三):"兖岐涇三州刺史、新安子……涇州平涼郡陰槃縣武都里人。……以大魏景明三年歲次壬午……"《元顯魏墓誌》(《墓誌集成》三七〇):"以正光六年……終……春秋卅。……息女仲容,年廿,適南陽員彦。

父標,故兗岐涇三州刺史、新安子。"按:《標誌》"壬午"下闕,蓋云標景明三年薨。據《顯魏誌》,標爲仲容之翁,仲容生於正始三年,亦可推知標仕於孝文、宣武時。年不詳,不知標之刺史是否爲贈官,亦不知兗州爲西兗或東兗,列於此。

[兗州]

　李崇　改授安東將軍。

　　《魏書》卷六六《李崇傳》:"後例降爲侯,改授安東將軍。"

[青州]

　公孫邃　安東將軍、刺史。加鎮東將軍,領東夷校尉。

　　《魏書》卷三三《公孫邃傳》:"依例降侯,改爲襄平伯。出爲使持節、安東將軍、青州刺史。……加鎮東將軍,領東夷校尉,刺史如故。"

[東徐州]

　孔伯孫　鎮東將軍、刺史。

　　《魏書》卷五一《孔伯孫傳》:"轉本將軍、東徐州刺史。先事免官,卒于家。"按:孔伯孫何年遷東徐州不詳,斷於此。

[光州][東萊鎮]

　孔伯孫　遷東徐州。

　張靈符　立忠將軍、刺史。

　　按:張靈符見是年齊州條。

[齊州]

　張靈符　遷光州。

　鄧述　建忠將軍、刺史。

　　《魏書》卷三三《張靈符傳》:"十六年,轉光州刺史,加立忠將軍。"卷二四《鄧述傳》:"侍,高祖賜名述……出爲建忠將軍、齊州刺史。"

[彭城鎮][徐州]

任城王澄 徵還。

元衍 安南大將軍、都督徐青齊三州諸軍事、南中郎將、徐州刺史。

元拔 鎮將。

李元茂 振威將軍、南征別將、彭城鎮副將。

《魏書》卷一九中《任城王澄傳》:"後徵爲中書令。"卷一九上《元衍傳》:"轉徐州刺史。"卷四九《李元茂傳》:"太和八年襲爵……又例降。拜司徒司馬,尋除振威將軍、南征別將、彭城鎮副將,民吏安之。……太和二十年,年四十四,卒。"按:萬斯同《魏將相大臣年表》斷元澄爲中書令在太和十六年。元衍參見次年彭城鎮、徐州條,當繼元澄。元拔見太和二十年恒州條,何年爲彭城鎮將不詳,當在穆泰謀反前不久,列於此。

[郯城鎮]

鹿生

[相州]

李安世 病免。

李佐 安東將軍、刺史。

《魏書》卷五三《李安世傳》:"以病免。太和十七年卒於家。"按:李佐見是年懷州條。

[冀州]

咸陽王禧

[定州]

樓毅 鎮東將軍、刺史。

《魏書》卷三〇《樓毅傳》:"例降爲侯。出除使持節、鎮東將軍、定州刺史。時太極殿成。"卷七下《高祖紀下》:"十月……太極殿成。"

[瀛州]

王質

[平州]

薛真度　除冠軍將軍。

《魏書》卷六一《薛真度傳》:"後降侯爲伯,除冠軍將軍。"

[和龍鎮][營州]

樂陵王思譽

[懷州]

李佐　冠軍將軍、刺史,尋加安南將軍。遷相州。

《魏書》卷三九《李佐傳》:"遷冠軍將軍、懷州刺史,賜爵山陽侯。尋加安南將軍、河內公。轉安東將軍、相州刺史。"《李伯欽墓誌》(《墓誌集成》六二):"父佐,使持節、安南將軍、懷相荆秦四州刺史、兼都官尚書。"

[并州]

王襲

[司州]

元贊

[懷朔鎮]

陽平王頤

《魏書》卷一九上《陽平王頤傳》:"都督三道諸軍事,北討。……軍過大磧,大破蠕蠕。"卷一〇三《蠕蠕傳》:"十六年八月,高祖遣陽平王頤、左僕射陸叡並爲都督,領軍斛律桓等十二將七萬騎討豆崙。部內高車阿伏至羅率衆十余萬落西走,自立爲主。"卷三二《高樹生傳》:"蠕蠕侵掠,高祖詔懷朔鎮將、陽平王頤率衆討之,頤假樹生鎮遠將軍、都將,先驅有功。"

[柔玄鎮]

江陽王繼

[長安鎮][雍州]

吐谷渾豊 寧西將軍、鎮將。

許元康 冠軍將軍、副將。

《吐谷渾璣墓誌》(《墓誌集成》一八九):"父豊承襲,顯著魏邦,除寧西將軍、長安鎮將,又遷使持節、平南將軍、洛州刺史、汶山公之世子。君稟沖虛於凝緒……年廿,襲父爵。宣武皇帝簡拔英奇,抽引内侍。……春秋卅有七,熙平元年……薨于京師。"《堯峻妻吐谷渾静媚墓誌》(《墓誌集成》九九六):"祖豊,寧西將軍、長安鎮將、洛州刺史、南中郎將、汶山公。"《魏書》卷四六《許元康傳》:"襲爵,後降爲侯。拜冠軍將軍、長安鎮副將。"按:璣年三十七,熙平元年卒,則太和四年生,二十三年襲爵,其父豊爲鎮將當在太和中,列於此。

[華州]

于果

[岐州]

劉藻

[秦州]

王嶷

《魏書》卷三三《王嶷傳》:"後入爲内都大官。卒。子祖念,襲爵。官至東平太守。例降爵爲侯。"

[仇池鎮][梁州]

元英

[河州]

穆純 右將軍、刺史。

《元和志》卷三九河州:"後魏平定秦隴西,改置枹罕鎮。孝文帝太和十六年,改鎮復爲河州。"《魏書》卷二七《穆純傳》:"高祖時,右衛將軍,尋除右將軍、河州刺史。卒。"卷八三下《胡國珍傳》:"安定臨涇人也。……父淵,赫連屈丐給事黃門侍郎。世祖克統萬,淵以降款之功賜爵武始侯。後拜河州刺史。國珍少好學,雅尚清儉。太和十五年襲爵。"《僧芝(胡氏)法師墓誌》(《墓誌集成》一七〇):"聖世寧西將軍、河州刺史、武始侯淵之女。"按:是年置河州,穆純何年爲刺史不詳,列於此。胡國珍太和十五年襲爵,其父淵當卒於此前,時河州未置,疑其河州刺史爲贈官。

[姑臧鎮][涼州]

城陽王鸞

太和十七年癸酉(493)　八月,孝文帝自平城南伐。九月,至洛陽,定遷都之計。

[洛州][司州]

穆泰　徵還。

咸陽王禧　驃騎大將軍、都督司豫荊郢洛東荊六州諸軍事、司州牧。

《魏書》卷二七《穆泰傳》:"尋徵爲右光禄大夫、尚書右僕射。"卷一〇六中《地形志中》洛州:"太宗置,太和十七年改爲司州。"卷二一上《咸陽王禧傳》:"後禧朝京師……加禧都督冀相兖東兖南豫東荊六州諸軍事。……有司奏,冀州人蘇僧瓘等三千人稱禧清明有惠政,請世胙冀州。詔曰:'利建雖古,未必今宜;經野由君,理非下請。邑采之封,自有別式。'入除司州牧、都督司豫荊郢洛東荊六州諸軍事。"《司馬悦墓誌》(《墓誌集成》一一六):"皇興遷洛,肇建畿域,澄簡九流。帝弟咸陽王,以親賢之寄,光苾司牧,博選英彦,自非人地僉允,莫居網任。以君少播休譽,令名茂實,除寧朔將軍、司州別駕。"按:禧參見次年司州條。《通鑑》卷一三七列禧於齊永明九年即魏太和十五年,據《悦誌》,禧爲州牧在遷洛後。吳表列於太和十八年,據《地形志》,十七年已改洛州爲司州,斷於此。

[荆州]

薛真度　護南蠻校尉、平南將軍、荆州刺史。

《魏書》卷六一《薛真度傳》:"隨駕南討,假平南將軍。久之,除護南蠻校尉、平南將軍、荆州刺史。"《薛懷儁墓誌》(《墓誌集成》一〇一七):"父真度,東西二荆豫華陽五州刺史。"羅新、葉煒疏證(《墓誌疏證》七六):"史書所載薛真度歷刺諸州,有東荆州、荆州、豫州、華州、揚州。據墓誌知荆州當作西荆州,而墓誌之'陽'當作'揚'。"按:《魏書·地形志》無西荆州之名,西荆州即荆州,《廿二史考異》卷二八《魏書一·崔挺傳》云"荆州亦稱西荆",傳未必誤。蓋置東荆州後,荆州或稱西荆州。

[東荆州][比陽鎮]

桓誕　加征南將軍、中道大都督。

韋珍　遷郢州。

寇臻　振武將軍、鎮將。

《魏書》卷一〇一《蠻傳》:"十七年,加(誕)征南將軍、中道大都督,征竟陵,遇遷洛,師停。是時蕭賾征虜將軍、直閤將軍蠻酋田益宗率部曲四千餘户内屬。襄陽酋雷婆思等十一人率户千餘内徙,求居大和川,詔給廩食。後開南陽,令有沔北之地。蠻人安堵,不爲寇賊。"卷四五《韋珍傳》:"車駕南討,珍上便宜,并自陳在邊歲久,悉其要害,願爲前驅。詔珍爲隴西公源懷衛大將軍府長史,轉太保、齊郡王長史。遷顯武將軍、郢州刺史。"卷四二《寇臻傳》:"拜振武將軍、比陽鎮將,有威惠之稱。"

［郢州］

韋珍 顯武將軍、刺史。

按：韋珍見是年東荆州、樂陵鎮條。

［虎牢鎮］［豫州］

楊椿

《魏書》卷五八《楊椿傳》："高祖自洛向豫，幸其州館信宿。"卷七下《高祖紀下》："十月……幸豫州。"

［南豫州］

趙郡王幹 還關右。復還冀州。

李冏 龍驤將軍、刺史。

《魏書》卷二一上《趙郡王幹傳》："及車駕南伐，以幹爲使持節、車騎大將軍、都督關右諸軍事……尋以蕭賾死，班師。"卷三六《李冏傳》："太和中……出爲龍驤將軍、南豫州刺史。還，拜冠軍將軍。尋除光禄大夫，守度支尚書。二十一年，高祖幸長安，冏以咸陽山河險固，秦漢舊都，古稱陸海，勸高祖去洛陽而都之。"按：太和十九年南豫州改稱豫州，李冏爲刺史當在是年前，蓋繼元幹。

［兖州］

李崇

封琳 行東兖州事。

《魏書》卷六六《李崇傳》："車駕南征，驃騎大將軍、咸陽王禧都督左翼諸軍事，詔崇以本官副焉。"按：封琳見景明元年南青州條。

［青州］

公孫邃

［東徐州］

鄭胤伯 建威將軍、刺史。

《魏書》卷五六《鄭胤伯傳》:"自中書博士遷侍郎,轉司空長史。高祖納其女爲嬪。出爲建威將軍、東徐州刺史。"

[光州][東萊鎮]

張靈符

[齊州]

鄧述

[彭城鎮][徐州]

元衍

《南齊書》卷五七《魏虜傳》:"會世祖崩,宏聞關中危急,乃稱聞喪退師:'太和十七年八月,使持節、安南大將軍、都督徐青齊三州諸軍事、南中郎將、徐州刺史、廣陵侯府長史、帶淮陽太守鹿樹生移齊兗州府長史府……'"按:廣陵侯即元衍。鹿樹生當即鹿生,見下郯城鎮條。

[郯城鎮]

鹿生

[相州]

李佐

高閭　鎮南將軍、刺史。

《魏書》卷三九《李佐傳》:"車駕南討,拜安南將軍,副大司馬、咸陽王禧爲殿中將軍。"卷五四《高閭傳》:"出除鎮南將軍、相州刺史。"

[冀州]

咸陽王禧　加都督冀相兗東兗南豫東荊六州諸軍事。遷司州。

趙郡王幹　都督冀定瀛三州諸軍事、征東大將軍、冀州刺史。

《魏書》卷二一上《趙郡王幹傳》:"遷洛,改封趙郡王,除都督冀定瀛三州諸軍事、征東大將軍、冀州刺史,開府如故。"

[定州]

楼毅　迁凉州。

[瀛州]

王质

[幽州]

剧买奴　刺史。

《魏书》卷九四《剧鹏传》："高祖迁洛，常为宫官，事幽后。……兄买奴，亦为宦者。历位幽州刺史。"按：年不详，从吴表。

[燕州]

穆罴　镇北将军、刺史。

《魏书》卷二七《穆罴传》："随例降王为魏郡开国公，邑五百户。除镇北将军、燕州刺史，镇广宁。"卷一四《元丕传》："及高祖欲迁都，临太极殿，引见留守之官大议。乃诏丕等，如有所怀，各陈其志。燕州刺史穆罴进曰：'移都事大，如臣愚见，谓为未可。'……前怀州刺史青龙，前秦州刺史吕受恩等仍守愚固，帝皆抚而答之，辞屈而退。"

[昌平镇]

梁屈朱　镇将。

《周书》卷二七《梁椿传》："代人也。祖屈朱，魏昌平镇将。……椿初以统军从尔朱荣入洛。"按：梁椿魏末随尔朱荣，其祖屈朱为昌平镇将盖在孝文、宣武时，列于此。

[平州]

薛真度　迁荆州。

[和龙镇][营州]

乐陵王思誉

[蒲坂镇][泰州]

郭双　镇将。

侯欣 刺史。

《郭哲墓誌》(《墓誌集成》八七〇)："祖雙，魏蒲津鎮將。……君……太原晉陽人也。……春秋六十有四，以天保六年……卒。"《周書》卷二九《侯植傳》："父欣，泰州刺史、奉義縣公。"《侯植墓誌》(《墓誌集成》一一三七)："春秋五十八，以保定三年……薨。"按：郭哲生於太和十六年，侯植生於正始三年，遷都後鎮、州皆罷，二人之父皆當仕於遷都前，列於此。

[并州]

王襲

《魏書》卷九三《王襲傳》："十七年，輿駕詣洛，路幸其治，供帳粗辦，境内清靜，高祖頗嘉之。"

[司州][恒州]

元贊 遷左僕射。
源懷 刺史。加衛大將軍，領中軍事。
陸叡 都督恒肆朔三州諸軍事、征北將軍、恒州刺史。

《北史》卷一五《元贊傳》："遷左僕射。孝文將謀遷洛，諸公多異同，唯贊贊成大策。"《魏書》卷四一《源懷傳》："後例降爲公。除司州刺史。從駕南征，加衛大將軍，領中軍事。以母憂去職。"卷四〇《陸叡傳》："改授征北將軍。……後除使持節、都督恒肆朔三州諸軍事、本將軍、恒州刺史，行尚書令。"《北史》卷二二《長孫儉傳》："祖酉勺，恒州刺史。"《長孫儉碑》(《庾子山集》卷一三)："祖豹，龍驤將軍、恒州刺史。……公……天和四年……薨……春秋七十有八。"按：是年遷都洛陽，改平城之司州爲恒州。長孫儉生於太和十六年，恒州太和十七年置，是年後刺史大致可考，且儉之祖酉勺(豹)年事已高，疑其恒州刺史爲虛飾或贈官，本表不列，附於此。

[朔州]

　陽平王頤　刺史。

　　　《魏書》卷一九上《陽平王頤傳》："後除朔州刺史。"

[懷朔鎮]

　陽平王頤　遷朔州。

　元萇　平北將軍、鎮都大將。

　　　《魏書》卷一四《元萇傳》："高祖遷都,萇以代尹留鎮。除懷朔鎮都大將。"《元萇墓誌》(《墓誌集成》一九九):"十七年,皇宇徙構,遷洛之始,留公後事,鎮衛代都,授持節、平北將軍。攝總燕方,仍持節、本將軍、懷朔鎮都大將。"

[柔玄鎮]

　江陽王繼

[長安鎮][雍州]

　許元康

　趙郡王幹　車騎大將軍、都督關右諸軍事。

　　　按:元幹見是年南豫州條。

[華州]

　于果

[涇州]

　抱嶷　鎮西將軍、刺史。

　　　《魏書》卷九四《抱嶷傳》："安定石唐人,居於直谷。自言其先姓杞,漢靈帝時杞匡爲安定太守,董卓時,懼誅,由是易氏,即家焉。……後降爵爲侯。……嶷老疾,請乞外禄,乃以爲鎮西將軍、涇州刺史。"《金石錄》卷二一《跋尾十一·後魏化政寺石窟銘》："此碑題'涇州刺史杞嶷造',疑後復改從其本姓爾。"

[岐州]

劉藻　遷秦州。

[秦州]

劉藻　刺史。

《魏書》卷七〇《劉藻傳》："轉秦州刺史。"

[仇池鎮][梁州]

元英

[姑臧鎮][涼州]

城陽王鸞

樓毅　都督涼河二州鄯善鎮諸軍事、涼州刺史。

《魏書》卷一九下《城陽王鸞傳》："後朝于京師。會車駕南討,領鎮軍將軍。"卷三〇《樓毅傳》："轉都督涼河二州、鄯善鎮諸軍事,涼州刺史。"按:元鸞後不見鎮將,本表是年以下唯列涼州。

[敦煌鎮]

叔孫固　鎮將。

《叔孫固墓誌》(《墓誌集成》七二〇):"河南洛陽人也。……太和中,解褐奉朝請。稍遷直寢左中郎將、直閤將軍、燉煌鎮將、武衛將軍。"按:年不詳,在太和中,列於此。

太和十八年甲戌(494)

[司州]

咸陽王禧

《魏書》卷七下《高祖紀下》:"十有一月……車駕幸鄴。甲申,經比干之墓,傷其忠而獲戾,親爲弔文,樹碑而刊之。"《弔比干墓文》(《金石萃編》卷二七):"使持節、驃騎大將軍、都督司豫荆郢洛東荆六州諸軍事、開府、司州牧、咸陽王河南郡元禧。"

[洛州]

賈儁 顯武將軍、荆州刺史。改洛州刺史。

《魏書》卷三三《賈儁傳》:"出爲顯武將軍、荆州刺史。依例降爵爲伯。先是,上洛置荆州,後改爲洛州。"按:賈儁參見次年梁州條,《南齊書》卷五七《魏虜傳》作賈異。是年改上洛之荆州爲洛州。

[荆州]

薛真度 行征南將軍。兵敗,免。

韋珍 平南將軍、刺史。

《魏書》卷七下《高祖紀下》:"十有一月……蕭鸞雍州刺史曹虎據襄陽請降。十有二月辛丑朔,遣行征南將軍薛真度督四將出襄陽,大將軍劉昶出義陽,徐州刺史元衍出鍾離,平南將軍劉藻出南鄭。"卷六一《薛真度傳》:"蕭賾雍州刺史曹虎之詐降也,詔真度督四將出襄陽,無功而還。後征赭陽,爲房伯玉所敗。有司奏免官爵。"《南齊書》卷五七《魏虜傳》:"宏聞高宗踐阼非正,既新移都,兼欲大示威力。是冬,自率大衆分寇豫、徐、司、梁四州。遣偽荆州刺史薛真度、尚書郗祁阿婆出南陽,向沙堨,築壘開溝,爲南陽太守房伯玉、新野太守劉思忌所破。"《魏書》卷四五《韋珍傳》:"在州有聲績,朝廷嘉之。遷龍驤將軍……尋加平南將軍、荆州刺史。"卷一〇六中《地形志中》廣州魯陽郡:"太和十一年置鎮,十八年改爲荆州,二十二年罷,置。"吳廷燮《元魏方鎮年表》:"按《地形志》,魯陽郡太和十八年改爲荆州,二十二年罷置。……南陽未克以前,薛真度、韋珍皆治魯陽。"

[東荆州] [比陽鎮]

桓誕 卒。

桓暉　龍驤將軍、刺史。

寇臻　遷郢州。

《魏書》卷一〇一《蠻傳》："十八年,誕入朝,賞遇隆厚。卒。……子暉,字道進,位龍驤將軍、東荆州刺史,襲爵。"按:寇臻後不見比陽鎮將,鎮蓋廢,本表是年以下唯列東荆州。

[郢州]

韋珍　遷龍驤將軍。尋遷荆州。

寇臻　建威將軍、監安遠府諸軍事、郢州刺史。尋遷恒農。

《魏書》卷四二《寇臻傳》："遷建威將軍、郢州刺史。及高祖南遷,郢州地爲王畿,除弘農太守。"《寇臻墓誌》(《墓誌集成》八一):"故中川恒農二郡太守、振武將軍、四征都將,轉振武將軍、沘陽鎮將、昌平子,遷假節、建威將軍、鑒安遠府諸軍事、郢州刺史,皇京遷洛,畿方簡重,又除建忠將軍,重臨恒農太守寇臻。"注:"'鑒',應爲'監'之訛刻。"

[虎牢鎮][豫州]

楊椿　遷濟州。

[南豫州]

李岡

[兗州]

封琳

[南兗州]

孟表　輔國將軍、刺史。

《魏書》卷六一《孟表傳》："仕蕭鸞爲馬頭太守。太和十八年,表據郡歸誠,除輔國將軍、南兗州刺史,領馬頭太守,賜爵譙縣侯,鎮渦陽。"

[青州]

公孫邃

[東徐州]

鄭胤伯

[光州][東萊鎮]

崔挺　昭武將軍、刺史。

　　《魏書》卷五七《崔挺傳》："除昭武將軍、光州刺史。"《李叔胤妻崔賓媛墓誌》(《墓誌集成》二三〇)："夫人小女,字幼芷,適今司空府行參軍博陵崔叔廉。廉父挺,光州刺史。"《崔宣默墓誌》(《墓誌集成》一二四〇)："祖挺,後魏光州刺史。"《李君妻崔芷蘩墓誌》(《墨香閣墓誌》二〇四)："祖挺,光州史君。"

[齊州]

鄧述

高遵　立忠將軍、刺史。

　　《魏書》卷二四《鄧述傳》："初改置百官,始重公府元佐。時太傅元丕出爲并州刺史,以述爲太傅長史,帶太原太守。"卷八九《高遵傳》："勃海蓨人。……與游明根、高閭、李沖入議律令。……出爲立忠將軍、齊州刺史。"

[濟州]

楊椿　冠軍將軍、刺史。

　　《魏書》卷五八《楊椿傳》："遷冠軍將軍、濟州刺史。"《楊椿墓誌》(《墓誌集成》五五八)："十八年,除冠軍將軍、濟州刺史。"

[彭城鎮][徐州]

元衍

劉昶　都督吳越楚彭城諸軍事、大將軍。

　　《魏書》卷五九《劉昶傳》："十八年,除使持節、都督吳越楚彭城諸軍事、大將軍。"

[郯城鎮]

鹿生

[相州]

高閭

《魏書》卷五四《高閭傳》:"遷都洛陽,閭表諫,言遷有十損,必不獲已,請遷於鄴。高祖頗嫌之。蕭鸞雍州刺史曹虎據襄陽請降,詔劉昶、薛真度等四道南伐,車駕親幸懸瓠。"

[冀州]

趙郡王幹

[定州]

穆泰　鎮北將軍、刺史。進征北將軍。

《魏書》卷二七《穆泰傳》:"出爲使持節、鎮北將軍、定州刺史。……進征北將軍。"

[瀛州]

王質

[燕州]

穆羆　遷夏州。

[和龍鎮][營州]

樂陵王思譽

[并州]

王襲

元丕　太傅、都督、刺史。

《魏書》卷一四《元丕傳》:"遷太傅、錄尚書事。……又詔以丕爲都督,領并州刺史。"卷七下《高祖紀下》:"冬十月甲辰,以太尉、東陽王丕爲太傅。"校勘記:"本書卷一四《東陽王丕傳》亦先云'後例降王爵,封平陽郡公'後云'遷太傅、錄尚書事'。此時不應仍稱'東陽王'。"按:元丕參見是年齊州條。

吴表列丕於太和二十年,當誤。

[恒州]

　陸叡

　江陽王繼　　平北將軍,鎮平城。

　　　按：元繼見是年柔玄鎮條。

[朔州]

　陽平王頤

[懷朔鎮]

　元衷

[撫冥鎮]

　元業　　鎮將。

　　　按：元業參見太和二十年并州、恒州條,始任年不詳,斷於此。

[柔玄鎮]

　江陽王繼

　　　《魏書》卷一六《江陽王繼傳》："入爲左衛將軍,兼侍中,又兼中領軍,留守洛京。尋除持節、平北將軍,鎮攝舊都。"

[長安鎮][雍州]

　許元康　　遷河州。

　　　《魏書》卷四六《許元康傳》："遷監河州諸軍事、河州刺史,將軍如故。"按：許元康何年遷河州不詳,斷於此。

[東雍州]

　吕七寶　　龍驤將軍、刺史。

　　　《魏書》卷五一《吕羅漢傳》："太和六年,卒於官。……(子)七寶,侍御中散。遷少卿,出爲假節、龍驤將軍、東雍州刺史。"卷一〇六上《地形志上》晉州平陽郡："真君四年置東雍州,太和十八年罷。"按：吕七寶何年爲刺史不詳,不晚於是年,列於此。

[華州]

王遇 安西將軍、刺史。

《魏書》卷九四《王遇傳》:"馮翊李潤鎮羌也……坐事腐刑。……例降爲侯。出爲安西將軍、華州刺史。"《王遇墓誌》(《墓誌集成》七一):"魏故安西將軍、泰州刺史、澄城公之少子,使持節、鎮西將軍、侍中、吏部尚書、太府卿、光禄大夫、皇構都將、領將作大匠、雍華二州刺史、宕昌恭公霸城王遇之墓志。"注:"'泰',《西南2017-碩論》作'泰',《東研2015-6》作'秦'。"按:據《王遇傳》,遇父之秦州刺史、遇之雍州刺史皆爲贈官。

[涇州]

抱嶷

[岐州]

皇甫椿齡 刺史。

《魏書》卷七一《裴叔業傳》:"衣冠之士,預叔業勳者:安定皇甫光……兄椿齡,薛安都壻也。隨安都於彭城内附,歷位司徒諮議、岐州刺史。光未入朝而椿齡先卒。"吴廷燮《元魏方鎮年表》:"景明元年正月,裴叔業内附,椿齡卒在先,爲岐州在太和末。"

[夏州]

穆羆 都督夏州高平鎮諸軍事、鎮北將軍、夏州刺史。

《魏書》卷二七《穆羆傳》:"遷都督夏州、高平鎮諸軍事,本將軍,夏州刺史,鎮統萬。"

[秦州]

劉藻

[仇池鎮] [梁州]

元英

[河州]

　　許元康　河州諸軍事、冠軍將軍、河州刺史。

　　　　按：許元康見是年長安鎮、雍州條。

[涼州]

　　樓毅

太和十九年乙亥(495)

[司州]

　　咸陽王禧　長兼太尉。

　　　　《魏書》卷七下《高祖紀下》："十有二月……驃騎大將軍、司州牧、咸陽王禧爲長兼太尉。"

[洛州]

　　賈儁

[商城鎮]

　　王育　商城鎮將、商城太守。附齊。

　　　　《王忻墓誌》(《墓誌集成》七二九)："阿陽三坑人也。……高祖文帝商城太守育之少子。……太和之歲,巴人泉榮祖,擁率逋逃,敢行稱亂。且地鄰商境,郡從疆場。既力制鄉徒,人隨偽舉。齊授持節、綏遠將軍、梁州刺史。……父育,商城鎮將、商城太守、齊持節、綏遠將軍、梁州刺史。"《南齊書》卷五七《魏虜傳》："建武二年……偽安南將軍、梁州刺史魏郡王元英十萬餘人通斜谷,寇南鄭。……偽洛州刺史賈異寇甲口,爲上洛太守李静所破。"按：齊建武二年即魏太和十九年,疑王育降齊在是年前後,齊授梁州刺史。時齊梁南秦二州刺史爲蕭懿,王育所任之梁州必非南鄭之梁州,蓋遥領。

[荊州]

韋珍 兵敗，免。

薛真度 刺史，復除。

《南齊書》卷五七《魏虜傳》："宏先又遣僞尚書盧陽烏、華州刺史韋靈智攻赭陽城，北襄城太守成公期拒守。"校勘記："'華州'，疑當作'荊州'。"《魏書》卷四五《韋珍傳》："與尚書盧淵征赭陽，爲蕭鸞將垣歷生、蔡道貴所敗，免歸鄉里。"卷七下《高祖紀下》："五月己巳，城陽王鸞赭陽失利。"卷六一《薛真度傳》："高祖詔曰：'……可還其元勳之爵，復除荊州刺史，自餘徽號削奪……'"按：盧淵小名陽烏，韋珍字靈智，見《魏書》各人本傳。

[東荊州]

桓暉

[虎牢鎭][豫州]

獨孤干 鎭將。

元比頽 安西將軍、刺史。

《獨孤忻墓誌》（《墓誌集成》八四七）："父干，虎牢鎭將。君……年十九，出身奉朝請。孝昌之末，正出門門。"《周書》卷三四《元定傳》："祖比頽，魏安西將軍、務州刺史。……（定）永安初，從爾朱天光討關隴群賊。"校勘記："《北史》卷六九《元定傳》'比頽'作'比'，'務'作'婺'。"《諸史考異》卷一二《周書》"務州"條："《地形志》無此二州名，當是'豫'字之僞。"《魏書》卷一〇六中《地形志中》北豫州："治虎牢，太和十九年罷，置東中府。"按：魏無務州，亦無婺州。《梁書》卷五二《顧憲之傳》云憲之"行婺州事"，《通鑑》卷一六五承聖二年十月云"遣婺州刺史侯瑱"，皆誤"豫"爲"婺"，《周書》《北史》蓋亦誤"豫"爲"務"或"婺"，《考異》是。是年罷豫州，虎牢鎭當亦同罷，獨孤干爲鎮將、元比頹爲刺史皆在前，年不詳，列於此。

[南豫州][豫州]

王肅　都督豫東豫東郢三州諸軍事、平南將軍、豫州刺史。

《南齊書》卷五七《魏虜傳》："王奐之誅，子肅奔虜，宏以爲鎮南將軍、南豫州刺史。"《魏書》卷六三《王肅傳》："琅邪臨沂人。……父奐及兄弟並爲蕭賾所殺，肅自建業來奔。是歲，太和十七年也。……以功進號平南將軍……除持節、都督豫東豫東郢三州諸軍事、本將軍、豫州刺史。"按：是年罷虎牢之豫州，懸瓠之南豫州改稱豫州，王肅當鎮懸瓠。

[東豫州]

田益宗　都督光城弋陽汝南新蔡宋安五郡諸軍事、冠軍將軍、南司州刺史。改東豫州刺史。

《魏書》卷六一《田益宗傳》："光城蠻也。……世爲四山蠻帥，受制於蕭賾。太和十七年，遣使張超奉表歸款。十九年，拜員外散騎常侍、都督光城弋陽汝南新蔡宋安五郡諸軍事、冠軍將軍、南司州刺史；光城縣開國伯，食蠻邑一千户；所統守宰，任其銓置。後以益宗既渡淮北，不可仍爲司州，乃於新蔡立東豫州，以益宗爲刺史。"《南齊書》卷五八《蠻傳》："西陽蠻田益宗，沈攸之時，以功勞得將領，遂爲臨川王防閤。叛投虜，虜以爲東豫州刺史。"

[兗州]

王諶　安東將軍、刺史。

《魏書》卷九三《王諶傳》："例降爲侯。遷太常卿。出爲持節、安東將軍、兗州刺史。"

[南兗州]

孟表

[青州]

公孫邃 卒。

廣陵王羽 都督青齊光南青四州諸軍事、征東大將軍、青州刺史。

《魏書》卷三三《公孫邃傳》:"太和十九年,卒於官。"卷七下《高祖紀下》:"十有二月……以特進、廣陵王羽爲征東大將軍、開府儀同三司、青州刺史。"卷二一上《廣陵王羽傳》:"車駕南伐,羽進號衛將軍,除使持節、都督青齊光南青四州諸軍事、征東大將軍、開府、青州刺史。"

[東徐州][南青州]

鄭胤伯

崔僧淵 龍驤將軍、刺史。

《魏書》卷五六《鄭胤伯傳》:"轉廣陵王征東府長史,帶齊郡内史。"卷二四《崔僧淵傳》:"出爲征東大將軍、廣陵王羽諮議參軍,加顯武將軍。……出除龍驤將軍、南青州刺史。……(第五子)祖螭。"《脩梵石室銘》(《隋代墓誌銘彙考》二·一四四):"同縣崔居士,南青使君之第五子。"按:是年改東徐州爲南青州。

[光州][東萊鎮]

崔挺

《魏書》卷五七《崔挺傳》:"十九年,車駕幸兗州,召挺赴行在所。及見,引諭優厚。"

[齊州]

高遵

《魏書》卷八九《高遵傳》:"貪酷之響,帝頗聞之。及車駕幸鄴,遵自州來朝,會有赦宥。遵臨還州,請辭,帝於行宮,引見誚讓之。……還州,仍不悛革。"卷七下《高祖紀下》:"九月……行幸鄴。"

[濟州]

楊椿

《魏書》卷五八《楊椿傳》:"高祖自鍾離趣鄴,至磽磝,幸其州館。"卷七下《高祖紀下》:"四月……行幸磽磝。"

[彭城鎮][徐州]

元衍

劉昶

[郯城鎮]

鹿生

[南徐州]

沈陵 監南徐州諸軍事、中壘將軍、南徐州刺史。尋進號龍驤將軍。

《魏書》卷六一《沈陵傳》:"太和十八年,高祖南伐,陵攜族孫智度歸降,引見於行宫。……後監南徐州諸軍事、中壘將軍、南徐州刺史,尋假節、龍驤將軍。"

[相州]

高閭 降號平北將軍。遷幽州。

南安王楨 鎮北大將軍、刺史。

《魏書》卷一〇八之一《禮志一》:"十九年,帝南征。……六月,相州刺史高閭表言:'伏惟太武皇帝發孝思之深誠,同渭陽之遠感,以鄴土舅氏之故鄉,有歸魂之舊宅,故爲密皇后立廟於城内,歲時祭祀……'"卷五四《高閭傳》:"閭每請本州以自効,詔曰:'閭以懸車之年,方求衣錦,知進忘退,有塵謙德,可降號平北將軍。朝之老成,宜遂情願,徙授幽州刺史,令存勸兩修,恩法並舉。'"卷一九下《南安王楨傳》:"出爲鎮北大將軍、相州刺史。"《元隱墓誌》(《墓誌集成》三二七):"年十有五,扈駕南討。……師還,詔參相州皇子南安王軍事。"

[冀州]

趙郡王幹

[定州]

穆泰

[瀛州]

王質

[幽州]

高閭　平北將軍、刺史。

　　按:高閭見是年相州條。

[燕州]

王萬國　伏波將軍、刺史。

　　《周書》卷二九《王傑傳》:"高祖萬國,魏伏波將軍、燕州刺史。……傑……魏孝武初,起家子都督。"按:王傑孝武初起家,燕州太和中置,時傑之高祖萬國年事已高,似不得爲刺史,疑杜撰或後贈,附於此。

[和龍鎮][營州]

樂陵王思譽　遷恒州。

慕容虔恭　立忠將軍、鎮將。

　　《慕容纂(元仁)墓誌》(《墓誌集成》六八八):"春秋六十五,興和三年九月廿六日薨于鄴都永康里宅。……父虔恭,立忠將軍、黃龍鎮將、使持節、征虜將軍、安州刺史。"按:慕容纂生於太和元年,其父虔恭爲鎮將蓋在孝文時,列於此。思譽、虔恭後不見和龍鎮,蓋廢,本表是年以下唯列營州。

[并州]

元丕

[恒州]

陸叡 削奪都督三州諸軍事。尋除都督恒朔二州諸軍事，進號征北大將軍。

江陽王繼

樂陵王思譽 鎮北將軍，行鎮北大將軍，鎮平城。

《魏書》卷四〇《陸叡傳》："十九年……叡表請車駕還代，親臨太師馮熙之葬，坐削奪都督三州諸軍事。尋除都督恒朔二州諸軍事，進號征北大將軍。"卷一九下《樂陵王思譽傳》："轉爲鎮北將軍，行鎮北大將軍。高祖引見百官於光極堂，謂思譽曰：'恒代路懸，舊都意重，故屈叔父遠臨此任，不可不敬慎所臨，以副朕望。'"卷七下《高祖紀下》："十有二月乙未朔，引見群臣於光極堂，宣示品令，爲大選之始。……甲子，引見群臣於光極堂，班賜冠服。"

[朔州]

陽平王頤

[懷朔鎮]

元萇

[撫冥鎮]

元業

[長安鎮][雍州]

乞伏慎 鎮都大將。

劉德 都將。

《乞伏暉墓誌》（《墓誌集成》二一一）："使持節、散騎常侍、萇安鎮都大將、平東安西將軍、安豳二州刺史、長寧懷愍公慎之第三子，世宗宣皇脩華嬪之母兄。春秋卅，永平三年五月上旬遘疾，喪於京第。"《劉世榮暨妻梁氏墓誌》（《隋代墓誌銘彙考》二·一六七）："君諱明，字世榮，徐州彭城人也。祖德，遷爲萇安鎮都將、邰陽侯、雍州刺史、京兆公。……君……淮

南縣令。夫人梁氏……春秋九十四。大隋開皇十八年終平
□□□□戊午五月辛未朔二日壬申合葬。"按：乞伏曄生於太
和五年,其父慎爲鎮將蓋在孝文時。梁氏如卒於開皇十八年,
則生於正始二年,其夫劉世榮之祖德蓋仕於孝文時。年皆不
詳,列於此。太和後不見長安鎮將,本表是年以下唯列雍州。

[華州]

　王遇

[涇州]

　抱嶷

　　　《魏書》卷九四《抱嶷傳》："十九年,被詔赴洛,以刺史從
　　駕南征,常參侍左右。……軍回還州。……後數年,卒於州。"

[岐州]

　皇甫椿齡

[夏州]

　穆羆

　源懷　征北大將軍、刺史。

　　　《魏書》卷二七《穆羆傳》："又除侍中、中書監。穆泰之
　　反,羆與潛通,赦後事發,削封爲民。"卷四一《源懷傳》："十九
　　年,除征北大將軍、夏州刺史。"

[秦州]

　劉藻

　　　《魏書》卷七〇《劉藻傳》："遇車駕南伐,以藻爲東道都
　　督。秦人紛擾,詔藻還州,人情乃定。仍與安南將軍元英征漢
　　中,頻破賊軍,長驅至南鄭,垂平梁州,奉詔還軍,乃不果克。"
　　《南齊書》卷五七《魏虜傳》："秦州人王度人起義應(支)酉,攻
　　獲僞刺史劉藻,秦、雍間七州民皆響震,衆至十萬,各自保壁,
　　望朝廷救其兵。宏遣弟僞河南王幹、尚書盧陽烏擊秦、雍義

軍,幹大敗。"

[仇池鎮] [梁州]

元英　遷安南大將軍。

《魏書》卷一九下《中山王英傳》:"高祖南伐,爲梁漢别道都將。後大駕臨鐘離,詔英率衆備寇境上。英以大駕親動,勢傾東南,漢中有可乘之會,表求進討,高祖許之。……以功遷安南大將軍,賜爵廣武伯。"《南齊書》卷五七《魏虜傳》:"建武二年……僞安南將軍、梁州刺史魏郡王元英十萬餘人通斜谷,寇南鄭。……英攻城自春至夏六十餘日不下,死傷甚衆。……僞尚書北梁州刺史辛黑末戰死。……英衆散,射中英頰。僞陵江將軍悦楊生領鐵騎死戰救之,得免。梁、漢平。……時僞洛州刺史賈異寇甲口,爲上洛太守李静所破。"按:齊建武二年即魏太和十九年。《魏志》《隋志》無北梁州之名,存疑。

[涼州]

樓毅

[敦煌鎮]

劉興　鎮將。

《劉欽墓誌》(《墓誌集成》七五七):"燕郡薊人也。……父興,才力兼猛,於太和年,除燉煌鎮將。"按:年不詳,在太和中,列於此。

太和二十年丙子(496)　正月,改拓跋氏爲元氏。十二月,廢太子恂爲庶人。

[司州]

咸陽王禧

[洛州]

賈儁

[荆州]

薛真度

[東荆州]

桓暉

[廣州]

薛法護 刺史。降齊。

《魏書》卷七下《高祖紀下》:"四月甲辰,廣州刺史薛法護南叛。"按:此廣州地望不詳。

[豫州]

王肅

[東豫州]

田益宗

《南齊書》卷五八《蠻傳》:"建武三年,虜遣益宗攻司州龍城戍,爲戍主朱僧起所破。"

[兗州]

王諶

李韶 安東將軍、刺史。

《魏書》卷九三《王諶傳》:"還,除光禄大夫。"卷三九《李韶傳》:"遷太子右詹事。尋罷左右,仍爲詹事、秦州大中正。出爲安東將軍、兗州刺史。高祖自鄴還洛,韶朝於路,言及庶人恂事。高祖曰:'卿若不出東宫,或未至此。'"《崔楷(道常)墓誌》(《墓誌集成》一三二〇):"夫人隴西李氏,父韶,吏部尚書、荆涼兗并秦相雍冀定九州刺史、司空公。"按:是年廢恂,韶出爲刺史在前,斷於此。據《魏書》卷七下《高祖紀下》,孝文帝自鄴還洛在太和二十三年。誌云韶歷九州,本傳無荆、涼二州。
[南兗州]
　孟表
[青州]
　廣陵王羽
[南青州]
　崔僧淵
[光州][東萊鎮]
　崔挺
[齊州]
　高遵　賜死。
　武昌王鑒　督齊州諸軍事、征虜將軍、齊州刺史。

　　《魏書》卷八九《高遵傳》："賜遵死。"卷一六《武昌王鑒傳》："車駕南伐，以鑒爲平南將軍，還，除左衛將軍，出爲征虜將軍、齊州刺史。時革變之始，百度惟新，鑒上書上遵高祖之旨，下采齊之舊風，軌制粲然，皆合規矩。"《元鑒墓誌》（《墓誌集成》九一）："魏故武昌王、通直散騎常侍、散騎常侍、冠軍將軍、河南尹、左衛將軍、持節、督齊徐二州諸軍事、征虜將軍、齊徐二州刺史、贈齊州刺史。"《魏書》卷二四《鄧羨傳》："出爲齊州武昌王征虜長史。"《鄧羨妻李桀蘭墓誌》（《墓誌集成》二二〇）："太和廿年，武昌王以宗室親勳，賞遇隆重，鏤龜分虎，出牧齊蕃。……以公器局沉隱，識學詳明，除公爲長史，帶東魏郡。……（夫人）春秋廿有六，太和廿一年十一月廿日薨。"按：吴表齊州刺史條斷高遵太和二十一年死，元鑒太和二十二年爲刺史，據《蘭誌》，皆誤。

[濟州]
　楊椿

[彭城鎮][徐州]

　　元衍

　　劉昶

[郯城鎮]

　　鹿生

[南徐州]

　　沈陵

[相州]

　　南安王楨　　卒。

　　高陽王雍　　鎮北將軍、刺史。進號征北將軍。

　　　　《元楨墓誌》(《墓誌集成》四〇):"使持節、鎮北大將軍、相州刺史、南安王楨……以太和廿年……春秋五十,薨於鄴。"《魏書》卷七下《高祖紀下》:"八月……南安王楨薨。"卷一九下《南安王楨傳》:"太和二十年五月至鄴……疽發背,薨。……及恒州刺史穆泰謀反,楨知而不告,雖薨,猶追奪爵封,國除。"卷二一上《高陽王雍傳》:"車駕南伐,雍行鎮軍大將軍,總攝留事。遷衛尉,加散騎常侍,除使持節、鎮北將軍、相州刺史,常侍如故。高祖誡雍曰:'相州乃是舊都,自非朝賢德望無由居此,是以使汝作牧……'進號征北將軍。"按:《通鑑》卷一四〇建武二年(魏太和十九年)九月述高閭之後高陽王雍繼爲雍州刺史,太和二十年八月又述相州刺史南安王楨薨,倒錯,楨在雍前。

[冀州]

　　趙郡王幹

[定州]

　　穆泰　　遷恒州。

　　陸叡　　征北大將軍、刺史。未至。

按：穆泰、陸叡見是年恒州條。

[瀛州]

王質

[幽州]

高閭

[燕州]

高各拔 刺史。

《魏書》卷三二《高湖傳》："（子）各拔，廣昌鎮將。"《高建墓誌》（《墓誌集成》八六八）："祖拔，廣昌鎮將、燕州刺史。"按：高各拔參見皇始元年廣昌鎮條，爲廣昌鎮將蓋在太和遷都前，燕州刺史不知是否爲贈官，列於此。

[并州]

元丕 免。

于果 刺史。

《魏書》卷一四《元丕傳》："丕父子大意不樂遷洛。高祖之發平城，太子恂留於舊京。及將還洛，（丕子）隆與超等密謀留恂，因舉兵斷關，規據陘北。時丕以老居并州，雖不預其始計，而隆、超咸以告丕。丕外慮不成，口雖致難，心頗然之。及高祖幸平城，推穆泰等首謀，隆兄弟並是黨。丕亦隨駕至平城，每於測問，令丕坐觀。隆、超與元業等兄弟並以謀逆伏誅。有司奏處孥戮，詔以丕應連坐，但以先許不死之詔，躬非染逆之身，聽免死，仍爲太原百姓。"《魏書》卷三一《于果傳》："太和中，歷朔、華、并、恒四州刺史。"按：于果何年爲并州刺史不詳，從吳表。

[肆州]

尒朱汗 車騎大將軍、刺史。

《尒朱世邕墓誌》（《墓誌集成》八六一）："祖汗，使持節、車騎大將軍、肆州刺史、魚陽郡開國公。……君……春秋卅，卒於鄴。粵以天保六年正月四日窆於紫陌北。"按：尒朱世邕生於北魏熙平元年，其祖汗爲肆州刺史蓋在孝文、宣武時，列於此。

[恒州]

陸叡 遷定州。未發，賜死。

樂陵王思譽 免爲庶人。

穆泰 征北將軍、刺史。謀反，被誅。

任城王澄 行恒州事。

《魏書》卷七下《高祖紀下》："十有二月……恒州刺史穆泰等在州謀反，遣行吏部尚書任城王澄案治之。樂陵王思譽坐知泰陰謀不告，削爵爲庶人。"卷四〇《陸叡傳》："時穆泰爲定州刺史，辭以疾病，土溫則甚，請恒州自効，高祖許之。乃以叡爲散騎常侍、定州刺史，將軍如故。叡未發，遂與泰等同謀構逆。賜死獄中。"卷一九下《樂陵王思譽傳》："及穆泰陰謀不軌，思譽知而不告，恕死，削封爲庶人。"卷二七《穆泰傳》："泰自陳病久，乞爲恒州，遂轉陸叡爲定州，以泰代焉。泰不願遷都，叡未及發而泰已至，遂潛相扇誘，圖爲叛。乃與叡及安樂侯元隆，撫冥鎮將、魯郡侯元業，驍騎將軍元超，陽平侯賀頭，射聲校尉元樂平，前彭城鎮將元拔，代郡太守元珍，鎮北將軍、樂陵王思譽等謀推朔州刺史陽平王頤爲主。頤不從，僞許以安之，密表其事。高祖乃遣任城王澄率并肆兵以討之。……泰等伏誅。"卷一九中《任城王澄傳》："恒州刺史穆泰在州謀反，推朔州刺史陽平王頤爲主。頤表其狀。……遂授（澄）節，銅虎、竹使符，禦仗，左右，仍行恒州事。……又遣治書侍御史李煥先赴，至即擒泰，民情怡然。"卷三六《李煥傳》："自給事中轉治書侍御史。恒州刺史穆泰據代都謀反，高祖詔煥與任城王澄推治之。煥先驅至州，宣旨曉喻，仍誅泰等。"校勘記："'仍誅'，《北史》卷三三《李裔傳》附《李煥傳》作'乃執'，疑是。"《南齊書》卷五七《魏虜傳》："僞征北將軍恒州刺史鉅鹿公伏鹿孤賀鹿渾守桑乾，宏從叔平陽王安壽戍懷柵，在桑乾西北。渾非宏任用中國人，與僞定州刺史馮翊公目隣、安樂公托跋阿幹兒謀立安壽，分據河北。期久不遂，安壽懼，告宏。殺渾等數百人，任安壽如故。"按：頤原名安壽，孝文帝賜名頤，見《魏書》卷一九上本傳。

[朔州]

　陽平王頤

　　　《魏書》卷一九上《陽平王頤傳》："及恒州刺史穆泰謀反，遣使推頤爲主。頤密以狀聞，泰等伏誅，帝甚嘉之。"

[沃野鎮]

　高陀　鎮將。

　　　《魏書》卷三二《高陀傳》："字難陀。沃野鎮長。卒。"校勘記："'長'下疑脱'史'字，或'長'爲'將'字之訛。"按：據同卷，陀伯謐延興二年卒，年四十五，陀爲鎮將蓋在太和中，列於此。

[懷朔鎮]

　元萇

[武川鎮]

　元蘭　鎮將。

　　　《魏書》卷一四《元蘭傳》："高祖初，賜爵建陽子。卒於武川鎮將。"按：元蘭爲鎮將蓋在太和中，年不詳，列於此。

[撫冥鎮]

　元業　從穆泰，被誅。

　　　按：元業參見是年并州、恒州條。

[懷荒鎮]

唐顯 鎮將。

《囗伯超墓誌》(《墓誌集成》一五二):"皇魏延昌元年歲次壬辰二月乙酉朔三日丁亥……春秋卅有二,卒于官署。……妻京兆唐氏,父顯,安南將軍、懷荒鎮將。"按:伯超生於太和五年,其婦翁唐顯爲鎮將蓋在孝文、宣武時,列於此。

[雍州]

源懷 都督雍岐東秦諸軍事、征西大將軍、雍州刺史。

《魏書》卷四一《源懷傳》:"轉都督雍岐東秦諸軍事、征西大將軍、雍州刺史。"按:源懷是年除雍州刺史,見景明二年雍州條。

[華州]

王遇

[涇州]

抱嶷

[岐州]

皇甫椿齡

[夏州]

源懷 遷雍州。

[秦州]

劉藻

[仇池鎮][梁州]

元英 丁憂。

楊靈珍 鎮將、行刺史。

《魏書》卷一九下《中山王英傳》:"在仇池六載,甚有威惠之稱。父憂,解任。"《南齊書》卷五九《氐傳》:"建武二年,氐、虜寇漢中。梁州刺史蕭懿遣前氐王楊後起弟子元秀收合義兵,氐衆響應,斷虜運道。虜亦遣僞南梁州刺史仇池公楊靈珍據泥功山以相拒格。"按：元英父楨卒於是年八月,見是年相州條。楊靈珍參見次年仇池鎮、梁州條,當繼元英。南梁州孝昌初改隆城鎮置,時無南梁州,《南齊書》衍"南"字。

[涼州]

樓毅

《魏書》卷三〇《樓毅傳》："車駕南伐,毅表諫曰：'……京邑新遷,百姓易業,公私草剏,生途索然。……宜遵養時晦,願抑赫斯,以待後日。'"

太和二十一年丁丑(497)

[司州]

咸陽王禧

趙郡王幹　車騎大將軍、都督中外諸軍事、司州牧。

《魏書》卷七下《高祖紀下》："九月……至宛城,夜襲其郛,克之。丁未,車駕發南陽,留太尉咸陽王禧、前將軍元英攻之。"卷二一上《趙郡王幹傳》："後轉特進、司州牧。"《元諶墓誌》(《墓誌集成》三二五)："考使持節、車騎大將軍、都督中外諸軍事、特進、司州牧、趙郡王之世子。"《元譿墓誌》(《墓誌集成》二五七)："使持節、車騎大將軍、都督中外諸軍事、特進、司州牧、趙郡王之第五子。"吳廷燮《元魏方鎮年表》："(《禧傳》)不言何年去司州,以留攻南陽月日考之,知趙郡王幹代禧。"

[洛州]

賈儁

《魏書》卷三三《賈儁傳》："在州五載……遷洛後,儁朝京師,賞以素帛。景明初卒。"

[荊州]

  薛真度

[東荊州]

  桓暉

[豫州]

  王肅　進號鎮南將軍,加都督豫南兗東荊東豫四州諸軍事。

　　《魏書》卷六三《王肅傳》:"以破蕭鸞將裴叔業功,進號鎮南將軍,加都督豫南兗東荊東豫四州諸軍事……持節、中正、刺史如故。"

[東豫州]

  田益宗

[兗州]

  李韶

[南兗州]

  孟表

[青州]

  廣陵王羽

[南青州]

  崔僧淵　龍驤將軍、刺史。

　　《魏書》卷二四《崔僧淵傳》:"久之,坐擅出師無據,檢覈幽禁,後乃獲免。"按:僧淵何年去職不詳,斷於此。

[光州][東萊鎮]

  崔挺

[齊州]

  武昌王鑒

[濟州]

楊椿

《魏書》卷五八《楊椿傳》:"誡子孫曰:'……太和二十一年,吾從濟州來朝,在清徽堂豫讌……'"

[彭城鎮][徐州]

元衍 丁憂。

劉昶 卒。

京兆王愉 都督、刺史。

元寶慶 鎮大將。

《魏書》卷一九上《元衍傳》:"後所生母雷氏卒,表請解州。"卷五九《劉昶傳》:"二十一年四月,薨於彭城。"卷二二《京兆王愉傳》:"太和二十一年封。拜都督、徐州刺史,以彭城王中軍府長史盧陽烏兼長史,州事巨細,委之陽烏。"卷四七《盧淵傳》:"爲徐州京兆王愉兼長史……愉既年少,事無巨細,多決於淵。"《拓跋榮興妻裴智英墓誌》(《墓誌集成》一一九四):"公名榮興,河南洛陽人也,昭成皇帝之後。……父寶慶,彭城鎮大將、恒州刺史。……夫人……以建德元年……春秋七十四遇疾薨。"按:時彭城王勰爲都督南征諸軍事、中軍大將軍。裴氏生於太和二十三年,其翁元寶慶爲鎮將蓋在孝文、宣武時,列於此。劉昶、元寶慶後不見彭城鎮,本表是年以下唯列徐州。

[郯城鎮]

鹿生

[南徐州]

沈陵

[相州]

高陽王雍

[冀州]

趙郡王幹　遷司州。

穆亮　征北大將軍、刺史。

《魏書》卷七下《高祖紀下》："七月……以前司空穆亮爲征北大將軍、開府儀同三司、冀州刺史。"

[定州]

陽平王頤　衞大將軍、刺史。

《元新成妃李氏墓誌》(《墓誌集成》二一〇)："使持節、衞大將軍、青定二州刺史、陽平惠王之母。"《魏書》卷六八《甄琛傳》："中山毋極人……出爲本州征北府長史，後爲本州陽平王頤衞軍府長史。世宗踐祚，以琛爲中散大夫、兼御史中尉。"吳廷燮《元魏方鎮年表》："頤自朔州遷定州。"按：《魏書》卷一九上元頤本傳云頤任朔青二州刺史，謚莊，與誌不同。

[瀛州]

王質

[幽州]

高閭

《魏書》卷五四《高閭傳》："歲餘，表求致仕，優答不許。徵爲太常卿。"

[汾州]

章武王彬　假平北將軍、行汾州事。除征虜將軍、刺史。

《魏書》卷一九下《章武王彬傳》："吐京胡反，詔彬持節，假平北將軍，行汾州事，率并肆之衆往討之。胡平，仍除征虜將軍、汾州刺史。"按：始任年不詳，斷於此。

[并州]

城陽王鸞　刺史。

《元鸞墓誌》(《墓誌集成》七六)："高祖定鼎伊洛，河內典守，非親勿居，乃擢君爲冠軍將軍、河內太守。又遷并州刺史。"《魏書》卷一九下《城陽王鸞傳》:"除使持節,征南大將軍,都督豫荆郢三州、河内山陽東郡諸軍事,與安南將軍盧淵、李佐攻赭陽,不克,敗退而還。……除冠軍將軍、河内太守,轉并州刺史。"

[恒州]

任城王澄

于果 刺史。

《魏書》卷一九中《任城王澄傳》:"以澄正尚書。"卷三一《于果傳》:"太和中,歷朔、華、并、恒四州刺史。"按:于果何年爲恒州刺史不詳,從吳表。

[懷朔鎮]

元莨

《元莨墓誌》(《墓誌集成》一九九):"廿一年,高祖孝文皇帝南討江楊,從駕前驅,董帥前軍,北討高車、東征奚寇二道別將。"

[雍州]

源懷

[華州]

王遇 免官。

《魏書》卷九四《王遇傳》:"幽后之前廢也,遇頗言其過。及後進幸,高祖對李沖等申后無咎,而稱遇謗議之罪。……遂遣御史馳驛免遇官,奪其爵,收衣冠,以民還私第。"

[涇州]

抱嶷

[岐州]

慕容郁 刺史。

《北齊書》卷二〇《慕容紹宗傳》:"祖郁,岐州刺史。"校勘記:"'都',北監本、殿本、《北史》卷五三《慕容紹宗傳》作'郁'。《慕容三藏及夫人李氏合葬墓誌》(《隋唐五代墓誌匯編·洛陽卷》第五冊,第一四九頁)曰:'曾祖郁。'"按:吳表作"郁",列於太和二十一年,從之。

[夏州]

陸彌 刺史。

《周書》卷二八《陸騰傳》:"高祖俟,魏征西大將軍、東平王。祖彌,夏州刺史。父旭……太和中,徵拜中書博士。"校勘記:"《北史》卷二八《陸俟傳》附《陸馛傳》末稱馛弟歸,歸子珍,珍子旭。'珍'和'彌'的簡寫'弥'形近,未知孰是。"按:年不詳,蓋在孝文、宣武時,列於此。吳表列於正始四年。

[秦州]

劉藻

[仇池鎮][梁州]

楊靈珍 奔齊。

李崇 行刺史。除都督梁秦二州諸軍事、安東將軍、梁州刺史。

□世達 安南將軍、鎮將。

《魏書》卷一〇一《氐傳》:"仇池鎮將楊靈珍襲破武興,(楊)集始遂入蕭賾。"校勘記引張森楷:"是蕭鸞,非蕭賾也。"卷七一《夏侯道遷傳》:"仇池鎮將楊靈珍阻兵反叛,戰敗南奔。衍以靈珍為征虜將軍、假武都王,助戍漢中。"卷七下《高祖紀下》:"九月……詔河南尹李崇討梁州叛羌,受征西源懷節度。"校勘記:"'羌',疑當作'氐'。"卷六六《李崇傳》:"入為河南尹。後車駕南討漢陽,崇行梁州刺史。氐楊靈珍遣弟婆羅與子雙領步騎萬餘,襲破武興,與蕭鸞相結。詔崇為使持節、都督隴右諸軍事,率眾數萬討之。……崇多設疑兵,襲剋武興。……靈珍走奔漢中。高祖在南陽,覽表大悅,曰:'使朕無西顧之憂者,李崇之功也.'以崇爲都督梁秦二州諸軍事、本將軍、梁州刺史."卷四二《韓務傳》:"稍遷太子翊軍校尉。時高祖南征,行梁州刺史楊靈珍謀叛。以務爲統軍,受都督李崇節度以討靈珍."《南齊書》卷五九《氐傳》:"(建武)四年,僞南梁州刺史楊靈珍與二弟婆羅、阿卜珍率部曲三萬餘人舉城歸附."《□憘墓誌》(《墓誌集成》一〇七二):"代郡平城人也。……祖世達,安南將軍、仇池鎮將。……(君)以武平二年……薨……春秋六十有三."按:憘生於永平二年,其祖世達爲鎮將蓋在孝文時,列於此。是後不見仇池鎮將,鎮蓋廢,本表以下唯列梁州。

[涼州]

樓毅　卒。

《魏書》卷三〇《樓毅傳》:"太和二十一年卒."

太和二十二年戊寅(498)

[司州]

趙郡王幹　卒。

北海王詳　行司州牧。

《魏書》卷七下《高祖紀下》:"四月……趙郡王幹薨."卷二一上《趙郡王幹傳》:"幹貪淫不遵典法……免所居官,以王還第。二十三年薨."卷二一上《北海王詳傳》:"趙郡王幹薨,以詳行司州牧."按:傳云幹二十三年卒,此從紀。

[洛州]

吐谷渾豊　平南將軍、刺史。

按:吐谷渾豊見太和十六年長安鎮、雍州條。豊爲洛州刺史在太和二十三年前,不知是否爲贈官,列於此。

[荆州]

薛真度　遷東荆州。

廣陽王嘉　鎮南將軍、刺史。

《魏書》卷三九《李佐傳》："沔北既平,廣陽王嘉爲荆州刺史,仍以佐爲嘉鎮南府長史。加輔國將軍,別鎮新野。"卷七下《高祖紀下》："二月乙卯,進攻宛北城。甲子,拔之,鸞冠軍將軍、南陽太守房伯玉面縛出降。"按:是年荆州由魯陽遷至穰城,見皇始元年荆州條。薛真度治魯陽,廣陽王嘉當治穰城。

[東荆州]

桓暉

薛真度　假冠軍將軍、刺史。正號冠軍。

《魏書》卷六一《薛真度傳》："尋除假節、假冠軍將軍、東荆州刺史。初,遷洛後,真度每獻計於高祖,勸先取樊鄧,後攻南陽,故爲高祖所賞……加持節,正號冠軍。"

[豫州]

王肅　降爲平南將軍。

《魏書》卷七下《高祖紀下》："三月……鎮南將軍王肅攻鸞義陽。鸞遣將裴叔業寇渦陽。"卷六三《王肅傳》："高祖之伐淮北,令肅討義陽,未剋,而蕭鸞遣將裴叔業寇渦陽。劉藻等救之,爲叔業所敗。肅表求更遣軍援渦陽。……肅乃解義陽之圍,以赴渦陽,叔業乃引師而退。肅坐劉藻等敗,黜爲平南將軍,中正、刺史如故。"

[東豫州]

田益宗　進號征虜將軍。

《魏書》卷六一《田益宗傳》："二十二年,進號征虜將軍。"

[汝陰鎮]

傅永　揚武將軍、鎮將,帶汝陰太守。

《魏書》卷七〇《傅永傳》："裴叔業又圍渦陽,時高祖在豫州,遣永爲統軍……往救之。……詔曰:'……可揚武將軍、汝陰鎮將,帶汝陰太守。'"

[兗州]

李韶

[南兗州]

孟表　遷濟州。

《魏書》卷六一《孟表傳》："後蕭鸞遣其豫州刺史裴叔業攻圍六十餘日……會鎮南將軍王肅解義陽之圍,還以救之,叔業乃退。……遷征虜將軍、濟州刺史,爲散騎常侍、光禄大夫,進號平西將軍。"

[青州]

廣陵王羽

《南齊書》卷五一《裴叔業傳》："永泰元年,叔業……圍渦陽,虜南兗州所鎮,去彭城百二十里。僞兗州刺史孟表固守拒戰,叔業攻圍之。……虜閉城自守。僞徐州刺史廣陵王率二萬人,騎五千匹,至龍亢。"按:羽時爲青州刺史,非徐州刺史,《南齊書》誤。

[光州][東萊鎮]

崔挺

吕豹子　鎮將。

《魏書》卷五一《吕豹子傳》："東萊鎮將。"按:東萊鎮景明元年廢,吕豹子爲鎮將在前,斷於此。

[齊州]

武昌王鑒

[濟州]

楊椿　免。

孟表 征虜將軍、刺史。進號平西將軍。

《魏書》卷五八《楊椿傳》："坐爲平原太守崔敞所訟，廷尉論輒收市利，費用官炭，免官。"按：孟表見是年南兗州條。

[徐州]

京兆王愉

劉芳 行徐州事。

《魏書》卷五五《劉芳傳》："彭城人也。……蕭鸞將裴叔業入寇徐州，疆場之民，頗懷去就，高祖憂之，以芳爲散騎常侍、國子祭酒、徐州大中正，行徐州事。"

[南徐州]

沈陵 進冠軍將軍。

《魏書》卷六一《沈陵傳》："二十二年秋，進持節、冠軍將軍。"

[相州]

高陽王雍

[冀州]

穆亮

[定州]

陽平王頤

[瀛州]

王質

《魏書》卷六八《高聰傳》："與劉藻、傅永、成道益、任莫問俱受(王)肅節度，同援渦陽。……望風退敗。與藻等同囚於懸瓠，高祖恕死，徙平州爲民。行屆瀛州，屬刺史王質獲白兔將獻，託聰爲表。"

[幽州]

李肅 刺史。

按：李肅見次年幽州條，始任年不詳，從吴表。

[平州]

　崔景徽　龍驤將軍、刺史。

　　《魏書》卷二四《崔景徽傳》："出爲青州廣陵王羽征東府司馬、大鴻臚少卿。出除龍驤將軍、平州刺史。"按：元羽爲青州刺史在太和十九年，崔景徽爲平州刺史在後，吴表列於太和二十二年至景明元年，從之。

[汾州]

　章武王彬

[并州]

　城陽王鸞

[恒州]

　元志　行恒州事。

　　《魏書》卷一四《元志傳》："車駕南征，高祖微服觀戰所，有箭欲犯帝，志以身障之，高祖便得免。矢中志目，因此一目喪明。以志行恒州事。"

[朔州]

　暴喟　刺史。

　　《北齊書》卷四一《暴顯傳》："魏郡斥丘人也。祖喟，魏琅邪太守、朔州刺史，因家邊朔。父誕。"《暴誕墓誌》(《墓誌集成》一〇三〇)："魏郡斥丘人。……父昶，厲威將軍、雁門太守。……公……年五十有六，以魏孝昌元年七月十日卒。"吴廷燮《元魏方鎮年表》："(喟爲朔州刺史)當在太和中。"按：暴顯之祖即暴誕之父，然傳、誌之名、官皆不合，存疑。暴誕生於皇興四年，其父喟(昶)爲朔州刺史蓋在孝文時，年不詳，列於此。

[懷朔鎮]

元尼須　鎮將。

按：元尼須見景明四年沃野鎮條。

[雍州]

源懷

[華州]

裴宣明　刺史。

《北史》卷三八《裴延儁傳》："延儁從父兄宣明,位華州刺史。"按：年不詳,從吳表。

[涇州]

抱嶷

[秦州]

劉藻　徙邊。

《魏書》卷七〇《劉藻傳》："車駕南伐,以藻爲征虜將軍,督統軍高聰等四軍爲東道別將。……後與高聰等戰敗,俱徙平州。"

[梁州]

李崇

太和二十三年己卯(499)　四月,孝文帝死,太子恪即位,北海王詳等輔政。

[司州]

北海王詳

廣陵王羽　司州牧。

《魏書》卷二一上《北海王詳傳》："除護軍將軍,兼尚書左僕射。高祖臨崩,顧命詳爲司空輔政。"卷二一上《廣陵王羽傳》："世宗即位,遷司州牧。"

[荆州]

廣陽王嘉

李佐　輔國將軍、行荆州事。尋正刺史。

　　《魏書》卷三九《李佐傳》："高祖崩,遺敕以佐行荆州事,仍本將軍。……尋正刺史。世宗初,徵兼都官尚書。"

[東荆州]

桓暉

薛真度　遷豫州。

　　吴廷燮《元魏方鎮年表》："自桓誕而後,桓氏世鎮東荆,故真度方除即遷。"按:薛真度當未之任。

[豫州]

王肅　徵還。

薛真度　征虜將軍、刺史。

　　《魏書》卷六三《王肅傳》："高祖崩,遺詔以肅爲尚書令,與咸陽王禧等同爲宰輔,徵肅會駕魯陽。肅至,遂與禧等參同謀謨。"卷六一《薛真度傳》："轉征虜將軍、豫州刺史。"

[東豫州]

田益宗

[汝陰鎮]

傅永

[兖州]

李韶

[青州]

廣陵王羽　遷司州。

陽平王頤　刺史。

　　按:陽平王頤見景明元年青州條。

[光州][東萊鎮]

崔挺

吕豹子

[齊州]

武昌王鑒 遷徐州。

薛聰 輔國將軍、刺史。

《魏書》卷四二《薛聰傳》:"世宗踐阼,除輔國將軍、齊州刺史。"《薛孝通敘家世券》(《碑刻校注》七·八五四):"二世名聰,字延知,由侍書累遷侍書御史、都督、徐州刺史。"《隋書》卷五七《薛道衡傳》:"河東汾陰人也。祖聰,魏齊州刺史。父孝通。"《薛振行狀》(《楊盈川集》卷七):"高祖德,魏……直閣輔國二將軍、齊州刺史。……祖孝通。"按:家世券云薛聰歷徐州刺史,他文不見,疑"徐"乃"齊"字之訛。行狀之"德"當爲"聰"字之訛。

[濟州]

孟表

[平原鎮]

閭阿各頭 鎮將。

《赫連子悦妻閭炫墓誌》(《墓誌集成》九五七):"父阿各頭,平原鎮將、安富侯。……夫人則滿月降神……以魏武定元年九月二日卒於林慮郡,時年三十有四焉。"按:閭炫生於永平三年,太和二十三年平原鎮廢,其父阿各頭爲鎮將不晚於是年,列於此。

[徐州]

京兆王愉 徵還。

武昌王鑒 督徐州諸軍事、征虜將軍、徐州刺史。

《魏書》卷二二《京兆王愉傳》:"世宗初,爲護軍將軍。"卷一六《武昌王鑒傳》:"世宗初,以本將軍轉徐州刺史。屬徐兗大水，民多飢饉，鑒表加賑恤，民賴以濟。先是，京兆王愉爲徐州，王既年少，長史盧淵寬以馭下，郡縣多不奉法。"按：元鑒參見太和二十年齊州條。

[南徐州]

沈陵 降齊。

《魏書》卷八《世宗紀》："八月……南徐州刺史沈陵南叛。"卷六一《沈陵傳》："及高祖崩，陵陰有叛心，長史趙儼密言于朝廷，尚書令王肅深保明之，切責儼。既而果叛。"卷四七《盧淵傳》："爲徐州京兆王愉兼長史……南徐州刺史沈陵密謀外叛，淵覺其萌漸，潛敕諸戍，微爲之備。屢有表聞，朝廷不納。陵果殺將佐，勒宿豫之衆逃叛。濱淮諸戍，由備得全。陵在邊歷年，陰結既廣，二州人情，咸相扇惑。陵之餘黨，頗見執送，淵皆撫而赦之，惟歸罪於陵，由是衆心乃安。"

[相州]

高陽王雍 遷冀州。

[冀州]

穆亮

高陽王雍 都督冀相瀛三州諸軍事、征北大將軍、冀州刺史。

《魏書》卷二一上《高陽王雍傳》："世宗初，遷使持節、都督冀相瀛三州諸軍事、征北大將軍、開府、冀州刺史，常侍如故。"《李璧墓誌》（《墓誌集成》二六二）："字元和，勃海條縣廣樂鄉吉遷里人也。……高陽王親同魯衛，義齊分陝，出鎮冀岳，作牧趙燕，除皇子別駕，兼護清河勃海長樂三郡。衣錦遊鄉，物情影附。"

[定州]

彭城王勰 都督冀定幽瀛營安平七州諸軍事、驃騎大將軍、定州刺史。

《魏書》卷二一下《彭城王勰傳》:"(孝文)既葬,世宗固以勰爲宰輔。勰頻口陳遺旨,請遂素懷。世宗對勰悲慟,每不許之。勰頻煩表聞,辭義懇切。世宗難違遺敕,遂其雅情,猶逼以外任,乃以勰爲使持節、侍中、都督冀定幽瀛營安平七州諸軍事、驃騎大將軍、開府、定州刺史。"

[瀛州]

王質

《魏書》卷九四《王質傳》:"質在州十年,風化粗行。……高祖頗念其忠勤宿舊,每行留大故,馮司徒亡,廢馮后,陸叡、穆泰等事,皆賜質以璽書。……入爲大長秋卿,未幾而卒。"

[幽州]

李肅

《魏書》卷八《世宗紀》:"十有一月,幽州民王惠定聚衆反,自稱明法皇帝,刺史李肅捕斬之。"

[平州]

崔景徽

[營州]

元景　平東將軍、刺史。

《元景造像記》(《北圖拓本》三·三九):"大魏太和廿三年……平東將軍、營州刺史元景……敬造石窟一區。"

[汾州]

章武王彬　卒。

《魏書》卷一九下《章武王彬傳》:"太和二十三年卒。"《元彬墓誌》(《墓誌集成》四八):"後以山胡狡亂,徵撫西岳,綏之以惠和,靖之以威略。一二年間,群凶懷德。……以太和廿三年歲在己卯五月丙子朔二日,春秋卅有六,薨於州。"

[并州]

城陽王鸞

李顯甫　行并州事。

　　《魏書》卷四九《李顯甫傳》:"從駕南討,以功賜爵平棘子,行并州事。尋除河北太守。卒,贈……安州刺史。"《北齊書》卷二二《李元忠傳》:"父顯甫,安州刺史。"按:李顯甫從駕南討當在太和末,何年行并州事不詳,列於此。

[恒州]

元纂　安北將軍、刺史。

　　《魏書》卷一六《元纂傳》:"出爲安北將軍、平州刺史。"吴廷燮《元魏方鎮年表》:"平州當作恒州。"

[懷朔鎮]

元尼須

[雍州]

源懷

[涇州]

抱嶷

[秦州]

薛壽仁　刺史。

姜筠　刺史。

　　《北齊書》卷二〇《薛脩義傳》:"祖壽仁,河東河北二郡守、秦州刺史、汾陰公。……脩義……天保……五年七月卒,時年七十七。"《薛脩義墓誌》(《墓誌集成》八六〇):"祖秦州使君。……公……春秋七十八,天保五年七月……薨。"《孫君妻姜長妃墓誌》(《墓誌集成》八五九):"天水崇仁鄉婦義里人也。……祖筠,給事中、尚書吏部郎、驃騎將軍、秦州刺史,薨贈岐雍二州刺史、儀同三司。父静,魏太和年末,解褐孝文皇帝挽郎。"按:年皆不詳,蓋在獻文、孝文時,附於此。

［梁州］

李崇

［涼州］

安樂王詮　督涼州諸軍事、冠軍將軍、涼州刺史。進號平西將軍。

《魏書》卷二〇《安樂王詮傳》："世宗初,爲涼州刺史。在州貪穢,政以賄成。"《元詮墓誌》(《墓誌集成》一三三):"奉迎七廟。頃之,敕兼侍中,尋除持節、督涼州諸軍事、冠軍將軍、涼州刺史,尋又進號平西將軍。"

［敦煌鎮］

元□　鎮將。

《元玕墓誌》(《墓誌集成》六一〇):"祖尚書、南平安王。父燉煌鎮將。……君……春秋卌四,以天平二年四月……薨。"按:據《魏書》卷一六《廣平王連傳》,南平安王爲元霄,卒於太和十七年,霄子纂,歷平州刺史。爲敦煌鎮將者不知爲誰。據誌,玕生於太和十六年,其父爲敦煌鎮將蓋在孝文至孝明時,列於此。

宣武帝景明元年庚辰(500)

［司州］

廣陵王羽

［洛州］

楊辨　刺史。

《楊乾墓誌》(《墓誌集成》四〇八):"恒農人也。……魏故七郡太守、冠軍將軍、洛州刺史、恒農子辨之孫。……公……孝昌二年歲次丙午十月丁卯朔十九日乙酉窆於旦甫中源鄉仁信里。"按：誌無年壽，楊辨何年爲刺史，其刺史是否爲贈官皆不詳，列於此。

[荆州]

桓道進　刺史。

元嵩　平南將軍、刺史。

《册府元龜》卷六九四《牧守部·武功二》："桓道進爲荆州刺史，宣武景和元年，攻南齊下笮茂，拔之，降者三千餘户。"《魏書》卷八《世宗紀》："十有一月己亥，荆州刺史桓道進攻寶卷下笮戍，拔之。"卷一九中《元嵩傳》："世宗即位，以武衛將軍兼侍中，出爲平南將軍、荆州刺史。嵩表曰：'……流聞寶卷雍州刺史蕭衍兄懿於建業阻兵，與寶卷相持。荆郢二州刺史並是寶卷之弟，必有圖衍之志。臣若遣書相聞，迎其本謀，冀獲同心，并力除衍……'……既而蕭衍尋克建業，乃止。"按：《册府》之"景和"當爲"景明"之訛。

[東荆州]

桓暉　卒。

楊大眼　征虜將軍、刺史。

《魏書》卷一〇一《蠻傳》："景明初，大陽蠻酋田育丘等二萬八千户内附，詔置四郡十八縣。暉卒。"卷七三《楊大眼傳》："武都氐難當之孫也。……世宗初，裴叔業以壽春内附，大眼與奚康生等率衆先入。……除直閤將軍，尋加輔國將軍、游擊將軍。出爲征虜將軍、東荆州刺史。"《楊大眼造像記》（《碑刻校注》四·三九八）："輔國將軍、直閤將軍、□□□□梁州大中正、安戎縣開國子仇池楊大眼。"《南北史掇瑣·〈北史〉卷三七》："缺四字可能爲'游擊將軍'或'征虜將軍'。"按：《造像記》不及東荆州刺史，當作於大眼任東荆州刺史之前，則缺字蓋爲"游擊將軍"，而非"征虜將軍"。

[豫州]

薛真度 遷華州。

裴叔業 都督豫雍兗徐司五州諸軍事、征南將軍、豫州刺史。卒。

席法友 冠軍將軍、刺史。

《魏書》卷八《世宗紀》:"景明元年春正月……蕭寶卷豫州刺史裴叔業以壽春內屬。"卷六一《薛真度傳》:"景明初,豫州大飢。……及裴叔業以壽春內附,詔真度率衆赴之。尋遷華州刺史,將軍如故。"卷七一《裴叔業傳》:"徙輔國將軍、豫州刺史,屯壽陽。鸞死,子寶卷自立,遷叔業本將軍、南兗州刺史。……叔業慮內難未已,不願爲南兗,以其去建鄴近,受制於人。……遣信詣豫州刺史薛真度,具訪入國可否之宜。……叔業遲遲數反,真度亦遣使與相報復。乃遣子芬之及兄女夫韋伯昕奉表內附。景明元年正月,世宗詔曰:'……可使持節、散騎常侍、都督豫雍兗徐司五州諸軍事、征南將軍、豫州刺史……'……軍未渡淮,叔業病卒。"同卷《席法友傳》:"與叔業同謀歸國。景明初,拜冠軍將軍、豫州刺史、苞信縣開國伯,食邑千户。始叔業卒後,法友與裴植追成叔業志,淮南剋定,法友有力焉。"卷九八《島夷蕭道成傳》:"寶卷酷亂逾甚,其尚書令蕭懿雖有大勳,忌而殺之,并殺其弟衛尉卿蕭暢。世宗詔冠軍將軍、南豫州刺史席法友三萬人圍寶卷輔國將軍、北新蔡安豐二郡太守胡景略於建安城,剋之,擒景略。"按:南豫州太和十九年已改稱豫州,《島夷蕭道成傳》之"南豫州"乃沿用舊稱。又是年以裴颺、尹挺爲南司州刺史。《魏書》卷七一《裴颺傳》:"(裴)叔業之歸誠也,遣颺率軍於外,外以討蠻楚爲名,內實備寶卷之衆。景明初,以颺爲輔國將軍、南司州刺史,擬成義陽……詔命未至,爲賊所殺。"同卷《尹挺傳》:

"與叔業參謀歸誠。景明初,除輔國將軍、南司州刺史,擬戍義陽……轉冠軍將軍、東郡太守。未拜而卒。"時未克義陽,裴颺、尹挺當遙領,附於此。

[東豫州]

田益宗

《魏書》卷八《世宗紀》:"九月乙丑,東豫州刺史田益宗破寶卷將吳子陽、鄧元起於長風。"

[汝陰鎮]

傅永

《魏書》卷七〇《傅永傳》:"景明初,裴叔業將以壽春歸國,密通於永,永具表聞。……蕭寶卷將陳伯之侵逼壽春,沿淮爲寇。時司徒、彭城王勰,廣陵侯元衍同鎮壽春,以九江初附,人情未洽,兼臺援不至,深以爲憂。詔遣永爲統軍,領汝陰之兵三千人先援之。"

[兗州]

李韶　徵還。

裴植　征虜將軍、刺史。進號平東將軍。

《魏書》卷三九《李韶傳》:"世宗初,徵拜侍中,領七兵尚書。"卷七一《裴植傳》:"叔業卒……教命處分皆出於植。於是開門納國軍,城庫管籥悉付(奚)康生。詔以植爲征虜將軍、兗州刺史……尋進號平東將軍。"

[南兗州]

楊令寶　輔國將軍、刺史。

《魏書》卷七一《楊令寶傳》:"至譙郡太守,遂參叔業歸誠之謀。景明初,除輔國將軍、南兗州刺史。擬戍淮陰……在淮南征戰,累著勞捷。"

[青州]

陽平王頤 卒。

城陽王鸞 平東將軍、刺史。

《魏書》卷一九上《陽平王頤傳》:"世宗景明元年,薨於青州刺史。"卷一九下《城陽王鸞傳》:"世宗初,除平東將軍、青州刺史。"

[南青州]

封琳 立忠將軍、刺史。

《魏書》卷三二《封琳傳》:"行東兗州事。及改定百官,除司空長史。出爲立忠將軍、南青州刺史、兼散騎常侍、持節、西道大使。"按:年不詳,以"改定百官"推之,當在孝文末、宣武初,列於此。

[光州][東萊鎮]

崔挺

吕豹子 行光州事。

《魏書》卷五七《崔挺傳》:"世宗即位,累表乞還。景明初見代。"卷五一《吕豹子傳》:"後改鎮爲州,行光州事。"按:是年鎮廢,本表以下唯列光州。

[齊州]

薛聰 卒。

房景伯 行齊州事。

李元護 輔國將軍、刺史。

《魏書》卷四二《薛聰傳》:"卒於州。"卷四三《房景伯傳》:"除齊州輔國長史,值刺史死,敕行州事。"卷七一《李元護傳》:"爲裴叔業司馬,帶汝陰太守。叔業歸順,元護贊同其謀。及叔業疾病,外内阻貳,元護督率上下,以俟援軍。壽春剋定,元護頗有力焉。景明初,以元護爲輔國將軍、齊州刺史。"卷二四《鄧羨傳》:"出爲齊州武昌王征虜長史。後李元護之爲齊州,仍爲長史,帶東魏郡太守。在治十年,經三刺史。"

[濟州]

孟表

　　　　按:孟表何年去職不詳,斷於此。

[徐州]

武昌王鑒

[南徐州]

王世弼　　冠軍將軍、刺史。

　　《魏書》卷七一《王世弼傳》:"京兆霸城人也。劉裕滅姚泓,其祖父從裕南遷。……仕蕭鸞,以軍勳至游擊將軍,爲軍主,助戍壽春,遂與叔業同謀歸誠。景明初,除冠軍將軍、南徐州刺史,擬戍鍾離。"《柳鷟妻王令媛墓誌》(《墓誌集成》一一五八):"祖世弼……齊之季世,政自多門。君相時鵲起,不俟終日,乃率先子弟來歸,魏朝拜河北中山二郡守,徐州東秦二州刺史。"

[揚州]

彭城王勰　　都督南征諸軍事、領揚州刺史。尋還。

李煥　　行揚州事。

元英　　行揚州事。

王肅　　都督淮南諸軍事、車騎將軍、揚州刺史。

　　《魏書》卷二一下《彭城王勰傳》:"景明初,蕭寶卷豫州刺史裴叔業以壽春内屬,詔勰都督南征諸軍事,餘官如故,與尚書令王肅迎接壽春。……又詔勰以本官領揚州刺史。……揚州所統建安戍主胡景略猶爲寶卷拒守不下,勰水陸討之,景略面縛出降。……進位大司馬,領司徒,餘如故。……淮南平……徵勰還朝。"卷三六《李煥傳》:"景明初,遷司空從事中郎,蕭寶卷豫州刺史裴叔業以壽春歸附,詔焕以本官爲軍司,與楊大眼、奚康生等率衆迎接。焕至淮西,叔業兄子植遣使送質。焕等濟師,入城撫慰,民咸忻悦。仍行揚州事,賜爵容城伯。軍還,行河内郡事。"卷一九下《元英傳》:"世宗即位,行徐州,還復尚書、廣武伯。蕭寶卷遣將軍陳伯之寇淮南,司徒、彭城王勰鎮壽春,以英爲鎮南將軍,率衆討之。英未至,賊已引退。勰還,詔英行揚州。"卷六三《王肅傳》:"裴叔業以壽春内附,拜肅使持節、都督江西諸軍事、車騎將軍,與驃騎大將軍、彭城王勰率步騎十萬以赴之。蕭寶卷豫州刺史蕭懿率衆三萬屯於小峴,交州刺史李叔獻屯合肥,將圖壽春。……生擒叔獻,蕭懿棄小峴南走。……尋以肅爲散騎常侍、都督淮南諸軍事、揚州刺史、持節,餘官如故。"

[梁城鎮]

穆度孤 平南將軍、鎮將。

《魏書》卷二七《穆度孤傳》:"平南將軍、梁城鎮將。"按:據同卷,度孤同祖兄亮景明三年卒,年五十二。梁城鎮屬揚州,蓋景明中置,穆度孤爲鎮將約在宣武時,列於此。

[相州]

辛虯 都督相州諸軍事、撫軍將軍、相州刺史。

《辛術墓誌》(《墓誌集成》七九三):"父虯,使持節、散騎常侍、都督相州諸軍事、撫軍將軍、相州刺史。……君諱術,字延軌,隴西狄道人也。……春秋六十有四,以大統十年歲次甲子八月三日薨于家。"按:辛術生於太和五年,其父虯爲刺史蓋在孝文、宣武時,不知是否爲贈官,列於此。

[冀州]

高陽王雍

[定州]

彭城王勰　遷揚州。

穆亮　刺史。

《魏書》卷二七《穆亮傳》："世宗即位,遷定州刺史。"

[瀛州]

郭祚　鎮北將軍、刺史。

《魏書》卷六四《郭祚傳》："出爲使持節、鎮北將軍、瀛州刺史。"

[幽州]

韋欣宗　行幽州事。

《魏書》卷四五《韋欣宗傳》："世宗初,除通直散騎常侍,出爲河北太守,不行。尋轉太中大夫、行幽州事。卒。"按:年不詳,從吳表。

[燕州]

張修虎　平北將軍、燕州諸軍事、燕州刺史。

《魏書》卷二四《張白澤傳》："太和五年卒。……白澤弟庫……庫長子蘭……蘭弟修虎,都牧、駕部二曹給事中,上谷公,司農少卿。奉使柔玄,察民疾苦。遷平北將軍、燕州刺史。"《張景略墓誌》(《隋代墓誌銘彙考》一·一〇〇):"君諱景略,燕州上谷人。……祖,驃騎大將軍、第一領民酋長、文成公,又遷燕州諸軍事、燕州刺史。"按:誌不書祖名,《金石萃編》卷三八跋云"徧考《魏書》《北史》,不得其人"。檢索史傳,北朝張氏任燕州刺史者唯有修虎,且修虎爲上谷人,當爲景略之祖。然修虎何年爲刺史不詳,列於此。

[平州]

崔景徽

[北平鎮]

□□　鎮將。

《□墮暨妻趙氏墓誌》(《隋代墓誌銘彙考》四·三二四):"君諱墮……祖,魏揚麾將軍、北營州長史、北平鎮將。……君……開皇十三年□月十四日終於洛州歸義鄉之宅。春秋八十有五。"按:墮生於永平二年,其祖爲北平鎮將蓋在孝文、宣武時,列於此。

[并州]

 李韶 撫軍將軍、刺史。

  《魏書》卷三九《李韶傳》:"世宗初……除撫軍將軍、并州刺史。"

[肆州]

 韓務 行肆州事。

  《魏書》卷四二《韓務傳》:"遷長水校尉。景明初,假節行肆州事,轉左中郎將、寧朔將軍,試守常山郡。"

[恒州]

 元纂 卒。

 于烈 征北將軍、刺史。未任。

  《魏書》卷一六《元纂傳》:"景明元年,薨於平城。"卷三一《于烈傳》:"世宗即位,寵任如前。咸陽王禧爲宰輔,權重當時……禧惡烈剛直,遂議出之,乃授使持節、散騎常侍、征北將軍、恒州刺史。烈不願藩授……遂以疾固辭。"

[懷朔鎮]

 元尼須

[武川鎮]

 元叱奴 鎮將。

  《魏書》卷一五《元叱奴傳》:"武川鎮將。"按:同卷記叱奴之祖拔干仕於道武、明元時,子洪超仕於孝明時,叱奴爲鎮將蓋在孝文、宣武時,列於此。

[撫冥鎮]

　元蓑　鎮遠將軍、鎮都大將。

　　《元蓑墓誌》(《墓誌集成》一九九):"景明元年,營構太極都將、持節、鎮遠將軍、撫冥鎮都大將,持節、輔國將軍,都督南征梁城壽春之鍾離。"

[雍州]

　源懷

[華州]

　封回　行華州事。免。

　薛真度　征虜將軍、刺史。

　　《魏書》卷三二《封回傳》:"世宗即位,以回行華州事。回在州鞭中散大夫党智孫,爲尚書左丞韋纘糾奏,免。"校勘記:"'纘',疑爲'纘'字之形訛。"按:薛真度見是年豫州條。

[涇州]

　元遥　平西將軍、都督涇州諸軍事、涇州刺史。

　　《元遥墓誌》(《墓誌集成》二〇七):"景明初,除平西將軍、涇州刺史。"按:元遥參見正始元年涇州條。

[夏州]

　高猛　都督夏州諸軍事、安西將軍、夏州刺史。

　　《魏書》卷八三下《高猛傳》:"尚長樂公主,即世宗同母妹也。"《高猛墓誌》(《墓誌集成》三一四):"選尚長樂長公主。……公歷位通直散騎常侍、北中郎將、散騎常侍、平東將軍、光禄勳卿、使持節、都督夏州諸軍事、安西將軍、夏州刺史。"按:《高猛傳》失載猛爲夏州刺史事。年不詳,蓋在宣武時,列於此。

[秦州]

　梁洪雅　刺史。

《敬顯儁碑》(《碑刻校注》七·九三八):"拜驃騎大將軍、潁州刺史。……故平陽太守、潁川太守、使持節、秦州刺史梁洪雅,攝情物外,宅志道塲。爰建精廬……彫落朽故。公廼勉率僚佐,肅心營造。……維大魏興和二年龍集庚申。"按:碑建於東魏,廬蓋建於北魏,年不詳,附於此。

[梁州]

李崇

楊椿 寧朔將軍、刺史。

《魏書》卷六六《李崇傳》:"世宗初,徵爲右衛將軍。"卷五八《楊椿傳》:"降爲寧朔將軍、梁州刺史。"《楊椿墓誌》(《墓誌集成》五五八):"景明元年,除梁州刺史。"

[鄯善鎮]

鞏幼文 西平鎮將。

《鞏賓暨妻陳氏墓誌》(《隋代墓誌銘彙考》二·一四二):"公讀賓,字客卿,張掖永平人也。……祖幼文,西平鎮將。……公……天和……四年……薨於京第,春秋五十有五。"《魏晉南北朝地方行政制度》下第十一章鄯善鎮:"時在魏未分東西前。是蓋鄯善鎮之異名也。"按:鄯善鎮治西平。鞏賓生於延昌四年,其祖幼文爲鎮將蓋在孝文、宣武時,列於此。

[涼州]

安樂王詮

景明二年辛巳(501)　正月,宣武帝親政。

[司州]

廣陵王羽 卒。

廣陽王嘉 司州牧。

《魏書》卷八《世宗紀》："五月壬子，廣陵王羽薨。……九月丁酉，發畿内夫五萬人築京師三百二十三坊。"卷二一上《廣陵王羽傳》："羽先淫員外郎馮俊興妻，夜因私遊，爲俊興所擊。積日祕匿，薨於府。"《元羽墓誌》(《墓誌集成》五六)："景明二年歲在辛巳，春秋卅二，五月十八日薨於第。"《魏書》卷一八《廣陽王嘉傳》："遺詔以嘉爲尚書左僕射，與咸陽王禧等輔政。遷司州牧，嘉表請於京四面，築坊三百二十。"《拓跋虎墓誌》(《墓誌集成》一一三六)："曾祖嘉，太保、司徒、都督九州諸軍事、司州牧、廣陽懿烈王。太和之末，受遺輔政。"

[荊州]

　　元嵩　　遷恒州。

　　薛真度　　征虜將軍、刺史。

　　　　按：薛真度見是年華州條。

[東荊州]

　　楊大眼

[豫州]

　　席法友　　遷并州。

　　司馬悅　　鎮遠將軍、刺史。

　　　　《魏書》卷七一《席法友傳》："尋轉冠軍將軍、華州刺史，未拜，改授并州刺史。"卷三七《司馬悅傳》："世宗初，除鎮遠將軍、豫州刺史。"《司馬悅墓誌》(《墓誌集成》一一六)："出撫兩邦，惠化流詠。再牧鄖豫，江黔被澤。"《司馬裔碑》(《庾子山集》卷一三)："父悅，鎮南將軍、豫州刺史、漁陽莊侯。以荊、河刺舉。"倪璠注："《禹貢》曰：'荊、河惟豫州。'悅爲豫州刺史，故云荊、河刺舉。"《元恪嬪司馬顯姿墓誌》(《墓誌集成》二六三)："豫鄖豫青四州刺史、烈公之第三女也。"按：《裔碑》云悅爲裔父，然據《魏書》卷三七《司馬楚之傳》，楚之子金龍,金龍子延宗、纂、悦、徽亮,延宗子裔,悦子朏,則悦實爲裔叔,蓋裔曾出繼悦。碑又云悦爲莊侯,《悦傳》亦云悦謚莊,而《顯姿誌》云悦爲烈公,疑後追謚。

[東豫州]

田益宗

《魏書》卷八《世宗紀》:"七月……東豫州刺史田益宗破蕭寶卷將黃天賜於赤亭。"

[汝陰鎮]

傅永

[兗州]

裴植

[南兗州]

楊令寶

[青州]

城陽王鸞　遷定州。

[光州]

張蘭　龍驤將軍、行光州事。

魏鸞　刺史。

《魏書》卷二四《張白澤傳》:"太和五年卒。……白澤弟庫……庫長子蘭,累遷龍驤將軍,行光州事。"《北史》卷五六《魏季景傳》:"父鸞……兼武衛將軍,領宿衛左右。景明中,六輔之廢,鸞頗預其事。後除光州刺史。"按:張蘭何年行光州事不詳,列於此。

[齊州]

李元護

[徐州]

武昌王鑒

[南徐州]

　王世弼

[揚州]

　王肅　卒。

　韋纘　行揚州事。

　任城王澄　都督淮南諸軍事、鎮南大將軍、揚州刺史。

　　《魏書》卷八《世宗紀》："七月……車騎將軍、儀同三司王肅薨。"卷六三《王肅傳》："景明二年薨於壽春。"卷四五《韋纘傳》："壽春內附，尚書令王肅出鎮揚州，請纘爲長史，加平遠將軍，帶梁郡太守。肅薨，敕纘行州事。任城王澄代肅爲州，復啓纘爲長史。"按：任城王澄參見是年雍州條。

[冀州]

　高陽王雍

[定州]

　穆亮

　城陽王鸞　安北將軍、刺史。

　　《魏書》卷二七《穆亮傳》："尋除驃騎大將軍、尚書令，俄轉司空公。"卷一九下《城陽王鸞傳》："後轉安北將軍、定州刺史。"

[瀛州]

　郭祚

[幽州]

　王秉　輔國將軍、刺史。

　　《魏書》卷六三《王肅傳》："肅弟秉……世宗初，攜兄子誦、翊、衍等入國，拜中書郎，遷司徒諮議，出爲輔國將軍、幽州刺史。"按：年不詳，從吳表。

[安州]

封回　鎮遠將軍、刺史。

《魏書》卷三二《封回傳》:"尋除鎮遠將軍、安州刺史。"按:同傳上云回宣武初行華州事,後免,尋除安州。

[汾州]

李彪　行汾州事。未行。

《魏書》卷六二《李彪傳》:"詔彪兼通直散騎常侍,行汾州事,非彪好也,固請不行,有司切遣之。會遘疾累旬,景明二年秋,卒於洛陽。"

[并州]

李韶

席法友　冠軍將軍、刺史。

《魏書》卷三九《李韶傳》:"以從弟伯尚同元禧之逆,在州禁止,徵還京師。"按:席法友見是年豫州條。

[肆州]

元匡　刺史。

《魏書》卷一九上《元匡傳》:"世宗親政,除肆州刺史。匡既忤(茹)皓,懼爲所害,廉慎自修,甚有聲績。"

[恒州]

元嵩　平北將軍、刺史。

《魏書》卷一九中《元嵩傳》:"蕭衍尋克建業……除平北將軍、恒州刺史。"

[沃野鎮]

于勁　征虜將軍、鎮將。

《魏書》卷八三下《于勁傳》:"太尉拔之子。頗有武略。以功臣子,又以功績,位沃野鎮將,賜爵富昌子,拜征虜將軍。世宗納其女爲后,封太原郡公。"按:據同書卷三一《于烈傳》,納勁女爲后在景明二年,勁爲鎮將在前。

[懷朔鎮]

元尼須

[雍州]

源懷　徵還。

任城王澄　安西將軍、刺史。遷揚州。

元衍　刺史。

《魏書》卷四一《源懷傳》："景明二年，徵爲尚書左僕射，加特進。……懷又表曰：'……至二十年，除臣雍州刺史……'"卷一九中《任城王澄傳》："世宗初……出爲平西將軍、梁州刺史。辭以母老。除安東將軍、相州刺史，復固辭。改授安西將軍、雍州刺史。尋徵赴季秋講武。除都督淮南諸軍事、鎮南大將軍、開府、揚州刺史。"《元澄妃李氏墓誌》(《墓誌集成》五八)："景明二年九月三日，雍州刺史、任城王妃李氏薨于長安。"《魏書》卷一九上《元衍傳》："後卒於雍州刺史。"

[華州]

薛真度　遷荆州。

楊播　都督華州諸軍事、安西將軍、華州刺史。

《魏書》卷六一《薛真度傳》："未幾，轉荆州刺史，仍本將軍。"卷五八《楊播傳》："景明初，兼侍中，使恒州，贍恤寒乏。轉左衛將軍。出除安北將軍、并州刺史，固辭，乃授安西將軍、華州刺史。"《楊播墓誌》(《墓誌集成》一八一)："景明元年，爲使持節、兼侍中大使。宣命岳牧，巡省方俗。二年，復轉左衛將軍，本官、伯如故。其年冬，出爲使持節、都督并州諸軍事、安北將軍、并州刺史。君情係舊鄉，思蔭桑梓。朝廷許之，改牧本邦。爲都督華州諸軍事、安西將軍、華州刺史，使持節、華陰伯如故。"《楊陁羅墓誌》(《墨香閣墓誌》二一二)："祖播,後魏侍內,并、華、定、雍四州刺史。"按：參楊播傳、誌,播實歷華州,并、定二州未之任,贈雍州。

[涇州]

元遙

[岐州]

趙超宗　征虜將軍、刺史。

《魏書》卷五二《趙超宗傳》："貨賂太傅北海王詳,詳言之於世宗,除持節、征虜將軍、岐州刺史。"卷八《世宗紀》："十有一月……大將軍、北海王詳爲太傅。"《趙超宗墓誌》(《墓誌集成》九八)："天水新縣人也。乃祖因宦,居于斯鄉。……近祖清河太守丕,值秦姚數終,爰適梁漢,爵列宋朝,葬亦於彼。君……及歸魏闕……除使持節、征虜將軍、岐州刺史。"《趙超宗妻王夫人墓誌》(《墓誌集成》七七六)："魏故使持節、征虜將軍、岐華二州刺史、尋陽成伯天水趙使君命婦京兆王夫人墓誌銘。"按：參趙超宗傳、誌,華州刺史爲贈官。

[秦州]

張彝　安西將軍、刺史。

《魏書》卷六四《張彝傳》："世宗初,除正尚書、兼侍中,尋正侍中。世宗親政,罷六輔,彝與兼尚書邢巒聞處分非常,出京奔走。……尋除安西將軍、秦州刺史。"

[梁州]

楊椿

李煥　輔國將軍、刺史。

《魏書》卷五八《楊椿傳》："尋以母老,解還。"卷三六《李煥傳》："除輔國將軍、梁州刺史。時武興氐楊集起舉兵作逆,令弟集義邀斷白馬戍。敕假煥平西將軍,督別將石長樂、統軍王祐等與軍司苟金養俱討之,大破集起軍。會秦州民呂苟兒反,焕仍令長樂等由麥積崖赴援。屬都督元麗至,遂共平之。"按:《楊椿墓誌》(《墓誌集成》五五八)未書椿以母老解還事。楊集起舉兵在正始二年,吕苟兒反在正始三年,吴表列李焕於景明二年至三年,從之。

[涼州]

安樂王詮

景明三年壬午(502)

[司州]

廣陽王嘉

《魏書》卷一八《廣陽王嘉傳》:"拜衛大將軍、尚書令。"

[洛州]

元拔　刺史。

《魏書》卷九三《茹皓傳》:"世宗乃召中尉崔亮令奏(茹)皓、(劉)冑、常季賢、陳掃静四人擅勢納賄及私亂諸事,即日執皓等皆詣南臺。翌日,奏處罪,其晚就家殺之。……季賢又將娶洛州刺史元拔女,並結託帝戚以爲榮援云。"卷六七《崔光傳》:"正始元年夏,有典事史元顯獻四足四翼雞,詔散騎侍郎趙邕以問光,光表答曰……世宗覽之,大悦。後數日,而茹皓等並以罪失伏法。"按:元拔爲洛州刺史在正始元年前,斷於此。

[荆州]

薛真度

[東荆州]

楊大眼

[豫州]

司馬悦

[東豫州]

田益宗

[汝陰鎮]

傅永

[兖州]

裴植

　　《魏書》卷七一《裴植傳》:"入爲大鴻臚卿。"

[南兖州]

楊令寶

　　《魏書》卷七一《楊令寶傳》:"徵拜冠軍將軍。"《水經注》卷二三《陰溝水注》:"渦水又東南迳渦陽城北,臨側渦水,魏太和中爲南兖州治,以孟表爲刺史,後罷州立郡,衿帶遏戍。"《魏書》卷一〇六中《地形志中》譙州:"景明中置渦陽郡。"按:楊令寶何年徵還不詳,斷於此。蓋令寶去職後,即罷南兖州,置渦陽郡。

[青州]

劉芳　安東將軍、刺史。

　　《魏書》卷五五《劉芳傳》:"彭城人也。……慕容白曜南討青齊,梁鄒降,芳北徙爲平齊民。……遷中書令,祭酒如故。出除安東將軍、青州刺史。"按:萬斯同《魏將相大臣年表》斷劉芳爲中書令在景明元年至二年,吳表斷劉芳爲青州刺史在景明三至四年,從之。

[南青州]

房千秋　立忠將軍、刺史。

　　《邢偉墓誌》(《墓誌集成》一六四):"春秋卌有五,延昌三年……卒。……後夫人清河房氏,父千秋,立中將軍、南青州刺史。"按：《魏書》多見立忠將軍，未見立中將軍，誌之"中"當爲"忠"字之訛。邢偉生於皇興四年，其婦翁房千秋爲刺史蓋在孝文、宣武時，列於此。

[光州]

魏鸞

[齊州]

李元護 卒。

《魏書》卷七一《李元護傳》："三年夏卒。"

[濟州]

鄭尚 輔國將軍、刺史。

《魏書》卷五六《鄭尚傳》："歷位尚書郎、步兵校尉、驍騎將軍，遷輔國將軍、太尉司馬。出爲濟州刺史，將軍如故。……卒，贈本將軍、豫州刺史。"卷八八《宋世景傳》："尚書令、廣陽王嘉，右僕射高肇，吏部尚書、中山王英共薦世景爲國子博士，尋薦爲尚書右丞。王顯與宋弁有隙，毁之於世宗，故事寢不報。尋加伏波將軍，行滎陽太守。鄭氏豪橫，號爲難治。濟州刺史鄭尚弟遠慶先爲苑陵令，多所受納，百姓患之。"《李雲妻鄭氏墓誌》（《墓誌集成》七六七）："祖尚，濟州刺史。"《鄭邕墓誌》（《墓誌集成》一二五二）："祖尚，濟豫二州史君。……父軌，司空長史、散騎常侍、大鴻臚卿、齊州史君。"按：萬斯同《魏將相大臣年表》斷元嘉爲尚書令、高肇爲右僕射在景明二年，鄭尚爲濟州刺史當在是年前後。鄭軌不見於《魏書》，不知其齊州刺史是否爲贈官，附於此。

[徐州]

武昌王鑒

[南徐州]

王世弼

[揚州]

  任城王澄

[相州]

  李平 行相州事。正刺史,加征虜將軍。

    《魏書》卷六五《李平傳》:"頓丘人也,彭城王嶷之長子。……後以例降,襲爵彭城公。……世宗即位,除黄門郎,遷司徒左長史,行(河南)尹如故。尋以稱職正尹,長史如故。詔以本官行相州事。世宗至鄴,親幸平第,見其諸子。尋正刺史,加征虜將軍。"卷八《世宗紀》:"九月丁巳,車駕行幸鄴。"

[冀州]

  高陽王雍

[定州]

  城陽王鸞

[瀛州]

  郭祚

    《魏書》卷六四《郭祚傳》:"及太極殿成,祚朝於京師。"卷八《世宗紀》:"十有二月……饗群臣于太極前殿……以初成也。"

[幽州]

  王秉

[安州]

  封回

[并州]

  席法友

    《魏書》卷七一《席法友傳》:"歲餘代還。"

[肆州]

  元匡

[恒州]

　元嵩

[懷朔鎮]

　元尼須

[雍州]

　元衍

[華州]

　楊播

[涇州]

　元遙

[岐州]

　趙超宗

[秦州]

　張彝

[梁州]

　李煥

[涼州]

　安樂王詮

景明四年癸未(503)

[司州]

　高陽王雍　驃騎大將軍、司州牧。

　　　《魏書》卷二一上《高陽王雍傳》:"入拜驃騎大將軍、司州牧。"

[荊州]

　薛真度

《魏書》卷六一《薛真度傳》:"入爲大司農卿。"

[東荆州]

　楊大眼

[豫州]

　司馬悦

[東豫州]

　田益宗

[汝陰鎮]

　傅永

[江州]

　陳伯之　都督江郢二州諸軍事、平南將軍、江州刺史,戍陽石。

　　《魏書》卷六一《陳伯之傳》:"仕於江南,爲鎮南大將軍、江州刺史、豐城縣開國公。景明三年,伯之遣使密表請降,并遣其子冠軍將軍、徐州刺史、永昌縣開國侯虎牙爲質。四年,以伯之爲持節、都督江郢二州諸軍事、平南將軍、江州刺史。"按:陳伯之參見是年揚州條。伯之本爲梁江州刺史,降魏後仍授江州刺史,蓋遥領。

[兗州]

　陸昕之　輔國將軍、刺史。進號安東將軍。

　　《魏書》卷四〇《陸昕之傳》:"景明中,以從叔琇罪免官。尋以主壻,除通直散騎常侍。未幾,遷司徒司馬,加輔國將軍,出爲兗州刺史。尋進號安東將軍。"按:景明二年,陸琇坐咸陽王禧謀反事免官,昕之爲兗州刺史在後,斷於此。

[青州]

　劉芳

　郭祚　鎮東將軍、刺史。

　　《魏書》卷五五《劉芳傳》:"爲政儒緩,不能禁止姦盗,廉清寡欲，無犯公私。還朝，議定律令。"卷六四《郭祚傳》："轉鎮東將軍、青州刺史。"

[光州]

魏鸞

《北史》卷五六《魏季景傳》："更滿還朝，卒。"

[徐州]

武昌王鑒

[南徐州]

王世弼

按：王世弼不知何年去職，斷於此。

[揚州]

任城王澄

《魏書》卷八《世宗紀》："六月……發冀、定、瀛、相、并、濟六州二萬人，馬千疋，增配壽春。"卷一九中《任城王澄傳》："詔發冀、定、瀛、相、并、濟六州二萬人，馬一千五百匹，令仲秋之中畢會淮南，并壽陽先兵三萬，委澄經略。先是朝議有南伐之意，以蕭寶夤爲東揚州刺史據東城，陳伯之爲江州刺史戍陽石，以澄總督二鎮，授之節度。至是勒兵進討。"

[東揚州]

蕭寶夤 督東揚南徐充三州諸軍事、鎮東將軍、東揚州刺史。

《魏書》卷八《世宗紀》："四月癸未朔，以蕭寶夤爲鎮東將軍、東揚州刺史。"卷五九《蕭寶夤傳》："景明三年……冬，蕭衍江州刺史陳伯之與其長史褚胄等自壽春歸降，請軍立效。世宗以寶夤誠懇及伯之所陳，時不可失，四年二月，乃引八座門下入議部分之方。四月，除使持節、都督東揚南徐充三州諸軍事、鎮東將軍、東揚州刺史、丹陽郡開國公、齊王，配兵一萬，令且據東城，待秋冬大舉。"按：蕭寶夤參見是年揚州條。時魏有壽春之揚州，蓋稱梁建康之揚州爲東揚州，以寳夤遥領。

[相州]

　李平

[冀州]

　高陽王雍　遷司州。

　于勁　鎮東將軍、刺史。

　　《北史》卷二七《酈道元傳》："景明中，爲冀州鎮東府長史。刺史于勁，順皇后父也，西討關中，亦不至州，道元行事三年。"

[定州]

　城陽王鸞

[瀛州]

　郭祚　遷青州。

[幽州]

　元遵　前軍將軍、行幽州事、兼西中郎將。

　　《魏書》卷一六《元世遵傳》："世宗時，拜前軍將軍、行幽州事、兼西中郎將。"《元遵(世順)墓誌》(《墓誌集成》三八三)："王諱遵，字世順。除前軍將軍、太子家令，行西中郎將、幽州刺史。"按：傳作"世遵"，此從誌。誌作"行中郎將、幽州刺史"，此從傳。年不詳，列於此。

[安州]

　封回

　　《魏書》卷三二《封回傳》："徵爲太尉長史，頻行定州、徐州事。"按：年不詳，斷於此。

[并州]

　于敦　行并州事。

　　《魏書》卷三一《于敦傳》："景明中，假節，行并州事。"

[肆州]

　元匡

[恒州]

　元嵩

[沃野鎮]

　于祚　　振威將軍、鎮將。免。

　　　《魏書》卷八《世宗紀》:"十有一月……詔尚書左僕射源懷撫勞代都、北鎮,隨方拯恤。"卷四一《源懷傳》:"詔爲使持節,加侍中、行臺,巡行北邊六鎮、恒燕朔三州,賑給貧乏,兼採風俗,考論殿最,事之得失,皆先決後聞。……時后父于勁勢傾朝野,勁兄于祚與懷宿昔通婚,時爲沃野鎮將,頗有受納。懷將入鎮,祚郊迎道左,懷不與語,即劾祚免官。懷朔鎮將元尼須與懷少舊,亦貪穢狼藉……懷既而表劾尼須。"卷三一《于祚傳》:"襲父爵。除假節、振威將軍、沃野鎮將。貪殘多所受納。坐免官,以公還第。"按:祚父烈景明二年卒,祚始任年不詳。

[懷朔鎮]

　元尼須　　免。

　　　按:元尼須見是年沃野鎮條。

[武川鎮]

　侯莫陳少興　　鎮將。

　　　《侯莫陳道生墓誌》(《庾子山集》卷一五):"朔州武川人也。本系陰山,出自國族。降及於魏,在秦作劉。父少興,武川鎮將。……君……大統九年,更姓侯莫陳氏,隨大將軍拓跋遠經始陽……死於轅門,春秋五十一。……君在武川,文皇帝同鄉里。"按:道生生於太和十七年,其父少興爲鎮將蓋在孝文、宣武時,列於此。

[雍州]

元衍

[華州]

楊播　免。

《魏書》卷五八《楊播傳》:"至州借民田,爲御史王基所劾,削除官爵。"

[涇州]

元遙

[岐州]

趙超宗

《魏書》卷五二《趙超宗傳》:"徙河東太守,卒官。"《趙超宗墓誌》(《墓誌集成》九八):"還京,爲西道大使。迴除河東太守,伯如故。薨于治。以永平元年十月葬于兹壤。"

[秦州]

張彝

薛世遵　刺史。

《魏書》卷六四《張彝傳》:"時陳留公主寡居,彝意願尚主,主亦許之。僕射高肇亦望尚主,主意不可。肇怒,譖彝於世宗……彝清身奉法,求其愆過,遂無所得。見代還洛,猶停廢數年。"卷四四《薛虎子傳》:"長子世遵……景明中,爲秦州刺史。"《薛廣墓誌》(《墓誌集成》九六六):"父世遵,秦州刺史。"

[隴西鎮]

于提　鎮將。

《周書》卷一五《于謹傳》:"父提,隴西郡守。……以謹著勳,追贈使持節、柱國大將軍、太保、建平郡公。謹……天和……三年,薨于位,年七十六。"《于儀暨妻元氏墓誌》(《珍稀墓誌百品》一一）："祖簡公，在魏步兵校尉、隴西鎮將。於周太保、柱國、建平郡公。"按：傳作郡守，誌作鎮將，于提或以鎮將帶太守，如薛巒爲隴西鎮將，亦爲隴西太守，見《魏書》卷六一本傳。于謹生於太和十七年，其父提爲鎮將蓋在孝文至宣武時，列於此。

[梁州]

楊椿 冠軍將軍、都督西征諸軍事、行梁州刺史。假平西將軍。

《魏書》卷八《世宗紀》："正月……梁州氐楊會反。詔行梁州事楊椿、左將軍羊祉討之。"卷五八《楊椿傳》："後武都氐楊會反，假椿節、冠軍將軍、都督西征諸軍事、行梁州刺史，與軍司羊祉討破之。……尋以氐叛，拜光禄大夫，假平西將軍，督征討諸軍事以討之。"卷一〇五之二《天象志二》："正始……四年，氐反，行梁州事楊椿、左將軍羊祉大破之。"《楊椿墓誌》（《墓誌集成》五五八）："三年，轉平西將軍，餘如故。"按：《天象志》云楊椿正始四年討氐，《椿誌》云椿景明三年轉平西，此從紀、傳。

[涼州]

安樂王詮

正始元年甲申（504）

[司州]

高陽王雍

《魏書》卷六九《袁翻傳》："正始初，詔尚書門下於金墉中書外省考論律令……又詔太師、彭城王勰，司州牧、高陽王雍，中書監、京兆王愉，前青州刺史劉芳……等入預其事。"

[洛州]

崔休 龍驤將軍、刺史。

《魏書》卷六九《崔休傳》:"廣平王懷數引談宴,世宗責其與諸王交遊,免官。後除龍驤將軍、洛州刺史。"

[荊州]

趙怡 征虜將軍、刺史。

《魏書》卷九三《趙邕傳》:"父怡……以邕寵召拜太常少卿。尋爲荊州大中正,出除征虜將軍、荊州刺史。"

[東荊州]

楊大眼

《魏書》卷八《世宗紀》:"正月……東荊州刺史楊大眼大破群蠻樊季安等。"卷七三《楊大眼傳》:"蠻酋樊秀安等反,詔大眼爲別將,隸都督李崇,討平之。"

[郢州]

司馬悅 征虜將軍、刺史。

《魏書》卷三七《司馬悅傳》:"悅與鎮南將軍元英攻義陽,克之。詔改蕭衍司州爲郢州,以悅爲征虜將軍、郢州刺史。"

[豫州]

司馬悅 遷郢州。

薛恭度 刺史。

按:薛恭度不見於《魏書》,見次年豫州條所引《梁書》。

[東豫州]

田益宗

[汝陰鎮]

傅永

[江州]

陳伯之

田興祖 征虜將軍、刺史,治麻城。

《魏書》卷八《世宗紀》："正月庚戌,江州刺史曲江公陳伯之破蕭衍將趙祖悅於東關。"卷六一《陳伯之傳》："正始初,蕭衍征虜將軍趙祖悅築城於水東,與潁川接對,置兵數千,欲爲攻討之本。伯之進軍討祖悅,大破之。……二年夏,除伯之光禄大夫。"卷六一《田益宗傳》："益宗兄興祖,太和末,亦來歸附。景明中,假郢州刺史。及義陽置郢州,改授征虜將軍、江州刺史……治麻城。"

[兗州]

陸昕之

[青州]

郭祚

[光州]

元悝　鎮遠將軍、刺史。

《魏書》卷一五《元德傳》："卒於鎮南將軍,贈曹州刺史。德子悝,潁川太守。卒於光州刺史。"校勘記："'曹州',疑爲'冀州'之訛。"《元倖墓誌》(《墓誌集成》一二二)："祖平南將軍、冀州刺史、河澗簡公諱於德。……父鎮遠將軍、光州刺史,諱悝,字純陁。"《元悛墓誌》(《墓誌集成》四七一)："曾祖諱於德,選部給事、寧西將軍、冀州刺史、河間公。"按:傳上文云德兄忠太和四年卒,德子悝爲光州刺史蓋在孝文、宣武時,列於此。

[齊州]

元逞　刺史。

《魏書》卷一九上《汝陰王天賜傳》："子逞,字萬安。卒於齊州刺史。"按:傳云天賜孝文時卒,逞爲齊州刺史蓋在宣武時,列於此。

[徐州]

武昌王鑒

元嵩　平東將軍、刺史。

　　《魏書》卷八《世宗紀》:"七月癸丑,蕭衍角城戍主柴慶宗以城來降。"卷一六《武昌王鑒傳》:"蕭衍角城戍主柴慶宗以城內附,鑒遣淮陽太守吳秦生率兵千餘赴之。衍淮陰援軍已來斷路,秦生屢戰破之,乘勝而進,遂剋角城。……年四十二薨。"《元鑒墓誌》(《墓誌集成》九一):"以正始三年歲次丙戌夏五月壬午朔廿六日丁未,春秋卌有三,寢疾,薨於第。"《魏書》卷一九中《元嵩傳》:"轉平東將軍、徐州刺史。"

[揚州]

任城王澄

薛真度　平南將軍、刺史。

　　《魏書》卷一九中《任城王澄傳》:"有司奏軍還失路,奪其開府,又降三階。"卷六一《薛真度傳》:"正始初,除平南將軍、揚州刺史。"

[東揚州]

蕭寶夤

　　《魏書》卷五九《蕭寶夤傳》:"正始元年三月,寶夤行達汝陰,東城已陷,遂停壽春之栖賢寺。……七月,還京師。"

[相州]

李平

[冀州]

于勁

[定州]

城陽王鸞

[瀛州]

李堅　安東將軍、刺史。

《魏書》卷九四《李堅傳》:"字次壽,高陽易人也。高宗初,因事爲閹人。……世宗初,出爲安東將軍、瀛州刺史,本州之榮,同於王質。"《洛陽伽藍記》卷二魏昌尼寺:"閹官瀛州刺史李次壽所立也。"《宇文紹義妻姚洪姿墓誌》(《墓誌集成》一〇三九):"考湛……親李氏,父壽,瀛州刺史。夫人……武平元年……薨……時年六十有八。"按:姚氏生於景明四年,其外祖李壽爲刺史蓋在孝文、宣武時,與李次壽仕年、官職略合,疑爲一人。次壽爲閹人,李氏蓋其養女。

[燕州]

李興祖 刺史。

《魏書》卷八三上《李惠傳》:"景明末,特詔興祖爲中山太守。正始初……興祖自中山遷燕州刺史。"

[營州]

慕容契 征虜將軍、刺史。

《魏書》卷五〇《慕容契傳》:"正始初,除征虜將軍、營州刺史。"

[并州]

于敦 遷恒州。

王仲興 平北將軍、刺史。

《魏書》卷九三《王仲興傳》:"世宗即位,轉左中郎將,仍齋帥。及帝親政,與趙脩並見寵任,遷光禄大夫,領武衛將軍。……仲興是後漸疎,不得徑入左右。世宗乃下詔奪其封邑,出除平北將軍、并州刺史。"

[肆州]

崔振 龍驤將軍、刺史。

《魏書》卷五七《崔振傳》:"正始初,除龍驤將軍、肆州刺史。"

[恒州][平城鎮]

　　元嵩　　遷徐州。

　　于敦　　征虜將軍、刺史。

　　樓稟　　征虜將軍、鎮將。遷朔州。

　　　　《魏書》卷三一《于敦傳》："除征虜將軍、恒州刺史。"卷三〇《樓伏連傳》："(子)大拔……高祖初，爲中都大官。……子稟……除冠軍將軍、城門校尉。出爲征虜將軍、平城鎮將。遷朔州刺史，仍本將軍。入爲衛尉少卿。卒，年五十八。"按：稟父大拔孝文初爲中都大官，稟爲平城鎮將蓋在孝文、宣武時，吴表斷稟正始元年遷朔州刺史，從之。

[朔州]

　　樓稟　　征虜將軍、刺史。

　　　　按：樓稟見是年恒州條。

[懷朔鎮]

　　穆鑕　　鎮將。

　　　　《魏書》卷二七《穆鑕傳》："世宗時，爲懷朔鎮將，東、北中郎將，豳、幽、涼三州刺史。"《穆瑜墓誌》(《墓誌集成》七四二)："祖鑕，豳幽涼并相五州刺史。"按：年不詳，蓋繼元尼須。

[武川鎮]

　　陸延　　鎮將。

　　　　《魏書》卷三〇《陸延傳》："正始初，除武川鎮將。"

[懷荒鎮]

　　萬貳　　鎮將。

　　　　《魏書》卷七二《陽固傳》："轉治書，劾奏廣平王懷、汝南王悦、南陽長公主。及使懷荒，鎮將萬貳望風逃走。劾恒農太守裴粲免官。時世宗廣訪得失，固上讜言表曰……"按：在宣武時，年不詳，列於此。

[雍州]

高猛 都督雍州諸軍事、撫軍將軍、雍州刺史。

《魏書》卷八三下《高猛傳》:"尚長樂公主,即世宗同母妹也。拜駙馬都尉,歷位中書令。出爲雍州刺史,有能名。入爲殿中尚書。卒。"《高猛墓誌》(《墓誌集成》三一四):"公歷位……使持節、都督雍州諸軍事、撫軍將軍、雍州刺史、征西將軍、散騎常侍、殿中尚書。……春秋卌有一,正光四年夏四月……薨于位。"按:年不詳,吳表列於正始元年至二年,從之。

[華州]

尒朱買珍 平西將軍、刺史。

《魏書》卷七五《尒朱彦伯傳》:"父買珍,世宗時武衛將軍,出爲華州刺史。"《尒朱紹墓誌》(《墓誌集成》五一六):"父征虜將軍、武衛將軍、持節、平西將軍、燕濟華三州刺史、散騎常侍、大司農卿……買珍之第四子。"按:《尒朱襲墓誌》(《墓誌集成》五一七)所書買珍官爵與《紹誌》同,襲爲第六子。年不詳,在宣武時,列於此。

[幽州]

山累 督幽州諸軍事、冠軍將軍、幽州刺史。

《山公寺碑頌》(《碑刻校注》四·四〇三):"維大代正始元年,歲在甲申,七月丙午朔,十五日庚申……持節督幽州諸軍事、冠軍將軍、幽州刺史山累,率州府綱佐,仰爲孝文皇帝立追獻寺三級。"

[涇州]

元遙

《元遙妻梁氏墓誌》(《墓誌集成》二三三):"正始元年歲次甲申八月乙亥朔十日甲申,故京兆王息遙,使持節、平西將軍、都督涇州諸軍事、涇州刺史、饒陽男妻梁墓。"《元遙墓誌》(《墓誌集成》二〇七):"即被徵爲七兵尚書。"按:元遙徵還當在是年八月後,斷於此。

[岐州]

楊津 征虜將軍、刺史。

《魏書》卷五八《楊津傳》:"及禧平……遷驍騎將軍,仍直閤。出除征虜將軍、岐州刺史。"《楊津墓誌》(《墓誌集成》五六三):"除使持節、征虜將軍、岐州刺史。"

[夏州]

元天琚 征虜將軍、刺史。

《魏書》卷一六《元天琚傳》:"世祖時,征虜將軍、夏州刺史。卒。"校勘記:"張森楷云:'上已稱"高祖時",則此不得云"世祖","祖"蓋"宗"字之訛。'"按:年不詳,列於此。吳表列於景明二年至四年。

[秦州]

薛世遵

[梁州]

楊椿

[河州]

梁釗 刺史。

《北史》卷四九《梁覽傳》:"父釗,河華二州刺史。"《皇甫驎墓誌》(《墓誌集成》一六八):"安定朝那人也。……正始元年中,河州刺史梁公以關塞地嶮,非賢不御。而君柔猛互張,善能綏撫,復表爲武始太守。"按:誌所云梁公應爲梁釗。

[鄯善鎮]

元怡 鎮將。

《魏書》卷一九下《元怡傳》："英弟怡,起家步兵校尉,轉城門校尉,遷鄯善鎮將。所在貪暴,爲有司所糾,逃竄得免。延昌中,卒。"按:年不詳,在延昌前,列於此。

[涼州]

元紹　刺史。

《魏書》卷一五《元紹傳》："遷尚書右丞。紹斷決不避強禦。世宗詔令檢趙脩獄,以脩佞幸,因此遂加杖罰,令其致死。……卒於涼州刺史。"按:年不詳,從吳表。

[敦煌鎮]

皮演　建威將軍、鎮將。

《皮演墓誌》(《墓誌集成》一九六):"正始之初,除假節、建威將軍、燉煌鎮將。"

[梁州]

夏侯道遷　冠軍將軍、梁秦二州刺史,衆推。

《魏書》卷八《世宗紀》："閏(十二)月癸卯朔,蕭衍行梁州事夏侯道遷據漢中來降,假尚書邢巒鎮西將軍,率衆以赴之。"卷七一《夏侯道遷傳》："蕭衍以莊丘黑爲征虜將軍、梁秦二州刺史,鎮南鄭,黑請道遷爲長史,帶漢中郡。會黑死,衍以王珍國爲刺史,未至而道遷陰圖歸順。……江悦之等推道遷爲持節、冠軍將軍、梁秦二州刺史。"卷六五《邢巒傳》："蕭衍梁秦二州行事夏侯道遷以漢中内附,詔加巒使持節、都督征梁漢諸軍事、假鎮西將軍,進退徵攝,得以便宜從事。"《席盛墓誌》(《墓誌集成》二九四):"轉積射將軍、東宫直後。鎮西邢公,當推轂之重,徂征梁漢,以君聲略宿著,虛心徵引,署中兵參軍、怗武都郡事。"《魏書》卷一〇六下《地形志下》梁州:"蕭衍梁、秦二州,正始初改置。"按:此梁州爲南鄭之梁州,時仇池之梁州楊椿爲刺史。

正始二年乙酉(505)

[司州]

　高陽王雍

[洛州]

　崔休

[荆州]

　趙怡

[東荆州]

　楊大眼

[郢州]

　司馬悦

[豫州]

　薛恭度

　夏侯道遷　平南將軍、刺史。

　　《梁書》卷一〇《楊公則傳》："(天監四年)時朝廷始議北伐,以公則威名素著,至京師,詔假節先屯洛口。……至洛口,壽春士女歸降者數千户。魏豫州刺史薛恭度遣長史石榮等前鋒接戰,即斬石榮,逐北至壽春。"按:夏侯道遷見是年梁州條。

[東豫州]

　田益宗

[汝陰鎮]

　傅永

[江州]

　田興祖

[兗州]

陸昕之

[青州]

郭祚

江陽王繼　征虜將軍、刺史。

《魏書》卷六四《郭祚傳》："入爲侍中、金紫光禄大夫。"卷一六《江陽王繼傳》："世宗時，除征虜將軍、青州刺史。"

[南青州]

奚康生　刺史。

《魏書》卷七三《奚康生傳》："出爲南青州刺史。後蕭衍郁洲遣軍主徐濟寇邊，康生率將出討，破之，生擒濟。"

[徐州]

元嵩　遷揚州。

元壽興　都督徐州諸軍事、平東將軍、徐州刺史。

《魏書》卷一五《元壽興傳》："世宗初，爲徐州刺史。"按：元壽興參見永平元年徐州條。

[揚州]

薛真度

元嵩　都督揚州諸軍事、安南將軍、揚州刺史。

《魏書》卷八《世宗紀》："六月……揚州刺史薛真度大破蕭衍將王超宗。……九月己巳，揚州刺史元嵩擊破衍湘州刺史楊公則等。"卷六一《薛真度傳》："蕭衍豫州刺史王超宗率衆圍逼小峴，真度遣兼統軍李叔仁等率步騎擊之。超宗逆來拒戰，叔仁擊破之，俘斬三千。還朝，除金紫光禄大夫。"卷一九中《元嵩傳》："又轉安南將軍、揚州刺史。蕭衍湘州刺史楊公則率衆二萬，屯軍洛口……嵩乃遣統軍封邁、王會等步騎八千討之。……衍徐州刺史昌義之屯據高皇，遣三軍潛寇陰陵……嵩遣兼統軍李叔仁等援合肥、小峴、楊石，頻戰破之。"

《元嵩墓誌》(《墓誌集成》九二):"故使持節、都督揚州諸軍事、安南將軍、贈車騎大將軍、領軍將軍、楊州刺史、高平剛侯之墓誌。"

[相州]

李平

《魏書》卷六五《李平傳》:"徵拜長兼度支尚書,尋正尚書,領御史中尉。"

[冀州]

于勁

[定州]

城陽王鸞 卒。

任城王澄 鎮北大將軍、刺史。

《僧暈造像記》(《碑刻校注》四·四〇七):"太和十六年,道人僧暈爲七帝建三丈八弥勒像二菩薩……至景明二[年]鑄鐫訖竟。正始二[年],歲次乙酉,二月壬寅朔,四日銘。……前定州刺史彭城王元勰,定州刺史城陽王元鸞。"《元鸞墓誌》(《墓誌集成》七六):"履歷四牧,清風一敷。年卅八,以正始二年三月廿五日薨于官。"《魏書》卷一九中《任城王澄傳》:"轉澄鎮北大將軍、定州刺史。"

[瀛州]

李堅

[燕州]

李興祖

[營州]

慕容契

[并州]

王仲興 卒。

辛祥　行并州事。

高聰　平北將軍、刺史。

《魏書》卷九三《王仲興傳》："卒。"《魏書》卷四五《辛祥傳》："咸陽王禧妃即祥妻妹，及禧構逆，親知多罹塵謗，祥獨蕭然不預。轉并州平北府司馬。會刺史喪，朝廷以其公清，遂越長史，敕行州事。"《辛祥墓誌》(《墓誌集成》二四五)："後行并州事，美化甚著。"《魏書》卷六八《高聰傳》："中尉崔亮知(高)肇微恨，遂面陳聰罪，世宗乃出聰爲平北將軍、并州刺史。聰善於去就，知肇嫌之，側身承奉，肇遂待之如舊。"卷三一《于忠傳》："正始二年秋，詔忠以本官使持節、兼侍中，爲西道大使，刺史、鎮將贓罪顯暴者，以狀申聞，守令已下，便即行決。與撫軍將軍、尚書李崇分使二道。忠劾并州刺史高聰贓罪二百餘條，論以大辟。"

[肆州]

崔振

[恒州][平城鎮]

張斌　兼刺史。

元琛　刺史。

元淑　都督柔玄御夷懷荒三鎮二道諸軍事、平城鎮將。

《張斌墓誌》(《墓誌集成》四四四)："年十有九，爲内行内小，出爲騋驅校尉。……正始年中，世宗宣武皇帝以恒岳舊都，望苞嵩洛，齊民導政，非清忠弗寄，遂因傳節之際，旨兼恒州刺史。……還京，授龍驤將軍、中散大夫。"《魏書》卷一五《元琛傳》："位恒朔二州刺史。"《元琛墓誌》(《墓誌集成》二二八)："春秋卅有七，神龜二年……薨。"《元淑墓誌》(《墓誌集成》一〇三)："大魏故使持節、平北將軍、肆朔燕三州刺史、都督柔玄御夷懷荒三鎮二道諸軍事、平城鎮將，復贈……相州刺史。"《元世緒墓誌》(《墓誌集成》一一七一):"祖諱淑,字買仁,魏肆朔燕相四州刺史、禦夷懷荒三鎮二道諸軍事、宗正卿。"按:《琛傳》云琛歷恒、朔二州刺史,吳表分列於正始二年、三年。然《琛誌》載琛歷官甚詳,皆爲禁軍將領,卒贈定州刺史,未歷恒、朔二州,存疑。元淑正始四年卒於鎮,始任年不詳,斷於此。淑所歷肆、朔、燕三州,年亦不詳。

[武川鎮]

　陸延

[雍州]

　高猛

[岐州]

　楊津

[秦州]

　薛世遵

[梁州][益州]

　楊椿　徵還。

　王足　行益州刺史。

　羊祉　龍驤將軍、益州刺史。

　　《楊椿墓誌》(《墓誌集成》五五八):"正始二年,徵拜銀青光禄大夫。"《魏書》卷七三《崔延伯傳》:"又有王足者,驍果多策略。隸邢巒伐蜀,所在剋捷。詔行益州刺史。遂圍涪城,蜀人大震。世宗復以羊祉爲益州,足聞而引退,後遂奔蕭衍。"卷八九《羊祉傳》:"正始二年,王師伐蜀,以祉假節、龍驤將軍、益州刺史,出劍閣而還。"《羊祉墓誌》(《墓誌集成》一八六):"詔徵持節、龍驤將軍、益州刺史。"按:王足、羊祉所任之益州地望不詳,或爲遥領,或爲仇池之梁州所改,列於此。

［涼州］

　元紹

［敦煌鎮］

　皮演

［梁州］

　夏侯道遷　遷豫州。

　邢巒　安西將軍、梁秦二州刺史。

　酈道慎　尚書二千石郎中、威遠將軍、漢中行臺。

　　《魏書》卷七一《夏侯道遷傳》："賜道遷璽書曰：'……今授卿持節、散騎常侍、平南將軍、豫州刺史……'……道遷自南鄭來朝京師。"卷八《世宗紀》："二月，梁州氐反，絶漢中運路。刺史邢巒頻大破之。"卷六五《邢巒傳》："拜巒使持節、安西將軍、梁秦二州刺史。蕭衍巴西太守龐景民恃遠不降，巒遣巴州刺史嚴玄思往攻之，斬景民，巴西悉平。……巒又表曰：'……巴西、南鄭相離一千四百，去州迢遞，恒多生動。昔在南之日，以其統綰勢難，故增立巴州，鎮静夷獠，梁州藉利，因而表罷。……比建議之始，嚴玄思自號巴州刺史，剋城以來，仍使行事……'……巒既剋巴西，遣軍主李仲遷守之。……城人斬其首，以城降衍將譙希遠，巴西遂没。"卷七一《酈道慎傳》："遷尚書二千石郎中，加威遠將軍，爲漢川行臺，迎接降款。……正光五年卒，年三十八。"《隋書》卷二九《地理志上》漢川郡南鄭："舊置漢川郡。"《北周地理志》卷四梁州："漢川郡當作漢中郡，隋初避諱改。"按：酈道慎何年爲行臺不詳，當在正始元年夏侯道遷降後，列於此。

［巴州］

　嚴玄思　刺史。

　　按：嚴玄思見是年梁州條。是年北巴西郡復没於梁。

正始三年丙戌(506)

[司州]

 高陽王雍

[洛州]

 崔休 遷幽州。

 元緒 督洛州諸軍事、龍驤將軍、洛州刺史。

  《魏書》卷六九《崔休傳》:"在州數年,以母老辭州,許之。尋行幽州事,徵拜司徒右長史。"《元緒墓誌》(《墓誌集成》九四):"策君爲假節、督洛州諸軍事、龍驤將軍、洛州刺史。"

[荆州]

 趙怡

  《魏書》卷八《世宗紀》:"三月……詔荆州刺史趙怡、平南將軍奚康生赴淮陽。"卷九三《趙邕傳》:"(怡)以老乞解州任,遷拜光禄大夫。"

[郢州]

 司馬悦 遷豫州。

 婁悦 龍驤將軍、刺史。

  《魏書》卷八《世宗紀》:"九月……蕭衍遣將士卒三萬寇義陽。丁酉,夜遁走。郢州刺史婁悦追擊,破之。"校勘記:"《魏紀時誤》云:'"丁酉"上當脱"冬十月"三字。'"按:婁悦參見永平元年郢州條。《魏書》卷四五《辛祥傳》云祥爲郢州龍驤府長史,知婁悦爲龍驤將軍。

[豫州]

 夏侯道遷

 司馬悦 征虜將軍、刺史。

  《魏書》卷七一《夏侯道遷傳》:"歲餘,頻表解州,世宗許之。"卷三七《司馬悦傳》："詔以本將軍爲豫州刺史。"

[東豫州]

田益宗

[汝陰鎮]

傅永　遷梁州。

[江州]

田興祖

《魏書》卷六一《田益宗傳》："益宗長子隨興。……興祖卒，益宗請隨興代之，世宗不許，罷并東豫。"按：興祖卒年不詳，斷於此。

[兗州]

陸昕之

[青州]

江陽王繼

《梁書》卷二《武帝紀中》："（天監五年三月）癸未，魏宣武帝從弟翼率其諸弟來降。輔國將軍劉思效破魏青州刺史元繁於膠水。丁亥，陳伯之自壽陽率衆歸降。"按：元繁當即元繼。

[南青州]

奚康生　遷華州。

《魏書》卷七三《奚康生傳》："蕭衍遣將宋黑率衆寇擾彭城，時康生遭母憂，詔起爲別將、持節、假平南將軍，領南青州諸軍擊走之。後衍復遣都督、臨川王蕭宏，副將張惠紹勒甲十萬規寇徐州，又假宋黑徐州刺史，領衆二萬，水陸俱進，徑圍高塚戍。詔授康生武衛將軍、持節、假平南將軍，爲別將，領羽林三千人，騎、步甲士隨便割配。康生一戰敗之。……出爲平西將軍、華州刺史。"卷八《世宗紀》："六月……假平南將軍奚康生破蕭衍將張惠紹，斬其徐州刺史宋黑。"

[光州]

　王瓊　刺史。

　　《魏書》卷三八《王瓊傳》:"正始中,爲光州刺史。"

[齊州]

　裴遵　刺史。

　　《周書》卷三六《裴果傳》:"父遵,齊州刺史。果……魏太昌初,起家前將軍、乾河軍主。"按:裴果太昌初起家,其父爲齊州刺史蓋在宣武後,列於此。

[徐州]

　元壽興

[揚州]

　元嵩

[相州]

　王顯　平北將軍、刺史。

　　《魏書》卷九一《王顯傳》:"累遷遊擊將軍,拜廷尉少卿,仍在侍御,營進御藥,出入禁内。乞臨本州,世宗曾許之,積年未授,因是聲問傳於遠近。顯每語人,言時旨已決,必爲刺史。遂除平北將軍、相州刺史。"

[冀州]

　于勁

　京兆王愉　刺史。

　　《魏書》卷八《世宗紀》:"五月……以秦隴未平,詔征西將軍于勁節度諸軍。"卷二二《京兆王愉傳》:"出爲冀州刺史。"

[定州]

　任城王澄

　　《魏書》卷一九中《任城王澄傳》:"母孟太妃薨,居喪毁瘠。"

[瀛州]
　李堅
[幽州]
　崔休　行幽州事。
　　　　按：崔休見是年洛州條。
[燕州]
　李興祖
[營州]
　慕容契　遷沃野鎮。
[并州]
　高聰
[肆州]
　崔振
　　　　《魏書》卷五七《崔振傳》："還朝，除河東太守。永平中，卒於郡。"
[恒州][平城鎮]
　元萇　都督恒州諸軍事、征虜將軍、恒州刺史。
　元淑
　　　　《魏書》卷一四《元萇傳》："世宗時，爲北中郎將，帶河內太守。"《元萇墓誌》(《墓誌集成》一九九)："使持節、都督恒州諸軍事、征虜將軍、恒州刺史、北中郎將、帶河內太守。"《元鑒之墓誌》(《墓誌集成》三二三)："父萇，侍中、尚書、南北二京尹、使持節、散騎常侍、鎮北將軍、雍定恒三州刺史。"按：《萇誌》下云萇永平中歷河南尹、雍州刺史等，爲恒州刺史蓋在正始中，斷於此。
[沃野鎮]
　慕容契　都督沃野薄骨律二鎮諸軍事、征虜將軍、沃野鎮將。

《魏書》卷五〇《慕容契傳》:"徙都督沃野、薄骨律二鎮諸軍事,沃野鎮將。……將軍並如故。"按:慕容契何年遷沃野鎮不詳,斷於此。

[武川鎮]

陸延

《魏書》卷三〇《陸延傳》:"入除太僕卿。"按:年不詳,斷於此。

[雍州]

元麗　刺史。

按:元麗見是年秦州條。

[華州]

于忠　平西將軍、刺史。丁憂,未任。

奚康生　平西將軍、刺史。

《魏書》卷三一《于忠傳》:"除平西將軍、華州刺史。遭繼母憂,不行。"按:奚康生見是年南青州條。

[幽州]

穆鑕　刺史。

《魏書》卷二七《穆鑕傳》:"世宗時,爲懷朔鎮將,東、北中郎將,幽、幽、涼三州刺史。"《穆瑜墓誌》(《墓誌集成》七四二):"祖鑕,幽幽涼并相五州刺史。"按:年不詳,列於此。

[岐州]

楊津

[高平鎮]

郎育　鎮將。

《魏書》卷五八《楊椿傳》:"秦州羌吕苟兒、涇州屠各陳瞻等聚衆反,詔椿爲别將,隸安西將軍元麗討之。……入正太僕卿,加安東將軍。初,顯祖世有蠕蠕萬餘户降附,居於高平、薄骨律二鎮。太和之末,叛走略盡,惟有一千餘家。太中大夫王通、高平鎮將郎育等,求徙置淮北,防其叛走。詔許之,慮不從命,乃使椿持節往徙焉。椿以爲徙之無益……時八座議不從,遂徙於濟州緣河居之。冀州元愉之難,果悉浮河赴賊,所在鈔掠,如椿所策。"按:討吕苟兒在正始三年,元愉起兵在永平元年,郎育爲鎮將當在此前後。

[秦州]

元麗 都督、刺史。遷雍州。

李韶 撫軍將軍、西道都督、行秦州事。尋即真。

《魏書》卷八《世宗紀》:"正月……秦州民王智等聚衆二千自號王公,尋推秦州主簿吕苟兒爲主,年號建明。……二月……詔右衛將軍元麗等討吕苟兒。……七月……元麗大破秦賊,降吕苟兒及其王公三十余人,秦涇二州平。"卷一九上《元麗傳》:"時秦州屠各王法智推州主簿吕苟兒爲主,號建明元年,置立百官,攻逼州郡。涇州人陳瞻亦聚衆自稱王,號聖明元年。詔以麗爲使持節、都督、秦州刺史,與別駕楊椿討之。……拜雍州刺史。"卷三九《李韶傳》:"吕苟兒反於秦州,除撫軍將軍、西道都督、行秦州事,與右衛將軍元麗率衆討之。事平,即真。"

[益州]

羊祉 遷梁州。

裴宣 征虜將軍、刺史。

《魏書》卷四五《裴宣傳》:"出爲征虜將軍、益州刺史。宣善於綏撫,甚得羌戎之心。"

[涼州]

司馬仲明 征虜將軍、刺史。

《魏書》卷三七《司馬仲明傳》:"出爲征虜將軍、涼州刺史。坐貪殘,爲御史所彈,遇赦免,積年不敘。後娶靈太后從姊爲繼室,除武衛將軍、征虜將軍。"按:年不詳,從吳表。

[敦煌鎮]

皮演

[梁州]

邢巒 徵還。

傅永 行秦梁二州事。尋徵還。

羊祉 都督梁秦二州諸軍事、龍驤將軍、梁秦二州刺史。

《魏書》卷八《世宗紀》:"正月……梁秦二州刺史邢巒連破氐賊,克武興。"卷七〇《傅豎眼傳》:"武興氐楊集義反叛,推其兄子紹先爲主,攻圍關城。梁州刺史邢巒遣豎眼討之。集義衆逆戰,頻破走之,乘勝追北,仍剋武興。"卷六五《邢巒傳》:"徵授度支尚書。"《金石錄》卷二一《跋尾十一·後魏車騎大將軍邢巒碑》:"碑云'徵爲都官尚書',而史作'度支'。"《魏書》卷七〇《傅永傳》:"除太中大夫,行秦梁二州事,代邢巒鎮漢中。後還京師。"卷八九《羊祉傳》:"又以本將軍爲秦梁二州刺史。"《羊祉墓誌》(《墓誌集成》一八六):"都督梁秦二州諸軍事、梁秦二州刺史,持節、將軍如故。"《石門銘》(《碑刻校注》四·四四一):"皇魏正始元年,漢中獻地,褒斜始開……經途巨礙,行者苦之。梁秦初附,實仗才賢。朝難其人,褒簡良牧。三年,詔假節龍驤將軍、督梁秦諸軍事、梁秦二州刺史、泰山羊祉,建旗嶓漾,撫境綏邊。"按:以上梁秦連稱,秦州當因襲梁朝,指與梁州同治南鄭之南秦州,非上封之秦州。

[武興鎮]

唐法樂 鎮將。

《魏書》卷一〇一《氐傳》:"安西將軍邢巒遣建武將軍傅

豎眼攻武興,剋之,執(楊)紹先送于京師,遂滅其國,以爲武興鎮。"卷一〇一《氐傳》:"前後鎮將唐法樂,刺史杜纂、邢豹,以威惠失衷,氐豪仇石柱等相率反叛。"按:唐法樂任期不詳,是年置武興鎮,列於此。

正始四年丁亥(507)

[司州]

高陽王雍 遷太尉。

《魏書》卷八《世宗紀》:"九月己未,詔曰:'……其以司空、高陽王雍爲太尉……'"

[洛州]

元緒 卒。

薛裔 刺史。

《元緒墓誌》(《墓誌集成》九四):"正始四年正月寢患,二月辛卯朔八日戊戌薨於州之中堂。"《魏書》卷四二《薛胤傳》:"(太和)二十三年秋,遇疾,卒於郡。……子裔……出爲洛州刺史。"按:薛裔何年爲刺史不詳,從吳表。

[荆州]

崔延伯 征虜將軍、刺史。

《魏書》卷七三《崔延伯傳》:"博陵人也。祖壽,於彭城陷入江南。延伯有氣力,少以勇壯聞。仕蕭賾,爲緣淮遊軍,帶濠口戍主。太和中入國,高祖深嘉之,常爲統帥……積勞稍進,除征虜將軍、荆州刺史。……荆州土險,蠻左爲寇,每有聚結,延伯自討之,莫不摧殄,由是穰土帖然,無敢爲患。"按:傳下云延伯永平中轉幽州刺史,爲荆州刺史在前,斷於此。

[郢州]

婁悦

[豫州]

司馬悦

[東豫州]

田益宗

[兖州]

陸昕之　遷青州。

[南兖州]

傅豎眼　行南兖州事。復置。

《魏書》卷七九《范紹傳》:"詔紹詣鍾離,與都督、中山王英論攻鍾離形勢,英固言必剋。紹觀其城隍防守,恐不可陷,勸令班師,英不從。紹還,具以狀聞。俄而英敗。詔以徐豫二境,民稀土曠,令紹量度處所,更立一州。紹以譙城形要之所,置州爲便,遂立南兖。"卷八《世宗紀》:"四月戊戌,鍾離大水。中山王英敗績而還。"卷一〇六中《地形志中》南兖州:"正光中置。治譙城。"校勘記:"'正光'當是'正始'之訛。"卷七〇《傅豎眼傳》:"還洛,詔假節,行南兖州事。豎眼善於綏撫,南人多歸之。"《傅豎眼墓誌》(《墓誌集成》六〇二):"行南兖州刺史。"

[青州]

陸昕之　安東將軍、刺史。

《魏書》卷四〇《陸昕之傳》:"仍除青州刺史。"

[南青州]

傅永　行南青州事。

《魏書》卷七〇《傅永傳》:"除恒農太守,非心所樂。時(元)英東征鍾離,連表請永,求以爲將,朝廷不聽。……未幾,解郡,還爲太中大夫,行南青州事。"

[光州]

王瓊

[徐州]

元壽興

[揚州]

元嵩　被殺。

章武王融　行揚州事。尋遷并州。

李崇　征南將軍、刺史。

　　《魏書》卷一九中《元嵩傳》:"後爲蒼頭李太伯等同謀害嵩。"《元嵩墓誌》(《墓誌集成》九二):"年卅九,正始四年歲次丁亥春三月庚申朔三日壬戌薨于州治。"《魏書》卷一九下《章武王融傳》:"蕭衍遣將,寇逼淮陽,梁城陷没,詔融假節、征虜將軍、别將南討,大摧賊衆,還復梁城。于時,揚州刺史元嵩爲奴所害,敕融行揚州事。尋除假節、征虜將軍、并州刺史。"《元融墓誌》(《墓誌集成》四三一):"假征虜將軍,隨伯父都督中山王(英)爲别將。復梁城已陷之郛,摧陰陵鯨鯢之賊,公實豫有力焉。既而楊州刺史元嵩被害,壽春凶凶,人懷危迫。都督表公行楊州事。公私帖然,民無異望。還京,除假節、征虜將軍、督并州諸軍事、并州刺史。"《元湛(琛興)墓誌》(《墓誌集成》四七九):"都督雍華岐三州諸軍事、并青雍三州刺史、章武武莊王之令弟。"《魏書》卷六六《李崇傳》:"出除散騎常侍、征南將軍、揚州刺史。"按:《湛誌》之并、青、雍三州,參《融傳》,并、青二州爲實授,雍州爲贈官。又同誌之"武莊",《融傳》作"莊武"。《通鑑》卷一四六斷李崇爲揚州刺史於梁天監六年,即魏正始四年,吳表斷於永平三年,此從《通鑑》。

[相州]

王顯

[冀州]

京兆王愉

[定州]

安樂王詮　都督定州諸軍事、平北將軍、定州刺史。

《魏書》卷二〇《安樂王詮傳》:"後除定州刺史。"《元詮墓誌》(《墓誌集成》一三三):"正始之中,南寇侵境,詔王使持節、都督南討諸軍事、平南將軍,攻圍鍾離。以振旅之功,除使持節、都督定州諸軍事、平北將軍、定州刺史。"

[瀛州]

李堅

[幽州]

穆鑌　刺史。

《魏書》卷二七《穆鑌傳》:"世宗時,爲懷朔鎮將,東、北中郎將,幽、幽、涼三州刺史。"《穆瑜墓誌》(《墓誌集成》七四二):"祖鑌,幽幽涼并相五州刺史。"按:年不詳,從吳表。

[并州]

高聰

章武王融　征虜將軍、督并州諸軍事、并州刺史。

《魏書》卷六八《高聰傳》:"聰在并州數歲,多不率法,又與太原太守王椿有隙,再爲大使、御史舉奏,肇每以宗私相援,事得寢緩。世宗末,拜散騎常侍、平北將軍。"按:元融見是年揚州條。

[肆州]

陸昶　平北將軍、刺史。

《魏書》卷四〇《陸昶傳》:"正始中,爲太尉屬……以本官行滎陽郡事。……遷司空司馬,尋拜光禄大夫。……出爲平西將軍、京兆内史,固辭不拜。轉平北將軍、肆州刺史。入爲衛將軍、大鴻臚卿。"《陸子玉墓誌》(《墓誌集成》七二七):"父使持節、散騎常侍、肆州刺史。"按:蓋在正始、永平中,列於此。

[恒州][平城鎮]

元巶

元淑 卒。

《北史》卷一五《元淑傳》:"卒於平城鎮將。"《元淑墓誌》(《墓誌集成》一〇三):"以正始四年歲次丁亥十月丙辰朔廿三日戊寅,春秋六十一。"

[雍州]

元麗

《皇甫驎墓誌》(《墓誌集成》一六八):"安定朝那人也。……君雖冑藉安定,墳井在雍。正始四年中,還鄉。刺史元王以君量勘執物,復表爲别駕。"

[華州]

奚康生

[東秦州]

王世弼 冠軍將軍、刺史。

《魏書》卷七一《王世弼傳》:"景明初,除冠軍將軍、南徐州刺史。……後以本將軍除東徐州刺史。"《北史》卷四五《王世弼傳》:"除南徐州刺史……後除東秦州刺史。"《柳鷟妻王令媛墓誌》(《墓誌集成》一一五八):"祖世弼……徐州東秦二州刺史。"按:三者互參,《魏書》之"東徐州"當作"東秦州",《媛誌》之"徐州"當作"南徐州"。

[岐州]

楊津

[秦州]

李韶

[益州]

裴宣

[涼州]

高雙　征虜將軍、刺史。

《魏書》卷六二《高雙傳》:"北海王詳爲録尚書,雙多納金寶,除司空長史。未幾,遷太尉長史,俄出爲征虜將軍、涼州刺史。"

[敦煌鎮]

皮演

《皮演墓誌》(《墓誌集成》一九六):"延昌三年歲次甲午三月己酉朔十七日乙丑寢疾,薨于洛陽縣之安武里宅。"按:皮演不知何年去職,斷於此。

[梁州]

羊祉

永平元年戊子(508)

[洛州]

薛裔

[荆州]

崔延伯

[東荆州]

楊鈞　龍驤將軍、刺史。

《魏書》卷五八《楊鈞傳》:"入爲司徒左長史。又除徐州、東荆州刺史,還爲廷尉卿。"《楊鈞墓誌》(《墓誌集成》四九二):"世宗纂歷……轉公洛陽令……俄而行河南尹。……後除司空皇子長史，仍署中正。……荆州地連蠢尔，走嶮爲性，至於牧伯之選，帝難其人。乃除公持節、龍驤將軍、荆州刺史。……還除征虜將軍、廷尉少卿。"《楊儉墓誌》（《墓誌集成》七八五）："荆齊恒雒華五州刺史、七兵尚書、行臺僕射、侍中、司空公、臨貞恭侯鈞之第三子。"按：《鈞傳》云鈞歷徐州、東荆州，《鈞誌》《儉誌》皆無徐州，而有齊州，本傳蓋誤。又誌作荆州，此從傳。鈞何年爲東荆州刺史不詳，從吳表。

[郢州]

婁悦

《魏書》卷八《世宗紀》："九月……郢州司馬彭珍、治中督榮祖等謀叛，潛引蕭衍衆入義陽，郢州刺史婁悦擊走之。"卷一九下《元英傳》："時郢州治中督榮祖潛引蕭衍軍，以義陽應之，三關之戍，並據城降衍。郢州刺史婁悦嬰城自守。懸瓠城民白早生等殺豫州刺史司馬悦，據城南叛。衍將齊苟仁率衆守懸瓠。悦子尚華陽公主，并爲所劫。詔英使持節、都督南征諸軍事、假征南將軍，出自汝南。……衍司州刺史馬仙琕亦即退走。"卷四五《辛祥傳》："後除郢州龍驤府長史，帶義陽太守。白早生之反也，蕭衍遣衆來援，因此緣淮鎮戍，相繼降没，唯祥堅城獨守。……州境獲全。論功方有賞授，而刺史婁悦耻勳出其下，聞之執政，事竟不行。"卷六一《薛懷吉傳》："豫州城民白早生殺刺史，以懸瓠入蕭衍，衍將齊苟仁率衆守城，於是自懸瓠以南至于安陸，惟義陽一城而已。懷吉與郢州刺史婁悦督屬將士，且守且戰，卒全義陽，與（元）英討復三關諸戍。"

[豫州]

司馬悦 被殺。

邢巒 度支尚書、行臺、假鎮南將軍、都督南討諸軍事、行豫州事。還朝。

崔暹 行豫州事，尋即真。

《司馬悦墓誌》（《墓誌集成》一一六）："再莅豫土。釁機竊發，禍起非慮。春秋卌有七，永平元年十月七日薨於豫州。"《司馬裔碑》（《庾子山集》卷一三）："父悦……時值亂離，釁起蕭牆，遂終非命。"《梁書》卷二《武帝紀中》："（天監七年十月）魏懸瓠鎮軍主白早生、豫州刺史胡遜以城内屬。"《魏書》卷八《世宗紀》："十月……豫州城人白早生殺刺史司馬悦，據城南叛，蕭衍遣將齊苟仁等四將以助之。詔尚書邢巒行豫州事，督將軍崔暹率騎討之。……十有二月己未，邢巒克懸瓠，斬白早生，擒齊苟仁等。"卷六五《邢巒傳》："徵授度支尚書。……豫州城民白早生殺刺史司馬悦，以城南入，蕭衍遣其冠軍將軍齊苟仁率衆入據懸瓠。詔巒持節率羽林精騎以討之。……詔加巒使持節、假鎮南將軍、都督南討諸軍事。征南將軍、中山王英南討三關，亦次於懸瓠，以後軍未至，前寇稍多，憚不敢進，乃與巒分兵掎角攻之。……豫州平，巒振旅還京師。"卷六七《崔鴻傳》："轉尚書都兵郎中。……永平初，豫州城人白早生，殺刺史司馬悦，據懸瓠叛。詔鎮南將軍邢巒討之，以鴻爲行臺鎮南長史。徙三公郎中。"《席盛墓誌》（《墓誌集成》二九四）："（邢）公東征豫土，又爲行臺郎中、鎮南府司馬。"《魏書》卷八九《崔暹傳》："字元欽，本云清河東武城人也。……初以秀才累遷南兗州刺史，盜用官瓦，贓污狼藉，爲御史中尉李平所糾，免官。後行豫州事，尋即真。"按：《梁書》之胡遜不見於《魏書》，時司馬悦、邢巒、崔暹相繼爲豫州刺史或行豫州事，胡遜之豫州刺史當非魏授，疑自署或梁授。邢巒之官職，紀、傳、誌不同，今綜列之。

[東豫州]

田益宗

《魏書》卷六一《田益宗傳》:"白早生反於豫州……時自樂口已南,郢豫二州諸城皆没於賊,唯有義陽而已。蕭衍招益宗以車騎大將軍、開府儀同三司、五千户郡公。當時安危,在益宗去就,而益宗守節不移。郢豫剋平,益宗之力也。"

[南兖州]

傅堅眼 遷益州。

崔遲 刺史。免,尋行豫州事。

傅永 左將軍、刺史。

《魏書》卷七〇《傅永傳》:"遷左將軍、南兖州刺史。"按:崔遲見是年豫州條。傅永熙平元年卒,當繼崔遲爲刺史。

[青州]

陸昕之

[光州]

王瓊

《魏書》卷三八《王瓊傳》:"有受納之響,爲中尉王顯所劾,終得雪免。"按:是年御史中尉李平討元愉,後王顯代爲御史中尉,見《魏書》卷六五《李平傳》及卷九一《王顯傳》。王顯彈王瓊不早於是年,斷於此。

[南青州]

傅永 遷南兖州。

[齊州]

鄭懿 督齊州諸軍事、征虜將軍、齊州刺史。尋進號平東將軍。

《魏書》卷五六《鄭懿傳》:"世宗初,以從弟思和同咸陽王禧之逆,與弟通直常侍道昭俱坐緦親出禁。拜太常少卿,加冠軍將軍,出爲征虜將軍、齊州刺史,尋進號平東將軍。"《鄭羲下碑》(《碑刻校注》四·四七〇):"公長子懿……給事黃門侍郎、太常卿、使持節、督齊州諸軍事、平東將軍、齊州刺史。"按:

懿永平三年卒,始任年不詳,斷於此。

[濟州]

高植　輔國將軍、刺史。

張弁　冠軍將軍、刺史,元愉署。

《魏書》卷八三下《高植傳》:"肇子植。自中書侍郎爲濟州刺史,率州軍討破元愉,別將有功。"《高植墓誌》(《墓誌集成》二四八):"魏故濟青相涼朔恒六州刺史。"《王温墓誌》(《墓誌集成》五七七):"轉濟州刺史高殖輔國府司馬。"《張弁墓誌》(《墓誌集成》二四七):"正始末,京兆王以帝弟之重,出鎮河北,必懷異圖,搜訪英儁。及其興構,或君以忠公之言,委君以專方之任,授冠軍將軍、濟州刺史。君尋得京師息耗,朝廷清平,遂散所部,脱身歸正。"

[徐州]

元壽興　賜死。

《魏書》卷一五《元壽興傳》:"在官貪虐,失於人心。其從兄侍中暉,深害其能,因譖之於帝,詔尚書崔亮馳驛檢覆。……遂至河東,匿(薛)脩義家。逢赦,乃出見世宗。……及(王)顯有寵,爲御史中尉,奏壽興在家每有怨言,誹謗朝廷。……賜死。……壽興命筆自作《墓誌銘》曰:'洛陽男子,姓元名景,有道無時,其年不永。'"卷六六《崔亮傳》:"徐州刺史元晒撫御失和,詔亮馳驛安撫。亮至,劾晒,處以大辟,勞賚綏慰,百姓怗然。"吴廷燮《元魏方鎮年表》:"元晒,即元景。"《太僕卿元公墓誌》(《金石續編》卷三):"祖昺,使持節、散騎常侍、都督徐州諸軍事、平東將軍、徐州刺史、宗正卿。"陸增祥跋:"壽興即昺,李延壽撰《北史》,避唐世祖諱改昺爲景,故曰姓元名景。魏收書多亡闕,後人以《北史》補之,故仍唐諱。"《元統師墓誌》(《大唐西市博物館藏墓誌》二七):"曾祖昺,散騎常侍、御史大夫、徐兗五州刺史、城陽王。"按:《師誌》所云五州不詳,《元壽興傳》唯云壽興歷徐州,贈豫州。壽興死於何年不詳,斷於此。

[揚州]

　李崇

[相州]

　王顯

　于忠　安北將軍、刺史。

　　《魏書》卷九一《王顯傳》:"元愉作逆,顯討之不利。入除太府卿、御史中尉。"卷三一《于忠傳》:"服闋,授安北將軍、相州刺史。"

[冀州]

　京兆王愉　反,被殺。

　李平　都督北討諸軍事、假鎮北將軍、行冀州事。

　中山王英　假征東將軍、都督冀州諸軍事。未發。

　　《魏書》卷八《世宗紀》:"八月癸亥,冀州刺史、京兆王愉據州反。乙丑,假尚書李平鎮北將軍、行冀州事以討之。……九月辛巳朔,李平大破元愉於草橋。……定州刺史、安樂王詮大破元愉於信都北。……癸卯,李平克信都,元愉北走……統軍叔孫頭執愉送信都。群臣請誅愉,帝弗許,詔送京師。冀州平。"卷二二《京兆王愉傳》:"始愉自以職求侍要,既勢劣二弟,潛懷愧恨,頗見言色。又以幸妾屢被頓辱,内外離抑。及在州謀逆,愉遂殺長史羊靈引及司馬李遵,稱得清河王密疏,云高肇謀殺害主上。於是遂爲壇於信都之南,柴燎告天,即皇帝位。赦天下,號建平元年,立李氏爲皇后。世宗詔尚書李平討愉。愉出拒王師,頻敗,遂嬰城自守。愉知事窮,攜李及四子數十騎出門,諸軍追之,見執以送。……至野王……絶氣而死,年二十一。"同卷《清河王懌傳》:"司空高肇以帝舅寵任,既擅威權,謀去良宗,屢譖懌及愉等。愉不勝其忿怒,遂舉逆冀州。因愉之逆,又構殺鰓。"《北史》卷一九《京兆王愉傳》:"或云高肇令人殺之。"《南北史合注》卷一〇一《文景皇帝傳》李清按:"愉敗執後猶無慙懼,安能慙見宣武,絶氣而死？肇令人殺之是。"《元愉妃楊奥妃墓誌》(《墓誌集成》三〇六):"王既遇禍,幽居别室。四子蒙稚,半離繈緥。"《高慶碑》(《碑刻校注》四·四三一):"勃海郡公左光禄大夫(下闕)文昭皇太后之姪。世宗武皇帝之内弟也。……京兆王以元弟之貴,作牧本州……檄君爲州主簿。……既而贊□□謀,已結開章之説,將行君于□。時姊爲皇后,内執六宮之柄；叔爲冢宰,外捴百□之權。人見危亡,□幾身無安全之地。徒□置以俟命,不苟合而邀生。唯與長史太山羊□靈引、司馬趙國李良軌、外兵參軍潁川□景儁、□□參軍清河崔伯驥等確然居正,見忌寔□。及淫刑已逞,一時俱憋。"《魏書》卷四九《李遵傳》:"遵爲愉府司馬。愉反,召集州府以告之,遵不從,爲愉所害。"卷七二《房亮傳》:"轉平原太守,以清嚴稱。時冀州刺史、京兆王愉據州反,平原界在河北,與愉接境。愉乃遣人説亮,唉以榮利。亮即斬其使人,發兵防捍。愉怒,遣其大將張靈和率衆攻亮。亮督屬兵民,喻以逆順,出城拒擊,大破之。"卷六五《李平傳》:"冀州刺史、京兆王愉反於信都,以平爲使持節、都督北討諸軍事、鎮北將軍,行冀州事以討之。……冀州平,世宗遣兼給事黄門侍郎、祕書丞元梵宣旨慰勞。徵還京師。"《李璧墓誌》(《墓誌集成》二六二):"既而謡落還私,因侍閑宇。京兆王作蕃海服,問鼎冀川。君逆鑒禍機,潛形河外。鎮東李公出軍邦北,都督六州,掃清叛命,復召君兼别駕,督護樂陵郡。"《魏書》卷一九下《元英傳》:"後京兆王愉反,英復王封……除使持節,假征東將軍、都督冀州諸軍事。英未發而冀州已平。"按:李璧參見太和二十三年冀州條。

[定州]

安樂王詮 加都督定瀛二州諸軍事。

《魏書》卷二〇《安樂王詮傳》:"及京兆王愉之反,詐言國變。在北州鎮,咸疑朝廷有釁,遣使觀詮動靜。詮具以狀告,州鎮帖然。愉奔信都,詮與李平、高植等四面攻燒,愉突門而出。尋除侍中。"《元詮墓誌》(《墓誌集成》一三三):"元愉滔天,王忠誠首告,表請親征。敕王都督定瀛二州諸軍事,餘如故。氛霧剋清,除侍中。"

[瀛州]

李堅

裴植 安東將軍、刺史。

《魏書》卷九四《李堅傳》:"值京兆王愉反於冀州,堅勒衆征愉,爲愉所破。代還。"卷七一《裴植傳》:"出爲安東將軍、瀛州刺史。"

[幽州]

祖□ 刺史。

《祖賁之墓誌》(《洛陽新獲墓誌 二〇一五》三〇):"字孝隱,范陽酋縣人。……祖幽州使君。……(公)武定七年……卒……時年卅二。"按:祖賁之(孝隱)見《北齊書》卷三九《祖珽傳》,爲珽弟。賁之生於神龜元年,其祖爲刺史蓋在孝文、宣武時,不知是否爲贈官,列於此。

[燕州]

劉匹知倍 平西將軍、刺史。

《劉阿倪提墓誌》(《墓誌集成》七七七):"父匹知倍,平西將軍、燕州刺史。公諱阿倪提,恒農郡胡城縣人。……以大統三年十月十五日薨,時年卅五。"按:劉阿倪提生於景明四年,其父爲刺史蓋在宣武、孝明時,列於此。

[平州]

李彥 平北將軍、刺史。

《魏書》卷三九《李彥傳》:"字次仲。……出行揚州事。徵拜河南尹。還至汝陰,復敕行徐州事。轉平北將軍、平州刺史。"按:年不詳,從吳表。

[營州]

崔敬邕 龍驤將軍、刺史。

《魏書》卷五七《崔敬邕傳》:"遷龍驤將軍、太府少卿,以本將軍出除營州刺史。"《崔敬邕墓誌》(《墓誌集成》一三三五):"永平初,聖主以遼海戎夷,宣化佇賢,肅慎契丹,必也綏接,於是除君持節、營州刺史。"

[汾州]

張通 刺史。未任。

《北史》卷三四《張通傳》:"博通經史,沈冥不預時事。頓丘李彪欽其學行,與之遊款。……太和中,徵中書博士、中書侍郎,永平中,又徵汾州刺史,皆不赴,終於家。"

[并州]

章武王融

[恒州][平城鎮]

元匡 刺史。

慕容契 都督禦夷懷荒二鎮諸軍事、征虜將軍、平城鎮將。

《魏書》卷一九上《元匡傳》:"遷恒州刺史,徵爲大宗正卿、河南邑中正。"卷五〇《慕容契傳》:"轉都督禦夷、懷荒二鎮諸軍事、平城鎮將,(征虜)將軍並如故。"按:慕容契正始初爲營州刺史,歷沃野鎮將,遷平城鎮將,年不詳,當在元朗前,斷於此。
[懷朔鎮]

 鮮于寶業 鎮將。

  《北齊書》卷四一《鮮于世榮傳》:"漁陽人也。父寶業,懷朔鎮將。……世榮少而沉敏,有器幹。興和二年,爲高祖親信副都督。"按:世榮仕於東魏,其父爲鎮將蓋在魏末,列於此。

[武川鎮]

 斛律謹 龍驤將軍、鎮將。

  《北齊書》卷二〇《斛律羌舉傳》:"太安人也。世爲部落酋長。父謹,魏龍驤將軍、武川鎮將。羌舉少驍果,有膽力。永安中,從尒朱兆入洛。"按:羌舉永安中從尒朱兆,其父謹爲鎮將蓋在宣武、孝明時,列於此。

[雍州]

 元麗

[華州]

 奚康生

[東秦州]

 王世弼 免。

  《魏書》卷七一《王世弼傳》:"治任於刑,爲民所怨,有受納之響。歲餘,爲御史中尉李平所彈,會赦免。"按:是年八月李平行冀州事,討元愉,彈王世弼當在前,斷於此。

[岐州]

 楊津

[秦州]

 李韶

[隴西鎮]

 趙儁 鎮將。

按：趙儁見永平三年隴西鎮條，始任年不詳，斷於此。

[益州][南秦州]

裴宣 改南秦州刺史。

《魏書》卷四五《裴宣傳》："後晉壽更置益州，改宣所莅爲南秦州。先是，有陰平氏酋楊孟孫，擁户數萬，自立爲王，通引蕭衍，數爲邊患。宣乃遣使招喻，曉以逆順，孟孫感恩，即遣子詣闕。武興氏姜謨等千餘人上書乞延更限。世宗嘉焉。"

[涼州]

高雙

《魏書》卷六二《高雙傳》："專肆貪暴，以罪免。"

[敦煌鎮]

閻提 鎮都大將。

《周書》卷二〇《閻慶傳》："祖提，使持節、車騎大將軍、燉煌鎮都大將。父進，有謀略，勇冠當時。正光中，拜龍驤將軍。"按：閻進仕於正光中，其父提爲鎮將蓋在宣武時，列於此。

[梁州]

羊祉

[益州]

薛懷吉 征虜將軍、刺史，始置。未任。

傅豎眼 昭武將軍、刺史。進號冠軍將軍。

《魏書》卷六一《薛懷吉傳》："永平初，分梁州晉壽爲益州，除征虜將軍、益州刺史。以元愉未平，中山王英爲征東將軍討之，詔懷吉爲英軍司，未發而愉平。"《薛懷儁墓誌》(《墓誌集成》一〇一八)："汾州使君，作牧華陽，爲弟納娉。"《李弼墓誌》(《墓誌集成》四二二)："祖璨，兗州刺史、始豊子。……(子)士瑜妻河東薛氏，父懷吉，涼益瀛并四州刺史。"《魏書》

卷七〇《傅豎眼傳》:"轉昭武將軍、益州刺史。以州初置,境逼巴獠,給羽林虎賁三百人,進號冠軍將軍。"《傅豎眼墓誌》(《墓誌集成》六〇二):"除照武將軍、益州刺史。"按:薛懷儁爲薛懷吉之弟,華陽即益州。《懷吉傳》云懷吉歷益、梁、汾三州,贈并州,《弼誌》之"涼"當爲"梁","潰"當爲"汾"。

永平二年己丑(509)

[司州]

廣平王懷 司州牧。

　　按:廣平王懷見延昌元年司州條。始任年不詳,從吳表。

[洛州]

趙國 龍驤將軍、刺史。

　　《周書》卷三四《趙善傳》:"太傅、楚國公貴之從祖兄也。祖國,魏龍驤將軍、洛州刺史。"卷十六《趙貴傳》:"天水南安人也。……祖仁,以良家子鎮武川,因家焉。"按:《善傳》云善永安初入仕,其祖國爲刺史蓋在孝文、宣武時,不知是否爲贈官,列於此。

[荆州]

崔延伯 遷幽州。

元志 刺史。

　　《魏書》卷一四《元志傳》:"世宗時,除荆州刺史。"《梁書》卷二四《蕭景傳》:"(天監)八年三月,魏荆州刺史元志率衆七萬寇潺溝,驅迫群蠻,群蠻悉渡漢水來降。"按:梁天監八年即魏永平二年。

[東荆州]

楊鈞

[郢州]

韓務 龍驤將軍、刺史。

《魏書》卷四二《韓務傳》:"除龍驤將軍、郢州刺史。務獻七寶牀、象牙席。"卷八《世宗紀》:"十月……郢州獻七寶牀,詔不納。"按:《初學記》卷二五《器用部·牀》"六星七寶"條引魏收《後魏書》"務"作"武"。

[豫州]

崔暹

[東豫州]

田益宗

[兗州]

宇文金殿 鎮遠將軍、刺史。

《宇文顯和及妻高氏墓誌》(《墓誌集成》一一九三):"父殿,征南大將軍、定州刺史。……公……以魏後元年……薨……春秋五十有八。"注:"'殿',《庚箋》《庚注》《英華》《周文紀》等作'金殿'。……'定',《庚箋》《庚注》作'兗'。"毛遠明注(《碑刻校注》一〇·一三八一):"疑是名殿,字金殿。"《周書》卷四〇《宇文神舉傳》:"祖金殿,魏鎮遠將軍、兗州刺史、安吉縣侯。"《隋書》卷五〇《宇文慶傳》:"祖金殿,魏征南大將軍,仕歷五州刺史、安吉侯。"按:顯和生於太和二十一年,其父金殿為刺史蓋在孝文、宣武時,列於此。

[南兗州]

傅永

[青州]

陸昕之 遷相州。

高植 刺史。

《魏書》卷八三下《高植傳》:"歷青、相、朔、恒四州刺史。"

卷五七《崔孝芬傳》："尚書令高肇親寵權盛，子植除青州刺史，啓孝芬爲司馬。"

[南青州]

賈思伯 督南青州諸軍事、征虜將軍、南青州刺史。

《魏書》卷七二《賈思伯傳》："世宗即位，以侍從之勤，轉輔國將軍。……後爲河內太守，不拜。尋除鴻臚少卿，以母憂免。服闋，徵爲滎陽太守，有政績。遷征虜將軍、南青州刺史。"《賈思伯碑》（《碑刻校注》五·五五四）："除持節、督南青州諸軍事、征虜將軍、南青州刺史。"《賈思伯墓誌》（《墓誌集成》三八四）："正始二年，丁母憂去職。服闕，除滎陽太守。歲序云周，策授持節、征虜將軍、南青州刺史。"

[齊州]

鄭懿

[徐州]

盧昶 鎮東將軍、刺史。

《魏書》卷四七《盧昶傳》："與侍中元暉等更相朋附，爲世宗所寵，時論鄙之。出除鎮東將軍、徐州刺史。"

[南徐州]

嚴仲賓 宿預城主。被殺，州没梁。

《梁書》卷二《武帝紀中》："（天監）八年春正月……魏鎮東參軍成景儁斬宿預城主嚴仲賓，以城内屬。"按：梁天監八年即魏永平二年。

[揚州]

李崇

[相州]

于忠

陸昕之 安北將軍、刺史。

《魏書》卷三一《于忠傳》:"又爲衛尉卿。"卷四〇《陸昕之傳》:"轉安北將軍、相州刺史。"

[冀州]

元麗 刺史。

按:元麗見是年雍州條。

[定州]

安樂王詮

楊播 都督定州諸軍事、安北將軍、定州刺史。除名。

于勁 都督定瀛幽三州諸軍事、征北將軍、定州刺史。

《魏書》卷二〇《安樂王詮傳》:"兼以首告之功,除尚書左僕射。薨。"《元詮墓誌》(《墓誌集成》一三三):"又以安社稷之勳,除尚書左僕射。……春秋卅有六,永平五年……薨。"《楊播墓誌》(《墓誌集成》一八一):"永平二年,册授使持節、都督定州諸軍事、安北將軍、定州刺史,伯如故。君以直方居性,權臣所忌。帝舅司徒公高肇譖而罪之,遂除名爲民。"《惠寂墓誌》(《墓誌集成》八八五):"祖楊播,魏定州刺史。"《魏書》卷八三下《于勁傳》:"世宗納其女爲后……後拜征北將軍、定州刺史。"《元讞墓誌》(《墓誌集成》四七四):"夫人河南于氏,祖勁,使持節、散騎常侍、都督定瀛幽三州諸軍事、征北大將軍、定州刺史、太原郡開國公。"按:《魏書》卷五八《楊播傳》闕播爲定州刺史事。

[瀛州]

裴植

[幽州]

高雙 刺史。

崔延伯 後將軍、刺史。

《魏書》卷六二《高雙傳》:"後貨高肇,復起爲幽州刺史。

又以貪穢被劾,罪未判,遇赦復任。未幾而卒。"卷七三《崔延伯傳》:"永平中,轉後將軍、幽州刺史。"按:高雙先後歷涼州、幽州刺史,吳表列高雙爲涼州刺史在正始四年至永平二年,爲幽州刺史在正始元年至三年,倒錯。

[平州]

李彥

[營州]

崔敬邕

[并州]

章武王融

[肆州]

于須　鎮南將軍、刺史。

《魏書》卷三一《于須傳》:"勁弟須,中散。遷長水校尉,稍遷武衛將軍、太府卿、鎮南將軍、肆州刺史。卒。"按:于勁見是年定州條,其弟須爲肆州刺史蓋亦在永平中,列於此。

[恒州][平城鎮]

江陽王繼　平北將軍、刺史。

元朗　征虜將軍、鎮將。

《魏書》卷一六《江陽王繼傳》:"轉平北將軍、恒州刺史。"《元朗(顯明)墓誌》(《墓誌集成》四二一):"字顯明,太武皇帝之母弟樂安宣王範之孫,處士莀生之仲子。……遷左中郎將直寢,轉直閣將軍。朝廷以平城舊都,形勝之會,南據獫狁之前,東連肅貊之左。保境寧民,實擬賢戚。乃除君持節、征虜將軍、平城鎮將。君遂禦夷狄以威權,導民庶以禮信。"按:誌下云朗在平城十餘年,神龜二年去職,始任蓋在永平中,繼慕容契,斷於此。

[雍州]

元麗 遷冀州。

崔亮 安西將軍、刺史。

《魏書》卷一九上《元麗傳》："爲政嚴酷,吏人患之。……遷冀州刺史。"卷六六《崔亮傳》："除安西將軍、雍州刺史。"

[華州]

奚康生

《魏書》卷八《世宗紀》："正月……涇州沙門劉慧汪聚衆反。詔華州刺史奚康生討之。"

[岐州]

楊津

[秦州]

李韶

[隴西鎮]

趙儁

[南秦州]

裴宣

[鄯善鎮]

乞伏寶 顯武將軍、鎮將。

《魏書》卷八六《乞伏保傳》："高車部人也。……襲父侯爵,例降爲伯。稍遷左中郎將……出爲鄯善鎮將。"《乞伏寶墓誌》(《墓誌集成》五八五)："信都塵起,不遑潛圖……乃爲持節、假振武將軍、井陘關都將。星言出宿,蓐食遄征,張掎角之勢,振御侮之威。用使醜徒泥首,凶渠就戮,冀北無警,君有力焉。還除顯武將軍、左中郎將,俄遷鄯善鎮將,將軍、伯如故。以母憂解任。……以太昌元年十一月薨。"按:"信都塵起"當指永平元年元愉起兵事,寶爲鄯善鎮將在此後不久,蓋繼元怡,列於此。

[梁州]

羊祉　加征虜將軍。

《石門銘》(《碑刻校注》四·四四一):"[以]天嶮難升,轉輸難阻。表求自迴車已難,開創舊路。……起(正始)四年十月十日,訖永平二年正月畢功。"《羊祉墓誌》(《墓誌集成》一八六):"開石門於遂古,闢棧道於荒途。歲物絹□,□窮經國。……尋轉征虜將軍。"《魏書》卷八九《羊祉傳》:"加征虜將軍。"

[益州]

傅豎眼

永平三年庚寅(510)

[司州]

廣平王懷

[洛州]

石榮　刺史。

按:石榮見延昌二年洛州條。年不詳,從吴表。

[荆州]

元志

[東荆州]

楊鈞

[郢州]

韓務　免官。

辛祥　行郢州事。

《魏書》卷四二《韓務傳》:"邊人李旻、馬道進等許殺蕭衍黄坂戍主,率户來降。務信之,遣兵千餘人迎接。户既不至,而詐表破賊,坐以免官。"按:辛祥見是年華州條。

[豫州]

崔暹

[東豫州]

田益宗

[兗州]

李憲　都督兗州諸軍事、左將軍、兗州刺史。

《魏書》卷三六《李憲傳》:"永平三年,出爲左將軍、兗州刺史。"《李憲墓誌》(《墓誌集成》六五〇):"字仲軌,趙國柏仁人也。……出爲使持節、都督兗州諸軍事、左將軍、兗州刺史。"《報德像碑》(《碑刻校注》八·一一二〇):"大齊天保六年……李清言……前兗雍七兵尚書,陽冀定五州刺史,義同文靜公趙郡李憲,司空文簡公李希宗,二公父子,以禮待青,得奉朝請。"毛遠明注:"此句原刻似有錯亂,應爲'爲前七兵尚書,兗雍陽冀定五州刺史'。"

[南兗州]

傅永　徵還。

《魏書》卷七〇《傅永傳》:"還京,拜平東將軍、光禄大夫。熙平元年卒。"按:何年徵還不詳,斷於此。

[青州]

高植

[南青州]

賈思伯

《魏書》卷七二《賈思伯傳》:"尋以父憂免。"《賈思伯墓誌》(《墓誌集成》三八四):"莅政未期,遭父艱離任。……四載之間,再集荼蓼。"

[光州]

高世表 刺史。

《王悦及郭夫人墓誌》(《墓誌集成》五九四):"君諱悦……與御史中尉東海王世榮,光州刺史勃海高世表,冀州别駕清河崔文若等並爲侍御。……春秋六十一,以正光五年八月卒於京師。"按:王顯字世榮,爲御史中尉在永平元年,見《魏書》卷九一本傳。高世表爲刺史蓋在宣武時,列於此。

[齊州]

鄭懿 卒。

元脩義 督齊州諸軍事、左將軍、齊州刺史。

《魏書》卷五六《鄭懿傳》:"永平三年卒。"卷一九上《元脩義傳》:"天賜第五子脩義,字壽安。……自元士稍遷左將軍、齊州刺史。脩義以齊州頻喪刺史,累表固辭。……於是移理東城。"《元壽安墓誌》(《墓誌集成》四〇七):"公諱壽安,字脩義。……出行相州事,仍除持節、督齊州諸軍事、左將軍、齊州刺史。"按:元脩義宣武末至孝明初爲秦州刺史,爲齊州刺史在前,當繼鄭懿。吴表列脩義於正始元年至四年,存疑。

[濟州]

王翔 刺史。

《魏書》卷九三《王翔傳》:"遷洛,兼給事黄門侍郎、尚書左丞。襲爵,遷輔國將軍、太府少卿。出爲濟州刺史,卒。"按:年不詳,蓋在宣武時,列於此。

[徐州]

盧昶

[揚州]

李崇

[相州]

陸昕之

[冀州]

　元麗

　　　《魏書》卷一九上《元麗傳》:"入爲尚書左僕射。"

[定州]

　于勁

[瀛州]

　裴植

[幽州]

　崔延伯

[平州]

　李彥

[營州]

　崔敬邕

[并州]

　章武王融

[恒州][平城鎮]

　江陽王繼　免官。

　元朗

　　　《魏書》卷一六《江陽王繼傳》:"入爲度支尚書。繼在青州之日,民飢餒,爲家僮取民女爲婦妾,又以良人爲婢,爲御史所彈,坐免官爵。"卷八《世宗紀》:"十有二月……江陽王繼坐事除名。"

[朔州]

　楊椿　都督朔州撫冥武川懷朔三鎮三道諸軍事、平北將軍、朔州刺史。

　　　《魏書》卷五八《楊椿傳》:"永平初,徐州城人成景儁以宿豫叛,詔椿率衆四萬討之,不剋而返。久之,除都督朔州撫冥武川懷朔三鎮三道諸軍事、平北將軍、朔州刺史。"《楊椿墓誌》(《墓誌集成》五五八):"三年,除朔州刺史、安北將軍。"按:誌作安北將軍,蓋後所進。

[雍州]

崔亮 徵還。

元萇 都督關西諸軍事、安西將軍、雍州刺史。

《魏書》卷六六《崔亮傳》:"徵爲太常卿。"卷一四《元萇傳》:"歷位度支尚書、侍中、雍州刺史。"《元萇墓誌》(《墓誌集成》一九九):"永平中,河南尹、河南邑中正、侍中、度支尚書、詮量鮮卑姓族四大中正、使持節、散騎常侍、都督關西諸軍事、安西將軍、雍州刺史。"《元萇溫泉頌》(《碑刻校注》四·五〇九):"魏使持節、散騎常侍、都督雝州諸軍事、安西將軍、雝州刺史、松滋公河南元萇振興溫泉之頌。"《辛術墓誌》(《墓誌集成》七九三):"年廿,刺史元萇辟爲中正。……春秋六十有四,以大統十年歲次甲子八月三日薨于家。"王連龍釋(《新見北朝墓誌集釋》二九):"辛術卒於大統十年(544),享年六十四,年二十當爲北魏永平三年(510),與《元萇墓誌》所載元萇永平中任雍州刺史相互印證。"按:辛術年二十非永平三年,乃景明元年(500),時元萇未爲刺史,《術誌》所云"年廿"蓋"年卅"之誤。

[華州]

奚康生 遷涇州。

安定王燮 督華州諸軍事、征虜將軍、華州刺史。

《魏書》卷一九下《安定王燮傳》:"世宗初,襲,拜太中大夫,除征虜將軍、華州刺史。燮表曰:'謹惟州治李潤堡,雖是少梁舊地,晉、芮錫壤,然胡夷內附,遂爲戎落。……竊見馮翊古城,羌魏兩民之交,許洛水陸之際,先漢之左輔,皇魏之右翼,形勝名都,實惟西蕃奧府……'遂詔曰:'一勞永逸,便可聽移。'"《寰宇記》卷二八同州:"西魏改華州爲同州……《郡國記》云:'同州所理城,即後魏永平三年,刺史安定王元燮所築。'"《魏書》卷四五《辛祥傳》:"胡賊劉龍駒作逆華州,敕除華州安定王燮征虜府長史,仍爲別將,與討胡使薛和討滅之。"《辛祥墓誌》(《墓誌集成》二四五):"復行鄈州事,邊境懷之。後遷華州,征虜、安定王長史。"按:元燮參見次年華州條。

[幽州]

元遵　征虜將軍、刺史。

《魏書》卷一六《元世遵傳》:"世宗時……出爲征虜將軍、幽州刺史。"《元遵(世順)墓誌》(《墓誌集成》三八三):"後加征虜將軍、幽州刺史。"按:傳作"幽州",此從誌。年不詳,列於此。

[涇州]

奚康生　都督涇州諸軍事、平西將軍、涇州刺史。

《魏書》卷七三《奚康生傳》:"轉涇州刺史,仍本將軍。"《南石窟寺碑》(《碑刻校注》四·四四九):"大魏永平三年,歲在庚寅,四月壬寅朔,十四日乙卯,使持節、都督涇州諸軍事、平西[將]軍、[兼華]涇[二]州刺史、安武縣開國男奚康生造。"

[岐州]

楊津

[隴西鎮]

趙儁　被殺。

《魏書》卷八《世宗紀》:"三年春二月……秦州隴西羌殺鎮將趙儁,阻兵反叛。州軍討平之。"

[南秦州]

裴宣

[梁州]

羊祉

[益州]

傅豎眼

永平四年辛卯(511)

[司州]

廣平王懷

[洛州]

石榮

[荆州]

元志

[豫州]

崔暹

[東豫州]

田益宗

[兖州]

李憲　除名。

賈思伯　督兖州諸軍事、左將軍、兖州刺史。

《魏書》卷三六《李憲傳》:"四年,坐事除名。"卷七二《賈思伯傳》:"拜左將軍、兖州刺史。"《賈思伯碑》(《碑刻校注》五·五五四):"除持節、□兖州諸軍事、左□□、□州□□□□。"《賈思伯墓誌》(《墓誌集成》三八四):"終喪,除光禄少卿,遷左將軍、兖州刺史。"《賈思伯妻劉静憐墓誌》(《墓誌集成》三八四):"魏故鎮東將軍、兖州刺史、尚書右僕射文貞賈公夫人劉氏墓誌銘。"

[南兗州]

樊魯 刺史。

《魏書》卷八《世宗紀》:"(延昌二年二月)蕭衍郁州民徐玄明等斬送衍鎮北將軍、青冀二州刺史張稷首,以州內附。詔前南兗州刺史樊魯率衆赴之。"按:樊魯延昌二年二月前去職,當繼傅永。

[青州]

高植 遷相州。

[光州]

鄭道昭 督光州諸軍事、平東將軍、光州刺史。

《魏書》卷五六《鄭道昭傳》:"出爲平東將軍、光州刺史,轉青州刺史,將軍如故。"《論經書詩》(《碑刻校注》四·四六九):"魏中書侍郎、通直散騎常侍、國子祭酒、祕書監、司州大中正,出爲使持節、督光州諸軍事、平東將軍、光州刺史、司州滎陽鄭道昭作。……魏永平四年,歲在辛卯刊。"《鄭羲下碑》(《碑刻校注》四·四七〇):"(子)道昭……使持節、督光州諸軍事、平東將軍、光州刺史。……永平四年,歲在辛卯,刊上碑在直南卅里天柱山之陽,此下碑也。"《夫子廟碑》(《碑刻校注》九·一一六二):"字恭文……鎮北將軍、秘書監、青光相三州刺史、文恭公道昭之第三子也。"《鄭述祖重登雲峰山記》(《碑刻校注》九·一一九五):"鄭述祖,字恭文,即魏鎮北將軍、秘書監、青光相三州刺史、文恭公滎陽道昭之子。"《盧令媛墓誌》(《墓誌集成》二八六):"父道約……妻滎陽鄭氏,父道昭,國子祭酒、秘書監、使持節、鎮北將軍、光青相三州刺史、文恭侯。"

[齊州]

元脩義

[徐州]

盧昶

李彥 平東將軍、刺史。

《魏書》卷八《世宗紀》:"四月,琅邪民王萬壽斬蕭衍輔國將軍、琅邪東莞二郡太守劉晰首,以朐山來降。徐州刺史盧昶遣琅邪戍主傅文驥率衆據之。……蕭衍遣其鎮北將軍張稷及馬仙琕寇朐山。詔盧昶率衆赴之。……十有一月……詔李崇、奚康生等治兵壽春,以分朐山之寇。……朐城陷,盧昶大敗而還。"卷四七《盧昶傳》:"永平四年夏,昶表曰:'蕭衍琅邪郡民王萬壽等款誠内結,潛來詣臣,云朐山戍今將交換,有可圖之機。臣即許以旌賞,遣其還入。……便即據城。'……昶既儒生,本少將略,又羊祉子靈爲昶司馬,專任戎事,掩昶耳目,將士怨之。朐山戍主傅文驥糧樵俱罄,以城降衍。……世宗遣黄門甄琛馳驛鎖昶,窮其敗狀。"卷一〇五之四《天象志四》:"四年……十二月,昶軍大敗於淮南,淪復十有餘萬。"卷三九《李彥傳》:"還,平東將軍、徐州刺史。"

[揚州]

李崇

[相州]

陸昕之 卒。

高植 刺史。

《魏書》卷四〇《陸昕之傳》:"永平四年夏卒。"卷八三下《高植傳》:"歷青、相、朔、恒四州刺史。"按:高植何年爲相州刺史不詳,從吴表。

[冀州]

元遥 鎮東將軍、刺史。

《魏書》卷一九上《元遥傳》:"肅宗初……遷冀州刺史。遥以諸胡先無籍貫,姦良莫辨,悉令造籍。又以諸胡設籍,當欲税之,以充軍用。胡人不願,乃共構遥,云取納金馬。御史按驗,事與胡同,遥坐除名。……遷右光禄大夫。"《元遥墓誌》(《墓誌集成》二〇七):"出拜鎮東將軍、冀州刺史。入除護軍,加右光禄大夫。延昌中,淮泗不静,加公征南大將軍、都督南征諸軍事。"按:傳稱遥遷冀州在肅宗初,據誌,當在延昌前。

[定州]

　于忠　安北將軍、刺史。未任。

《魏書》卷三一《于忠傳》:"高肇忌其爲人,欲密出之,乃言於世宗,稱中山要鎮,作捍須才,以忠器能,宜居其位。於是出授安北將軍、定州刺史。世宗既而悔之,復授衛尉卿,領左衛將軍、恒州大中正。……延昌初,除都官尚書。"

[瀛州]

　裴植

[幽州]

　崔延伯

[平州]

　李彦　遷徐州。

[營州]

　崔敬邕

[并州]

　章武王融

[恒州][平城鎮]

　尉翊　征虜將軍、刺史。

　元朗

《魏書》卷五〇《尉元傳》："子羽,名犯肅宗廟諱。……遷洛,以山陽在畿内,改爲博陵郡開國公。後爲征虜將軍、恒州刺史。卒。"《北史》卷二五《尉元傳》："子翊襲爵。"《尉回墓誌》(《墓誌集成》一一〇八)："祖詡,侍中、驃騎大將軍、殿中尚書、恒州刺史。"按:肅宗名元詡。尉詡何年爲恒州刺史不詳,從吳表。

[朔州]

楊椿

[雍州]

元萇

[華州]

安定王燮

李叔虎 行華州事。卒。

《元燮造像記》(《碑刻校注》四·四六一)："皇魏永平四年,歲次辛卯,十月十六日,假節、督華州諸軍事、征虜將軍、華州刺史、安定王,仰爲亡祖親□太妃、亡考太傅靜王、亡妣蔣妃,敬造石窟一軀。"《魏書》卷七二《李叔虎傳》："除顯武將軍、太尉高陽王雍諮議參軍事,雍以其器操重之。尋除假節、行華州事,爲吏民所稱。永平四年卒。"

[涇州]

奚康生

高綽 行刺史。

《魏書》卷七三《奚康生傳》："以輒用官炭瓦爲御史所劾,削除官爵。尋旨復之。"卷四八《高綽傳》："詔假節,行涇州刺史。"

[岐州]

楊津 丁憂。

《魏書》卷五八《楊津傳》:"以母憂去職。"《楊津墓誌》(《墓誌集成》五六三):"一往從政,六載不歸。後以母憂去任。"

[南秦州]

裴宣

《魏書》卷四五《裴宣傳》:"表求解。世宗不許……永平四年,患篤。"

[涼州]

萬福榮　督涼州諸軍事、討虜將軍、涼州刺史。

《萬福榮造像記》(《碑刻校注》四·四六二):"大魏永平四年,歲次辛卯,十月十有七日,持節督涼州諸軍事,討虜將軍、涼州刺史万福榮敬造牟尼像一區。"

[梁州]

羊祉　免。

《魏書》卷八九《羊祉傳》:"天性酷忍,又不清潔。坐掠入爲奴婢,爲御史中尉王顯所彈免。"

[益州]

傅豎眼

延昌元年壬辰(512)　四月,改元。

[司州]

廣平王懷　進號驃騎大將軍。

《魏書》卷八《世宗紀》:"正月……司州牧、廣平王懷進號驃騎大將軍、儀同三司。"

[洛州]

石榮

[荆州]

 元志

  《魏書》卷一四《元志傳》:"還朝,御史中尉王顯奏志在州日,抑買良人爲婢,兼剩請供。會赦免。"按:王顯延昌四年被殺,元志還朝在前,年不詳,斷於此。

[東荆州]

 房亮 前將軍、刺史。

  《魏書》卷七二《房亮傳》:"遷前將軍、東荆州刺史。"按:本傳云亮永平元年丁憂,歷汲郡太守,遷東荆州,列於此。

[南荆州]

 桓叔興 刺史。

  《魏書》卷一○一《蠻傳》:"叔興即暉弟也。延昌元年,拜南荆州刺史,居安昌,隸於東荆。"

[郢州]

 鄧羨 征虜將軍、刺史。

  《魏書》卷二四《鄧羨傳》:"後行貨於録尚書、北海王詳,轉大司農少卿。出行荆州事,轉征虜將軍、郢州刺史,鎮義陽。"按:據同書卷八《世宗紀》,元詳景明二年爲録尚書事,正始元年廢。吴表斷鄧羨爲郢州刺史在延昌元年至三年,從之。

[豫州]

 崔逞 免官。

  《魏書》卷八九《崔逞傳》:"坐遣子析户,分隸三縣,廣占田宅,藏匿官奴,障吝陂葦,侵盜公私,爲御史中尉王顯所彈,免官。"按:王顯延昌四年被殺,崔逞免官在前,斷於此。

[東豫州]

 田益宗

[兗州]

賈思伯
[南兗州]
樊魯
[青州]
　　元遵　北中郎將、行青州事。
　　　　《魏書》卷一六《元世遵傳》："世宗時……又行青州事。"
　　　　《元遵(世順)墓誌》(《墓誌集成》三八三)："行北中郎將、青州刺史。"按：年不詳，列於此。
[光州]
　　鄭道昭
[齊州]
　　元脩義
[濟州]
　　羅蓋　龍驤將軍、刺史。
　　　　《魏書》卷四四《羅蓋傳》："世宗時右將軍、直閤將軍。轉龍驤將軍、濟州刺史。卒。"按：年不詳，列於此。
[徐州]
　　李彦
[揚州]
　　李崇　加車騎將軍、都督江西諸軍事。
　　　　《魏書》卷六六《李崇傳》："延昌初，加侍中、車騎將軍、都督江西諸軍事，刺史如故。"
[相州]
　　高植
[冀州]
　　元暉　都督冀瀛二州諸軍事、鎮東將軍、冀州刺史。
　　　　《魏書》卷一五《元暉傳》："出爲冀州刺史……暉檢括丁

户,聽其歸首,出調絹五萬匹。然聚斂無極,百姓患之。"《元暉墓誌》(《墓誌集成》二四三):"出爲使持節、散騎常侍、都督冀瀛二州諸軍事、鎮東將軍、冀州刺史。"

[定州]

河間王琛 刺史。

《魏書》卷二〇《河間王琛傳》:"世宗時,拜定州刺史。"

[瀛州]

裴植

蕭寶夤 安東將軍、刺史。

《魏書》卷七一《裴植傳》:"罷州,復除大鴻臚卿。"卷五九《蕭寶夤傳》:"延昌初,除安東將軍、瀛州刺史,復其齊王。"

[幽州]

李宣茂 平東將軍、刺史。

《魏書》卷四九《李宣茂傳》:"正始初,除太中大夫,遷光禄大夫。……遷平東將軍、幽州刺史。"

[安州]

平勝 刺史。

《北齊書》卷二六《平鑒傳》:"燕郡薊人。父勝,安州刺史。鑒少聰敏……奔尒朱榮於晉陽。"按:平勝爲刺史蓋在宣武、孝明時,列於此。

[營州]

崔敬邕

[并州]

章武王融

[肆州]

苟資 龍驤將軍、刺史。

《魏書》卷四四《苟資傳》:"遷龍驤將軍、肆州刺史。還,除武衛將軍,加後將軍。延昌末卒。"按:苟資爲刺史蓋在永平、延昌中,列於此。

[恒州][平城鎮]

元朗

[朔州]

楊椿

□伯超　建威將軍、刺史。

《□伯超墓誌》(《墓誌集成》一五二):"皇魏延昌元年歲次壬辰二月乙酉朔三日丁亥,建威將軍、朔州刺史□□□卓,字伯超,春秋卅有二,卒于官署。"按:永平三年至延昌三年朔州刺史爲楊椿,伯超不應同任,存疑。

[懷朔鎮]

于昕　鎮將。

《魏書》卷三一《于昕傳》:"員外郎,直後,主衣都統,揚烈將軍,懷朔、武川鎮將,中散大夫。孝昌中,使蠕蠕。"按:年不詳,列於此。

[武川鎮]

楊壽　鎮將。

《楊延墓誌》(《墓誌集成》一一六七):"字虎兒,恒農華陰人。……祖壽,武川鎮將。父興……以永安二年,解褐別將。"按:楊興永安二年入仕,其父壽爲鎮將蓋在宣武、孝明時,列於此。

[柔玄鎮]

宇文永　振武將軍、副將。

按:宇文永見神龜元年武興鎮、東益州條。永約延昌至熙平中爲武興鎮將,之前爲柔玄鎮將,年不詳,列於此。

[雍州]

元萇

《魏書》卷八二《常景傳》："延昌初,東宫建,兼太子屯騎校尉。……尚書元萇出爲安西將軍、雍州刺史,請景爲司馬。"

[華州]

夏侯道遷 平西將軍、刺史。

《魏書》卷七一《夏侯道遷傳》："出爲散騎常侍、平西將軍、華州刺史。"按:道遷正始中歷豫州刺史,爲華州刺史在後,斷於此。

[涇州]

高綽 徵還。

齊郡王佑 督涇州諸軍事、征虜將軍、涇州刺史。

《魏書》卷四八《高綽傳》："延昌初,遷尚書右丞。"卷二〇《齊郡王祐傳》:"母常氏,高祖以納不以禮,不許其爲妃。世宗以母從子貴,詔特拜爲齊國太妃。祐位涇州刺史。薨。"《元祐墓誌》(《墓誌集成》二二六):"永平五年,除持節、督涇州諸軍事、征虜將軍、涇州刺史。"《元祐妃常季繁墓誌》(《墓誌集成》二九八):"永平之季,齊王出爲持節、督涇州諸軍事、征虜將軍、涇州刺史。"按:永平五年四月改元延昌。

[岐州]

趙郡王諡 冠軍將軍、刺史。

《魏書》卷二一上《趙郡王諡傳》:"出爲冠軍將軍、岐州刺史。"

[秦州]

趙煦 刺史。

《魏書》卷八六《趙琰傳》:"遷都洛陽,子應等乃還鄉葬焉。應弟煦……位秦州刺史。"按:年不詳,列於此。吴表列於熙平二年。

[南秦州]

楊胤 都督、刺史。

《楊胤墓誌》(《墓誌集成》一九四):"大魏熙平元年……夏四月,公遘疾不念,薨於京師。……公持節、都督、平東將軍、華荆秦濟四州刺史。"《楊熙偘墓誌》(《墓誌集成》一七一):"延昌四年冬十有二月十二日壬子卒於京師。……父持節、都督華州荆州南秦州諸軍事、左將軍、三州刺史、長寧男胤之子。"《楊宜成墓誌》(《墓誌集成》四三五):"持節、都督華州東荆州南秦州諸軍事、左將軍、南秦州刺史、後贈使持節、平東將軍、濟州刺史、長寧男胤之子。"《楊胤季女墓誌》(《墓誌集成》二三二):"父持節、都督華州東荆州南秦州濟州諸軍事、四州刺史、長寧男胤之季女。……大魏神龜二年……起誌。"按:楊胤所歷,年皆不詳,列於此。

[涼州]

萬福榮

[梁州]

叱羅珍業 刺史。

《叱羅協墓誌》(《墓誌集成》一二〇一):"父珍業……除梁州刺史。……公……以建德三年十月十七日薨于私第,春秋七十有五。"按:協生於景明元年,其父珍業爲刺史蓋在宣武、孝明時,列於此。

[益州]

傅竪眼

延昌二年癸巳(513)

[司州]

廣平王懷

[洛州]

石榮　免官。

《魏書》卷九四《抱嶷傳》："以從弟老壽爲後……老壽凡薄,酒色肆情。御史中尉王顯奏言:'風聞前洛州刺史陰平子石榮、積射將軍抱老壽恣蕩非軌,易室而姦……請以見事,免官付廷尉理罪,鴻臚削爵。'詔可。……石榮者,從主書稍進爲州。自被劾後,遂便廢頓。"

[南荆州]

桓叔興

[郢州]

鄧羨

[東豫州]

田益宗　徵還。

劉桃符　征虜將軍、刺史。

《魏書》卷六一《田益宗傳》："益宗年稍衰老,聚斂無厭,兵民患其侵擾。諸子及孫競規賄貨,部内苦之,咸言欲叛。世宗深亦慮之……延昌中,詔曰:'……可使持節、鎮東將軍、濟州刺史,常侍如故。'世宗慮其不受代,遣後將軍李世哲與桃符率衆襲之,出其不意,奄入廣陵。……授征南將軍、金紫光禄大夫,加散騎常侍。……益宗生長邊地,不願內榮,雖位秩崇重,猶以爲恨。"卷七九《劉桃符傳》："東豫州刺史田益宗居邊貪穢,世宗頻詔桃符爲使慰喻之。桃符還,具稱益宗既老耄,而諸子非理處物。世宗後欲代之,恐其背叛,拜桃符征虜將軍、豫州刺史,與後軍將軍李世哲領衆襲益宗。"校勘記:"豫州刺史,《北史》卷四六《劉桃符傳》作'東豫州刺史'。按上文稱'東豫州刺史田益宗',桃符此授,即代益宗,疑脱'東'字。"

[兗州]

賈思伯 徵還。

元匡 刺史。

《魏書》卷七二《賈思伯傳》："肅宗時,徵爲給事黃門侍郎。"卷一九上《元匡傳》："又兼宗正卿,出爲兗州刺史。"《金石録》卷二《目録二》第三百五十四："後魏兗州刺史元匡碑,熙平中立。"按:《元匡傳》下云匡肅宗初徵還,則賈思伯徵還當在肅宗前,非肅宗時,斷於此。

[南兗州]

王雲 冠軍將軍、刺史。進號征虜將軍。

《魏書》卷三三《王雲傳》："出爲冠軍將軍、尚書、兗州刺史,尋進號征虜將軍。"校勘記:"'兗州',《北史》卷二四《王憲傳》附《王雲傳》作'南兗州',疑是。……按下稱'所部荆山戍主'……地近淮源荆山之南兗州,與治瑕丘之兗州遥不相及。"按:王雲熙平二年卒,當繼樊魯爲南兗州刺史。

[青州]

鄭道昭 平東將軍、刺史。

按:鄭道昭見永平四年光州條,何年遷青州不詳,從吴表。

[光州]

鄭道昭 遷青州。

羅衡 輔國將軍、刺史。

《魏書》卷四四《羅衡傳》："累遷天水樂陵二郡太守、輔國將軍、光州刺史。"卷七〇《傅文驥傳》："隨豎眼征伐,累有軍功,自彊弩將軍出爲琅邪戍主。朐山内附,徐州刺史盧昶遣文驥守朐山,樵米既竭,而昶軍不進。文驥遂棄母妻,以城降蕭衍。後大以南貨賂光州刺史羅衡,衡爲渡其母妻。"

[齊州]

元脩義　遷秦州。

孟表　平東將軍、刺史。

《魏書》卷一九上《元脩義傳》："脩義爲政,寬和愛人,在州四歲,不殺一人。遷秦州刺史。"《元壽安墓誌》(《墓誌集成》四〇七):"復授使持節、都督秦州諸軍事、右將軍、秦州刺史。"卷六一《孟表傳》:"世宗末,降平東將軍、齊州刺史。"校勘記:"按上文稱'進號平西將軍',檢本書卷一一三《官氏志》所載太和後《官品令》,四平將軍俱位第三品,然由'平西'改'平東',例是升而非'降'。疑'降'字訛或衍,或上有略文。"

[濟州]

田益宗　鎮東將軍、刺史。未之任。

按:田益宗見是年東豫州條。

[徐州]

李彥

《魏書》卷三九《李彥傳》:"延昌二年夏,大霖雨,川瀆皆溢。彥相水陸形勢,隨便疏通,得無淹漬之害。朝廷嘉之,頻詔勞勉。入爲河南尹。"按:李彥何年去職不詳,斷於此。

[揚州]

李崇

[相州]

李韶　撫軍將軍、刺史。

《魏書》卷三九《李韶傳》:"行定州事。尋轉相州刺史,將軍如故。"

[冀州]

元暉

[定州]

河間王琛

李韶　行定州事。遷相州。

[瀛州]

蕭寶夤

[幽州]

李宣茂　卒。

《魏書》卷四九《李宣茂傳》:"延昌二年卒。"

[營州]

崔敬邕

[并州]

章武王融

[恒州][平城鎮]

封静　平北將軍、刺史。

元朗

《魏書》卷五一《封静傳》:"延昌中,遷平北將軍、恒州刺史、臨朐子。後坐事免。卒。"

[朔州]

楊椿

[雍州]

元萇

[華州]

夏侯道遷

[幽州]

安定王燮　征虜將軍、刺史。

《魏書》卷一九下《安定王燮傳》:"後除征虜將軍、幽州刺史。"按:始任年不詳,斷於此。

[涇州]

齊郡王佑

[岐州]

趙郡王謐

[高平鎮]

于景　寧朔將軍、鎮大將。

《魏書》卷三一《于景傳》："自司州從事,稍遷步兵校尉、寧朔將軍、高平鎮將。"《于景墓誌》(《墓誌集成》四一三):"至延昌中,朝廷以河西二鎮,國之蕃屏,總旅率戎,寔歸英桀,遂除君爲寧朔將軍、薄骨律高平二鎮大將。"按:薄骨律、高平二鎮相去二百多公里,于景不應并任二鎮大將。《魏書》唯云景爲高平鎮將,疑以高平鎮將都督二鎮軍事。

[秦州]

元脩義　都督秦州諸軍事、右將軍、秦州刺史。

　　按:元脩義見是年齊州條。

[涼州]

穆鑊　刺史。

《魏書》卷二七《穆鑊傳》:"世宗時,爲懷朔鎮將,東、北中郎將,幽、幽、涼三州刺史。"《穆瑜墓誌》(《墓誌集成》七四二):"祖鑊,幽幽涼并相五州刺史。"按:《穆鑊傳》下文云鑊孝明時遷并州,爲涼州刺史當在宣武末。吳表斷於永平四年至延昌四年。

[益州]

傅豎眼

延昌三年甲午(514)

[司州]

廣平王懷

[洛州]

　刁遵　都督洛州諸軍事、龍驤將軍、洛州刺史。

　　《魏書》卷三八《刁遵傳》:"延昌三年,遷司農少卿。尋拜龍驤將軍、洛州刺史。"《刁遵墓誌》(《墓誌集成》二〇九):"正始中,徵爲太尉、高陽王諮議參軍事……俄而,轉大司農少卿……蒞事未期,遷使持節、都督洛州諸軍事、龍驤將軍、洛州刺史。"

[荆州]

　元坦　刺史。

　　《元坦妻孫氏墓誌》(《墓誌集成》一三四六):"故平東將軍、西荆州刺史元坦夫人墓誌銘。……夫人……天保十年六月十二日卒於家,春秋七十有八。"按:孫氏生於太和六年,其夫元坦爲刺史蓋在宣武、孝明時。熙平元年後荆州刺史略可考,坦當在前,列於此。

[東荆州]

　寇治　督東荆州諸軍事、鎮遠將軍、東荆州刺史。

　　《魏書》卷四二《寇治傳》:"自洛陽令稍遷鎮遠將軍、東荆州刺史。"《寇治墓誌》(《墓誌集成》四一六):"起前將軍,尋遷假節、督東荆州諸軍事、鎮遠將軍、東荆州刺史。"按:始任年不詳,斷於此。

[南荆州]

　桓叔興

　　《魏書》卷八《世宗紀》:"六月,南荆州刺史桓叔興大破蕭衍軍於九山。"卷一〇一《蠻傳》:"三年,蕭衍遣兵討江沔,破掠諸蠻,百姓擾動。蠻自相督率二萬餘人,頻請統帥爲聲勢。叔興給一統并威儀,爲之節度,蠻人遂安。其年,蕭衍雍州刺史蕭藻遣其將蔡令孫等三將寇南荆之西南,沿襄沔上下,破掠諸蠻。"

[郢州]

 鄧羨

  《魏書》卷二四《鄧羨傳》:"在州鋭於聚斂。又納賄於于忠,徵爲給事黄門侍郎。"

[東豫州]

 劉桃符

[兖州]

 元匡

[南兖州]

 王雲

[青州]

 鄭道昭

[光州]

 羅衡

[齊州]

 孟表

[揚州]

 李崇

[相州]

 李韶

[冀州]

 元暉

[定州]

 河間王琛

[瀛州]

蕭寶寅
[營州]
　崔敬邕
[并州]
　章武王融
[恒州][平城鎮]
　封静
　元朗
[朔州]
　楊椿　加撫軍將軍。徵還。
　高植　刺史。
　　　《魏書》卷五八《楊椿傳》:"在州,爲廷尉奏椿前爲太僕卿日,招引細人,盜種牧田三百四十頃,依律處刑五歲。尚書邢巒據《正始別格》,奏椿罪應除名爲庶人,注籍盜門,同籍合門不仕。世宗以新律既班,不宜雜用舊制,詔依寺斷,聽以贖論。尋加撫軍將軍,入除都官尚書,監修白溝堤堰。"《楊椿墓誌》(《墓誌集成》五五八):"延昌三年,遷撫軍將軍、都官尚書。"《魏書》卷八三下《高植傳》:"歷青、相、朔、恒四州刺史。"《高植墓誌》(《墓誌集成》二四八):"魏故濟青相涼朔恒六州刺史。"按:高植何年爲朔州刺史不詳,從吳表。《植誌》朔州前有涼州,《植傳》無,本表不列,吳表列於永平三年。
[雍州]
　元袞
[華州]
　夏侯道遷
[豳州]
　安定王燮

[涇州]

  齊郡王佑

[岐州]

  趙郡王諡

[高平鎮]

  于景

[夏州]

  封琳 後將軍、刺史。

    《魏書》卷三二《封琳傳》："世宗末,除後將軍、夏州刺史。"

[秦州]

  元脩義

[涼州]

  穆鑌

[梁州]

  薛懷吉 征虜將軍、刺史。進號右將軍。

    《魏書》卷六一《薛懷吉傳》："延昌中,以本將軍除梁州刺史。南秦氏反,攻逼武興,懷吉遣長史崔纂、司馬韋弼、別駕范珣擊平之。進號右將軍。"《崔㵎碑》(《張燕公集》卷二○):"博陵安平人也。……魏冀州刺史、簡公諱纂,君之高祖也。"
    按:史書未載崔纂歷冀州刺史,蓋贈官,附於此。

[武興鎮]

  宇文永 顯武將軍、鎮將。

    按:宇文永見神龜元年武興鎮、東益州條,始任年不詳,斷於此。

[益州]

  傅豎眼 假征虜將軍,討北巴。

谷穎 行州事。

《魏書》卷七〇《傅豎眼傳》："及高肇伐蜀，假豎眼征虜將軍、持節，領步兵三萬先討北巴。蕭衍聞大軍西伐，遣其寧州刺史任太洪從陰平偷路入益州北境，欲擾動氐蜀，以絕運路。"卷八《世宗紀》："十有一月……詔司徒高肇爲大將軍、平蜀大都督，步騎十五萬西伐。益州刺史傅豎眼出巴北，平南將軍羊祉出涪城，安西將軍奚康生出綿竹，撫軍將軍甄琛出劍閣。"校勘記："'巴北'……疑原作'北巴'，傳本誤倒。"卷三三《谷穎傳》："大軍伐蜀，時益州刺史傅豎眼出爲別將，以穎權行州事。"

[隆城鎮]

嚴愷 鎮將。

按：嚴愷參見是年及孝昌元年巴州條，始任年不詳，斷於此。

[巴州]

嚴始欣 刺史。

《魏書》卷一〇一《獠傳》："朝廷以梁益二州控攝險遠，乃立巴州以統諸獠，後以巴酋嚴始欣爲刺史。又立隆城鎮，所綰獠二十萬户，彼謂北獠，歲輸租布，又與外人交通貿易。巴州生獠並皆不順，其諸頭王每於時節謁見刺史而已。"《寰宇記》卷一三九巴州："延昌三年于大谷郡北置巴州。"

延昌四年乙未（515） 正月，宣武帝死，太子詡即位。九月，皇太后胡氏臨朝。

[司州]

廣平王懷

高陽王雍 太師、領司州牧、録尚書事。

《魏書》卷九《肅宗紀》:"正月……詔太保、高陽王雍入居西栢堂,決庶政。……八月乙亥,領軍于忠矯詔殺左僕射郭祚、尚書裴植,免太傅、領太尉、高陽王雍官,以王還第。……九月乙巳,皇太后親覽萬機。……十有二月辛丑,以高陽王雍爲太師。"卷二一上《高陽王雍傳》:"靈太后臨朝,出(于)忠爲冀州刺史。……增雍封一千户,除侍中、太師,又加使持節,以本官領司州牧。……又以本官録尚書事。"

[洛州]

刁遵

[東荆州]

寇治　還。

酈道元　輔國將軍、刺史。免。

寇治　督東荆州諸軍事、征虜將軍、東荆州刺史,重除。遷河州。

《寇治墓誌》(《墓誌集成》四一六):"世宗晏駕,入奔山陵,除將作大匠。……時荆淮慕澤,沔北思仁,重除持節、督東荆州諸軍事、前將軍、東荆州刺史。公懷惠夙沾,民歌再穆,乃相率樹碑,著顯德頌於泚陽城内。遭繼母憂解任。……時以河蕃多虞,隴右曠德,復除持節、督河州諸軍事、河州刺史。"《魏書》卷四二《寇治傳》:"代下之後,蠻民以刺史酈道元峻刻,請治爲刺史。朝議以邊民宜悦,乃以治代道元,進號征虜將軍。坐遣戍兵送道元,免官。……世宗末,遷前將軍、河州刺史。"卷八九《酈道元傳》:"累遷輔國將軍、東荆州刺史。威猛爲治,蠻民詣闕訟其刻峻,坐免官。"《水經注》卷二九《比水注》:"余以延昌四年,蒙除東荆州刺史,州治比陽縣故城。"

[南荆州]

桓叔興

《魏書》卷一〇一《蠻傳》:"四年,叔興上表請不隸東荆,許之。蕭衍每有寇抄,叔興必摧破之。"

[郢州]

劉懌 行郢州事。

《魏書》卷五五《劉芳傳》:"延昌二年卒,年六十一。……長子懌……轉通直散騎常侍、徐州大中正、行郢州事,尋遷安南將軍、大司農卿。"按:劉懌何年行郢州事不詳,以其父芳卒年推之,蓋在宣武、孝明時,列於此。

[豫州]

安豐王延明 都督豫州諸軍事、征虜將軍、豫州刺史。

《魏書》卷二〇《安豐王延明傳》:"至肅宗初,爲豫州刺史。"《元延明墓誌》(《墓誌集成》五四九):"除使持節、都督豫州諸軍事、征虜將軍、豫州刺史。"

[東豫州]

劉桃符

[兗州]

元匡

《魏書》卷一九上《元匡傳》:"肅宗初,入爲御史中尉。"

[南兗州]

王雲

[青州]

鄭道昭

《魏書》卷五六《鄭道昭傳》:"復入爲秘書監,加平南將軍。熙平元年卒。"

[光州]

羅衡

魏彥 刺史。

《北史》卷五六《魏彥傳》:"肅宗初,拜驃騎長史,尋轉光州刺史。"

[齊州]

孟表 卒。

楊鈞 平北將軍、刺史。

《魏書》卷六一《孟表傳》:"延昌四年卒。"《楊鈞墓誌》(《墓誌集成》四九二):"後以六齊沃壤,三嶮虛詐。移鳳適道,事屬賢明。乃復除使持節、平北將軍、齊州刺史。"

[濟州]

席法友 冠軍將軍、刺史。

《魏書》卷七一《席法友傳》:"世宗末,以本將軍除濟州刺史。"

[揚州]

李崇

[相州]

李韶

《魏書》卷三九《李韶傳》:"肅宗初,入爲殿中尚書,行雍州事。"

[冀州]

元暉 徵還。

蕭寶夤 撫軍將軍、刺史。徵還。

張始均 長兼左民郎中、行臺。

于忠 都督冀定瀛三州諸軍事、征北大將軍、冀州刺史。

《元暉墓誌》(《墓誌集成》二四三):"入爲尚書右僕射,尋遷左光禄大夫,尚書僕射、常侍悉如故。俄轉侍中、衛大將軍、尚書左僕射。"《魏書》卷一五《元暉傳》:"肅宗初,徵拜尚書左僕射。"卷五九《蕭寶夤傳》:"四年,遷撫軍將軍、冀州刺史。及大乘賊起,寶夤遣軍討之,頻爲賊破。臺軍至,乃滅之。靈太后臨朝,還京師。"卷九《肅宗紀》:"六月,沙門法慶聚衆反於冀州,殺阜城令,自稱'大乘'。秋七月……詔假右光禄大夫元遥征北大將軍,攻討法慶。……九月……征北元遥破斬法慶及渠帥百餘人,傳首京師。"卷六四《張始均傳》:"特除始均長兼左民郎中。……大乘賊起于冀瀛之間,遣都督元遥討平之,多所殺戮,積屍數萬。始均以郎中爲行臺,忿軍士重以首級爲功,乃令檢集人首數千,一時焚爇,至於灰燼,用息僥倖。"卷三一《于忠傳》:"靈太后臨朝……出忠使持節、都督冀定瀛三州諸軍事、征北大將軍、冀州刺史。……忠以毁之者多,懼不免禍,願還京師,欲自營救。靈太后不許。"

[定州]

河間王琛

崔亮 撫軍將軍、刺史。

《魏書》卷二〇《河間王琛傳》:"琛妃,世宗舅女,高皇后妹。琛憑恃内外,多所受納,貪惏之極。及還朝,靈太后詔曰:'琛在定州,惟不將中山宮來,自餘無所不致,何可更復敍用。'由是遂廢于家。"卷六六《崔亮傳》:"肅宗初,出爲撫軍將軍、定州刺史。蕭衍左游擊將軍趙祖悦率衆偷據硤石。詔亮假鎮南將軍,齊王蕭寶夤鎮東將軍,章武王融安南將軍,並使持節、都督諸軍事以討之。"卷九《肅宗紀》:"九月……蕭衍將趙祖悦襲據硤石。癸亥,詔定州刺史崔亮假鎮南將軍,率諸將討之;冀州刺史蕭寶夤爲鎮東將軍,次淮堰。"

[瀛州]

蕭寶夤 遷冀州。

章武王融 行瀛州事。未任。

夏侯道遷 安東將軍、刺史。

《魏書》卷七一《夏侯道遷傳》:"轉安東將軍、瀛州刺史。"

按：元融見是年并州條。

[燕州]

李虔　後將軍、刺史。

《魏書》卷三九《李虔傳》："延昌初，冀州大乘賊起，令虔以本官爲别將，與都督元遥討平之。遷後將軍、燕州刺史。"

[營州]

崔敬邕

甄琛　安北將軍、刺史。

《崔敬邕墓誌》(《墓誌集成》一三三五)："延昌四年，以君清政懷柔，宣風自遠，徵君爲征虜將軍、太中大夫。……熙平二年十一月廿一日卒於位。"《魏書》卷五七《崔敬邕傳》："熙平二年，拜征虜將軍、太中大夫。神龜中卒。"校勘記："疑傳記授官及卒年皆誤。"卷六八《甄琛傳》："高肇既死，以琛，肇之黨也，不宜復參朝政，出爲營州刺史，加安北將軍。"

[并州]

章武王融

秦松　安北將軍、刺史。

《魏書》卷一九下《章武王融傳》："及世宗崩，兼司空，營陪景陵。拜宗正卿，以本官行瀛州事，遇疾不行。"《元融墓誌》(《墓誌集成》四三一)："尋拜宗正卿。"《魏書》卷九四《秦松傳》："不知其所由。太和末，爲中尹，遷長秋卿，賜爵高都子。有罪免。世宗復其爵，起爲光禄大夫，領中常侍。遷平北將軍，領長秋卿。出爲散騎常侍、安北將軍、并州刺史。卒。"

按：秦松何年爲并州刺史不詳，列於此。

[肆州]

廣陽王淵　督肆州諸軍事、征虜將軍、肆州刺史。

《魏書》卷一八《廣陽王深傳》："肅宗初，拜肆州刺史。"校勘記:"'深',本書除此傳外,其人他處都作'淵'。此傳以《北史》補,《北史》避唐諱改。"《元淵墓誌》(《墓誌集成》四五〇):"王諱淵,字智遠。……授持節、督肆州諸軍事、征虜將軍、肆州刺史。"

[恒州][平城鎮]

高植　刺史。

段儒　平東將軍、恒燕朔三州諸軍事、恒州刺史。

元朗

《魏書》卷八三下《高植傳》:"歷青、相、朔、恒四州刺史。"《段永碑》(《庾子山集》卷一四):"東燕遼東石城縣零泉里人也。……父儒,平東將軍、持節、恒燕朔三州諸軍事、恒州刺史。公……(天和)五年六月十六日,薨於賀葛城,春秋六十有八。"按:高植何年爲恒州刺史不詳,從吳表。段永生於景明四年,若非贈官,其父儒爲恒州刺史蓋在宣武、孝明時,列於此。

[朔州]

慕容契　都督朔州沃野懷朔武川三鎮三道諸軍事、後將軍、朔州刺史。

楊泰　督朔州諸軍事、前將軍、朔州刺史。

《魏書》卷五〇《慕容契傳》:"轉都督朔州、沃野懷朔武川三鎮三道諸軍事、後將軍、朔州刺史。熙平元年卒。"《楊泰墓誌》(《墓誌集成》二一三):"字保元……以延昌四年除持節、督朔州諸軍事、前將軍、朔州刺史。……追贈持節、平西將軍、汾州刺史。"《楊泰妻元氏墓誌》(《墓誌集成》八〇四):"魏故平西將軍、汾州刺史、華陰伯楊保元妻華山郡主元氏誌銘。"

[雍州]

元萇　卒。

郭祚　都督雍岐華三州諸軍事、征西將軍、雍州刺史。未任,被殺。

李韶 行雍州事。

盧昶 安西將軍、刺史。進號鎮西將軍。

《元苌墓誌》(《墓誌集成》一九九):"延昌四年歲在乙未秋七月壬寅朔十有一日壬子薨于位。"《魏書》卷六四《郭祚傳》:"出除使持節、散騎常侍、都督雍岐華三州諸軍事、征西將軍、雍州刺史。……及爲征西、雍州,雖喜於外撫,尚以府號不優,心望加'大',執政者頗怪之。於時,領軍于忠恃寵驕恣,崔光之徒,曲躬承奉,祚心惡之,乃遣子太尉從事中郎景尚說高陽王雍,令出忠爲州。忠聞而大怒,矯詔殺祚。"卷四七《盧昶傳》:"除安西將軍、雍州刺史,又進號鎮西將軍。"按:李韶見是年相州條。

[華州]

夏侯道遷 遷瀛州。

楊津 右將軍、刺史。

《魏書》卷五八《楊津傳》:"延昌末,起爲右將軍、華州刺史,與兄播前後皆牧本州,當世榮之。"《楊津墓誌》(《墓誌集成》五六三):"起除使持節、右將軍、華州刺史。"

[東秦州]

中山王熙 都督東秦州諸軍事、平西將軍、東秦州刺史。進號安西將軍。

《魏書》卷一九下《中山王熙傳》:"轉光禄勳。時領軍于忠執政。熙,忠之壻也,故歲中驟遷。尋除平西將軍、東秦州刺史,進號安西將軍。"《元熙墓誌》(《墓誌集成》三七七):"以東秦險要,都會一方,宣風敷化,任歸維捍,拜使持節、都督東秦州諸軍事、安西將軍、東秦州刺史。"

[豳州]

安定王爕 卒。

元景略 督幽州諸軍事、冠軍將軍、幽州刺史。

《魏書》卷一九下《安定王爕傳》："延昌四年薨。"卷一九下《元景略傳》："字世彥。世宗時，襲封。拜驍騎將軍，除持節、冠軍將軍、幽州刺史。"校勘記："'幽州'，熙平元年《元彥墓誌》作'幽州'。誌且云'剋莅西蕃'，'西蕃'與幽州地望相合。又誌稱'君諱彥，字景略'，則景略爲字，世彥爲名，與傳異。"《元彥墓誌》（《墓誌集成》一八四）："君諱彥，字景略……於延昌之末，遷爲持節、督幽州諸軍事、冠軍將軍、幽州刺史，王如故。王剋莅西蕃，民欽教遵風。"按：吳表列元景略於幽州條下。

[涇州]

齊郡王佑

[岐州]

趙郡王諡

[高平鎮]

于景

《魏書》卷三一《于景傳》："坐貪殘受納，爲御史中尉王顯所彈，會赦免。"按：王顯延昌四年初被殺，景被彈在前，疑因孝明帝即位後大赦而免。

[夏州]

封琳

[秦州]

元脩義

[南秦州]

崔遲 刺史。

《魏書》卷九《肅宗紀》："五月甲寅，南秦州刺史崔遲擊破氏賊,解武興圍。"
[河州]
 寇治 督河州諸軍事、前將軍、河州刺史。
    按：寇治見是年東荊州條。
[涼州]
 穆鑌
[梁州]
 薛懷吉
  《魏書》卷九《肅宗紀》："四月,梁州刺史薛懷吉破反氏於沮水。"
[武興鎮]
 宇文永
[益州]
 傅豎眼
 元法僧 龍驤將軍、刺史。
  《魏書》卷七〇《傅豎眼傳》："肅宗初,屢請解州,乃以元法僧代之。"《傅豎眼墓誌》(《墓誌集成》六〇二)："自莅州八載,解任歸朝。"卷一六《元法僧傳》："龍驤將軍,益州刺史。"
[隆城鎮]
 嚴愷
[巴州]
 嚴始欣

孝明帝熙平元年丙申(516)

[司州]
 高陽王雍

[洛州]

刁遵 卒。

《刁遵墓誌》(《墓誌集成》二〇九):"熙平元年秋七月廿六日,春秋七十有六,薨于位。"

[荆州]

蕭寶夤 都督荆□東洛三州諸軍事、衛將軍、荆州刺史。未之任。

楊大眼 平東將軍、刺史。

《魏書》卷五九《蕭寶夤傳》:"蕭衍遣其將康絢於浮山堰淮以灌揚徐。除寶夤使持節、都督東討諸軍事、鎮東將軍以討之。……熙平初,賊堰既成……寶夤又遣軍主周恭叔率壯士數百,夜渡淮南,焚賊徐州刺史張豹子等十一營,賊衆驚擾,自殺害者甚衆。寶夤還京師,又除使持節、散騎常侍、都督荆□東洛三州諸軍事、衛將軍、荆州刺史。不行,復爲殿中尚書。"卷七三《楊大眼傳》:"蕭衍遣將康絢於浮山遏淮,規浸壽春,詔加大眼光禄大夫,率諸軍鎮荆山,復其封邑。後與蕭寶夤俱征淮堰,不能剋。遂於堰上流鑿渠決水而還,加平東將軍。……又以本將軍出爲荆州刺史。"

[南荆州]

桓叔興

[郢州]

劉恩 刺史。

《劉世榮暨妻梁氏墓誌》(《隋代墓誌銘彙考》二·一六七):"君諱明,字世榮,徐州彭城人也。……父恩,左將軍、武邑太守、郢州刺史。治績高,身名上達。君……淮南縣令。夫人梁氏……春秋九十四。大隋開皇十八年終平□□□□戊午五月辛未朔二日壬申合葬。"按:梁氏如卒於開皇十八年,則生於正始二年,其翁劉恩蓋仕於宣武、孝明時,列於此。

[豫州]

安豐王延明

[東豫州]

劉桃符

《魏書》卷七九《劉桃符傳》:"桃符善恤蠻左,爲民吏所懷。久之,徵還。"按:何年徵還不詳,斷於此。

[兗州]

高季安　撫軍將軍、刺史。

《周書》卷三七《高賓傳》:"渤海脩人也。其先因官北邊,遂没於遼左。祖暠,以魏太和初,自遼東歸魏。……父季安,撫軍將軍、兗州刺史。"校勘記:"'季',《北史》卷七二《高熲傳》作'孝'。"《獨孤賓墓誌》(《墓誌集成》一一八三):"公諱賓,字元賓,舊姓高,勃海脩人。魏世大統中,賜姓獨孤氏焉。……考刺舉六條,善績凝矣。公……春秋七十,建德元年……薨。"按:高賓生於景明四年,其父季安爲刺史蓋在宣武、孝明時,列於此。

[南兗州]

王雲

《魏書》卷三三《王雲傳》:"在州坐受所部荆山戍主杜虞財貨,又取官絹,因染割易,御史糾劾,付廷尉。遇赦免。熙平二年卒官。"按:王雲何年去職不詳,在熙平二年前,斷於此。

[青州]

章武王融　平東將軍、都督青州諸軍事、青州刺史。

《魏書》卷一九下《章武王融傳》:"除散騎常侍、平東將軍、青州刺史。"《元融墓誌》(《墓誌集成》四三一):"復爲使持節、散騎常侍、平東將軍、都督青州諸軍事、青州刺史。"

[南青州]

趙天念 刺史。

《劉滋墓誌》(《墓誌集成》二五六):"夫人南陽趙氏,父天念,爲南青州刺史,神龜元年卒於私第。"按:年不詳,在神龜前,列於此。

[光州]

魏彦

[齊州]

楊鈞

《楊鈞墓誌》(《墓誌集成》四九二):"遭母憂去職。"按:年不詳,斷於此。

[濟州]

孫惠蔚 平東將軍、刺史。

《魏書》卷八四《孫惠蔚傳》:"肅宗初,出爲平東將軍、濟州刺史。"

[揚州]

李崇 進驃騎將軍。徵還。

元志 刺史。

《魏書》卷九《肅宗紀》:"三月辛未,以揚州刺史李崇爲驃騎將軍、儀同三司。"卷六六《李崇傳》:"在州凡經十年,常養壯士數千人,寇賊侵邊,所向摧破,號曰'卧虎',賊甚憚之。蕭衍惡其久在淮南,屢設反間,無所不至,世宗雅相委重,衍無以措其姦謀。……肅宗踐祚,褒賜衣馬。……進號驃騎將軍、儀同三司。……崇累表解州,前後十餘上,肅宗乃以元志代之。尋除都督冀定瀛三州諸軍事、驃騎大將軍、冀州刺史,儀同如故。不行。"卷一四《元志傳》:"肅宗初,兼廷尉卿。後除揚州刺史……志在州威名雖減李崇,亦爲荆楚所憚。"

[相州]

游肇　鎮東將軍、刺史。

《魏書》卷五五《游肇傳》:"肅宗即位,遷中書令……出爲使持節,加散騎常侍,鎮東將軍、相州刺史,有惠政。徵爲太常卿。"

[冀州]

于忠

李崇　都督冀定瀛三州諸軍事、驃騎大將軍、冀州刺史。不行。
　　按:李崇見是年揚州條。

[定州]

崔亮　進號鎮北將軍。徵還。

李平　吏部尚書、鎮軍大將軍、兼尚書右僕射、行臺。

楊椿　撫軍將軍、刺史。

《魏書》卷九《肅宗紀》:"熙平元年春正月……以吏部尚書李平爲鎮軍大將軍兼尚書右僕射,爲行臺,節度討硤石諸軍。二月……鎮南崔亮、鎮軍李平等克硤石,斬衍豫州刺史趙祖悦。"卷六六《崔亮傳》:"亮與李崇爲水陸之期,日日進攻,而崇不至。及李平至,崇乃進軍,共平硤石。……以功進號鎮北將軍。……尋除殿中尚書,遷吏部尚書。"《金石録》卷二一《跋尾十一·後魏定州刺史崔亮頌》:"題云'魏鎮北將軍、定州刺史崔使君至化之頌'。蓋亮嘗爲定州,既去,郡人立此碑頌德爾。……亮以正光二年卒,而碑神龜三年建,在亮卒前。"《魏書》卷六五《李平傳》:"肅宗初,轉吏部尚書,加撫軍將軍。……先是,蕭衍遣其左游擊將軍趙祖悦偷據西硤石,衆至數萬,以逼壽春。鎮南崔亮攻之,未剋,又與李崇乖貳。詔平以本官使持節、鎮軍大將軍、兼尚書右僕射爲行臺,節度諸軍,東西州將一以禀之,如有乖異,以軍法從事。……斬祖悦,送首於洛,俘獲甚衆。以功遷尚書右僕射。"卷五五《劉懋傳》:"肅宗初,大軍攻硤石。懋爲李平行臺郎中,城拔,懋頗有功。"卷五八《楊椿傳》:"復以本將軍除定州刺史。"《楊椿墓誌》(《墓誌集成》五五八):"熙平元年,除定州刺史。"

[瀛州]

夏侯道遷 卒。

宇文福 鎮北將軍、刺史。

《魏書》卷七一《夏侯道遷傳》:"熙平年,病卒。"卷四四《宇文福傳》:"熙平初,除鎮北將軍、瀛州刺史。"

[幽州]

高聰 平北將軍、刺史。停廢。

胡盛 刺史。

《魏書》卷六八《高聰傳》:"肅宗踐祚,以其素附高肇,出爲幽州刺史,(平北)將軍如故。尋以高肇之黨,與王世義、高綽、李憲、崔楷、蘭氛之爲中尉元匡所彈,靈太后並特原之。聰遂停廢于家。"《北史》卷八〇《胡盛傳》:"歷幽、瀛二州刺史……轉冀州刺史,卒。"《魏書》卷一三《孝明皇后胡氏傳》:"孝明皇后胡氏,靈太后從兄冀州刺史盛之女。"按:胡盛何年爲幽州刺史不詳,列於此。

[安州]

元法壽 龍驤將軍、刺史。

《魏書》卷一六《元法壽傳》:"出除龍驤將軍、安州刺史。……更滿還朝,吏人詣闕訴乞,肅宗嘉之,詔復州任。後徵爲太中大夫。"按:年不詳,在孝明時,列於此。

[營州]

甄琛 遷涼州。

李思穆 安北將軍、刺史。

《魏書》卷六八《甄琛傳》:"歲餘,以光禄大夫李思穆代之,時年六十五矣,遂停中山,久之乃赴洛。除鎮西將軍、涼州刺史,猶以琛高氏之昵也,不欲處之於内。尋徵拜太常卿。"卷三九《李思穆傳》:"肅宗初……遷安北將軍、營州刺史。"《趙超宗妻王夫人墓誌》(《墓誌集成》七七六):"長女……次適……隴西李奬。父思穆,營華二州刺史。"按:據思穆本傳,華州刺史爲贈官。

[汾州]

　趙遐　平西將軍、刺史。

《魏書》卷五二《趙遐傳》:"熙平初,出爲平西將軍、汾州刺史,在州貪濁,聞於遠近。卒。"《崔混墓誌》(《墓誌集成》六四六):"夫人南陽趙氏,父遐,使持節、車騎將軍、豫州刺史。"按:據遐本傳,豫州刺史爲贈官。

[并州]

　穆鑱　平北將軍、刺史。

《魏書》卷二七《穆鑱傳》:"肅宗世,除平北將軍、并州刺史。"

[肆州]

　廣陽王淵

[恒州][平城鎮]

　慕容遠　刺史。

　元朗

《北齊書》卷二〇《慕容紹宗傳》:"父遠,恒州刺史。"按:年不詳,從吳表。

[朔州]

　楊泰

[懷朔鎮]

段長 鎮將。

《北齊書》卷一九《蔡儁傳》："儁豪爽有膽氣,高祖微時,深相親附。與遼西段長、太原龎蒼鷹俱有先知之鑒。長爲魏懷朔鎮將,嘗見高祖,甚異之。"按:段長爲鎮將蓋在孝明時,年不詳,列於此。

[武川鎮]

于昕 鎮將。

《魏書》卷三一《于昕傳》:"員外郎,直後,主衣都統,揚烈將軍,懷朔、武川鎮將,中散大夫。孝昌中,使蠕蠕。"按:年不詳,在孝昌前,列於此。

[柔玄鎮]

豆盧萇 鎮將。

《周書》卷一九《豆盧寧傳》:"父長,柔玄鎮將。……寧……永安中,以別將隨爾朱天光入關。……初寧未有子,養弟永恩子勣。"《豆盧恩墓碑》(《碑刻校注》一〇·一三五七):"君諱恩,字永恩。……父萇,少以雄略知名,不幸早世。"按:《周書》之"長",《恩碑》及《北史》卷六八《豆盧寧傳》皆作"萇"。寧永安中隨尒朱氏,其父長爲鎮將蓋在宣武、孝明時,列於此。

[雍州]

盧昶 卒。

胡國珍 都督雍涇岐華東秦豳六州諸軍事、驃騎大將軍、雍州刺史。未任。

元昭 撫軍將軍、刺史。

《魏書》卷四七《盧昶傳》:"熙平元年卒於官。"卷九《肅宗紀》:"八月乙巳,以侍中、中書監、儀同三司、安定郡開國公胡國珍爲都督雍涇岐華東秦豳六州諸軍事、驃騎大將軍、開府儀同三司、雍州刺史。"卷八三下《胡國珍傳》:"熙平初,加國珍使持節、都督、雍州刺史、驃騎大將軍、開府。靈太后以國珍年老,不欲令其在外,且欲示以方面之榮,竟不行。"卷一五《元昭傳》:"靈太后臨朝,爲尚書、河南尹。……尋出爲雍州刺史。"《元昭墓誌》(《墓誌集成》三二八):"后以嵎咸帝宅,世號國門,秦得百二,威隆四海,無德弗居,非親莫守,故詔司徒公胡國珍爲雍州刺史。珍即后之父也。珍乃言曰:'臣既老矣,請避賢路。'遂舉君爲散騎常侍、本將軍、雍州刺史。"《賀拔夫人元氏墓誌》(《庾子山集》卷一六):"父昭,驃騎大將軍、開府儀同三司、録尚書、司州牧、汝陽郡王。"按:《元氏誌》所云元昭官、爵,皆不見於元昭本傳、本誌,蓋追贈。

[華州]

楊津

[東秦州]

中山王熙 徵還。

《元熙墓誌》(《墓誌集成》三七七):"熙平元年,入爲秘書監。"

[幽州]

元景略 卒。

《魏書》卷一九下《元景略傳》:"熙平元年薨。"《元彦墓誌》(《墓誌集成》一八四):"以熙平元年歲次丙申九月乙丑朔廿四日戊子薨謝中畿伊洛之第。"

[涇州]

齊郡王佑

[岐州]

趙郡王謐

王静 冠軍將軍、刺史。

《元謐妃馮會墓誌》(《墓誌集成》一七七):"魏熙平元年歲在丙申岐州刺史趙郡王故妃馮墓誌銘。……太妃姓馮,名會,莨樂信都人。……春秋廿二,薨於岐州。以熙平元年八月二日窆於中鄉穀城里。"《魏書》卷二一上《趙郡王謐傳》:"謐性嚴,暴虐下人。肅宗初,臺使元延到其州界,以驛邏無兵,攝帥檢覈。隊主高保願列言:'所有之兵,王皆私役。'……乃罷謐州。"卷九三《王靜傳》:"轉游擊將軍,加冠軍將軍、岐州刺史。趙郡王謐虐害,城民怨叛,詔靜以驛慰喻,咸即降下。"

[高平鎮]

于景

[夏州]

封琳

《魏書》卷三二《封琳傳》:"徵爲安東將軍、光禄大夫。神龜二年卒。"

[秦州]

元脩義

《魏書》卷一九上《元脩義傳》:"肅宗初,表陳庶人禧、庶人愉等,請宥前愆,賜葬陵域。……在州多受納。"

[南秦州]

曹敬　刺史。

《杜祖悦墓誌》(《墓誌集成》三五四):"後除南秦州長史,帶天水郡。撫化未旬,羌戎變俗。後仇池不静,氐民遘逆,跋扈一隅,不賓王化。時刺史曹公以君雍州岳望,聲高關隴,至熙平年中,表君爲仇池太守。……至神龜二年,除徐州安豐王府諮議參軍事。後除鎮遠將軍、太尉府皇子汝南王諮議參軍事。"《魏書》卷四五《杜祖悦傳》:"稍遷天水、仇池二郡太守,行南秦州事。正光中,入爲太尉、汝南王悦諮議參軍。"按:誌所云"曹公"爲曹敬,見正光元年南秦州條。

[河州]

　寇治

[涼州]

　穆鐵　　遷幷州。

　甄琛　　鎮西將軍、刺史。尋徵還。

　元和　　輔國將軍、刺史。

　　《魏書》卷一六《元和傳》:"肅宗時,出爲輔國將軍、涼州刺史。"按:甄琛見是年營州條。

[梁州]

　薛懷吉

[武興鎮]

　宇文永

[益州]

　元法僧　徵還。

　傅豎眼　右將軍、刺史。加平西將軍、假安西將軍、西征都督。

　薛和　　兼尚書左丞、西道行臺。

　　《魏書》卷一六《元法僧傳》:"素無治幹,加以貪虐,殺戮自任,威怒無恒。……於是合境皆反,招引外寇。蕭衍遣將張齊率衆攻逼……(傅)豎眼頻破張齊,於是獲全。徵拜光禄大夫。"卷九《肅宗紀》:"五月……蕭衍衡州刺史張齊寇益州,復以傅豎眼爲刺史以討之。……七月……傅豎眼大破張齊,齊遁走。"校勘記:"'衡州'疑誤。……據《梁書》卷一七《張齊傳》,齊時爲益州之巴西梓潼二郡太守。"卷七〇《傅豎眼傳》:"朝廷以西南爲憂,乃驛徵豎眼於淮南。既至,以爲右將軍、益州刺史,尋加散騎常侍、平西將軍、假安西將軍、西征都督,率步騎三千以討張齊。……齊被重創,奔竄而退。小劍、大劍賊亦捐城西走，益州平。"《傅豎眼墓誌》(《墓誌集成》六〇二)："自解西蕃，民懷景慕……相率同亂，受制蕭主，援引僞師，有徒寔衆。……乃徵公於東師，委之以西討，除平西將軍、益州刺史，□征夷都督。"《魏書》卷四二《薛和傳》："除通直散騎常侍。蕭衍遣將張齊寇晉壽，詔和兼尚書左丞，爲西道行臺，節度都督傅豎眼諸軍，大破齊軍。"

[隆城鎮]

　　嚴愷

[巴州]

　　嚴始欣

熙平二年丁酉(517)

[司州]

　　高陽王雍

[洛州]

　　李叔仁　　刺史、假撫軍將軍。

　　　　《北史》卷三七《李叔仁傳》："隴西人也。……梁豫州刺史王超宗内侵，叔仁時爲兼統軍，隸揚州刺史薛真度。真度遣叔仁討超宗，大破之。以功累遷洛州刺史，假撫軍將軍。"按：李叔仁討超宗在正始二年，何年爲洛州刺史不詳，列於此。

[荆州]

　　楊大眼　　卒。

　　元遵　　征虜將軍、刺史。尋加前將軍。

　　　　《魏書》卷七三《楊大眼傳》："在州二年而卒。"《元遵(世順)墓誌》(《墓誌集成》三八三)："遷使持節、前將軍、荆州刺史。"《魏書》卷一六《元世遵傳》："肅宗時，以本將軍爲荆州刺史。尋加前將軍。"《北史》卷一六《元世遵傳》:"孝明時,爲荆州刺史。在邊境,前代以來,互相抄掠,世遵到州,不聽侵擾。"

[南荆州]

　桓叔興

[豫州]

　安豐王延明　　遷徐州。

[青州]

　章武王融

[南青州]

　路邕　　刺史。

　　　《魏書》卷八八《路邕傳》:"世宗時,積功勞,除齊州東魏郡太守,有惠政。靈太后詔曰:'……班宣州鎮,咸使聞知。'邕以善治民,稍遷至南青州刺史而卒。"按:年不詳,蓋在孝明初,列於此。

[光州]

　魏彦

　　　按:魏彦何年去職不詳,斷於此。

[齊州]

　蕭彦　　刺史。

　　　《魏書》卷九四《張宗之傳》:"始宗之納南來殷孝祖妻蕭氏……蕭兄子超業,後名彦,幼隨姑入國。……歷位太尉長史、武衛將軍、齊州刺史、散騎常侍、中軍將軍、金紫光禄大夫。彦時來往蕭寶夤,致敬稱名,呼之爲尊。……彦於河陰遇害。"按:彦死於河陰之變,爲齊州刺史蓋在孝明時,列於此。

[濟州]

　孫惠蔚

[徐州]

安豐王延明 都督徐州諸軍事、左將軍、徐州刺史。

《魏書》卷二〇《安豐王延明傳》："延明先牧徐方,甚得民譽。"《元延明墓誌》(《墓誌集成》五四九):"宋之彭城,大都之舊。地交吳楚,乃樹懿親。除使持節、都督徐州諸軍事、左將軍、徐州刺史。"按:延明自豫州遷徐州,何年遷不詳,斷於此。

[揚州]

元志

[相州]

奚康生 撫軍將軍、刺史。

《魏書》卷七三《奚康生傳》："大舉征蜀,假康生安西將軍,領步騎三萬邪趣縣竹。至隴右,世宗崩,班師。除衛尉卿。出爲撫軍將軍、相州刺史。"卷七六《盧同傳》："熙平初,轉左丞,加征虜將軍。時相州刺史奚康生徵民歲調,皆七八十尺,以邀奉公之譽,部内患之。"

[冀州]

于忠

《魏書》卷三一《于忠傳》："二年四月,除尚書右僕射。"

[定州]

楊椿

[瀛州]

宇文福

《魏書》卷九《肅宗紀》："正月,大乘餘賊復相聚結,攻瀛州。刺史宇文福討平之。"

[滄州]

房亮 平東將軍、刺史,始置。

《魏書》卷一五《元洪超傳》："大乘賊亂之後,詔洪超持節兼黃門侍郎綏慰冀部。還,上言:'冀土寬廣,界去州六七百里,負海險遠,宜分置一州,鎮遏海曲.'朝議從之,後遂立滄州."卷一〇六上《地形志上》滄州:"熙平二年分瀛、冀二州置,治饒安城."卷七二《房亮傳》:"轉平東將軍、滄州刺史."

[幽州]

趙邕　平北將軍、刺史.

《魏書》卷九三《趙邕傳》:"世宗崩,邕兼給事黃門,俄轉太府卿.出除平北將軍、幽州刺史."

[營州]

李思穆

[汾州]

封回　後將軍、刺史.

《魏書》卷三二《封回傳》:"除後將軍、汾州刺史."

[并州]

崔延伯　安北將軍、刺史.

《魏書》卷七三《崔延伯傳》:"二年,除安北將軍、并州刺史.在州貪汙,聞於遠近.還爲金紫光禄大夫."

[肆州]

廣陽王淵

《元淵墓誌》(《墓誌集成》四五〇):"還兼都官尚書,爲河南尹."

[恒州][平城鎮]

宋丞　刺史.

元朗

《宋永貴墓誌》(《隋代墓誌銘彙考》五·四九一):"曾祖丞,桑干郡守、恒州刺史.祖業,河州刺史.……君……以周天和四年出身."按:宋永貴天和四年出身,其曾祖丞爲刺史蓋在宣武、孝明時,不知是否爲贈官或杜撰,列於此.

[朔州]

楊泰　卒。

《楊泰墓誌》(《墓誌集成》二一三):"苾境三期……以熙平二年五月三日薨於位。"

[雍州]

元昭

[華州]

楊津

[東秦州]

徐義恭　刺史。

《魏書》卷九三《劉胄傳》:"掃静、徐義恭,並彭城舊營人。掃静能爲世宗典櫛梳,義恭善執衣服,並以巧便,旦夕居中,愛幸相侔,官敍不異。……靈太后臨政,義恭諂附元叉,又有淫宴,多在其宅。爲嘗藥次禦,出爲東秦州刺史。"按:年不詳,蓋繼元熙,斷於此。

[涇州]

齊郡王佑

皇甫集　平西將軍、刺史。

《元佑造像記》(《碑刻校注》四·五三〇):"持節、督涇州諸軍事、征虜將軍、涇州刺史、齊郡王佑……熙平二年七月廿日造。"《魏書》卷四四《費穆傳》:"轉涇州平西府長史。時刺史皇甫集,靈太后之元舅,恃外戚之親,多爲非法。穆正色匡諫,集亦憚之。"

[岐州]

臨淮王彧　刺史。

《元彧墓誌》(《墓誌集成》一三四二):"允鍾時彦,爰屬奉常。乃峻戎號,來綏棘彩。周原奧壤,華陽全實。朱駿再轉,皂盖仍移。"吴廷燮《元魏方鎮年表》："按華陽梁州,周原岐州,或傳缺略。"

[高平鎮]

　于景

[秦州]

　薛巒　刺史。

　　　《魏書》卷六一《薛巒傳》："襲爵,降爲平温子。尚書郎、秦州刺史、鎮遠將軍、隴西鎮將,帶隴西太守。"按:秦州治上邽,與隴西不同治,巒當先爲秦州刺史,後遷隴西鎮將。據同傳下文,巒正光中爲肆州刺史,爲秦州刺史、隴西鎮將在前,列於此。

[隴西鎮]

　薛巒　鎮遠將軍、鎮將,帶隴西太守。

　　　按:薛巒見是年秦州條。

[南秦州]

　曹敬

[河州]

　寇治

[涼州]

　元和

[梁州]

　薛懷吉

[益州]

　傅堅眼

[隆城鎮]

　嚴愷

[巴州]

严始欣

神龟元年戊戌（518）

[司州]

高阳王雍

[洛州]

李颐 刺史。

《李颐墓志》（《墓志集成》三九三）："南阳孝建人也。……年十八，徵拜秘书郎。……又十七年，诏拜中书侍郎，除南阳太守，持节、洛州刺史。……正光元年岁次庚子五月十有九日薨，春秋卅有九。"按：李颐年三十九，三十五岁后历三职，为洛州刺史当在正光元年卒前不久，断于此。

[荆州]

元遵

房景先 步兵校尉、领尚书郎、行台。疾还。

《魏书》卷四三《房景先传》："累迁步兵校尉，领尚书郎。……神龟元年，萧衍龙骧将军田申能据东义阳城内属，敕景先为行台，发二荆兵以援之，在军遇疾而还。"

[南荆州]

桓叔兴

[郢州]

陆希道 前将军、刺史。

《魏书》卷四〇《陆希道传》："加龙骧将军、南青州刺史。以本将军转梁州刺史。希道频表辞免。又除东夏州刺史，不拜。转北中郎将，迁前将军、郢州刺史。"按：始任年不详，断于此。

[豫州]

公孫驤 刺史。

《洛陽伽藍記》卷二莊嚴寺："北爲租場。里內有……濟州刺史分宣、幽州刺史李真奴、豫州刺史公孫驤等四宅。"校："元《河南志》'驤'作'讓'"按：年不詳，吳表列於神龜二年。

[兗州]

王瓊 左將軍、刺史。

《魏書》卷三八《王瓊傳》："神龜中，除左將軍、兗州刺史。去州歸京。"

[青州]

章武王融

《魏書》卷一九下《章武王融傳》："還爲祕書監。"

[南青州]

陸希道 龍驤將軍、刺史。遷鄆州。

許璣 行南青州事。

《魏書》卷四六《許璣傳》："廣平王常侍、員外散騎侍郎、諫議大夫。遷通直散騎常侍、瀛州大中正、散騎常侍、滎陽太守、行南青州事。卒。"按：陸希道見是年鄆州條。《璣傳》上文云璣兄琰孝昌中卒，璣行南青州事蓋在孝明時，列於此。

[濟州]

孫惠蔚

按：孫惠蔚何年去職不詳，斷於此。

[徐州]

安豐王延明

[揚州]

元志

[相州]

奚康生

中山王熙　都督相州諸軍事、安東將軍、相州刺史。

《魏書》卷七三《奚康生傳》:"徵拜光禄卿,領右衛將軍。與元叉同謀廢靈太后。"卷一九下《中山王熙傳》:"進號安西將軍,秘書監。以本將軍授相州刺史。"《元熙墓誌》(《墓誌集成》三七七):"神龜之初,以東魏形勝,鎮控遐迩,鄴守任隆,非王莫可,拜使持節、都督相州諸軍事、安東將軍、相州刺史。"按:傳云熙爲安西將軍,此從誌。

[冀州]

胡盛　刺史。

《魏書》卷一三《孝明皇后胡氏傳》:"孝明皇后胡氏,靈太后從兄冀州刺史盛之女。"《北史》卷八〇《胡盛傳》:"歷幽、瀛二州刺史……轉冀州刺史,卒。"按:年不詳,列於此。

[定州]

楊椿　除名。

《魏書》卷五八《楊椿傳》:"椿在州,因治黑山道餘功,伐木私造佛寺,役使兵力,爲御史所劾,除名爲庶人。"

[瀛州]

胡盛　刺史。

封回　平北將軍、刺史。

《魏書》卷三二《封回傳》:"肅宗初,轉涼州刺史,加右將軍,固辭不拜,仍授平北將軍、瀛州刺史。時大乘寇亂之後,加以水潦,百姓困乏。回表求賑恤,免其兵調,州内甚賴之。"按:胡盛見是年冀州條,何年爲瀛州刺史不詳,列於此。

[滄州]

房亮

[幽州]

趙邕　除名。

崔休　平北將軍、刺史,進號安北將軍。

《魏書》卷九《肅宗紀》:"正月……幽州大饑……詔刺史趙邕開倉賑恤。"卷九三《趙邕傳》:"在州貪縱。與范陽盧氏爲婚,女父早亡,其叔許之,而母不從。母北平陽氏攜女至家藏避規免,邕乃拷掠陽叔,遂至於死。……邕坐處死,會赦得免,猶當除名。"卷六九《崔休傳》:"肅宗初……除平北將軍、幽州刺史,進號安北將軍。"《封龍墓誌》(《墓誌集成》三六二):"幽州刺史清河崔休……引爲長史,實稱得人。"

[燕州]

劉拔　刺史。

《北齊書》卷二〇《斛律羌舉傳》:"代人劉世清,祖拔,魏燕州刺史。……世清,武平末,侍中。"按:劉拔爲燕州刺史蓋在魏末,年不詳,附於此。

[營州]

李思穆

[汾州]

封回　遷瀛州。

[并州]

城陽王徽　後將軍、刺史。

《魏書》卷一九下《城陽王徽傳》:"肅宗時,除右將軍、涼州刺史。徽以徑途阻遠,固請不行。除散騎常侍。其年,除後將軍、并州刺史。"

[肆州]

張倫　後將軍、刺史。

《魏書》卷二四《張倫傳》:"熙平中,蠕蠕主醜奴遣使來朝……朝議將依漢答匈奴故事,遣使報之。……出爲後將軍、肆州刺史。"

[恒州][平城鎮]

楊鈞　都督恒州柔玄懷荒御夷三鎮二道諸軍事、安北將軍、恒州刺史。

元朗

《楊鈞墓誌》(《墓誌集成》四九二)："服闋，除使持節、都督恒州柔玄懷荒御夷御夷三鎮二道諸軍事、安北將軍、恒州刺史。"卷五八《楊鈞傳》："拜恒州刺史。"卷五八《楊昱傳》："轉太尉掾，兼中書舍人。靈太后嘗從容謂昱曰：'今帝年幼，朕親萬機，然自薄德化不能感親姻，在外不稱人心，卿有所聞，慎勿諱隱。'昱於是奏揚州刺史李崇五車載貨，恒州刺史楊鈞造銀食器十具，並餉領軍元叉。靈太后召叉夫妻泣而責之。叉深恨之。"按：孝明初元志爲楊州刺史，李崇當已徵還，《昱傳》所云揚州刺史當爲前職。

[朔州]

賀若伏連　刺史。

《北史》卷六八《賀若敦傳》："祖伏連，仕魏，位雲州刺史。父統……永安初，從太宰元天穆討邢杲。"《賀若誼碑》(《金石萃編》卷三九)："祖伏連，襲爵安富公，雲州刺史。"按：賀若統永安初從征討，其父伏連爲刺史蓋在宣武、孝明時，列於此。孝昌元年改朔州爲雲州，疑賀若伏連本爲朔州刺史，撰者以後名稱之。

[沃野鎮]

孟威　鎮將。

《魏書》卷四四《孟威傳》："遷城門校尉、直閤將軍、沃野鎮將。正光初，蠕蠕主阿那瓌歸國，詔遣前郢州刺史陸希道兼侍中爲使主，以威兼散騎常侍爲副，遠畿迎接。"按：在正光前,斷於此。

[武川鎮]

宇文永　鎮遠將軍、鎮將。

　　按:宇文永見是年武興鎮、東益州條。

[雍州]

元昭

[華州]

楊津

[幽州]

畢祖暉　右將軍、刺史。

　　《魏書》卷六一《畢祖暉傳》:"神龜初,除右將軍、幽州刺史。"

[涇州]

皇甫集

[岐州]

臨淮王彧

[高平鎮]

于景

[夏州]

李肅　右將軍、刺史。

　　《魏書》卷三六《李肅傳》:"熙平初……抗辱太傅、清河王懌,爲有司彈劾。靈太后怒之,出爲章武內史。歲餘,遷右將軍、夏州刺史。"

[東夏州]

張邵　刺史。

　　《元和志》卷四綏州:"後魏明帝神龜元年,東夏州刺史張邵於此置上郡。"

[薄骨律鎮]

渴丸瓌　鎮遠將軍、鎮將,特除龍驤將軍。

　　《渴丸瓌墓誌》(《墓誌集成》三二一):"神龜元年中,又以耳順功,雲光未隧,假節、鎮遠將軍、薄骨律鎮將,即日以撫鎮西蕃。餘勞未授,特除龍驤將軍。"

[南秦州]

曹敬

[河州]

寇治

源子恭　尚書北主客郎中、行臺。

元祚　刺史。

　　《魏書》卷四二《寇治傳》:"在任數年,遇却鐵忽反,又爲城民詣都列其貪狀十六條。會赦免。"卷九《肅宗紀》:"七月,河州民却鐵忽聚衆反,自稱水池王。詔行臺源子恭討之。……八月……鐵忽相率降於行臺源子恭。"卷四一《源子恭傳》:"司徒祭酒、尚書北主客郎中,攝南主客事。……河州羌却鐵忽反,殺害長吏,詔子恭持節爲行臺,率諸將討之。子恭嚴勒州郡及諸軍,不得犯民一物,輕與賊戰,然後示以威恩,兩旬間悉皆降款。朝廷嘉之。正光元年,爲行臺左丞,巡行北邊。轉爲起部郎。"《洛陽伽藍記》卷四永明寺:"景皓者,河州刺史陳留莊王祚之子。"《北史》卷一五《元祚傳》:"卒於河州刺史。"按:元祚始任年不詳,蓋繼寇治,斷於此。

[涼州]

元和

[梁州]

薛懷吉

[武興鎮][東益州]

宇文永　遷武川鎮。

杜纂　征虜將軍、刺史。

《宇文永妻韓氏墓誌》(《墓誌集成》二一五):"魏假節、員外散騎常侍、顯武將軍、柔玄武興二鎮將宇文永妻昌黎韓氏墓銘。……熙平三年歲在戊戌二月丁亥朔廿三日己酉。"《宇文永墓誌》(《墓誌集成》三五五):"行高平鎮事。轉振武將軍、柔玄鎮副將。遷顯武將軍、武興鎮將,帶武興太守。獻計立州,移授假節、鎮遠將軍、武川鎮將。"《宇文測墓誌》(《墓誌集成》七七八):"父永,征虜將軍、武川鎮將。"《魏書》卷一〇一《氐傳》:"復改(武興)鎮爲東益州。"卷八八《杜纂傳》:"肅宗初,拜征虜將軍、清河內史。……還,以本將軍除東益州刺史。"卷九《肅宗紀》:"二月……詔以神龜表瑞,大赦改年。東益州氐反。"按:《韓氏誌》無武川鎮,韓氏當卒於宇文永武興鎮任上。韓氏熙平三年葬,據《肅宗紀》,是年改元神龜,已有東益州,則改鎮爲州當在是年。

[益州]

　傅豎眼

[隆城鎮]

　嚴愷

[巴州]

　嚴始欣

神龜二年己亥(519)

[司州]

　高陽王雍

　　《魏書》卷二一上《高陽王雍傳》:"肅宗覽政,除使持節、司州牧、侍中、太師、録尚書如故。"

[洛州]

李頤

伊盆生 右將軍、刺史。

《魏書》卷四四《伊盆生傳》："神龜二年,自驍騎將軍、直閤將軍爲持節、右將軍、洛州刺史。"

[荆州]

元遵

[南荆州]

桓叔興

[郢州]

陸希道

[豫州]

敬羽 平東將軍、刺史。

《敬羽、高衡造像記》(《碑刻校注》四·五四七)："大魏神龜二年……魏中書、平東將軍、豫州刺史敬羽高衡勃海。"

[兗州]

元瞻 平東將軍、刺史。

按：元瞻見是年光州條。

[青州]

崔休 安東將軍、刺史。

《魏書》卷六九《崔休傳》："遷安東將軍、青州刺史。"卷六六《崔光伯傳》："尚書郎、青州別駕。後以族弟休臨州,遂申牒求解。尚書奏：'……今之刺史,既非世繼,而得行臣吏之節,執笏稱名者乎？檢光伯請解,率禮不怠,請宜許遂,以明道教。'靈太后令從之。"

[光州]

元瞻 龍驤將軍、刺史。

《魏書》卷一九中《元瞻傳》："高祖時,自□大夫稍遷宗正少卿、龍驤將軍、光州刺史、散騎常侍、左將軍。遷平東將軍、兗州刺史。頗愛書史,而貪暴好殺。(兄)澄深恥忿之,絕其往來。"按:元澄卒於神龜二年,元瞻爲光、兗二州刺史蓋在宣武、孝明時,年皆不詳,列於此。

[齊州]

元誕 刺史。

《魏書》卷一九上《元誕傳》："誕既襲爵,除齊州刺史。"《祖子碩妻元阿耶墓誌》(《墓誌集成》六六九):"父濟陰王,征東將軍、幽齊冀三州刺史。"按:傳唯云誕歷齊州,幽、冀二州或爲贈官,或傳失載。始任年不詳,斷於此。

[徐州]

安豐王延明

甄琛 鎮西將軍、刺史。未任。

蕭寶夤 都督徐南兗二州諸軍事、車騎將軍、徐州刺史。

《寰宇記》卷一五徐州彭城縣彭祖廟:"魏神龜二年,刺史王延明移于子城東北樓下。"《魏書》卷五九《蕭寶夤傳》："寶夤志存雪復,屢請居邊。神龜中,出爲都督徐南兗二州諸軍事、車騎將軍、徐州刺史。"按:《寰宇記》之"王延明"上當闕"安豐"二字。甄琛見是年定州條。

[揚州]

元志

[相州]

中山王熙

[定州]

甄琛 征北將軍、刺史。

《魏書》卷六八《甄琛傳》:"仍以本將軍出爲徐州刺史。及入辭肅宗,琛辭以老,詔除吏部尚書,將軍如故。未幾,除征北將軍、定州刺史,衣錦晝游,大爲稱滿。"《房蘭和墓誌》(《墓誌集成》六九四):"刺史甄公召爲府中兵參軍。"

[瀛州]

封回 徵還。

王溫 撫軍將軍、刺史。

《魏書》卷三二《封回傳》:"又爲度支尚書。尋轉都官尚書、冀州大中正。滎陽鄭雲諂事長秋卿劉騰,貨騰紫纈四百匹,得爲安州刺史。除書旦出,暮往詣回。"卷九四《王溫傳》:"趙郡欒城人……與兄繼叔俱充宦者。……靈太后臨朝,徵還爲中常侍、光禄大夫。……特除使持節、散騎常侍、撫軍將軍、瀛州刺史。"

[滄州]

房亮

[幽州]

崔休 遷青州。

趙郡王謐 平北將軍、刺史。未發,免。

《魏書》卷二一上《趙郡王謐傳》:"除散騎常侍、平北將軍、幽州刺史。謐妃胡氏,靈太后從女也。未發,坐毆其妃免官。"

[安州]

鄭雲 龍驤將軍、刺史。

《魏書》卷五六《鄭雲傳》:"肅宗時,納賄劉騰,得爲龍驤將軍、安州刺史。坐選舉受財,爲御史所糾,因暴病卒。"按:鄭雲參見是年瀛州條。

[平州]

元匡　龍驤將軍、刺史。

《魏書》卷一九上《元匡傳》："入爲御史中尉。……匡每有奏請,尚書令、任城王澄時致執奪,匡剛隘,內遂不平。……削爵除官。三公郎中辛雄奏理之。後特除平州刺史。"卷七七《辛雄傳》："御史中尉、東平王元匡復欲輿棺諫諍,尚書令、任城王澄劾匡大不敬,詔恕死爲民。雄奏理匡曰:'……匡不免其身,實可嗟惜。'未幾,匡除龍驤將軍、平州刺史。"卷九《肅宗紀》："八月己未,御史中尉、東平王匡坐事削除官爵。"

[營州]

李思穆

《魏書》卷三九《李思穆傳》："卒於位。"按:卒年不詳,斷於此。

[汾州]

赫連儒　都督汾州諸軍事、平北將軍、汾州刺史。

《赫連儒造像記》(《北圖拓本》四·六九):"大魏神龜二年六月三日,前武衛將軍、夏州大中正、使持節、都督汾州諸軍事、平北將軍、汾州刺史赫連儒……敬造彌□像一區。"《赫連悅墓誌》(《墓誌集成》五三六):"河南洛陽人也。……公即撫軍將軍、汾夏二州刺史儒之次子也。"《赫連遷墓誌》(《墓誌集成》八四二):"祖儒,神謀雅度,器符偉璧。"按:《悅誌》云儒歷汾夏二州刺史,據造像記,汾州刺史爲實職,夏州刺史蓋爲贈官。儒何年爲汾州刺史不詳,在神龜二年六月前,列於此。

[并州]

城陽王徽

[肆州]

張倫

[恒州][平城鎮]

楊鈞

元朗　丁憂。

《元朗(顯明)墓誌》(《墓誌集成》四二一):"其時十餘年間,凶奴不敢南面如坐者,殆君之由矣。逮神龜二年,以母憂去職。"按:元朗後不見平城鎮將,本表是年以下唯列恒州。

[懷朔鎮]

陸延　都督沃野武川懷朔三鎮諸軍事、安北將軍、懷朔鎮大將。

《魏書》卷三〇《陸延傳》:"都督沃野、武川、懷朔三鎮諸軍事、安北將軍、懷朔鎮大將,加散騎常侍。正光初,拜金紫光禄大夫。"

[武川鎮]

宇文永

[雍州]

元昭　徵還。

皇甫集　征西將軍、刺史。

《元昭墓誌》(《墓誌集成》三二八):"首尾三周,效跨齊魯。徵入爲鎮西將軍、七兵尚書。"《魏書》卷一五《元昭傳》:"在州貪虐,大爲人害。後入爲尚書,諂事劉騰,進號征西將軍。卒。"卷九《肅宗紀》:"八月……以左光禄大夫皇甫集爲征西將軍、儀同三司。"《北史》卷八〇《皇甫集傳》:"太后舅皇甫集……位儀同三司、雍州刺史、右衛大將軍。"

[華州]

楊津

《魏書》卷五八《楊津傳》:"還除北中郎將,帶河内太守。"《楊津墓誌》(《墓誌集成》五六三):"還都,除北中郎將,帶河内太守。"

[東秦州]

裴芬之 輔國將軍、刺史。

《魏書》卷七一《裴芬之傳》："轉輔國將軍、東秦州刺史，在州有清靜之稱。入爲征虜將軍、太中大夫。"按：傳下文云裴芬之正光末爲岐州刺史，爲東秦州刺史在前，斷於此。

[幽州]

畢祖暉 徵還。

《魏書》卷六一《畢祖暉傳》："入爲平東將軍、光禄大夫。"按：傳下文云祖暉神龜末爲東豫州刺史，徵還在前，斷於此。

[涇州]

皇甫集 遷雍州。

盧道裕 左將軍、刺史。尋卒。

乞伏悦 刺史。

《魏書》卷四七《盧道裕傳》："神龜二年，除左將軍、涇州刺史。其年七月卒官。"《乞伏保達墓誌》(《墓誌集成》一〇四九)："金城金城人也。……父悦，涇州刺史。德被管絃，愛遺民庶。……君……以武平元年十二月十一日遘疾，卒於青州，時年五十六。"按：乞伏保達生於延昌四年，其父悦爲涇州刺史蓋在魏末，列於此。吴表列於景明元年。

[岐州]

胡寧 刺史。

《魏書》卷八三下《胡國珍傳》："初國珍無男，養兄真子僧洗爲後。……真長子寧……歷歧涇二州刺史。卒。"按：胡國珍卒於神龜元年，胡寧何年爲岐州刺史不詳，從吴表。

[高平鎮]

于景 徵還。

《魏書》卷三一《于景傳》："(兄)忠薨後，景爲武衛將軍。"《于景墓誌》(《墓誌集成》四一三)："逮神龜二年，母后當朝,幼主苴正,爪牙之寄,實擬忠節,復徵君爲武衛將軍。"
按:于忠卒於神龜元年。

[夏州]

李肅

封軌　前軍將軍、行夏州事。

《魏書》卷三二《封軌傳》:"司空、清河王懌表脩明堂辟雍,詔百寮集議。……尋以本官行東郡太守。遷前軍將軍、行夏州事。"

[薄骨律鎮]

渴丸瓌　遷鄯善鎮。

[南秦州]

曹敬

[河州]

元祚

[鄯善鎮]

渴丸瓌　鎮將。

《渴丸瓌墓誌》(《墓誌集成》三二一):"在鎮未幾,治接優寬。尋轉持節、鄯善鎮下。"按:"鎮下"蓋爲"鎮將"之訛。

[涼州]

元和　免。

崔遊　征虜將軍、刺史。丁憂。

袁翻　冠軍將軍、刺史。

《魏書》卷一六《元和傳》:"坐事免。"吳廷燮《元魏方鎮年表》:"按《楊昱傳》,和以誣告楊昱、藏隱劉宣明免官在神龜二年。"《魏書》卷五七《崔遊傳》:"除征虜將軍、北趙郡太守,並有政績。熙平末,轉河東太守……號爲良守。以本將軍遷涼州刺史,以母憂解任。"卷六九《袁翻傳》:"神龜末,遷冠軍將軍、涼州刺史。"《陸希道墓誌》(《墓誌集成》一三三八):"前涼州刺史、兼吏部郎中陳郡袁翻字景翔制銘。"

[梁州]

薛懷吉

臨淮王彧　刺史。

　　按:元彧見熙平二年岐州條。年不詳,從吳表。

[東益州]

杜纂

《魏書》卷八八《杜纂傳》:"無禦邊威略,群氐反叛。以失民和徵還。"按:何年徵還不詳,斷於此。

[益州]

傅豎眼

[隆城鎮]

嚴愷

[巴州]

嚴始欣

正光元年庚子(520)　七月,元叉幽靈太后,殺清河王懌,改元。

[司州]

高陽王雍　進位丞相。

《魏書》卷九《肅宗紀》:"九月……以太師、高陽王雍爲丞相。"卷二一上《高陽王雍傳》:"進位丞相……總攝内外,與元叉同決庶政。"

[洛州]

伊盆生

[荆州]

元遵

[南荆州]

桓叔興

[郢州]

陸希道　遷涇州。

裴詢　平南將軍、刺史。

《魏書》卷四四《孟威傳》:"正光初,蠕蠕主阿那瓌歸國,詔遣前郢州刺史陸希道兼侍中爲使主。"卷四〇《陸希道傳》:"轉平西將軍、涇州刺史。"卷四五《裴詢傳》:"太原長公主寡居,與詢私姦,肅宗仍詔詢尚焉。……出爲平南將軍、郢州刺史。"

[豫州]

高綽　刺史。

《魏書》卷四八《高綽傳》:"以本將軍出除豫州刺史。"卷八二《常景傳》:"初,平齊之後,光禄大夫高聰徙於北京,中書監高允爲之娉妻,給其資宅。聰後爲允立碑,每云:'吾以此文報德,足矣。'豫州刺史常綽以未盡其美。"按:《高綽傳》上文無軍號,不知本將軍是何將軍。常綽乏考,疑爲高綽之訛,高綽爲高允之孫。

[東豫州]

畢祖朽　龍驤將軍、刺史。

《魏書》卷六一《畢祖朽傳》:"神龜末,除持節、東豫州刺史,將軍如故。"

[兗州]

李虔　安東將軍、刺史。

《魏書》卷三九《李虔傳》:"出爲散騎常侍、安東將軍、兗州刺史。追論平冀州之功,賜爵高平男。"

[青州]

　崔休

[南青州]

　薛和　　左將軍、刺史。

　　《魏書》卷四二《薛和傳》:"正光初,除左將軍、南青州刺史。"

[齊州]

　元誕

[濟州]

　盧尚之　都督濟州諸軍事、左將軍、濟州刺史。

　　《魏書》卷四七《盧尚之傳》:"出爲前將軍、濟州刺史。入除光禄大夫。正光五年卒。"《元略墓誌》(《墓誌集成》四七八):"春秋卌有三,以大魏建義元年……薨。……妃范陽盧氏……父尚之,出身中書義郎、皇子趙郡王諮議參軍事、司徒府右長史,俄轉左長史,除持節、都督濟州諸軍事、左將軍、濟州刺史,後除光禄大夫。"按:傳作前將軍,此從誌。

[徐州]

　蕭寶寅

[揚州]

　元志　　遷雍州。

　長孫稚　撫軍大將軍、領揚州刺史、假鎮南大將軍、都督淮南諸軍事。

　　《魏書》卷二五《長孫稚傳》:"世宗時,侯剛子淵,稚之女壻。剛爲元叉所厚,故稚驟得轉進。出爲撫軍大將軍、領揚州刺史、假鎮南大將軍、都督淮南諸軍事。"

[相州]

　中山王熙　舉兵,被殺。

《魏書》卷九《肅宗紀》："八月甲寅，相州刺史、中山王熙舉兵欲誅叉、騰，不果見殺。"卷一九下《中山王熙傳》："初，熙兄弟並爲清河王懌所昵，及劉騰、元叉隔絶二宫，矯詔殺懌，熙乃起兵，上表曰：'……今輒起義兵，實甲八萬，大徒既進，文武爭先，與并州刺史、城陽王徽，恒州刺史、廣陽王淵，徐州刺史、齊王蕭寶夤等，同以今月十四日俱發……'熙兵起甫十日，爲其長史柳元章、別駕游荆、魏郡太守李孝怡率諸城人，鼓譟而入，殺熙左右四十餘人，執熙，置之高樓，并其子弟。又遣尚書左丞盧同斬之於鄴街。"卷三六《李孝怡傳》："遷冠軍將軍、魏郡太守。相州刺史、中山王熙據鄴起兵也，孝怡陰結募城民，與熙長史柳元章、別駕游荆之等率衆擒熙。"卷四五《柳元章傳》："遷相州平東府長史。屬刺史元熙起兵，欲除元叉。元章與魏郡太守李孝怡等執熙。"《元熙墓誌》(《墓誌集成》三七七)："正光元年，奸臣擅命，離隔二宫，賊害賢輔。王投袂奮戈，志不俟旦，唱起義兵，將爲晉陽之舉。遠近翕然，赴若響會。而天未悔禍，釁起不疑，同義爪牙，受賊重餌，翻然改圖，千里同逆。變起倉卒，受制群凶。八月廿四日，與季弟司徒祭酒纂，世子景獻，第二子員外散騎侍郎仲獻，第三子叔獻同時被害。"《元暉墓誌》(《墓誌集成》三八二)："字景獻。……年十八，隨父太尉鎮鄴。俄而權臣擅命，離隔二宫，旦奭受害，仁人將遠。太尉責重憂深，任當龜玉，欲扶危定傾，清蕩雲霧。君忠圖令德，潛相端舉，有志不遂，奄見屠覆。"

[冀州]

李韶 刺史。

《魏書》卷三九《李韶傳》："除中軍大將軍、吏部尚書，加散騎常侍。韶在選曹，不能平心守正，通容而已，議者貶之。出爲冀州刺史。"《李世舉暨妻盧氏墓誌》(《墨香閣墓誌》二三四):"字世舉,隴西狄道人也。……祖韶,冀州刺史……父瑜,光禄大夫。"按:《李韶傳》云韶子瑾,字道瑜,於河陰被害,當即誌之李瑜。

[定州]

 甄琛

[瀛州]

 王温

 皇甫度 都督、刺史。未任。

 崔遲 平北將軍、刺史。

  《魏書》卷九四《王温傳》:"還,除中侍中。"《北史》卷八〇《皇甫集傳》:"集弟度……累遷尚書左僕射,領左衛將軍。……正光初,元叉出之爲都督、瀛州刺史。度不願出,頻表固辭,乃除右光禄大夫。"《魏書》卷八九《崔遲傳》:"累遷平北將軍、瀛州刺史。"

[滄州]

 房亮

 畢聞慰 平東將軍、刺史。

  《魏書》卷七二《房亮傳》:"入爲光禄大夫,加安東將軍。永安二年卒。"卷六一《畢聞慰傳》:"試守廣平内史。正光初,相州刺史、中山王熙起兵謀誅元叉,聞慰斬其使,發兵拒之。在任寬謹,百姓愛附。後叉以聞慰忠於己,遷持節、平東將軍、滄州刺史。"《封柔妻畢脩密墓誌》(《墓誌集成》六七八):"父文慰,散騎常侍、安東將軍、滄州刺史。"按:傳云畢聞慰爲平東將軍,誌作安東將軍,蓋後進號。

[幽州]

 裴延儁 平北將軍、刺史。

  《魏書》卷六九《裴延儁傳》:"肅宗初,遷散騎常侍……除廷尉卿。轉平北將軍、幽州刺史。"

[燕州]

于翊　刺史。

《魏書》卷三一《于須傳》："子翊,太尉從事中郎、燕州刺史。"按:須兄勁仕於宣武時,翊爲刺史蓋在後,列於此。

[安州]

盧琇　刺史。

《魏書》卷七六《盧同傳》："元叉之廢靈太后也,相州刺史、中山王熙起兵於鄴。熙敗,以同爲持節、兼黃門侍郎、慰勞使,乃就州刑熙。……同善事在位,爲叉所親。……同兄琇,少多大言,常云'公侯可致'。至此始爲都水使者。同啓求回身二階以加琇,琇遂除安州刺史。"

[平州]

元匡

[汾州]

薛懷吉　後將軍、刺史。

《魏書》卷六一《薛懷吉傳》："正光初,除後將軍、汾州刺史。"

[并州]

城陽王徽

《魏書》卷八八《明亮傳》："除陽平太守。……屬相州刺史、中山王熙起兵討元叉。時并州刺史城陽王徽亦遣使詣亮,密同熙謀。熙敗,亮詭其使辭,由是徽竟獲免。"

[肆州]

薛巒　平北將軍、刺史。

《魏書》卷六一《薛巒傳》："遷平北將軍、肆州刺史。"按:始任年不詳,斷於此。

[恒州]

楊鈞 遷懷朔鎮。

廣陽王淵 都督恒州諸軍事、安北將軍、恒州刺史。

《魏書》卷一八《廣陽王深傳》："後爲恒州刺史,在州多所受納,政以賄成。"《元淵墓誌》(《墓誌集成》四五〇):"又爲使持節、都督恒州諸軍事、安北將軍、恒州刺史。"

[朔州]

李叔仁 刺史。

《北史》卷三七《李叔仁傳》："又除光禄大夫、朔州刺史。"
按:年不詳,從吳表。

[沃野鎮]

慕容昇 鎮遠將軍、鎮將。進號征虜將軍。

《魏書》卷五〇《慕容昇傳》："建興太守,遷鎮遠將軍、沃野鎮將,進號征虜將軍。甚得邊民情和。"按:昇父契熙平元年卒,正光五年沃野鎮人破落汗拔陵起事,昇爲鎮將蓋在其間,列於此。

[懷朔鎮]

宇文福 都督懷朔沃野武川三鎮諸軍事、征北將軍、懷朔鎮將。卒。

楊鈞 都督懷朔沃野武川三鎮諸軍事、安北將軍、懷朔鎮將。

元略 副將,未任。

《魏書》卷四四《宇文福傳》："出除散騎常侍,都督懷朔、沃野、武川三鎮諸軍事,征北將軍,懷朔鎮將。至鎮,遇病卒。"《宇文善墓誌》(《墓誌集成》四一七):"父福。……君……神龜三年,以父艱去職。"《宇文延墓誌》(《墓誌集成》四一八):"貞惠公福之第三子。君……神龜三年中,遭艱停私。"《魏書》卷五八《楊鈞傳》："轉懷朔鎮將。所居以彊濟稱。"《楊鈞墓誌》(《墓誌集成》四九二):"復以本号除廷尉正卿。……會茹茹內亂,唐黎播越,綏來觀釁,事委深算。遂除散騎常侍、假鎮北將軍、撫軍將軍、都督懷朔沃野武川三鎮諸軍事、懷朔鎮大都督。"《魏書》卷一九下《元略傳》:"清河王懌死後,又黜略爲懷朔鎮副將。未及赴任,會熙起兵,與略書來去。尋值熙敗,略遂潛行。"按:是年七月改元正光,神龜三年即正光元年。楊鈞初爲安北將軍,見次年懷朔鎮條引《魏書》卷一〇三《蠕蠕傳》,《鈞誌》作"撫軍將軍",乃後進號。又誌作"鎮大都督",此從本傳。

[武川鎮]

宇文永

[懷荒鎮]

于景　征虜將軍、鎮將。

《魏書》卷三一《于景傳》:"景爲武衛將軍。謀廢元叉,又黜爲征虜將軍、懷荒鎮將。"《于景墓誌》(《墓誌集成》四一三):"及正光之初,忽屬權臣竊命,幽隔兩宮。君自以世典禁旅,每濟艱難,安魏社稷者,多在于氏。即乃雄心內發,猛氣外張,遂與故東平王匡謀除奸醜。但以讒人罔極,語泄豺狼。事之不果,遂見排黜。乃除君爲征虜將軍、懷荒鎮將,所謂左遷也。"

[雍州]

皇甫集

元志　刺史。

《魏書》卷九《肅宗紀》:"(正光二年)十有一月……衛大將軍、儀同三司皇甫集薨。"卷一四《元志傳》:"尋爲雍州刺史。"

[華州]

楊範　平西將軍、刺史。免。

《魏書》卷九四《楊範傳》:"長樂廣宗人也。高宗時,坐宗人劫賊被誅,範宫刑。……靈太后臨朝,徵爲常侍、崇訓太僕卿,領中嘗藥典御,賜爵華陰子。爲平西將軍、華州刺史。中官内侍貴者,靈太后皆許其方岳,以範年長,拜跪爲難,所司非要,故得早遂其請。父子納貨,勞役兵民,爲御史所糾。子遂逃竄,範事得散。赴京師,遂廢於家。"

[涇州]

胡寧　刺史。

陸希道　都督涇州諸軍事、平西將軍、涇州刺史。

《魏書》卷八三下《胡國珍傳》:"初國珍無男,養兄真子僧洗爲後。……真長子寧……歷歧涇二州刺史。卒。"《陸希道墓誌》(《墓誌集成》一三三八):"魏故使持節、都督涇州諸軍事、涇州刺史、淮陽男陸使君墓誌之銘。"《陸使君墓誌》(《墓誌集成》一二六三):"魏故涇州刺史□陽男陸使君墓誌之銘。"《李弼墓誌》(《墓誌集成》四二二二):"(子)士璜妻河南陸氏,父希道,涇鄜二州刺史、平原王。"按:胡寧何年爲涇州刺史不詳,從吳表。陸希道參見是年鄜州條。《陸使君墓誌》所云官、爵略同《陸希道墓誌》,蓋爲一誌。

[汧城鎮]

達奚長　鎮將。

《周書》卷一九《達奚武傳》:"父長,汧城鎮將。"按:同傳云武天和五年卒,年六十七,則生於正始元年,其父長爲鎮將蓋在宣武、孝明時。正光五年於汧城置東秦州,長當在前,列於此。

[高平鎮]

于安定　鎮將。

《魏書》卷八三下《于勁傳》:"勁弟天恩……天恩子仁

生……仁生子安定,平原郡太守、高平郡都將。"校勘記:"'平原',疑爲'平涼'之誤。按《周書》卷一五《于謹傳》述其祖父安定爲'平涼郡守、高平郡將',平涼地在高平。北魏時都將乃鎮之長官,郡無都將,北魏時高平爲重鎮,疑此處下一'郡'字爲'鎮'字之訛,《周書》則訛'都'爲'郡'。"按:高平鎮正光五年改爲原州,于安定爲鎮將當在是年前,列於此。

[南秦州]

曹敬

元誘 左將軍、刺史。被殺。

《王虬墓誌》(《墓誌集成》二九六):"遭父憂。……小祥之末,值荆門未靜,吳地垂塵。將飛旆江南,掃玆鯨醜。以南秦刺史曹敬爲別將,敬擬君録事參軍。……暨正光三年正月廿六日因毀滅性,卒。"《魏書》卷一九下《元誘傳》:"熙弟誘……出爲右將軍、南秦州刺史。(元)乂斬之於岐州。"《元誘墓誌》(《墓誌集成》三七八):"武都要害,控接攸緜。一人荷戈,万夫莫向。連率之任,實俟令圖。乃授公持節、左將軍、南秦州刺史。……屬今上富年,權臣執政。其兄太尉慮社稷之傾危,建義節於鄴城。良規密謀,遥相知和,忠圖不遂,欻貽濫酷。以正光元年九月三日薨於岐州。"《元誘妻薛伯徽墓誌》(《墓誌集成》三八〇):"河東汾陰人。……元氏作牧秦藩,夫人起家而居之。……夫氏秉忠貞之概,逢淫刑肆毒。夫人痛殲良之深冤,逝長齡於同穴。春秋年卅,以正光二年四月廿四日於雍州邸館薨。"按:元誘之軍號,傳作"右將軍",此從誌。

[河州]

元祚

[鄯善鎮]

渴丸瓌

[涼州]

袁翻

[梁州]

臨淮王彧

《魏書》卷一一○《食貨志》："漢中舊有金戶千餘家，常於漢水沙淘金，年終總輸。後臨淮王彧爲梁州刺史，奏罷之。"《元彧墓誌》(《墓誌集成》一三四二)："六條剋宣，萬里載穆。宗伯之任，親屬斯典。花萼之寄，興替是階。乃舍蕃闈，來游卿寺。俄居大理，兼掌治粟。"吴廷燮《元魏方鎮年表》："是彧由梁州入爲宗正、廷尉二卿。"

[東益州]

邢豹　刺史。

按：邢豹見次年東益州條。

[益州]

傅豎眼

[隆城鎮]

嚴愷

[巴州]

嚴始欣

正光二年辛丑(521)

[司州]

高陽王雍

[洛州]

伊盆生　軍敗，免官。

李曄 冠軍將軍、刺史。未拜,卒。

宋維 冠軍將軍、刺史。

《魏書》卷四四《伊瓮生傳》:"與荆州刺史、淮南王世遵,魯陽太守崔模俱討襄陽,不克而還,坐免官。"卷六三《宋維傳》:"及叉殺懌,專斷朝政,以維兄弟前者告懌,徵維爲散騎侍郎,紀爲太學博士,領侍御史,甚昵之。維超遷通直常侍,又除冠軍將軍、洛州刺史。"《長孫士亮妻宋靈妃墓誌》(《墓誌集成》五八三):"父維……襲爵,除冠軍將軍、營洛二州刺史。"《李祖牧墓誌》(《墓誌集成》一○九五):"字翁伯,趙郡平棘人也。……夫人廣平宋,父維,魏洛州刺史。"《李祖牧妻宋靈媛墓誌》(《墓誌集成》一○九六):"父維,洛州刺史。"按:伊瓮生參見是年荆州條。李曄見是年南荆州條。

[荆州]

元遵 加都督荆州及沔南諸軍事、平南將軍。軍敗,免官。

元欣 冠軍將軍、刺史。

《魏書》卷一六《元世遵傳》:"沔南蠻首及襄陽民望入密信引世遵,請以襄陽内附。世遵表求赴應,朝議從之,詔加世遵持節、都督荆州及沔南諸軍事、平南將軍,加散騎常侍,餘如故。遣洛州刺史伊瓮生,冠軍將軍、魯陽太守崔模爲別將,率步騎二萬受世遵節度。……而内應者謀泄,爲蕭衍雍州刺史所殺……模等班師,士卒凍死十二三。世遵及瓮生、模並坐免官。"《元遵(世順)墓誌》(《墓誌集成》三八三):"後加平南將軍、散騎常侍、假安南將軍、三荆都督。撫導南左,江沔臻趣。後假鎮南將軍、征襄陽大都督。"《魏書》卷二一上《元欣傳》:"肅宗初,除通直散騎常侍、北中郎將。出爲冠軍將軍、荆州刺史。"

[南荆州]

桓叔興 降梁。

李曄　兼尚書左丞、行臺。遷洛州。

韋朏　行南荊州事。

李志　征虜將軍、刺史。

　　《魏書》卷九《肅宗紀》："五月辛巳,南荊州刺史桓叔興自安昌南叛。"卷三六《李曄傳》："遷冠軍、中散大夫。正光二年,南荊州刺史桓叔興驅掠城民,叛入蕭衍,衍資以兵糧,令築谷陂城以立洛州,逼土山戍。詔曄持節、兼尚書左丞爲行臺,督諸軍討叔興,大破之。乘勝拔谷陂,叔興退走。軍還,仍除尚書左丞。出除洛州刺史,將軍如故。未拜,卒。"《穆纂墓誌》(《墓誌集成》二六四)："南荊州刺史桓叔興蠻夷狂勃,背國重恩,歸投僞主。時召君爲東荊長史,加前將軍,統軍追賊。"《魏書》卷四五《韋朏傳》："爲荊郢和糴大使。南郢州刺史田夷啓稱朏父珍往任荊州,恩洽夷夏,乞朏充南道别將,領荊州驍勇,共爲腹背。詔從之。未幾,行南荊州事。"卷六二《李志傳》："志所在著績。桓叔興外叛,南荊荒毀,領軍元叉舉其才任撫導,擢爲南荊州刺史,加征虜將軍。"卷一○一《蠻傳》："正光中,叔興擁所部南叛。蠻首成龍强率户數千内附,拜爲刺史。"按：成龍强不知爲何州刺史,附於此。

[郢州]

裴詢

[南郢州]

田夷　刺史。

　　按：田夷見是年南荊州條。

[豫州]

高綽　遷并州。

皇甫瑒　冠軍將軍、刺史。

　　《魏書》卷七一《皇甫瑒傳》："以丞相、高陽王雍之壻,超拜持節、冠軍將軍、豫州刺史。"

[東豫州]

畢祖朽

[西豫州]

文僧明　平南將軍、刺史。

　　《魏書》卷九《肅宗紀》："四月……蕭衍義州刺史文僧明率衆内屬。"卷一〇一《蠻傳》："蕭衍義州刺史、邊城王文僧明，鐵騎將軍、邊城太守田官德等率户萬餘舉州内屬，拜僧明平南將軍、西豫州刺史，封開封侯；官德龍驤將軍、義州刺史；自餘封授各有差。僧明、官德並入朝，蠻出山至邊城、建安者八九千户。義州尋爲蕭衍將裴邃所陷。"

[義州]

田官德　龍驤將軍、刺史。州尋没。

　　按：田官德見是年西豫州條。

[兗州]

李虔

[青州]

崔休

　　《魏書》卷六九《崔休傳》："休在幽青州五六年……徵爲安南將軍、度支尚書。"

[南青州]

薛和

[光州]

元暐　都督光州諸軍事、輔國將軍、光州刺史。

　　《元暐墓誌》(《墓誌集成》四五九)："字仲冏，河南洛陽人，太祖道武皇帝六世孫也。……除使持節、都督光州諸軍事、輔國將軍、光州刺史，王如故。王去兹荷政，黜彼亂群。曾未期年,風移俗化。"按:暐孝昌三年於秦州刺史任上被殺,爲光州刺史蓋在李延寔前,列於此。

[齊州]

元誕

袁翻　平南將軍、刺史。

《魏書》卷一九上《元誕傳》:"在州貪暴,大爲人患……後爲御史中尉元纂所糾,會赦免。"卷八二《常景傳》:"阿那瓌執(元)孚過柔玄,奔于漠北。遣尚書令李崇、御史中尉兼右僕射元纂追討,不及。"按:元纂追討阿那瓌在正光四年,時仍爲御史中尉,糾元誕當在前。袁翻見是年涼州條。

[徐州]

蕭寶夤

北海王顥　撫軍將軍、刺史。

《魏書》卷五九《蕭寶夤傳》:"正光二年,徵爲車騎大將軍、尚書左僕射。"卷二一上《北海王顥傳》:"出除散騎常侍、撫軍將軍、徐州刺史。"

[揚州]

長孫稚

張普惠　東道行臺、攝軍司。

《魏書》卷七八《張普惠傳》:"蕭衍義州刺史文僧明舉城歸順,揚州刺史長孫稚遣别駕封壽入城固守,衍將裴邃、湛僧率衆攻逼,詔普惠爲持節、東道行臺、攝軍司赴援之。軍始渡淮,而封壽已棄城單馬而退。軍罷還朝。"卷三二《封進壽傳》:"肅宗時,爲揚州治中,以失義州爲刺史元志所殺。"按:封進壽蓋即封壽,當爲長孫稚所殺。

[相州]

司馬彦邕　驃騎大將軍、刺史。

《魏書》卷三七《司馬仲明傳》:"後娶靈太后從姊爲繼室……正光五年卒。子彥邕……稍遷相州刺史、驃騎大將軍、左光祿大夫。天平四年卒。"按:彥邕爲相州刺史蓋在孝明時,列於此。

[冀州]

　李韶

[定州]

　甄琛

　李崇　都督定幽燕瀛四州諸軍事、驃騎大將軍、定州刺史。

《魏書》卷六八《甄琛傳》:"崔光辭司徒之授也,琛與光書,外相抑揚,内實附會也。光亦揣其意,復書褒美以悦之。徵爲車騎將軍、特進。"卷六六《李崇傳》:"出爲使持節、侍中、都督定幽燕瀛四州諸軍事、本將軍、定州刺史。"

[瀛州]

　崔逞

[滄州]

　畢聞慰

[幽州]

　裴延儁

[安州]

　盧琇

[平州]

　元匡

[汾州]

　薛懷吉

[并州]

　城陽王徽

高綽　後將軍、刺史。
　　　《魏書》卷四八《高綽傳》:"遷後將軍、并州刺史。"

[肆州]
　薛巒
[恒州]
　廣陽王淵
　　　《元淵墓誌》(《墓誌集成》四五〇):"遷鎮南將軍、衛尉卿。"

[懷朔鎮]
　楊鈞
　　　《魏書》卷一〇三《蠕蠕傳》:"正光初……阿那瓌戰敗,將弟乙居伐輕騎南走歸國。……二年正月,阿那瓌等五十四人請辭……時安北將軍、懷朔鎮將楊鈞表:'……自非廣加兵衆,無以送其入北。'"《北齊書》卷一七《斛律金傳》:"初爲軍主,與懷朔鎮將楊鈞送茹茹主阿那瓌還北。"

[武川鎮]
　宇文永
[柔玄鎮]
　元鷙　都督柔玄懷荒撫冥三鎮諸軍事、撫軍將軍、柔玄鎮大將。
　　　《元鷙墓誌》(《墓誌集成》六七六):"正光……二年,詔除使持節、都督柔玄懷荒撫冥三鎮諸軍事、撫軍將軍、柔玄鎮大將。"

[懷荒鎮]
　于景
[雍州]
　元志
[華州]

穆弼　平西將軍、刺史。

《魏書》卷二七《穆弼傳》:"肅宗時,河州羌却鐵忽反,敕兼黃門,慰喻忽。以功加前將軍,賜以錢帛。尋以本將軍行揚州事,追拜平西將軍、華州刺史。"

[涇州]

陸希道

[岐州]

劉道斌　督岐州諸軍事、右將軍、岐州刺史。

《魏書》卷七九《劉道斌傳》:"遷岐州刺史。"《劉道斌墓誌》(《墓誌集成》三二四):"皇帝乃遣謁者直文昶持節策授使持節、督岐州諸軍事、右將軍、岐州刺史。"按:始任年不詳,從吳表。

[夏州]

高聿　刺史。

《元舉(景昇)墓誌》(《墓誌集成》四五六):"春秋廿五,孝昌三年三月廿七日薨於京師澄海鄉綏武里。……妻勃海高氏,父聿,爲黃門郎、武衛將軍、夏州刺史、撫軍將軍、金紫光禄大夫。"按:元舉孝昌三年卒,時婦翁高聿尚在,見普泰二年滄州條。誌所列高聿歷官,當在孝昌三年前,列於此。

[秦州]

河間王琛　刺史、行臺、都督。

《魏書》卷二〇《河間王琛傳》:"琛以肅宗始學,獻金字《孝經》。又無方自達,乃與劉騰爲養息,賂騰金寶巨萬計。騰屢爲之言,乃得兼都官尚書,出爲秦州刺史。在州聚斂,百姓吁嗟。屬東益、南秦二州氐反,詔琛爲行臺,仍充都督,還攝州事。琛性貪暴,既總軍省,求欲無厭,百姓患害,有甚狼虎。進討氐羌,大被摧破,士卒死者千數,率衆走還。"卷九《肅宗紀》:"十有二月……以東益、南秦氐反,詔中軍將軍、河間王琛討之,失利。"

[南秦州]

　柳援　安西將軍、刺史。

　　《魏書》卷四五《柳援傳》:"出除安西將軍、南秦州刺史。尋爲散騎常侍、鎮軍將軍。"按:年不詳,列於此。

[河州]

　元祚

[鄯善鎮]

　渴丸瓌

[涼州]

　袁翻　遷齊州。

　費穆　兼尚書左丞、西北道行臺。

　石士基　刺史。免。

　元洪超　兼尚書行臺。免。

　張普惠　右將軍、刺史、西行臺。辭免。

　尉聿　平西將軍、刺史。

　　《魏書》卷六九《袁翻傳》:"時蠕蠕主阿那瓌、後主婆羅門,並以國亂來降,朝廷問翻安置之所。……還,拜吏部郎中,加平南將軍、光禄大夫。以本將軍出爲齊州刺史。"卷四四《費穆傳》:"時蠕蠕主婆羅門自涼州歸降,其部衆因飢侵掠邊邑,詔穆銜命宣慰,便皆款附。明年復叛,入寇涼州。除穆輔國將軍、假征虜將軍、兼尚書左丞、西北道行臺,仍爲別將,往討之。穆至涼州,蠕蠕遁走。"卷一〇三《蠕蠕傳》"十二月,詔安西將軍、廷尉元洪超兼尚書行臺,詣敦煌安置婆羅門。"卷七八《張普惠傳》:"正光二年……涼州刺史石士基、行臺元洪超並贓貨被繩,以普惠爲右將軍、涼州刺史,即爲西行臺。以病辭免。"

卷二六《尉聿傳》:"字成興……肅宗時,爲武衛將軍。是時,領軍元叉秉權,百寮莫不致敬,而聿獨長揖不拜。尋出爲平西將軍、涼州刺史。涼州緋色,天下之最,叉送白綾二千疋,令聿染,拒而不許。叉諷御史劾之,驛徵至京。覆驗無狀,還復任。尋卒於州。"《洛陽伽藍記》卷一修梵寺:"寺北有永和里……涼州刺史尉成興等六宅,皆高門華屋。"

[梁州]

元恒 刺史。

《魏書》卷一〇一《獠傳》:"及元恒、元子真相繼爲梁州,並無德績,諸獠苦之。"

[東益州]

魏子建 刺史。

《魏書》卷一〇一《氐傳》:"前後鎮將唐法樂,刺史杜纂、邢豹,以威惠失衷,氐豪仇石柱等相率反叛。朝廷以西南爲憂。正光中,詔魏子建爲刺史,以恩信招撫,風化大行,遠近款附,如內地焉。"

[益州]

傅竪眼

[隆城鎮]

嚴愷

[巴州]

嚴始欣

正光三年壬寅(522)

[司州]

高陽王雍

[洛州]

宋維

[荆州]

元欣

[南荆州]

李志

[郢州]

裴詢

[豫州]

皇甫瑒

[東豫州]

畢祖朽

[兖州]

元法僧　平東將軍、刺史。

《魏書》卷一六《元法僧傳》："出爲平東將軍、兖州刺史。"

[青州]

元羅　平東將軍、刺史。行撫軍將軍,都督青光南青三州諸軍事。

《魏書》卷一六《元羅傳》："又弟羅……遷平東將軍、青州刺史。又當朝專政,羅望傾四海,于時才名之士王元景、刑子才、李獎等咸爲其賓客,從遊青土。時蕭衍遣將寇邊,以羅行撫軍將軍,都督青光南青三州諸軍事。"卷三六《李瞰傳》："正光中,元叉以其弟羅爲青州刺史,瞰爲羅平東府長史。"

[南青州]

薛和

《魏書》卷四二《薛和傳》："卒於州。"按：何年卒不詳,斷於此。

[齊州]

袁翻

[濟州]

王翊　都督濟州諸軍事、左將軍、濟州刺史。尋加平東將軍。

《魏書》卷六三《王翊傳》："歷司空主簿、清河王友、中書侍郎。頗鋭於榮利,結婚於元乂,超拜左將軍、濟州刺史。尋加平東將軍。……入爲散騎常侍。孝莊初,遷鎮南將軍。"《王翊墓誌》(《墓誌集成》五〇八)："除使持節、都督濟州諸軍事、左將軍、濟州刺史,又加平東將軍。……又行定州,以患辭免。"

[徐州]

北海王顥

[揚州]

長孫稚

[相州]

李世哲　鎮東將軍、刺史。

《魏書》卷六六《李世哲傳》："授太僕卿,加鎮東將軍。出爲相州刺史,將軍如故。"按:始任年不詳,斷於此。

[冀州]

李韶

[定州]

李崇

《魏書》卷六六《李崇傳》："徵拜尚書左僕射。"

[瀛州]

崔逞

[滄州]

畢聞慰

[幽州]

　裴延儁

[燕州]

　侯詳　冠軍將軍、刺史。尋進後將軍。

　　《魏書》卷九三《侯詳傳》："正光中，(父剛)又請以詳爲燕州刺史，(冠軍)將軍如故，欲爲家世之基。尋進後將軍。"

[安州]

　盧琇

　董徵　輔國將軍、刺史。

　　《魏書》卷八四《董徵傳》："入爲太尉司馬，俄加輔國將軍。未幾，以本將軍除安州刺史。……入爲司農少卿、光禄大夫。徵出州入卿，匪唯學業所致，亦由汝南王悦以其師資之義，爲之啓請焉。"卷九《肅宗紀》："(正光元年)十月乙卯，以驃騎大將軍、儀同三司、汝南王悦爲太尉公。"

[汾州]

　薛懷吉

[并州]

　高綽　卒。

　　《魏書》卷四八《高綽傳》："正光三年冬，暴疾卒。"

[肆州]

　薛巒

[恒州]

　司馬仲明　安北將軍、刺史。

　　《魏書》卷三七《司馬仲明傳》："出爲安北將軍、恒州刺史。"

[懷朔鎮]

　楊鈞

[武川鎮]

宇文永

[柔玄鎮]

元鷙

[懷荒鎮]

于景

[雍州]

元志

[華州]

穆弼

[東秦州]

元祉　督東秦州諸軍事、冠軍將軍、東秦州刺史。

《元祉墓誌》(《洛陽新獲墓誌 二〇一五》二二):"字顯慶。……使持節、安東將軍、武衛將軍、齊州刺史虯之子。……以東秦地側胡戎,夷漢雜沓,物情膚僞,姦惑百端,累遣作捍,竝無休譽,朝廷所推,僉歸於王,復除持節、督東秦州諸軍事、冠軍將軍、東秦州刺史。……比及三年,户盈一萬。……徵拜平西將軍、太僕少卿。……尋轉太僕卿。……以王前撫東秦,有聲西夏,必能招懷逬散,緝寧關右。而王銜澤外宣,開之首路。……浹旬之間,户盈二萬。"按:正光五年秦州人莫折大堤起兵,元尪出爲東秦州刺史,元祉"招懷逬散"當在是年後,爲東秦州刺史則在元尪前,斷於此。誌又云祉父虯歷齊州刺史,不知是否爲贈官,本表不列。

[涇州]

陸希道

[岐州]

劉道斌

[高平鎮]

張慶 鎮將。

《魏書》卷九四《張祐傳》:"祐養子顯明,後名慶,少歷内職。有姿貌,江陽王繼以女妻之。……以元叉姊壻,故越次而授焉。神龜二年冬,靈太后爲肅宗采名家女,慶女入充世婦,未幾爲嬪,即叉甥也。正光三年,正少卿,尋出爲將軍、高平鎮將。卒。"

[秦州]

河間王琛 除名。

《洛陽伽藍記》卷四法雲寺:"琛爲秦州刺史,諸羌外叛,屢討之不降,琛令朝雲假爲貧嫗吹箎而乞。諸羌聞之,悉皆流涕,迭相謂曰:'何爲棄墳井,在山谷爲寇也?'即相率歸降。秦民語曰:'快馬健兒,不如老嫗吹箎。'琛在秦州,多無政績。"《魏書》卷二〇《河間王琛傳》:"内恃劉騰,無所畏憚,爲中尉糾彈,會赦,除名爲民。"

[南秦州]

源子恭 行南秦州事。

張普惠 尚書右丞、西道行臺。

《魏書》卷四一《源子恭傳》:"秦益氐反,詔子恭持節爲都督、河間王琛軍司以討之。事平,仍行南秦州事。"卷七八《張普惠傳》:"除光禄大夫,右丞如故。先是,仇池武興群氐數反,西垂郡戍,租運久絕。詔普惠以本官爲持節、西道行臺。給秦、岐、涇、華、雍、豳、東秦七州兵武三萬人,任其召發,送南秦、東益二州兵租,分付諸戍,其所部將統,聽於關西牧守之中隨機召遣,軍資板印之屬,悉以自隨。普惠至南秦,停岐、涇、華、雍、豳、東秦六州兵武,召秦州兵武四千人,分配四統;令送租兵連營接柵,相繼而進,運租車驢,隨機輸轉。別遣中散大夫封答慰喻南秦,員外常侍楊公熙宣勞東益氐民。……還朝。"

[渭州]

閭伯昇 刺史,未拜。

《閭伯昇及妻元仲英墓誌》(《墓誌集成》六六四):"正光中,除渭州刺史,不拜。"《周書》卷二七《辛威傳》:"隴西人也。祖大汗,魏渭州刺史。……父生,河州四面大都督。及威著勳,追贈大將軍、涼甘等五州刺史。……(威)大象二年……薨,時年六十九。"《辛威碑》(《庾子山集》卷一四):"祖大汗,渭州刺史。考生,河州四面總管、大都督。"按:《元和志》卷三九云渭州永安三年置,據誌,則正光中已有渭州。辛威生於延昌元年,正光或永安中其祖大汗年事已高,渭州刺史或爲贈官,本表不列。辛生蓋仕於北魏末或西魏初,年不詳,附於此。

[河州]

元祚

[鄯善鎮]

渴丸瓌

元顥 鎮遠將軍、鎮將。

《渴丸瓌墓誌》(《墓誌集成》三二一):"維大魏正光四年歲次癸卯十二月癸丑朔九日辛酉。……還京,天不愍德,以去六月遘疾纏縈,奄然薨任。"《元顥(神周)墓誌》(《墓誌集成》七八〇):"字神周。……遷左軍將軍,又除鎮遠將軍、鄯善鎮將。"按:元顥孝昌二年改爲鄯州刺史,當繼渴丸瓌爲鎮將。

[涼州]

尉聿

[梁州]

元恒

[東益州]

魏子建

[益州]

傅豎眼

[隆城鎮]

嚴愷

[巴州]

嚴始欣

正光四年癸卯(523)

[司州]

高陽王雍

[洛州]

董紹　右將軍、刺史。

《魏書》卷七九《董紹傳》:"肅宗初……除龍驤將軍、中散大夫,舍人如故。加冠軍將軍,出除右將軍、洛州刺史。"

[荊州]

元欣

[南荊州]

李志

[郢州]

裴詢

[豫州]

皇甫瑒

魏蘭根　冠軍將軍、行豫州事。

《北齊書》卷二三《魏蘭根傳》："正光末，尚書令李崇爲本郡都督，率衆討茹茹，以蘭根爲長史。……軍還，除冠軍將軍，轉司徒右長史，假節，行豫州事。"校勘記："'本郡都督'，《北史》卷五六《魏蘭根傳》作'大都督'。……疑本作'以本官爲大都督'，傳本訛脱。"

[東豫州]

畢祖朽 還，兼尚書、北道行臺。

韋彧 督東豫州諸軍事、平遠將軍、東豫州刺史。

《魏書》卷六一《畢祖朽傳》："還，除前將軍、太尉長史、兼尚書北道行臺。"卷四五《韋彧傳》："稍遷平遠將軍、東豫州刺史。"《韋彧墓誌》(《墓誌集成》四二三)："熙平元年……兼太常卿。司徒、廣平王召屈諮議……尋除假節、督東豫州諸軍事、平遠將軍、東豫州刺史。"《韋彧妻柳敬憐墓誌》(《墓誌集成》八〇二)："魏故使持節、撫軍將軍、豫雍二州刺史、陰槃縣開國文烈公韋彧妻澄城郡君柳墓銘。"《韋彪墓誌》(《墓誌集成》一二〇七)："父彧，豫雍二州刺史。"按：《畢祖朽傳》下文云祖朽孝昌初爲南兗州刺史，兼行臺在前，斷於此。

[兗州]

元法僧

[青州]

元羅

《魏書》卷一六《元羅傳》："罷州，入爲宗正卿。"

[光州]

李延寔 督光州諸軍事、左將軍、光州刺史。

《魏書》卷八三下《李延寔傳》："隴西人，尚書僕射冲之長子。……世宗初，襲父爵清泉縣侯。累遷左將軍、光州刺史。"《元颺妃李媛華墓誌》(《墓誌集成》三三八)："兄延寔，今持節、督光州諸軍事、左將軍、光州刺史、清淵縣開國侯。……妃諱媛華……以正光五年歲次甲辰正月薨……八月……葬。"按：延寔始任年不詳，不晚於正光五年，斷於此。

[齊州]

　袁翻

　崔勵　　征虜將軍、刺史。未之任。

　　《魏書》卷六九《袁翻傳》："無多政績。孝昌中，除安南將軍、中書令。"卷六七《崔勵傳》："四年十月，父光疾甚，詔拜征虜將軍、齊州刺史。以父寢疾，衣不解帶。及光薨，肅宗每加存慰。五年春，光葬於本鄉。"

[徐州]

　北海王顥　　除名。

　　《魏書》卷九《肅宗紀》："十有二月……徐州刺史、北海王顥坐貪汙削除官爵。"卷二一上《北海王顥傳》："尋爲御史彈劾除名。"

[揚州]

　長孫稚

[相州]

　李世哲　　徵還。

　李獎　　撫軍將軍、刺史。

　　《魏書》卷六六《李世哲傳》："世哲至州，斥逐細人，遷徙佛寺，逼買其地，廣興第宅，百姓患之。（李）崇北征之後，徵兼太常卿。御史高道穆毁發其宅，表其罪過。後除鎮西將軍、涇州刺史。"卷七七《高謙之傳》："謙之弟道穆，正光中爲御史，糾相州刺史李世哲事，大相挫辱，其家恒以爲憾。"卷六五《李獎傳》："出爲撫軍將軍、相州刺史。"按：李崇北征事見是年懷荒鎮條。

［冀州］

李韶 遷定州。

封回 鎮東將軍、刺史。

《魏書》卷三九《李韶傳》："韶以年及懸車,抗表遜位。優旨不許。轉定州刺史,常侍如故。"卷三二《封回傳》："轉爲七兵尚書,領御史中尉。尚書右僕射元欽與從父兄麗妻崔氏姦通,回乃劾奏,時人稱之。除鎮東將軍、冀州刺史。"

［定州］

李韶 鎮東將軍、刺史。

按：李韶見是年冀州條。

［瀛州］

崔逞

［滄州］

畢聞慰

［幽州］

裴延儁

［燕州］

侯詳

［安州］

董徵

［汾州］

薛懷吉 卒。

于暉 刺史。

《魏書》卷六一《薛懷吉傳》："四年卒。"卷八三下《于暉傳》："襲爵,位汾州刺史。暉善事人,爲尒朱榮所親,以女妻其子長孺。"按：于暉何年爲刺史不詳,列於此。

［并州］

楊津　平北將軍、刺史。

《魏書》卷五八《楊津傳》："太后疑津貳己,不欲使其處河山之要,轉平北將軍、肆州刺史,仍轉并州刺史,將軍如故。徵拜右衞將軍。"《楊津墓誌》(《墓誌集成》五六三):"尋除使持節、平北將軍、肆州刺史。仍遷并州刺史,徵拜右衞。"

[肆州]

薛巒

《魏書》卷六一《薛巒傳》："所在貪穢,在州彌甚。納賄於司空劉騰,以求美官,未得而騰死。"卷九《肅宗紀》："四年春二月……司空劉騰薨。"

[恒州]

司馬仲明

[朔州]

樓寶　刺史。

《北史》卷二〇《樓寶傳》："明帝時,仕至朔州刺史。時邊事屢興,人多流散,及寶至,稍安集之,殘壞舊宅,皆命葺構,人歸繼路,歲考爲天下最。後隨大都督源子邕討擊葛榮。"吳廷燮《元魏方鎮年表》："自費穆後,朔州改雲州,婁寶當在費穆前。"

[懷朔鎮]

楊鈞

[武川鎮]

宇文永

[柔玄鎮]

元鷙

[懷荒鎮]

于景　被殺。

元孚 尚書左丞、兼尚書、北道行臺。被執。

畢祖朽 兼尚書、北道行臺。

《魏書》卷三一《于景傳》："及蠕蠕主阿那瓌叛亂，鎮民固請糧廩，而景不給。鎮民不勝其忿，遂反叛。執縛景及其妻，拘守别室……月餘，乃殺之。"《于景墓誌》（《墓誌集成》四一三）："至正光之末，限滿還京，長途未窮，一旦傾逝。以孝昌二年歲次丙午六月遘疾，暨十月丁卯朔八日甲戌薨於都鄉穀陽里。"卷九《肅宗紀》："二月……以蠕蠕主阿那瓌率衆犯塞，遣尚書左丞元孚兼尚書，爲北道行臺，持節喻之。……夏四月，阿那瓌執元孚，驅掠畜牧北遁。甲申，詔驃騎大將軍、尚書令李崇，中軍將軍、兼尚書右僕射元纂率騎十萬討蠕蠕，出塞三千餘里，不及而還。"卷一八《元孚傳》："蠕蠕王阿那瓌既得返國，其人大飢，相率入塞，阿那瓌上表請臺賑給。詔孚爲北道行臺，詣彼賑恤。……孚持白虎幡勞阿那瓌於柔玄、懷荒二鎮間。阿那瓌衆號三十萬，陰有異意，遂拘留孚……後遣孚等還。"卷二六《尉慶賓傳》："肅宗時，議欲送蠕蠕主阿那瓌還國，慶賓上表固争，不從。後蠕蠕遂執行臺元孚，大掠北境。詔尚書令李崇討之，慶賓别將隸崇，出塞而返。"卷一〇三《蠕蠕傳》："四年，阿那瓌衆大飢，入塞寇抄，肅宗詔尚書左丞元孚兼行臺尚書持節喻之。孚見阿那瓌，爲其所執，以孚自隨，驅掠良口二千，公私驛馬牛羊數十萬北遁，謝孚放還。"按：于景當於是年被殺於懷荒鎮，非孝昌二年疾卒於洛陽，《景誌》蓋諱飾。畢祖朽見是年東豫州條。

[雍州]

元志

[華州]

穆弼

[涇州]

　陸希道　卒。

　李世哲　鎮西將軍、刺史。

　　　《魏書》卷四〇《陸希道傳》："正光四年卒官。"按：李世哲見是年相州條。

[岐州]

　劉道斌　卒。

　崔延伯　鎮南將軍、行刺史，假征西將軍。

　　　《劉道斌墓誌》(《墓誌集成》三二四)："正光四年歲次癸卯正月戊子朔十日丁酉薨于岐州官第。"《魏書》卷七九《劉道斌傳》："正光四年，卒於州。"卷七三《崔延伯傳》："出爲鎮南將軍、行岐州刺史，假征西將軍。"

[夏州]

　源子雍　刺史。

　　　《魏書》卷四一《源子雍傳》："除恒農太守，遷夏州刺史。"

[秦州]

　李彥　撫軍將軍、刺史。

　　　《魏書》卷三九《李彥傳》："出爲撫軍將軍、秦州刺史。"

[河州]

　元祚

[鄯善鎮]

　元顥

[涼州]

　宋穎　冠軍將軍、刺史。

　　　《魏書》卷六三《宋穎傳》："納貨劉騰，騰言之於元叉，以穎爲冠軍將軍、涼州刺史。"

[梁州]

元子直 督梁州諸軍事、冠軍將軍、梁州刺史。

《魏書》卷二一下《元子直傳》:"出爲冠軍將軍、梁州刺史。"《元子直墓誌》(《墓誌集成》三三九):"加冠軍將軍,仍居門下。梁山重阻,黑水遐長,實號峨眉,是稱石穴。陵履三峽,控帶二江,刁斗夜驚,權烽晝起。西夏之任,兹焉特委。乃除持節、督梁州諸軍事、本將軍、梁州刺史。"《賈瑾墓誌》(《墓誌集成》五四〇):"爲皇宗英彦元恒之所友愛,就家逼引爲征東府中兵參軍,進入省爲散騎侍郎。……後爲帝兄梁州抑爲錄事參軍。"按:楊守敬疑"帝兄梁州"爲元衍,端方則云爲元子直,見《陶齋藏石記》卷七。元衍非帝兄,太和中任梁州刺史,與賈瑾仕年亦不合,端方是。

[東益州]

魏子建

[益州]

傅豎眼

[隆城鎮]

嚴愷

[巴州]

嚴始欣

正光五年甲辰(524)

三月,沃野鎮人破落汗拔陵起兵。六月,秦州城人莫折大提起兵,尋死,子念生代立。

[司州]

高陽王雍

[洛州]

董紹

[荊州]

元欣

[東荊州]

裴佗　前將軍、刺史。尋加平南將軍。

《魏書》卷八八《裴佗傳》："轉前將軍、東荊州刺史……尋加平南將軍。蠻酋田磐石、田敬宗等部落萬餘家，恃衆阻險，不賓王命，前後牧守雖屢征討，未能降款。佗至州，單使宣慰，示以禍福。敬宗等聞佗宿德，相率歸附。"《北史》卷三八《裴佗傳》："轉前將軍、荊州刺史。"按：《北史》作荊州，此從《魏書》。始任年不詳，斷於此。

[南荊州]

李志

[郢州]

裴詢　加安南將軍。

鄧儼　兼尚書左丞、郢州行臺。加撫軍將軍。

《魏書》卷四五《裴詢傳》："詢以凡司戍主蠻酋田朴特地居要險，衆踰數萬，足爲邊捍，遂表朴特爲西郢州刺史。朝議許之。蕭衍遣將李國興寇邊，時四方多事，朝廷未遑外略，緣境城戍，多爲國興所陷。……加散騎常侍、安南將軍。朴特自國興來寇，便與詢掎角，爲表裏聲援，郢州獲全，朴特頗有力焉。"《梁書》卷三《武帝紀下》："（普通五年）十二月戊寅，魏荊山城降。乙巳，武勇將軍李國興攻平靜關，剋之。"《魏書》卷二四《鄧儼傳》："歷尚書郎，除常山太守，轉安南將軍、光禄大夫、持節、兼尚書左丞、郢州行臺，又加撫軍將軍。卒。"按：梁普通五年即魏正光五年。郢州建義元年没於梁，鄧儼爲行臺在前，列於此。

[西郢州]

田朴特　刺史。

　　按：田朴特見是年鄆州條。

[豫州]

魏蘭根

[東豫州]

韋彧

張普惠　左將軍、刺史。

　　《韋彧墓誌》（《墓誌集成》四二三）："正光五年十月，詔大將軍長史，又除散騎常侍、征虜將軍。"《魏書》卷四五《韋彧傳》："彧綏懷蠻左，頗得其心。蠻首田益宗子魯生、魯賢先叛父南入，數爲寇掠。自彧至州，魯生等咸牋啓修敬，不復爲害。……還，遇大將軍、京兆王繼西征，請爲長史，拜通直散騎常侍。"卷七八《張普惠傳》："出除左將軍、東豫州刺史。……蕭衍遣將胡廣來寇安陽，軍主陳明祖等脅白沙、鹿城二戍，衍又遣定州刺史田超秀、田僧達等竊陷石頭戍，徑據安陂城；鄆州新塘之賊，近在州西數十里。普惠前後命將拒戰，並破之。"

[兗州]

元法僧　遷徐州。

[南兗州]

邢晏　督南兗州諸軍事、輔國將軍、南兗州刺史。遷滄州。

　　按：邢晏見是年滄州條。

[青州]

元匡　刺史。

　　《魏書》卷一九上《元匡傳》："徙青州刺史，尋爲關右都督，兼尚書行臺。遇疾還京。孝昌初，卒。"

[南青州]

李静　刺史。

《周書》卷三七《李彥傳》:"字彥士,梁郡下邑人也。……父静,南青州刺史。彥……孝昌中,解褐奉朝請。"按:李彥孝昌中入仕,其父爲南青州刺史蓋在孝明時,列於此。

[光州]

　李延寔

[齊州]

　元順　安東將軍、都督齊州諸軍事、齊州刺史。

　　　　按:元順見是年恒州條。

[徐州]

　元法僧　安東將軍、刺史。

　　　　《魏書》卷一六《元法僧傳》:"轉安東將軍、徐州刺史。"

[揚州]

　長孫稚

　　　　《魏書》卷九《肅宗紀》:"九月……蕭衍遣將裴邃、虞鴻襲據壽春外城,刺史長孫稚擊走之,邃退屯黎漿。詔河間王琛總衆援之。衍又遣將寇淮陽,詔祕書監、安樂王鑒率衆討之。"卷二五《長孫稚傳》:"蕭衍將裴邃、虞鴻襲據壽春……詔河間王琛總衆援之。琛欲決戰,稚以雨久,更須持重。琛弗從,遂戰,爲賊所乘,稚後殿。初,稚既總强兵,久不決戰,議者疑有異圖。朝廷重遣河間王琛及臨淮王彧、尚書李憲等三都督,外聲助稚,内實防之。"

[相州]

　李奬

[冀州]

　封回

[定州]

　李韶　卒。

元遵 都督定州諸軍事、平北將軍、定州刺史。

《魏書》卷三九《李韶傳》："正光五年四月,卒於官。"卷一六《元世遵傳》："除散騎常侍、平北將軍、定州刺史,百姓安之。"《元遵(世順)墓誌》(《墓誌集成》三八三)："後除使持節、散騎常侍、都督定州諸軍事、定州刺史。"《元均之墓誌》(《墓誌集成》四六六)："淮南王臨定州也,召君爲録事參軍。"按:元遵襲爵淮南王。

[瀛州]

崔暹

《魏書》卷八九《崔暹傳》："貪暴安忍,民庶患之。……以不稱職被解還京。武川鎮反,詔暹爲都督,隸大都督李崇討之。"卷九《肅宗紀》："七月……都督崔暹失利于白道,大都督李崇率衆還平城。"

[滄州]

畢聞慰

邢晏 都督滄州諸軍事、輔國將軍、滄州刺史。

《魏書》卷六一《畢聞慰傳》："後以本軍除散騎常侍、東道行臺,尋爲都督、安樂王鑒軍司。"卷六五《邢晏傳》："稍遷輔國將軍、司空長史、兼吏部郎中。以本將軍出爲南兗州刺史。徵爲太中大夫、兼丞相高陽王右長史。以本將軍除滄州刺史。"《邢晏墓誌》(《墓誌集成》六八〇)："除司空長史……又兼尚書吏部郎中。……既而插羽亟馳,榷火屢照。戎馬生郊,車騎滿野。乃兼給事、黃門侍郎、北道大使,兼七兵尚書、東北道行臺。瞻彼譙梁,實惟衝要。我求懿德,雜然相許。乃爲持節、督兗州諸軍事、輔國將軍、南兗州刺史。……還朝,爲太中大夫。丞相高陽王……以君器望清華,乃補右長史。除使持節、都督滄州諸軍事、輔國將軍、滄州刺史。"

[幽州]

裴延儁

王誦　行幽州事。除左將軍、幽州刺史。尋徵還。

盧同　撫軍將軍、幽州刺史、兼尚書行臺。

　　《魏書》卷六九《裴延儁傳》:"在州五年,考績爲天下最。延儁繼母隨延儁在薊,時遇重患,延儁啓求侍母還京療治。至都未幾,拜太常卿。時汾州山胡恃險寇竊,正平、平陽二郡尤被其害,以延儁兼尚書,爲西北道行臺,節度討胡諸軍。尋遇疾,敕還。"卷四二《酈惲傳》:"正光中,刺史裴延儁用爲主簿……後延儁爲討胡行臺尚書,引爲行臺郎。以招撫有稱,除尚書外兵郎,仍行臺郎。"卷六三《王誦傳》:"出爲左將軍、幽州刺史。未幾,徵爲長兼祕書監,徙給事黃門侍郎。肅宗崩,靈太后之立幼主也,於時大赦,誦宣讀詔書。"《王誦墓誌》(《墓誌集成》四八一):"正光之末,燕薊多虞,兵民叛命,威懷邊服,諒難其舉,以本官行幽州事。……仍除左將軍、幽州刺史。……徵公爲祕書監。"《魏書》卷四七《盧義僖傳》:"神龜初,任城王澄奏舉義僖,除散騎侍郎,轉冠軍將軍、中散大夫。以母憂去職。幽州刺史王誦與義僖交款。"卷七六《盧同傳》:"營州城民就德興謀反,除同度支尚書,黃門如故,持節使營州慰勞……安輯其民而還。德興復反,詔同以本將軍爲幽州刺史,兼尚書行臺慰勞之。同慮德興難信,勒衆而往,爲德興所擊,大敗而還。"

[燕州]

侯詳

崔秉　安西將軍、刺史。

　　《魏書》卷九三《侯詳傳》:"五年,拜司徒左長史。"卷四九《崔秉傳》:"加安西將軍,出除燕州刺史。"

[安州]

董徵

[平州]

王買奴 刺史。

　　按：王買奴孝昌二年被殺，始任年不詳，斷於此。

[營州]

李仲遵 左將軍、刺史。被執。

宋維 冠軍將軍、刺史。

　　《魏書》卷九《肅宗紀》："十月，營州城人劉安定、就德興據城反，執刺史李仲遵。城人王惡兒斬安定以降。德興東走，自號燕王。"卷三九《李仲遵傳》："大將軍、京兆王繼西伐，請而諮議參軍。尋除左將軍、營州刺史。時四方州鎮謀逆，叛亂相續，營州城內，咸有異心。仲遵單車赴州，既至，與大使盧同以恩信懷誘，率皆怡悅。後肅宗又詔盧同為行臺，北出慰勞。同疑彼人情難信，聚兵將往。城民劉安定等先有異志，謂欲圖己，還相恐動，遂執仲遵。二子清石、阿罕，尋亦見殺。"校勘記："'請而諮議參軍'，'而'，局本作'為'。"卷六三《宋維傳》："後除營州刺史，仍本將軍。"

[汾州]

汝陰王景和 刺史。

裴良 兼尚書左丞、西北道行臺。

裴延儁 兼尚書、西北道行臺。尋疾還。

　　《魏書》卷六九《裴良傳》："汾州吐京群胡薛羽等作逆，以良兼尚書左丞，為西北道行臺。值別將李德龍為羽所破，良入汾州，與刺史、汝陰王景和及德龍率兵數千，憑城自守。賊併力攻逼。詔遣行臺裴延儁，大都督、章武王融，都督宗正珍孫等赴援。"卷九《肅宗紀》："十有二月……汾州正平、平陽山胡叛逆。詔復征東將軍章武王融封爵,爲大都督,率衆討之。"
按:裴延儁參見是年幽州條。

[并州]

范紹 安北將軍、刺史。

《魏書》卷七九《范紹傳》:"出除安北將軍、并州刺史。"

[肆州]

元景哲 征虜將軍、肆州刺史、當州都督。

《元融妃盧貴蘭墓誌》(《墓誌集成》七三四):"春秋五十有四,以武定四年十一月八日薨於鄴都。……長子章武王,字景哲。……征虜將軍、肆州刺史、當州都督、侍中、車騎將軍、左光禄大夫、護軍將軍,領嘗食典御,兼太尉公、奉璽綬侍中、驃騎大將軍、西道大行臺、僕射、殿中尚書、散騎常侍、開府儀同三司、護軍將軍、侍中、章武王。"《魏書》卷一九下《章武王融傳》:"子景哲,襲。武定中,開府儀同三司。"按:景哲歷官甚多,爲肆州刺史較早,當在北魏末,列於此。

[恒州]

司馬仲明 卒。

元順 安北將軍、都督恒州諸軍事、恒州刺史。尋遷齊州。

《魏書》卷三七《司馬仲明傳》:"正光五年卒。"卷一九中《元順傳》:"除給事黃門侍郎。時領軍元叉威勢尤盛,凡有遷授,莫不造門謝謁。順拜表而已,曾不詣叉。……出除平北將軍、恒州刺史。順謂叉曰:'北鎮紛紜,方爲國梗,桑乾舊都,根本所繫,請假都督,爲國捍屏。'叉心疑難,不欲授以兵官。……轉爲安東將軍、齊州刺史。"《元順墓誌》(《墓誌集成》四六五):"正光五年,總六條,頻屏兩岳,初爲使持節、安北將軍、都督恒州諸軍事、恒州刺史。俄而徙莅齊蕃,爲安東將軍,持節、都督如故。"

[朔州]

費穆 輔國將軍、刺史。

《魏書》卷四四《費穆傳》:"及六鎮反叛,詔穆爲別將,隸都督李崇北伐。都督崔暹失利,崇將班師……乃請爲朔州刺史,仍本將軍。"按:崔暹、李崇見是年瀛州條。

[懷朔鎮]

楊鈞 撫軍將軍、七兵尚書、北道行臺。卒。

楊寬 行臺郎中,鈞子。

《魏書》卷五八《楊鈞傳》:"後爲撫軍將軍、七兵尚書、北道行臺。"《楊鈞墓誌》(《墓誌集成》四九二):"尋授七兵尚書,仍本將軍、北道大行臺。……鎮豎構逆,遂見攻圍。公親當矢石,嬰城固守。……以正光五年八月廿九日遘疾,薨於鎮所。"《楊文端墓誌》(《秦晉豫墓誌續編》一六九):"祖鈞,侍中、驃騎大將軍、七兵尚書、北道大行臺、恒州刺史、司空、臨貞文恭公。"《周書》卷二二《楊寬傳》:"父鈞……歷洛陽令、左中郎將、華州大中正、河南尹、廷尉卿、安北將軍、七兵尚書、北道大行臺、恒州刺史、懷朔鎮將,卒於鎮。……(寬)以功拜行臺郎中。時北邊賊攻圍鎮城,鈞卒,城民等推寬守禦。"卷一四《賀拔勝傳》:"父度拔,性果毅,爲武川軍主。魏正光末,沃野鎮人破六汗拔陵反,南侵城邑。懷朔鎮將楊鈞聞度拔名,召補統軍,配以一族。其賊僞署王衛可孤徒黨尤盛,既圍武川,又攻懷朔。"《北齊書》卷一五《竇泰傳》:"父樂,魏末破六韓拔陵爲亂,與鎮將楊鈞固守,遇害。"

[武川鎮]

宇文永 卒。

《宇文永墓誌》(《墓誌集成》三五五):"春秋五十六,卒於官。正光五年十二月丁丑朔八日甲申遷措於京東。……天道奚疏,冥理焉親。如何不淑,殲伊良人。"按:參是年瀛州條,永蓋死於六鎮之亂。

[柔玄鎮]

元鷙

《元鷙墓誌》(《墓誌集成》六七六):"正光五年十二月,朝廷遣都督章武王融討胡蜀賊失利,即令王分頭討之。以融失利,乃遣王代充都督,除北中郎將,將軍如故。"

[雍州]

元志 被殺。

李憲 安西將軍、行雍州刺史。尋徵還。

元匡 關右都督、兼尚書行臺。疾還。

元脩義 都督雍州諸軍事、衛大將軍、雍州刺史。

蕭寶夤 西道行臺、大都督。

《魏書》卷一四《元志傳》:"及莫折念生反,詔志爲西征都督討之。念生遣其弟天生屯隴口,與志相持。爲賊所乘,遂棄大衆奔還岐州。賊遂攻城。刺史裴芬之疑城人與賊潛通,將盡出之,志不聽。城人果開門引賊,鎖志及芬之送念生,見害。"卷三六《李憲傳》:"五年,除持節、安西將軍、行雍州刺史。尋除七兵尚書,加撫軍將軍。"《李憲墓誌》(《墓誌集成》六五〇):"加安西將軍,以本官行雝州事。未幾,徵爲撫軍將軍、七兵尚書。"按:元匡見是年青州條。元脩義、蕭寶夤見是年秦州條。

[華州]

穆弼 卒。

裴景鸞 刺史。

《寰宇記》卷二八同州:"西魏改華州爲同州……《郡國記》云:'……其東城,正光五年,刺史穆弼築。'"《魏書》卷二七《穆弼傳》："卒於州。"《北史》卷三八《裴延儁傳》："延儁從父兄宣明……二子景鸞、景鴻……景鸞位華州刺史。"按：裴景鸞何年爲刺史不詳，從吳表。

[東秦州][北華州]

元馗　右將軍、東秦州刺史。遷安西將軍、北華州刺史、當州都督。

《魏書》卷一六《元馗傳》："出除安西將軍、東秦州刺史。"《元馗墓誌》(《墓誌集成》五〇九)："正光之末，三輔馳烽，五陵傳檄。……上乃除君右將軍、東秦州刺史。……又州南接崇華，因便徙稱，復授君安西將軍、北華州刺史、當州都督。"趙萬里釋(《墓誌集釋》卷三)："魏之東秦州治汧城，正光三年置，與治上邽之秦州，治仇池之南秦州，互爲犄角。誌蓋指莫折太提舉兵事。馗官東秦州，當在初置時。《肅宗紀》：'孝昌三年正月，東秦州刺史潘義淵以汧城降賊。'馗罷潘繼，已在孝昌初，賴史誌互勘知之。"按：《馗誌》云"州南接崇華"，指杏城之東秦州與華州相接，正光五年改爲北華州。約同時於汧城另置東秦州，與華州并不相接。趙說以爲元馗所任爲汧城之東秦州，馗罷潘繼，當誤。

[南幽州]

唐永　刺史。

《北史》卷六七《唐永傳》："北海平壽人也。……父倫，青州刺史。永……正光中，爲北地太守，當郡別將。俄而賊將宿勤明達、車金雀等寇郡境，永擊破之，境內稍安。……行臺蕭寶寅表永爲南幽州刺史。"《魏書》卷九《肅宗紀》："十月……胡琛遣其將宿勤明達寇幽、夏、北華三州。"按：唐倫何年爲青州刺史不詳，亦不知是否爲贈官，本表不列。

[幽州]

畢祖暉 平西將軍、假安西將軍、刺史，復授。

北海王顥 撫軍將軍、假征西將軍、都督華豳東秦諸軍事、兼左僕射、西道行臺。

《魏書》卷六一《畢祖暉傳》："正光五年，豳州民反，招引隴賊，攻逼州城。以祖暉前在州日得民情和，復授平西將軍、豳州刺史，假安西將軍，爲別將以討之。祖暉且戰且前，突圍入治。"《周書》卷二八《郭賢傳》："魏正光末，賊帥宿勤明達圍逼豳州，刺史畢暉補賢統軍，與之拒守。"《魏書》卷二一上《北海王顥傳》："賊帥宿勤明達、叱干騏驎等寇亂豳華諸州，乃復顥王爵，以本將軍加使持節、假征西將軍、都督華豳東秦諸軍事、兼左僕射、西道行臺，以討明達。"卷七七《羊深傳》："正光末，北地人車金雀等帥羌胡反叛，高平賊宿勤明達寇豳夏諸州。北海王顥爲都督、行臺討之，以深爲持節、通直散騎常侍、行臺左丞、軍司，仍領郎中。"按：元顥參見是年秦州條。

[涇州]

李世哲 卒。

崔士和 西道行臺左丞、行涇州事。

《魏書》卷六六《李世哲傳》："正光五年七月卒。"卷六六《崔士和傳》："從（父）亮征硤石，以軍勳拜冠軍將軍、中散大夫、西道行臺元脩義左丞，行涇州事。蕭寶夤之在關中，高選僚佐，以爲督府長史。"《崔頠墓誌》（《墓誌集成》八四五）："尚書僕射、貞烈公之孫，涇州使君第二子也。……年廿六，武定六年遘疾，七日卒於鄴都寢舍。"按：東魏無涇州，頠父當仕於北魏。北魏崔氏唯崔士和曾行涇州事，頠蓋其子。

[岐州]

崔延伯

裴芬之 後將軍、刺史。被殺。

伊盆生 征西將軍、行刺史。

《魏書》卷七三《崔延伯傳》："正光五年秋,以往在揚州,建淮橋之勳,封當利縣開國男。……時莫折念生兄天生下隴東寇,征西將軍元志爲天生所擒,賊衆甚盛,進屯黑水。詔延伯爲使持節、征西將軍、西道都督,與行臺蕭寶夤討之。"卷七一《裴芬之傳》："出爲後將軍、岐州刺史。正光末,元志西討隴賊,軍敗退守岐州,爲賊所圍。城陷,志與芬之并爲賊擒送於上邽,爲莫折念生所害。"卷四四《伊盆生傳》："進號征西將軍,行岐州刺史。"按:裴芬之參見是年雍州、秦州條。

[東秦州]

潘義淵 刺史。

按:蓋是年於汧城另置東秦州。潘義淵爲刺史,見孝昌三年雍州條。

[高平鎮]

赫連略 鎮將。被殺。

按:赫連略見是年秦州條。

[夏州]

源子雍

源延伯 龍驤將軍、行夏州事、當州都督。

《魏書》卷四一《源子雍傳》："時沃野鎮人破落汗拔陵首爲反亂,所在蜂起,統萬逆胡,與相應接。子雍嬰城自守……時北海王顥爲大行臺,子雍具陳賊可滅之狀。顥給子雍兵馬,令其先行。時東夏合境反叛,所在屯結。子雍轉鬭而前,九旬之中凡數十戰,仍平東夏,徵稅租粟,運於統萬。於是二夏漸寧。……長子延伯……子雍在夏州,表乞兵援,詔延伯率羽林一千人赴之。……除龍驤將軍,行夏州事。……卒能固守。及後刺史至,延伯率領義衆還赴子雍,共平黑城。"《李和墓誌》(《隋代墓誌銘彙考》一·七):"魏之末年,政去王室……與夏州刺史元子雍同心起義。"羅新、葉煒疏證(《墓誌疏證》一一九):"代郡源氏爲北魏太武帝時賜姓,源氏本河西禿髮氏之裔,而禿髮與拓跋是同一個北族名號的異譯,二氏同源。因此,墓誌'元子雍'即'源子雍'。"《源延伯墓誌》(《墓誌集成》五〇〇):"正光之季,釁起高闕,禍延夏壤。考儀同時牧夏蕃,爲賊圍逼,朝廷即拜君威遠將軍、西征統軍。……于時州城被圍,首尾二年。粮廩既竭,民人相食。長蛇滿道,臺援莫至。儀同留君守城,自率將士詣東夏取粮,賊衆我寡,爲賊所虜。復授持節、龍驤將軍,行夏州事、當州都督。"

[東夏州]

公孫猗 征虜將軍、刺史。

《公孫猗墓誌》(《墓誌集成》四一四):"爲假節、東夏州刺史,尋加征虜將軍。"按:始任年不詳,斷於此。

[薄骨律鎮]

賈顯度 別將。

《魏書》卷八〇《賈顯度傳》:"初爲別將,防守薄骨律鎮。正光末,北鎮擾亂,爲賊攻圍。顯度拒守多時,以賊勢轉熾,不可久立,乃率鎮民浮河而下。既達秀容,爲尒朱榮所留。"

[秦州]

李彦 被殺。

高元榮 兼尚書右丞、西道行臺。被殺。

元脩義 兼尚書右僕射、西道行臺、行秦州事。遷雍州。

《魏書》卷九《肅宗紀》:"六月,秦州城人莫折大提據城反,自稱秦王,殺刺史李彦。詔雍州刺史元志討之。南秦州城人孫掩、張長命、韓祖香據城反,殺刺史崔遊以應大提。大提遣城人卜朝襲克高平,殺鎮將赫連略、行臺高元榮。大提尋死,子念生代立。……七月甲寅,詔吏部尚書元脩義兼尚書僕射,爲西道行臺,率諸將西討。……八月甲午,元志大敗於隴東,退守岐州。……九月壬申,詔尚書左僕射、齊王蕭寶夤爲西道行臺大都督,率征西將軍、都督崔延伯,又詔復撫軍將軍、北海王顥官爵,爲都督,並率諸將西討。……十有一月戊申,莫折天生攻陷岐州,執都督元志及刺史裴芬之。高平人攻殺卜朝,共迎胡琛。十有二月壬辰,詔太傅、京兆王繼爲太師、大將軍,率諸將討之。"卷三九《李彦傳》:"是時,破落汗拔陵等反於北鎮,二夏、幽、涼所在蜂起。而彦刑政過猛,爲下所怨,城民薛珍、劉慶、杜超等因四方離叛,遂潛結逆謀。正光五年六月,突入州門,擒彦於内齋,囚於西府。推其黨莫折大提爲帥,遂害彦。"卷八九《高元榮傳》:"位兼尚書右丞,爲西道行臺,至高平鎮,遇城翻被害。"卷一九上《元脩義傳》:"累遷吏部尚書。……二秦反,假脩義兼尚書右僕射、西道行臺、行秦州事,爲諸軍節度。脩義性好酒,每飲連日,遂遇風病,神明昏喪,雖至長安,竟無部分之益。元志敗没,賊東至黑水,更遣蕭寶夤討之,以脩義爲雍州刺史。"《元壽安墓誌》(《墓誌集成》四〇七):"遷鎮東將軍、吏部尚書,轉衛大將軍,加散騎常侍,尚書如故。……既而隴右虔劉阻兵稱亂,以公愛結民心,威足龕敵,改授使持節、開府、假驃騎大將軍、兼尚書右僕射,行秦州事,本官如故,爲西道行臺。即除使持節、散騎常侍、都督雍州諸軍事、衛大將軍、開府、雍州刺史。"《穆彦妻元洛神墓誌》(《墓誌集成》一三四〇):"故使持節、散騎常侍、都督雍州諸軍事、驃騎大將軍、儀同三司、西道行臺、尚書左僕射、行秦州事、開府、雍州刺史,後遷侍中、都督滄瀛冀三州諸軍事、司空公、冀州刺史之長女。"《魏書》卷五九《蕭寶夤傳》:"大提尋死,其第四子念生竊號天子……遣天生率衆出隴東,攻没汧城,仍陷岐州,執元志、裴芬之等,遂寇雍州,屯於黑水。朝廷甚憂之,乃除寶夤開府、西道行臺,率所部東行將統,爲大都督西征。肅宗幸明堂,因以餞之。"按:元脩義、蕭寶夤皆爲西道行臺,元脩義行秦州事,列於秦州條下,蕭寶夤討天生於雍州,列於雍州條下。《洛神誌》云脩義歷冀州都督、刺史,本傳不載,疑爲贈官。

[南秦州]

 崔遊 右將軍、刺史。被殺。

 楊椿 輔國將軍、刺史。未至。

  《魏書》卷五七《崔遊傳》:"正光中,起除右將軍、南秦州刺史,固辭不免。……正光五年夏,秦州城人殺刺史李彥,據州爲逆。數日之後,遊知必不安,謀欲出外……爲(韓)祖香等所執害。"卷五八《楊椿傳》:"正光五年,除輔國將軍、南秦州刺史。時南秦州反叛,路又阻塞,仍停長安。"《楊椿墓誌》(《墓誌集成》五五八):"正光五年,除南秦州刺史。"按:崔遊參見是年秦州條。

[河州]

 元祚

[鄯善鎮]

 元顥

[涼州]

 宋穎 被執。

  《魏書》卷九《肅宗紀》:"七月……涼州幢帥于菩提、呼延雄執刺史宋穎據州反。……九月……吐谷渾主伏連籌兵討涼州,于菩提棄城走,追斬之。城民趙天安復推宋穎爲刺史。……十有二月……莫折念生遣兵攻涼州,城人趙天安復執刺史以應之。"

[梁州]

元子直

傅豎眼　撫軍將軍、刺史。

　　《魏書》卷二一下《元子直傳》："未幾遇患，優遊南鄭，無他政績。徵還京師，病卒。"卷一〇一《獠傳》："及元恒、元子真相繼爲梁州，並無德績，諸獠苦之。"卷七九《鹿悆傳》："初爲真定公元子直國中尉……子直出鎮梁州，悆隨之州。州有兵糧和糴，和糴者靡不潤屋，悆獨不取，子直彊之，終不從命。"《元子直墓誌》(《墓誌集成》三三九)："解任還都……正光五年四月十二日薨於第。"《魏書》卷七〇《傅豎眼傳》："豎眼表求解州，不許，復轉安西將軍、岐州刺史，常侍如故。仍轉梁州刺史，常侍、將軍如故。梁州之人既得豎眼爲牧，人咸自賀。而豎眼至州，遇患不堪綜理，其子敬紹險暴不仁，聚貨耽色，甚爲民害，遠近怨望焉。"《傅豎眼墓誌》(《墓誌集成》六〇二)："轉安西將軍、岐州刺史。尋授撫軍將軍、梁州刺史。"按：《獠傳》之元子真當即元子直。

[東益州]

魏子建　兼尚書、山南行臺，刺史如故。

　　《魏書》卷九《肅宗紀》："八月……莫折念生遣都督竇雙攻盤頭郡。東益州刺史魏子建遣將竇念祖討之，斬雙。……十有二月……山南行臺、東益州刺史魏子建招降南秦氏民，復六郡十二戍，又斬賊王韓祖香。南秦賊王張長命畏逼，乃告降於蕭寶夤。"卷一〇四《自序》："及秦賊乘勝，屯營黑水，子建乃潛使掩襲，前後斬獲甚衆……詔子建兼尚書爲行臺，刺史如故。於是威震蜀土，其梁、巴、二益、兩秦之事，皆所節度。"

[益州]

傅豎眼　遷梁州。

邴虬　刺史。

　　按：邴虬見孝昌元年益州條。

[隆城鎮]

嚴愷

[巴州]

嚴始欣

孝昌元年乙巳(525)　　四月,靈太后復臨朝攝政。六月,改元。八月,柔玄鎮人杜洛周起兵於上谷。

[司州]

高陽王雍

元欽　驃騎將軍、司州牧。

《魏書》卷二一上《高陽王雍傳》："孝昌初,詔曰：'比相府弗開,陰陽未變。……可開府置佐史。'尋罷司徒,以爲丞相府。"卷一九上《元欽傳》："位中書監、尚書右僕射、儀同三司。……欽淫從兄麗妻崔氏,爲御史中尉封回劾奏,遇赦免。尋除司州牧。"卷九《肅宗紀》："(正光三年十二月)以車騎大將軍、尚書右僕射元欽爲儀同三司。"《元欽墓誌》(《墓誌集成》四九九)："隴右匪民,荆蠻蠢服,蔓草將延,淫根待滅。皇帝誦咨鷹揚,僉屬攸歸,遂以公爲大將軍、二道都督。……振旅旋斾,除司州牧,仍驃騎將軍、儀同三司。"

[洛州]

董紹

[荆州]

元欣　遷齊州。

寇治　鎮南將軍、都督三荆諸軍事、行臺尚書。戰没。

楊機　兼尚書左丞、南道行臺。還。

辛雄　行臺左丞。

李神儁　前將軍、刺史。徵還。

崔孝芬　龍驤將軍、荆州刺史，兼尚書、南道行臺，領軍司。徵還。

王羆　撫軍將軍、刺史。

《魏書》卷四二《寇治傳》："兼廷尉卿，又兼尚書。……尋遷金紫光禄大夫。是時，蠻反於三鴉，治爲都督追討，戰没。"《寇治墓誌》(《墓誌集成》四一六)："遷廷尉卿、度支尚書。……蠢尔千種，倏焉万落。無捨間諜，有切邊患。天子命將遣師，非公安可。使持節、鎮南將軍、都督三荆諸軍事、金紫光禄大夫、行臺尚書。……春秋六十九，以正光六年正月廿日薨。"《魏書》卷七七《楊機傳》："遷鎮軍將軍、司州治中，轉別駕。荆州蠻叛，兼尚書左丞、南道行臺討之。還，除中散大夫，復爲別駕，州牧、高陽王雍事多委機。"卷七七《辛雄傳》："時諸方賊盛，而南寇侵境，山蠻作逆。肅宗欲親討，以荆州爲先，詔雄爲行臺左丞，與前軍臨淮王彧東趣葉城，别將裴衍西通鴉路。"《李挺墓誌》(《墓誌集成》六八七)："公諱挺，字神儁，隴西狄道人也。……除前將軍、荆州刺史。"《魏書》卷三九《李神儁傳》："小名提。……出爲前將軍、荆州刺史。時四方多事，所在連兵。蕭衍遣將曹敬宗來寇，攻圍積時，又引水灌城，城不没者數版。神儁循撫兵民，戮力固守。詔遣都督崔暹，別將王羆、裴衍等赴援，敬宗退走。……徵拜大司農卿。"卷五七《崔孝芬傳》："除龍驤將軍、廷尉少卿。孝昌初，蕭衍遣將裴邃等寇淮南。詔行臺酈道元、都督河間王琛討之，停師城父，累月不進。敕孝芬持節齎齋庫刀，催令赴接，賊退而還。荆州刺史李神儁爲蕭衍遣將攻圍，詔加孝芬通直散騎常侍，以將軍爲荆州刺史,兼尚書南道行臺,領軍司,率諸將以援神儁,因代焉。……後以元叉之黨,與盧同、李獎等並除名,徵還。"《周書》卷一八《王羆傳》:"梁將曹義宗圍荆州,勅羆與別將裴衍率兵赴救。遂與梁人戰,大破之。于時諸方鼎沸,所在凋殘。荆州新經寇難,尤藉慰撫。以羆爲荆州刺史,進號撫軍將軍。梁復遣曹義宗衆數萬圍荆州,堰水灌城,不没者數板。時既内外多虞,未遑救援。"按:《李神儁傳》之"曹敬宗"當爲"曹義宗"之訛,義宗爲景宗第九弟,見《南史》卷五五《曹景宗傳》。

[東荆州]

裴佗

[南荆州]

李志

[郢州]

裴詢　徵還。

元願達　刺史。

《魏書》卷四五《裴詢傳》:"徵爲七兵尚書。"按:元願達見永安元年郢州條。

[豫州]

魏蘭根　遷岐州。

曹世表　征虜將軍、行豫州刺史。

《魏書》卷七二《曹世表傳》:"孝昌中,青齊頻年反亂,詔世表持節慰喻。還都,轉尚書右丞。後加征虜將軍、出行豫州刺史。"《北史》卷四五《曹世表傳》:"孝昌中,爲尚書左丞,出行東豫州刺史。"校勘記:"此'東'字衍文。"

[東豫州]

張普惠　卒。

元慶和　刺史。

《魏書》卷七八《張普惠傳》:"孝昌元年三月,在州卒。"卷一九上《汝陰王天賜傳》:"子逞……逞子慶和,東豫州刺史。"

[兗州]

元端 鎮軍將軍、都督兗州諸軍事、兗州刺史、當州都督。

《魏書》卷二一上《元端傳》:"出爲安東將軍、青州刺史。是時蕭衍遣將寇逼徐揚,除端撫軍將軍、金紫光祿大夫、使持節、東南道大使,處分軍機。賊平,拜鎮軍將軍、兗州刺史。"《元端墓誌》(《墓誌集成》四七三):"遷散騎常侍、安東將軍、都督青州諸軍事、青州刺史。……迴軒入朝,即爲度支、都官二曹尚書。……至孝昌五年,魯地寇亂,民情勃逆。以君威名遠震,除爲撫軍將軍、都督兗州諸軍事、兗州刺史、當州都督。"按:孝昌僅三年,誌誤,此從吳表。誌作撫軍將軍,此從傳。

[南兗州]

元譚 假左將軍、行南兗州事。遷涇州。

畢祖朽 前將軍、刺史。

《魏書》卷六一《畢祖朽傳》:"孝昌初,除持節、本將軍、南兗州刺史。尋授度支尚書。"按:元譚見是年徐州條。

[青州]

元端 安東將軍、都督青州諸軍事、青州刺史。遷兗州。

安樂王鑒 都督青州諸軍事、平東將軍、青州刺史。

《魏書》卷九《肅宗紀》:"三月……齊州清河民崔畜殺太守董遵,廣川民傅堆執太守劉莽反。青州刺史、安樂王鑒討平之。"按:元端見是年兗州條。元鑒參見次年青州條。

[光州]

李延寔

[齊州]

元順

元欣 征虜將軍、刺史。

《元順墓誌》(《墓誌集成》四六五):"至孝昌元年復還,徵爲黄門郎。"《魏書》卷一九中《元順傳》:"又解領軍,徵爲給事黄門侍郎。"卷二一上《元欣傳》:"轉征虜將軍、齊州刺史。"

[濟州]

賈粲 刺史。尋被殺。

《魏書》卷九四《賈粲傳》:"酒泉人也。太和中,坐事腐刑。……靈太后之廢,粲與元叉、劉騰等伺帝動静。……靈太后反政,欲誅粲,以叉、騰黨與不一,恐驚動内外,乃止。出粲爲濟州刺史,未幾,遣武衛將軍刁宣馳驛殺之。"《洛陽伽藍記》卷五凝圓寺:"閹官濟州刺史賈璨所立也。"

[徐州]

元法僧 奔蕭衍。

高諒 驍騎將軍、徐州行臺。被殺。

元譚 假左將軍、行徐州事。遷南兖州。

安豐王延明 兼尚書右僕射、東道大行臺、徐州大都督、行徐州事。復除都督三徐諸軍事、徐州刺史,加驃騎大將軍。

《魏書》卷九《肅宗紀》:"孝昌元年春正月庚申,徐州刺史元法僧據城反,害行臺高諒,自稱宋王,號年天啓,遣其子景仲歸於蕭衍。……衍遣其豫章王綜入守彭城,法僧擁其寮屬、守令、兵戍及郭邑士女萬餘口南入。詔鎮軍將軍、臨淮王彧,尚書李憲爲都督,衛將軍、國子祭酒、安豐王延明爲東道行臺,復儀同三司李崇官爵,爲東道大都督,俱討徐州。崇以疾不行。……六月……諸將逼彭城,蕭綜夜潛出降。"卷一六《元叉傳》:"又舉其親元法僧爲徐州刺史,法僧據州反叛。靈太后數以爲言,叉深愧悔。"卷五七《高諒傳》:"正光中,加驍騎將軍,爲徐州行臺。至彭城,屬元法僧反叛,逼諒同之,諒不許,爲法僧所害。"卷二一上《元譚傳》："元法僧外叛,詔譚爲持節、假左將軍、別將以討之。徐州平,遷光祿少卿、行南兗州事、征虜將軍、涇州刺史。入爲武衛將軍。尋詔譚爲都督以討杜洛周,次於軍都,爲洛周所敗。"《元譚墓誌》(《墓誌集成》四六九)："使持節、假左將軍,行徐州事,折衝之任也。還轉光祿卿,行兗州事,捍城之舉。除征虜將軍、涇州刺史,遇患不行。遷平南將軍、武衛將軍、銀青光祿大夫、使持節、假安北將軍、幽州大都督。"《魏書》卷二〇《安豐王延明傳》："後兼尚書右僕射。……及元法僧反,詔爲東道行臺、徐州大都督,節度諸軍事,與都督臨淮王彧、尚書李憲等討法僧。蕭衍遣其豫章王綜鎮徐州。延明先牧徐方,甚得民譽,招懷舊土,遠近歸之。綜既降,延明因以軍乘之,復東南之境,至宿豫而還。遷都督、徐州刺史。"《元延明墓誌》(《墓誌集成》五四九)："蕭綜來奔,蓋匹馬歸命。……公智力紛紜,一麾席卷。以兹文德,成此武功。增封二千六百户,仍以本大行臺、本官,行徐州事,仍除使持節、都督三徐諸軍事,本將軍、徐州刺史、侍中、大行臺、僕射如故。復除使持節、都督雍州諸軍事、本將軍、雍州刺史。俄間復除徐州刺史,仍侍中、本將軍。尋加驃騎大將軍、儀同三司。"《吳穆墓誌》(《墓誌集成》八九七)："魏故安豐王,明德茂親,作鎮徐州,引納才英,收羅儁彦,以君文武相雜,啓爲腹心。于時法僧初叛,豫章新來,彭城以南,驅陷僞俗。王教令君宣喻,荒情率服,淮夷内面,遂行南陽平郡事,帶槃陽戍主。"注："'槃','槃'之訛刻。"按:《魏書》卷四四《薛曇尚傳》云曇尚"熙平二年,除徐州穀陽戍主,行南陽平郡事",可證《穆誌》之"槃"爲"穀"之俗字,非"槃"之訛刻。槃陽在齊州,吳穆在徐州,地望亦不合。

[東徐州]

尉天生 刺史。

《庫狄迴洛妻尉孃孃墓誌》(《墓誌集成》九〇七):"安西將軍、東徐州刺史尉天生之女也。……春秋五十一,卒於晉陽之里。以五月十七日岁……大齊天保十年五月十七日。"按:尉孃孃生於永平二年,其父天生爲刺史蓋在宣武後,下邳之東徐州孝昌元年置,列於此。

[揚州]

長孫稚

李憲 都督揚州諸軍事、征東將軍、揚州刺史、淮南大都督。

吳廷燮《元魏方鎮年表》:"稚爲元叉黨,孝昌元年四月胡太后復政後當罷。"《魏書》卷三六《李憲傳》:"蕭衍遣其豫章王綜據彭城,俄而綜降。徐州既平……除征東將軍、揚州刺史、淮南大都督。"《李憲墓誌》(《墓誌集成》六五〇):"徐州刺史元法僧竊邑與賄,策名境外。……以公爲征東將軍、東討都督。……役未踰時,而功不世出。尋除使持節、都督楊州諸軍事、征東將軍、楊州刺史、淮南大都督。"《太平廣記》卷三二七《鬼一二·崔子武》引《三國典略》:"齊崔子武幼時,宿于外祖揚州刺史趙郡李憲家。"

[相州]

李奬 免。

李崇 驃騎大將軍、刺史。卒。

《魏書》卷六五《李奬傳》:"初,元叉擅朝,奬爲其親待,頻居顯要。靈太后反政,削除官爵。"卷六六《李崇傳》:"改除開府、相州刺史,侍中、將軍、儀同並如故。孝昌元年薨於位。"

[冀州]

封回 徵還。

侯剛 都督冀州諸軍事、車騎大將軍、冀州刺史。未至。

元孚　刺史。

《魏書》卷三二《封回傳》："肅宗末，徵爲殿中尚書。"卷九三《侯剛傳》："及領軍元乂執政擅權，樹結親黨，剛長子，又之妹夫，乃引剛爲侍中、左衛將軍，還領尚食典禦，以爲枝援。……孝昌元年，除領軍，餘官如故。初，元乂之解領軍也，靈太后以乂腹心尚多，恐難卒制，故權以剛代之，示安其意。尋出爲散騎常侍、冀州刺史、將軍、儀同三司。剛行在道，詔曰：'……可征虜將軍，餘悉削黜。'"《侯剛墓誌》（《墓誌集成》四〇四）："正光初，加車騎大將軍。……六年正月，復拜領軍將軍，加侍中，車騎、儀同、中尉如故。四月，改授使持節、散騎常侍、都督冀州諸軍事、本將軍、冀州刺史，儀同、開國如故，給班劍廿人。行達汲郡，敕令還京。"《魏書》卷一八《元孚傳》："後拜冀州刺史，孚勸課農桑，境内稱爲慈父。"

[定州]

元遵　卒。

楊津　行定州事。

穆紹　車騎大將軍、刺史。未拜。

元固　鎮北將軍、刺史。

《魏書》卷一六《元世遵傳》："孝昌元年，薨於州。"《元遵（世順）墓誌》（《墓誌集成》三八三）："歷宰五州，正平訟理。……春秋卅有八，孝昌元年歲次乙巳八月癸酉朔十四日丙戌薨於中山。"《魏書》卷五八《楊津傳》："孝昌初，加散騎常侍，尋以本官行定州事。"《楊津墓誌》（《墓誌集成》五六三）："加散騎常侍。行定州刺史。"《魏書》卷二七《穆紹傳》："紹無他才能，而資性方重，罕接賓客，希造人門。領軍元乂當權熏灼，曾往候紹，紹迎送下階而已，時人歎尚之。及靈太后欲黜乂，猶豫未決，紹贊成之。……謝事還家。詔喻久乃起。除車騎大將軍、開府、定州刺史,固辭不拜。"《元固墓誌》(《墓誌集成》四四五):"出爲鎮北將軍、定州刺史,常侍如故。"

[瀛州]

張烈　安北將軍、刺史。

《魏書》卷七六《張烈傳》:"靈太后反政,以烈叉黨,出爲鎮東將軍、青州刺史。于時議者以烈家産畜殖,僮客甚多,慮其怨望,不宜出爲本州,改授安北將軍、瀛州刺史。"《脩梵石室銘》(《隋代墓誌銘彙考》二·一四四):"比丘尼諱脩梵,俗姓張氏,清河東武城人,瀛州刺史烈之第三女。"

[滄州]

邢晏

[幽州]

盧同　除名。

常景　左將軍、幽州刺史、兼尚書、北道行臺。

元譚　平北將軍、假安北將軍、幽州大都督。

《魏書》卷七六《盧同傳》:"靈太后反政,以同叉黨,除名。"卷九《肅宗紀》:"九月……詔左將軍、幽州刺史常景爲行臺,征虜將軍元譚爲都督,以討洛周。"卷八二《常景傳》:"蕭綜降附,徐州清復……詔景詣軍宣旨勞問。還,以本將軍授徐州刺史。杜洛周反於燕州,仍以景兼尚書爲行臺,與幽州都督、平北將軍元譚以禦之。"卷四九《崔忻傳》:"北道行臺常景引爲行臺郎,又啓除員外郎。"《續高僧傳》卷一《菩提流支傳》:"(常景)歷官中書舍人、黃門侍郎、秘書監、幽州刺史。"按:據《肅宗紀》《菩提流支傳》,常景爲幽州刺史,而《常景傳》作徐州刺史,疑涉上文致誤。元譚參見是年徐州條。

[燕州]

崔秉

《魏書》卷四九《崔秉傳》:"時天下多事,遂爲杜洛周攻圍。"

[安州]

董徵

江文遥　後將軍、刺史。

《魏書》卷七一《江文遥傳》:"肅宗初,拜平原太守。在郡六年……遷後將軍、安州刺史。"

[平州]

王買奴

[營州]

宋維　除名。

元汎　都督營州諸軍事、平東將軍、營州刺史。

《魏書》卷六三《宋維傳》:"靈太后反政,以叉黨除名,遂還鄉里。尋追其前誣告清河王事,於鄴賜死。……(弟)紀,肅宗末,爲北道行臺。卒于晉陽。"卷一九上《汝陰王天賜傳》:"子逞……逞弟汎,字普安。自元士稍遷營州刺史。"《元汎略墓誌》(《墓誌集成》四四〇):"君諱汎略,字普安。……孝昌之始,胡馬驚塵,憑陵海隅,浸我東北……以君爲使持節、都督營州諸軍事、平東將軍、營州刺史。"按:誌作"汎略",傳作"汎",蓋雙名單稱。

[汾州]

汝陰王景和

裴良

[并州]

范紹

王祖幹　刺史。

宋紀　北道行臺。

《魏書》卷七九《范紹傳》："復入爲太府卿。莊帝初,遇害河陰。"卷九三《王襲傳》："景明二年卒。……(孫)祖幹,司徒行參軍,并州刺史。"按:王祖幹何年爲并州刺史不詳,列於此。宋紀見是年營州條,蓋亦以叉黨被殺。

[恒州]

暴誕 刺史。

元纂 行臺。

《魏書》卷一八《廣陽王深傳》："拔陵避蠕蠕,南移渡河。先是,別將李叔仁以拔陵來逼,請求迎援。深赴之,前後降附二十萬人。深與行臺元纂表求恒州北別立郡縣,安置降戶,隨宜賑賚,息其亂心。不從,詔遣黃門郎楊昱分散之於冀、定、瀛三州就食。深謂纂曰:'此輩復爲乞活矣,禍亂當由此作。'既而鮮于脩禮叛於定州,杜洛周反於幽州。"《北齊書》卷四一《暴顯傳》："父誕,魏恒州刺史、左衛將軍、樂安公。"《暴誕墓誌》(《墓誌集成》一〇三〇):"累遷征南將軍、護羌中郎將。……以魏孝昌元年七月十日卒於黃瓜堆。"毛遠明注(《碑刻校注》九·一二五六):"黃瓜堆,在今山西省山陰縣境。"按:以地望推之,暴誕當卒於恒州任上。

[朔州][雲州]

費穆 改除雲州刺史。

《魏書》卷四四《費穆傳》："尋改除雲州刺史。"按:是年改懷朔鎮爲朔州,改盛樂之朔州爲雲州,費穆仍爲刺史。

[懷朔鎮]

楊寬 鎮陷,北走茹茹。

《魏書》卷九《肅宗紀》："三月……破落汗拔陵別帥王也不盧等攻陷懷朔鎮。"《周書》卷二二《楊寬傳》："尋而城陷,寬乃北走茹茹。"

[白道鎮]

　鄭萬　鎮將。

　　《鄭子尚墓誌》(《墓誌集成》一〇九九):"熒陽開封人也。……祖萬,白道鎮將、雲中太守。……君……春秋五十七,以武平五年五月……喪。"按:鄭子尚生於神龜元年,其祖萬爲白道鎮將蓋在魏末,列於此。

[雍州]

　元脩義

　蕭寶夤

[華州]

　元祉　都督華州諸軍事、安西將軍、華州刺史。

　　《元祉墓誌》(《洛陽新獲墓誌 二〇一五》二二):"華州冠帶山河,地居形勝,寔西漢之咽喉,東周之衿袖,朝廷所簡。未及迴軍,復除王使持節、都督華州諸軍事、安西將軍、華州刺史,都督如故。……徵拜并州刺史,固辭自免。擢授鎮軍將軍、金紫光禄大夫。于時運屬無妄,孽幸千緒。王知天命之將改,屯否之未康,遂稱疾罷朝。……又中興草創,戎馬生郊,王慶其義舉,攘袂杖策,躍馬高會。……社稷獲安,王有力焉。……春秋五十有一,永安二年十一月……薨。"按:誌云"中興草創",當指建義元年尒朱榮立孝莊帝事,又孝昌末崔襲爲華州刺史,祉當在襲前,斷於此。

[北華州]

　元馗

[南豳州]

　唐永　遷東益州。

[豳州]

　畢祖暉

北海王顥　進號征西將軍,除尚書右僕射,行臺、都督如故。

韋彧　都督征豳軍事、兼七兵尚書、豳夏行臺。卒。

《魏書》卷六一《畢祖暉傳》:"孝昌初,北海王顥救至,城圍始解。"卷二一上《北海王顥傳》:"顥轉戰而前,頻破賊衆,解豳華之圍。以功增封八百户,進號征西將軍。又除尚書右僕射,持節、行臺、都督如故。"卷四五《韋彧傳》:"尋以本官兼尚書,爲豳夏行臺。……孝昌元年秋,卒於長安。"《韋彧墓誌》(《墓誌集成》四二三):"孝昌元年,詔公本官持節、都督征豳軍事,兼七兵尚書、西道行臺。……春秋五十一,孝昌元年八月廿六日薨於長安城永貴里第。"

[涇州]

元譚　征虜將軍、刺史。未任。

楊昱　征虜將軍、刺史。

《魏書》卷五八《楊昱傳》:"孝昌初,除征虜將軍、中書侍郎,遷給事黄門侍郎。時北鎮降民二十餘萬,詔昱爲使,分散於冀、定、瀛三州就食。……尋除征虜將軍、涇州刺史。"《楊昱墓誌》(《墓誌集成》五七〇):"遷給事黄門侍郎,尋兼侍中、持節、催關右諸軍大使,除涇州刺史。"按:元譚見是年徐州條。

[岐州]

伊盆生　戰殁。

楊椿　輔國將軍、刺史。尋徵還。

魏蘭根　刺史。

《魏書》卷四四《伊盆生傳》:"復爲西道都督,戰殁。"卷九《肅宗紀》:"(孝昌二年)八月……都督伊瓮生討巴,失利戰殁。"卷五八《楊椿傳》:"轉授岐州,復除撫軍將軍、衛尉卿。"《楊椿墓誌》(《墓誌集成》五五八):"六年,除岐州刺史。孝昌元年,除衛尉卿。"《北齊書》卷二三《魏蘭根傳》:"孝昌初,轉岐州刺史。從行臺蕭寶寅討破宛川。"

[東秦州]

 潘義淵

[夏州]

 源子雍

[東夏州]

 公孫猗

[南秦州]

 楊椿 遷岐州。

[河州]

 元祚 卒。

 高徽 行河州事。被殺。

 梁覽 自行州事。

 元朗 行刺史,未任。尋兼行臺尚書。

 《魏書》卷九《肅宗紀》:"十月……河州長史元永平、治中孟賓等推嘿噠使主高徽行州事,而前刺史梁釗子景進攻殺之,景進又自行州事。"卷三二《高徽傳》:"屬莫折念生反於秦隴。時河州刺史元祚爲前刺史梁釗息景進等招引念生攻河州,祚以憂死。長史元永平、治中孟賓、臺使元湛共推徽行河州事,綏接有方,兵士用命。……詔徽仍行河州事。久無援救,力屈城陷,爲賊所害。"《北史》卷四九《梁覽傳》:"字景叡……孝昌初,秦州莫折念生、胡琛等反,散財招募,有三千人,鎮河州。從大軍平賊,歷涼、河二州刺史。"《元朗(顯明)墓誌》(《墓誌集成》四二一):"神龜二年,以母憂去職。……勉喪之後,還復緇首。……屬皇家多難,妖氛競起,河西之地,民莫安居。朝廷以君果毅早聞,戎照夙著,乃除君持節、行河州刺史。道屆長安,未獲前達,尋被別敕,兼行臺尚書,節度關右。"

[榆中鎮]

王巢 龍驤將軍、鎮將。

《周書》卷二九《王傑傳》:"金城直城人也。……父巢,龍驤將軍、榆中鎮將。……魏孝武初,(傑)起家子都督。後從西遷。"按:巢何年任職不詳,當在魏末,列於此。

[鄯善鎮]

元顥

[瓜州]

元榮 都督嶺西諸軍事、車騎大將軍、瓜州刺史。

《元華光墓誌》(《墓誌集成》三六八):"樂安王範之曾孫,城門騰之女,泒州榮之第二妹。……孝昌元年歲次乙巳九月癸卯朔廿四日丙寅。"趙萬里釋(《墓誌集釋》卷三):"泒州即瓜州。"按:元榮參見永安二年、永熙二年瓜州條。是年改敦煌鎮爲瓜州,元榮當爲首任刺史。

[梁州]

傅豎眼 假鎮西將軍、都督梁巴二益四州諸軍事、西道大行臺、兼吏部尚書。

《魏書》卷九《肅宗紀》:"三月……蕭衍遣其北梁州長史錫休儒、司馬魚和、上庸太守姜平洛等入寇直城,梁州刺史傅豎眼遣息敬紹率衆拒擊,大破之。"卷七〇《傅豎眼傳》:"尋假鎮軍將軍、都督梁西益巴三州諸軍事。蕭衍遣其北梁州長史錫休儒、司馬魚和、上庸太守姜平洛等十軍,率衆三萬,入寇直城。豎眼遣敬紹總衆赴之,倍道而進,至直城,而賊襲據直口。敬紹以賊斷歸路,督兼統軍高徹、吳和等與賊決戰,大破之,擒斬三千餘人,休儒等走還魏興。"《傅豎眼墓誌》(《墓誌集成》六〇二):"又加鎮西將軍,都督梁巴西益四州諸軍事、西道大行臺,兼吏部尚書、武强縣開國子,食邑三百户,刺史如故。"注:"('西益'之)'西',《淄博文志》作'西',《補遺》(魏)、《山石》作'二'。"按:魏無西益州,疑"二"爲是,梁、巴加益、東益,正爲四州。

[東益州]

魏子建 徵還。

唐永 刺史。

《魏書》卷九《肅宗紀》:"二月……莫折念生遣都督楊鮓、梁下辯、姜齊等攻仇池郡城,行臺、東益州刺史魏子建遣將盛遷擊破之,斬下辯、齊等首。"卷一〇四《自序》:"梁州刺史傅豎眼子敬和……在洛大行貨賄,以圖行臺。先是,子建亦屢求歸京師,至此,乃遣刺史唐永代焉,豎眼因爲行臺。子建將還,羣氏慕戀,相率斷道。"校勘記:"'乃遣刺史唐永代焉','刺史'上疑脱'南幽州'三字。"卷一〇一《氐傳》:"後唐永代子建爲州。"

[益州]

邴虬

《魏書》卷九《肅宗紀》:"四月,蕭衍益州刺史蕭淵猷遣將樊文熾、蕭世澄等率衆圍小劍戍。益州刺史邴虬遣子子達、行臺魏子建遣别將淳于誕拒擊之。"

[隆城鎮][南梁州]

嚴愷 改刺史。

按:嚴愷見是年巴州條。

[巴州]

嚴始欣

《魏書》卷一〇一《獠傳》:"孝昌初,諸獠以始欣貪暴,相率反叛,攻圍巴州。山南行臺魏子建勉諭,即時散罷。自是獠諸頭王相率詣行臺者相繼，子建厚勞賚之。始欣見中國多事，又失彼心，慮獲罪譴。時蕭衍南梁州刺史陰子春扇惑邊陲，始欣謀將南叛。始欣族子愷時爲隆城鎮將，密知之，嚴設邏候，遂禽蕭衍使人，并封始欣詔書、鐵券、刀劍、衣冠之屬，表送行臺。子建乃啓以鎮爲南梁州，愷爲刺史，發使執始欣，囚於南鄭。遇子建見代，梁州刺史傅豎眼仍爲行臺。豎眼久病，其子敬紹納始欣重賂，使得還州。"

孝昌二年丙午（526）

正月，五原降户鮮于脩禮起兵於定州。八月，元洪業斬鮮于脩禮，請降，爲葛榮所殺。

[司州]

　元欽

[洛州]

　董紹

[荆州]

　王羆

[東荆州]

　裴佗

[南荆州]

　李志

[襄州]

　賈思同　平南將軍、刺史。

　　《魏書》卷七二《賈思同傳》："除平南將軍、襄州刺史。"
　按：始任年不詳，襄州孝昌中置，斷於此。

[郢州]

　元願達

[豫州]

曹世表

[東豫州]

元慶和

[兗州]

元端

[南兗州]

宋翻　左將軍、刺史。

《魏書》卷七七《宋翻傳》："遷左將軍、南兗州刺史。時蕭衍遣將先據荆山，規將寇竊。屬壽春淪陷，賊遂乘勢徑趨項城。翻遣將成僧達潛軍討襲，頻戰破之。"

[青州]

安樂王鑒

《李諀墓誌》（《墓誌集成》三九〇）："孝昌二年二月十日，使持節、都督青州諸軍事、平東東將軍、青州刺史、安樂王鑒念君遺跡，追贈齊郡内史。"按：原刻衍"東"字。

[南青州]

劉廞　冠軍將軍、行州事。尋徵還。

《魏書》卷五五《劉廞傳》："靈太后臨朝，又與太后兄弟往還相好……歷……冠軍將軍、行南青州事，尋徵安南將軍、光禄大夫。"

[光州]

李延寔

元瞻　督光州諸軍事、龍驤將軍、光州刺史。加征虜將軍。

《魏書》卷八三下《李延寔傳》："莊帝即位，以元舅之尊，超授侍中、太保。"《元瞻墓誌》（《墓誌集成》四六八）："餘皇浮水，或乘我疆。戈船停嶋，每伺此隙。緝矛之寄，寔屬茂實。

尔乃嗟我懷人,以敬俞往,便假公節督光州諸軍事、龍驤將軍、光州刺史。公遂憑軾而東征,望淄川而舉策。豪右捨周旋而孤逃,污吏投印珮而獨竄,吳人息烽,夜犬莫吠。仍加征虜之號,以旌忠善。"按:誌云元瞻建義元年卒,爲光州刺史在前,斷於此。

[齊州]

元欣

[濟州]

封津 征東將軍、刺史。

《魏書》卷九四《封津傳》:"受刑,給事宫掖。……二年……鎮南將軍,兼中關右慰勞大傳。出爲散騎常侍、征東將軍、濟州刺史。"校勘記:"'大傳'……'太傅',疑並是'大使'之訛。……加'中'字,當因封津是宦官。"

[徐州]

安豐王延明

臨淮王彧 兼尚書左僕射、東道行臺。

《魏書》卷九《肅宗紀》:"三月庚子,以驃騎大將軍、徐州刺史、安豐王延明爲儀同三司。……八月……以驃騎大將軍、東道行臺、臨淮王彧爲儀同三司。"卷一八《臨淮王彧傳》:"累遷侍中、衛將軍、左光禄大夫、兼尚書左僕射,攝選。是時,蕭衍遣將圍逼温湯,進彧以本官爲東道行臺。"校勘記:"'温湯',疑爲'渦陽'之訛。"

[揚州]

李憲 降梁。

《魏書》卷九《肅宗紀》:"閏(十一)月……衍將元樹逼壽春,揚州刺史李憲力屈,以城降之。"《李憲墓誌》(《墓誌集成》六五〇):"國家經營內難,非遑外圖。故載離寒暑,而終於淪陷。"《梁書》卷三二《陳慶之傳》："普通七年,安西將軍元樹出征壽春,除慶之假節、總知軍事。魏豫州刺史李憲遣其子長鈞別築兩城相拒。慶之攻之,憲力屈遂降,慶之入據其城。"《諸史考異》卷七《梁書》"揚州刺史"條："魏之揚州,即梁之豫州也。"

[相州]

崔秉　撫軍將軍、行相州事。

元頊　平北將軍、刺史。

元諶　都督相州諸軍事、中軍將軍、相州刺史。

　　《魏書》卷二一上《元頊傳》："出除平北將軍、相州刺史。爲大宗正卿。……莊帝初,拜侍中。"《元頊墓誌》(《墓誌集成》五五〇)："遷平北將軍、相州刺史。……入爲中軍將軍、大宗正卿。"《魏書》卷二一上《元諶傳》："遷後將軍、肆州刺史,固辭不拜。改授平南將軍、光禄少卿。轉黃門侍郎,進號安南將軍、光禄大夫。出爲散騎常侍、中軍將軍、相州刺史。罷州,除宗正卿、都官尚書。……莊帝初,拜車騎將軍。"《元煥墓誌》(《墓誌集成》三七一)："父諶,給事黃門侍郎、使持節、散騎常侍、都督相州諸軍事、中軍將軍、相州刺史。"按:崔秉見是年燕州條。元頊、元諶爲相州刺史皆在孝莊前,年不詳,列於此。吳表誤元頊爲元琪,列於恒州、相州條下,重出。

[冀州]

元孚

[殷州]

崔楷　後將軍、刺史。

　　按:崔楷見是年定州條。

[定州]

元固

長孫稚 大都督、行臺。

酈道元 行臺。

廣陽王淵 吏部尚書、兼右僕射、北道行臺、大都督。後爲都督定州諸軍事、衛將軍、定州刺史。徵爲吏部尚書，復授驃騎大將軍、兼尚書僕射、東北道行臺。爲葛榮所殺。

崔楷 兼尚書、北道行臺。遷殷州。

畢祖朽 行定州事。未任，改瀛州。

王静 行定州事。病卒。

楊津 鎮軍將軍、定州刺史、兼吏部尚書、北道行臺。除衛將軍。

《元固墓誌》(《墓誌集成》四四五)："後除金紫光禄大夫、太常卿，鎮北、常侍如故。以孝昌三年……薨於位。"《魏書》卷九《肅宗紀》："正月……五原降户鮮于脩禮反於定州，號魯興元年。詔左光禄大夫長孫稚爲使持節、假驃騎將軍、大都督、北討諸軍事，與都督河間王琛率將討之。……四月……北討都督河間王琛、長孫稚失利奔還。……五月……吏部尚書、廣陽王淵爲驃騎大將軍、儀同三司，尋爲大都督，率都督章武王融北討脩禮。……八月……賊帥元洪業斬鮮于脩禮，請降，爲賊黨葛榮所殺。……九月辛亥，葛榮敗都督廣陽王淵、章武王融於博野白牛邏，融殁於陣。"卷二五《長孫稚傳》："會鮮于脩禮反於中山，以稚爲大都督北討。尋以本使達鄴城。詔稚解行臺，罷大使，遣河間王琛爲大都督，酈道元爲行臺。稚遣子子裕奉表，稱與琛同在淮南，俱當國難，琛敗臣全，遂生私隙。且臨機奪帥，非筭所長。書奏，不納。琛與稚前到呼沱，稚未欲戰，而琛不從。行達五鹿，爲脩禮邀擊，琛不赴之。賊總至，遂大敗，稚與琛並除名。"卷一八《廣陽王深傳》："鮮于脩禮叛於定州，杜洛周反於幽州，其餘降户，猶在恒州，遂欲推深爲主。深乃上書乞還京師，令左衛將軍楊津代深爲都督，以深爲侍中、右衛將軍、定州刺史。……城陽王徽與深有隙,因此構之,乃徵深爲吏部尚書,兼中領軍。……後河間王琛等爲鮮于脩禮所敗,乃除深儀同三司、大都督,章武王融爲左都督,裴衍爲右都督,並受深節度。……榮東攻章武王融,戰敗於白牛邏。深遂退走,趨定州。聞刺史楊津疑其有異志,乃止于州南佛寺。……津遣(毛)謐討深,深走出,謐叫噪追躡。深與左右行至博陵郡界,逢賊遊騎,乃引詣葛榮。賊徒見深,頗有喜者。榮新自立,内惡之,乃害深。"《元淵墓誌》(《墓誌集成》四五〇):"以本將軍都督北征諸軍事,後增侍中,進号征北。除吏部尚書,兼右僕射、北道行臺,即爲大都督。……授使持節、侍中、都督定州諸軍事、衛將軍、定州刺史。……尋徵爲吏部尚書,侍中,將軍如故。……又以趙魏倒懸,冤旐旰食……復授使持節、驃騎大將軍、儀同三司,兼尚書僕射、東北道行臺,即領前軍,餘官仍本。……春秋卌有二,以孝昌二年歲在丙午十月丁卯朔二日戊辰薨於瀛州之高陽郡界。"《魏書》卷六八《甄楷傳》:"肅宗末,定州刺史、廣陽王淵被徵還朝,時楷丁憂在鄉,淵臨發,召楷兼長史,委以州任。尋值鮮于脩禮、毛普賢等率北鎮流民反於州西北之左人城,屠村掠野,引向州城。……及刺史元固、大都督楊津等至,楷乃還家。"卷五六《崔楷傳》:"字季則。……孝昌初,加楷持節、散騎常侍、光禄大夫、兼尚書北道行臺,尋轉軍司。未幾,分定相二州四郡置殷州,以楷爲刺史,加後將軍。"卷六一《畢祖朽傳》:"行定州,未之職,改授安東將軍、瀛州刺史。爲賊帥鮮于脩禮攻圍積旬,拒守自固。"卷九三《王靜傳》:"二年夏,除長兼廷尉卿,尋行定州事。至冬病卒。"卷五八《楊津傳》:"既而近鎮擾亂,侵逼舊京,乃加津安北將軍、假撫軍將軍、北道大都督、右衛,尋轉左衛,加撫軍將軍。始津受命,出據靈丘,而賊帥鮮于脩禮起於博陵,定州危急,遂回師南赴。……刺史元固稱賊既逼城,不可示弱,閉門不内。津揮刀欲斬門者,軍乃得入城。……詔除衞尉卿,征官如故,以津兄衞尉卿椿代爲左衞。尋加鎮軍將軍、討虜都督,兼吏部尚書、北道行臺。……時賊帥薛脩禮、杜洛周殘掠州境。孤城獨立,在兩寇之間。"校勘記:"'薛脩禮',《北史》卷四一《楊播傳》附《楊津傳》作'鮮于脩禮',疑是。"《楊津墓誌》(《墓誌集成》五六三):"加安北將軍。俄轉左衞,除撫軍將軍。尋授衞尉卿,除定州刺史,加鎮軍將軍。俄除衞將軍。時杜葛二寇,合縱連横。大將授首,王師屢屢。孤城寡援,勢危累卵。遂能搴旗斬將,威振一時。"按:《深傳》之"右衞將軍",據《淵誌》,當爲"衞將軍"。

[瀛州]

張烈

畢祖朽　安東將軍、刺史。

　　《魏書》卷七六《張烈傳》:"更滿還朝,因辭老還鄉里。"
　　按:畢祖朽見是年定州條。

[滄州]

邢晏

[幽州]

常景　解州任,仍爲幽安玄□四州行臺。被執。

元譚　還京。

王延年　刺史。被執。

　　《魏書》卷九《肅宗紀》:"正月……都督元譚次於軍都,爲洛周所敗。……七月丙午,杜洛周遣其别帥曹紇真寇掠幽州。行臺常景遣都督于榮邀於栗園,大破之,斬紇真。……十有一月戊戌,杜洛周攻陷幽州,執刺史王延年及行臺常景。"卷八二《常景傳》:"譚遂大敗,諸軍夜散。詔以景所部别將李琚爲都督,代譚征下口,降景爲後將軍,解州任,仍詔景爲幽安玄□四州行臺。……授景平北將軍、光禄大夫,行臺如故。……後洛周南圍范陽,城人翻降,執刺史延年及景送於洛周。"校勘記:"'幽安玄□四州'……據幽、安、玄三州所在,疑所脱爲'燕'字。"《元譚墓誌》(《墓誌集成》四六九):"還京,授司徒左長史。"

[燕州]

　　崔秉　　奔定州,免官。

　　房謨　　假燕州事。

　　　　《魏書》卷九《肅宗紀》:"五月……燕州刺史崔秉率衆棄城南走中山。"卷四九《崔秉傳》:"秉堅守歷年,朝庭遣都督元譚與秉第二子仲哲赴救。譚敗,仲哲死之。秉遂率城民奔定州,坐免官。尋除撫軍將軍,行相州事,轉征東將軍、金紫光禄大夫。"《北史》卷五五《房謨傳》:"遇鮮于脩禮之亂,朝廷以謨得北邊人情,以爲假燕州事。北轉至幽州南,爲脩禮所執,仍陷葛榮。"按:假州事不見它處,疑"假"字下有脱文。

[安州]

　　江文遥

[平州]

　　王買奴　　被殺。

　　　　《魏書》卷九《肅宗紀》:"九月……就德興攻陷平州,殺刺史王買奴。"

[營州]

　　元汎

[龍門鎮]

　　薛脩義　　龍驤將軍、鎮將。

　　　　《北齊書》卷二〇《薛脩義傳》:"絳蜀賊陳雙熾等聚汾曲,

詔脩義爲大都督,與行臺長孫稚共討之。……熾等遂降。拜脩義龍門鎮將。"《薛脩義墓誌》(《墓誌集成》八六〇):"絳賊陳雙熾等,前恃羊腸之固,却守龍山之險,強梁自得,獨爲匪民。以公爲大都督討之。……凶渠頓顙,面縛來降。……除龍驤將軍、龍門鎮將。"按:討陳雙熾事參見是年汾州條。

[汾州]

汝陰王景和 卒。

裴良 行汾州事,尋除汾州刺史,加輔國將軍,兼尚書左丞,行臺如故。移治西河。

李苗 兼尚書右丞、西北道行臺。

《魏書》卷六九《裴良傳》:"景和薨,以良爲汾州刺史,加輔國將軍,行臺如故。……良以飢窘,因與城人奔赴西河。汾州之治西河,自良始也。時南絳蜀陳雙熾等聚眾反,自號建始王,與大都督長孫稚、宗正珍孫等相持不下。"《裴良墓誌》(《墓誌集成》一〇四五):"仍命君以本職爲行臺,行汾州事,尋除汾州刺史,兼尚書左丞,行臺如故。"《裴遺業墓誌》(《秦晉豫墓誌續編》一五三):"祖良,散騎常侍、汾州刺史、太府卿。"《魏書》卷九《肅宗紀》:"六月……絳蜀陳雙熾聚眾反,自號始建王。曲赦平陽、建興、正平三郡。詔假鎮西將軍、都督長孫稚討雙熾,平之。"卷七一《李苗傳》:"孝昌中,還朝,除鎮遠將軍、步兵校尉。俄兼尚書右丞,爲西北道行臺,與大都督宗正珍孫討汾、絳蜀賊,平之。"

[并州]

尒朱榮 征東將軍、右衛將軍、假車騎將軍、都督并肆汾廣恒雲六州諸軍事,進大都督。

《魏書》卷七四《尒朱榮傳》:"榮率眾至肆州,刺史尉慶賓畏惡之,閉城不納。榮怒,攻拔之,乃署其從叔羽生爲刺史,執慶賓於秀容。自是榮兵威漸盛,朝廷亦不能罪責也。尋除鎮北將軍。鮮于脩禮之反也,榮表東討,復進號征東將軍、右衛將軍、假車騎將軍、都督并肆汾廣恒雲六州諸軍事,進爲大都督。"

[肆州]

尉慶賓 後將軍、刺史。爲尒朱榮所執。

尒朱羽生 刺史,尒朱榮署。

《魏書》卷九《肅宗紀》:"八月……都督尒朱榮於肆州執刺史尉慶賓,令其從叔羽生統州事。"卷二六《尉慶賓傳》:"除後將軍、肆州刺史。時尒朱榮兵威漸盛,曾經肆州,慶賓畏惡之,據城不出。榮恨慶賓,舉兵襲之。慶賓別駕姚和内應,榮遂害慶賓僚屬,拘慶賓還秀容。"《北齊書》卷四〇《尉瑾傳》:"父慶賓,爲魏肆州刺史。"按:慶賓、羽生參見是年并州條。

[廣州]

孟季 鎮遠將軍、刺史。

《魏書》卷四四《孟季傳》:"稍遷鎮遠將軍、左中郎將、廷尉監。以本將軍除廣州刺史。"按:傳下文云孟季"預尒朱榮義舉",則此廣州乃北方岢嵐之廣州。

[恒州]

元纂 州陷,奔冀州。

《魏書》卷九《肅宗紀》:"七月……恒州陷,行臺元纂奔冀州。"

[雲州]

費穆

[雍州]

元脩義 遷秦州。

楊椿 都督雍南豳二州諸軍事、衛將軍、雍州刺史。進號車騎大將軍。

蕭寶夤 除驃騎大將軍、假大將軍、尚書令。

城陽王徽 尚書令、西道行臺。不行。

《魏書》卷五八《楊椿傳》："加衛將軍,出除都督雍南豳二州諸軍事,本將軍、雍州刺史,又進號車騎大將軍、儀同三司。"《楊椿墓誌》(《墓誌集成》五五八):"二年,領右衛將軍、左衛將軍、征西將軍,兼侍中,兼尚書僕射、衛將軍、雝州刺史。尋遷侍中、車騎大將軍、開府儀同三司,仍雝州刺史。"《魏書》卷五九《蕭寶夤傳》:"孝昌二年四月,除寶夤侍中、驃騎大將軍、儀同三司、假大將軍、尚書令。……寶夤初自黑水,終至平涼,與賊相對,數年攻擊,賊亦憚之。關中保全,寶夤之力矣。"卷九《肅宗紀》:"四月……以侍中、車騎大將軍、城陽王徽爲儀同三司。"卷一九下《城陽王徽傳》:"拜尚書左僕射,轉車騎將軍、儀同三司,固辭不拜,聽解侍中,然後受詔。尋除尚書令,加開府、西道行臺,不行。"

[東雍州]

元洪略 中軍將軍、行刺史。

《魏書》卷一九下《元洪略傳》:"恒農太守、中軍將軍、行東雍州刺史。"按:孝昌二年復置東雍州,治鄭。元洪略爲刺史不早於是年,列於此。

[華州]

崔襲 刺史。

按:崔襲見孝昌三年雍州條。

[北華州]

元馗

《魏書》卷一六《元馗傳》:"建義初,卒於州。"《元馗墓誌》(《墓誌集成》五〇九):"及還京洛,秦華二州,請蔭繼路。……春秋卌七,薨於河陰鑾駕之右。"趙萬里釋(《墓誌集釋》卷三):"尵罹河陰之難。《道武七王傳》以東秦州爲尵最後之官,又云'建義初卒於州',並誤。"按:元尵何年徵還不詳,斷於此。

[南豳州]

陽延興 刺史。

《魏書》卷七二《陽藻傳》:"孝昌中……發病卒。……藻從弟延興,南豳州刺史。"按:南豳州正光中見置,陽藻何年爲刺史不詳,列於此。

[豳州]

畢祖暉

北海王顥

[涇州]

楊昱 徵還。

吕伯度 撫軍將軍、刺史。

元暐 都督涇州諸軍事、右將軍、涇州刺史。

《魏書》卷五八《楊昱傳》:"未幾,昱父椿出爲雍州刺史,徵昱還。"卷五九《蕭寶夤傳》:"天水人吕伯度兄弟,始共念生同逆,後與兄衆保於顯親,聚衆討念生,戰敗,降於胡琛。……乃背胡琛……念生事迫,乃詐降於寶夤。朝廷喜伯度立義之功,授撫軍將軍、涇州刺史。……終爲醜奴所殺。"《元暐墓誌》(《墓誌集成》四五九):"秦川構亂,巨猾滔天。大將軍、太傅以安危所鍾,總戎西伐……乃授使持節、假平西將軍,以本官爲西討別將。既而涇陽告警,隴首未康,龕亂字民,特難其選。除使持節、都督涇州諸軍事、右將軍、涇州刺史。"

[岐州]

魏蘭根

杜顯　行岐州事。

《魏書》卷四五《杜顯傳》:"孝昌二年,爲西征軍司,行岐州事。"《杜祐墓誌》(《秦晉豫墓誌續編》一八一):"字虔祐,京兆杜陵人也。……曾祖顯,魏使持節、征西將軍、太尉公、都督三雍幽涇五州諸軍事、雍州刺史、平陽武公。"按:《顯傳》云顯歷岐、東荆、涇三州,封平陽縣伯,後入關,雍州刺史蓋爲贈官。

[東秦州]

潘義淵

[夏州]

源子雍

[東夏州]

公孫猗　卒。

《公孫猗墓誌》(《墓誌集成》四一四):"孝昌二年三月九日遘疾,薨于州治。"

[秦州]

元脩義　秦州都督、兼尚書左僕射、西道行臺、行秦州事。道卒。
崔士和　兼度支尚書、隴右行臺。被殺。

《魏書》卷一九上《元脩義傳》:"卒於州。"《元壽安墓誌》(《墓誌集成》四〇七):"三秦載底,公實有力焉。復以本官加開府儀同三司、秦州都督,兼尚書左僕射、西道行臺、行秦州事。……軍次汧城,彌留寢疾,薨於軍所。……五月十一日薨,還京師。……越孝昌二年歲次丙午十月丁卯朔十九日乙酉遷窆於瀍水之東。"趙萬里釋(《墓誌集釋》卷四):"《寰宇記》三十二'正光三年置東秦州於汧城',是脩義當卒於東秦州治,傳誤雍州。"《元脩義傳》校勘記:"當時秦州爲起事城人佔領,故移治汧城。知元脩義死在秦州任上,傳節去其任秦州刺史事,遂似死於長安,當是承《北史》刪略之失。"《魏書》卷九《肅宗紀》:"九月……莫折天生請降,蕭寶夤使行臺左丞崔士和入據秦州。天生復叛,送士和于胡琛,殺之。"校勘記:"'莫折天生',疑爲'莫折念生'之訛。"卷六六《崔士和傳》:"時莫折念生遣使詐降,寶夤表士和兼度支尚書,爲隴右行臺,令入秦撫慰,爲念生所害。"按:汧城爲東秦州治,秦州雖爲城人所據,然未見史書云移治汧城。

[河州]

梁覽

[鄯善鎮] [鄯州]

元顥 改鎮爲州,爲征虜將軍、刺史。卒。

《元顥(神周)墓誌》(《墓誌集成》七八〇):"改鎮爲州,持節、征虜將軍、鄯州刺史。……州境西垂,與吐谷渾鄰接。夷狄之心,唯利是求,數觀兵境上,侵我邊鄙。公躬串鉀冑,身先士卒。威略所加,無不摧殄。聚首封尸,以爲京觀。醜類於是喪魂,邊寇於焉斂跡。朝廷絕西顧之憂者,公之力也。而上天不弔,春秋年五十五,孝昌二年二月中寢疾,十一日薨於其第。"《元和志》卷三九鄯州:"後魏以西平郡爲鄯善鎮,孝昌二年改鎮立鄯州。"

[瓜州]

元榮

[梁州]

傅豎眼 卒。

《魏書》卷七〇《傅豎眼傳》:"(子敬紹)見天下多事,陰懷異圖,欲杜絕四方,擅據南鄭。令其妻兄唐崐崙扇擾於外,聚衆圍城,敬紹謀爲内應。賊圍既合,其事泄露,在城兵武執敬紹,白豎眼而殺之。豎眼恥恚發疾,遂卒。"《傅豎眼墓誌》

(《墓誌集成》六〇二）："春秋六十七,孝昌二年四月廿四日薨。"按：據誌,傅豎眼卒於孝昌二年,《通鑑》、吴表斷於永安元年,誤。

[東益州]

唐永

《魏書》卷一〇一《氐傳》："未幾,氐人悉反,永棄城東走,自此復爲氐地。其後,（楊）紹先奔還武興,復自立爲王。"卷一〇四《自序》："東益氐、蜀尋反,攻逼唐永,永棄城而走,乃喪一藩矣。"

[益州]

邴虬

[南梁州]

嚴愷

[巴州]

嚴始欣

淳于誕　行刺史。

《魏書》卷七一《淳于誕傳》："二年,復以誕行巴州刺史。"

孝昌三年丁未（527）　正月,蕭寶夤敗於涇州。十月,舉兵。

[司州]

元欽

汝南王悦　司州牧。

《魏書》卷一九上《元欽傳》："後除司空公。……於河陰遇害。"卷八九《酈道元傳》："司州牧、汝南王悦嬖近左右丘念,常與卧起。及選州官,多由於念。念匿於悦第,時還其家,道元收念付獄。悅啓靈太后請全之,敕赦之。道元遂盡其命,因以劾悅。是時雍州刺史蕭寶夤反狀稍露,悅等諷朝廷遣爲關右大使,遂爲寶夤所害,死於陰盤驛亭。"《北齊書》卷一八《高隆之傳》:"魏汝南王悅爲司州牧,以爲户曹從事。建義初,釋褐員外散騎常侍。"

[洛州]

董紹　加平西將軍。

《魏書》卷七九《董紹傳》:"蕭寶夤反於長安也,紹上書求擊之……敕紹速行。又加平西將軍。"

[荆州]

王羆

辛纂　兼尚書左丞、南道行臺。

《魏書》卷七七《辛纂傳》:"尋拜諫議大夫。……蕭衍遣將曹義宗攻新野,詔纂持節、兼尚書左丞、南道行臺,率衆赴接,至便破之。義宗等以其勁速,不敢復進。於時海内多虞,京師更無繼援,惟以二千餘兵捍禦疆場。又詔爲荆州軍司,除驍騎將軍,加輔國將軍。纂善撫將士,人多用命,賊甚憚之。"

[東荆州]

裴佗

杜顒　征虜將軍、刺史。

《魏書》卷八八《裴佗傳》:"在州數載,以疾乞還。永安二年卒。"按:杜顒見是年岐州條。

[南荆州]

李志

[襄州]

賈思同

[郢州]

元願達

[豫州]

曹世表　東南道行臺，復行豫州事。遷東道行臺。

楊昱　車騎將軍、兼尚書右僕射、東南道大行臺。

源子恭　平南將軍、刺史。

《魏書》卷七二《曹世表傳》："値蕭衍將湛僧珍陷東豫州，州民劉獲、鄭辯反於州界，爲之内應。朝廷以源子恭代世表爲州，以世表爲東南道行臺，率元安平、元顯伯、皇甫鄧林等討之……收辯斬之……復以世表行豫州事，行臺如故。還朝，加左將軍，兼尚書東道行臺，沿河分立鎮戍，以備葛榮。行達青州，遇患卒。"按：楊昱見是年徐州條。源子恭參見是年汾州條。

[東豫州]

元慶和　降梁。

《魏書》卷九《肅宗紀》："九月辛卯，東豫州刺史元慶和以城南叛。"卷一九上《汝陰王天賜傳》："爲蕭衍將所攻，（元慶和）舉城降之。"《梁書》卷三《武帝紀下》："（大通元年）十月庚戌，魏東豫州刺史元慶和以渦陽内屬。"卷二八《夏侯夔傳》："（普通八年）譙州刺史湛僧智圍魏東豫州刺史元慶和於廣陵，入其郛……（慶和）遂請降。……詔以僧智領東豫州，鎮廣陵。"《梁坦暨妻馮氏墓誌》（《隋代墓誌銘彙考》一·○二○）："太昌之末，世道未平，朝須儁桀，遂除征虜將軍、中散大夫。……復以君爲使持節、大都督、東豫州長史。其處也，俗多山水，民不樂安，始望塵飛輕爲亂，君單車杖節，示以威恩，民自子來，相攜首罪。以魏末多事，遂入梁朝。"按：東豫州孝昌三年沒於梁，而《坦誌》云坦太昌末爲東豫州長史，太昌在孝昌之後，坦無由出任，"太昌"當爲"孝昌"之訛。

[潁州]

尉豹　行潁州事。戰没。

鄧獻　冠軍將軍、刺史。

《元和志》卷七潁州汝陰縣："後魏孝昌三年，於此置潁州。"《魏書》卷二六《尉豹傳》："肅宗時，行潁州事，與蕭衍將裴之禮戰殁。"《梁書》卷二八《夏侯夔傳》："（普通八年）敕夔帥壯武將軍裴之禮、直閤將軍任思祖出義陽道，攻平靜、穆陵、陰山三關，克之。"《魏書》卷二四《鄧獻傳》："肅宗末，除冠軍將軍、潁州刺史。"《鄧□墓誌》（《墓誌集釋》卷九）："祖獻，魏散騎常侍、潁州刺史。"

[西兖州]

刁雙　刺史。

《魏書》卷一〇六中《地形志中》西兖州："孝昌三年置，治定陶城，後徙左城。"卷三八《刁雙傳》："肅宗末，除西兖州刺史。"卷一九下《元略傳》："（蕭）衍尋遣其豫章王綜鎮徐州……會綜以城歸國，綜長史江革、司馬祖暅、將士五千人悉見擒虜。肅宗敕有司悉遣革等還南，因以徵略。衍乃備禮遣之。……肅宗詔光禄大夫刁雙境首勞問……（除）刁雙西兖州刺史。"按：蕭綜降魏在孝昌元年。

[兖州]

元端　徵還。

元瞻　平南將軍、行兖州事。就拜平東將軍，即真刺史。尋遷雍州。

馮儁　刺史。

《魏書》卷二一上《元端傳》："俄而衍將復寇徐兖，圍逼州城。端率在州文武拒守，得全。……還，除都官尚書。"《元瞻墓誌》（《墓誌集成》四六八）："還爲散騎常侍、左將軍，復換平南將軍、持節、行兗州事。……就拜平東將軍,即真刺史。……俄授撫軍將軍、行雍州事。……後爲汝南王以茂德懿親,重臨京牧,妙簡忠良,銓定鄉品,召公爲州都,委以選事。……春秋五十一,以建義元年四月十三日薨於位。"《周書》卷三八《柳虯傳》:"孝昌中,揚州刺史李憲舉虯秀才,兗州刺史馮儁引虯爲府主簿。"

[南兗州]

宋翻

《梁書》卷三二《蘭欽傳》:"大通元年……又破譙州刺史劉海游。"按:《魏書》卷一〇六中《地形志中》有二譙州,其一,"景明中置渦陽郡,孝昌中陷,武定七年復置州,治渦陽城";其二,"蕭衍置,魏因之。治新昌城"。渦陽之譙州爲東魏所置,梁新昌之譙州在太清後爲北齊所得,北魏未置譙州,《蘭欽傳》所載之譙州疑有誤,附於此。

[青州]

彭城王劭 平東將軍、刺史。

《魏書》卷二一下《彭城王劭傳》:"除使持節、假散騎常侍、平東將軍、青州刺史。于時,齊州民劉均、房頃等,扇動三齊。蕭衍遣將彭群、王辯等搖擾邊陲,劭頻有防拒之效。孝昌末,靈太后失德,四方紛擾,劭遂有異志。爲安豐王延明所啓,乃徵入爲御史中尉。"卷九《肅宗紀》:"七月……青州刺史、彭城王劭,南青州刺史胡平,遣將斬蕭衍將彭群首。"

[南青州]

胡平 刺史。

按:胡平見是年青州條。

[光州]

元瞻 遷兗州。

封懿 征虜將軍、刺史。

《魏書》卷九四《封懿傳》:"孝昌中,歷恒農、武邑二郡太守。尋除征虜將軍、光州刺史。"

[齊州]

元欣

盧同 左將軍、兼左丞、齊兗二州行臺。

《魏書》卷四三《房士達傳》:"孝昌中,其鄉人劉蒼生、劉鈞、房須等作亂,攻陷郡縣,頻敗州軍。時士達父憂在家,刺史元欣欲逼其爲將,士達以禮固辭。"卷九《肅宗紀》:"三月……齊州廣川民劉鈞執清河太守邵懷,聚衆反,自署大行臺。清河民房須自署大都督,屯據昌國城。……六月……詔都督李叔仁討劉鈞,平之。"卷七六《盧同傳》:"孝昌三年,除左將軍、太中大夫、兼左丞,爲齊兗二州行臺,節度大都督李叔仁。"

[濟州]

封津

[徐州]

楊昱 刺史。遷東南道大行臺。

曹世表 左將軍、兼尚書、東道行臺。卒。

崔孝芬 寧朔將軍、兼尚書右丞、徐州行臺。除安南將軍、兼尚書、徐兗行臺。

羊深 二徐行臺。

《楊昱墓誌》(《墓誌集成》五七〇):"淮泗襟帶,彭沛攸屬,除使持節、散騎常侍、徐州刺史。曾不期月,龕虜萬計。信服淮夷,義流異域。除右光祿大夫、河南尹,遷車騎將軍、兼尚書右僕射、東南道大行臺。"《魏書》卷五八《楊昱傳》:"及蕭寶夤等敗於關中,以昱兼七兵尚書、持節、假撫軍將軍、都督,防守雍州。昱遇賊失利而返。除度支尚書,轉撫軍、徐州刺史,尋除鎮東將軍、假車騎將軍、東南道都督,又加散騎常侍。"卷九《肅宗紀》:"二月……蕭衍將成景儁寇彭城,詔員外常侍崔孝芬爲行臺,率將擊走之。"卷五七《崔孝芬傳》:"孝昌三年,蕭衍將成景儁率衆逼彭城,除孝芬寧朔將軍、員外常侍、兼尚書右丞,爲徐州行臺。……景儁等力屈退走。除孝芬安南將軍、光禄大夫、兼尚書,爲徐兗行臺。"卷七七《羊深傳》:"孝昌末,徐方多事,以深爲東道慰勞使,即爲二徐行臺。"按:曹世表見是年豫州條。

[東徐州]

韋朏　征虜將軍、刺史。尋遷安東將軍。

　　《魏書》卷四五《韋朏傳》:"肅宗末,除征虜將軍、東徐州刺史,尋遷安東將軍,加散騎常侍。"

[相州]

安樂王鑒　相州刺史、北討大都督。兼尚書右僕射、北道行臺、尚書令。起兵,被殺。

裴衍　撫軍將軍、相州刺史、假鎮北將軍、北道大都督。軍敗被殺。

李神儁　鎮軍將軍、行相州事。未之任。

李神　行相州事。尋正,加撫軍將軍、假鎮東將軍、大都督。

　　《魏書》卷九《肅宗紀》:"七月……相州刺史、安樂王鑒據州反。……八月,都督源子邕、李軌、裴衍攻鄴。丁未,斬鑒,相州平。"卷二〇《安樂王鑒傳》:"後除相州刺史、北討大都督,討葛榮。仍兼尚書右僕射、北道行臺、尚書令,與都督裴衍共救信都。鑒既庸才,諸弟麤暴,見天下多事,遂謀反,降附葛榮。都督源子邕與裴衍合圍鑒,斬首傳洛。"《寇霄墓誌》(《墓誌集成》五二八):"後以第二兄與相州刺史、安樂王名德相知,隨王在相,逾期不還,如州覲問,遇桀賊於路,殞於湯陰,時年廿五矣。"《魏書》卷七一《裴衍傳》:"除使持節、散騎常侍、平東將軍、假安東將軍、北道都督,鎮鄴西之武城……時相州刺史、安樂王鑒潛圖叛逆,衍覺其有異,密表陳之。尋而鑒所部別將嵇宗馳驛告變。乃詔衍與都督源子邕、李神軌等討鑒,平之。除撫軍將軍、相州刺史、假鎮北將軍、北道大都督……仍詔衍與子邕北討葛榮……軍敗見害。"卷三九《李神儁傳》:"肅宗末,除鎮軍將軍、行相州事。於時葛榮南逼,神儁憂懼,乃故墜馬傷脚,仍停汲郡,有詔追還。"《李挺墓誌》(《墓誌集成》六八七):"葛榮作釁,流毒漳滏。仍勞威望,寄以北門。授鎮軍將軍、行相州事。遵途未達,有詔徵還。"《魏書》卷七〇《李神傳》:"孝昌中,行相州事,尋正,加撫軍將軍,假鎮東將軍、大都督。"按:李挺字神儁。

[冀州]

元孚 爲葛榮所執。

源子雍 刺史。戰敗被殺。

《魏書》卷九《肅宗紀》:"十有一月己丑,葛榮攻陷冀州,執刺史元孚。……十有二月戊申,都督源子邕、裴衍與葛榮戰,敗於陽平東北漳水曲,並戰歿。"卷一八《元孚傳》:"後爲葛榮所陷,爲榮所執。"卷七二《潘永基傳》:"出爲持節、平北將軍、冀州防城都督、長樂太守。于時葛榮攻信都,長圍遏水以灌州城。永基與刺史元孚同心戮力,晝夜防拒。外無軍援,內乏糧儲,從春至冬,力窮乃陷。"卷四一《源子雍傳》:"以葛榮久逼信都,詔假子雍征北將軍,爲北討都督。時相州刺史安樂王鑒據鄴反,敕子雍與都督李神軌先討之。……平之。……與裴衍發鄴以討葛榮,而信都城陷。除子雍冀州刺史,餘官如故。……至陽平郡東北漳曲,榮率賊十萬來逼官軍。子雍戰敗被害。"

[東冀州]

　崔秉　征東將軍、刺史。未之任。

　高翼　刺史。

《魏書》卷四九《崔秉傳》:"孝昌末,冀州流民聚於河外,因立東冀州,除秉爲刺史,加征東將軍。不之任。"《北齊書》卷二一《高乾傳》:"父翼……孝昌末,葛榮作亂於燕、趙,朝廷以翼山東豪右,即家拜勃海太守。至郡未幾,賊徒愈盛,翼部率合境,徙居河、濟之間。魏因置東冀州,以翼爲刺史。"

[殷州]

　崔楷　爲葛榮所殺。

《魏書》卷九《肅宗紀》:"正月……葛榮陷殷州,刺史崔楷固節死之,遂東圍冀州。"卷五六《崔楷傳》:"葛榮自破章武、廣陽二王之後,鋒不可當。……州既新立,了無禦備之具。及賊來攻,楷率力抗拒,彊弱勢懸,每勒兵士撫厲之,莫不争奮。……連戰半旬,死者相枕。力竭城陷,楷執節不屈,賊遂害之。"《崔楷墓誌》(《墓誌集成》一二五七):"大魏殷州刺史崔公墓誌。公諱楷,字模之,河南濟源人。……葛榮逼城……死之。"《崔楷(道常)墓誌》(《墓誌集成》一三二〇):"祖經,字道常。父辯,字神通。"按:《崔楷墓誌》云楷爲葛榮所殺,與《魏書》所載同,《崔楷(道常)墓誌》云楷"父辯,字神通",亦與《魏書》所載同,則二誌實爲一誌。道常爲楷祖經之字,非楷之字。

[定州]

　楊津

[瀛州]

　畢祖朽　卒。

　元寧　刺史。

《魏書》卷六一《畢祖朽傳》："病卒於州。"《元寧造像記》（《金石萃編》卷二九）："大魏孝昌二年歲次丙午正月辛丑朔廿四日甲子滎陽太守元寧仰爲二聖敬造石像一軀。"吳廷燮《元魏方鎮年表》："（元寧）當以三年爲瀛州。"按：元寧參見永安元年瀛州條。

[滄州]

邢晏

薛慶之　征虜將軍、刺史。

《魏書》卷六五《邢晏傳》："爲政清靜，吏民安之。孝昌中卒。"《邢晏墓誌》（《墓誌集成》六八〇）："春秋五十一，以武泰元年二月十三薨於濟陰郡離狐縣。"按：薛慶之見是年并州條。

[安州]

江文遙

[平州]

邢遜　安遠將軍、刺史。尋免。

《魏書》卷六五《邢遜傳》："遷國子博士、本州中正。因謁靈太后，自陳：'功名之子，久抱沉屈。臣父屢爲大將，而臣身無軍功階級，臣父唯爲忠臣，不爲慈父。'靈太后慨然，以遜爲長兼吏部郎中。出爲安遠將軍、平州刺史。時北蕃多難，稽留不進，免。孝莊初，除輔國將軍、通直散騎常侍、東道軍司。"

[營州]

元汎　被逐。

《魏書》卷一九上《汝陰王天賜傳》："（汎）性貪殘，人不堪命，相率逐之，汎走平州。後除光祿大夫、宗正卿……於河陰遇害。"《元汎略墓誌》（《墓誌集成》四四〇）："未及下車，賊遂奔退，百姓安堵，民知有賴。府謝還朝，授平東將軍、大宗正卿。……春秋五十四,歲次戊申四月戊子朔十三日庚子薨於第。"按:誌當虛飾。

[汾州]

裴良

源子恭　假平北將軍、征建興都督、兼尚書行臺。遷豫州。

《魏書》卷四一《源子恭傳》:"建興蜀復反,相與連勢,進子恭爲持節、散騎常侍、假平北將軍、征建興都督,仍兼尚書行臺,與正平都督長孫稚合勢進討,大破之。正平賊帥范明遠與賊帥劉牙奴並面縛請降。事平,除平南將軍、豫州刺史,尋加散騎常侍、撫軍將軍。"

[龍門鎮]

薛脩義

胡元吉　西北道大行臺。

《北齊書》卷二〇《薛脩義傳》:"後脩義宗人鳳賢等作亂,圍鎮城。脩義亦以天下紛擾,規自縱擅,遂與鳳賢聚衆爲逆,自號黃鉞大將軍。詔都督宗正珍孫討之。……魏孝明遣西北道大行臺胡元吉奉詔曉喻,脩義降。……鳳賢降,拜鳳賢龍驤將軍、假節、稷山鎮將。"

[稷山鎮]

薛鳳賢　龍驤將軍、鎮將。

按:薛鳳賢見是年龍門鎮條。

[并州]

尒朱榮

魏承祖　刺史,卒。

薛慶之　尚書郎、兼尚書左丞、并肆行臺、行并州事。遷滄州。

元天穆　西北道行臺。除征虜將軍、刺史。

《魏書》卷七一《魏承祖傳》:"終於并州刺史。"吳廷燮《元魏方鎮年表》：" 按《本紀》，孝昌二年十一月（魏承祖）爲都督救新野，除并州當在三年。"卷四二《薛慶之傳》："轉尚書郎、兼尚書左丞，爲并肆行臺，賜爵龍丘子，行并州事。遷征虜將軍、滄州刺史。"《魏書》卷一四《元天穆傳》："（尒朱）榮請天穆爲行臺，朝廷不許，改授別將，令赴秀容。是時，北鎮紛亂，所在峰起，六鎮蕩然，無復蕃捍，惟榮當職路衝，招聚散亡。天穆爲榮腹心，除并州刺史。"《元天穆墓誌》（《墓誌集成》五三七）："充西北道行臺，除征虜將軍、并州刺史。"

[肆州]

尒朱羽生

[廣州]

孟季

[雲州]

費穆 棄城走。

《魏書》卷四四《費穆傳》："穆招離聚散，頗得人心。時北境州鎮，悉皆淪没，唯穆獨據一城，四面抗拒。久之，援軍不至，兼行路阻塞，糧仗俱盡。穆知勢窮，乃棄城南走，投尒朱榮於秀容。既而詣闕請罪，詔原之。"卷一〇《孝莊紀》："（建義元年五月）以中軍將軍、吏部尚書費穆爲使持節、都督南征諸軍事。"

[雍州]

楊椿 兼尚書右僕射、行臺，疾解。復除都督雍岐南豳三州諸軍事、車騎大將軍、雍州刺史、討蜀大都督，不行。

蕭寶夤 正月，大敗於涇州。四月，都督雍涇岐南豳四州諸軍事、征西將軍、雍州刺史、假車騎大將軍、西討大都督。十月，起兵。

長孫稚 尚書右僕射、行臺。

元瞻 撫軍將軍、行雍州事。尋徵還。

《魏書》卷九《肅宗紀》："正月……儀同三司蕭寶夤爲司空，車騎將軍、北海王顥爲車騎大將軍、儀同三司。……蕭寶夤、元恒芝大敗于涇州，大隴都督、南平王仲冏，小隴都督高聿並相尋退散。東秦州刺史潘義淵以汧城降賊。高平虜賊逼岐州，城人執刺史魏蘭根，以城應之。幽州刺史畢祖暉、行臺羊深並奔退，祖暉於陣歿。北海王顥尋亦敗走。……十月……雍州刺史蕭寶夤據州反，自號曰齊，年稱隆緒。詔尚書右僕射長孫稚討之。"卷五八《楊椿傳》："蕭寶夤、元恒芝諸軍爲賊所敗……涇岐及幽悉已陷賊，扶風以西，非復國有。椿乃鳩募内外，得七千餘人，遣兄子錄事參軍侃率以防禦。詔椿以本官加侍中、兼尚書右僕射爲行臺，節度關西諸將，其統内五品已下、郡縣須有補用者，任即擬授。椿遇暴疾，頻啓乞解。詔許之，以蕭寶夤代椿爲刺史、行臺。……及寶夤邀害御史中尉酈道元，猶上表自理，稱爲椿父子所譖。詔復除椿都督雍岐南幽三州諸軍事、本將軍、開府儀同三司、雍州刺史、討蜀大都督。椿辭以老病，不行。"卷五九《蕭寶夤傳》："三年正月，除司空公。出師既久，兵將疲弊，是月大敗，還雍州。仍停長安，收聚離散。有司處寶夤死罪，詔恕爲民。四月，除使持節、都督雍涇岐南幽四州諸軍事、征西將軍、雍州刺史、假車騎大將軍、開府、西討大都督，自關以西，皆受節度。九月，念生爲其常山王杜粲所殺，合門皆盡。粲據州請降於寶夤。十月，除散騎常侍、車騎將軍、尚書令，復其舊封。是時，山東、關西寇賊充斥，王師屢北，人情沮喪。寶夤自以出軍累年，糜費尤廣，一旦覆敗，慮見猜責，内不自安。朝廷頗亦疑阻，乃遣御史中尉酈道元爲關中大使。寶夤謂密欲取己，彌以憂懼。而長安輕薄之徒，因相説動。道元行達陰盤驛，寶夤密遣其將郭子恢等攻而殺之,詐收道元尸,表言白賊所害。又殺都督、南平王仲冏。是月,遂反。……乃遣郭子恢東寇潼關,行臺張始榮圍華州刺史崔襲。詔尚書僕射行臺長孫稚討之。"卷六二《高敬猷傳》:"蕭寶夤西征,引爲驃騎司馬。及寶夤謀逆,敬猷與行臺郎中封偉伯等潛圖義舉,謀泄見殺。"卷二五《長孫稚傳》:"後除尚書右僕射。未幾,雍州刺史蕭寶夤據州反,復以稚爲行臺討之。"卷五八《楊侃傳》:"後雍州刺史蕭寶夤據州反,尚書僕射長孫稚討之,除侃鎮遠將軍、諫議大夫,爲稚行臺左丞。尋轉通直散騎常侍。……長安平,侃頗有力。"按:酈道元參見是年司州條。元瞻見是年兗州條。

[華州]

崔襲

[北華州]

元悰　都督北華州諸軍事、安西將軍、北華州刺史。

《元悰墓誌》(《墓誌集成》六九一):"爲使持節、都督北華州諸軍事、安西將軍、北華州刺史。政等神明,化同風雨。……又除侍中、衛將軍、金紫光禄大夫。"按:元悰東魏初爲司州牧,爲北華州刺史當在北魏末,列於此。

[涇州]

元暉　遷秦州。

胡虔　刺史。

《魏書》卷八三下《胡虔傳》:"靈太后反政,徵爲吏部郎中。太后好以家人禮與親族宴戲,虔常致諫,由是後宴譴多不預焉。出爲涇州刺史。"

[南豳州]

毛遐　刺史。

《北史》卷四九《毛遐傳》:"正光中,蕭寶夤爲大都督,討關中諸賊,咸陽太守韋遼時爲都督,以遐爲都督府長史。寶夤敗還長安,三輔騷擾。遐因辭遼還北地,與弟鴻賓聚鄉曲豪傑,遂東西略地,氐、羌多赴之,共推鴻賓爲盟主。……後寶夤構逆謀……詔授遐南豳州刺史。"校勘記:"諸本'豳'作'幽'。錢氏《考異》卷三九云:'"幽"當作"豳"。'……錢説是,今據改。"

[豳州]

畢祖暉 免官,尋復,加撫軍將軍。敗死。

北海王顥 遷車騎大將軍。敗還京師。

《魏書》卷六一《畢祖暉傳》:"後値蕭寶夤退敗,祖暉乃拔城東趣華州,坐免官爵。尋假征虜將軍,行豳州事。建義中,詔復州爵,加撫軍將軍。永安中,祖暉從大嶺柵規入州城。于時賊帥叱干騏驎保太子壁,祖暉擊破之。而賊宿勤明達復攻祖暉,祖暉兵少糧竭,軍援不至,爲賊所乘,遂殁,時年五十。"卷二一上《北海王顥傳》:"尋遷車騎大將軍、儀同三司,餘如故。値蕭寶夤等大敗於平涼,顥亦奔還京師。"卷七七《羊深傳》:"顥敗,還京。"按:畢祖暉、元顥參見是年雍州條。《肅宗紀》云祖暉死於孝昌三年,而本傳云其死於永安中,此從紀。

[岐州]

魏蘭根 加假平西將軍、都督涇岐東秦南岐四州軍事、兼四州行臺尚書。尋徵還。

杜顒 遷東荆州。

李瑒 鎮遠將軍、刺史。未任。

《北齊書》卷二三《魏蘭根傳》:"屬秦隴反叛,蕭寶寅敗於涇州,高平虜賊逼岐州,州城民逼囚蘭根降賊。寶寅至雍州,收輯散亡,兵威復振,城民復斬賊刺史侯莫陳仲和,推蘭根復任。朝廷以蘭根得西土人心,加持節、假平西將軍、都督涇岐東秦南岐四州軍事,兼四州行臺尚書。尋入拜光禄大夫。"《魏書》卷四五《杜顒傳》:"蕭寶夤起逆,顒據州不從。還,除征虜將軍、東荆州刺史。"卷五三《李瑒傳》:"隨蕭寶夤西征,以瑒爲統軍,假寧遠將軍。……寶夤又啓瑒爲左丞,仍爲別將,軍機戎政,皆與參决。寶夤又啓爲中書侍郎。還朝,除鎮遠將軍、岐州刺史,坐辭不赴任免官。建義初,於河陰遇害。"按:魏蘭根參見是年雍州條。

[東秦州]

潘義淵 降。

按:潘義淵參見是年雍州條。

[夏州]

源子雍

《魏書》卷四一《源子雍傳》:"及蕭寶夤等爲賊所敗,賊帥宿勤明達遣息阿非率衆邀路。華州、白水被圍逼,關右騷擾,咫尺不通。時子雍新平黑城,遂率士馬并夏州募義之民,攜家席卷,鼓行南出。……子雍出自西夏,漸至於東,轉戰千里,至是,朝廷始得其委問。除散騎常侍、使持節、假撫軍將軍、都督、兼行臺尚書。"

[秦州]

元暐 都督秦州諸軍事、平西將軍、秦州刺史、假鎮西將軍。被殺。

元譚 安西將軍、刺史。

杜粲 自行州事。

《元暐墓誌》(《墓誌集成》四五九):"屬狡虜實繁,游魂未息。周旋誅討,歲歷兹多。乃授平西將軍、銀青光禄大夫、假安西將軍、使持節,爲征討都督。……進授使持節、都督秦州諸軍事、本將軍、秦州刺史、假鎮西將軍,都督、王如故。……

以孝昌三年十月廿日薨於長安之公館,春秋卅八。"卷三二《封偉伯傳》:"正光末,尚書僕射蕭寶夤以爲關西行臺郎。及寶夤爲逆,偉伯乃與南平王同潛結關中豪右韋子粲等謀舉義兵。事發見殺。"《元譚墓誌》(《墓誌集成》四六九):"除使持節、安西將軍、唐州刺史。又改授秦州刺史,仍本号。"《魏書》卷二一上《元譚傳》:"爲洛周所敗。還,除安西將軍、秦州刺史。"卷九《肅宗紀》:"九月……秦州城民杜粲殺莫折念生,自行州事。"按:元暐(仲冏)參見是年雍州條。

[南秦州]

辛琛　自行州事。

《魏書》卷九《肅宗紀》:"九月……南秦州城民辛琛自行州事,遣使歸罪。"《辛琛墓誌》(《墓誌集成》六五九):"魏故侍中、使持節、都督南秦膠鄯三徐岐雍八州諸軍事、驃騎大將軍、儀同三司、八州刺史、尚書右僕射、東南道大行臺、司空公、略陽縣開國侯辛琛,字義超,隴西都鄉狄道里人,以大魏天平三年正月十一日薨於武原,以興和二年……葬於鄴城西南。"

[河州]

梁覽

[瓜州]

元榮

[梁州]

淳于誕　鎮遠將軍、刺史。

《魏書》卷七一《淳于誕傳》:"三年,朝議以梁州安康郡阻帶江山,要害之所,分置東梁州,仍以誕爲鎮遠將軍、梁州刺史。"校勘記:"'梁州',疑當作'東梁州'。按置東梁州事述於《淳于誕傳》,誕即應是東梁州首任。考本書卷七〇《傅豎眼傳》、卷一〇四《自序》及《周書》卷三七《寇儁傳》,孝昌年間梁州刺史爲傅豎眼、永安二年寇儁繼任,非淳于誕。《北史》卷四五《淳于誕傳》稱誕卒於東梁州刺史。"按:《傅豎眼傳》未云豎眼卒於何年,《傅豎眼墓誌》(《墓誌集成》六〇二)明言豎眼卒於孝昌二年四月,《寇儁傳》云儁永安二年爲梁州刺史,其間約三年,任刺史者正爲淳于誕。儁乃繼誕,非豎眼,《魏書》不誤。《北史》稱誕卒於東梁州刺史,蓋臆改《魏書》。時東梁州刺史爲閻静,見下東梁州條所引《閻静墓誌》,《魏書》闕。

[益州]

邴虬

[南梁州]

嚴愷

[巴州]

嚴始欣

淳于誕　遷梁州。

[東梁州]

閻静　都督東梁州諸軍事、車騎大將軍、東梁州刺史。

《閻静墓誌》(《隋代墓誌銘彙考》四·三二九):"公使持節、都督東梁州諸軍事、車騎大將軍、散騎常侍、東梁州刺史。"按:是年分梁州置東梁州,見上梁州條。

武泰元年、孝莊帝建義元年、永安元年戊申(528)　正月,改元武泰。二月,孝明帝爲靈太后所殺。四月,尒朱榮入洛,立元子攸,於河陰殺靈太后、幼主及百官二千餘人,改元建義。六月,邢杲起兵於青州之北海。七月,高平鎮人万俟醜奴起兵。九月,平葛榮,改元永安。十月,梁以元顥爲魏主，遣陳慶之衛送還北。

[司州]

元弼　司州牧。

江陽王繼　太師、司州牧。卒。

城陽王徽　司徒、司州牧。

念賢　兼尚書右僕射、東道行臺。

《元弼墓誌》(《墓誌集成》五三八)："字思輔。……除龍驤將軍、鄴州防城別將。轉南兗州刺史、使持節、智武將軍、新興縣開國侯。俄遷侍中、使持節、征北大將軍、尚書右僕射、司州牧、新興王。……春秋卌，永安二年七月廿一日卒于孝義里宅。"《魏書》卷一〇《孝莊紀》："四月……以前太尉公、江陽王繼爲太師、司州牧。……十月……太師、江陽王繼薨。"卷一六《江陽王繼傳》："建義初，復以繼爲太師、司州牧。"卷一九下《城陽王徽傳》："莊帝踐阼，拜司州牧，尋除司徒，仍領牧。"《周書》卷一四《念賢傳》："建義初，爲大都督，鎮井陘，加撫軍將軍、黎陽郡守。爾朱榮入洛，拜車騎將軍、右光祿大夫、太僕卿，兼尚書右僕射、東道行臺。"按：元弼永安二年卒，何年爲南兗州刺史、司州牧不詳，蓋在卒前不久，列於此。念賢鎮井陘，加黎陽郡守，據《魏書》卷一〇六上《地形志上》，時井陘屬定州，黎陽屬司州。

[大谷鎮]

陽猛　襄威將軍、鎮將，帶胡城令。

《周書》卷四四《陽雄傳》："上洛邑陽人也。世爲豪族。……父猛，魏正光中，万俟醜奴作亂關右，朝廷以猛商洛首望，乃擢爲襄威將軍、大谷鎮將，帶胡城令，以禦醜奴。"按：万俟醜奴起兵在建義元年，非正光中，傳誤。

[洛州]

董紹

陸子彰　安西將軍、刺史。

　　《魏書》卷七九《董紹傳》:"永安中,代還。"卷四〇《陸子彰傳》:"建義初……除安西將軍、洛州刺史。"

[荊州]

王羆

辛纂　征虜將軍、兼尚書,仍行臺。

楊津　衛將軍、荊州刺史、當州都督。未之任。

　　《魏書》卷一〇《孝莊紀》:"五月……先是,蕭衍遣其將曹義宗寇荊州。癸未,以中軍將軍、吏部尚書費穆爲使持節、都督南征諸軍事,節度荊州刺史王羆以討之。……十月……大都督費穆大破蕭衍軍,擒其將曹義宗,檻送京師。"《周書》卷一八《王羆傳》:"彌歷三年,義宗方退。"《魏書》卷七七《辛纂傳》:"會肅宗崩諱至……還入州城,申以盟約。尋爲義宗所圍,相率固守。莊帝即位,除通直散騎常侍、征虜將軍、兼尚書,仍行臺。後大都督費穆擊義宗,擒之。……尋除持節、平東將軍、中郎將。"卷五八《楊津傳》:"永安初,詔除津本將軍、荊州刺史,加散騎常侍、當州都督。津以前在中山陷寇,詣闕固辭,竟不之任。"《楊津墓誌》(《墓誌集成》五六三):"尋除荊州刺史,讓而不行。"

[東荊州]

杜顒　遷岐州。

寇胐之　冠軍將軍、東荊州刺史、兼尚書、荊郢行臺。

　　《魏書》卷四二《寇胐之傳》:"建義中,出除冠軍將軍、東荊州刺史,兼尚書,爲荊郢行臺。"

[南荊州]

李志 降梁。

《魏書》卷一〇《孝莊紀》："六月……南荆州刺史李志據城南叛。"《梁書》卷四《簡文帝紀》："在襄陽拜表北伐,遣……振遠將軍曹義宗等衆軍進討,剋平南陽、新野等郡,魏南荆州刺史李志據安昌城降,拓地千餘里。"梁簡文帝《與魏南荆州刺史李志書》(《梁簡文帝集》卷一〇):"卿門世奕葉,中州舊族。自金天失馭,帝鼎南遷,衣冠播越,不及俱邁,豈可屈志氊戎,久淪胡壤。今皇師外掃,天鉞四臨,海蕩電飛,雲蒸雨合,所摧所剋,是卿之具聞也。且僞國沸騰,四方幅裂,主虐臣奸,牝雞亂政。若能早識事機,翻歸有道,豈直圖形長樂,刻像鐘鼎。"按:李志參見是年郢州條。時梁簡文帝蕭綱爲晉安王、雍州刺史。

[淅州]

泉企 左將軍、刺史。

《周書》卷四四《泉企傳》："上洛豐陽人也。世雄商洛。……及蕭寶夤反,遣其黨郭子恢襲據潼關。企率鄉兵三千人拒之,連戰數日,子弟死者二十許人,遂大破子恢。以功拜征虜將軍。寶夤又遣兵萬人趣青泥,誘動巴人,圖取上洛。上洛豪族泉、杜二姓密應之。企與刺史董紹宗潛兵掩襲,二姓散走,寶夤軍亦退。遷左將軍、淅州刺史。"按:校勘記云"董紹宗"之"宗"字衍,"左將軍"之"左",《册府》卷七〇五作"右"。寶夤上年十月起兵,是年正月敗,泉企爲刺史在後,斷於此。

[南廣州]

鄭先護 前將軍、南廣州刺史、假平南將軍、當州都督。

《魏書》卷一〇《孝莊紀》："七月……光州人劉舉聚衆數千反於濮陽。……八月……詔大都督宗正珍孫率南廣州刺史、都督鄭先護討劉舉於濮陽,破平之。"卷五六《鄭先護傳》:"莊帝之居藩也,先護深自結託。及尒朱榮稱兵向洛,靈太后令先護與鄭季明等固守河梁,先護聞莊帝即位於河北,遂開門納榮。……轉通常侍,加鎮北將軍。尋除前將軍、廣州刺史、假平南將軍、當州都督。時妖賊劉舉於濮陽起逆,詔先護以本官爲東道都督討舉平之。還鎮。"《寇奉叔墓誌》(《隋代墓誌銘彙考》一·〇一五):"魏永安元年,廣州鄭使君辟公爲主簿,尋行魯陽太守。"按:時有岢嵐之廣州,故《孝莊紀》稱魯陽之廣州爲南廣州,《鄭先護傳》蓋省"南"字。

[襄州]

賈思同

[郢州]

元願達　降梁。

房叔祖　安東將軍、刺史。

《魏書》卷一〇《孝莊紀》:"四月……汝南王悦、北海王顥、臨淮王彧前後奔蕭衍,郢州刺史元願達據城南叛。"《梁書》卷三《武帝紀下》:"(大通二年)四月辛丑,魏郢州刺史元願達以義陽内附,置北司州。時魏大亂,其北海王元顥、臨淮王元彧、汝南王元悦並來奔;其北青州刺史元世雋、南荆州刺史李志亦以地降。"卷三九《元願達傳》:"仕魏爲中書令,司州刺史。"《廿二史考異》卷二六《梁書·元願達傳》:"《本紀》作'郢州刺史',此誤。魏之郢州與梁之司州本一地,但地從主人,不可假借也。"《魏書》卷四三《房叔祖傳》:"永安中,安東將軍、郢州刺史。"吴廷燮《元魏方鎮年表》:"按《崔光韶傳》,元顥入洛時已書叔祖爲前郢州刺史,顥于永安二年五月入洛,前一年爲武泰元年,元願達已以郢州降梁,則叔祖之爲刺史當在願達前,不得在永安中。"按:義陽之郢州建義元年没於梁,永安中復於真陽置鄳州,房叔祖蓋爲真陽鄳州之刺史。吳表以爲叔祖爲義陽鄳州之刺史,列於孝昌二年,當誤。

[豫州]

源子恭 加鎮南將軍,兼尚書行臺。

《魏書》卷四一《源子恭傳》:"武泰初,鄴州刺史元願達以城降蕭衍,詔徵都督尉慶賓還京師,迴衆隸子恭以討之。……加鎮南將軍,又兼尚書行臺。"

[潁州]

鄧獻 降梁。

《魏書》卷二四《鄧獻傳》:"建義初,聞尒朱榮入洛,朝士見害,遂奔蕭衍。"《梁書》卷三《武帝紀下》:"(大通二年)十月丁亥,以魏北海王元顥爲魏主,遣東宮直閤將軍陳慶之衛送還北。魏豫州刺史鄧獻以地内屬。"《鄧□墓誌》(《墓誌集釋》卷九):"(獻)歸梁,授散騎常侍、左衛將軍、鄱陽縣開國公。"按:鄧獻本傳及墓誌皆稱獻爲潁州刺史,《梁書》之豫州當誤。

[西兗州]

刁雙 遷濟州。

《魏書》卷三八《刁整傳》:"整以母老,河北喪亂,時整族弟雙爲西兗州刺史,整遂攜家依焉。永安初,拜金紫光禄大夫。"

[兗州]

元凝 安東將軍、刺史。

于暉 兼尚書左僕射、東南道行臺。

《魏書》卷一九下《元凝傳》:"凝姑,尒朱榮妻。莊帝初……除持節、安東將軍、兗州刺史。"卷一〇《孝莊紀》:"八月,太山太守羊侃據郡引蕭衍將軍王僧辯攻兗州。……十月……以侍中、鎮南將軍、太原郡開國公于暉兼尚書左僕射,爲行臺,與齊獻武王討羊侃。……十有一月……齊獻武王、行臺于暉,與徐兗行臺崔孝芬、大都督刁宣大破羊侃於瑕丘,侃奔蕭衍。兗州平。……十有二月庚子,詔行臺于暉回師討邢杲,次於歷下。"校勘記:"'王僧辯','僧'字疑衍。"卷八三下《于暉傳》:"歷侍中、河南尹,後兼尚書僕射、東南道行臺。與齊獻武王討平羊侃於兗州。"按:于暉參見是年徐州條。

[南兗州]

宋翻

元弼 智武將軍、刺史。遷司州。

朱元旭 刺史。

《魏書》卷七七《宋翻傳》:"孝莊時,除司徒左長史、撫軍將軍、河南尹。"《朱岱林墓誌》(《墓誌集成》一〇四四):"兄元旭,散騎常侍,出除南兗州刺史。"《魏書》卷七二《朱元旭傳》:"除通直散騎常侍。永安初,加平東將軍、尚書左丞、光祿大夫。"按:元弼見是年司州條,年不詳,列於此。朱元旭歷南兗州刺史,本傳闕載,參墓誌及本傳,蓋在永安初。

[青州]

元世儁 鎮東將軍、刺史。轉征東將軍。

《魏書》卷一〇《孝莊紀》:"六月……幽州平北府主簿河間邢杲,率河北流民十餘萬户反於青州之北海……以征東將軍、金紫光祿大夫李叔仁爲車騎大將軍、儀同三司,率衆討之。"卷一四《元天穆傳》:"初,杜洛周、鮮于脩禮爲寇,瀛冀諸州人多避亂南向。幽州前平北府主簿河間邢杲,擁率部曲,屯據鄚城,以拒洛周、葛榮,垂將三載。及廣陽王深等敗後,杲南渡居青州北海界。靈太后詔流人所在皆置命屬郡縣,選豪右爲守令以撫鎮之。時青州刺史元世儁表置新安郡,以杲爲太守,未報。會臺申汰簡所授郡縣,以杲從子子瑶資蔭居前,乃授河間太守。呆深恥恨,於是遂反。"卷一九中《元世儁傳》:"除鎮東將軍、青州刺史,轉征東將軍,加散騎常侍。邢杲之亂,圍逼州城,世儁憑城拒守,遂得保全。"《北史》卷三三《李渾傳》:"後以四方多難,求爲青州征東司馬。……時河北流移人聚青土,衆踰二十萬,共劫河間邢杲爲主,起自北海,襲東陽。青州刺史元世儁欲謀誅之,府人遂猜貳。渾乃與長史崔光韶具陳禍福,由是歃血而盟,上下還睦。"按:元世儁參見是年鄆州條,《梁書》云其降梁,當誤。

[南青州]

 羅殺鬼 驃騎將軍、刺史。

  《魏書》卷四四《羅殺鬼傳》:"武泰中,驃騎將軍、南青州刺史。"

[光州]

 封憑 徵還。

 楊逸 平東將軍、刺史。

  《魏書》卷九四《封憑傳》:"還,爲平東將軍、光禄大夫。"卷五八《楊逸傳》:"建義初,莊帝猶在河陽,逸獨往謁,帝特除給事黃門侍郎,領中書舍人。及朝士濫禍,帝益憂怖,詔逸晝夜陪侍。……尋除吏部郎中,出爲平西將軍、南秦州刺史,加散騎常侍。……仍以路阻不行,改除平東將軍、光州刺史。"《楊逸墓誌》(《墓誌集成》五五九):"除使持節、散騎常侍、平西將軍、南秦州刺史。亦固讓不行。尋除使持節、平東將軍、光州刺史。"

[齊州]

 元欣

  《魏書》卷一〇《孝莊紀》:"九月……以征東將軍、齊州刺史元欣爲沛郡王。"

[濟州]

封津

刁雙 行刺史。

李崬 鎮遠將軍、刺史。

李詃 安東將軍、刺史。

《魏書》卷九四《封津傳》："永安初,中侍中、衛將軍。"卷三八《刁雙傳》："莊帝初,行濟州刺史。"卷三九《李崬傳》："孝莊初,遷鎮遠將軍、濟州刺史。卒。"同卷《李詠傳》："莊帝初,遷安東將軍、濟州刺史。"《元子邃妻李豔華墓誌》(《墓誌集成》六八二):"祖蕤,司農、豫州刺史。父該,散騎常侍、濟廣二州刺史。"趙萬里釋(《墓誌集釋》卷一一):"《北史·序傳》:'涼武昭王暠子翻,翻子寶,寶子承,承子蕤,歷司農少卿,卒,贈豫州刺史。蕤子諺,莊帝初,濟廣二州刺史,加散騎常侍。'與誌敍蕤、該歷官正合。……蕤子該,《魏書·李寶傳》僞詠,《北史》又僞諺。"

[徐州]

楊昱

崔孝芬

羊深 遷二兗行臺。還京。

劉廞 行徐州事。

元孚 刺史。

《魏書》卷五八《楊昱傳》："後太山太守羊侃據郡南叛。蕭衍遣將軍王辯率衆侵寇徐州,番郡人續靈珍受衍平北將軍、番郡刺史,擁衆一萬,攻逼番城。昱遣別將劉諴擊破之,臨陳斬靈珍首,王辯退走。侃兄深,時爲徐州行臺,府州咸欲禁深。昱曰:'昔叔向不以鮒也見廢,《春秋》貴之。奈何以侃罪深也?宜聽朝旨。'不許群議。"卷五七《崔孝芬傳》:"建義初,太山太守羊侃據郡反,遠引南賊,圍逼兖州。除孝芬散騎常侍、鎮東將軍、金紫光祿大夫,仍兼尚書東道行臺,大都督刁宣馳往救援,與行臺于暉接,至便圍之。侃突圍奔蕭衍,餘悉平定。"卷七七《羊深傳》:"莊帝踐祚,除安東將軍、太府卿,又爲二兖行臺。……初,尒朱榮殺害朝士。深第七弟侃爲太山太守,性麤武,遂率鄉人外託蕭衍。深在彭城,忽得侃書,招深同逆。深慨然流涕,斬侃使人,並書表聞。……乃歸京師,除名。"卷五五《劉廞傳》:"孝莊初,除國子祭酒,復以本官行徐州事。"卷一八《元孚傳》:"(葛)榮卒,還,除冀州刺史。"校勘記:"'卒',北監本、殿本作'平',疑是。"按:羊深先爲二徐行臺,後遷二兖行臺,蓋未及之任,仍在徐州,故府州欲禁之。《元孚傳》云孚除冀州刺史,參次年徐州條,當除徐州刺史,吳表亦斷在徐州。

[東徐州]

韋朏

[相州]

李神 進衛將軍。復進車騎將軍。

北海王顥 驃騎大將軍、刺史。未至,降梁。

范遵 行相州事,元顥署。被廢。

甄密 相州行臺。

《魏書》卷七〇《李神傳》:"建義初,除衛將軍。時葛榮充斥,民多逃散。先是,州將元鑒反叛引賊,後都督源子邕、裴衍戰敗被害,朝野憂惶,人不自保。而神志氣自若,撫勞兵民,小大用命。既而葛榮盡銳攻之,久不能剋。會尒朱榮擒葛榮於鄴西,事平。除車騎將軍。"卷七四《尒朱榮傳》:"時葛榮將向京師,衆號百萬。相州刺史李神軌閉門自守。賊鋒已過汲郡,所在村塢悉被殘略。榮啓求討之。九月……於陳擒葛榮,餘衆悉降。"校勘記:"'李神軌',《北史》卷四八《尒朱榮傳》作'李神儁'。……原文當是'李神','軌'、'儁'疑是後人所加。"張熷《讀史舉正》卷六《魏書·尒朱榮傳》:"李神及李神軌、神儁姓名略同,事又竝在一時前後,必有乖錯。獨《神傳》有'久不能剋'等語,與'閉門自守'之文頗合,疑當是李神也。"《魏書》卷九《肅宗紀》:"正月癸亥,以北海王顥爲驃騎大將軍、開府儀同三司、相州刺史。"卷一〇《孝莊紀》:"四月……驃騎大將軍、開府儀同三司、相州刺史、北海王顥爲太傅、開府,仍刺史。"卷二一上《北海王顥傳》:"葛榮南進,稍逼鄴城。武泰初,以顥爲侍中、驃騎大將軍、開府儀同三司、相州刺史以禦榮。顥至汲郡,屬尒朱榮入洛,推奉莊帝,詔授顥太傅,開府、侍中、刺史、王並如故。顥以葛榮南侵,尒朱縱害,遂盤桓顧望,圖自安之策。先是,顥啓其舅范遵爲殷州刺史,遵以葛榮充逼,未得行。顥令遵權停於鄴。顥既懷異謀,乃遣遵行相州事,代前刺史李神,爲己表裏之援。相州行臺甄密先受朝旨,委其守鄴。知顥異圖,恐遵爲變,遂相率廢遵,還推李神攝理州事,然後遣軍候顥逆順之勢。顥以事意不諧,遂與子冠受率左右奔於蕭衍。……衍奇之。遂以顥爲魏主,假之兵將,令其北入。"《元顥(子明)墓誌》(《墓誌集成》五五一):"府朝並建,作鎮鄴城。屬明皇暴崩,中外恇駭。尒朱榮因藉際會,窺兵河洛。始稱廢立,仍懷覬覦。群公卿士,罄於鋒鏑。衣冠禮樂,殆將俱盡。行李異同,莫辯逆順。公未知鴻雁之慶,獨軫麦秀之悲。而北抗強豎,南鄰大敵。事在不測,言思後圖。遂遠適吳越,觀變而動。"卷六八《甄密傳》:"肅宗末,通直散騎常侍、冠軍將軍。時賊帥葛榮侵擾河北,裴衍、源子邕敗没,人情不安,詔密爲相州行臺,援守鄴城。莊帝以密全鄴之勳,賞安市縣開國子,食邑三百户。遷平東將軍、光禄大夫,領廷尉少卿。"按：元顥參見是年鄴州條。

[南相州]

元貴平　平北將軍、刺史。

《魏書》卷一九下《元貴平傳》："莊帝初……除平北將軍、南相州刺史。"

[冀州]

房謨　行冀州事。

楊順　都督冀州諸軍事、平北將軍、冀州刺史。尋進號撫軍將軍。

《北史》卷五五《房謨傳》："仍陷葛榮。榮敗，尒朱榮啓授行冀州事。尋除太寧太守。"《魏書》卷五八《楊順傳》："預立莊帝之功……出爲平北將軍、冀州刺史，尋進號撫軍將軍。"《楊順墓誌》(《墓誌集成》五七一)："使持節、都督冀州諸軍事、撫軍將軍、冀州刺史。"

[南冀州]

路思令　左將軍、刺史、假平東將軍、都督。

《魏書》卷七二《路思令傳》："割冀州之清河、相州之陽平、齊州之平原以爲南冀州，仍以思令爲左將軍、南冀州刺史、假平東將軍、都督。時葛榮遣其清河太守季虎據高唐城以招叛民，思令乃命麾下并率鄉曲潛軍夜往，出其不意，遂大破之，徐乃收衆南還。又詔思令并領冀州流民。及葛榮滅，還鎮平原。"

[東冀州]

高翼

[殷州]

范遵　刺史。未至。

陸恭之　征虜將軍、刺史。

裴瑗 平北將軍、刺史。

《魏書》卷四〇《陸恭之傳》："建義初,除中書侍郎,領著作郎,尋除河北太守,轉征虜將軍、殷州刺史。"按:范遵見是年相州條。裴瑗見是年并州條。

[**定州**]

楊津 爲杜洛周所執。

薛曇尚 後將軍、刺史。

《魏書》卷九《肅宗紀》："正月……定州爲杜洛周所陷,執刺史楊津。"卷五八《楊津傳》:"自受攻圍,經涉三稔,朝廷不能拯赴。……津長史李裔引賊踰城。賊入轉衆,津苦戰不敵,遂見拘執。……榮破,始得還洛。"卷四四《薛曇尚傳》:"建義初,除司徒左長史、兼吏部尚書,授太原王尒朱榮官。還,賜爵永安侯。尋除後將軍、定州刺史。"《北齊書》卷二〇《張瓊傳》:"字連德,代人也。……魏世自盪寇將軍,爲朔州征虜府外兵參軍。隨葛榮爲亂,榮敗,尒朱榮以爲都督。"《張瓊墓誌》(《墓誌集成》七五五):"字德連,燉煌人也。……時丁百六,狂葛妖起。燕趙之民,皆離屠炭。公居擾攘之中,言不苟合,行不苟從,志絜如冰,神清如玉,大人立節卓尒也。天柱大將軍唱舉元帥,掃滅凶醜,以公忠誠有效,拜定州刺史。"按:《張瓊傳》云瓊爲都督,誌則云爲刺史,疑誌虛飾,本表不列。

[**瀛州**]

元寧 降於杜洛周。

鄭士恭 左將軍、刺史。未之任。

《魏書》卷九《肅宗紀》:"正月……瀛州刺史元寧以城降於洛周。"卷五六《鄭士恭傳》:"孝昌中,因(鄭)儼之勢,除衛尉少卿,尋遷左將軍、瀛州刺史。時葛榮寇竊河北,州城淪陷,不獲之鎮。"

[滄州]

薛慶之　爲葛榮所執。

李孚　鎮東將軍、刺史。

《魏書》卷九《肅宗紀》："三月癸未,葛榮攻陷滄州,執刺史薛慶之。"卷四二《薛慶之傳》："爲葛榮攻圍,城陷。尋患卒。"卷三九《李孚傳》："孝莊初,以外親超授撫軍將軍、金紫光禄大夫。出除鎮東將軍、滄州刺史,加散騎常侍。"《邢晏墓誌》(《墓誌集成》六八〇):"息測……測妻隴西李,父孚,鎮東將軍、滄州刺史。"

[幽州]

劉靈助　撫軍將軍、刺史。

《魏書》卷九一《劉靈助傳》："燕郡人……好陰陽占卜……後從(尒朱)榮討擒葛榮,特除散騎常侍、撫軍將軍、幽州刺史。"卷一〇《孝莊紀》:"是歲,葛榮餘黨韓樓復據幽州反。"

[燕州]

侯淵　驃騎將軍、刺史。

《魏書》卷八〇《侯淵傳》："神武尖山人也。……後從(尒朱)榮討葛榮於滏口,戰功尤多。榮啓淵爲驃騎將軍、燕州刺史。"《侯義墓誌》(《墓誌集成》七九〇):"燕州使君淵之子。"

[安州]

江文遥　卒。

江果　龍驤將軍、行安州事、當州都督。奔高麗。

《魏書》卷七一《江文遥傳》："文遥善於綏納,甚得物情。時杜洛周、葛榮等相繼叛逆,自幽燕以南悉皆淪陷,唯文遥介在群賊之外,孤城獨守。鳩集荒餘,且耕且戰,百姓皆樂爲用。建義元年七月遘疾,卒於州。……長史許思祖等以文遥遺愛在民,復推其子果行州事。既攝州任,乃遣使奉表。莊帝嘉之,除果通直散騎侍郎、假節、龍驤將軍、行安州事、當州都督。既而賊勢轉盛,臺援不接,果以阻隔彊寇,內徙無由,乃攜諸弟并率城民東奔高麗。"

[龍門鎮]

薛脩義

[唐州][晉州]

崔元珍　右將軍、唐州刺史。被殺。

酈惲　行臺。被殺。

樊子鵠　行唐州事。遷平北將軍、晉州刺史,兼尚書行臺。

《魏書》卷五七《崔元珍傳》:"正光末,山胡作逆,除平陽太守、假右將軍,爲別將以討之,頻破胡賊,郡内以安。武泰初,改郡爲唐州,仍除元珍爲刺史,加右將軍。……尒朱榮之趣洛也,遣其都督樊子鵠取唐州。元珍與行臺酈惲拒守不從,爲子鵠所陷,被害。"卷四二《酈惲傳》:"惲後與唐州刺史崔元珍固守平陽。武泰中,尒朱榮稱兵赴洛,惲與元珍不從其命,爲榮行臺郎中樊子鵠所攻,城陷被害。"卷八〇《樊子鵠傳》:"代郡平城人。……(尒朱)榮以爲行臺郎中,行上黨郡。及榮向洛,以爲假節、假平南將軍、都督河東正平軍事、行唐州事。刺史崔元珍閉門拒守,子鵠攻尅之。建義初,拜平北將軍、晉州刺史……又兼尚書行臺。"卷一〇《孝莊紀》:"五月……晉州刺史樊子鵠克唐州,斬刺史崔元珍、行臺酈惲。"卷一〇六上《地形志上》晉州:"孝昌中置唐州,建義元年改。治白馬城。"按:《地形志》云唐州孝昌中置,此從《崔元珍傳》。

[汾州]

裴良

高市貴　刺史。

《魏書》卷六九《裴良傳》:"詔良解州,爲慰勞使。轉太中大夫、本郡中正。"《裴良墓誌》(《墓誌集成》一〇四五):"固城三年,終以拔難摧敵。……聽得便道還家。……入除前將軍,太中大夫。"《北齊書》卷一九《高市貴傳》:"尒朱榮擊葛榮於滏口,以市貴爲前鋒都督。榮平,除使持節、汾州刺史。"

[并州]

尒朱榮 舉兵向洛,爲都督中外諸軍事,加北道大行臺。

元天穆 録尚書事、世襲并州刺史。

裴瑗 行并州事。遷殷州。

元曄 行并州事。

元禹 并州東面大都督,鎮樂平。

《魏書》卷七四《尒朱榮傳》:"及葛榮吞洛周,凶勢轉盛。榮恐其南逼鄴城,表求遣騎三千東援相州,肅宗不許。又遷車騎將軍、右光禄大夫,尋進位儀同三司。榮以山東賊盛,慮其西逸,乃遣兵固守滏口以防之。……嚴勒部曲,廣召義勇,北捍馬邑,東塞井陘。尋屬肅宗崩,事出倉卒,榮聞之大怒,謂鄭儼、徐紇爲之,與元天穆等密議稱兵入匡朝廷,討定之。……於是遂勒所統將赴京師。靈太后甚懼,詔以李神軌爲大都督,將於大行杜防。……師次河内,重遣王相密來奉迎,(莊)帝與兄彭城王劭、弟始平王子正於高渚潛渡以赴之。榮軍將士咸稱萬歲。於時武泰元年四月九日也。十一日,榮奉帝爲主,詔以榮爲使持節、侍中、都督中外諸軍事、大將軍、開府、兼尚書令、領軍將軍、領左右、太原王。……十三日,榮惑武衛將軍費穆之説,乃引迎駕百官於行宫西北……因縱兵亂害,王公卿士皆斂手就戮,死者千三百餘人,皇弟、皇兄並亦見害,靈太后、少主其日暴崩。……五月,榮還晉陽。"卷一〇《孝莊紀》:"四月……安南將軍、并州刺史元天穆爲太尉公,封上黨王。……

五月丁巳朔,加大將軍尒朱榮北道大行臺。……辛酉,大將軍尒朱榮還晉陽。……十有一月……以上黨王天穆爲大將軍、開府,世襲并州刺史。"卷一四《元天穆傳》:"及榮赴洛,天穆參其始謀,乃令天穆留後,爲之繼援。莊帝踐阼,天穆以榮之眷昵,特除太尉,封上黨王,徵赴京師。榮之討葛榮,詔天穆爲前軍都督,率京師之衆以赴之。榮擒葛榮……尋監國史,録尚書事,開府,世襲并州刺史。"《元天穆墓誌》(《墓誌集成》五三七):"肅宗暴崩,禍由酖毒。天柱爲永世恒捍,王實明德茂親,同舉義兵,剋定京邑。除太尉公,爵上黨王,食邑三千户。仍除侍中、兼領軍將軍、使持節、驃騎大將軍、京畿大都督。……生擒葛榮,并其營部。……加録尚書事……除世襲并州刺史,本官、王如故。"卷六九《裴瑗傳》:"屬肅宗崩,尒朱榮初謀赴洛,瑗豫其事……尋行并州事,轉平北將軍、殷州刺史。"卷一九下《元曄傳》:"莊帝初,封長廣王……出爲太原太守,行并州事。"卷一六《元禹傳》:"孝昌末遂詣尒朱榮。建義元年,與榮同入洛。……爲并州東面大都督,鎮樂平。"

[肆州]

尒朱羽生

平季 平北將軍、刺史。尋遷。

尒朱天光 撫軍將軍、刺史。

《魏書》卷九四《平季傳》:"燕國薊人。……坐腐刑,入事宫掖。……肅宗崩,與尒朱榮等議立莊帝。莊帝即位,起拜平北將軍、肆州刺史。尋除撫軍將軍、中侍中。"卷七五《尒朱天光傳》:"榮從祖兄子。……孝昌末,榮將擁衆南轉,與天光密議。既據并肆,仍以天光爲都將,總統肆州兵馬。肅宗崩,榮向京師,以天光攝行肆州,委以後事。建義初,特除撫軍將軍、肆州刺史。"

[廣州]

孟季

元肅　後將軍、刺史。

《魏書》卷四四《孟季傳》："預尒朱榮義舉……除撫軍將軍、廷尉卿。"卷一九下《元肅傳》："莊帝初……除散騎常侍，出爲後將軍、廣州刺史。"《元肅墓誌》(《墓誌集成》五八四)："故天柱大將軍尒朱榮，建義旗於晉陽，公預參遠略。及扶危翼聖，特加班賞。除散騎常侍，封魯郡王，邑千室。於時并肆之地，分置廣州。以公高明在躬，群望所屬，乃除持節、後將軍、廣州刺史。"

[恒州]

韓演　刺史。

《周書》卷三七《韓褒傳》："父演，征虜將軍、中散大夫、恒州刺史。褒……魏建明中，起家奉朝請。"按：年不詳，從吳表。

[雲州]

穆衍　行雲州事。

《魏書》卷二七《穆衍傳》："稍遷通直常侍，行雲州事。"按：同卷云衍兄建爲尒朱榮之妹夫，榮入洛後歷北道行臺、行并州事等，衍行雲州事蓋亦在莊帝時，列於此。

[朔州]

尒朱度律　安北將軍、刺史。

《魏書》卷七五《尒朱度律傳》："莊帝初，除安西將軍、光祿大夫……尋轉安北將軍、朔州刺史。"

[雍州]

蕭寶夤　奔万俟醜奴。

長孫稚　車騎大將軍、雍州刺史、兼尚書僕射、西道行臺。進號驃騎大將軍。

《魏書》卷九《肅宗紀》:"正月……長孫稚平潼關。丁丑,雍州城人侯終德相率攻寶夤,寶夤攜南陽公主及子,與百餘騎渡渭而走,雍州平。二月,以長孫稚爲車騎大將軍、開府儀同三司、雍州刺史、兼尚書僕射、西道行臺。"卷五九《蕭寶夤傳》:"奔醜奴,醜奴以寶夤爲太傅。"卷二五《長孫稚傳》:"稚克寶夤將侯終德,寶夤出走,雍州平。除雍州刺史。"卷一〇《孝莊紀》:"四月……使持節、車騎大將軍、雍州刺史、上黨公長孫稚爲驃騎大將軍、開府儀同三司。"

[北雍州]

毛鴻賓 刺史。

《北史》卷四九《毛鴻賓傳》:"明帝以鴻賓兄弟所定處多,乃改北地郡爲北雍州,鴻賓爲刺史。"《元和志》卷一京兆府三原縣:"明帝孝昌三年,蕭寶夤逆亂,毛洪賓立義柵捍賊,永安元年於此置北雍州,洪賓爲刺史,亦謂之洪賓柵。"

[東雍州]

楊侃 都督東雍州諸軍事、冠軍將軍、東雍州刺史。

楊辯 平東將軍、刺史。

《魏書》卷五八《楊侃傳》:"建義初,除冠軍將軍、東雍州刺史。其年州罷,除中散大夫,爲都督,鎮潼關。"《楊侃墓誌》(《墓誌集成》五七三):"除使持節、都督東雍州諸軍事、冠軍將軍、東雍州刺史。"《惠寂墓誌》(《墓誌集成》八八五):"父侃,尚書、侍中、東雍州刺史、濟北郡開國公。"《魏書》卷五八《楊辯傳》:"歷通直常侍、平東將軍、東雍州刺史。辯弟仲宣……還京之日,兄弟與父同遇害。"按:東雍州孝昌二年復置,辯蓋普泰中爲尒朱氏所殺,任東雍州刺史當在其間,斷於此。

[華州]

皇甫邕　刺史。被殺。

王椿　右將軍、刺史。

《北史》卷八〇《皇甫度傳》："尒朱榮入洛,西奔兄子華州刺史邕,尋與邕爲人所殺。"《魏書》卷九三《王椿傳》："授右將軍、太原太守。以預立莊帝之勞……除持節、本將軍、華州刺史。"

[南豳州]

毛遐

《北史》卷四九《毛遐傳》："遐又攻破其(蕭寶夤)將侯終德。寶夤知內外勢異,輕將十數騎走巴中。"

[豳州]

王茂　輔國將軍、刺史。

《王茂墓誌》(《墓誌集成》六一九)："關右謐寧,君之力焉。即除輔國將軍、豳州刺史。"

[涇州]

胡虔

杜顯　刺史。未至。

按:杜顯見是年岐州條。

[岐州]

杜顯　刺史。遷涇州。

崔模　安東將軍、假征東將軍、行岐州事。戰沒。

張熠　平西將軍、刺史、假安西將軍。尋加撫軍將軍。

《魏書》卷四五《杜顯傳》："武泰中,轉授岐州刺史。永安中,除涇州刺史。時万俟醜奴充斥關右,不行。乃爲都督,防守岐州。醜奴攻之,不剋。事寧,除鎮西將軍、光祿大夫。"卷五六《崔模傳》："及蕭寶夤討關隴,引模爲西征別將。……加安東將軍。万俟醜奴遣將郝虎南侵,模攻破其營,擒虎。……模挫敵持重,號爲名將。後假征東將軍、行岐州事。未幾,擊賊入深,没於陳。"卷七九《張熠傳》:"永安初,除平西將軍、岐州刺史、假安西將軍,尋加撫軍將軍。"按:《北史》卷四六"熠"作"燿"。

[夏州]

穆清休 驃騎大將軍、刺史。

元永 二夏幽三州行臺左丞。

《魏書》卷二七《穆清休傳》:"出爲驃騎大將軍、夏州刺史。"吴廷燮《元魏方鎮年表》:"夏州并非大州,太和以後,爲之者多征虜及左、右、前、後等將軍。驃騎位次大將軍,魏末授者乃多,當在永安後。"《北齊書》卷四一《元景安傳》:"父永……參立孝莊之謀,賜爵代郡公。加將軍、太中大夫、二夏、幽三州行臺左丞,持節招納降户四千餘家。"校勘記:"幽州和二夏州相距遥遠,不當合一行臺,'幽'疑是'豳'之訛。"

[秦州]

元譚 被殺。

《元譚墓誌》(《墓誌集成》四六九):"春秋卌有一,建義元年歲次戊申四月十三日,龍飛之會,横離大禍。"

[南秦州]

辛琛

楊逸 平西將軍、刺史。未行,改光州。

[河州]

梁覽

[瓜州]

元榮

[梁州]

淳于誕

[南岐州]

朱顯 假平西將軍、督南岐州諸軍事、右將軍、南岐州刺史。

《朱顯墓誌》(《墓誌集成》六三二):"滄州樂陵郡樂陵縣鄉里人也。……永安之初,詔曰:'……可使持節、假平西將軍、督南岐州諸軍事、右將軍、南岐州刺史。'"

[益州]

長孫壽 刺史。

按:長孫壽見建明元年益州、巴州條。始任年不詳,當繼邴虬,斷於此。

[南梁州]

嚴愷

[巴州]

嚴始欣

[東梁州]

閻静

永安二年己酉(529) 四月,平邢杲。五月,莊帝北至河内,元顥入洛。七月,顥敗走,莊帝還宫。

[司州]

城陽王徽 除大司馬、太尉公。

《魏書》卷一〇《孝莊紀》:"五月壬子朔,元顥克梁國。丁巳,以撫軍將軍、前徐州刺史揚昱爲使持節、鎮東將軍、東南道大都督,率衆鎮滎陽;尚書僕射尒朱世隆鎮虎牢;侍中尒朱世承鎮崿岅。……癸酉,元顥陷滎陽,執楊昱。尒朱世隆棄虎牢遁還。甲戌,車駕北巡,乙亥,幸河内。丙子,元顥入洛。……

七月戊辰,都督尒朱兆、賀拔勝從硤石夜濟,破顥子冠受及安豐王延明軍,元顥敗走。庚午,車駕入居華林園。"卷一九下《城陽王徽傳》:"元顥入洛,徽從莊帝北巡,及車駕還宮,以與謀之功,除侍中、大司馬、太尉公……餘官如故。"《洛陽伽藍記》卷四宣忠寺:"侍中、司州牧、城陽王所立也。……北海入洛,莊帝北巡,自餘諸王,各懷二望,惟徽獨從莊帝至長子城。"

[大谷鎮]

陽猛

《周書》卷四四《陽雄傳》:"及元顥入洛,魏孝莊帝度河,范陽王誨脱身投猛,猛保藏之。及孝莊反正,由是知名。"

[洛州]

陸子彰

《魏書》卷四〇《陸子彰傳》:"還,拜征東將軍、金紫光禄大夫。"

[荆州]

王羆

李瑒之　衛將軍、刺史。尋兼尚書左僕射、三荆二郢大行臺。

《梁書》卷三二《陳慶之傳》:"魏左僕射楊昱……據滎陽拒(元)顥。……(元天穆)又遣右僕射尒朱隆、西荆州刺史王罷騎一萬,據武牢。"校勘記:"'尒朱隆'……避唐諱省'世'字。……'王罷',南監本……作'王羆'。"《魏書》卷八二《李瑒之傳》:"隴西狄道人。……孝莊初,太尉元天穆北討葛榮,以瑒之兼御史中尉,爲北道軍司。還,除征東將軍,仍兼太常。出爲衛將軍、荆州刺史。頃之,兼尚書左僕射、三荆二郢大行臺。尋加散騎常侍。"按:《梁書》之西荆州即穰城之荆州。

[東荆州]

寇胤之

王茂　都督東南二荆諸軍事、撫軍將軍、東荆州刺史。卒。
張熠　鎮南將軍、刺史。

《魏書》卷四二《寇胤之傳》："代遷。"《王茂墓誌》(《墓誌集成》六一九)："尋敕還朝，許以殊寵。錫命未加，乃除使持節、都督東南二荆諸軍事、撫軍將軍、東荆州刺史。……不惟騫茲百福，奄同万古。春秋五十四，以永安二年七月廿二日薨於龍陽。"按：張熠見是年岐州條。

[淅州]

泉企　加都督。遷東雍州。

《周書》卷四四《泉企傳》："永安中，梁將王玄真入寇荆州。加企持節、都督，率衆援之。遇玄真於順陽，與戰，大破之。除撫軍將軍、使持節，假鎮南將軍、東雍州刺史。"

[南廣州]

鄭先護　都督襄廣二州諸軍事、鎮南將軍，刺史如故。遷東雍州，又遷豫州。
李該　刺史。

《魏書》卷五六《鄭先護傳》："後元顥入洛，莊帝北巡，先護據州起義兵，不受顥命。顥遣尚書令、臨淮王彧率衆討之，先護出城拒戰。莊帝還京，嘉其誠節，除使持節、散騎常侍、都督襄廣二州諸軍事、鎮南將軍，刺史如故。……尋轉征西將軍、東雍州刺史，假車騎將軍、當州都督，常侍如故。未之任，又轉都督二豫東雍三州諸軍事、征東將軍、豫州刺史，餘官如故。又兼尚書右僕射、二豫郢潁四州行臺。尋除車騎將軍、左衛將軍。"卷六九《裴景顏傳》："孝莊初，爲廣州防蠻別將，行漢廣郡事。元顥入洛，與刺史鄭先護據州起義。"《鄭君殘碑》(《碑刻校注》八·一〇〇八)："天子蒙塵，四海狐疑，人無固志。君與從兄廣州刺史先護，同心勠力。"《寇奉叔墓誌》(《隋代墓誌銘彙考》一・〇一五）："臨淮王元彧來襲廣州，公身自拒戰，應時摧殄。策勳行賞，封魯陽男……仍除廣州別駕。"《北齊書》卷二〇《王則傳》："元顥入洛，則與（叔父）老生俱降顥，顥疑老生，遂殺之。則奔廣州刺史鄭先護，與同拒顥。顥敗，遷征虜將軍，出爲東徐州防城都督。"《魏書》卷三九《李詠傳》："轉廣州刺史。"按：《鄭先護傳》云鄭先護轉都督二豫東雍三州、二豫郢潁四州行臺，東雍與二豫不相接，不應在同一督區。同書卷八〇《樊子鵠傳》云樊子鵠後歷都督二豫郢三州、二豫郢潁四州行臺，疑《鄭先護傳》之"東雍"乃"郢"之訛。李詠應爲李該，見永安元年濟州條。時元肅爲廣州刺史，李該當爲南廣州刺史。

[襄州]

賈思同 徵還。

平鑒 撫軍將軍、刺史。

《魏書》卷七二《賈思同傳》："及元顥之亂也，思同與廣州刺史鄭光護並不降。莊帝還宮……除撫軍將軍、給事黃門侍郎。"《北齊書》卷二六《平鑒傳》："奔爾朱榮於晉陽，因陳靜亂安民之策。榮大奇之，即署參軍，前鋒從平鞏、密，每陣先登。除撫軍、襄州刺史。"

[郢州]

房叔祖

宇文貴 征虜將軍、刺史。

《周書》卷一九《宇文貴傳》："字永貴。……元顥入洛，貴率鄉兵從爾朱榮焚河橋，力戰有功，加征虜將軍。……除郢州刺史。"按：房叔祖見是年齊州條。

[豫州]

源子恭

鄭先護 都督二豫郢三州諸軍事、征東將軍、豫州刺史。兼尚書右僕射、二豫郢潁四州行臺。尋除車騎將軍、左衛將軍。

《魏書》卷四一《源子恭傳》："元顥之入洛也，加子恭車騎將軍，子恭不敢拒之，而頻遣間使參莊帝動靜。未幾，顥敗，車駕還洛，進征南將軍、兼右僕射。"按：鄭先護見是年南廣州條。

[西兗州]

裴粲 刺史，元顥署。被逐。

崔巨倫 行西兗州事。

崔孝芬 鎮東將軍、刺史。未之任。

《魏書》卷七一《裴粲傳》："後元顥入洛，以粲爲西兗州刺史。尋爲濮陽太守崔巨倫所逐，棄州入嵩高山。"卷五六《崔巨倫傳》："字孝宗。……莊帝即位，假節、中堅將軍、東濮陽太守。……元顥入洛，據郡不從。莊帝還宮，行西兗州事，封漁陽縣開國男，邑二百户，尋除光禄大夫。(永安)三年卒，時年四十四。"《李憲墓誌》(《墓誌集成》六五〇)："越以元象元年十二月廿四日合葬於舊墓。……長女長輝，適龍驤將軍、營州刺史、安平男博陵崔仲哲。……第三女叔婉，適兗州刺史、漁陽縣開國男博陵崔巨。"按：《憲誌》所云崔仲哲死於孝昌二年，《魏書》卷四九本傳未載其歷營州刺史，疑爲贈官。崔巨當即崔巨倫，兗州當爲西兗州，誌云崔巨爲刺史，此從傳。崔孝芬見是年徐州條。

[兗州]

元凝 遷濟州。

于暉

濟陰王暉業 兼行臺尚書。被執。

穆紹 刺史，元顥署。未之任。

《魏書》卷一〇《孝莊紀》:"正月甲寅,于暉所部都督彭樂率二千餘騎北走於韓樓,乃班師。二月……詔散騎常侍、濟陰王暉業兼行臺尚書,督都督李德龍、丘大千鎮梁國。……四月……元顥攻陷考城,執行臺元暉業、都督丘大千。五月壬子朔,元顥克梁國。"卷二七《穆紹傳》:"元顥入洛,以紹爲兗州刺史。行達東郡,顥敗而反。"《穆彥墓誌》(《墓誌集成》五二五):"永安中,逆顥侵洛,避難東遊。囑兗州刺史、司空公從兄紹假輔國將軍,屈爲長史。……不圖飛禍橫臻,春秋卅一,以永安二年六月廿三日暴薨於兗州。"

[南兗州]

元暹 平南將軍、刺史。

《魏書》卷一〇《孝莊紀》:"七月……平南將軍、南兗州刺史元暹爲汝陽王。"卷一九上《元暹傳》:"莊帝初,除南兗州刺史……元顥入洛,暹據州不屈。莊帝還宮,封汝陽王。"

[青州]

元世儁

李延寔 刺史。

《魏書》卷一九中《元世儁傳》:"孝莊時,除衛將軍、吏部尚書。"卷八三下《李延寔傳》:"尋轉司徒公,出爲使持節、侍中、太傅、錄尚書事、青州刺史。"卷四七《盧道約傳》:"太傅李延寔出除青州。延寔先被病,道約,延寔之妻弟,詔以道約爲延寔長史,加散騎常侍,寄以匡維也。"吳廷燮《元魏方鎮年表》:"蕭贊永安二年十月爲司徒,延寔以是月爲青州。"

[南青州]

元旭 鎮東將軍、刺史。

《魏書》卷一〇《孝莊紀》:"七月……以鎮東將軍、南青州刺史元旭爲襄城王。"

[光州]

　楊逸

[膠州]

　陸希質　龍驤將軍、刺史。

　　《魏書》卷四〇《陸希質傳》:"孝莊初,除龍驤將軍、膠州刺史。蕭衍遣將率衆數萬從郁洲浮海據島,來侵州界,希質討破之。"卷一〇六中《地形志中》膠州:"永安二年置。"

[齊州]

　元欣

　元子華　刺史。

　　《魏書》卷六六《崔光韶傳》:"及元顥入洛,自河以南,莫不風靡。而刺史、廣陵王欣集文武以議所從。欣曰:'北海、長樂俱是同堂兄弟,今宗祐不移,我欲受赦。諸君意各何如?'在坐之人莫不失色,光韶獨抗言曰:'元顥受制梁國,稱兵本朝,拔本塞源,以資讎敵,賊臣亂子,曠代少儔,何但大王家事!所宜切齒。等荷朝眷,未敢仰從。'長史崔景茂、前瀛州刺史張烈、前鄆州刺史房叔祖、徵士張僧皓咸云:'軍司議是。'欣乃斬顥使。"卷一四《元子華傳》:"孝莊初,除齊州刺史。先是,州境數經反逆,邢杲之亂,人不自保。而子華撫集豪右,委之管籥,衆皆感悦,境内帖然。"

[濟州]

　李諧　遷廣州。

　元凝　安東將軍、刺史。

　　《魏書》卷一九下《元凝傳》:"轉濟州刺史,仍本將軍。永熙二年薨。"

[徐州]

　崔孝芬

元孚 東道行臺,元顥署。

《魏書》卷一〇《孝莊紀》:"五月……戊寅,行臺崔孝芬、大都督刁宣破元顥後軍都督侯暄於梁國,斬之,擒其卒三千人。"卷五七《崔孝芬傳》:"永安二年,莊帝聞元顥有内侵之計,敕孝芬南赴徐州。顥遂潛師向考城,擒大都督、濟陰王暉業,乘勝徑進,遣其後軍都督侯暄守梁國城以爲後援。孝芬勒諸將馳往圍暄……擒斬之,俘其卒三千餘人。莊帝還宫,授西兗州刺史,將軍如故。孝芬久倦外役,固辭不行,乃除太常卿。"卷一八《元孚傳》:"元顥入洛,授孚東道行臺、彭城郡王。孚封顥逆書送朝廷,天子嘉之。顥平,封孚萬年鄉男。"卷六五《李獎傳》:"出帝時,獎故吏通直散騎常侍宋遊道上書理獎曰:'……北海未敗之日,徐州刺史元孚爲其純臣,莫之敢距,表啓相望,遲速唯命……'"

[東徐州]

韋朏

元子邃 刺史,元顥署。

元顯恭 督東徐州諸軍事、左將軍、東徐州刺史。未拜。

斛斯椿 征東將軍、刺史。

元太賓 刺史。

《魏書》卷四五《韋朏傳》:"永安三年,卒於州。"《周書》卷三二《申徽傳》:"元顥入洛,以元邃爲東徐州刺史,邃引徽爲主簿。顥敗,邃被檻車送洛陽。"《元子邃及妻李氏墓誌》(《墓誌集成》八六九):"從文宣王討徐州,擒狶賊師王思遠,賜爵開封男,尋除直閤將軍。又自安東府佐,遷東徐州刺史。"趙萬里釋(《墓誌集釋》卷一一):"史稱其名單作邃,與誌異,殆史脱子字耳。"《魏書》卷一九下《元顯恭傳》:"孝莊初,除北中郎將,遷左將軍、東徐州刺史。入爲安東將軍、大司農卿。"

《元恭墓誌》(《墓誌集成》五六七)："君諱恭,字顯恭。……永安二年,轉授北中郎將。尋除持節、督東徐州諸軍事、左將軍、東徐州刺史,不拜。"《魏書》卷八〇《斛斯椿傳》："及元顥入洛,椿隨榮奉迎莊帝,遂從攻顥。顥敗,遷安北將軍、建州刺史,改封深澤縣,轉鎮東將軍、徐州刺史,又轉征東將軍、東徐州刺史。"按:《朏傳》云朏永安三年卒於州,然永安二年刺史已别用人,疑傳有誤,或朏雖已去職,然未離州。《邃誌》之文宣王爲元延明。元太賓見建明元年東徐州條。

[相州]

李神　徵還。

尒朱世隆　假驃騎大將軍、行臺右僕射、都督相州諸軍事、相州刺史、當州都督。遷尚書左僕射。

司馬子如　行相州事、鎮鄴大都督。徵還。

李神　行相州事。

《魏書》卷七〇《李神傳》："元顥入洛,莊帝北巡,以神爲侍中,又除殿中尚書,仍行相州事。"卷一〇《孝莊紀》："五月……元顥入洛。……以侍中、車騎將軍、尚書右僕射尒朱世隆爲使持節、行臺僕射、本將軍、相州刺史,鎮鄴城,以便宜從事。"卷七五《尒朱世隆傳》："元顥逼大梁,詔假儀同三司、前軍都督,鎮虎牢。世隆不關世事,無將帥之略。顥既克滎陽,擒行臺楊昱,世隆懼而遁還。莊帝倉卒北巡,世隆之罪也。駕在河内,假驃騎大將軍、行臺右僕射、都督相州諸軍事、相州刺史、當州都督。及車駕還宫,除驃騎大將軍、尚書左僕射,攝選。"《北齊書》卷一八《司馬子如傳》："元顥入洛,人情離阻,以子如曾守鄴城,頗有恩信,乃令行相州事。顥平,徵爲金紫光禄大夫。"《司馬遵業墓誌》(《墓誌集成》八四三)："公諱遵業,字子如。……莊帝蒙塵,攸攸夏迹,所在狼顧。葵丘遠控華夷，兼通水陸，永言作捍，寄深關鍵。行相州事、鎮鄴大都督。案部行春，班條騁化。彈壓梁道，陵蹴巨源。屬一戎已定，天門迥闢，徵爲武衛將軍，領中書舍人。"按：李神參見次年并州條，《魏書》卷五八《楊津傳》云其爲相州刺史。李神不應與尒朱世隆、司馬子如同任，蓋先被徵還，復繼司馬子如行相州事。

[南相州]

元貴平

[冀州]

楊順

《魏書》卷五八《楊椿傳》："元顥入洛，椿子征東將軍昱出鎮滎陽，爲顥所擒。又椿弟順爲冀州刺史，順子仲宣正平太守，兄子侃、弟子遁並從駕河北，爲顥嫌疑。"

[南冀州]

路思令

[東冀州]

高翼

[殷州]

王椿　刺史。

《魏書》卷九三《王椿傳》："轉使持節、散騎常侍、殷州刺史。"

[定州]

薛曇尚

[滄州]

李孚

刁整　刺史，元顥署。免。

綦儁　刺史。

《魏書》卷三八《刁整傳》:"元顥入洛,用爲滄州刺史。莊帝還朝,坐免官。"卷八一《綦儁傳》:"莊帝時仕累遷爲滄州刺史,甚爲吏人畏悦。"

[幽州]

劉靈助 兼尚書左僕射。加車騎將軍,爲幽平營安四州行臺。

《魏書》卷九一《劉靈助傳》:"車駕還宫……兼尚書左僕射,慰勞幽州流民於濮陽、頓丘,因率民北還。與都督侯淵等討葛榮餘黨韓婁,滅之於薊。仍鼇州務,加車騎將軍,又爲幽平營安四州行臺。"卷一〇《孝莊紀》:"九月,大都督侯淵討韓樓於薊,破斬之。幽州平。"

[燕州]

侯淵 遷平州。

《魏書》卷八〇《侯淵傳》:"葛榮別帥韓樓、郝長等有衆數萬,屯據薊城,尒朱榮令淵與賀拔勝討之。會元顥入洛,榮徵勝南赴大軍,留淵獨鎮中山。及莊帝還宫,榮令淵進討韓樓……追擒之。……尋詔淵以本將軍爲平州刺史、大都督,仍鎮范陽。"

[平州]

崔長文 征虜將軍、刺史。未任。

侯淵 驃騎將軍、刺史、大都督,鎮范陽。

《魏書》卷六七《崔長文傳》:"永安中,以老拜征虜將軍、平州刺史。還家專讀佛經,不關世事。"按:侯淵見是年燕州條。

[建州]

尒朱仲遠 車騎將軍、刺史。

《魏書》卷七五《尒朱仲遠傳》:"及孝莊即阼,除直寢、寧遠將軍、步兵校尉。尋特除平北將軍、建興太守……後加散騎常侍。及改郡立州,遷使持節、車騎將軍、建州刺史。"

[龍門鎮]

薛脩義

《北齊書》卷二〇《薛脩義傳》:"尒朱榮以脩義豪猾反覆,録送晉陽,與高昂等並見拘防。"按:薛脩義參見是年晉州條。

[晉州]

樊子鵠 徵還。

高市貴 刺史。

《魏書》卷八〇《樊子鵠傳》:"元顥入洛,薛脩義及降蜀陳雙熾等受顥處分,率衆攻州城。子鵠出與戰,大破之,又破脩義等於土門。以功拜撫軍將軍。尋徵授都官尚書。"《北齊書》卷一九《高市貴傳》:"尋爲晉州刺史。"《高僧護墓誌》(《墓誌集成》一三五六):"祖太師、太尉公、録尚書、晉州刺史、城皋王。"按:誌無祖名,《高市貴傳》云市貴子阿那肱貴後,封市貴成皋王,是僧護之祖即高市貴。

[汾州]

高市貴 遷晉州。

尒朱兆 刺史。

《魏書》卷七五《尒朱兆傳》:"莊帝還宮……爲汾州刺史。"

[顯州]

竇泰 都督顯州諸軍事、車騎將軍、顯州刺史。

《竇泰墓誌》(《墓誌集成》八六三):"及巨釁滔天,長戟內指,既等關南之敗,遂成山北之災。……東遷所依,伯舅是賴。公亦志在不二,任實同心……以功拜輔國將軍、驍騎將軍。……又授撫軍將軍、銀青光禄大夫,復遷侍中。又除使持節、都督顯州諸軍事、車騎將軍、顯州刺史。"

[并州]

尒朱榮

元天穆

元曄

元禹

尒朱天光　　并肆雲恒朔燕蔚顯汾九州行臺、行并州。遷雍州。

《魏書》卷一四《元天穆傳》："詔天穆與齊獻武王討大破之。（邢）杲乃請降，傳送京師，斬之。……時元顥乘虛陷滎陽，天穆聞莊帝北巡，自畢公壘北渡，會車駕於河內。尒朱榮以天時炎熱，欲還師，天穆苦執不可，榮乃從之。莊帝還宮，加太宰。"按：尒朱天光見是年雍州條。

[肆州]

尒朱天光　　遷并州。

元肅　　衛將軍、刺史。

《魏書》卷一九下《元肅傳》："後除衛將軍、肆州刺史。"《元肅墓誌》（《墓誌集成》五八四）："仍除衛將軍、肆州刺史，常侍、王並如故。"按：尒朱天光見是年雍州條。

[廣州]

元肅　　遷肆州。

賈顯度　　撫軍將軍、廣州刺史、假鎮南將軍。

《魏書》卷八〇《賈顯度傳》："除撫軍將軍……從上黨王天穆破邢杲。值元顥入洛，仍與天穆渡河赴行宮於河內。顥平，以本將軍除廣州刺史、假鎮南將軍。"

[恒州]

叱列延慶　　撫軍將軍、刺史。

《魏書》卷八〇《叱列延慶傳》："代西部人也，世爲酋帥。……永安二年，以本將軍除恒州刺史。"

[朔州]

尒朱度律

[雍州]

長孫稚　遷司徒,兼尚書令、大行臺,仍鎮長安。

尒朱天光　都督雍岐二州諸軍事、驃騎大將軍、雍州刺史。

　　《魏書》卷一〇《孝莊紀》:"十有一月……開府儀同三司、雍州刺史長孫稚爲司徒公。"卷二五《長孫稚傳》:"遷司徒公,加侍中,兼尚書令、大行臺,仍鎮長安。"卷七四《尒朱榮傳》:"賊帥万俟醜奴、蕭寶夤擁衆豳涇,兇勢日盛。榮遣其從子天光爲雍州刺史,令率都督賀拔岳、侯莫陳悦等總衆入關討之。"卷七五《尒朱天光傳》:"永安中,加侍中、金紫光禄大夫、北秀容第一酋長。尋轉衛將軍。大將軍元天穆東征邢杲,……隸天穆討破之。元顥入洛,天光與天穆會榮於河内。榮發之後,并肆不安,詔天光以本官兼尚書僕射,爲并肆雲恒朔燕蔚顯汾九州行臺,仍行并州,委以安静之。……万俟醜奴僭大號,朝廷憂之。乃除天光使持節、都督雍岐二州諸軍事、驃騎大將軍、雍州刺史,率大都督、武衛將軍賀拔岳、大都督侯莫陳悦等以討醜奴。"

[北雍州]

毛鴻賓

毛遐　兼尚書、二州行臺。

　　《北史》卷四九《毛遐傳》:"万俟醜奴陷秦州,詔以遐兼尚書,二州行臺。"《周書》卷三八《檀翥傳》:"客遊三輔。時毛遐爲行臺,鎮北雍州,表翥爲行臺郎中。"按:"二州"不詳,蓋指秦州、北雍州。

[東雍州]

楊辯

鄭先護 征西將軍、東雍州刺史、假車騎將軍、當州都督。未之任,遷豫州。

泉企 撫軍將軍、假鎮南將軍、東雍州刺史。

《洛陽伽藍記》卷二平等寺:"廣陵王恭……佯啞不語,不預世事。永安中,遁於上洛山中,州刺史泉企執而送之。"按:鄭先護見是年南廣州條。泉企參見是年淅州條。

[華州]

王椿 遷殷州。

孟季 平西將軍、刺史。

《魏書》卷四四《孟季傳》:"預尒朱榮義舉……除撫軍將軍、廷尉卿,轉司農卿。出爲平西將軍、華州刺史。卒。"

[北華州]

王安世 安西將軍、刺史。

《魏書》卷七一《王安世傳》:"苻堅丞相王猛之玄孫也。……自羽林監稍遷安西將軍、北華州刺史。卒。"《北史》卷四五《夏侯道遷傳》:"道遷之謀,又襄陽羅道珍、北海王安世、潁川辛諶、漢中姜永等皆參其勳末。……安世,苻堅丞相王猛玄孫也。歷涉書傳,位北華州刺史。"按:夏侯道遷正始元年降魏,北華州正光五年置,相距已二十年。王安世何年爲刺史不詳,列於此。

[南豳州]

毛遐 遷北雍州。

韋旭 右將軍、刺史。

《周書》卷三一《韋孝寬傳》:"韋叔裕字孝寬,京兆杜陵人也,少以字行。……父旭……永安二年,拜右將軍、南豳州刺史。時氐賊數爲抄竊,旭隨機招撫,並即歸附。尋卒官。"《韋孝寬墓誌》(《墓誌集成》一二五四):"公諱寬,字孝寬,本姓韋氏。……父旭……官至尚書右丞,幽州刺史。……公兩儀降氣……有周御歷,賜姓宇文氏。……以大象二年……死。"羅新、葉煒疏證(《墓誌疏證》一一五):"據中華書局點校本校勘記,'南豳州',諸本作'南幽州',學者考訂'幽'當作'豳'。今墓誌作'幽',因拓片圖版十分模糊,難以遽定,若確實爲'幽',則改'幽'爲'豳'就更需斟酌。"按:韋孝寬誌,《墓誌集成》原題"韋寬墓誌"。參傳、誌,韋孝寬本名孝裕,字孝寬,蓋賜姓宇文氏後,改名寬,仍字孝寬,死前未復舊姓。《疏證》疑韋旭所任當爲南幽州,然《孝寬傳》云"氐賊數爲抄竊",韋旭所任當近豳州,而非幽州。又檢索《魏志》《隋志》《元和志》《寰宇記》,皆無南幽州。洪頤煊《諸史考異》卷一二《周書》"南豳州"條亦云"'南幽'當作'南豳'",從之。

[豳州]

王茂 遷東荆州。

[涇州]

金祚 刺史。

《北史》卷五三《金祚傳》:"隨元天穆討平邢杲。歷涇、岐二州刺史。"

[岐州]

張熠 遷東荆州。

楊侃 都督岐州諸軍事、右將軍、岐州刺史。未任。

王羆 刺史。

《魏書》卷七九《張熠傳》:"代還,值元顥入洛,仍令復州,熠遂私還。莊帝還宮,出除鎮南將軍、東荆州刺史。"卷五八《楊侃傳》:"還朝,除右將軍、岐州刺史。屬元顥內逼,詔以本官假撫軍將軍爲都督,率衆鎮大梁。未發,詔行北中郎將。"《楊侃墓誌》(《墓誌集成》五七三):"後除使持節、都督岐州諸軍事、右將軍、岐州刺史。"《北史》卷六二《王羆傳》："元顥入洛,以羆爲左軍大都督。顥敗,莊帝以羆受顥官,故不得本州,更除岐州刺史。"

[東秦州]

高子朗 刺史。被殺。

《魏書》卷一〇《孝莊紀》："九月……万俟醜奴攻東秦城,陷之,殺刺史高子朗。"

[夏州]

穆清休

元永

[靈州]

金祚 龍驤將軍、刺史。

《北齊書》卷二七《金祚傳》："安定人也。……魏正光中,隴右賊起,詔雍州刺史元猛討之,召募狼家,以爲軍導,祚應選。以軍功累遷龍驤將軍、靈州刺史。"校勘記："'狼家',《册府》卷八四八作'良家'。按'狼家'別無記載,疑'良家'是。"按:始任年不詳,斷於此。

[秦州]

駱超 刺史。

按:駱超見建明元年雍州條。

[南秦州]

辛琛

[河州]

梁覽 都督河渭鄯三州諸軍事、驃騎大將軍、世襲河州刺史。

《北史》卷四九《梁覽傳》："永安中,詔大鴻臚琅邪王皓就策授世爲河州刺史。永熙中,改封郡公。"按:梁覽參見永熙二年河州條。

[瓜州]

東陽王榮

《魏書》卷一〇《孝莊紀》:"八月……封瓜州刺史元太榮爲東陽王。"按:元太榮即元榮,雙名單稱。

[梁州]

淳于誕 卒。

寇儁 左將軍、刺史。

《魏書》卷七一《淳于誕傳》:"永安二年四月卒。"《周書》卷三七《寇儁傳》:"二年,出爲左將軍、梁州刺史。"

[南岐州]

朱顯

[益州]

長孫壽

[南梁州]

嚴愷 被殺。

按:嚴愷見是年巴州條。

[巴州]

嚴始欣 南叛。

《魏書》卷一〇《孝莊紀》:"閏(七)月……巴州刺史嚴始欣據州南叛,蕭衍遣其將蕭玩、張鴻、江茂達等率衆赴援。"卷一〇一《獠傳》:"始欣乃起衆攻(嚴)愷,屠滅之,據城南叛,蕭衍將蕭玩率衆援接。"《梁書》卷三《武帝紀下》:"(中大通元年十一月)魏巴州刺史嚴始欣以城降。"

[東梁州]

閻静 卒。

《閻静墓誌》(《隋代墓誌銘彙考》四·三二九):"以永安二年正月卅日,春秋六十有二,並世子懷仁、懷義、懷禮、懷忠等,俱蕩州治。"羅新、葉煒疏證(《墓誌疏證》二一〇):"由於東梁的設置距閭静去世僅有兩年,因此閭静死於州治,極有可能就是死於其使持節、都督東梁州諸軍事、東梁州刺史之任。……當爲非正常死亡。"

永安三年、長廣王建明元年庚戌(530)

四月,尒朱天光擒万俟醜奴、蕭寶夤於安定。九月,莊帝殺尒朱榮、元天穆。十月,尒朱世隆、尒朱兆推長廣王曄爲帝,改年建明。十二月,尒朱兆入洛,遷莊帝於晉陽,尋殺之。

[司州]

城陽王徽　除太保,仍大司馬、録尚書事,總統内外。被殺。
源子恭　兼尚書僕射、大行臺、大都督。爲尒朱兆所敗。
裴良　潼關都督、兼尚書、河東恒農河北宜陽行臺。
高道穆　兼尚書右僕射、南道大行臺。爲尒朱世隆所殺。
尒朱世隆　尚書令,加太傅,行司州牧。

《魏書》卷一〇《孝莊紀》:"九月辛卯,天柱大將軍尒朱榮、上党王天穆自晉陽來朝。戊戌,帝殺榮、天穆於明光殿。……十月……都督李苗以火船焚河橋,尒朱世隆退走。丙辰,詔大都督、兼尚書僕射、行臺源子恭率步騎一萬出自西道,行臺楊昱領都督李侃希等部募勇士八千往從東路,防討之。子恭仍鎮太行丹谷。世隆至建州,刺史陸希質拒守,城陷,盡屠之,唯希質獲免。……尒朱世隆停建興之高都,尒朱兆自晉陽來會之,共推太原太守、行并州刺史長廣王曄爲主,大赦所部,號年建明。……十有二月壬寅朔,尒朱兆寇丹谷……大都督源子恭奔退。甲辰,尒朱兆、尒朱度律自富平津上,率騎涉渡,以襲京城。……戊申,元曄大赦天下。尒朱度律自鎮京師。甲寅,尒朱兆遷帝於晉陽;甲子,崩於城内三級佛寺。"卷一九下《城陽王徽傳》:"榮死,世隆等屯據不解。除徽太保,仍大司馬、宗師、録尚書事,總統内外。……及尒朱兆之入……遂走山南,至故吏寇彌宅。彌……使人於路邀害。"卷四一《源子恭傳》:"尒朱榮之死也,世隆、度律據斷河橋,詔子恭爲都督以討之,出頓於大夏門北。尋而太府卿李苗夜燒河橋,世隆退走,仍以子恭兼尚書僕射,爲大行臺、大都督。尋遷衛將軍、假車騎將軍,率諸將於太行築壘以防之。既而尒朱兆率衆南出,子恭所部都督史仵龍、羊文義開栅降兆。子恭退走,爲兆所破。"卷六九《裴良傳》:"孝莊末,除光禄大夫。尒朱榮死,榮從子天光擁衆關西,乃詔良持節、假安西將軍、潼關都督,又兼尚書,爲河東恒農河北宜陽行臺以備之。前廢帝時,除征東將軍、金紫光禄大夫。……良從父兄子慶孫……尒朱榮之死也,世隆擁衆北渡,詔慶孫爲大都督,與行臺源子恭率衆追擊。軍次太行,而慶孫與世隆密通,事泄,追還河内而斬之。"《裴良墓誌》(《墓誌集成》一〇四五):"轉除平東將軍、銀青光禄大夫。……以本職假安西將軍,爲潼關都督。永安之末……仍詔君以本官兼尚書,爲行臺,解都督。……君處嶮如夷,深相厲率,繕甲治兵,仍遵先旨。賊帥尒朱天光至,便大相嘉賞,有欽重之色。還除征東將軍、金紫光禄大夫。"《魏書》卷七七《高道穆傳》:"莊帝反政……除征南將軍、金紫光禄大夫、兼御史中尉。尋即真,仍兼黄門。道穆外秉直繩,内參機密,凡是益國利民之事,必以奏聞。諫諍極言,無所顧憚。……及尒朱榮之死也……加衛將軍、假車騎將軍、大都督、兼尚書右僕射、南道大行臺。又除車騎將軍,餘官如故。時雖外託征蠻,而帝恐北軍不利,欲爲南巡之計。未發,會尒朱兆入洛,道穆慮禍及己,託病去官。世隆以道穆忠於前朝,遂害之。"卷七五《尒朱世隆傳》:"及至長子,與度律等共推長廣王曄爲主,曄以世隆爲開府儀同三司、尚書令、樂平郡王,加太傅,行司州牧。"《洛陽伽藍記》卷二平等寺:"十二月,爾朱兆入洛陽擒莊帝,崩於晉陽。在京宮殿空虛,百日無主。唯尚書令、司州牧、樂平王爾朱世隆鎮京師,商旅四通,盜賊不作。"

[陝州]

薛脩義 右將軍、刺史,假安南將軍。

《北齊書》卷二〇《薛脩義傳》:"榮赴洛,以脩義等自隨,置於馳牛署。榮死,魏孝莊以脩義爲弘農、河北、河東、正平四郡大都督。時高祖爲晉州刺史,見脩義,待之甚厚。及尒朱兆立魏長廣王爲主,除脩義右將軍、陝州刺史,假安南將軍。"

[大谷鎮]

陽猛

《周書》卷四四《陽雄傳》:"俄而廣陵王恭僞瘖疾,復來歸猛,猛亦深相保護。"

[義州]

侯植 驃騎大將軍、大都督、義州諸軍事、義州刺史。

《周書》卷二九《侯植傳》:"後從賀拔岳討万俟醜奴等,每有戰功,除義州刺史。"《侯植墓誌》(《墓誌集成》一一三七):"其先侯姓……稍遷使持節、驃騎大將軍、開府儀同三司、大都督、義州諸軍事、義州刺史。……魏前二年十二月中,太祖文皇帝以公忠效累彰,宜加旌異,爰命史官,賜姓賀屯氏。"

[洛州]

元季海 冠軍將軍、刺史。

《北史》卷一五《元季海傳》:"位洛州刺史。季海妻,司空李沖之女,莊帝從母也。……政在尒朱,禍難方始,勸季海爲外官以避纖介。及孝莊之難,季海果以在藩得免。"《北齊書》

卷四二《陽休之傳》："永安末,洛州刺史李海啓除冠軍長史。"按:"李海"應爲"季海"之誤。

[荆州]

李琰之 被執。

趙脩 南陽太守,自行州事。

張熠 刺史。未之任。

《魏書》卷一〇《孝莊紀》："十有二月……南陽太守趙脩延執荆州刺史李琰之,自行州事。"卷八二《李琰之傳》："尒朱兆入洛,南陽太守趙脩延以琰之莊帝外戚,誣琰之規奔蕭衍,襲州城,遂被囚執,脩延仍自行州事。"按:張熠見是年東荆州條。

[新野鎮]

獨孤信 鎮將,帶新野郡守。

《周書》卷一六《獨孤信傳》："雲中人也,本名如願。魏氏之初,有三十六部,其先伏留屯者,爲部落大人,與魏俱起。祖俟尼,和平中,以良家子自雲中鎮武川,因家焉。……建明初,(信)出爲荆州新野鎮將,帶新野郡守。尋遷荆州防城大都督,帶南鄉守。"

[東荆州]

張熠 加征蠻大都督。遷荆州。

元顯恭 都督東荆州諸軍事、中軍將軍、東荆州刺史,假征南將軍、當州都督。遷晉州。

《魏書》卷七九《張熠傳》："尋加散騎常侍、征蠻大都督,轉荆州刺史。值尒朱兆入洛,不行。普泰中,衛將軍、金紫光祿大夫。"按:元顯恭見是年晉州條。

[南廣州][廣州]

李詥 被殺。

李彧 驃騎大將軍、刺史。

《魏書》卷三九《李詠傳》:"前廢帝時,與第三弟通直散騎常侍義真,第七弟中書侍郎、太常少卿義邕,同時爲尒朱仲遠所害。義邕,莊帝居藩之日,以外親甚見親昵,及有天下,特蒙信任。尒朱榮之誅,義邕與其事,由是並及於禍。"卷八三下《李延寔傳》:"長子彧,字子文,尚莊帝姊豐亭公主。封東平郡公,位侍中、左光禄大夫、中書監、驃騎大將軍、開府儀同三司、廣州刺史。彧任俠交遊,輕薄無行。尒朱榮之死也,武毅之士皆彧所進。孝静初,以罪棄市。"《李智源墓誌》(《墓誌集成》一一一五):"字孝宗。……考彧,侍中、中書監、開府儀同三司、廣州刺史。"按:是年尒朱榮被殺,苟嵐之廣州廢,魯陽之南廣州逕稱廣州。

[襄州]

平鑒

[郢州]

宇文貴

[豫州]

樊子鵠 車騎大將軍、豫州刺史、假驃騎大將軍、都督二豫郢三州諸軍事、兼尚書右僕射、二豫郢潁四州行臺。未之任。

元崇禮 行豫州刺史。

陰遵和 左將軍、行豫州刺史。爲元崇禮所殺。

《魏書》卷一〇《孝莊紀》:"十有一月……行豫州刺史元崇禮殺後行州事陰遵和,擅攝豫州。"卷五二《陰遵和傳》:"稍遷龍驤將軍、驍騎將軍、豫州都督,鎮懸瓠。孝莊末,除左將軍、行豫州刺史。時前行州事元崇禮被徵將還,既聞尒朱兆入洛,遂矯殺遵和,擅攝州任。"按:樊子鵠見是年殷州條。

[潁州]

楊儉 左將軍、都督潁州諸軍事、潁州刺史，尋加平南將軍。未之任。

《魏書》卷五八《楊儉傳》："建義初，除太府少卿。尋爲華州中正，加左將軍。儉與元顥有舊，及顥入洛，受其位任。莊帝還宮，坐免。後以本將軍潁州刺史，尋加散騎常侍、平南將軍，州罷不行。普泰初，除征南將軍、金紫光禄大夫。"校勘記："'後以本將軍潁州刺史'，'將軍'下疑有脱字。"《楊儉墓誌》（《墓誌集成》七八五）："除左將軍、太府少卿。尋除散騎常侍、使持節、都督潁州諸軍事、潁州刺史。謝任還朝，除征南將軍、金紫光禄大夫。"《楊儉妻羅氏墓誌》（《墓誌集成》一一三四）："魏使持節、驃騎大將軍、開府儀同三司、大都督、潁北雍東秦華東雍州五州諸軍事、東雍州刺史、西道大行臺、尚書右僕射、侍中、夏陽縣開國侯故楊儉夫人羅氏墓誌銘。"按：潁州永安元年没於梁，楊儉當遥領，《儉誌》所云"謝任還朝"不實。

[西兗州]

王衍 征東將軍、刺史。爲尒朱仲遠所擒。

赫連悦 平東將軍、都督西兗州諸軍事、西兗州刺史。未之任。

元巘 都督西兗州諸軍事、撫軍將軍、西兗州刺史。遷冀州。

乙瑗 中軍將軍、刺史。

毛鴻賓 刺史。

《魏書》卷六三《王衍傳》："出爲散騎常侍、征東將軍、西兗州刺史。衍屆治未幾，屬尒朱仲遠稱兵内向，州既路衝，爲其攻逼。衍不能守，爲仲遠所擒。"《赫連悦墓誌》（《墓誌集成》五三六）："永安之季，多難啓階。除使持節、北道大都督。……轉拜使持節、平東將軍、都督西兗州諸軍事、兗州刺史。未及屆治，屬兹革政。復以勳著前朝，功銘史閣。還除河内太守，仍本將軍。"《段永碑》（《庾子山集》卷一四）："夫人赫連氏,兗州刺史悦之女。"《魏書》卷四四《乙瑗傳》:"中軍將軍,西兗州刺史。"《北史》卷一三《文帝文皇后乙弗氏傳》:"父瑗,儀同三司、兗州刺史。"校勘記:"('兗州'前)當脱'西'字。"《洛陽伽藍記》卷二平等寺:"彭城王爾朱仲遠,世隆之兄也,鎮滑臺,表用其下都督□瑗爲西兗州刺史,先用後表。"校:"緑君亭本瑗上無空格。吴集證云:'按魏書列傳有寶瑗、裴瑗二人,未知孰是,未敢臆補。'按《通鑒》逕作'表用其下都督爲西兗州刺史',不著姓名,是此上缺文,北宋時已然。"按:《魏書》中爲西兗州刺史且名有"瑗"字者唯有乙瑗,非寶瑗、裴瑗,《洛陽伽藍記》所闕當爲"乙"字。王衍参見是年徐州條。元嶷見是年燕州條。毛鴻賓見是年北雍州條。

[兗州]

畢義暢 刺史。

　　《魏書》卷六一《畢義暢傳》:"歷尚書郎中、侍郎、兗州刺史、大中正、中軍將軍、通直散騎常侍。太昌初,車騎將軍。"按:畢義暢何年爲兗州刺史不詳,在太昌前,列於此。

[南兗州]

元暹 遷秦州。

賈顯度 刺史。奔梁。

劉世明 征虜將軍、刺史。

　　《魏書》卷八〇《賈顯度傳》:"轉南兗州刺史。尒朱榮之死也,顯度情不自安,南奔蕭衍。"卷五五《劉世明傳》:"孝莊末,除征虜將軍、南兗州刺史。"《北齊書》卷三五《劉禕傳》:"父世明,魏兗州刺史。"按:《劉禕傳》"兗州"前當闕一"南"字。

[青州]

李延寔 爲尒朱兆所殺。

元肅　都督青膠光齊南青五州諸軍事、驃騎大將軍、東南道大行臺、青州刺史。未之任。

　　《魏書》卷八三下《李延寔傳》："尒朱兆入洛,乘輿幽縶,以延寔外戚,見害於州館。"按:元肅見是年肆州條。

[南青州]

茹懷朗　冠軍將軍、刺史。

　　《魏書》卷九三《茹皓傳》："皓子懷朗,仕至南青州刺史。"按:茹懷朗參見次年南青州條。

[光州]

楊逸

[膠州]

陸希質　遷建州。

嚴思達　刺史。

　　按:嚴思達見永熙三年兗州條,當繼陸希質。

[齊州]

元子華　遷濟州,尋復爲刺史。

蕭贊　都督齊濟西兗三州諸軍事、驃騎大將軍、齊州刺史。棄城走。

房士達　行州事。

　　《魏書》卷一四《元子華傳》："後除濟州刺史。尒朱兆之入洛也,齊州城人趙洛周逐刺史丹陽王蕭贊,表濟南太守房士達攝行州事。洛周子元顯先隨子華在濟州,邀路改表,請子華復爲齊州刺史。"卷一〇《孝莊紀》："四月丁巳,以侍中、太尉公、丹陽王蕭贊爲使持節、都督齊濟兗三州諸軍事、驃騎大將軍、開府儀同三司、齊州刺史。……十有二月……齊州城人趙洛周據西城反,應尒朱兆,刺史、丹陽王蕭贊棄城走。"卷五九《蕭贊傳》："爲都督齊濟西兗三州諸軍事、驃騎大將軍、開府儀同三司、齊州刺史。……尒朱兆入洛,爲城民趙洛周所逐。"卷四三《房士達傳》:"洛周等以士達鄉情所歸,乃就郡請之,命攝州事。"

[濟州]

 元子華 刺史。未至。

  按:元子華見是年齊州條。

[徐州]

 嚴思達 征東將軍、刺史。遷膠州。

 鹿忿 兼尚書左僕射、東南道三徐行臺。未至。

 尒朱仲遠 車騎大將軍、徐州刺史、兼尚書左僕射、三徐州大行臺。進督三徐州諸軍事。

 楊昱 東道行臺。

 鄭先護 假驃騎將軍、大都督、兼尚書左僕射、行臺。

  《魏書》卷一〇《孝莊紀》:"十月……徐州刺史尒朱仲遠反,率衆向京師。十有一月癸酉朔,詔車騎將軍、左衛將軍鄭先護爲使持節、大將軍、大都督,與都督李侃希赴行臺楊昱以討之。……丁丑,尒朱仲遠陷西兖州,執刺史王衍。癸未,以右衛將軍賀拔勝爲東征都督。壬辰,又以左衛將軍、大都督鄭先護兼尚書左僕射,爲行臺,與勝並討仲遠。……庚子,賀拔勝與仲遠戰於滑臺東,失利,仍奔之。"卷七五《尒朱仲遠傳》:"加車騎大將軍、左光祿大夫。轉使持節、本將軍、徐州刺史、兼尚書左僕射、三徐州大行臺。尋進督三徐州諸軍事,餘如故。仲遠上言曰:'將統參佐,人數不足,事須在道更僕以充其員。竊見比來行臺採募者皆得權立中正,在軍定第,斟酌授官。今求兼置,權濟軍要。'詔從之。於是隨情補授,肆意聚斂。尒朱榮死,仲遠勒衆來向京師,攻陷西兖州,將逼東郡。莊帝詔諸督將駱驛進討,並爲仲遠所敗。又詔都督鄭先護及右衛將軍賀拔勝共討之。勝戰不利,仍降仲遠。尋尒朱兆入洛,先護衆散而走。"卷五八《楊昱傳》:"尒朱榮之死也,昱爲東道行臺,率衆拒尒朱仲遠。會尒朱兆入洛,昱還京師。後歸鄉里,亦爲天光所害。"卷八〇《賀拔勝傳》:"加通直散騎常侍、征北將軍、金紫光禄大夫、武衛將軍,改封真定縣開國公。尋除衛將軍,加散騎常侍。尒朱榮之死也,勝與田怙等奔走榮第。……及世隆夜走,勝遂不從,莊帝甚嘉之。仲遠逼東郡,詔勝以本官假驃騎大將軍爲東征都督,率衆會鄭先護以討之。爲先護所疑,置之營外,人馬未得休息。俄而仲遠兵至,勝與交戰不利,乃降之。"卷五六《鄭先護傳》:"及尒朱榮死,徐州刺史尒朱仲遠擁兵向洛,前至東郡。諸軍出討,不能制之。乃詔先護以本官假驃騎將軍、大都督,領所部與行臺楊昱同討之。莊帝又遣都督賀拔勝討仲遠,勝於陣降賊,戰士離心。尋聞京師不守,先護部衆逃散,遂竄伏於南境。"按:嚴思達、鹿悆見是年東徐州條,在尒朱仲遠前。

[東徐州]

元太賓 被殺。

樊子鵠 都官尚書、兼右僕射、行臺。還京。

潘永基 鎮東將軍、刺史。

《魏書》卷一〇《孝莊紀》:"正月……東徐州城民吕文欣、王赦等殺刺史元太賓,據城反。以撫軍將軍、都官尚書樊子鵠兼右僕射,爲行臺,督征南將軍、都督賈顯智,征東將軍、徐州刺史嚴思達以討之。二月甲寅,克之。東徐平。"卷八〇《樊子鵠傳》:"後兼右僕射,爲行臺,督賈智等討吕文欣於東徐州,平之。還,除車騎將軍、左光禄大夫……(都官)尚書如故,仍假驃騎大將軍,率所部爲都督。時尒朱榮在晉陽,京師之事,子鵠頗預委寄,故在臺閣,徵官不解。"卷七九《鹿悆傳》:"及東徐城民吕文欣殺刺史元大賓,南引賊衆,屯栅曲術,詔念使持節、散騎常侍、安東將軍,爲六州大使,與行臺樊子鵠討破之。文欣黨重以購之,文欣同逆人韓端正斬文欣送首,魁帥同死者十二人。詔書褒慰。還拜鎮東將軍、金紫光禄大夫。尋詔爲使持節、兼尚書左僕射、東南道三徐行臺。至東郡,值尒朱仲遠陷西兗,向滑臺,詔與都督賀拔勝等拒仲遠。軍敗,還京。"卷七二《潘永基傳》:"永安二年,除潁川太守,遷鎮東將軍、東徐州刺史。時蕭衍將曹世宗、馬洪武等率衆來寇,永基出討,破之。"按:《鹿念傳》作"元大賓",此從《孝莊紀》。

[揚州]

斛斯敦 車騎將軍、刺史。

《魏書》卷八〇《斛斯椿傳》:"尒朱世隆之立前廢帝也,椿參其謀……除其父(敦)爲車騎將軍、揚州刺史。"按:壽春之揚州孝昌二年没於梁,東魏武定中方復,此揚州乏考。

[相州]

李神

劉誕 刺史。

按:李神見是年并州條。劉誕見次年冀州條。

[南相州]

元貴平

《魏書》卷一九下《元貴平傳》:"莊帝既殺尒朱榮,加武衛將軍,兼侍中,爲河北、山東慰勞大使。"

[冀州]

楊順

元嶷 都督冀州諸軍事、撫軍將軍、冀州刺史。

《魏書》卷五八《楊順傳》:"罷州還,遇害。"按:元嶷參見是年燕州條、普泰元年冀州條。

[南冀州]

路思令

《魏書》卷七二《路思令傳》:"後除征東將軍、金紫光禄大夫……天平三年三月卒。"按:路思令何年去職不詳,斷於此。

[東冀州]

高翼

《北齊書》卷二一《高乾傳》:"及尒朱兆弒莊帝,翼保境自守。謂諸子曰:'……汝等宜早圖之。先人有奪人之心,時不可失也。'事未輯而卒。"

[殷州]

王椿

樊子鵠　車騎將軍、刺史。遷豫州。

李孝怡　中堅將軍、行殷州事。

游松　征虜將軍、殷州大都督,守井陘。

尒朱羽生　刺史。

《魏書》卷九三《王椿傳》:"元曄立,除都官尚書,固辭不拜。"卷八〇《樊子鵠傳》:"後出除散騎常侍、本將軍、殷州刺史。……及尒朱榮之死,世隆等遣書招子鵠,欲與同趣京師,子鵠不從。以母在晉陽,啓求移鎮河南。莊帝嘉之,除車騎大將軍、豫州刺史、假驃騎大將軍、都督二豫郢三州諸軍事、兼尚書右僕射、二豫郢潁四州行臺。子鵠到相州,又敕賚絹五百匹。行達汲郡,聞尒朱兆入洛,乃渡河見仲遠,仲遠遣鎮汲郡。兆征子鵠赴洛,既見,責以乖異之意,奪其部衆,將還晉陽。"卷三六《李孝怡傳》:"永安三年,行殷州事。"《高道悦妻李氏墓誌》(《墓誌集成》二二三):"息輝……渾妻趙國李氏……兄孝怡,新蔡太守、中堅將軍、鎮東府長史、行本州事。"《游松墓誌》(《墓誌集成》六三五):"永安之季,奸雄授首,餘類未滅,仍結晉陽。詔公持節、征虜將軍、殷州大都督。專守阱邢之險,委以椅桷之勢。……俄而河梁失據,禍集宫闈。"按:尒朱羽生見次年殷州條。

[定州]

魏蘭根 兼尚書左僕射、河北行臺。

薛曇尚 兼尚書、北道行臺。

高次同 撫軍將軍、刺史。

侯淵 驃騎大將軍、刺史,元曄命。

《魏書》卷一〇《孝莊紀》:"十月……以平南將軍、中書令魏蘭根兼尚書左僕射,爲河北行臺,定相殷三州稟蘭根節度。……十有一月……詔罷魏蘭根行臺,以後將軍、定州刺史薛曇尚爲使持節、兼尚書,爲北道行臺,隨機召發。"《北齊書》卷二三《魏蘭根傳》:"轉安東將軍、中書令。莊帝之將誅尒朱榮也,蘭根聞其計,遂密告尒朱世隆。榮死,蘭根恐莊帝知之,憂懼不知所出。時應詔王道習見信於莊帝,蘭根乃託附之,求得在外立功。道習爲啓聞,乃以蘭根爲河北行臺,定州率募鄉曲,欲防井陘。時尒朱榮將侯深自范陽趣中山,蘭根與戰,大敗,走依勃海高乾。"校勘記:"《通志》卷一五五'定州'上有'於'字。"《魏書》卷四四《薛曇尚傳》:"尒朱榮之死,授持節、兼尚書北道行臺,代魏蘭根。後爲鎮東將軍、金紫光禄大夫。"卷五七《高祐傳》:"祐從父弟次同,永安末,撫軍將軍、定州刺史。"按:侯淵見是年平州條。

[滄州]

綦儁

刁整 鎮東將軍、行滄州事。

《魏書》卷八一《綦儁傳》:"尋除太僕卿。"卷三八《刁整傳》:"後歸鄉里。及莊帝殺尒朱榮,就除鎮東將軍、行滄州事。"

[幽州]

劉靈助

[燕州]

元巖 征虜將軍、刺史。未至。

《元巖墓誌》(《西南大學墓誌》九):"字仲宗。……釋褐侍御史,轉直閣將軍,又除征虜將軍、燕州刺史。于時陽爻在六,世路威夷,憬彼朔方,翦焉牧馬。而攬轡登車,澄清在志;逐雀去草,獨切於心。雖竹馬未侯,披裳尚阻。而威棱遠臨,仁聲光路。扶老携幼,從之如水。……徵拜平西將軍、西中郎將,轉衛尉卿。……尋授使持節、都督西兖州諸軍事、撫軍將軍、兖州刺史。乘傳出關,擁旄東邁。……仍拜使持節、都督冀州諸軍事、本將軍、冀州刺史。"按:《魏書》卷一五《元巖傳》云巖字子仲,與誌不同。巖歷燕州、西兖州、冀州,本傳闕載。時燕州已没,誌云"竹馬未侯,披裳尚阻",巖當未赴任。

[安州]

盧曹 刺史。

按:盧曹見中興元年安州條。

[平州]

侯淵 遷定州。

《魏書》卷八〇《侯淵傳》:"及尒朱榮之死也,范陽太守盧文偉誘淵出獵,閉門拒之。淵率部曲屯於郡南,爲榮舉哀,勒兵南向。……(元)曄乃授淵驃騎大將軍、儀同三司、定州刺史、左軍大都督。"

[建州]

尒朱仲遠 遷徐州。

赫連悦 龍驤將軍、刺史。尋遷河内太守。

陸希質 龍驤將軍、刺史。

《赫連悦墓誌》(《墓誌集成》五三六):"主上中興,克丕帝業。復拜散騎常侍,在通直之員。……遷領直閤將軍,轉刀劍主。又以河北名邦,顯授須才。京南盛岳,任柬宜重。除持節、龍驤將軍、建州刺史,尋徙冠軍將軍、河内太守。"《魏書》卷四〇《陸希質傳》:"轉建州刺史,(龍驤)將軍如故。尒朱榮之死也,世隆率衆北還晉陽,希質固守拒之,城陷,兄子被害。希質妻元氏,榮妻之兄孫,由是獲免。"

[晉州]

高市貴

高歡 刺史。

元顯恭 都督晉建南汾三州諸軍事、鎮西將軍、晉州刺史、兼尚書左僕射、西北道行臺,莊帝命。被殺。

劉貴 都督二汾晉三州諸軍事、驃騎將軍、晉州刺史,元曄命。

《北齊書》卷一《神武紀上》:"累遷第三鎮人酋長,常在榮帳内。……以神武爲晉州刺史。於是大聚斂,因劉貴貨榮下要人,盡得其意。時州庫角無故自鳴,神武異之,無幾而孝莊誅榮。"《魏書》卷七五《尒朱兆傳》:"兆將向洛也,遣使招齊獻武王,欲與同舉。王時爲晉州刺史。"卷一〇《孝莊紀》:"十月……以中軍將軍、前東荆州刺史元顯恭爲使持節、都督晉建南汾三州諸軍事、鎮西將軍、晉州刺史、兼尚書左僕射,爲征西道行臺,節度都督薛善樂、薛脩義、裴元儁、薛崇禮、薛憘族等。"卷一九下《元顯恭傳》:"除中軍將軍、荆州刺史。莊帝既殺尒朱榮,乃除顯恭使持節、都督晉建南汾三州諸軍事、鎮西將軍、兼尚書左僕射、西北道行臺、晉州刺史。尒朱兆入洛後,死於晉陽。"《元恭墓誌》(《墓誌集成》五六七):"永安三年,除安東將軍、大司農卿、河南邑中正。仍除使持節、都督東荆州諸軍事、中軍將軍、東荆州刺史,假征南將軍、當州都督,餘官並如故。權臣尒朱榮既休其辜,遺種餘類,遊魂未已。以君地唯國威,器實宗英。心旅所憑,社稷攸賴。受釐專征,煎撲妖殄。率領禁兵,西援平陽。兼尚書左僕射、西北道大行臺、大都督、節度諸軍事。屬值羯胡吐萬兒肆逆,徑襲京都。主上蒙塵,暴崩汾晉。君天誠發來,千里奔赴。大行棄背萬國,君亦枉見禍酷。"按:劉貴見是年涼州條。

[汾州]

尒朱兆

万俟洛 驃騎將軍、刺史。

《魏書》卷七五《尒朱兆傳》:"及尒朱榮死也,兆自汾州率騎據晉陽。元曄立,授兆大將軍,爵爲王。兆與世隆等定謀攻洛……害帝於三級寺。"《北齊書》卷二七《万俟洛傳》:"隨尒朱榮每有戰功,累遷汾州刺史、驃騎將軍。"

[顯州]

竇泰

[蔚州]

賀拔允 征北將軍、刺史。

《北齊書》卷一九《賀拔允傳》:"永安中,除征北將軍、蔚州刺史,進爵爲公。魏長廣王立……兼侍中。使茹茹。"《魏書》卷一〇六上《地形志上》蔚州:"永安中改懷荒、禦夷二鎮置,寄治并州鄔縣界。"

[并州]

尒朱榮 被殺。

元天穆 被殺。

元曄 尒朱世隆等推爲主。

元禹 被殺。

楊津 都督并肆燕恒雲朔顯汾蔚九州諸軍事、驃騎大將軍、并州刺史、兼尚書令、北道大行臺,莊帝命。未至。
穆建 車騎大將軍、兼尚書、北道行臺、行并州事。兼尚書右僕射,元曄命。
王綽 驃騎大將軍、刺史,元曄命。

《魏書》卷一〇《孝莊紀》:"九月……帝殺榮、天穆於明光殿……以侍中、司空公楊津爲使持節、督并肆燕恒雲朔顯汾蔚九州諸軍事、驃騎大將軍、并州刺史、兼尚書令、北道大行臺,經略并肆。"卷七四《尒朱榮傳》:"榮與天穆、菩提同時俱死。……前廢帝初,世隆等得志,乃詔曰:'故使持節、侍中、都督河北諸軍事、天柱大將軍、大丞相、太師、領左右、兼錄尚書、北道大行臺、太原王榮,功濟區夏,誠貫幽明……'"卷一四《元天穆傳》:"莊帝以其榮黨,外示寵敬……內畏惡之,與榮同時見殺。"卷一九下《元曄傳》:"尒朱榮之死也,世隆等奔還并州,與尒朱兆會於建興,乃推曄爲主,大赦所部,號年建明。"卷一六《元禹傳》:"榮死之後,爲土民王惡甗起義殺之。"卷五八《楊津傳》:"尒朱榮死也,以津爲都督并肆燕恒雲朔顯汾蔚九州諸軍事、驃騎大將軍、兼尚書令、北道大行臺、并州刺史,侍中、司空如故,委津以討胡經略。津馳至鄴,手下唯羽林五百人,士馬寡弱。始加招募,將從滏口而入。值尒朱兆等便已剋洛,相州刺史李神等議欲與津舉城通款,津不從。以子逸既爲光州刺史,兄子昱時爲東道行臺,鳩率部曲,在於梁沛,津規欲東轉,更爲方略。乃率輕騎,望於濟州渡河,而尒朱仲遠已陷東郡,所圖不遂,乃還京師。普泰元年,亦遇害於洛。"《楊津墓誌》(《墓誌集成》五六三):"除侍中、司空公。時權凶造逆,天下搖蕩。欲靜方隅,豈乖舊德。除使持節、都督并肆燕恒雲朔尉汾顯九州諸軍事、驃騎大將軍、并州刺史、北道大行臺、尚書令。……而權羯乘間,忠良是疾。非冒水火,奄致淪胥。普泰元年七月四日薨於洛陽依仁里。"《魏書》卷二七《穆建傳》："建妻,尒朱榮之妹,建常依附榮。……遷散騎常侍、車騎大將軍、左光禄大夫、兼尚書、北道行臺、并州事。元曄之立,建兼尚書右僕射。"卷九三《王綽傳》："永安末,除征西將軍、幽州刺史,不之任。元曄立,轉除驃騎大將軍、并州刺史。興和中卒。"

[肆州]

元肅 遷青州。

《魏書》卷一九下《元肅傳》："其弟曄僭立,拜肅侍中、太師、録尚書事。尋改除使持節、都督青膠光齊南青五州諸軍事、驃騎大將軍、東南道大行臺、青州刺史,不行。"《元肅墓誌》(《墓誌集成》五八四)："莊皇幽執,宗祐無主。建明稱制,暫馭兆民。公以茂親懿德,位在不次,除侍中、太師、録尚書事、都督青齊光膠南青五州諸軍事、東南道大行臺、青州刺史。"

[廣州]

賈顯度 遷南兗州。

　　按:賈顯度後不見苟嵐之廣州,當廢。

[恒州]

叱列延慶

[雍州]

長孫稚 遷太尉公。

尒朱天光

朱瑞 兼尚書左僕射、西道大行臺。尋還。

賀拔岳 行雍州事。

《魏書》卷一〇《孝莊紀》："四月……雍州刺史尒朱天光討醜奴、蕭寶夤於安定,破擒之,囚送京師。……醜奴斬於都市,寶夤賜死於駞牛署。……九月……帝殺榮、天穆於明光殿……詔以驃騎大將軍、雍州刺史、廣宗郡開國公尒朱天光爲侍中、儀同三司。……十有一月……以使持節、兼尚書令、西道大行臺、司徒公長孫稚爲太尉公。"卷七五《尒朱天光傳》:"及醜奴於平涼長平坑,一戰擒之。天光明便共逼高平,城内執送蕭寶夤而降。……秦州城民謀殺刺史駱超,超覺,走歸天光。天光復與(賀拔)岳、(侯莫陳)悦等討平之。南秦滑城人謀害刺史辛琛顯,琛顯走赴天光。天光遣師臨之,往皆剋定。……岳聞榮死……仍還涇州以待天光。天光亦下隴,與岳圖入洛之策。"卷二五《長孫稚傳》:"前廢帝立,遷太尉公,錄尚書事。"卷八〇《朱瑞傳》:"代郡桑乾人。……孝昌末,尒朱榮引爲其府户曹參軍,又爲大行臺郎中,甚爲榮所親任。建義初,除黄門侍郎,仍中書舍人。榮恐朝廷事意有所不知,故居之門下,爲腹心之寄。……及元顥内逼,瑞啓勸北幸,乃從駕於河陽,除侍中、征南將軍、兼吏部尚書。……瑞雖爲尒朱榮所委,而善處朝廷之間,莊帝亦賞遇之。……尒朱榮死,瑞與世隆俱北走。既而以莊帝待之素厚,且見世隆等並無雄才,終當敗喪,於路乃還。……尒朱天光擁衆關右,帝欲招納之,乃以瑞兼尚書左僕射爲西道大行臺以慰勞焉。既達長安,會尒朱兆入洛,復還京師。"按:《長孫稚傳》云稚遷太尉公在前廢帝時,據《孝莊紀》,當在長廣王時。賀拔岳見是年涇州條。

[北雍州]

毛鴻賓 遷西兗州。

毛遐

《北史》卷四九《毛鴻賓傳》:"後尒朱天光自關中還洛,夷夏心所忌者,皆將自隨。鴻賓亦領鄉中壯武二千人以從。……尋拜西兗州刺史。"

[東雍州]

泉企

李虎 衛將軍、刺史。

《册府元龜》卷一《帝王部·帝系》:"(李熙)生太祖景皇帝虎。……拜寧朔將軍、屯騎較尉,復與岳破万俟醜奴,留鎮隴西。累遷東雍州刺史,尋轉衛將軍。"

[華州]

侯莫陳悅 行華州事。

按:侯莫陳悅見是年鄀州條。

[南幽州]

元永 刺史、假撫軍將軍。

《北齊書》卷四一《元景安傳》:"(尒朱)榮又啓封永朝那縣子,邑三百户,持節、南幽州刺史,假撫軍將軍。天平初,高祖以爲行臺左丞。"校勘記:"地志無'南幽州'……'幽'疑是'幽'之訛。"按:元永爲刺史當在尒朱榮被殺前,蓋繼韋旭。

[幽州]

王綽 征西將軍、刺史。未之任。

按:王綽見是年并州條。

[涇州]

賀拔岳 都督涇北幽二夏四州諸軍事、車騎將軍、涇州刺史。

《魏書》卷八〇《賀拔岳傳》:"隸尒朱天光爲左廂大都督,討万俟醜奴。……加車騎將軍。……詔岳都督涇北幽二夏四州諸軍事,本將軍,涇州刺史。……天光入洛,使岳行雍州事。"

[岐州]

王羆 遷南秦州。

羅鑒 冠軍將軍、刺史。

《魏書》卷四四《羅鑒傳》："累遷冠軍將軍、岐州刺史。入除散騎常侍、金紫光禄大夫、主衣都統。卒,贈……冀州刺史,以孝静外戚故也。"按:羅鑒何年爲岐州刺史不詳,吴表列於永安二年。

[原州]

長孫邪利 行原州事。

宇文泰 行原州事。

《周書》卷二五《李賢傳》："字賢和,原州平高人。……魏永安中,万俟醜奴據岐、涇等諸州反叛,魏孝莊遣爾朱天光率兵擊破之。……遂克原州。……令都督長孫邪利行原州事,以賢爲主簿。"《周書》卷一《文帝紀上》："及平醜奴,定隴右,太祖功居多……加直閤將軍,行原州事。時關隴寇亂,百姓凋殘,太祖撫以恩信,民皆悦服。"

[靈州]

金祚

[秦州]

駱超 奔天光。

元遛 隴右大行臺、秦州刺史。

《魏書》卷一九上《元遛傳》："字叔照。……遷秦州刺史。先時,秦州城人屢爲反覆,遛盡誅之,存者十一二。"《周書》卷二二《馮景傳》："寶夤敗後,景還洛。朝廷先聞景有諫言,故免之。除奉車都尉。汝陽王元叔昭爲隴右大行臺,啓景爲行臺郎中。"《馮景之墓誌》(《墓誌集成》七八九):"先單名,爲侍中,奏事主上,欲後子孫易諱,敕加之字。……秦州刺史、汝陽王叔昭起爲防城别將,復中堅步兵。又轉録事參軍,兼行臺右外兵郎中。"按:駱超見是年雍州條。參馮景傳、誌,元遛兼任隴右大行臺,本傳失載。

[南秦州]

辛琛 奔天光。

王羆 行南秦州事。

《北史》卷六二《王羆傳》:"時南秦數叛,以羆行南秦州事。羆至州,召其魁帥爲腹心,擊捕反者略盡。"按:辛琛見是年雍州條,當即辛琛顯。

[渭州]

侯莫陳悅 車騎大將軍、刺史。

按:侯莫陳悅見是年鄩州條。

[河州]

梁覽

[鄩州]

侯莫陳悅 征西將軍、刺史。遷渭州。

《魏書》卷八〇《侯莫陳悅傳》:"莊帝初,除征西將軍。……尒朱天光之討關西,榮以悅爲天光右廂大都督,本官如故。西伐剋獲,皆與天光、賀拔岳略同勞效。以本將軍除鄩州刺史,餘如故。尒朱榮死後,亦隨天光下隴。元曄立,除車騎大將軍、渭州刺史。……及天光向洛,使悅行華州事。"

[涼州]

劉貴 都督涼州諸軍事、撫軍將軍、涼州刺史、假鎮西將軍。又爲征南將軍、兼左僕射、西道行臺。遷晉州。

《北齊書》卷一九《劉貴傳》:"秀容陽曲人也。……歷尒朱榮府騎兵參軍。……永安三年,除涼州刺史。建明初,尒朱世隆專擅,以貴爲征南將軍、金紫光祿、兼左僕射、西道行臺,使抗孝莊行臺元顯恭於正平。貴破顯恭,擒之,并大都督裴儁等,復除晉州刺史。"《劉懿墓誌》(《墓誌集成》六五六):"君諱懿,字貴珎。……莊帝之初,以勳參義舉……拜散騎常侍,撫軍將軍。乃除使持節、都督涼州諸軍事、本將軍、涼州刺史、假鎮西將軍，常侍、開國如故。又爲征南將軍、金紫光祿大夫、兼尚書右僕射、西南大行臺。復除使持節、都督二汾晉三州諸軍事、驃騎將軍、晉州刺史。"李慈銘《劉懿墓誌銘跋》(《越縵堂讀書記》)："《魏書》《齊書》《北史》皆作劉貴，不書其字，而此稱名懿，字貴珍。蓋貴本傾亂武夫，目不知書，或嫌懿字繁重，而以字之首一字行耳。……此碑道光時出……無人知爲即劉貴者。余按其官階而得之。"吳廷燮《元魏方鎮年表》："劉懿即劉貴，見《山西通志·金石記》。"按：誌云劉貴爲右僕射、西南大行臺，此從本傳。

[瓜州]

東陽王榮

[梁州]

寇儁

董紹 安西將軍、梁州刺史、假撫軍將軍、兼尚書、山南行臺。

《周書》卷三七《寇儁傳》："秩滿，其子等並徒步而還。"《魏書》卷七九《董紹傳》："除安西將軍、梁州刺史、假撫軍將軍、兼尚書，爲山南行臺，頗有清稱。"按：寇儁參見是年巴州條。

[南岐州]

朱顯

[益州]

長孫壽 被害。

梁禦 鎮西將軍、刺史。轉征西將軍。

《長孫季及妻慕容氏墓誌》(《墓誌集成》五五五)："長子壽，鴻臚卿、益州刺史。……次子盛，散騎常侍。"《長孫盛墓誌》(《墓誌集成》五三三)："君兄益州刺史解任還朝，於中途遇害。"《長孫子梵墓誌》(《墓誌集成》五三二)："起家中兵參軍。及路阻靈關，途艱劍閣，既絶雞馬之珍，將求鄧鍾之效。乃假節、征虜將軍、征討都督。總兵隨父，往鎮益州。既而邛蜀來侵，巴庸内叛，鍾鼓忽以相望，疆埸騒然離駭。……方將排風矯翰，激水騰鱗，而禍起盗憎，身嬰暴客。以永安三年五月十七日卒於駱谷之中，時年廿七。普泰元年三月二日祔葬於益州使君神塋之右。"《長孫彦墓誌》(《墓誌集成》九四七)："祖使持節、都督安州諸軍事、驃騎將軍、安州刺史、司空貞侯季。……父使持節、衛大將軍、冀州諸軍事、冀州刺史、儀同武公壽。"《周書》卷一七《梁禦傳》："其先安定人也。後因官北邊，遂家於武川，改姓爲紇豆陵氏。……爾朱天光西討，知禦有志略，引爲左右，授宣威將軍、都將。共平關右，除鎮西將軍、東益州刺史、第一領民酋長。……轉征西將軍、金紫光禄大夫。後從賀拔岳鎮長安。"《梁君冶墓誌》(《珍稀墓誌百品》二一)："安定烏氏人也。……曾祖禦，後魏鎮西將軍、益州刺史。"按：《盛誌》無兄名，《梵誌》無父名，參《季誌》及是年巴州條所引《孝莊紀》，皆爲長孫壽。壽當於還朝途中與子子梵同時被害。《彦誌》所列蓋贈官。《梁禦傳》云禦爲東益州刺史，《冶誌》及《北史》卷五九《梁禦傳》皆無"東"字。時東益州已没於氐，當以益州爲是。然無論何州，禦先後從尒朱天光、賀拔岳，似未之任。

[巴州]

嚴始欣 被殺。

傅曇表 刺史。

《魏書》卷一〇《孝莊紀》："三年春正月己丑，益州刺史長孫壽、梁州刺史元儵等，遣將與征巴州都督元景夏討嚴始欣，斬之。"吴廷燮《元魏方鎮年表》："元儵當作寇儵。"《魏書》卷一〇一《獠傳》:"時梁益二州並遣將討之,攻陷巴州,執始欣,遂大破(蕭)玩軍。及斬玩,以傅曇表爲刺史。"

建明二年、前廢帝普泰元年、後廢帝中興元年辛亥(531)

二月,尒朱世隆廢元曄,立廣陵王恭爲帝,是爲前廢帝,改建明二年爲普泰元年。六月,高歡起兵於信都。十月,高歡立元朗爲帝,是爲後廢帝,稱中興元年。是月,高歡大破尒朱兆於廣阿。

[司州]

 尒朱世隆

 沛郡王欣　車騎大將軍、太傅、司州牧。

  《魏書》卷一一《前廢帝紀》:"三月……特進、車騎大將軍、沛郡王欣爲太傅、司州牧。"

[陝州]

 薛脩義　遷南汾州。

[大谷鎮]

 陽猛

[義州]

 侯植

[洛州]

 元季海

[荆州]

 李琰之

 崔孝芬　衛將軍、荆州刺史、兼尚書南道行臺,又除都督三荆諸軍事、車騎將軍、假驃騎將軍。未之任,遷西兖州。

  《魏書》卷一一《前廢帝紀》:"先是,南陽太守趙脩延執刺史李琰之;五月丙子,荆州城民斬脩延,送首,還推琰之爲刺史。"卷五七《崔孝芬傳》:"普泰元年,南陽太守趙脩延襲據荆州城,囚刺史李琰之,招引南寇。除孝芬衛將軍、荆州刺史,兼尚書南道行臺。又除都督三荆諸軍事、車騎將軍、假驃騎將軍。孝芬已出次,改授散騎常侍、驃騎將軍、西兖州刺史。"

[東荆州]

曹芝 刺史。

寇胤之 刺史,重任。

《北齊書》卷四六《蘇瓊傳》:"父備,仕魏至衛尉少卿。瓊幼時隨父在邊,嘗謁東荆州刺史曹芝。……署爲府長流參軍。文襄以儀同開府,引爲刑獄參軍,每加勉勞。"《魏書》卷四二《寇胤之傳》:"普泰中,襲爵,又爲東荆州刺史。"按:據《魏書》卷一一《出帝紀》,高澄爲開府儀同在太昌元年,則曹芝爲東荆州刺史蓋在前,年不詳,列於此。吳表列於東魏武定四年,存疑。

[廣州]

乞伏寶 行廣州事。尋遷襄州。

韓賢 前將軍、刺史。

《乞伏寶墓誌》(《墓誌集成》五八五):"以君行廣州事。……未幾,復除鎮南將軍、襄州刺史。"《北齊書》卷一九《韓賢傳》:"普泰初,除前將軍、廣州刺史。屬高祖起義,度律以賢素爲高祖所知,恐其有變,遣使徵之。賢不願應召,乃密遣群蠻,多舉烽火,有如寇難將至。使者遂爲啓,得停。賢仍潛遣使人通誠於高祖。"

[襄州]

平鑒 自歸。

乞伏寶 鎮南將軍、刺史。

《北齊書》卷二六《平鑒傳》:"高祖起義信都,鑒自歸。"
《北史》卷五五《平鑒傳》:"神武起兵信都,鑒棄州自歸,即授本官。"按:乞伏寶見是年廣州條。

[郢州]

宇文貴

[豫州]

長孫子彥 征南將軍、刺史。

《長孫儁墓誌》(《墓誌集成》七九八):"公諱儁,字子彥。……錄平醜奴勳,增邑三百。除散騎常侍,加征南將軍。尋除豫州刺史。"按:誌云子彥歷豫州、涇州、東雍州,《魏書》卷二五及《北史》卷二二子彥本傳皆闕。

[西兗州]

毛鴻賓

崔孝芬 驃騎將軍、刺史。

按:崔孝芬見是年荆州條。

[兗州]

尒朱仲遠 督東道諸軍、大將軍、兗州刺史。鎮大梁,後移屯東郡。

按:尒朱仲遠見是年徐州條。

[南兗州]

劉世明 降梁。

《魏書》卷五五《劉世明傳》:"時尒朱世隆等威權自己,四方怨叛,城民王乞得逼劫世明,據州歸蕭衍。"卷一一《後廢帝紀》:"(中興元年十一月)南兗城民王乞德逼前刺史劉世明以州降蕭衍,衍使其將元樹入據譙城。"

[青州]

元肅 還。

元貴平 行青州事。還。

李渾 征東將軍、都官尚書、行臺。

穆紹 都督青齊兗光四州諸軍事、驃騎大將軍、青州刺史。未之任，卒。

尒朱弼 驃騎大將軍、刺史。

《魏書》卷一一《前廢帝紀》："三月……詔太師、驃騎大將軍、青州刺史、魯郡王蕭還爲太師。"《元蕭墓誌》（《墓誌集成》五八四）："禪讓之後，仍除太師，王如故。"《魏書》卷一九下《元貴平傳》："前廢帝時，以本官行青州事，屬土民崔祖螭作逆，賊徒甚盛，圍逼東陽一百餘日。……擒祖螭等，斬之。還，除車騎將軍。"卷二四《崔祖螭傳》："小字社客……刺史元羅板爲兼統軍，率衆討海賊。普泰初，與張僧皓俱反，圍青州。尒朱仲遠遣將討平之，傳首京師。"《北齊書》卷二九《李渾傳》："普泰中，崔社客反於海岱，攻圍青州。詔渾爲征東將軍、都官尚書、行臺赴援。……生擒社客，斬首送洛。海隅清定。"《魏書》卷二七《穆紹傳》："普泰元年，除都督青齊兗光四州諸軍事、驃騎大將軍、開府、青州刺史。未行，其年九月薨。"《穆紹墓誌》（《墓誌集成》五四二）："除使持節、都督四州諸軍事、驃騎大將軍、開府儀同三司、青州刺史。屬東土稱亂，暫爲匪民。遂輟朱騣，方申後命。……以大魏普泰元年九月十三日薨於洛陽。"《魏書》卷一一《前廢帝紀》："九月……驃騎大將軍、青州刺史、開府儀同三司穆紹薨。"卷七五《尒朱弼傳》："前廢帝初……爲驃騎大將軍、開府儀同三司、青州刺史。"《賈進墓誌》（《墓誌集成》一〇六九）："故青州刺史、開府儀同三司尒朱彤陽王……辟君爲郎中令。"按：尒朱氏爲青州刺史者唯見尒朱弼，然《弼傳》未云其封彤陽王。

[南青州]

茹懷朗

《魏書》卷一一《前廢帝紀》:"是春,冠軍將軍、南青州刺史茹懷朗使其部將何寶率步騎三千擊蕭衍守將於琅邪。"

[光州]

楊逸 被殺。

《魏書》卷五八《楊逸傳》:"在州政績尤美。及其家禍,尒朱仲遠遣使於州害之,時年三十二。吏人如喪親戚。"《楊逸墓誌》(《墓誌集成》五五九):"權詭竊柄,忠賢見疾。淫刑遂往,首領無歸。普泰元年七月十三日薨於州治,時年卅二。"

[齊州]

元子華

《魏書》卷一四《元子華傳》:"以母憂還都。"

[盤陽鎮]

崔勔 寧遠將軍、清河太守,帶盤陽鎮將。

《魏書》卷六七《崔勔傳》:"寧遠將軍、清河太守,帶槃陽鎮將。爲逆賊崔景安所害。"按:據同卷,勔父光正光四年卒,勔爲鎮將蓋在魏末,列於此。

[濟州]

賈顯度 行濟州事。

張瓊 征東將軍、刺史。

封延之 平南將軍、刺史、當州大都督。

《魏書》卷八〇《賈顯度傳》:"南奔蕭衍,衍厚待之。普泰初,還朝,授衛大將軍、儀同三司、左光禄大夫,又行濟州事。"卷七二《房悦傳》:"普泰中,濟州刺史張瓊表所部置南清河郡,仍請悦爲太守,朝廷從之。"《北齊書》卷二〇《張瓊傳》:"建明初,爲東道慰勞大使……轉太尉長史,出爲河內太守,除濟州刺史。"《張瓊墓誌》(《墓誌集成》七五五):"轉爲太尉長史。毗贊未幾,除征東將軍、濟州刺史。"《封延之墓誌》(《墓誌集成》六七七):"永安……三年,除中堅將軍、散騎侍郎。會大丞相、勃海王,練石補天,斷鼇柱地,以期四友,志訪五臣,乃以公爲大行臺右丞,委之群務。……尋除持節、平南將軍、濟州刺史、當州大都督。"

[徐州]

尒朱仲遠 都督三徐二兗諸軍事、驃騎大將軍、徐州刺史、東道大都督、大行臺。尋加大將軍,兼尚書令。未之州,鎮大梁。遷兗州。

杜德 刺史。

《魏書》卷一一《前廢帝紀》:"三月……驃騎大將軍、開府儀同三司、徐州刺史、彭城王尒朱仲遠……並爲大將軍。……九月……以使持節、都督東道諸軍事、兼尚書令、東道大行臺、彭城王尒朱仲遠爲太宰。"卷七五《尒朱仲遠傳》:"前廢帝立,除使持節、侍中、都督三徐二兗諸軍事、驃騎大將軍、開府儀同三司、徐州刺史、東道大都督、大行臺,進爵彭城王。尋加大將軍,又兼尚書令。竟不之州,遂鎮於大梁。……復進督東道諸軍、本將軍、兗州刺史,餘如故。……時天光控關右,仲遠在大梁,兆據并州,世隆居京邑,各自專恣,權彊莫比焉。所在並以貪虐爲事,於是四方解體。又加太宰,解大行臺。……後移屯東郡,率衆與度律等拒齊獻武王。尒朱兆領騎數千自晉陽來會,軍次陽平,王縱以間説,仲遠等迭相猜疑,狼狽遁走。後與天光等於韓陵戰敗,南走東郡,仍奔蕭衍。死於江南。"按:杜德見太昌元年徐州條。

[東徐州]

潘永基

[揚州]

斛斯敦

[相州]

劉誕

李愍 征南將軍、都督相州諸軍事、相州刺史、兼尚書西南道行臺、當州都督,高歡署。

《北齊書》卷二二《李愍傳》:"字魔憐。……洛京傾覆,愍率所部西保石門山,潛與幽州刺史劉靈助及高昂兄弟、安州刺史盧曹等同契義舉。助敗,愍遂入石門。高祖建義,以書招愍,愍奉書,擁衆數千人以赴高祖,高祖親迎之。除使持節、征南將軍、都督相州諸軍事、相州刺史,兼尚書西南道行臺、州都督。令愍率本衆西還舊鎮,高祖親送之。愍至鄉,據馬鞍山,依險爲壘,徵糧集兵,以爲聲勢。"校勘記:"'愍遂入石門','石門',三朝本作'西門',《册府》卷七六五作'西山'。疑本作'西山'。……'州都督',南監本、北監本、汲本、殿本、局本作'當州都督',《册府》卷七六五作'大都督'。按李愍以相州刺史都督相州諸軍事即是'當州都督',下又加'州都督'或'當州都督',殊爲重複,疑《册府》作'大都督'是。"按:劉誕見是年冀州條。北魏末年後於"都督某州諸軍事"外加"當州都督"者并不鮮見,蓋時"都督某州諸軍事"幾成具文,故另加"當州都督"以確認其軍權,非史家行文重複。

[冀州]

元嶷 被執。

封隆之 行州事,衆推。

高歡 四月,都督冀州諸軍事、驃騎大將軍、大都督、東道大行臺、冀州刺史。六月,起兵。十月,丞相、都督中外諸軍事、大將軍、録尚書事、大行臺。

高敖曹 驃騎大將軍,冀州刺史終其身。

孫騰　六州流民大都督、北道大行臺，高歡署。

尒朱度律　兼尚書令、東北道大行臺。敗還。

《魏書》卷一一《前廢帝紀》："二月……撫軍將軍、金紫光祿大夫、兼侍中、河北大使高乾邕及弟平北將軍、通直散騎常侍敖曹，率衆夜襲冀州，執刺史元嶷，殺監軍孫白鷂，共推前河內太守封隆之行州事。……四月……詔以齊獻武王爲使持節、侍中、都督冀州諸軍事、驃騎大將軍、開府儀同三司、大都督、東道大行臺、冀州刺史。……六月庚申，齊獻武王以尒朱逆亂，始興義兵於信都。"同卷《後廢帝紀》："十月……以齊獻武王爲侍中、丞相、都督中外諸軍事、大將軍、録尚書事、大行臺……前平北將軍、通直散騎常侍高敖曹爲驃騎大將軍、儀同三司，冀州刺史以終其身；以前刺史元嶷爲儀同三司。"《北齊書》卷一《神武紀上》："屯鄴，求糧相州刺史劉誕，誕不供。有車營租米，神武自取之。魏普泰元年二月，神武自軍次信都，高乾、封隆之開門以待，遂據冀州。……四月癸巳，又加授東道大行臺、第一鎮人酋長。……六月庚子，建義於信都，尚未顯背尒朱氏。及李元忠與高乾平殷州，斬尒朱羽生首來謁，神武撫膺，曰：'今日反決矣。'乃以元忠爲殷州刺史。……八月，尒朱兆攻陷殷州，李元忠來奔。……十月……敗兆於廣阿。十一月，攻鄴，相州刺史劉誕嬰城固守。"《元嶷墓誌》（《西南大學墓誌》九）："既而九縣風迴，四海麻沸。大丞相鵲起虬昇，方事桓文之舉。公亦祖肩接踵，恒懷劉祖之意。綢繆義旗，契闊生死。以石投水，非獨往賢。密山唯壤，實其有力。除車騎大將軍、儀同三司、領軍將軍。"《北齊書》卷二一《高乾傳》："榮死，乾馳赴洛陽，莊帝見之，大喜。時尒朱徒黨擁兵在外，莊帝以乾爲金紫光祿大夫、河北大使，令招集鄉間爲表裏形援。……俄而尒朱兆入洛，尋遣其監軍孫白鷂百餘騎至冀州……(乾)殺白鷂,執刺史元仲宗。推封隆之權行州事,爲莊帝舉哀。……高祖雖內有遠圖,而外跡未見。尒朱羽生爲殷州刺史,高祖密遣李元忠舉兵逼其城,令乾率衆僞往救之。乾遂輕騎入見羽生,與指畫軍計。羽生與乾俱出,因擒之,遂平殷州。又共定策推立中興主,拜乾侍中、司空。"同卷《高昂傳》:"昂,字敖曹,乾第三弟。……後廢帝立,除使持節、冀州刺史以終其身。仍爲大都督,率衆從高祖破尒朱兆於廣阿。"卷一八《孫騰傳》:"及起義信都,騰以誠欵,常預謀策。騰以朝廷隔絶,號令無所歸,不權有所立,則衆將沮散,苦請於高祖,高祖從之,遂立中興主。除侍中,尋加使持節、六州流民大都督、北道大行臺。高祖進軍於鄴,初留段榮守信都,尋遣榮鎮中山,仍令騰居守。"《魏書》卷七五《尒朱度律傳》:"前廢帝時,爲使持節、侍中、大將軍、太尉、兼尚書令、東北道大行臺,與仲遠出拒義旗。齊獻武王間之,與尒朱兆遂相疑貳,自敗而還。"

[殷州]

尒朱羽生 被殺。

李元忠 行殷州事,高歡署。

游松 從高歡。

《北齊書》卷二二《李元忠傳》:"永安初,就拜南趙郡太守。……值洛陽傾覆,莊帝幽崩,元忠棄官還家,潛圖義舉。會高祖率衆東出,便自往奉迎。……時刺史尒朱羽生阻兵據州,元忠先聚衆於西山,仍與大軍相合,擒斬羽生。即令行殷州事。中興初,除中軍將軍、衛尉卿。"《北史》卷三三《李元忠傳》:"會齊神武東出,元忠便乘露車載素箏濁酒以奉迎。……又謂神武曰:'殷州小,無糧仗,不足以濟大事。冀州大藩,若向冀州,高乾邕兄弟必爲明公主人。殷州便以賜委。冀、殷合,滄、瀛、幽、定自然弭從。唯劉誕黠胡,或當乖拒,然非明公之敵。'神武急握元忠手而謝焉。"《游松墓誌》(《墓誌集成》六三五):"遇承相、勃海王自西徂東,潛圖匡復,義旗既建,中興纂緒。乃率部衆,委質歸誠。……署大行臺郎中,加中軍將軍、金紫光禄大夫,都督如故。"按:李元忠參見是年冀州條。

[定州]

侯淵 降高歡。

叱列延慶 都督恒雲燕朔定五州諸軍事、驃騎大將軍、定州刺史、尚書左僕射、大行臺,前廢帝命。

段榮 都督定州諸軍事、鎮北將軍、定州刺史,高歡署。

《魏書》卷八〇《侯淵傳》:"前廢帝立,仍加開府,餘如故。幽州刺史劉靈助舉義兵,屯於安國城,淵與叱列延慶等破擒之。後隨尒朱兆拒義旗於廣阿,兆既敗走,淵降齊獻武王。"《北齊書》卷一六《段榮傳》:"後高祖建義山東,榮贊成大策。爲行臺右丞,西北道慰喻大使,巡方曉喻,所在下之。高祖南討鄴,留榮鎮信都,仍授鎮北將軍,定州刺史。時攻鄴未克,所須軍資,榮轉輸無闕。"《段榮墓誌》(《墓誌集成》九三二):"太祖獻武皇帝受靈雀之符,收寶雞之命,將欲弭飛浪於東海,撲熾火於西崐。以王爲大行臺右丞,尋加大都督。……轉鎮遠將軍、顯州刺史。出爲西北道大行臺、慰勞大使。唯彼鄴城,湯池□繞。太祖憤然作色,親事攻圍,以王爲四面大都督,於信都留守。尋除使持節、都督定州諸軍事、鎮北將軍、定州刺史。于時鄴城不下,糜費寔多,轉輸之勞,我其稱最。"按:叱列延慶見是年恒州條。

[瀛州]

盧文偉 行瀛州事,劉靈助署。棄州。

念賢 瀛州諸軍事、驃騎將軍、瀛州刺史。

堯傑　行瀛州事,高歡署。

堯雄　車騎大將軍、刺史,高歡署。

　　《周書》卷一四《念賢傳》:"普泰初,除使持節、瀛州諸軍事、驃騎將軍、瀛州刺史。"《北齊書》卷二〇《堯雄傳》:"從叱列延討劉靈助,平之,拜鎮東將軍、燕州刺史。……義旗初建,雄隨尒朱兆敗於廣阿,遂率所部據定州以歸高祖。時雄從兄傑,尒朱兆用爲滄州刺史,至瀛州,知兆敗,亦遣使歸降。高祖以其兄弟俱有誠欵,便留傑行瀛州事。尋以雄爲車騎大將軍、瀛州刺史以代傑。……雄從父兄傑……從高祖破紇豆陵步藩有功,除鎮東將軍。……出爲滄州刺史。屬義兵起,歸高祖。從平鄴及破尒朱兆。"校勘記:"'從叱列延討劉靈助',殿本《考證》曰:'"延"字下脱"慶"字。'"《趙胡仁墓誌銘》(《墓誌集成》七四〇):"夫人誕生三子……長子雄,使持節、散騎常侍、驃騎大將軍、儀同三司、城平縣開國公、燕瀛青膠徐豫六州刺史、都督楊潁楚霍十州諸軍事、司徒公。"按:盧文偉見是年幽州條。

[滄州]

刁整

刁宣　衛大將軍、刺史。

堯傑　鎮東將軍、刺史。降高歡,遷瀛州。

高仲密　滄州刺史、東南道行臺尚書,高歡署。

　　《魏書》卷三八《刁整傳》:"普泰初,假征東大將軍、滄冀瀛三州刺史、大都督,將軍如前。尋加車騎將軍、右光禄大夫。逢本鄉賊亂,奉母客於齊州。……整弟宣……歷位都官尚書、衛大將軍、滄州刺史。"《北齊書》卷二一《高慎傳》:"乾弟慎,字仲密……魏中興初,除滄州刺史、東南道行臺尚書。"按:堯傑見是年瀛州條。

[幽州]

劉靈助 起兵,被殺。

盧文偉 鎮軍將軍、刺史,高歡署。

《魏書》卷一一《前廢帝紀》:"二月……幽州刺史劉靈助起兵於薊。……三月……劉靈助率衆次於安國城,定州刺史侯淵破斬之。"卷九一《劉靈助傳》:"及尒朱榮死,莊帝幽崩。靈助本寒微,一朝至此,自謂方術堪能動衆。又以尒朱有誅滅之兆,靈助遂自號燕王、車騎大將軍、開府儀同三司、大行臺,爲莊帝舉義兵。……以普泰元年三月,率衆至博陵之安國城,與叱列延慶、侯淵、尒朱羽生等戰,戰敗被擒,斬於定州。"《北齊書》卷二二《李愍傳》:"洛京傾覆,愍率所部西保石門山,潛與幽州刺史劉靈助及高昂兄弟、安州刺史盧曹等同契義舉。"同卷《盧文偉傳》:"莊帝崩,文偉與幽州刺史劉靈助同謀起義。靈助克瀛州,留文偉行事,自率兵赴定州,爲尒朱榮將侯深所敗。文偉棄州,走還本郡,仍與高乾邕兄弟共相影響。屬高祖至信都,文偉遣子懷道奉啓陳誠,高祖嘉納之。中興初,除安東將軍、安州刺史。時安州未賓,仍居帥任,行幽州事,加鎮軍、正刺史。時安州刺史盧曹亦從靈助舉兵,助敗,因據幽州降尒朱兆,兆仍以爲刺史,據城不下。文偉不得入州,即於郡所爲州治。"

[燕州]

堯雄 鎮東將軍、刺史。降高歡,遷瀛州。

按:堯雄見是年瀛州條。

[安州]

盧曹

盧文偉 安東將軍、刺史,高歡署。未任。

《北史》卷三一《盧曹傳》:"神武初起兵,范陽盧曹亦以勇

力稱,爲尒朱氏守,據薊。神武厚禮召之,以(高)昂相擬,曰:
'宜來,與從叔爲二曹。'曹愠曰:'將田舍兒比國士。'遂率其
徒自薊入海島。"《太平御覽》卷三五四《兵部八五·槊》引《三
國典略》:"北齊安州刺史盧冑,入海島。"按:盧曹參見是年幽
州條。《典略》"盧曹"作"盧冑",又云冑仕於北齊,當誤,此從
本傳。盧文偉見是年幽州條。

[晉州]

  高歡 遷冀州。

  劉貴 遷汾州。

  宋顯 征北將軍、刺史。

    《魏書》卷一一《前廢帝紀》:"三月……驃騎大將軍、儀同
三司、左衛將軍、大都督、晉州刺史、平陽郡開國公齊獻武王封
勃海王。"《北齊書》卷二〇《宋顯傳》:"普泰初,遷使持節、征
北將軍、晉州刺史。"

[南汾州]

  薛脩義 後將軍、刺史。

    《北齊書》卷二〇《薛脩義傳》:"魏前廢帝初,以脩義爲持
節、後將軍、南汾州刺史。"《薛脩義墓誌》(《墓誌集成》八六
〇):"俄遷持節、右將軍、南汾州刺史。"按:據傳,薛脩義爲龍
門鎮將至爲南汾州刺史約相距五年,誌云"俄遷",不確。

[汾州]

  万俟洛 降高歡,遷靈州。

  劉貴 行汾州事。

    《北齊書》卷二七《万俟洛傳》:"及起義信都,遠送誠款,
高祖嘉其父子俱至,甚優其禮。除撫軍,兼靈州刺史。"卷一九
《劉貴傳》:"普泰初,轉行汾州事。"《劉懿墓誌》(《墓誌集成》
六五六):"又行汾州事。"按:劉懿即劉貴,見建明元年涼

州條。

[顯州]

竇泰

[蔚州]

王懷 安北將軍、刺史。

《北齊書》卷一九《王懷傳》:"義旗建,高祖以爲大都督,從討尒朱兆於廣阿,破之,除安北將軍、蔚州刺史。"

[并州]

尒朱兆 都督中外諸軍事、柱國大將軍、并州刺史、兼録尚書事、大行臺。加都督十州諸軍事,世襲并州刺史。

尒朱育 雲朔等五州諸軍事、北道大行臺。

慕容紹宗 刺史。

李密 刺史,高歡署。

《魏書》卷一一《前廢帝紀》:"三月……柱國大將軍、并州刺史、潁川王尒朱兆爲天柱大將軍。"同卷《後廢帝紀》:"十月……齊獻武王大破尒朱兆於廣阿。"卷七五《尒朱兆傳》:"及前廢帝立,授兆使持節、侍中、都督中外諸軍事、柱國大將軍、領軍將軍、領左右、并州刺史、兼録尚書事、大行臺。……尋加都督十州諸軍事,世襲并州刺史。"《尒朱世邕墓誌》(《墓誌集成》八六一):"父育,右衛將軍、儀同三司,雲州朔州零州顯管五州諸軍、南北秀庸第一領民酋長、北道大行臺。……君……叔祖天柱將軍、天柱榮……從叔壟西王天光。"《北齊書》卷二〇《慕容紹宗傳》:"累遷并州刺史。紇豆陵步藩逼晉陽,尒朱兆擊之,累爲步藩所破,欲以晉州徵高祖,共圖步藩。紹宗諫曰:'今天下擾擾,人懷覬覦,正是智士用策之秋。高晉州才雄氣猛,英略蓋世,譬諸蛟龍,安可借以雲雨。'兆怒曰:'我與晉州推誠相待,何忽輒相猜阻,橫生此言!'便禁止紹宗,數日方釋。遂割鮮卑隸高祖。高祖共討步藩，滅之。及高祖舉義信都，兆以紹宗爲長史，又命爲行臺，率軍壺關，以抗高祖。"校勘記："'欲以晉州徵高祖共圖步藩'……這裏'晉州'當是'冀州'之誤，或者'以'字爲'從'之訛。"卷二二《李密傳》："屬尒朱兆殺逆，乃陰結豪右，與勃海高昂爲報復之計。屬高祖出山東，密以兵從舉義，遥授并州刺史。"按：尒朱育爲行臺當在尒朱氏被滅前，年不詳，列於此。

[肆州]

尒朱智虎 驃騎大將軍、刺史。

《魏書》卷一一《前廢帝紀》："四月……驃騎大將軍、安定王尒朱智虎爲開府儀同三司、肆州刺史。"卷七五《尒朱兆傳》："兆弟智虎，前廢帝封爲安定王，驃騎大將軍、肆州刺史、開府儀同三司。"

[恒州]

叱列延慶 進驃騎大將軍，除都督恒雲燕朔四州諸軍事、大都督、兼尚書左僕射、山東行臺。遷定州。

于昕 鎮東將軍、刺史。

《魏書》卷八〇《叱列延慶傳》："普泰初，世隆得志，特見委重，遷散騎常侍、車騎將軍、儀同三司，又進驃騎大將軍、開府，餘如故。尋除都督恒雲燕朔四州諸軍事、大都督、兼尚書左僕射、山東行臺。……時幽州刺史劉靈助以莊帝幽崩，遂舉兵唱義，諸州豪右咸相結附。靈助進屯於定州之安固，世隆白前廢帝，以延慶與大都督侯淵於定州相會，以討靈助。……遂破擒之。仍兼尚書左僕射，爲恒雲燕朔四州行臺。又除使持節、侍中、都督恒雲燕朔定五州諸軍事、定州刺史，餘如故。"《叱列延慶妻尒朱元静墓誌》(《墓誌集成》九五一)："魏故使持節、驃騎大將軍、都督雲朔恒定燕州諸軍事、恒定二州刺史、尚書左僕射、大行臺、開府儀同三司、侍中、特進、司徒公、第一領民酋長、永寧縣開國侯、北海郡開國公、合食邑三千户叱列延慶妻陽平長郡君尒朱氏墓誌之銘。"《魏書》卷三一《于昕傳》："孝昌中,使蠕蠕,與阿那瓌擒逆賊破洛汗聽明、出六斤等。轉輔國將軍、北中郎將、恒州大中正。又遷撫軍將軍、衛尉卿。出爲鎮東將軍,殷、恒州刺史。"按：于昕何年任職不詳,從吴表。

[雍州]

長孫稚

尒朱天光　　大將軍、都督關中諸軍事、兼尚書令、西道大行臺。

高長命　　刺史。高歡署。

《魏書》卷一一《前廢帝紀》："三月……驃騎大將軍、儀同三司、雍州刺史、隴西王尒朱天光,並爲大將軍。……九月……加使持節、大將軍、都督關中諸軍事、兼尚書令、西道大行臺、隴西王尒朱天光爲大司馬。"卷七五《尒朱天光傳》："世隆等議廢元曄,更舉親賢,遣使告天光。天光與定策立前廢帝,加開府儀同三司、兼尚書令、關西大行臺。"《北齊書》卷二一《高季式傳》："(高長命)初於大夏門拒尒朱世隆,以功累遷左光禄大夫。高祖遥授長命雍州刺史。"

[北雍州]

李仲琁　　衛將軍、刺史。

毛遐

《魏書》卷三六《李仲琁傳》："弘農太守。……還除衛將軍、金紫光禄大夫。仍除北雍州刺史,將軍如故。轉車騎將軍、左光禄大夫。天平初,遷都於鄴,以仲琁爲營構將作。"

[東雍州]

李虎

趙善　東雍州諸軍事、東雍州刺史。

李玄　車騎大將軍、刺史,高歡署。

《册府元龜》卷一《帝王部・帝系》:"賀拔岳既鎮隴右,以太祖爲左相大都督,委以内外軍事。"《周書》卷三四《趙善傳》:"普泰初,賞平關、隴之功,拜驃騎將軍、大行臺、散騎常侍,封山北縣伯,邑五百户。俄除持節、東雍州諸軍事、雍州刺史。"校勘記:"張森楷云:'……《北史》(卷五九《趙貴傳》附《趙善傳》)"臺"下有"尚書"二字,當是。'……'下"雍州"上亦當有"東"字。'"《李玄墓誌》(《墓誌集成》六三四):"趙郡栢仁縣永寧鄉陰觀里人。……以公爲車騎將軍、左光禄大夫。及丞相、勃海王豹變逢時,虎視當世,建旗唱義,鳴鼓問罪。公乃去惡就善,背逆歸順。……乃除車騎大將軍、東雍州刺史。……眘言北顧,寔曰國門,實帝城之襟帶,王畿之開鍵。乃以公爲使持節、散騎常侍、驃騎大將軍、北中郎將。"

[華州]

楊機　都督華州諸軍事、安西將軍、華州刺史。

《魏書》卷七七《楊機傳》:"出除安西將軍、華州刺史。"《楊機墓誌》(《墓誌集成》六〇九):"除使持節、都督華州諸軍事、安西將軍、華州刺史。"

[北華州]

公孫略　驃騎大將軍、都督北華州諸軍事、北華州刺史。

《公孫略墓誌》(《墓誌集成》六五二):"普泰元年……除使持節、驃騎大將軍、都督華州諸軍事、華州刺史,餘官如故。"《魏書》卷一一《前廢帝紀》:"三月……加驃騎大將軍、北華州刺史公孫略儀同三司。"按:誌作華州,時楊機爲華州,公孫略不應同任,此從紀。

[涇州]

賀拔岳 遷岐州。

[岐州]

賀拔岳 都督二岐東秦三州諸軍事、岐州刺史。尋兼尚書左僕射、隴右行臺。

《魏書》卷一一《前廢帝紀》:"三月……以持節、驃騎將軍、涇州刺史賀拔岳爲儀同三司、岐州刺史。"卷八〇《賀拔岳傳》:"普泰初,都督二岐東秦三州諸軍事、儀同三司、岐州刺史。……俄兼尚書左僕射、隴右行臺,仍停高平。後以隴中猶有土民不順,岳助侯莫陳悦所在討平。"《北史》卷六三《馮景傳》:"後事賀拔岳爲行臺郎。"《馮景之墓誌》(《墓誌集成》七八九):"行臺僕射賀拔岳代汝陽爲秦州,僕射周公時爲行郎,乃薦公於岳,同任行省。"按:賀拔岳當代元禵爲隴右行臺,誌云代禵爲秦州,疑誤。代禵爲秦州者乃侯莫陳悦,見是年秦州條。

[原州]

宇文泰

[靈州]

金祚

万俟洛 撫軍將軍、兼刺史,高歡署。

《北齊書》卷二七《金祚傳》:"高祖舉義,尒朱天光率關右之衆與仲遠等北抗義師。天光留祚東秦,總督三州,鎮靜二州。天光敗,歸高祖。"按:万俟洛見是年汾州條。

[秦州]

元禵 遷涼州。

侯莫陳悦 驃騎大將軍、刺史。

《魏書》卷一一《前廢帝紀》:"三月……使持節、車騎大將軍、渭州刺史侯莫陳悦爲儀同三司、秦州刺史。"卷八〇《侯莫陳悅傳》："普泰中,除驃騎大將軍、儀同三司、秦州刺史。"
[南秦州]
　　王羆
[渭州]
　　侯莫陳悅　遷秦州。
[河州]
　　梁覽
[涼州]
　　元遑　刺史。
　　　《魏書》卷一九上《元遑傳》："普泰元年,除涼州刺史,貪暴無極。"
[瓜州]
　　東陽王榮
[梁州]
　　董紹
　　元孚　都督二梁二益巴五州諸軍事、驃騎大將軍、梁州刺史。
　　　《魏書》卷七九《董紹傳》："前廢帝以元孚代之。紹至長安,時尒朱天光爲關右大行臺,啓紹爲大行臺從事、兼吏部尚書。"《邢晏墓誌》(《墓誌集成》六八〇)："息女援止,適河南元子岡。……父孚,使持節、侍中、都督二梁二益巴州諸軍事、驃騎大將軍、開府儀同三司、梁州刺史、万年鄉男。"《元圓墓誌》(《墓誌集成》八六二)："君諱圓,字孝矩。……使持節、侍中、都督二梁二益巴五州諸軍事、驃騎大將軍、滄冀徐梁四州刺史、開府儀同三司,萬年縣開國伯孚之第二子。"按:《魏書》卷一八《元孚傳》未載孚爲梁州刺史,然云孚封萬年鄉男,與《晏誌》《圓誌》合,當爲一人。
[南岐州]

朱顯 徵還。

司馬子如 都督南岐州諸軍事、驃騎大將軍、南岐州刺史。

《朱顯墓誌》(《墓誌集成》六三二):"入除征西將軍、金紫光禄大夫。"《北齊書》卷一八《司馬子如傳》:"高祖起義信都,世隆等知子如與高祖有舊,疑慮,出爲南岐州刺史。子如憤恨,泣涕自陳,而不獲免。"《司馬遵業墓誌》(《墓誌集成》八四三):"出除使持節、都督岐州諸軍事、驃騎大將軍、岐州刺史。"按:《業誌》作岐州,時岐州刺史爲賀拔岳,此從本傳。

[巴州]

傅曇表

普泰二年、中興二年、孝武帝太昌元年、永熙元年壬子(532)

三月,高歡敗尒朱天光於韓陵。四月,高歡至洛陽,廢前廢帝及後廢帝,立平陽王脩爲帝,是爲孝武帝,改元太昌。七月,高歡伐尒朱兆,兆北保秀容,并州平。十二月,改元永興,尋改元永熙。

[司州]

南陽王寶炬 驃騎大將軍、司州牧,進太尉公。尋歸第。

《魏書》卷一一《出帝紀》:"五月……使持節、侍中、驃騎大將軍、開府儀同三司、司州牧、南陽王寶炬爲太尉公。……六月……太尉公、司州牧、南陽王寶炬坐事降爲驃騎大將軍、開府,王如故,歸第,令羽林衛守。"

[大谷鎮]

陽猛

《周書》卷四四《陽雄傳》:"魏孝武即位,甚嘉之,授征虜將軍,行河北郡守,尋轉安西將軍、華山郡守。"

[義州]

侯植

[洛州]

元季海

郭琰 刺史。

  《北史》卷八五《郭琰傳》:"京槃人也。……孝武帝之居藩邸,琰以通俠被知。及即位,封新豐縣公,除洛州刺史。"

[荆州]

李琰之 徵還。

源子恭 都督三州諸軍事、驃騎將軍、假車騎大將軍、行臺僕射、荆州刺史。

  《魏書》卷八二《李琰之傳》:"出帝初,徵兼侍中。"卷四一《源子恭傳》:"前廢帝初,除驃騎將軍、左光禄大夫,侍中如故。尋授散騎侍郎、都督三州諸軍事、本將軍、假車騎大將軍、行臺僕射、荆州刺史。"按:源子恭之前,元遵、寇治、崔孝芬、李琰之皆都督三荆,三州當指三荆。

[東荆州]

寇胐之

  《魏書》卷四二《寇胐之傳》:"永熙中,鎮東將軍、金紫光禄大夫。"

[南荆州]

李愍 刺史、當州大都督。

  按:李愍見是年相州條。

[廣州]

韓賢 遷建州。

  《北齊書》卷一九《韓賢傳》:"高祖入洛,尒朱官爵例皆削除,以賢遠送誠欵,令其復舊。太昌初,累遷中軍將軍、光禄大夫,出爲建州刺史。"

[襄州]

乞伏寶 卒。

李密 刺史。

《乞伏寶墓誌》(《墓誌集成》五八五):"太昌元年十一月薨。"《魏書》卷三六《李密傳》:"武定中,襄州刺史。"按:李密參見是年并州條。《北齊書·李密傳》云密在襄州十餘年,始任蓋在北魏末,繼乞伏寶。

[郢州]

宇文貴

[豫州]

李恩 刺史。

斛斯元壽 刺史。

《北齊書》卷二〇《慕容儼傳》:"轉積射將軍,持節、豫州防城大都督。尒朱敗,與豫州刺史李恩歸高祖。"《姬静墓誌》(《墓誌集成》六四九):"爲驃騎大將軍、豫州刺史斛斯元壽啓兗州長流參軍,帶汝陽太守。……太昌元年十月九日在州瘦患薨。"按:斛斯元壽參見永熙三年豫州條。

[西兗州]

崔孝芬

《魏書》卷五七《崔孝芬傳》:"太昌初,兼殿中尚書。"

[兗州]

薛曇尚 征東將軍、行兗州事。

元嶷 都督兗州諸軍事、車騎大將軍、兗州刺史。加驃騎大將軍。

堯傑 行兗州事。

《魏書》卷四四《薛曇尚傳》:"太昌初,加征東將軍,行兗州事。"卷一一《出帝紀》:"七月……夏州徙民郭遷據宥州反,刺史元嶷棄城走。詔行臺侯景率齊州刺史尉景、濟州刺史蔡儁等攻討之。城陷,遷奔蕭衍。"校勘記:"'宥州',疑當作'兗州'。錢大昕《考異》卷二八云:'宥非州名,《通鑑》作青州,當從之。'按本書卷一五《常山王遵傳附元嶷傳》、《北齊書·蔡儁傳》,元嶷其時爲兗州刺史,動亂亦在兗州,《冊府》卷六九四録蔡儁事即作'兗州'。"《諸史考異》卷九《魏書上》"宥州"條:"'宥州'當是'濟州'之僞。"《魏書》卷一五《元嶷傳》:"出帝初,授兗州刺史。于時城人王奉伯等相扇謀逆。棄城出走,懸門發斷嶷要(闕)而出。詔齊州刺史尉景、本州刺史蔡儁各部在州士往討之,嶷返,復任。"校勘記:"'本州',承前文當爲'兗州'。按本書卷一一《出帝紀》太昌元年七月、《北齊書》卷一九《蔡儁傳》,儁時任濟州刺史,疑'本州'當作'濟州'。"《元嶷墓誌》(《西南大學墓誌》九):"太昌初,拜使持節、都督兗州諸軍事、兗州刺史、(車騎大)將軍、儀同如故。屬土民王奉伯謀結不逞,迷或甚於畫龍,妖孽逾於織鳳,同惡相濟,其會如林。乃睠東顧,職朝晏罷。公下車未久,資用多闕。士非素習,兵猶市人。視彼同舟,羌夷接軫。然奇正遞生,智勇兼運。分命褊裨,應機龕定。雲撤霧卷,万里斯清。惟帝念功,絲言遝下。加驃騎大將軍、開府。"按:堯傑見是年南兗州條。

[南兗州]

堯傑 刺史。

《北齊書》卷二〇《堯傑傳》:"後爲都督,率衆隨樊子鵠討元樹於譙城,平之。仍除南兗州。……尋加行兗州事。"按:樊子鵠討元樹事參見是年徐州條。

[青州]

尒朱弼 被殺。

元貴平 驃騎大將軍、刺史。

《魏書》卷一一《後廢帝紀》:"四月……青州刺史尒朱弼爲其部下馮紹隆所殺。"卷七五《尒朱弼傳》:"天光等之赴韓陵也,世隆以其府長史房謨兼尚書,爲齊州行臺,召募士馬,以趣四瀆。弼總東陽之衆,亦赴亂城,揚聲北渡,以爲掎角之勢。及天光等敗,弼乃還州。……弼帳下都督馮紹隆爲弼信待……推刃殺之。"卷一九下《元貴平傳》:"貴平人才險薄,爲出帝所信。出爲青州刺史,又加驃騎大將軍、開府儀同三司。"

[南青州]

茹懷朗

[光州]

高仲密 衛將軍、刺史。加驃騎大將軍。

《北齊書》卷二一《高慎傳》:"字仲密……太昌初,遷光州刺史,加驃騎大將軍、儀同三司。時天下初定,聽慎以本鄉部曲數千人自隨。"《魏書》卷一一《出帝紀》:"十月甲子,以使持節、衛將軍、光州刺史高仲密爲車騎大將軍、儀同三司。"

[膠州]

嚴思達

裴粲 驃騎大將軍、刺史。

《魏書》卷七一《裴粲傳》:"出帝初,出爲驃騎大將軍、膠州刺史。"

[齊州]

尉景 刺史。

元弼 刺史。

《魏書》卷六〇《韓子熙傳》:"除(韓)伯華東太原太守。及伯華在郡,爲刺史元弼所辱。"按:尉景見是年兗州條。東太原郡在齊州界,元弼當爲齊州刺史。參次年齊州條,弼爲刺史在侯淵前。北魏見四元弼：一字扶皇，太和二十三年卒，見《元弼及妻張氏墓誌》(《墓誌集成》一三二八)；一字邕明，建義元年前卒，見《魏書》卷一九上《濟陰王小新成傳》；一字思輔，永安二年卒，見《元弼墓誌》(《墓誌集成》五三八)；此爲另一元弼。東魏亦有元弼，天平至武定初歷尚書令、洛州刺史、中書監、錄尚書事，見《魏書》卷一二《孝靜紀》，年代與齊州刺史元弼相近，當爲一人。

[濟州]

封延之

侯景 行濟州事，降高歡。仍除兼尚書僕射、南道大行臺、濟州刺史。

蔡儁 都督濟州諸軍事、安東將軍、濟州刺史。

《封延之墓誌》(《墓誌集成》六七七)："太昌元年，復除征東將軍、大丞相司馬。"《魏書》卷一一《後廢帝紀》："四月……前廢帝驃騎大將軍、行濟州事侯景據城降，仍除儀同三司、兼尚書僕射、南道大行臺、濟州刺史。"《北齊書》卷一九《蔡儁傳》："字景彥，廣寧石門人也。……太昌中，出爲濟州刺史……後胡遷等據兗州作逆，儁與齊州刺史尉景討平之。"《蔡儁斷碑》(《北圖拓本》六·六三)："字彥安，陳留圉人也。……神武命世，撥亂反正，扶危定傾。君乃繾綣，遊從□□……乃除使持節、都督濟州諸軍事、安東將軍、濟州刺史。"按：蔡儁參見是年兗州條。

[徐州]

杜德 降高歡，仍刺史。

樊子鵠 兼尚書左僕射、東南道大行臺。

賈顯度 行徐州刺史、東道大行臺。

元旭 征東將軍、刺史。

《魏書》卷一一《後廢帝紀》:"閏(三)月……齊獻武王大破尒朱天光等四胡於韓陵,前廢帝鎮軍將軍賀拔勝、徐州刺史杜德於陣降。"同卷《出帝紀》:"四月……詔前御史中尉樊子鵠起復本官,兼尚書左僕射、東南道大行臺,都督儀同三司、徐州刺史杜德討元樹。……七月……以兼尚書左僕射、東南道大行臺樊子鵠爲儀同三司。……東南道大行臺樊子鵠大破蕭衍軍於譙城,擒其鄴王元樹及譙州刺史朱文開。"卷二一上《元樹傳》:"尒朱榮之害百官也,樹聞之,乃請衍討榮。衍乃資其士馬,侵擾境上。前廢帝時,竊據譙城。出帝初,詔御史中尉樊子鵠爲行臺,率徐州刺史、大都督杜德以討之。……擒樹送京師,禁於永寧佛寺,未幾賜死。"卷八○《樊子鵠傳》:"太昌初,兼尚書左僕射、東南道大行臺,總大都督杜德等追討尒朱仲遠。仲遠已奔蕭衍,收其兵馬甲仗。時蕭衍遣元樹入寇,陷據譙城。詔子鵠與德討之。……擒樹及衍譙州刺史朱文開。"卷八○《賈顯度傳》:"出帝初……以本官行徐州刺史、東道大行臺。"《元徽墓誌》(《墓誌集成》五六八):"春秋卌一,永安三年歲次庚戌十二月五日薨於洛陽之南原。……弟旭,顯和,征東將軍、徐州刺史、襄城王。"趙萬里釋(《墓誌集釋》卷四):"據誌,知旭孝武初曾官徐州刺史,可補紀傳之略。"按:元旭永安二年爲南青州刺史,何年爲徐州刺史不詳,列於此。

[東徐州]

潘永基

[揚州]

斛斯敦 進驃騎大將軍。

樊義 刺史。

《魏書》卷一一《出帝紀》:"十有一月甲午,以車騎將軍、揚州刺史斛斯敦爲驃騎大將軍、儀同三司。"《北史》卷六四

《柳虯傳》："樊子鵠爲吏部尚書，其兄義爲揚州刺史，乃以虯爲揚州中從事，加鎮遠將軍。"按：樊子鵠見是年徐州條。

[相州]

劉誕 被擒。

李愍 遷南荆州。

孫騰 刺史。入爲侍中。

高盛 兼尚書僕射、北道行臺。

高隆之 行相州事。除驃騎大將軍、兼尚書左僕射、北道行臺。遷并州。

段榮 行相州事。

《魏書》卷一一《後廢帝紀》："(中興)二年春正月壬午，拔鄴，擒刺史劉誕。"《北齊書》卷二二《李愍傳》："相州既平，命愍還鄴，除西南道行臺都官尚書，復屯故城。尒朱兆等將至，高祖徵愍參守鄴城。太昌初，除太府卿。後出爲南荆州刺史、當州大都督。"卷一八《孫騰傳》："及平鄴，授相州刺史……入爲侍中。"《魏書》卷一一《後廢帝紀》："四月……以車騎大將軍、儀同三司、中軍大都督高盛兼尚書僕射、北道行臺，隨機處分。"同卷《出帝紀》："七月……詔侍中、驃騎將軍、左光禄大夫高隆之爲使持節、驃騎大將軍、儀同三司、兼尚書左僕射、北道行臺，率步騎十萬趨太行，會齊獻武王。隆之解行臺，仍爲大丞相軍司。"《北齊書》卷一八《高隆之傳》："從高祖平鄴，行相州事。從破四胡於韓陵，太昌初，除驃騎大將軍、儀同三司。西魏文帝曾與隆之因酒忿競，文帝坐以黜免。高祖責隆之不能協和，乃啓出爲北道行臺，轉并州刺史。"按：段榮見是年定州條。

[冀州]

高敖曹

封隆之　行冀州事。尋徵還。

《北齊書》卷二一《高昂傳》："及平鄴，別率所部領黎陽。又隨高祖討尒朱兆於韓陵。……太昌初，始之冀州。"校勘記："'領'字疑是'鎮'之訛，或者'黎陽'下脱'太守'二字。"同卷《封隆之傳》："高祖將擊尒朱兆等於韓陵，留隆之鎮鄴城。尒朱兆等走，以隆之行冀州事，仍領降俘三萬餘人，分置諸州。尋徵爲侍中。"《封隆之碑》（《藝文類聚》卷五〇《職官部六·刺史》）："太昌初，平洛，除侍中、驃騎大將軍。"

[殷州]

邸珍　平北將軍、刺史。

《邸珍墓誌》（《墓誌集成》一三四三）："除開府外兵參軍事。所奉之主，即高祖武皇帝其人也。中興初，除大丞相長史。内謀國紀，外參戎律。……永熙元年，除平北將軍、殷州刺史。"

[定州]

叱列延慶　降高歡。

段榮　遷瀛州。

《魏書》卷八〇《叱列延慶傳》："與尒朱兆等拒義旗於韓陵，戰敗，延慶與尒朱仲遠走渡石濟。仲遠南竄，延慶北降齊獻武王。王與之入洛，仍從王於并州。"《北齊書》卷一六《段榮傳》："高祖入洛，論功封姑臧縣侯，邑八百户。轉授瀛州刺史。榮妻，皇后姊也，榮恐高祖招私親之議，固推諸將，竟不之州。尋行相州事。"《段榮墓誌》（《墓誌集成》九三二）："封姑臧縣開國侯，食邑八百户。尋轉車騎將軍、左光禄大夫，復除定州刺史。……轉授瀛州刺史。敷衽陳辭，竟不述職。又爲大都督、大行臺，鎮撫梁郡。未幾，行相州事。"

[瀛州]

堯雄

段榮 刺史。未至,尋遷相州。

按:段榮見是年定州條。

[滄州]

高仲密 遷光州。

高聿 驃騎將軍、刺史。

賈顯智 驃騎大將軍、刺史。

《魏書》卷一一《出帝紀》:"(永熙)二年春正月……以驃騎將軍、前滄州刺史高聿爲驃騎大將軍、儀同三司。"卷八〇《賈顯智傳》:"隨度律等敗於韓陵,智與兄顯度、斛斯椿謀誅尒朱氏。椿、顯度據守北中,令智等入京,擒世隆兄弟。出帝初,除散騎常侍、本將軍、開府儀同三司、滄州刺史。"

[幽州]

盧文偉 遷安州。

[安州]

盧文偉 刺史。

《北齊書》卷二二《盧文偉傳》:"太昌初,遷安州刺史。"

[建州]

張悅 右將軍、建州大都督,前廢帝命。降高歡。

張忻 大將軍、刺史。爲孝武帝所殺。

劉貴 行建州事。

李密 刺史。遷襄州。

韓賢 刺史。

《魏書》卷一一《後廢帝紀》:"四月……前廢帝安東將軍辛永、右將軍、建州大都督張悅舉城降。"《北齊書》卷二〇《張忻傳》:"普泰中爲都督,隨尒朱世隆。以功尚魏平陽公主,除駙馬都尉、大將軍、開府儀同三司、建州刺史、南鄭縣伯。……

忻豪險放縱,遂與公主情好不協,尋爲武帝所害。"按:《北史》卷五三《張瓊傳》"張忻"作"張欣"。劉貴見是年肆州條,李密見是年并州條,韓賢見是年廣州條。

[晉州]

宋顯

[南汾州]

薛脩義 遷并州。

[汾州]

劉貴 降高歡。

斛律金 刺史、當州大都督。

《北齊書》卷一《神武紀上》:"永熙元年正月……行汾州事劉貴棄城來降。"卷一九《劉貴傳》:"高祖起義,貴棄城歸高祖於鄴。"卷一七《斛律金傳》:"太昌初,以金爲汾州刺史、當州大都督。"

[顯州]

竇泰 遷蔚州。

尉標 安東將軍、行顯州事。

《尉標及妻王金姬墓誌》(《墓誌集成》九一一):"公諱標,字長生,代郡平城人也。……太祖獻武皇帝,外揚柔順,内定經緯……引公爲帳内都督,尋除伏波將軍。……中興初,拜平遠將軍、前軍將軍、臨涇伯。……加安東將軍、銀青光禄大夫,進爵爲侯。尋授第一領民酋長,行顯州事。俄轉中山太守。"

[蔚州]

王懷

竇泰 都督蔚州諸軍事、車騎將軍、蔚州刺史。

《北齊書》卷一九《王懷傳》:"又隨高祖攻鄴,克之,從破四胡於韓陵。"《竇泰墓誌》(《墓誌集成》八六三):"轉除使持節、都督蔚州諸軍事、本將軍、蔚州刺史。及太昌入纂，神寶有歸，唯帝念功，大開慶賞。進爵爲公。"

[并州]

高歡 大丞相、天柱大將軍、太師、世襲定州刺史，居晉陽。

尒朱兆 敗於韓陵，北走秀容。

李密 遷建州，復遷襄州。

薛脩義 行并州事。

高隆之 刺史。

《北齊書》卷一《神武紀上》："神武至洛陽，廢節閔及中興主而立孝武。孝武既即位，授神武大丞相、天柱大將軍、太師，世襲定州刺史。……還鄴。……七月……尒朱兆大掠晉陽，北保秀容。并州平。神武以晉陽四塞，乃建大丞相府而定居焉。"《魏書》卷七五《尒朱兆傳》："齊獻武王之剋殷州也，兆與仲遠、度律約共討之。……大會於韓陵山。戰敗，復奔晉陽，遂大掠并州城内。獻武王自鄴進討之，兆遂走於秀容。"《北齊書》卷二二《李密傳》："及兆韓陵敗還晉陽，隨軍平兆。高祖乃以薛脩義行并州事，授密建州刺史。又除襄州刺史。"卷二〇《薛脩義傳》："高祖起義信都，破四胡於韓陵，遣徵脩義，從至晉陽，以脩義行并州事。又從高祖平尒朱兆。"《薛脩義墓誌》(《墓誌集成》八六〇)："永安云季，群胡犯蹕。太祖獻武皇帝，掃拂埃壒，彈壓山川。公雅識龍顏，深知虎鼻，委身麾下，定謀帷幄。尒朱之滅，公有力焉。仍行并州事。"按：高隆之見是年相州條。

[肆州]

尒朱智虎 爲高歡所擒。

叱羅協 刺史，尒朱兆署。從寶泰。

劉貴 都督肆州諸軍事、驃騎將軍、肆州刺史，加驃騎大將軍。

遷建州。

《魏書》卷七五《尒朱兆傳》:"(智虎)與兆俱走,獻武王擒之於梁郡岢嵐南山。"《周書》卷一一《叱羅協傳》:"兆等軍敗,還并州,令協治肆州刺史。兆死,遂事寶泰。"《叱羅協墓誌》(《墓誌集成》一二〇一):"除北肆州刺史。"《魏書》卷一一《出帝紀》:"十月……以使持節、驃騎將軍、肆州刺史劉貴爲驃騎大將軍、儀同三司。"《北齊書》卷一九《劉貴傳》:"太昌初,以本官除肆州刺史,轉行建州事。"《劉懿墓誌》(《墓誌集成》六五六):"大丞相勃海王,命世挺生,應期霸世。君既同德比義,事等魚水,乃除使持節、都督肆州諸軍事、本將軍、肆州刺史。又加驃騎大將軍、儀同三司,餘如故。"按:劉懿即劉貴,見建明元年涼州條。

[雲州]

宇文長 都督雲州諸軍事、安北將軍、雲州刺史。

《宇文長墓誌》(《墓誌集成》一〇二六):"公諱長,字樹生。清都成安人,蓋自代徙也。……時屬戎羯内侵,胡馬穿塞,權火夜燃,邊城晝掩,乃除持節、雲中太守、當郡都督。……仍除使持節、都督雲州諸軍事、安北將軍、雲州刺史。永熙中,進位衛將軍、右光禄大夫,兼太僕卿。"

[雍州]

長孫稚 還京。

尒朱天光 被殺。

賀拔岳 都督三雍三秦二岐二華諸軍事、雍州刺史、關西行臺。加關中大行臺、兼左僕射。

《魏書》卷一一《後廢帝紀》:"四月甲子朔,椿等據河橋,懼罪自劾,尋擒天光、度律於河橋。西北大行臺長孫稚、都督賈顯智等率騎入京師,執尒朱世隆、彥伯,斬於都街,囚送天光、度律於齊獻武王。"同卷《出帝紀》:"七月……齊獻武王以尒朱天光、尒朱度律送之京師,斬於都市。"卷二五《長孫稚傳》:"及韓陵之敗,斛斯椿先據河橋,謀誅尒朱。使稚入洛,啟帝誅世隆兄弟之意。出帝初,轉太傅,錄尚書事。"卷八五《裴伯茂傳》:"爲行臺長孫承業行臺郎中。承業還京師,留伯茂仍知行臺事。"卷八〇《賀拔岳傳》:"二年,加岳都督三雍三秦二岐二華諸軍事,雍州刺史,關西行臺,餘如故。及尒朱天光率衆赴洛,將抗齊獻武王,岳與侯莫陳悦下隴赴雍,以應義旗。永熙初,仍開府、兼僕射、大行臺、雍州刺史。"《周書》卷一四《賀拔岳傳》:"魏孝武即位,加關中大行臺。"《賀拔定妃墓誌》(《大唐西市博物館藏墓誌》一一):"伯父岳,魏之任太師、太保、雍州刺史、西北道大行臺、兼左僕射。"按:長孫稚字承業。

[北雍州]

楊儉 都督北雍州諸軍事、衛將軍、北雍州刺史。

毛遐

《魏書》卷五八《楊儉傳》:"永熙中,以大將軍除北雍州刺史。"《周書》卷二二《楊儉傳》:"孝武初,除衛將軍、北雍州刺史。"《北史》卷四一《楊儉傳》:"位北雍州刺史,政尚寬惠,夷夏安之。"《楊儉墓誌》(《墓誌集成》七八五):"永熙中,除使持節、散騎常侍、都督北雝州諸軍事、衛將軍、北雝州刺史。"《楊文端墓誌》(《秦晉豫墓誌續編》一六九):"考儉,侍中、衛將軍、金紫光禄大夫、北雍州刺史、華州大中正、夏陽莊公。"

[東雍州]

趙善

泉企 復爲刺史。加車騎將軍。

《周書》卷三四《趙善傳》:"天光東拒齊神武於韓陵,善又以長史從。及天光敗見殺,善請收葬其屍,齊神武義而許之。"

卷四四《泉企傳》："大行臺賀拔岳以企昔莅東雍，爲吏民所懷，乃表企復爲刺史，詔許之。……魏孝武初，加車騎將軍、左光禄大夫。"

[華州]

楊機　徵還。

薛嘉族　刺史。

《楊機妻梁氏墓誌》（《墓誌集成》五四四）："維大魏普泰二年歲次壬子二月丙申朔十三日戊申使持節、都督華州諸軍事、安西將軍、華州刺史楊機妻梁氏之神銘。"《魏書》卷七七《楊機傳》："永熙中，衛將軍、右光禄大夫。"《楊機墓誌》（《墓誌集成》六〇九）："以衛將軍、右光禄大夫徵入。"《北齊書》卷二〇《薛嘉族傳》："稍遷正平太守。屬高祖在信都，嘉族聞而赴義。從平四胡於韓陵，除華州刺史。"

[幽州]

孫定兒　刺史。

按：孫定兒見永熙三年幽州條，始任年不詳，斷於此。

[涇州]

長孫子彦　衛將軍、刺史。

《長孫儁墓誌》（《墓誌集成》七九八）："永熙元年，除使持節、衛將軍、涇州刺史。"

[岐州]

賀拔岳　遷雍州。

韋義遠　刺史。

《魏書》卷四五《韋義遠傳》："出帝時，爲岐州刺史，没關西。"

[東秦州]

韋榮茂　征虜將軍、刺史。

《魏書》卷四五《韋榮茂傳》:"出爲征虜將軍、東秦州刺史。"

[原州]

宇文泰 遷關西大行臺左丞。

史歸 刺史。

《周書》卷一《文帝紀上》:"普泰二年,爾朱天光東拒齊神武,留弟顯壽鎮長安。秦州刺史侯莫陳悦爲天光所召,將軍衆東下。岳知天光必敗,欲留悦共圖顯壽,而計無所出。……乃相率襲長安,令太祖輕騎爲前鋒。……顯壽果已東走,追至華山,擒之。太昌元年,岳爲關西大行臺,以太祖爲左丞,領岳府司馬,加散騎常侍。事無巨細,皆委決焉。"按:史歸見永熙三年原州條。

[夏州]

斛拔彌俄突 刺史。

按:斛拔彌俄突見次年夏州條,始任年不詳,斷於此。

[靈州]

曹泥 刺史。

按:曹泥見次年靈州條。

[秦州]

侯莫陳悦 加都督隴右諸軍事。

《魏書》卷八〇《侯莫陳悦傳》:"天光之東出,將抗義旗,悦與岳下隴以應齊獻武王,至雍州,會尒朱覆敗。永熙初,加開府、都督隴右諸軍事,仍秦州刺史。"

[南秦州]

王羆

李弼 刺史。

《周書》卷一五《李弼傳》:"太昌初,受清水郡守,恒州大中正。尋除南秦州刺史。隨悦征討,屢有尅捷。"校勘記:"'受',局本作'授'。"

[渭州]

可朱渾道元　　刺史。

《北史》卷五三《可朱渾元傳》:"隸介朱天光。平万俟醜奴等,以功封東縣伯。孝武帝立,累遷渭州刺史。"《北齊書》卷二七《可朱渾元傳》:"隸天光征關中,以功爲渭州刺史。"

[河州]

梁覽

[涼州]

李叔仁　　刺史。

《北史》卷三七《李叔仁傳》:"節閔帝初,加散騎常侍、開府。後除涼州刺史。"《魏書》卷七三《崔延伯傳》:"(李)叔仁位至車騎大將軍、儀同三司、陳郡開國公。後爲梁州刺史,殁於關西。……其平州刺史王買奴、南秦州刺史曹敬、南兖州刺史樊魯、益州刺史邴虬、玄州刺史邢豹及……俱爲將帥,並有攻討之名,而事迹不存,無以編録。"按:《魏書》云叔仁爲梁州刺史,此從《北史》。王買奴見孝昌二年平州條,曹敬見熙平元年南秦州條,樊魯見永平四年南兖州條,邴虬見正光五年益州條,邢豹見正光二年東益州條。

[瓜州]

東陽王榮

《大智第廿六品釋論竟》尾題(《敦煌遺書總目索引新編》P.2143):"大代普泰二年歲次壬子,三月乙丑朔廿五日己丑,弟子使將節散騎常侍都督領軍事車騎大將軍開國儀同三司瓜州刺使東陽王元榮……"

[梁州]

元孚

元羅　驃騎大將軍、刺史。

《魏書》卷一六《元羅傳》："出帝時，遷尚書令，尋除使持節、驃騎大將軍、開府儀同三司、梁州刺史。"

[南岐州]

司馬子如　徵還。

盧侍伯　衛大將軍、刺史。

《北齊書》卷一八《司馬子如傳》："高祖入洛，子如遣使啓賀，仍敘平生舊恩。尋追赴京，以爲大行臺尚書，朝夕左右，參知軍國。"《魏書》卷一一《出帝紀》："（永熙二年八月）以驃騎大將軍、前南岐州刺史司馬子如爲儀同三司。"《司馬遵業墓誌》（《墓誌集成》八四三）："徵還，除儀同三司，又加侍中。"《魏書》卷四七《盧侍伯傳》："永熙中衛大將軍、南岐州刺史。"

[巴州]

傅曇表

永熙二年癸丑（533）　　正月，高歡破尒朱兆於赤洪嶺，兆自殺。

[司州]

趙郡王諶　太保、司州牧、太尉公。遷太師、録尚書事。

廣陵王欣　太傅、司州牧。尋除大司馬。

《魏書》卷一一《出帝紀》："三月……以侍中、太保、司州牧、趙郡王諶爲太尉公。……七月……以太師、司州牧、廣陵王欣爲大司馬、侍中。"卷二一上《元諶傳》："出帝時，轉太保、司州牧、太尉公。又遷太師，録尚書事。"同卷《廣陵王欣傳》："出帝時，加太師、開府。復封廣陵王。除太傅、司州牧，尋除大司馬。"

[義州]

　侯植

[洛州]

　郭琰

　　　《北史》卷八五《郭琰傳》:"孝武西入,改封馮翊郡公,授行臺尚書、潼關大都督。"按:郭琰何年去職不詳,斷於此。

[荆州]

　源子恭

　賀拔勝　都督三荆二郢南襄南雍七州諸軍事、驃騎大將軍、荆州刺史。加南道大行臺尚書左僕射。

　　　《魏書》卷四一《源子恭傳》:"永熙中,入爲吏部尚書。"卷八〇《賀拔勝傳》:"太昌初,拜領軍將軍。……出帝既納斛斯椿等讒間之説,將謀齊獻武王,以勝弟岳擁衆關西,仍欲廣爲勢援,除勝使持節、侍中、都督三荆二郢南襄南雍七州諸軍事、驃騎大將軍、開府儀同三司、荆州刺史。"《周書》卷一四《賀拔勝傳》:"拜勝……荆州刺史,加授南道大行臺尚書左僕射。……南雍州刺史長孫亮、南荆州刺史李魔憐、大都督王元軌取久山、白泊,都督拔略昶、史忤龍取義城、均口,擒梁將莊思延。"

[南荆州]

　李憨

　　　按:李憨見是年荆州條。憨字魔憐。

[襄州]

　李密

[南雍州]

　長孫亮　刺史。

按:長孫亮見是年荆州條。

[鄴州]

宇文貴

[南鄴州]

史寧 征東將軍、刺史。

《周書》卷二八《史寧傳》:"建康表氏人也。……魏平涼州,祖灌隨例遷於撫寧鎮,因家焉。……寧少以軍功,拜別將。遷直閤將軍、都督,宿衛禁中。尋加持節、征東將軍、金紫光禄大夫。賀拔勝爲荆州刺史,寧以本官爲勝軍司,率步騎一千,隨勝之部。……尋除南鄴州刺史。及勝爲大行臺,表寧爲大都督。"《通鑑》卷一五七梁武帝大同二年七月胡注:"考魏北鎮無撫寧,恐即撫冥也。"

[豫州]

斛斯元壽

[西兗州]

鄭□ 刺史。

《鄭君殘碑》(《碑刻校注》八·一〇〇八):"太祖(上闕)經綸之日,丈夫馳鶩之秋。君慷慨于懷,銜荼茹蓼,遂與第四弟榮(上闕)衝冠裂眥,雲會飈起。乃率勵猊虎,行運奇謨。克廣武若順流,取陽武(上闕)其餘壯。俄撫嚴城,犬羊咸□其魄,河山自亡其險。擒僞署梁州刺(上闕)于關内。君潛□變化,仍留東夏。觀釁而動,晦迎順時。託□石以□(上闕)郡守,即本邦也。尋遷西兗州刺史。……及權臣擅命,關河蕩析。攬轡(上闕)湯池已竭。冀欲去湮函谷,剋復東都。……以東魏武定五年二月七日薨於陽武縣。"按:鄭氏爲鄭先護之從弟,見永安二年南廣州條。"太祖"爲高歡之最初廟號,鄭氏當從高歡起事。"權臣擅命,關河蕩析"蓋指斛斯椿專權、孝武帝西遷事。鄭氏任西兖州刺史蓋在高歡起事至魏分東西間，斷於此。

[兖州]

堯傑

樊子鵠 驃騎大將軍、刺史。

《魏書》卷一一《出帝紀》："六月壬申，以驃騎大將軍、開府儀同三司、尚書右僕射樊子鵠爲青膠大使，督濟州刺史、大都督蔡儁討耿翔。"卷八〇《樊子鵠傳》："初，青州人耿翔聚衆反，亡奔蕭衍，衍資其兵，偷據膠州。除子鵠使持節、侍中、青膠大使，督濟州刺史蔡儁討之。師達青州，翔拔城奔走。在軍遇病，詔遣醫給藥。仍除兖州刺史，餘官如故，便道之州。"

[南兖州]

念賢 驃騎將軍、行南兖州事。進號驃騎大將軍。

《周書》卷一四《念賢傳》："永熙中，拜第一領民酋長，加散騎常侍，行南兖州事。尋進號驃騎大將軍，入爲殿中尚書。"卷一一《出帝紀》："六月……以驃騎大將軍、前行南兖州事念賢爲儀同三司。"

[青州]

元貴平

張瓊 行青州事。遷汾州。

按：張瓊見是年汾州條。

[南青州]

茹懷朗

[光州]

高仲密 棄州，歸高歡。

《北齊書》卷二一《高慎傳》："兄乾死，密棄州將歸高祖，武帝勅青州斷其歸路。慎間行至晉陽，高祖以爲大行臺左丞。"按：高仲密參見是年東徐州條。

[膠州]

裴粲 被殺。

《魏書》卷一一《出帝紀》："四月……青州人耿翔襲據膠州，殺刺史裴粲，通於蕭衍。"卷七一《裴粲傳》："時青州叛賊耿翔受蕭衍假署，寇亂三齊。粲唯高談虛論，不事防禦之術。翔乘其無備，掩襲州城。……爲翔所害。"

[齊州]

元弼

侯淵 驃騎大將軍、刺史。

《魏書》卷六六《崔光韶傳》："刺史元弼前妻，是光韶之繼室兄女，而弼貪悷，多諸不法，光韶以親情，亟相非責，弼銜之。時耿翔反於州界，弼誣光韶子通與賊連結，囚其合家，考掠非理，而光韶與之辯争，辭色不屈。會樊子鵠爲東道大使，知其見枉，理出之。"卷八〇《侯淵傳》："永熙初，除齊州刺史，餘如故。"卷一一《出帝紀》："五月……以使持節、驃騎大將軍、儀同三司、齊州刺史侯淵復爲開府儀同三司。"

[濟州]

蔡儁

按：蔡儁見是年兗州條。

[徐州]

高乾 都督三徐諸軍事、驃騎大將軍、徐州刺史。未之任，賜死。

元佑 衛將軍、刺史。

元鷙 都督徐州諸軍事、驃騎大將軍、當州大都督、徐州刺史。

邸珍 徐州大都督、兼尚書右僕射、東道行臺。

《魏書》卷一一《出帝紀》："三月……使持節、驃騎大將軍、開府儀同三司、徐州刺史高乾邕坐事賜死。……十有一月癸巳,持節、征北將軍、殷州刺史邸珍爲徐州大都督、東道行臺僕射,率將討東徐州。……(三年)二月……以衛將軍、前徐州刺史元祐爲衛大將軍、儀同三司。"《北齊書》卷二一《高乾傳》:"共定策推立中興主,拜乾侍中、司空。……乾以頻請不遂,知變難將起,密啓高祖,求爲徐州,乃除使持節、都督三徐諸軍事、開府儀同三司、徐州刺史。指期將發,而帝知乾泄漏前事……遂賜死。"《元鷙墓誌》(《墓誌集成》六七六):"永熙二年四月,詔除使持節、都督徐州諸軍事、本將軍、加開府、當州大都督、徐州刺史,侍中、王如故。"《元賢真墓誌》(《墓誌集成》八五五):"華山王作牧徐土,妙選上僚,雅相欽敬,牒爲開府長史。"《邸珍墓誌》(《墓誌集成》一三四三):"遷開府儀同三司、徐州道行臺、尚書右僕射。"《北齊書》卷四七《邸珍傳》:"後兼尚書右僕射、大行臺,節度諸軍事。"《魏書》卷三六《李希宗傳》:"遷通直散騎常侍。尋爲東南道行臺邸珍右丞,與諸軍討賊於彭沛,克之,轉齊獻武王大行臺郎中。"

[東徐州]

潘永基

崔庠　刺史。被殺。

潘永基　衛大將軍、刺史。復除。

《北齊書》卷一《神武紀上》:"時司空高乾密啓神武,言魏帝之貳。神武封呈,魏帝殺之,又遣東徐州刺史潘紹業密勑長樂太守龐蒼鷹,令殺其弟昂。……時乾次弟慎在光州,爲政嚴猛,又縱部下取納,魏帝使代之。……(慎)乃弊衣推鹿車歸渤海。"《魏書》卷七二《潘永基傳》:"永熙中,爲征東將軍、金紫光禄大夫,遷車騎將軍、左光禄大夫。尋加衛大將軍,復除東徐州刺史。"《北史》卷四四《崔庠傳》:"永熙初,除東徐州刺史。二年,爲城人王早、蘭寶等所害。"《魏書》卷一一《出帝紀》:"五月……東徐州城民王早、簡實等殺刺史崔庠,據州入蕭衍。"《梁書》卷三《武帝紀下》:"(中大通五年)六月己卯,魏建義城主蘭寶殺魏東徐州刺史,以下邳城降。"按:潘永基字紹業。

[相州]

竇泰 都督相州諸軍事、車騎大將軍、相州刺史。

封延之 衛大將軍、行相州事。

《魏書》卷一一《出帝紀》:"三月……以車騎將軍、蔚州刺史竇泰爲使持節、車騎大將軍、開府儀同三司、相州刺史。"《竇泰墓誌》(《墓誌集成》八六三):"又除使持節、都督相州諸軍事、本將軍、開府、相州刺史。"《封延之墓誌》(《墓誌集成》六七七):"永熙二年,除衛大將軍、左光禄大夫。……復以本官行相州事。"

[冀州]

高敖曹 奔晉陽。

尉景 刺史。

《北齊書》卷二一《高昂傳》:"兄乾被殺,乃將十餘騎奔晉陽,歸於高祖。"卷一五《尉景傳》:"神武入洛,留景鎮鄴。尋進封爲公。景妻常山君,神武之姊也。以勳戚,每有軍事,與厙狄干常被委重,而不能忘懷射利,神武每嫌責之。轉冀州刺史。"

[殷州]

邸珍 遷徐州行臺。

[定州]

高琛 都督、刺史、六州大都督。

《北齊書》卷一三《趙郡王琛傳》:"高祖之弟也。……永熙二年,除使持節、都督定州刺史、六州大都督。"

[瀛州]

堯雄

郭瓊 刺史。

按：郭瓊見永熙三年司州條。

[滄州]

賈顯智 徵還。

綦儁 刺史。徵還。

高騰 刺史。

《魏書》卷一一《出帝紀》："三月己丑朔,加驃騎大將軍、滄州刺史賈顯智開府儀同三司。"卷八〇《賈顯智傳》："在州貪縱,甚爲民害,出帝徵還京師。"卷八一《綦儁傳》："賀拔勝出鎮荆州,過儁別。……後兼吏部尚書,復爲滄州刺史。徵還,兼中尉。"《北齊書》卷一八《高隆之傳》："封平原郡公,邑一千七百户。隆之請減户七百,并求降己四階讓兄騰,並加優詔許之,仍以騰爲滄州刺史。"按：綦儁見永熙三年司州條,時已爲御史中尉。

[安州]

盧文偉

龐蒼鷹 刺史。

《北齊書》卷一九《蔡儁傳》："及義旗建,(龐)蒼鷹乃弃家間行歸高祖,高祖以爲兼行臺倉部郎中。卒於安州刺史。"卷一《神武紀上》："普泰元年……四月……龐蒼鷹自太原來奔,神武以爲行臺郎,尋以爲安州刺史。"按：盧文偉不知何年去職。龐蒼鷹參見是年東徐州條,爲安州刺史蓋在是年後,列於此。《神武紀》云龐蒼鷹普泰元年已爲安州刺史,存疑。

[南營州]

趙猛 刺史。

《北齊書》卷四八《趙猛傳》："太安狄那人。姊爲文穆皇帝繼室，生趙郡公琛。……高祖舉義，（猛）遷南營州刺史。"《魏書》卷一〇六上《地形志上》南營州："孝昌中營州陷，永熙二年置。寄治英雄城。"

[建州]

韓賢

[晉州]

宋顯

韓軌　車騎大將軍、刺史。

《北齊書》卷二〇《宋顯傳》："後歸高祖，以爲行臺右丞。"卷一五《韓軌傳》："從破尒朱兆於赤谼嶺。"校勘記："《通志》卷一五二下有'除車騎大將軍。出爲晉州刺史，慰諭山胡，莫不綏附'二十字。"

[汾州]

斛律金

張瓊　驃騎大將軍、刺史。

《北齊書》卷一七《斛律金傳》："天平初，遷鄴，使金領步騎三萬鎮風陵以備西寇，軍罷，還晉陽。"卷二〇《張瓊傳》："尒朱兆敗，歸高祖，遷汾州刺史。"《魏書》卷一一《出帝紀》："二月庚申，以使持節、鎮東將軍、行汾州事張瓊爲驃騎大將軍、儀同三司。"《北史》卷五三《張瓊傳》："及尒朱氏敗，歸神武，拜滄州刺史。"《張瓊墓誌》（《墓誌集成》七五五）："大丞相忿奸雄之亂，悼玉食之害民，舉義伐罪，載清河洛。使公行青州事。四履既寧，民情又泰。除驃騎大將軍、儀同三司、汾州刺史。"《張遵墓誌》（《墓誌集成》七五四）："父濟青汾三州刺史。"按：《北史》之"滄"蓋爲"汾"字之訛。

[顯州]

斛律平　平北將軍、刺史。加鎮南將軍。

《北齊書》卷一七《斛律平傳》："金兄平……高祖起義,以都督從。稍遷平北將軍、顯州刺史,加鎮南將軍,封固安縣伯。"按:天平初薛延孤爲顯州刺史,平當在前,蓋繼尉標。

[蔚州]

竇泰　遷相州。

韓祖念　征北將軍、刺史。

按:韓祖念見是年涇州條。

[并州]

高歡　復爲大行臺。

高隆之

《魏書》卷一一《出帝紀》:"三月……詔以前普解諸行臺,今阿至羅相率降款,復以齊獻武王爲大行臺,隨機裁處。"《北齊書》卷一《神武紀上》:"阿至羅虜正光以前常稱藩,自魏朝多事,皆叛。神武遣使招納,便附款。先是,詔以寇賊平,罷行臺。至是,以殊俗歸降,復授神武大行臺,隨機處分。"

[肆州]

彭樂　刺史。

《北史》卷五三《彭樂傳》:"韓陵之役,樂先登陷陣,賊衆大崩,封樂城縣公。後以軍功,進爵汨陽郡公,除肆州刺史。"

[雍州]

賀拔岳　都督雍華北華東雍二岐豳四梁二益巴二夏蔚寧南益涇二十州諸軍事、大都督。

《魏書》卷八〇《賀拔岳傳》:"二年,詔岳都督雍華北華東雍二岐豳四梁二益巴二夏蔚寧南益涇二十州諸軍事,大都督。"《周書》卷一四《賀拔岳傳》:"永熙二年,孝武密令岳圖齊神武,遂刺心血,持以寄岳,詔岳都督二雍二華二岐豳四梁三益巴二夏蔚寧涇二十州諸軍事、大都督。"《北史》卷六三《馮景傳》："岳使景詣齊神武,察其行事。神武聞岳使至,甚有喜色,問曰:'賀拔公詎憶吾邪?'即與景歃血,託岳爲兄弟。景還,以狀報岳。岳曰:'此姦有餘,而實不足。自古王臣無私盟者也,吾料之熟矣。'岳北合費也頭,東引紇豆陵伊利,西總侯莫陳悦、河州刺史梁景叡及酋渠爲盟誓,共會平涼,移軍東下。懼有專任之嫌,使景啓孝武帝。帝甚悦。"

[北雍州]

  楊儉

  毛遐

[東雍州]

  泉企

[華州]

  薛嘉族

[北華州]

  李長壽　衛大將軍、刺史。

　　《周書》卷四三《李延孫傳》："父長壽……永安之後,盜賊蜂起,長壽乃招集叛亡,徒侣日盛。魏帝藉其力用,因而撫之。乃授持節、大都督,轉鎮張白塢。後爲河北郡守,轉河內郡守。所歷之處,咸以猛烈聞。討捕諸賊,頻有功。授衛大將軍、北華州刺史,賜爵清河郡公。"按:始任年不詳,斷於此。

[幽州]

  孫定兒

[涇州]

  長孫子彥

  韓祖念　征東將軍、刺史。遷蔚州。

　　《韓祖念墓誌》(《墓誌集成》一〇一六):"王諱祖念,字師賢,昌黎郡龍城縣人也。……帳內都督,更移右廂都督,領親信。韓陵大玧,乃授征東將軍、金紫光禄大夫、涇州刺史。復除征北將軍、蔚州刺史。"按:涇州在關西,韓祖念當爲高歡所署,遥領刺史。

[岐州]

韋義遠

楊幼卿 刺史。

《北齊書》卷三四《楊愔傳》:"愔從兄幼卿爲岐州刺史,以直言忤旨見誅。"

[東秦州]

韋榮茂

[原州]

史歸

[夏州]

斛拔彌俄突

宇文泰 衛將軍、刺史,賀拔岳署。

《周書》卷一《文帝紀上》:"齊神武既破爾朱,遂專朝政。太祖請往觀之。……還謂岳曰:'高歡非人臣也。……今費也頭控弦之騎不下一萬,夏州刺史斛拔彌俄突勝兵之士三千餘人,及靈州刺史曹泥,並恃其僻遠,常懷異望……'岳大悦,復遣太祖詣闕請事,密陳其狀。魏帝深納之。加太祖武衛將軍,還令報岳。岳遂引軍西次平涼……表太祖爲使持節、武衛將軍、夏州刺史。太祖至州,伊利望風款附,而曹泥猶通使於齊神武。"校勘記:"'武衛將軍',《御覽》卷一〇五引《周書》、《册府》卷六作'衛將軍'。按上文已云魏帝'加太祖武衛將軍',何須再行表請。《魏書》卷一一三《官氏志》載太和後職令,衛將軍在第二品,武衛將軍在第三品,疑《御覽》《册府》是。"

[靈州]

曹泥

元季海　刺史,賀拔岳署。

　　《魏書》卷八○《賀拔岳傳》:"靈州刺史曹泥身詣岳軍請代,岳以前洛州刺史元季海爲州。彼民不促,擊破季海部下。"

[秦州]

侯莫陳悅

万俟普撥　鎮北將軍、大都督、刺史,進驃騎大將軍。據覆靰城。

　　《魏書》卷一一《出帝紀》:"七月辛卯,以使持節、鎮北將軍、大都督、秦州刺史万俟普撥爲驃騎大將軍、儀同三司。"《北齊書》卷二七《万俟普傳》:"字普撥……高祖起義,普遠通誠款,高祖甚嘉之。斛斯椿逼帝西出,授司空、秦州刺史,據覆靰城。"《北周地理志》卷二秦州:"普據覆靰城,是秦州曾移治覆靰城也。及普奔齊,而秦州還治上封。……此覆靰城不知今地所在,疑在河陽之北也。"

[南秦州]

李弼

[渭州]

可朱渾道元

[河州]

梁覽

　　《魏書》卷一一《出帝紀》:"三月……以使持節、都督河渭部三州諸軍事、驃騎大將軍、世襲河州刺史梁景叡爲儀同三司。"校勘記:"'部',錢大昕《考異》卷二八云:'"部"非州名,恐是"鄯"字之訛。'"

[涼州]

李叔仁

[瓜州]

東陽王榮

《大般涅槃經卷第卅一》尾題(《敦煌遺書總目索引新編》S.4415):"大代大魏永熙二年七月十五日,清信士使持節散騎常侍開府儀同三司都督嶺西諸軍事車騎大將軍瓜州刺史東陽王元太榮,敬造……"

[梁州]

元羅

[南岐州]

盧侍伯

[益州]

薛懷儁 都督益州諸軍事、征南將軍、益州刺史。

《魏書》卷六一《薛懷儁傳》:"出爲征南將軍、益州刺史。"《薛懷儁墓誌》(《墓誌集成》一〇一七):"永熙二年,除使持節、散騎常侍、都督益州諸軍事、益州刺史。"

[巴州]

傅曇表

永熙三年甲寅(534) 二月,雍州刺史賀拔岳爲侯莫陳悦所殺,夏州刺史宇文泰討悦。四月,悦敗死。七月,孝武帝爲高歡所逼,西遷長安。閏十二月,宇文泰殺孝武帝,立南陽王寶炬。

[司州]

廣陵王欣 遷長安。

《北齊書》卷二《神武紀下》:"二月……魏帝既有異

圖……於是以斛斯椿兼領軍，分置督將及河南、關西諸刺史。華山王鷙在徐州，神武使邸珍奪其管籥。建州刺史韓賢、濟州刺史蔡儁皆神武同義，魏帝忌之。故省建州以去賢，使御史中尉綦儁察儁罪，以開府賈顯智爲濟州。儁拒之。魏帝逾怒，五月下詔，云將征句吳，發河南諸州兵，增宿衛，守河橋。……神武乃表曰：'荆州綰接蠻左，密邇畿服，關隴恃遠，將有逆圖。臣今潛勒兵馬三萬，擬從河東而渡；又遣恒州刺史厙狄干、瀛州刺史郭瓊、汾州刺史斛律金、前武衛將軍彭樂擬兵四萬，從其來違津渡；遣領軍將軍婁昭、相州刺史竇泰、前瀛州刺史堯雄、并州刺史高隆之擬兵五萬，以討荆州；遣冀州刺史尉景、前冀州刺史高敖曹、濟州刺史蔡儁、前侍中封隆之擬山東兵七萬、突騎五萬，以征江左。皆約所部，伏聽處分。'……魏帝徵兵關右，召賀拔勝赴行在所……賈顯智率豫州刺史斛斯元壽伐蔡儁。神武使竇泰與左廂大都督莫多婁貸文逆顯智，韓賢逆（汝陽王）暹。元壽軍降。……顯智以軍降。"《魏書》卷一一《出帝紀》："五月……以使持節、侍中、大司馬、開府、司州牧、廣陵王欣爲左軍大都督。……七月……己丑，帝親總六軍十餘萬衆次於河橋。以斛斯椿爲前軍大都督，尋詔椿鎮虎牢。又詔荆州刺史賀拔勝赴於行所。勝率所部次於汝水。……丁未，帝爲椿等迫脅，遂出於長安。己酉，齊獻武王入洛，賀拔勝走還荆州。……八月甲寅，推司徒公、清河王亶爲大司馬，承制總萬幾，居尚書省。辛酉，齊獻武王西迎車駕。……行臺侯景討荆州，賀拔勝戰敗，走奔蕭衍。九月癸巳，以衛大將軍、河南尹元子思爲使持節、行臺僕射，使持節、驃騎大將軍、開府儀同三司、領軍將軍婁昭爲西道大都督，并率左右侍官西迎車駕。己酉……齊獻武王東還於洛。"《續高僧傳》卷一《菩提流支傳》："至永熙三年二月，（永寧寺）爲天所震。帝登凌雲臺望火,遣南陽王寶炬、録尚書長孫稚將羽林一千來救。……至七月,平陽王爲侍中斛斯椿所挾西奔長安,至十月而洛京遷于漳鄴。"《大事記續編》卷四二引《三國典略》:"勃海王自以爵位署其檄曰:'告宇文黑獺逆徒等:汝擁逼乘輿,遠遁關隴,予秉丹誠,龔行天罰。今遣相州刺史孫騰自潼關西入;都督、濟州刺史竇泰爲南面都督;前冀州刺史、司徒公高昂直截隴口;前濟州刺史蔡儁領魯陽蠻兵,從鹽池西渡,爲西面;開府、定州刺史、十二州大行臺侯景領四海雄豪,爲後軍。克十一月三十日大集西雍州。'"《魏書》卷二一上《元欣傳》:"隨出帝没於關中。"按:《大事記續編》置高歡檄文於天平二年,然檄文中有相州,相州天平元年十一月已改爲司州,是檄文當作於改州名前。檄文云蔡儁爲前濟州刺史,竇泰爲濟州刺史,然蔡儁至天平二年仍爲濟州刺史,泰本傳及墓誌皆未云泰歷濟州,存疑。

[義州]

侯植 西遷。

長孫子彦 中軍大都督、兼尚書右僕射、行臺,鎮恒農。西遷。

《周書》卷二九《侯植傳》:"及齊神武逼洛陽,植從魏孝武西遷。"《魏書》卷二五《長孫子彦傳》:"子彦,本名儁。……出帝與齊獻武王構隙,加子彦中軍大都督、行臺僕射,鎮弘農,以爲心膂。後從帝入關。"《長孫儁墓誌》(《墓誌集成》七九八):"考諱稚,太師、文宣王。公……(永熙)三年,入除太常卿。高歡起逆,詔兼尚書右僕射,以行臺鎮恒農。尋解,兼居真,加儀同三司、驃騎大將軍。大統元年,除左衛將軍,録從駕勳,封平高郡公。"《長孫儁妻婁貴華墓誌》(《墓誌集成》七八一):"永熙難作,天子蒙塵。舅太師文宣王出自近關,奔赴行所。夫先鎮陝服,因而迎駕。"按:《婁貴華誌》之"太師文宣王",即儁父稚,乃婁氏之翁。

[洛州]

穆建　驃騎大將軍、刺史。

泉企　車騎將軍、刺史、當州都督。

薛瑜　征東將軍、刺史,高歡署。戰没。

《魏書》卷二七《穆建傳》:"轉侍中、驃騎大將軍。出帝末,本將軍、儀同三司、洛州刺史。"《周書》卷四四《泉企傳》:"及齊神武專政,魏帝有西顧之心,欲委企以山南之事,乃除洛州刺史、當州都督。未幾,帝西遷,齊神武率衆至潼關,企遣其子元禮督鄉里五千人,北出大谷以禦之。齊神武不敢進。上洛人都督泉岳、其弟猛略與拒陽人杜窋等謀翻洛州,以應東軍。企知之,殺岳及猛略等,傳首詣闕,而窋亡投東魏。"《魏書》卷四二《薛長瑜傳》:"天平中,爲征東將軍、洛州刺史,擊賊潼關,没於陣。"《北齊書》卷二《神武紀下》:"八月……神武尋至恒農,遂西尅潼關,執毛洪賓。進軍長城,龍門都督薛崇禮降。神武退舍河東,命行臺尚書長史薛瑜守潼關,大都督厙狄溫守封陵。"《北史》卷九《周文帝紀》:"八月,齊神武襲陷潼關,侵華陰。帝率諸軍屯霸上以待之。神武留其將薛瑾守關而退。帝乃進軍斬瑾,虜其卒七千。還長安。"《通鑑》卷一五六中大通六年八月《考異》:"《北史》作'薛瑾',《典略》作'薛長瑜',《北齊帝紀》作'薛瑜'。今從《北齊書》。"《西魏書》卷一《孝武帝紀》注:"《太平御覽》引《後魏書》作'華長瑜'。……意薛名瑾,字長瑜,或即名瑜,一稱其名,一稱其字,傳寫者又僞'薛'爲'華'也。"按:《瑜傳》云瑜天平中爲洛州刺史,瑜八月已死,十月孝静帝方改元天平。《神武紀》云瑜爲行臺尚書長史,蓋瑜以長史帶洛州刺史,或由長史遷洛州刺史,未詳。

[荆州]

賀拔勝　奔梁。

辛纂　行西荆州事、兼尚書、南道行臺,尋正刺史,高欢署。敗死。

獨孤信　衛大將軍、都督三荆州諸軍事、兼尚書右僕射、東南道行臺、大都督、荆州刺史,宇文泰署。次年奔梁。

韓賢　行荆州事,高欢署。

　　《册府元龜》卷一《帝王部·帝系》:"(賀拔)岳尋爲侯莫陳悦所害,太祖哭之甚慟,陰懷復讐之志。時岳兄勝在荆州,太祖星夜赴告,勸勝入關收岳之衆,勝不能從。俄而周文帝起兵圖悦,太祖聞之,自荆州還,至閺鄉,爲高歡將所獲,送詣雒陽。魏武帝將收關右,見太祖甚喜,拜爲衛將軍,賜以金帛,鎮關中,同與周文帝平侯莫陳悦。"《魏書》卷七七《辛纂傳》:"永熙三年……九月,行西荆州事、兼尚書、南道行臺,尋正刺史。……黑獺遣都督獨孤如願率軍潛至,突入州城……(纂)爲賊所擒,遂害之。"《周書》卷一六《獨孤信傳》:"時荆州雖陷東魏,民心猶戀本朝。乃以信爲衛大將軍、都督三荆州諸軍事、兼尚書右僕射、東南道行臺、大都督、荆州刺史以招懷之。……東魏刺史辛纂勒兵出戰……大敗,奔城趨門,未及闔,信都督楊忠等前驅斬纂……於是三荆遂定。……東魏又遣其將高敖曹、侯景等率衆奄至。信以衆寡不敵,遂率麾下奔梁。"《北史》卷一一《隋文帝紀》:"東魏荆州刺史辛纂據穰城,皇考從信討之,與都督康洛兒、元長生乘城而入,彎弓大呼,斬纂以徇,城中懾服。居半歲,以東魏之逼,與信俱歸。"校勘記:"李慈銘云:'《周書》(卷一九《楊忠傳》)云"以東魏之逼,與信奔梁,梁武帝深奇之,以爲大德主帥、關外侯。大統三年,與信俱歸闕",此有脱文。'按李説是。"《北齊書》卷一九《韓賢傳》:"武帝西入,轉行荆州事。"按:《册府》之太祖即李虎。

賀拔勝參見是年司州條。《辛纂傳》之西荆州即穰城之荆州。

[新野鎮]

董羨　鎮將。

《王士良妻董榮暉墓誌》(《墓誌集成》一一四五)："夫人姓董,諱榮暉,隴西郡襄武縣人。……父羨……南陽太守、新野鎮將。夫人……以周保定五年六月廿九日薨於長安,春秋卌有一。"注："'卌',《北珍》作'卅',《補遺》(齊周)、《碑校》《疏證》作'卌'。"按:董氏生於孝昌元年,其父羨爲鎮將蓋在北魏末,列於此。

[東荆州]

馮景昭　刺史。

堯峻　行東荆州事。

《周書》卷三三《趙剛傳》："及魏孝武與齊神武搆隙,剛密奉旨召東荆州刺史馮景昭率兵赴闕。未及發,而神武已逼洛陽,孝武西遷。……景昭感悟,遂率衆赴關右。屬侯景逼穰城,東荆州人楊祖歡等起兵應景,以其衆邀景昭於路。景昭戰敗,剛遂没於蠻。"《堯峻墓誌》(《墓誌集成》九九五)："君諱峻,字難宗,上黨長子人也。……及罪竄南巢,政歸西伯……帝嘉廼誠,尋被敕行東荆州事。"

[南荆州]

李憨

[廣州]

李長壽　刺史。被殺。

《周書》卷四三《李延孫傳》："及魏孝武西遷,長壽率勵義士拒東魏。孝武嘉之,復授潁川郡守,遷廣州刺史。東魏遣行臺侯景率兵攻之,長壽衆少,城陷,遂遇害。大統元年,追贈太尉。"卷三六《劉志傳》："永熙二年,除安北將軍、銀青光祿大夫、廣州別駕。三年,齊神武舉兵入洛,魏孝武西遷。志據城不從東魏,潛遣間使,奉表長安。魏孝武嘉之,授廣州長史、襄城太守。後齊神武遣兵攻圍,志力屈城陷,潛邈得免。"

[襄州]

李密

[鄴州]

宇文貴　西遷。

《周書》卷一九《宇文貴傳》:"入爲武衛將軍、閤内大都督。從魏孝武西遷。"按:不知宇文貴何年徵還,斷於此。

[豫州]

斛斯元壽　被殺。

高敖曹　行豫州刺史。

《魏書》卷一一《出帝紀》:"六月……儀同三司賈顯智率豫州刺史斛斯壽東趨濟州。"卷八〇《斛斯椿傳》:"勸帝徵兵,詭稱南討,將以伐齊獻武王,帝從之。……遣椿率步騎數千鎮虎牢。椿弟豫州刺史元壽與都督賈顯智守滑臺,獻武王令相州刺史竇泰擊破之。椿懼己不免,復啓出帝,假説遊聲以劫脅。帝信之,遂入關,椿亦西走長安。……元壽尋爲部下所殺。"《北齊書》卷二一《高昂傳》:"及斛斯椿釁起,高祖南討,令昂爲前驅。武帝西遁,昂率五百騎倍道兼行,至於崤陝,不及而還。尋行豫州刺史,仍討三荆諸州不附者,並平之。天平初,除侍中、司空公。"卷二《神武紀下》:"八月……高昂行豫州事。"按:斛斯元壽參見是年司州條。高敖曹參見是年荆州條。

[信州]

毛香　安南將軍、刺史。

《魏書》卷一一《出帝紀》:"二月……蕭衍假節、豫州刺史、南昌王毛香舉城内附,授以持節、安南將軍、信州刺史、義昌王。"

[兗州]

樊子鵠

《魏書》卷八〇《樊子鵠傳》:"及出帝入關,子鵠據城爲逆。南青州刺史大野拔、徐州人劉粹各率衆就子鵠。天平初,遣儀同三司婁昭等率衆討之。子鵠先使前膠州刺史嚴思達鎮東平郡,昭攻陷之,仍引兵圍子鵠。"

[南兗州]

樊歡　刺史。被誅。

《隋書》卷七三《樊叔略傳》:"父歡,仕魏爲南兗州刺史、阿陽侯。屬高氏專權,將謀興復之計,爲高氏所誅。"校勘記:"'歡',《北史》卷八六《循吏·樊叔略傳》作'觀'。"按:年不詳,蓋在北魏末,斷於此。

[青州]

元貴平　被殺。

侯淵　行青州事。

《魏書》卷一一《出帝紀》:"十月戊辰,使持節、驃騎大將軍、開府儀同三司、行青州事侯淵克東陽,斬刺史東萊王貴平。"卷一九下《元貴平傳》:"爲幽州大都督侯淵所害。"按:侯淵參見是年齊州條。

[南青州]

茹懷朗

毛鴻賓　刺史。尋征還。

大野拔　刺史。

《洛陽伽藍記》卷四法雲寺:"永熙年中,南青州刺史毛鴻賓齎酒之蕃。"《北史》卷四九《毛鴻賓傳》:"轉南青州刺史。

未幾,徵還。"按:茹懷朗見是年齊州條,大野拔見是年兗州條。

[光州]

寇遵貴 刺史。

《寇胤哲墓誌》(《墓誌集成》一二三一):"上谷昌平人也。雍州刺史、河南宣穆公之玄孫,鄆州使君、昌平威公之曾孫,順陽府君軌之孫,光州刺史遵貴第二子。"按:參《魏書》卷四二《寇讚傳》,誌所云雍州刺史、鄆州使君、順陽府君皆爲實職,遵貴之光州刺史蓋亦爲實職。何年任職不詳,同傳云寇胤之仕於魏末,遵貴爲其從兄弟,蓋亦仕於魏末,列於此。

[齊州]

侯淵 遷青州。

汝陽王暹 刺史。

《魏書》卷八〇《侯淵傳》:"出帝末,淵與兗州刺史樊子鵠、青州刺史東萊王貴平密信往來,以相連結,又遣間使通誠於獻武王。及出帝入關,復懷顧望。汝陽王暹既除齊州刺史,次於城西,淵擁部據城,不時迎納。民劉桃符等潛引暹入據西城,淵爭門不剋,率騎出奔,妻兒部曲爲暹所虜。行達廣里,會承制以淵行青州事。……而貴平自以斛斯椿黨,亦不受代。淵進襲高陽郡,剋之,置部曲家累於城中,身率輕騎遊掠於外。貴平使其長子率衆攻高陽,南青州刺史茹懷朗遣兵助之。……城人兇懼,遂執貴平出降。淵自惟反覆,慮不獲安,遂斬貴平,傳首京師,欲明不同於斛斯椿也。"卷六六《崔光韶傳》:"後刺史侯淵代下疑懼,停軍益都,謀爲不軌。令數百騎夜入南郭,劫光韶,以兵脅之。"

[濟州]

蔡儁

賈顯智 驃騎大將軍、刺史。未至。

《北齊書》卷一九《蔡儁傳》："魏武帝貳於高祖,以濟州要重,欲令腹心據之。陰詔御史構儁罪狀,欲以汝陽王代儁,由是轉行兗州事。高祖以儁非罪,啓復其任。武帝不許,除賈顯智爲刺史,率衆赴州。儁防守嚴備,顯智憚之,至東郡,不敢前。天平中,爲都督,隨領軍婁昭攻樊子鵠於兗州,又與行臺元子思討元慶和,俱平之。"《魏書》卷八〇《賈顯智傳》："加授侍中,以本將軍除濟州刺史。率衆達東郡,仍停不進,於長壽津爲相州刺史竇泰所破,還洛。"按:蔡儁、賈顯智參見是年司州條。

[徐州]

元鷙

邸珍 被殺。

《北齊書》卷四七《邸珍傳》："珍御下殘酷,衆士離心,爲民所害。"《邸珎墓誌》(《墓誌集成》一三四三):"以永熙四年七月公薨於位。"按:元鷙、邸珍參見是年司州條。永熙無四年,誌誤。

[相州]

竇泰

孫騰 行相州事。

《太平廣記》卷二〇〇《文章三·高昂》引《談藪》："高昂,字敖曹。……常從軍,與相州刺史孫騰作《行路難》。"黃大宏校箋(《八代談藪校箋》一九):"(《行路難》)應是(高昂)永熙三年五月追擊(斛斯椿)歸來後所作。"按:竇泰見是年司州條。孫騰參見是年并州條。

[冀州]

尉景

王椿 行冀州事。遷瀛州。

孫騰 冀相殷定滄瀛幽安八州行臺僕射、行冀州事。遷相州。

按：孫騰見是年并州條。

[定州]

高琛 遷并州。

宇文長 衛將軍、行定州事。

侯景 定州刺史、十二州大行臺。

《宇文長墓誌》（《墓誌集成》一〇二六）："仍衛將軍、行定州事。高祖龍躍冀蕃，虎視河朔，公乃納忠款，遥應義旗，賞平舒縣侯。天平初，除太僕卿。"《梁書》卷五六《侯景傳》："以功擢爲定州刺史、大行臺……頃之，齊神武帝爲魏相，又入洛誅尒朱氏，景復以衆降之，仍爲神武所用。"按：侯景參見是年司州條。

[瀛州]

郭瓊

王椿 車騎將軍、刺史。

馮景 都督、衛將軍、刺史，宇文泰署。未任。

《魏書》卷九三《王椿傳》："永熙中，行冀州事。尋除使持節、散騎常侍、車騎將軍、瀛州刺史。……天平末，更滿還鄉。"《周書》卷二二《馮景傳》："太祖平侯莫陳悦，除景洛陽郡守，尋兼行臺左丞，留守原州。魏孝武西遷……遷散騎常侍、行臺尚書，加瀛州刺史。大統初，行涇州事。"校勘記："張森楷云：'"洛"疑當作"略"，以略陽是隴右地，而洛陽非宇文泰此時所有。'"《馮景之墓誌》（《墓誌集成》七八九）："又以本將軍爲略陽太守。……丞相迎駕關口，兼行臺右丞，留守原州，委以後事，尋加散騎常侍。今上啓聖，除使持節、都督、衛將軍、瀛州刺史。東途尚梗，又以本官行涇州刺史事。"

[滄州]

 高騰

[南營州]

 趙猛

[建州]

 韓賢 遷荆州。

[晉州]

 韓軌

[汾州]

 張瓊

[顯州]

 斛律平

[蔚州]

 韓祖念

[并州]

 高歡 討斛斯椿。

 高隆之 遷大行臺尚書。

 高琛 并肆汾大行臺僕射,領六州九酋長大都督,高歡署。

 孫騰 行并州事。遷冀州。

 封隆之 行并州刺史。

 楊穆 車騎將軍、都督并州諸軍事、并州刺史,孝武帝命。

  《北齊書》卷一八《高隆之傳》:"高祖之討斛斯椿,以隆之爲大行臺尚書。"卷一三《趙郡王琛傳》:"及斛斯椿等釁結,高祖將謀内討,以晉陽根本,召琛留掌後事,以爲并、肆、汾大行臺僕射,領六州九酋長大都督,其相府政事琛悉决之。天平中,除御史中尉。"《高叡造無量壽像記》(《碑刻校注》八·一一二九):"亡父魏使持節、特進、侍中、太尉公、尚書令、都督冀定滄瀛幽殷并肆雲朔十州諸軍事、驃騎大將軍、左光禄大夫、開府儀同三司、并肆汾大行臺僕射、領六州九酋長、大都督、知丞相事、冀定二州刺史、定州六州大都督、散騎常侍、御史中尉、領領左右駙馬都尉、南趙郡開國公琛。"《北齊書》卷二五《張纂傳》:"魏武帝末,高祖赴洛,以趙郡公琛爲行臺,守晉陽,以纂爲右丞。"卷一八《孫騰傳》:"入爲侍中。……騰以高祖腹心,入居門下,與斛斯椿同掌機密。椿既生異端,觸塗乖謬。騰深見猜忌,慮禍及己,遂潛將十餘騎馳赴晉陽。高祖入討斛斯椿,留騰行并州事,又使騰爲冀相殷定滄瀛幽安八州行臺僕射、行冀州事,復行相州事。天平初,入爲尚書左僕射。"卷二一《封隆之傳》:"徵爲侍中。……後爲斛斯椿等構之於魏帝,逃歸鄉里。高祖知其被誣,召赴晉陽。魏帝尋以本官徵之,隆之固辭不赴。仍以隆之行并州刺史。魏清河王亶爲大司馬。長史。天平初,復入爲侍中。"《周書》卷二二《楊穆傳》:"魏永安中,除華州別駕。孝武末……仍拜中軍將軍、金紫光禄大夫,除車騎將軍、都督并州諸軍事、并州刺史。卒於家。"按:高隆之參見是年司州條。楊穆當未之任。

[恒州]

厙狄干 刺史。

陸政 驃騎大將軍、刺史。

《周書》卷三二《陸通傳》:"父政……初從爾朱天光討伐,及天光敗,歸文帝。文帝爲行臺,以政爲行臺左丞、原州長史,賜爵中都縣伯。大統中,卒。"《陸逞碑》(《庾子山集》卷一三):"本姓陸,吳郡人也。……父政,驃騎大將軍、儀同三司、恒州刺史、中都獻公。太祖扶危濟傾,經綸夷阻,報君之恥,遠襲平原。以高平霸業所基,委命留事。"《步六孤須蜜多墓誌》(《墓誌集成》一一八八):"夫人諱須蜜多,本姓陸,吳郡吳人也。……祖政,驃騎大將軍、儀同三司、恒州刺史。"按:厙狄干見是年司州條。恒州孝昌中陷,東魏天平二年方僑置,干當遙領。《陸通傳》未云陸政歷恒州刺史,蓋遙領或贈官,附於此。

[雍州]

賀拔岳 被殺。

杜瓉 兼度支尚書、衛大將軍、西道行臺。

賈顯度 刺史、西道大行臺。

梁禦 大都督、刺史,宇文泰署。

宇文泰 驃騎大將軍、關西大都督,進兼尚書僕射、關西大行臺。七月,加大將軍、雍州刺史、兼尚書令。八月,進位丞相。

　　《魏書》卷八〇《賀拔岳傳》:"岳既總大衆,據制關右,憑彊驕恣,有不臣之心。齊獻武王惡其專擅,令(侯莫陳)悦圖之。……悦女夫元洪景抽刀斬岳。"《周書》卷三九《杜杲傳》:"族父瓉……仕魏爲黃門侍郎,兼度支尚書、衛大將軍、西道行臺,尚孝武妹新豐公主,因薦之於朝廷。永熙三年,起家奉朝請。"校勘記:"'瓉',《北史》卷七〇《杜杲傳》、《册府》卷八六七作'攢'。"《魏書》卷八〇《賈顯度傳》:"永熙三年五月,轉雍州刺史、西道大行臺。殁於關中。"《北史》卷四九《賈顯度傳》:"武帝入關後,(弟)顯智果同於齊神武,孝武帝怒,乃賜顯度死。"《周書》卷一七《梁禦傳》:"後從賀拔岳鎮長安。及岳被害,禦與諸將同謀翊戴太祖。從征侯莫陳悦,遷武衛將軍。太祖既平秦隴,方欲引兵東下,雍州刺史賈顯持兩端,通使於齊神武。太祖微知其意,以禦爲大都督、雍州刺史,領前軍先行。……顯即出迎太祖,禦遂入鎮雍州。授車騎大將軍、儀同三司。大統元年,轉右衛將軍。"卷一《文帝紀上》:"二月……(賀拔)岳果爲(侯莫陳)悦所害。……魏孝武帝將圖齊神武，聞岳被害，遣武衛將軍元毗宣旨慰勞，追岳軍還洛陽。毗到平涼，會諸將已推太祖。……悦既懼太祖謀己，詐爲詔書與秦州刺史万俟普撥，令與悦爲黨援。普撥疑之，封詔以呈太祖。……初，原州刺史史歸爲岳所親任，河曲之變，反爲悦守。……太祖遣都督侯莫陳崇率輕騎一千襲歸，擒之……表崇行原州事。……四月，引兵上隴，留兄子導爲都督，鎮原州。……（悦）退保略陽。……時南秦州刺史李弼亦在悦軍，乃間道遣使，請爲内應。……（宇文）導至牽屯山追及悦，斬之。……時涼州刺史李叔仁爲其民所執，舉州騷擾。宕昌羌梁仚定引吐谷渾寇金城。渭州及南秦州氐、羌連結，所在蜂起。南岐至于瓜、鄯，跨州據郡者，不可勝數。太祖乃令李弼鎮原州，夏州刺史拔也惡蚝鎮南秦州，渭州刺史可朱渾元還鎮渭州，衛將軍趙貴行秦州事。……進太祖侍中、驃騎大將軍、開府儀同三司、關西大都督、略陽縣公，承制封拜，使持節如故。於是以寇洛爲涇州刺史，李弼爲秦州刺史，前略陽郡守張獻爲南岐州刺史。盧侍伯拒代，遣輕騎襲擒之，侍伯自殺。時魏帝方圖齊神武，又遣徵兵。太祖乃令前秦州刺史駱超爲大都督，率輕騎一千赴洛。進授太祖兼尚書僕射、關西大行臺，餘官封如故。……七月……齊神武稍逼京邑……帝遂從洛陽率輕騎入關，太祖備儀衛奉迎……奉帝都長安。披草萊，立朝廷，軍國之政，咸取太祖決焉。仍加授大將軍、雍州刺史，兼尚書令。……八月……進位丞相。"

[北雍州]

楊儉

毛遐

步大汗薩　刺史，高歡署。

于謹　車騎大將軍、刺史，宇文泰署。

《魏書》卷五八《楊儉傳》："仍陷關西。"《周書》卷二二《楊儉傳》："孝武西遷,除侍中、驃騎將軍。"《楊儉墓誌》(《墓誌集成》七八五):"永熙三年,鑾駕西巡,除侍中、驃騎大將軍。"《北齊書》卷二〇《步大汗薩傳》:"從兆拒戰於韓陵。兆敗,薩以所部降。高祖以爲第三領民酋長,累遷秦州鎮城都督、北雍州刺史。天平中,轉東壽陽三泉都督。"《魏晉南北朝史札記·〈北齊書〉札記·秦州鎮城都督北雍州刺史》:"秦州遠在甘肅,非東魏或高氏勢力所及。秦州當是泰州之誤,州治蒲坂。……北雍州之北字疑當作東,東雍每與泰州并列。"《周書》卷一五《于謹傳》:"從太祖征潼關,破迴洛城,授使持節、車騎大將軍、儀同三司、北雍州刺史。……大統元年,拜驃騎大將軍、開府儀同三司。"按:高歡所署或爲遥領,未必赴任,本表仍據原文,列步大汗薩於北雍州條下。

[東雍州]

泉企　遷東梁州。

金祚　刺史,賀拔岳表授。

王德　行東雍州事,宇文泰署。

《北史》卷五三《金祚傳》:"大行臺賀拔岳表授東雍州刺史,令討仇池氏楊紹先於百頃。未還,岳爲侯莫陳悦所殺。祚克仇池還,莫知所歸。俄而神武遣行臺侯景慰諭,祚遂解甲而還。"《周書》卷一七《王德傳》:"及魏孝武西遷,以奉迎功,進封下博縣伯,邑五百户,行東雍州事。……大統元年,拜衛將軍。"

[華州]

薛嘉族　降高歡。

薛紹宗　刺史,高歡署。

怡峰　安東將軍、刺史,宇文泰署。尋轉大都督。

王羆 大都督,鎮華州,宇文泰署。進車騎大將軍,除華州刺史。

《北齊書》卷二〇《薛嘉族傳》:"及賀拔岳拒命,令嘉族置騎河上,以禦大軍。嘉族遂棄其乘馬,浮河而度,歸於高祖。"卷二《神武紀下》:"八月……於蒲津西岸築城,守華州,以薛紹宗爲刺史。"《周書》卷一七《怡峰傳》:"值魏孝武西遷,峰即從太祖拔回洛,復潼關。拜安東將軍、華州刺史。尋轉大都督。"《北史》卷六二《王羆傳》:"遷涇州刺史。未及之部,屬周文帝徵兵爲勤王之舉,羆請前驅效命,遂爲大都督,鎮華州。孝武西遷,進車騎大將軍、儀同三司,別封萬年縣伯,乃除華州刺史。"

[北華州]

李長壽 遷廣州。

[幽州]

孫定兒 被殺。

《周書》卷一七《劉亮傳》:"(侯莫陳)悦平,悦之黨幽州刺史孫定兒仍據州不下,涇、秦、靈等諸州悉與定兒相應,衆至數萬,推定兒爲主,以拒義師。太祖令亮襲之……斬定兒。"

[涇州]

長孫子彦 徵還。

王羆 刺史。未至。

寇洛 刺史,宇文泰署。

《周書》卷一五《寇洛傳》:"父延壽,和平中,以良家子鎮武川,因家焉。……(洛)從討侯莫陳悦,平之,拜涇州刺史。"按:長孫子彦見是年義州條。王羆見是年華州條。寇洛參見是年雍州條。

[岐州]

越肱特 征西將軍、刺史。

趙貴 刺史。

《魏書》卷一一《出帝紀》："七月……以使持節、征西將軍、岐州刺史越肱特爲儀同三司。"按：趙貴見是年秦州條。

[東秦州]

韋榮茂

杜欑 刺史。

《魏書》卷四五《韋榮茂傳》："永熙末，兄弟並殁關西。"《杜欑及妻元氏墓誌》(《洛陽新獲墓誌 二〇一五》三四)："魏故使持節、都督東秦州諸軍事、車騎大將軍、東秦州刺史、刈陵縣開國子杜君墓誌。……君諱欑，字寄茂，京兆杜陵人也。……授使持節、安西將軍、岐州刺史、當州都督。又除驃騎將軍、東雍州刺史。又除東秦州刺史。以從駕入關，封刈陵縣開國子，食邑四百戶。尋除車騎大將軍。春秋卌五，以大統四年八月薨于長安。……公妻元氏，新豐公主，河南洛陽人也。父司空公、任城王澄。夫人……春秋廿九，永熙三年六月遘疾薨于長安。"按：杜欑蓋因元氏姻親，爲孝武帝所委，故頻歷岐、東雍、東秦三州刺史。然三州皆在關西，誌云欑後"從駕入關"，則實未之任。

[原州]

史歸 爲宇文泰所殺。

侯莫陳崇 行原州事，宇文泰署。

宇文導 都督，鎮原州，宇文泰署。

王盟 刺史，宇文泰署。

李弼 鎮原州。尋遷秦州。

李賢 左都督、安東將軍，鎮原州。

《周書》卷一六《侯莫陳崇傳》："代郡武川人。……及岳爲侯莫陳悦所害，崇與諸將同謀迎太祖。太祖至軍，原州刺史史歸猶爲悦守。太祖遣崇襲歸。……遂擒歸,斬之。以崇行原州事。仍從平悦,轉征西將軍。"卷一〇《宇文導傳》:"及太祖隨賀拔岳入關,導從而西,常從征伐。太祖討侯莫陳悦,以導爲都督,鎮原州。及悦敗,北走出故塞,導率騎追之,至牽屯山及悦,斬之。"卷二〇《王盟傳》:"太祖將討侯莫陳悦,徵盟赴原州,以爲留後大都督,鎮高平。悦平,除原州刺史。"卷二五《李賢傳》:"賀拔岳爲侯莫陳悦所害,太祖西征。賢與其弟遠、穆等密應侯莫陳崇。以功授都督,仍守原州。……授持節、撫軍大將軍、都督。魏孝武西遷,太祖令賢率騎兵迎衛。……俄授左都督、安東將軍,還鎮原州。"校勘記:"'授假節、撫軍大將軍、都督',《北史》卷五九《李賢傳》作'授假節、撫軍將軍、大都督'。"按:侯莫陳崇參見是年雍州條。李弼見是年雍州、秦州條。

[夏州]

斛拔彌俄突

宇文泰 討侯莫陳悦。遷雍州。

拔也惡蚝 刺史。

按:拔也惡蚝見是年雍州條。疑爲宇文泰所署,蓋未之任。

[靈州]

曹泥

[秦州]

侯莫陳悦 敗死。

万俟普撥

趙貴 鎮北將軍、行秦州事、當州大都督,宇文泰署。尋遷岐州。

李弼 刺史,宇文泰署。徵還。

尉標 秦州諸軍事、安東將軍、秦州刺史,高歡署。

《魏書》卷八〇《侯莫陳悦傳》："永熙三年正月,岳召悦共討靈州。悦誘岳斬之……岳之所部,聚於平涼,規還圖悦,遣追夏州刺史宇文黑獺。黑獺至,遂總岳部衆并家口入高平城,以自安固。乃勒衆入隴征悦。悦聞之,棄城,南據山水之險,設陳候戰。黑獺至,遥望見悦,欲待明日決鬬。悦先召南秦州刺史李景和,其夜,景和遣人詣黑獺,密許翻降。……悦部衆離散……縊死野中。"《周書》卷一六《趙貴傳》:"祖仁,以良家子鎮武川,因家焉。……悦平,(貴)以本將軍、持節、行秦州事、當州大都督。……齊神武舉兵向洛,使其都督韓軌,進據蒲坂。太祖以貴爲行臺,與梁禦等討之。未濟河而魏孝武已西入關。……時曹泥據靈州拒守,以貴爲大都督,與李弼等率衆討之。……尋授岐州刺史。"卷一五《李弼傳》:"及悦害賀拔岳……(弼)擁衆以歸太祖。悦由此遂敗。……仍令弼以本官鎮原州。尋拜秦州刺史。太祖率兵東下,徵弼爲大都督,領右軍,攻潼關及迴洛城,剋之。"《尉標及妻王金姬墓誌》(《墓誌集成》九一一):"授使持節、秦州諸軍事、本將軍、秦州刺史。尋除河陽鎮城大都督。"按:万俟普撥、李弼見是年雍州條。尉標爲高歡部將,東魏無秦州,尉標蓋於北魏末爲秦州刺史。秦州在關西,標當遥領。

[南秦州]

李弼　鎮原州。尋遷秦州。

李景和　刺史。

劉亮　左大都督、刺史。

　　《周書》卷一七《劉亮傳》:"魏孝武西遷,以迎駕功,除使持節、右光禄大夫、左大都督、南秦州刺史。"按:李景和見是年秦州條。

[渭州]

可朱渾道元　降高歡。

長孫儉　行刺史,宇文泰署。

雷紹　刺史,宇文泰署。

《北齊書》卷二七《可朱渾元傳》:"侯莫陳悦之殺賀拔岳也,周文帝率岳所部還共圖悦。元時助悦,悦走,元收其衆,入據秦州,爲周攻圍,苦戰,結盟而罷。元既早被高祖知遇,兼其母兄在東,嘗有思歸之志,恒遣表疏與高祖陰相往來。周文忌元智勇,知元懷貳,發兵攻之。元乃率所部,發自渭州……從靈州東北入雲州。……至晉陽。"《魏書》卷一二《孝靜紀》:"(天平)二年春正月,寶炬渭州刺史可朱渾道元擁部來降,齊獻武王迎納之。"《北史》卷二二《長孫儉傳》:"從平侯莫陳悦,留儉爲秦州長史、防城大都督,委以後事,別封信都縣伯。渭州刺史可朱渾元奔東魏後,河渭間人情離阻。刺史李弼令儉權鎮渭州。儉將十餘騎冒難赴之,復隨機安撫,羌胡悦服。"《長孫儉碑》(《庾子山集》卷一三):"恒州高陸人也。……祖豹,龍驤將軍、恒州刺史。……公……遷秦州長史、防城大都督,封信都縣開國伯。三年,滑州蟻聚,保障沉命,靡旗亂轍,乘冰渡河,丞相、大行臺授假節、撫軍、行滑州刺史。"倪璠注:"'滑州'當作'渭州'。"按:《儉碑》云儉祖歷恒州刺史,不知是否爲贈官,本表不列。雷紹見是年涼州條。

[河州]

梁覽

[涼州]

李叔仁　被殺。

雷紹　大都督、刺史,宇文泰署。未任,遷渭州。

《北史》卷三七《李叔仁傳》:"遣使密通款於東魏,事覺見殺。"卷四九《雷紹傳》:"爲京兆太守。……在郡踰年,岳被害。……紹乃棄郡，馳赴岳軍，與寇洛等迎周文帝。悦平，以功授大都督、涼州刺史。紹請留所領兵以助東討，請單騎赴州。刺史李叔仁擁州逆命，紹遂歸。永熙三年，以紹爲渭州刺史。"按：李叔仁參見是年雍州條。

[瓜州]

東陽王榮

《周書》卷三六《令狐整傳》："刺史魏東陽王元榮辟整爲主簿，加盪寇將軍。……魏孝武西遷，河右擾亂，榮仗整防扞，州境獲寧。"

[梁州]

元羅 次年降梁。

《魏書》卷一六《元羅傳》："羅既懦怯，孝靜初，蕭衍遣將圍逼，羅以州降。"《梁書》卷三《武帝紀下》："（大同元年十一月）北梁州刺史蘭欽攻漢中，剋之，魏梁州刺史元羅降。"《通鑑》卷一五七大同元年十一月《考異》："《典略》在七月。"按：梁大同元年即東魏天平二年、西魏大統元年。

[南岐州]

盧侍伯 自殺。

張獻 刺史。宇文泰署。

按：盧侍伯、張獻見是年雍州條。

[益州]

薛懷儁 次年被俘至梁。

傅敬和 征東將軍、刺史。次年降梁。

《薛懷儁墓誌》（《墓誌集成》一〇一七）："代下方還，國步斯阻，遂浮玉輪之水，而往金陵之地。雅爲異域所欽，尋蒙以禮發遣。"《魏書》卷六一《薛懷儁傳》："天平初，代還至梁州，與刺史元羅俱爲蕭衍將蘭欽所擒，送江南。"卷七〇《傅豎眼傅》:"長子敬和……孝莊時,復爲益州刺史,朝廷以其父有遺惠故也。至州,聚斂無已,好酒嗜色,遠近失望。仍爲蕭衍將樊文熾攻圍,敬和以城降,送於江南。後衍以齊獻武王威德日廣,令敬和還國,以申和通之意。"《傅豎眼墓誌》(《墓誌集成》六〇二):"息敬和,征東將軍、益州刺史。"《北史》卷八五《沓龍超傳》:"晉壽人也。……永熙中,梁將樊文熾來寇益州,刺史傅和孤城固守。龍超每出戰,輒破之。"《通鑑》卷一五七大同元年七月:"益州刺史鄱陽王範、南梁州刺史樊文熾合兵圍晉壽,魏東益州刺史傅敬和來降。"《魏書》卷一二《孝靜紀》:"(天平四年六月)先是,蕭衍因益州刺史傅和請通好。秋七月甲辰,遣兼散騎常侍李諧、兼吏部郎中盧元明、兼通直散騎常侍李鄴使于蕭衍。"卷九八《島夷蕭衍傳》:"先是,益州刺史傅和以城降衍,衍資送和,令申意於齊獻武王,求通交好,王志綏邊遠,乃請許之。"《爲東魏與梁請和移文》(《文苑英華》卷六五〇):"侍中、大驃騎、同、尚書令、武陽子元世俊移梁執事……前益州刺史傅和,往處西蕃,逢時多難,歸途多阻,流寓江濱。亦既來朝,具陳彼意,知以止戈在念,去殺爲心。……若覆前言,共敦隣好,當拂逆旅,以待行人。"按:傅和即傅敬和,雙名單稱。《傅豎眼傳》云傅敬和"孝莊時,復爲益州刺史",然據《沓龍超傳》,敬和爲益州刺史當在永熙中,繼薛懷儁,"孝莊"應爲"孝武"之訛。梁大同元年即東魏天平二年,是年敬和降梁。《通鑑》之"東益州"衍"東"字,東益州孝昌後已没於氐,它文皆作益州,又沓龍超爲晉壽人,晉壽正屬益州。參《魏書》卷一一《出帝紀》及卷一九中《元世儁傳》,《請和文》之"大驃騎、同"當爲"驃騎大將軍、儀同三司"之省文。

[巴州]

傅曇表 次年没於梁。

《北史》卷九五《獠傳》:"後元羅在梁州,爲所陷,自此遂絶。"按:元羅降梁在西魏大統元年,見上梁州條。
[東梁州]
  泉企　東梁州行臺、都督。遷洛州。
　　《魏書》卷一一《出帝紀》:"二月,東梁州爲夷民侵逼,詔使持節、車騎大將軍、行東雍州事泉企爲東梁州行臺、都督以討之。"

參考文獻

《後魏方鎮年表》,吳廷燮撰,《歷代方鎮年表》,遼海書社本。簡稱"吳表"。

《魏將相大臣年表》,[清]萬斯同撰,《二十五史補編》第四册,上海:開明書店,1936年。

《晉書》,[唐]房玄齡等撰,北京:中華書局,1974年。

《宋書》(修訂本),[梁]沈約撰,北京:中華書局,2019年。

《南齊書》(修訂本),[梁]蕭子顯撰,北京:中華書局,2019年。

《梁書》(修訂本),[唐]姚思廉撰,北京:中華書局,2020年。

《魏書》(修訂本),[北齊]魏收撰,北京:中華書局,2018年。

《北齊書》(修訂本),[唐]李百藥撰,北京:中華書局,2024年。

《周書》(修訂本),[唐]令狐德棻撰,北京:中華書局,2022年。

《隋書》(修訂本),[唐]魏徵等撰,北京:中華書局,2020年。

《南史》(修訂本),[唐]李延壽撰,北京:中華書局,2023年。

《北史》,[唐]李延壽撰,北京:中華書局,1974年。

《舊唐書》,[後晉]劉昫等撰,北京:中華書局,1975年。

《新唐書》,[宋]歐陽修、宋祁撰,北京:中華書局,1975年。

《資治通鑑》,[宋]司馬光編著,[元]胡三省音注,北京:中華書局,1956年。簡稱《通鑑》。

《西魏書》,[清]謝啟昆撰,《續修四庫全書》第三〇四册,上海:上海古籍出版社,2002年。

《南北史合注》,[清]李清撰,《續修四庫全書》第二七八册至二八二册,上海:上海古籍出版社,2002年。

《大事記續編》,[明]王禕撰,《景印文淵閣四庫全書》第三三三至三三四册,臺北:臺灣商務印書館股份有限公司,1986年。

《十六國春秋輯補》,[北魏]崔鴻撰,[清]湯球輯補,聶溦萌、羅新、華喆點校,北京:中華書局,2020年。

《談藪》,[北齊]陽松玠撰,程毅中、程有慶輯校,北京:中華書局,1996年。

《八代談藪校箋》,[隋]陽玠撰,黄大宏校箋,北京:中華書局,2010年。

《洛陽伽藍記校注》,[北魏]楊衒之撰,范祥雍校注,上海:上海古籍出版社,1958年。

《高僧傳》,[梁]釋慧皎撰,湯用彤校注,北京:中華書局,1992年。

《續高僧傳》,[唐]釋道宣撰,郭紹林點校,北京:中華書局,2014年。

《弘明集》,[梁]釋僧祐撰;《廣弘明集》,[唐]釋道宣撰,上海:上海古籍出版社,1991年。

《法苑珠林校注》,[唐]釋道世撰,周叔迦、蘇晉仁校注,北京:中華書局,2003年。

《元和姓纂》,[唐]林寶撰,岑仲勉校記,北京:中華書局,1994年。

《梁簡文帝集校注》,[南朝梁]蕭綱著,肖占鵬、董志廣校注,天津:南開大學出版社,2015年。

《庾子山集注》,[北周]庾信撰,[清]倪璠注,許逸民校點,北京:中華書局,1980年。

《王褒集校注》,[北周]王褒著,牛貴琥校注,北京:中華書局,2021年。

《楊盈川集》，[唐]楊炯撰，《四部叢刊》本。

《張燕公集》，[唐]張説撰，《景印文淵閣四庫全書》第一〇六五册，臺北：臺灣商務印書館股份有限公司，1986年。

《毘陵集》，[唐]獨孤及撰，《景印摛藻堂四庫全書薈要》第三六一册，臺北：世界書局，1988年。

《全上古三代秦漢三國六朝文》，[清]嚴可均輯，《續修四庫全書》第一六〇三至一六〇八册，上海：上海古籍出版社，2002年。

《通典》，[唐]杜佑撰，王文錦等點校，北京：中華書局，1988年。

《通志》，[宋]鄭樵撰，北京：中華書局，1987年。

《藝文類聚》，[唐]歐陽詢撰，汪紹楹校，上海：上海古籍出版社，1965年。

《初學記》，[唐]徐堅等撰，北京：中華書局，1962年。

《太平御覽》，[宋]李昉等編，北京：中華書局，1960年。

《册府元龜》，[宋]王欽若等編，北京：中華書局，1960年。

《太平廣記》，[宋]李昉等編，北京：中華書局，1961年。

《文苑英華》，[宋]李昉等編，北京：中華書局，1966年。

《金石録校證》，[宋]趙明誠撰，金文明校證，桂林：廣西師範大學出版社，2005年。

《金石萃編》，[清]王昶撰，《石刻史料新編》第一輯第一至四册，臺北：新文豐出版公司，1977年。

《金石續編》，[清]陸耀遹撰，《石刻史料新編》第一輯第四至五册，臺北：新文豐出版公司，1977年。

《八瓊室金石補正》，[清]陸增祥撰，《石刻史料新編》第一輯第六至八册，臺北：新文豐出版公司，1977年。

《陶齋藏石記》，[清]端方撰，《石刻史料新編》第一輯第一一册，臺北：新文豐出版公司，1977年。

《北京圖書館藏中國歷代石刻拓本匯編》，北京圖書館金石組編，鄭州：中州古籍出版社,1989年。簡稱《北圖拓本》。

《漢魏南北朝墓誌集釋》,趙萬里撰,《石刻史料新編》第三輯第三至四冊,臺北：新文豐出版公司,1986年。簡稱《墓誌集釋》。

《漢魏南北朝墓誌彙編》,趙超撰,天津：天津古籍出版社,2008年。

《新出魏晉南北朝墓誌疏證》(修訂本),羅新、葉煒撰,北京：中華書局,2016年。

《墨香閣藏北朝墓誌》,葉煒、劉秀峰主編,上海：上海古籍出版社,2016年。簡稱《墨香閣墓誌》。

《漢魏六朝碑刻校注》,毛遠明編著,北京：綫裝書局,2008年。簡稱《碑刻校注》。

《西南大學新藏墓誌集釋》,毛遠明編著,南京：鳳凰出版社,2018年。簡稱《西南大學墓誌》。

《新見北朝墓誌集釋》,王連龍著,北京：中國書籍出版社,2012年。

《南北朝墓誌集成》,王連龍編撰,上海：上海人民出版社,2021年。簡稱《墓誌集成》。

《隋代墓誌銘彙考》,王其禕、周曉薇編著,北京：綫裝書局,2007年。

《洛陽出土北魏墓誌選編》,洛陽市文物局編,朱亮主編,北京：科學出版社,2001年。

《洛陽新獲七朝墓誌》,齊運通編,北京：中華書局,2012年。

《洛陽新獲墓誌 二〇一五》,齊運通、楊建鋒編,北京：中華書局,2017年。

《秦晉豫新出墓誌蒐佚》,趙君平、趙文成編,北京：國家圖書館出版社,2012年。簡稱《秦晉豫墓誌》。

《秦晉豫新出墓誌蒐佚續編》,趙文成、趙君平編,北京：國家圖書館出版社,2015年。簡稱《秦晉豫墓誌續編》。

《大唐西市博物館藏墓誌》,胡戟、榮新江主編,北京:北京大學出版社,2012年。

《珍稀墓誌百品》,胡戟著,西安:陝西師範大學出版社總社有限公司,2016年。

《敦煌遺書總目索引新編》,敦煌研究院編,北京:中華書局,2000年。

《水經注疏》,[北魏]酈道元注,楊守敬、熊會貞疏,南京:江蘇古籍出版社,1989年。

《元和郡縣圖志》,[唐]李吉甫撰,賀次君點校,北京:中華書局,1983年。簡稱《元和志》。

《太平寰宇記》,[宋]樂史撰,王文楚等點校,北京:中華書局,2007年。簡稱《寰宇記》。

《嘉慶重修一統志》,北京:中華書局,1986年。

《北魏州郡志略》,《歷史語言研究所集刊》第三十二本,勞榦著,1961年。

《魏延昌地形志存稿輯校》,[清]張穆原著,安介生輯校,濟南:齊魯書社,2011年。

《北周地理志》,王仲犖撰,北京:中華書局,1980年。

《隋書地理志考證(附補遺)》,楊守敬撰,《二十五史補編》第四册,上海:開明書店,1936年。

《東晉南北朝輿地表》,[清]徐文範撰,《二十五史補編》第五册,上海:開明書店,1936年。

《讀史方輿紀要》,[清]顧祖禹撰,賀次君、施和金點校,北京:中華書局,2005年。

《北齊書旁證》,願學齋主人撰,《二十四史訂補》第七册,北京:書目文獻出版社,1996年。

《南北史掇瑣》,高敏撰,鄭州:中州古籍出版社,2003年。

《讀史舉正》,[清]張熷撰,《續修四庫全書》第四五五冊,上海:上海古籍出版社,2002年。

《十七史商榷》,[清]王鳴盛撰,黄曙輝點校,上海:上海古籍出版社,2013年。

《廿二史劄記校證》,[清]趙翼撰,王樹民校證,北京:中華書局,2013年。

《廿二史考異》,[清]錢大昕撰,方詩銘、周殿傑校點,上海:上海古籍出版社,2004年。

《諸史考異》,[清]洪頤煊撰,《續修四庫全書》第四五五冊,上海:上海古籍出版社,2002年。

《落帆樓文集》,[清]沈垚撰,《續修四庫全書》第一五二五冊,上海:上海古籍出版社,2002年。

《越縵堂讀書記》,[清]李慈銘撰,由雲龍輯,上海:上海書店出版社,2000年。

《越縵堂讀史札記全編》,[清]李慈銘著,北京:北京圖書館出版社,2003年。

《魏晉南北朝史札記》,周一良撰,北京:中華書局,1985年。

《魏晉南北朝史論集》,周一良著,北京:北京大學出版社,1997年。

《中國地方行政制度史》乙部《魏晉南北朝地方行政制度》(上下冊),嚴耕望著,臺北:"中研院"歷史語言研究所,1990年。

《唐代交通圖考》,嚴耕望撰,臺北:"中研院"歷史語言研究所,1985、1986年。

《魏晉南北朝都督制度研究》,張鶴泉著,長春:吉林文史出版社,2007年。

《魏晉南北朝將軍制與都督制論稿》,張鶴泉著,長春:長春出版社,2023年。

《中國疆域沿革史》,顧頡剛、史念海著,北京:商務印書館,1999年。

《中國行政區劃通史·十六國北朝卷》,周振鶴主編,牟發松、毋有江、魏俊傑著,上海:復旦大學出版社,2017年。

《中國歷史地圖集》,譚其驤主編,北京:中國地圖出版社,1982年。

人名索引[①]

A

安國 109
安同 92、94、96
安原 80、81、83、87

B

拔也惡蚝 738
抱嶷 331、338、346、354、359、366、371
暴誕 571
暴暓 365
畢聞慰 515、526、532、540、548
畢義暢 653
畢元賓 300、305、310、314
畢衆敬 208、216、284、289、294
畢祖暉 501、509、555、572、588、605
畢祖朽 512、524、531、538、542、564、581、583、599
邴虬 561、576、591、608
步大汗薩 734

C

蔡儁 695、711、728
蔡紹 283

[①] 本人名索引爲漢語拼音索引。表中所列人物之封號,在索引中皆改爲姓,如"常山王遵"改爲"元遵"。

曹敬　488、495、502、510、520
曹泥　705、719、738
曹世表　563、578、593、596
曹芝　672
常伯夫　230
常景　569、583
常喜　188、191、194
常訢　206、212、219、223、228、232
常英　207、212、219、223、228
常珍奇　203、208、215
晁暉　176
車歇　225
陳伯之　394、400
陳建　169、172、177、179
陳提　262、265
成固公　217
叱列延慶　641、664、680、685、698
叱羅協　701
叱羅興　310
叱羅珍業　460
淳于誕　591、607、608、629、646
崔秉　549、569、580、584、599
崔長文　639
崔道固　210、217
崔浩　82、86
崔衡　296、302
崔徽　108、112、115、118、120、121、123
崔鑒　241、247
崔景徽　365、370、379
崔敬邕　434、441、446、452、457、464、468、475
崔巨倫　633
崔楷　580、581、599
崔寬　208、215、220、225、230
崔勵　539

崔亮 442、447、474、483
崔勔 675
崔模 627
崔僧淵 342、349、356
崔士和 555、589
崔恬 151
崔挺 335、342、349、356、363、368、376
崔蔚 313
崔襲 587、604
崔遲 428、429、438、444、449、455、478、515、526、532、540、548
崔庠 712
崔孝芬 562、596、616、633、635、671、673、692
崔休 400、408、414、417、499、504、506、513、524
崔延伯 421、426、437、440、446、452、493、543、555
崔遊 510、559
崔元珍 622
崔賾 102、106、111
崔振 403、411、417

D

達奚長 519
達奚眷 307
大野拔 727
鄧靈奇 263
鄧權 95
鄧述 321、328、335
鄧羨 455、461、467
鄧獻 594、613
鄧儼 545
鄧怡 194
鄧宗慶 262、266、267、270
狄子玉 98、101、104、109
邸蒙 116
邸思 302

邸珍 698、711、713、729

刁雙 594、613、616

刁宣 681

刁雍 85、88、90、91、92、94、95、97、99、102、105、110、113、116、119、120、129、132、133、137、139、142、146、150、153、155、157、163、166、170、174、177、180

刁整 638、659、681

刁遵 466、471、480

董紹 537、544、561、577、592、610、669、689

董羨 725

董徵 533、540、550、570

豆代田 174

豆盧萇 486

竇瑾 104、108、112、115、118、120、122、123、149、152、164、168、171

竇羅 275

竇泰 640、662、684、700、713、716、729

獨孤干 340

獨孤信 650、724

杜粲 606

杜超 97、100、102、106、111、113、116、119、121、122、126、129、133、137、139

杜欑 737

杜道儁 154、156、158、160、164、167、171

杜道生 161

杜德 676、695

杜洪太 290

杜遺 139、144、148、151、154、156、160、164、168

杜胤寶 162、165、169、173

杜顒 589、592、605、610、627

杜瓚 733

杜纂 503、511

段霸 140

段長 486

段榮 680、697、698、699

段儒 476

段恨 134

段憘 278
段信 181

E

娥清 103、107、112、114
娥延 134
尒朱弼 674、693
尒朱代勤 200
尒朱度律 625、642、678
尒朱汗 351
尒朱買珍 405
尒朱榮 585、601、623、641、662
尒朱世隆 637、647、671
尒朱天光 624、641、642、664、686、702
尒朱羽生 586、602、624、658、679
尒朱育 684
尒朱兆 640、662、684、701
尒朱真 273、282、295
尒朱智虎 685、701
尒朱仲遠 639、655、660、673、676

F

樊歡 727
樊魯 450、456
樊義 696
樊子鵠 622、640、651、656、658、695、710、727
范紹 551、570
范遵 617、619
房法壽 210、217
房景伯 376
房景先 496
房静 66
房亮 455、492、498、506、515
房謨 584、619

房菩薩 310

房千秋 390

房士達 654

房叔祖 612、632

費峻 88

費穆 529、552、571、586、602

費萬 255

費于 212

封阿君 186、188、191

封敕文 138、143、146、150、153、155、157、163、166、170

封沓干 62、64

封豆 59、65

封軌 510

封回 381、386、392、396、493、498、499、506、540、547、567

封津 579、596、616

封静 464、468

封琳 327、334、376、469、478、488

封隆之 677、698、731

封磨奴 262、265、269、273、277、279

封憑 596、615

封延之 675、695、713

封羽 142

馮崇 106

馮景 730

馮景昭 725

馮儁 594

馮朗 130

馮熙 200、249、254、260、263、266

馮□ 207

符叱盤 309

傅敬和 741

傅靈越 167、171、176、178

傅豎眼 422、429、436、443、449、454、460、465、469、479、489、495、503、511、521、530、537、544、560、575、590

傅曇表 670、690、707、720、742
傅永 362、367、375、384、390、394、400、408、415、420、422、429、438、444

G

高昂(敖曹) 677、697、713、726
高長命 686
高琛 713、730、731
高綽 453、459、512、523、527、533
高次同 659
高聰 411、417、424、484
高道穆 647
高各拔 316、351
高湖 147
高歡 661、677、683、701、716、731
高徽 574
高季安 481
高諒 565
高隆之 697
高隆之 701、716、731
高閭 210、328、336、343、344、351、358
高猛 381、405、412
高乾(乾邕) 711
高慎(仲密) 681、694、699、710
高盛 697
高世表 445
高市貴 622、640、661
高雙 426、436、440
高騰 714、731
高陀 353
高翼 599、619、638、658
高祐 300
高聿 528、699
高元榮 557
高允 232、238、243、245、248、253、258、261

高植 430、438、444、450、451、456、468、476
高稚 259、265
高子朗 645
高遵 335、342、349
高祚 196、197、199
葛那 123
公孫處顯 246
公孫軌 125
公孫國 128
公孫略 687
公孫蘧 248
公孫邃 321、327、327、334、342
公孫驥 497
公孫猗 557、574、589
鞏幼文 382
苟孤 77、78
苟愷 274、291、307
苟莫于 174
苟若周 280
苟頹 246、249
苟資 457
古弼 120、122、123、134
谷闌 232、238、242
谷季孫 190
谷穎 470
郭白 208
郭瓊 714、730
郭雙 329
郭琰 691、708
郭逸 144
郭祚 379、385、392、394、396、401、409、476

H

韩茂 164

人名索引

韓拔 146
韓軌 715、731
韓均 206、212、218、223、227、232、238、242、245、248
韓茂 160
韓麒麟 210、217、221、226、285、289、295、301
韓天生 258
韓頹 231
韓務 380、438、443
韓賢 672、691、699、715、724、731
韓秀 278
韓延之 90
韓演 625
韓曜 277
韓祖念 716、717、731
郝温 145
何難 161
和跋 60、63
和歸 150、152、155
紇干吐拔 298
賀拔勝 708、724
賀拔岳 664、666、688、702、704、716、733
賀拔允 662
賀多羅 124
賀若伏連 500
賀□ 274
赫連略 556
赫連儒 507
赫連悦 652
侯剛 567
侯骨伊莫汗 222
侯景 695
侯莫陳崇 737
侯莫陳斛古提 316
侯莫陳少興 397

侯莫陳悅 666、668、688、689、705、719、738
侯文和 294
侯詳 533、540、549
侯欣 330
侯淵 621、639、659、660、680、711、727、728
侯植 649、671、691、708、721
侯□ 179
胡國珍 486
胡泥 261、265、269、272、277、279、281、286、289、295
胡寧 509、519
胡平 595
胡虔 604、627
胡盛 484、498
胡元吉 601
斛拔彌俄突 705、718、738
斛律金 700、715
斛律謹 435
斛律平 716、731
斛斯椿 636
斛斯敦 657、677、696
斛斯元壽 692、709、726
華興 257
桓誕 236、240、244、247、250、254、260、263、267、271、276、278、280、284、288、294、299、305、309、313、320、326、333
桓道進 373
桓暉 334、340、348、356、362、367、373
桓叔興 455、461、466、471、480、491、496、504、512、522
皇甫椿齡 338、346、354
皇甫度 515
皇甫集 494、501、508、509、518
皇甫奇 184
皇甫瑒 523、531、537
皇甫邕 627

J

姬農 290
賈粲 565
賈儁 333、339、348、355
賈思伯 439、444、449、456、462
賈思同 577、592、612、632
賈顯度 557、641、653、664、675、695、733
賈顯智 699、714、729
江果 621
江文遙 570、584、600、621
姜筠 371
金祚 644、645、667、688、735
敬羽 504
沮渠秉 138、142
沮渠萬年 160、164、165、168
沮渠無諱 131、136
劇買奴 329

K

可朱渾道元 706、719、740
可朱渾護野肱 127
渴丸瓌 502、510、521、529、536
渴丸頽 131
孔伯恭 197、199、204、218、222
孔伯孫 300、306、310、314、321
孔昭 186、189、192
寇胐之 610、630、672、691
寇儁 646、669
寇洛 736
寇讚 101、105、110、113、115、118、120、122、125、129、132、137、139、143、148、151、153
寇臻 326、334
寇治 466、471、479、489、495、502、561

寇祖噗 300
寇遵貴 728

L

來大千 96、98、100
來提 280
郎孤 107、112、115、119、121
郎育 418
雷紹 740
李安世 285、289、295、301、306、311、315、322
李寶 136、139、143、148、152、155、156、169、173、177、180、182、184、186、187
李弼 705、719、737、738、739
李彪 386
李璨 208、216、221、225、231
李長壽 717、725、736
李崇 116
李崇(繼長) 275、277、278、280、284、314、321、327、360、366、372、382、423、431、439、445、451、456、463、467、473、482、483、526、532、567
李兜 286、291、297
李恩 692
李孚 621、638
李該 616、631、635、650
李貴 252
李洪之 228、283、287
李虎 666、686
李煥 377、388、393
李恢 201、207、213
李惠 198、202、207、214、219、224、228、233、238、243、245、248、253、256、261
李渾 674
李堅 402、410、417、424、433
李柬 616
李獎 539、547、567
李景和 739
李静 546

李冏 327、334
李峻 193、195、196、198、201、207、214
李葵 283
李靈 167
李茂 255、258
李密 684、692、699、701、708、726
李苗 585
李愍 677、691、697、708、725
李平 392、396、402、410、431、483
李璞 169
李虔 475、512、524
李韶 348、356、363、367、375、380、386、419、426、435、442、463、464、467、473、477、514、526、532、540、547
李神 597、617、637、657
李神儁 562、597
李世哲 532、539、543、555
李式 220、225
李叔虎 453
李叔仁 490、517、706、720、740
李順 100
李思穆 484、493、499、507
李肅 364、370、501、510
李熙 125
李賢 737
李顯甫 371
李憲 444、449、553、567、579
李孝伯 172、177、179、182、184、185、187
李孝怡 658
李訢 185、186、189、192、194、196、197、199、205、211、218、222、250、256
李興祖 403、410、417
李宣茂 457、464
李玄 687
李延寔 538、547、564、578、634、653
李琰之 630、650、671、691

李彦 434、441、446、451、452、456、463、543、557
李瑒 605
李曅 522、523
李颐 496、504
李嶷 206、212
李彧 651
李元护 376、384、391
李元茂 322
李元忠 679
李志 523、531、537、545、563、577、592、611
李仲琁 686
李仲遵 550
李佐 322、323、328、367
郦道慎 413
郦道元 471、581
郦范 209、217、221、263、267、271
郦惲 622
梁洪雅 381
梁览 574、590、607、628、645、668、689、706、719、740
梁屈朱 329
梁禦 669、733
梁钊 406
林金闾 200
刘拔 499
刘昶 335、343、350、357
刘宠 286
刘出建 127
刘诞 657、677、697
刘道斌 528、534、543
刘德 345
刘恩 480
刘芳 364、390、394
刘贵(懿) 661、668、683、699、700、701
刘稽 94

劉亮 739
劉靈助 621、639、660、682
劉羅辰 65
劉逸 213
劉尼 171、177
劉匹知倍 433
劉乞歸 233
劉善 318
劉世明 653、673
劉殊暉 126
劉桃符 461、467、472、481
劉天興 258
劉廞 578、616
劉興 347
劉悌 472
劉藻 292、298、303、308、312、319、324、332、338、346、354、360、366
劉子遺 83
柳援 529
婁悅 414、422、427
樓寶 541
樓槀 404
樓伏連 75、76、157
樓毅 322、329、332、339、347、355、361
盧曹 660、682
盧昶 439、445、451、477、486
盧道裕 509
盧度世 204、211、218、222、225、226
盧尚之 513
盧侍伯 707、720、741
盧同 549、569、596
盧文偉 680、682、699、714
盧琇 516、526、533
魯軌 84、87、89、90、92、94、95、96、99、102、105、110、113、115、118、120、122、125、129、132、137、139、143、148、151、153、156

魯爽 156、158、164
陸馛 168、171、176、179、181、183、185
陸昶 424
陸定國 266、270、275、277、280、283
陸恭之 619
陸儁 212、218、222、223、227
陸龍成 285
陸彌 360
陸尼 247
陸俟 98、100、102、105、109、113、115、118、119、149
陸騏驎 312、319
陸叡 330、337、345、350、352
陸石跋 177
陸突 60
陸希道 496、497、504、512、519、528、534、543
陸希質 635、654、660
陸昕之 394、401、409、415、422、429、438、439、445、451
陸延 314、318、404、412、418、508
陸宜 126
陸真 182、184、186、187、191、193、195、213、219、224、228、233、238
陸政 732
陸子彰 610、630
陸□ 154
陸□ 313
鹿生 315、322、328、336、343、350、357
鹿悆 655
路思令 619、638、658
路邕 491
羅蓋 456
羅衡 462、467、472
羅鑒 666
羅結 87、89
羅斤 123、127、130、134、137、141、145
羅忸 97、99、102

羅殺鬼 615
羅伊利 204、208、216
駱超 645、667
閭阿各頭 368
閭伯昇 536
閭大肥 88、91
閭鳳 190
閭虎皮 234、239
閭驎 180
閭染 176
閭□ 250
吕豹子 363、368、376
吕伯度 588
吕羅漢 239、243、245、248、253
吕洛拔 199、204、211、218
吕七寶 337
吕受恩 273

M

毛鴻賓 626、642、652、665、673、727
毛天愛 106
毛遐 604、627、642、643、665、686、703、717、734
毛香 726
梅豹 89
孟表 334、341、349、356、363、364、368、377、463、467、473
孟季 586、602、625、643
孟威 500
万俟洛 662、683、688
万俟普撥 719、738
莫雲 93、95、96
慕容白曜 221、225
慕容帶 190、191
慕容定 126
慕容没真 188

慕容契 403、410、417、434、476
慕容虔恭 344
慕容善 272
慕容紹宗 684
慕容昇 517
慕容懿 70
慕容郁 359
慕容遠 485
穆弼 528、534、542、553
穆崇 63
穆純 324
穆度孤 378
穆伏真 178
穆翰 168
穆建 663、722
穆栗 193
穆亮 234、239、262、266、270、275、278、280、283、287、292、358、364、369、379、385
穆鑌 404、418、424、465、469、479、485、489
穆莫提 94
穆泥乾 244
穆羆 276、291、296、302、307、312、316、329、336、338、346
穆蒲坂 275
穆清休 628、645
穆紹 568、633、674
穆泰 320、325、336、344、350、352
穆吐萬 225
穆相國 164
穆衍 625
穆顗 157

N

念賢 609、680、710

P

潘長 282

潘義淵 556、574、589、606
潘永基 656、676、696、712、712
龐蒼鷹 714
裴粲 633、694、711
裴芬之 509、555
裴景鸞 553
裴良 550、570、585、601、622、647
裴叔業 374
裴思賢 305
裴佗 545、563、577、592
裴宣 419、426、436、442、449、454
裴宣明 366
裴詢 512、523、531、537、545、563
裴延儁 515、526、533、540、549、550
裴衍 597
裴瑗 620、623
裴植 375、384、390、433、440、446、452、457
裴遵 416
彭樂 716
皮豹子 127、130、136、138、143、146、150、153、155、157、163、166、170、174
皮雙仁 254
皮喜 234、240、243、245、249、254、255、260、263、267、271、276
皮演 407、413、420、426
平季 624
平鑒 632、651、672
平勝 457

Q

綦辰 296
綦儁 638、659、714
乞伏寶 442、672、692
乞伏成龍 180、182
乞伏慎 345
乞伏悅 509

乞文 113
秦松 475
青龍 312
仇洛齊 129、134、137、140、144、148、151
丘堆 78、79
丘頓 240、244、246
丘麟 255
屈拔 207
屈車渠 231
泉企 611、631、643、666、703、717、722、735、743

R

染雅 290
任延明 103、107
茹懷朗 654、675、694、710、727

S

山累 405
厙狄干 732
沈陵 343、350、357、364、369
沈文秀 281
石歃 299
石榮 443、449、454、461
石士基 529
史歸 705、718、737
史寧 709
叔孫固 332
叔孫瓆 226、231、237、241
叔孫建 68、69、77、78、79、80、81、82、86、88、90、91、92、94、95、97、100、102、105、110、113、116、119
叔孫隣 166
叔孫協 269
司馬楚之 84、87、133、141、145、149、152、155、156、162、165、169、173、177、180、182、184、186、187、190、193、195、196、198

人名索引

司馬金龍 198、200、207、213、219、224、228、233、238、243、245、248、253、258、262、265、269
司馬紹 293
司馬天助 105、110、113、116、118、120、122、126、129、132
司馬文思 132、134、137、141、145、149、152、155、157、162、165、169
司馬彥邕 525
司馬悅 383、390、394、400、408、414、422、427
司馬躍 269、274、277、279、282、286
司馬仲明 419、533、541、551
司馬準 86
司馬子如 637、690、707
宋丞 493
宋翻 578、595、614
宋紀 570
宋紹祖 257
宋維 522、531、550、570
宋顯 683、700、715
宋宣 149
宋穎 543、559
孫定兒 704、717、736
孫惠蔚 482、491、497
孫騰 678、697、729、730、731
孫小 212、219、224、228、277、279、281
索度真 68

T

唐法樂 420
唐和 183
唐顯 354
唐玄達 228、233、238
唐欽 313、318
唐永 554、572、576、591
田官德 524
田朴特 546

田興祖 400、408、415

田夷 523

田益宗 341、348、356、362、367、375、384、390、394、400、408、415、422、428、438、444、449、455、461、463

吐谷渾豐 324、361

吐谷渾權 199

W

萬貳 404

萬福榮 454、460

萬振(古真) 201、207、213

王安都 157、163、166、170

王安世 643

王彪 202

王秉 385、392

王巢 575

王諶 341、348

王椿 627、638、643、658、730

王綽 663、666

王德 735

王定州 258

王睹 172、177、179、182、183、185

王度 85、104

王輔 60

王懷 684、700

王惠 221

王慧龍 83、125

王建 63

王斤 98、100、104

王景仁 171

王静 487、581

王居伏 41

王琚 264、268、272

王寬 89

王亮 282、286、290、294、296
王買得 154、156、159
王買奴 550、570、584
王瑆奴 311
王茂 627、631、644
王盟 737
王羆 562、577、592、610、630、644、666、668、689、705、736
王瓊 416、423、429、497
王讓 230
王融 194
王世弼 377、385、391、395、425、435
王樹 219、224、229
王誦 549
王肅 341、348、356、362、367、377、385
王萬國 344
王温 506、515
王襲 316、323、330、336
王顯 416、424、431
王憲 185、187、190
王翔 445
王兕 132
王延年 583
王衍 652
王巋 319、324
王翊 532
王育 339
王遇 338、346、354、359
王雲 462、467、472、481
王質 311、315、323、329、336、344、351、358、364、370
王仲興 403、410
王仲智 315
王足 412
王祖幹 570
韋朏 523、597、617、636

韋榮茂 704、718、737
韋欣宗 379
韋旭 643
韋義遠 704、718
韋彧 538、546、573
韋珍 236、240、244、247、250、255、260、263、267、271、276、278、280、284、288、294、299、305、309、313、320、326、327、333、334、340
韋纘 385
尉豹 594
尉標 700、738
尉撥 178、184、186、188、191、193、195、196、198、201、215、220、225、230、237、240、244、247
尉長壽 170
尉多侯 229、236、240、243、245、249、254、260
尉古真 78、79、80
尉建 70、71、72、73、74、75、76
尉景 694、713、729
尉眷 115、118、120、122、125、128、131、136、139、143、147、150、153、155、158、163
尉力斤 121
尉洛侯 259、262、266
尉諾 71、72、73、74、75、76、77、78、92、95、96、98、100、103、106
尉慶賓 586
尉太真 71、72、73、74、75、76、77
尉天生 567
尉翊 452
尉聿 529、536
尉元 218、222、227、232、238、242、244、247、250、259、262、266
魏承祖 601
魏蘭根 537、546、563、573、588、605、659
魏留 130
魏鷙 384、391、395
魏彥 472、482、491
魏子建 530、537、544、560、576
文(問)虎龍 175、178、181、183、184、186、189

文僧明 524

X

奚兆 214
奚干 114
奚和觀 78
奚斤 64、65、66、67、68、69、70、71、82、86
奚眷 85、88、105、110、113
奚康生 409、415、418、425、435、442、447、448、453、492、498
奚陵 224、229、233
奚牧 60、62、64
奚牧 166
奚受真 173
奚烏侯 144
奚延 257
奚真 165
悉煩庫結 99
席法友 374、383、386、392、473
夏侯道遷 407、408、413、414、459、464、468、474、477、484
鮮于寶業 435
蕭寶夤 395、402、457、464、468、473、474、480、505、513、525、553、572、587、602、625
蕭彥 491
蕭贊 654
辛琛 607、628、645、668
辛蚪 378
辛祥 411、443
辛雄 562
辛纂 592、610、724
邢豹 521
邢萇山 291
邢巒 413、420、427
邢脩年 260
邢遜 600

邢晏 546、548、569、583、600
徐廣 301
徐義恭 494
許璣 497
許洛陽 94
許彥 129
許元康 324、331、337、339
許宗之 179、181
薛安都 205、211、218
薛辯 79、80、81
薛初古拔 215、220、225、230、237、240、244、247、250、255、260、263、267、271、276、278、280
薛聰 368、376
薛道標 257、261、265、269、272、273、277、279、281、285、287、292、299、304、308
薛道次 308、312、319
薛道千 85
薛法護 348
薛鳳賢 601
薛恭度 400、408
薛和 489、513、524、531
薛湖 277
薛虎子 205、212、218、223、227、232、238、242、244、248、251、257、261、264、267、268、271、276、279、281、285、289、295、301、306、311、314
薛懷吉 436、469、479、489、495、502、511、516、526、533、540
薛懷儁 720、741
薛嘉族 704、717、735
薛謹 111、114、118、119、121、123、126
薛巒 495、516、527、533、541
薛慶之 600、601、621
薛紹宗 735
薛世遵 398、406、412
薛壽仁 371
薛曇尚 620、638、659、692
薛提 156、160

人名索引

薛脩義 584、601、622、640、649、671、683、700、701
薛野䐗 195、196、197、198
薛裔 421、426
薛胤 288、294
薛瑜 722
薛真度 290、295、302、306、311、316、323、326、329、333、340、348、356、362、367、374、381、383、387、389、393、402、409

Y

延普 92、98、101、104、109
閻静 608、629、646
閻善 296
閻提 436
嚴愷 470、479、490、495、503、511、521、530、537、544、561、576、591、608、629、646
嚴稜 84
嚴始欣 470、479、490、496、503、511、521、530、537、544、561、576、591、608、629、646、670
嚴思達 654、655、694
嚴玄思 413
嚴稚玉 271、276、278、281
嚴仲賓 439
羊規 223、228
羊深 596、616
羊祉 412、419、420、426、436、443、449、454
陽猛 609、630、649、671、690
陽文祖 100、104
陽延興 588
楊保宗 124、128、131、136、138
楊辨 372、626、642
楊播 387、393、398、440
楊敳 302
楊椿 320、327、334、335、343、349、357、363、382、388、399、406、412、446、453、458、464、468、483、492、498、559、573、574、586、602
楊大眼 373、383、389、394、400、408、480、490

楊範 518
楊暉 99
楊機 562、687、704
楊儉 652、703、717、734
楊津 406、412、418、425、435、442、448、453、477、487、494、501、508、541、568、581、599、610、620、662
楊鈞 426、437、443、473、482、500、508、517、527、533、541、552
楊侃 626、644
楊寬 552、571
楊靈珍 283、287、292、354、360
楊令寶 375、384、390
楊穆 731
楊難當 169、172、177、179、182、184
楊壽 458
楊順 619、638、657
楊泰 476、485、494
楊逸 615、628、635、654、675
楊懿 270
楊胤 460
楊幼卿 718
楊昱 573、588、593、596、616、655
楊鍾葵 235
楊仲顯 309
堯傑 681、692、693、710
堯峻(難宗) 725
堯雄 681、682、699、714
伊馛 150
伊樓拔 81、83、87
伊盆生 504、511、521、556、573
怡峰 735
怡文 80
乙瓌 189、192、194、196、197
乙乾歸 220、224、229、234
乙瑗 652

陰遵和 651
游明根 204、210、217、221、237、241、244、247、250
游松 658、679
游雅 142
游肇 483
于安定 519
于敦 396、403、404
于果 296、318、324、331、351、359
于暉 540、613、633
于謹 734
于勁 386、396、402、410、416、440、446
于景 465、469、478、488、495、501、509、518、527、534、541
于栗磾 76、77、79、80、81、83、87、89、90、92、95、96、97、98、99、102、106、111
于烈 265、380
于洛拔 140、144、148、152
于洛侯 231、253、259
于染干 307
于仁 233
于提 398
于昕 458、486、685
于須 441
于翊 516
于忠 418、431、439、452、473、483、492
于祚 397
魚玄明 207、213
宇文長 702、730
宇文導 737
宇文福 484、492、517
宇文貴 632、651、673、692、709、726
宇文金殿 438
宇文生 229
宇文泰 667、688、705、718、733、738
宇文永 458、469、479、489、501、503、508、518、527、534、541、552
庾路 67、68、69

庾岳　63、65、66
郁久閭車朱渾　230
元拔　322、389
元拔干　154
元寶炬　690
元寶慶　357
元比陵　123、127、130
元比頽　340
元弼　694、711
元弼（思輔）　609、614
元彬　304、308、358、365、370
元昺（壽興）　409、416、423、430
元長壽　243
元長樂　251、257、261、264
元萇　331、337、345、353、359、381、417、425、447、453、459、464、468、476
元琛　411、457、464、467、474、528、535
元諶　580、707
元澄　304、309、314、322、352、359、385、387、392、395、402、410、416
元逞　401
元叱奴　380
元崇　91、92、95、96
元崇禮　651
元悰　604
元誕　505、513、525
元道符　201、207、213
元篤　274、306
元度和　233
元端　564、578、594
元法僧　479、489、531、538、546、547、565
元法壽　484
元汎　570、584、600
元範　107、112、115、118、119、121、123
元孚　542、568、580、598、616、636、689、707
元幹　309、314、320、327、328、331、336、344、350、355、358、361

元肱 289

元苟兒 81、85、88

元固 568、580

元貴平 619、638、657、674、694、710、727

元翰 146、150、153、155、157、163、166

元顥(神周) 536、543、559、575、590

元顥(子明) 525、532、539、555、573、588、605、617

元和 489、495、502、510

元紇 137、141、145

元恒 530、537

元洪超 529

元洪略 587

元懷 437、443、449、454、461、466、470

元暉 456、463、467、473

元暉業 633

元徽 499、507、516、526、587、609、629、647

元惠壽 170

元渾 119、121、123、126、130、134、137、140、175、178、181、182

元季海 649、671、691、719

元繼 286、291、297、303、307、312、317、323、331、337、345、409、415、441、446、609

元嘉 256、261、264、267、362、367、382、389

元建(眷) 180、190

元健 128、131

元鑒 349、356、363、368、377、384、391、395、402、564、578、597

元解愁 222、227

元斤 299、305

元景 370

元景和 550、570、585

元景略 478、487

元景哲 551

元渴洛侯 107

元匡 386、392、397、434、462、467、472、507、516、526、546、553

元悝 401

元馗 554、572、587

元蘭 248、353

元朗(顯明) 441、446、452、458、464、468、476、485、493、500、508、574

元麗(寶掌) 418、419、425、435、440、442、446

元麗(濟南王) 153

元良 173、177、180、182、184、186、187

元陵 111

元陵 273

元六頭 71、72、73、74

元鷙 288、293、299、305、309、313、320、325、332、358、365、371、376、384、385、392、396、402、410

元崙 163、170、174、178

元羅 531、538、707、720、741

元略 517

元猛 290、296、302、306

元謐 459、465、469、478、487、506

元磨渾 72、73

元目辰 258、262、265

元尼須 366、371、380、387、393、397

元寧 599、620

元凝 613、633、635

元丕(東陽王) 253、258、336、344、351

元丕(樂平王) 124

元平 252

元平原 226、231、237、241、244、286、292、298

元慶和 563、578、593

元屈 74

元詮 372、382、389、393、399、424、433、440

元仁 152、155、157、162、165、169、173

元榮 575、590、607、628、646、669、689、706、720、741

元融 423、424、434、441、446、452、457、464、468、474、475、481、491、497

元贍 504、505

元劭 595

元紹 407、413

元石 169、219、224

元世儁 614、634

元淑 411、417、425

元順(毗陵王) 62、64、65、66、67

元順(子和) 547、551、564

元思譽 311、316、323、329、336、344、345、352

元嵩 373、383、386、393、397、402、404、409、416、423

元素 93、95、96、98、101、105、110、113、115、118、120、122、124

元素延 35、59、60

元肅 625、641、654、664、673

元他 110、113、115、158、162、164、167、171、176、178、181、183、185、186、189、192、203、208、215、220、224、229、235

元太賓 636、656

元太興 274、277、279、283、292、299

元譚 564、565、569、573、583、606、628

元坦 466

元提(臨淮王) 292、299、304

元提(武昌王) 119、120、122、126、129、133、137、139、144、148、151、152

元天賜 192、194、195、197、199、254、260、262、266、297、303、307

元天琚 314、406

元天穆 601、623、641、662

元突 148

元萬壽 193、194

元暐 524、588、604、606

元勿期 100

元勿頭 124、128、131、136、138

元熙 477、487、498、505、513

元禧 315、322、325、328、332、339、347、355

元遐 634、653、667、688、689、728

元顯恭 636、650、661

元詳 361、366

元小新成 192、194、196、197、199

元颺 369、377、379

元燮 447、453、464、468、478

元欣 522、531、537、545、561、565、579、596、615、635、671、707、720

元新成 191、193、195、196、198、201
元休 232、238、242、245、248、253、297
元脩義 445、451、456、463、465、469、478、488、553、557、572、586、589
元項 580
元旭 634、695
元緒 414、421
元延明 472、481、491、492、497、505、565、579
元衍 279、312、322、328、335、343、350、357、387、393、398
元偃 317
元遙 381、388、393、398、405、451
元業 337、345、353
元曄 623、641、662
元伊利 271
元怡 406
元儀 62
元頤 317、323、331、337、345、353、358、364、367、376
元巘 652、657、660、677、692
元乙斤 213
元欽 561、577、591
元英 317、319、324、332、339、347、354、377、431
元嬰 117
元雍 350、357、364、369、378、385、392、393、396、399、408、414、421、470、479、490、496、503、511、521、530、537、544、561
元永 628、645、666
元佑 459、465、469、478、487、494、711
元誘 520
元愉 357、364、368、416、424、431
元羽 342、349、356、363、366、367、372、382
元羽豆眷 165
元禹 623、641、662
元彧 494、501、511、521、579
元鬱 224、226、229、232、237、242、244、247、250、256、261、264、267、297、303、307、312、314、317
元淵 475、485、493、517、527、581

元願達 563、577、593、612
元悦 591
元雲 197、200、227、251、257、261、264、265、270、274
元贊 303、307、312、316、323、330
元瞻 578、594、595、603
元昭 486、494、501、508
元楨 235、240、243、245、249、254、298、303、308、343、350
元禎 284
元祉 534、572
元志 365、437、443、449、455、482、492、497、505、513、518、527、534、542、553
元鷙 527、534、541、553、711、729
元忠 251、256
元子華 635、654、655、675
元子邃 636
元子推 187、191、193、195、196、198、200、250、256
元子直 544、560
元纂 571、586
元纂（南平王） 371、380
元纂（中山王） 87、89、90、91
元遵（常山王） 60
元遵（世順） 396、448、456、490、496、504、512、522、548、568
元祚 502、510、520、529、536、543、559、574
元□ 372
袁翻 510、521、525、529、532、539
員標 320
源賀 181、183、185、186、189、192、194、196、197、199、206
源懷 308、312、330、346、354、359、366、371、381、387
源延伯 556
源子恭 502、535、593、601、613、632、647、691、708
源子雍 543、556、574、589、598、606
越胅特 736
樂洛生 243

Z

張白澤 201

張弁 430
張斌 411
張讜 210、217
張度 117
張袞 59、62
張庫 295
張蘭 384
張烈 569、583
張靈符 301、306、310、314、321、328
張鸞旗 292、298、303、308、312、319
張倫 499、507
張玫 215
張那 104
張蒲 86、88、90、91
張普惠 525、529、535、546、563
張慶 535
張瓊 675、710、715、731
張邵 501
張赦提 281、286、290、295、302
張始均 473
張太 122
張提 158
張通 434
張偉 185、187、189
張獻 741
張忻 699
張修虎 379
張彝 388、393、398
張熠 627、631、644、650
張悦 699
張昭 106、111、114
張珍 131、136、139、143
張準之 159、164、168、171、176、178、181、183、185
張宗之 298、301、306、311、315

張□ 284
長孫百年 319
長孫道生 71、72、73、74、75、76、142
長孫肥 65、66、67、68、69、70
長孫觀 229
長孫渾 256
長孫儉 740
長孫蘭 153、156、158、164、167
長孫亮 708
長孫陵 202、209、217、221、225
長孫壽 629、646、669
長孫嵩 59、67、68、69、70、71
長孫烏孤 235
長孫吳兒 243、245、248、253、258
長孫邪利 667
長孫稚 513、525、532、539、547、567、581、602、625、642、664、686、702
長孫子彥 673、704、717、721、736
趙超宗 388、393、398
趙貴 737、738
趙國 437
趙黑 264、268、272、277
趙儁 435、442、448
趙猛 714、731
趙諡 301
趙善 687、703
趙天念 482
趙蔚 258
趙遐 485
趙脩 650
趙煦 459
趙琰 281
趙怡 305、400、408、414
趙逸 107
趙邕 493、499

甄琛 475、484、489、505、515、526
甄密 617
鄭道昭 450、456、462、467、472
鄭尚 391
鄭士恭 620
鄭萬 572
鄭羲 288
鄭先護 611、631、633、643、655
鄭懿 429、439、445
鄭胤伯 327、335、342
鄭雲 506
鄭□ 709
周觀 72、89、90、91、93、95、118、120、122、124、128、144
朱霸 140、144、148、152、154、156、160
朱瑞 664
朱顯 629、646、669、690
朱脩之 103
朱元旭 614
宗畎 132
宗□ 303
祖□ 433

□伯超 458
□世達 360
□□ 379

石 刻 索 引

B

報德像碑 444
暴誕墓誌 365、571
步六孤須蜜多墓誌 155、732

C

蔡儁斷碑 695
叱列延慶妻尒朱元静墓誌 685
叱羅協墓誌 310、460、702
慈慶墓誌 203、215
崔混墓誌 485
崔敬邕墓誌 434、475
崔楷(道常)墓誌 348、599
崔楷墓誌 599
崔亮頌 483
崔頠墓誌 555
崔孝直妻李幼芷墓誌 220
崔宣默墓誌 335
崔㵎碑 469

D

鄧羨妻李榘蘭墓誌 349
鄧□墓誌 594、613
邸珍碑 116、302
邸琮墓誌 698、712、729

刁遵墓誌 133、466、480
吊比干墓文 332
豆盧恩墓碑 486
竇泰墓誌 35、640、700、713
獨孤公靈表 94
獨孤忻墓誌 340
獨孤賓墓誌 481
杜攢及妻元氏墓誌 737
杜祐墓誌 589
杜祖悦墓誌 488
段榮墓誌 181、680、698
段通墓誌 140、278
段永碑 134、476、652

E

尒朱紹墓誌 273、282、295、405
尒朱世邕墓誌 351、684
尒朱襲墓誌 273、405

F

房蘭和墓誌 66、506
房纂墓誌 310
費康遠墓誌 255
封君妻長孫氏墓誌 127、202、286
封隆之碑 698
封龍墓誌 499
封魔奴墓誌 262、279
封柔妻畢脩密墓誌 515
封延之墓誌 676、695、713
馮景之墓誌 667、688、730
馮虬墓誌 207
夫子廟碑 450
傅豎眼墓誌 167、422、437、479、490、560、575、590、608、742

G

高道悦妻李氏墓誌 206、658
高建墓誌 147、316、351
高猛墓誌 381、405
高慶碑 432
高叡造無量壽像記 731
高僧護墓誌 640
高盛碑 147
高樹生墓誌 147
高植墓誌 430、468
公孫略墓誌 687
公孫猗墓誌 128、557、589
鞏賓暨妻陳氏墓誌 382
郭欽墓誌 208
郭肇墓誌 208

H

韓玫墓誌 160
韓顯宗墓誌 13、211
韓震墓誌 112、277
韓祖念墓誌 717
和紹隆墓誌 61、150
紇干廣墓誌 298
賀拔定妃墓誌 703
賀拔夫人元氏墓誌 487
賀拔墓誌 274
賀蘭祥墓誌 99
賀若誼碑 500
赫連遷墓誌 507
赫連儒造像記 507
赫連悦墓誌 507、652、661
赫連子悦妻閭炫墓誌 88、368
侯剛墓誌 179、568

侯莫陳道生墓誌 397
侯氏妻張列華墓誌 59、201
侯義墓誌 621
侯植墓誌 7、330、649
華考墓誌 257
化政寺石窟銘 331
皇甫琳墓誌 184
皇甫驎墓誌 130、406、425
惠寂墓誌 440、626

J

姬静墓誌 29、290、692
賈瑾墓誌 544
賈進墓誌 674
賈思伯碑 439、449
賈思伯墓誌 439、444、449
賈思伯妻劉静憐墓誌 449
敬顯儁碑 382
敬羽、高衡造像記 504

K

可朱渾孝裕墓誌 127
渴丸瓊墓誌 131、501、510、536
寇奉叔墓誌 612、631
寇霄墓誌 597
寇演墓誌 101、300
寇胤哲墓誌 728
寇臻墓誌 101、334
寇治墓誌 466、471、562

L

雷亥郎妻文羅氣墓誌 12、175
李弼墓誌 436、519
李璧墓誌 369、432

李伯欽墓誌 148、323
李和墓誌 556
李騫墓誌 220
李君妻崔芷蘩墓誌 335
李馬頭墓誌 276
李緬妻常敬蘭墓誌 206、230
李謀墓誌 578
李世舉暨妻盧氏墓誌 514
李叔胤妻崔賓媛墓誌 289、335
李挺墓誌 562、598
李希禮墓誌 220
李憲墓誌 220、444、553、567、579、633
李玄墓誌 687
李頤墓誌 496
李雲妻鄭氏墓誌 391
李瞻墓誌 209
李智源墓誌 651
李仲胤墓誌 209
李祖牧墓誌 522
李祖牧妻宋靈媛墓誌 522
梁君洽墓誌 670
梁坦暨妻馮氏墓誌 593
劉阿倪提墓誌 433
劉道斌墓誌 528、543
劉世榮暨妻梁氏墓誌 345、480
劉懿墓誌 668、683、702
劉欽墓誌 347
劉滋墓誌 5、83、258、482
柳鷟妻王令媛墓誌 377、425
盧令媛墓誌 103、172、204、450
陸逞碑（王褒撰） 154
陸逞碑（庾信撰） 154、732
陸紹墓誌 313
陸使君墓誌 519

陸希道墓誌 511、519
陸子玉墓誌 109、285、425
論經書詩 450
羅宗墓誌 145
閭伯昇及妻元仲英墓誌 52、536
閭祥墓誌 250

M

慕容莨墓誌 188
慕容鑒墓誌 26、272
慕容三藏及夫人李氏合葬墓誌 360
慕容纂（元仁）墓誌 180、344
穆紹墓誌 674
穆彥墓誌 634
穆彥妻元洛神墓誌 558
穆瑜墓誌 404、418、424、465
穆纂墓誌 523

N

南石窟寺碑 448

P

裴良墓誌 585、623、648
裴遺業墓誌 585
皮演墓誌 138、235、407、426

Q

乞伏保達墓誌 509
乞伏寶墓誌 442、672、692
乞伏暉墓誌 345
清蓮墓誌 216
丘哲墓誌 78

R

染華墓誌 290

S

僧暈造像記 410
僧芝（胡氏）法師墓誌 325
山公寺碑頌 405
鄯乾墓誌 53、146
庫狄迴洛妻尉孃孃墓誌 567
石門銘 420、443
始平公造像記 317
是連公妻邢阿光墓誌 291
叔孫固墓誌 332
叔孫協及妻百宇文氏墓誌 269
司馬昞墓誌 293
司馬金龍墓表 269
司馬金龍墓銘 269
司馬金龍妻欽文姬辰墓誌 133、198
司馬紹墓誌 59、293
司馬昇墓誌 84
司馬裔碑 84、383、428
司馬悅墓誌 325、383、428
司馬遵業墓誌 637、690、707
宋紹祖磚誌 257
宋永貴墓誌 493
孫君妻姜長妃墓誌 371
孫惲墓誌 13

T

拓跋虎墓誌 383
拓跋榮興妻裴智英墓誌 165、357
徒何標墓誌 252
徒何綸墓誌 252
吐谷渾璣墓誌 324

W

萬福榮造像記 454

王昌墓誌 194
王熾墓誌 221
王皓墓誌 264
王琚妻郭氏墓誌 264
王理奴墓誌 311
王茂墓誌 49、202、627、631
王虬墓誌 520
王融墓誌 221
王善來墓誌 41
王士良妻董榮暉墓誌 9、725
王誦墓誌 549
王溫墓誌 430
王忻墓誌 8、45、48、55、89、132、339
王休墓誌 22、221
王翊墓誌 532
王遇墓誌 338
王悦及郭夫人墓誌 445
韋彪墓誌 237、538
韋孝寬墓誌 643
韋彧墓誌 236、538、546、573
韋彧妻柳敬憐墓誌 538
尉標及妻王金姬墓誌 700、739
尉冏墓誌 453
問度墓誌 11、175
吳穆墓誌 566

X

奚真及妻孫氏墓誌 114
奚智墓誌 114
席盛墓誌 407、428
辛琛墓誌 607
辛術墓誌 378、447
辛威碑 536
辛祥墓誌 411、448

辛祥妻胡顯明墓誌 141
邢巒碑 420
邢巒墓誌 58、197、260
邢偉墓誌 58、260、390
邢晏墓誌 548、600、621、689
脩梵石室銘 342、569
徐徹墓誌 301
徐君妻李氏墓誌 50、283
薛廣墓誌 398
薛懷儁墓誌 326、436、720、741
薛孝通敘家世券 368
薛脩義墓誌 371、585、683、701

Y

閻靜墓誌 608、646
羊烈墓誌 223
羊祉墓誌 412、420、443
楊播墓誌 387、440
楊椿墓誌 320、335、382、389、399、412、447、468、484、559、573、587
楊椿妻崔氏墓誌 270
楊大眼造像記 373
楊兒墓誌 302
楊範墓誌 270
楊機墓誌 687、704
楊機妻梁氏墓誌 704
楊濟墓誌 99
楊儉墓誌 427、652、703、735
楊儉妻羅氏墓誌 652
楊津墓誌 406、454、477、508、541、568、583、610、663
楊君妻李叔蘭墓誌 117
楊鈞墓誌 99、426、473、482、500、517、552
楊侃墓誌 626、644
楊乾墓誌 372
楊順墓誌 619

楊順妻呂法勝墓誌 270
楊泰墓誌 476、494
楊泰妻元氏墓誌 476
楊陁羅墓誌 387
楊文端墓誌 552、703
楊無醜墓誌 270
楊熙儁墓誌 460
楊延墓誌 458
楊宜成墓誌 460
楊逸墓誌 615、675
楊胤季女墓誌 460
楊胤墓誌 99、460
楊穎墓誌 194
楊昱墓誌 573、596
楊元讓墓誌 271
楊仲彦墓誌 270
堯峻墓誌 725
堯峻妻吐谷渾静媚墓誌 324
游松墓誌 658、680
于景墓誌 465、509、518、542
于烈碑 141
于神恩墓誌 141
于儀暨妻元氏墓誌 398
于纂(萬年)墓誌 307
魚玄明墓誌 213
宇文測墓誌 211、503
宇文長墓誌 702、730
宇文善墓誌 517
宇文紹義妻姚洪姿墓誌 135、403
宇文顯和及妻高氏墓誌 438
宇文延墓誌 517
宇文永墓誌 56、503、552
宇文永妻韓氏墓誌 56、211、503
郁久閭伏仁墓誌 230

郁久閭肱墓誌 239
郁久閭業碑 88
元保洛墓誌 93
元弼及妻張氏墓誌 148、170、695
元弼墓誌 609、695
元彬墓誌 304、370
元璨墓誌 279
元萇墓誌 37、303、331、359、381、417、447、477
元萇温泉頌 447
元琛墓誌 180、190、411
元澄妃李氏墓誌 387
元悰墓誌 604
元誕墓誌 61、93
元定墓誌 188
元端墓誌 564
元汎略墓誌 570、600
元玕墓誌 372
元公(太僕卿)墓誌 61、93、251、430
元恭墓誌 637、661
元固墓誌 569、581
元顥(神周)墓誌 93、536、590
元顥(子明)墓誌 618
元弘嬪侯氏墓誌 22、222
元華光墓誌 54、575
元焕墓誌 580
元暉墓誌 457、473
元徽墓誌 696
元賄墓誌 153
元譓墓誌 355
元繼妃石婉墓誌 299
元繼墓誌 297
元鑒妃李季嬪墓誌 220
元鑒墓誌 349、402
元鑒之墓誌 252、417

元景造像記 370
元犖(長融)墓誌 18
元犖(景昇)墓誌 304、528
元均之墓誌 548
元恪嬪司馬顯姿墓誌 383
元匡碑 462
元馗墓誌 46、554、587
元朗(顯明)墓誌 37、441、508、574
元靈曜墓誌 188
元龍墓誌 43、146、233、235
元鸞墓誌 358、410
元略墓誌 513
元孟輝墓誌 252
元謐妃馮會墓誌 488
元謐墓誌 355
元佯墓誌 310、401
元倪墓誌 175
元寧墓誌 43、107
元寧造像記 600
元凝妃妻陸順華墓誌 168
元平墓誌 111
元悛墓誌 401
元詮墓誌 372、424、433、440
元慤墓誌 43
元榮宗墓誌 188
元融妃盧貴蘭墓誌 551
元融墓誌 304、423、475、481
元尚之墓誌 108、123、174、187
元始和墓誌 254
元世緒墓誌 61、412
元壽安墓誌 445、463、558、589
元淑墓誌 411、425
元順墓誌 551、565
元嵩墓誌 410、423

元肅墓誌 36、625、641、664、674
元譚墓誌 566、584、607、628
元譚妻司馬氏墓誌 133
元坦妻孫氏墓誌 466
元騰及妻程法珠墓誌 108、174
元天穆墓誌 602、624
元珽妻穆玉容墓誌 94
元統師墓誌 430
元暐墓誌 524、588、606
元熙墓誌 477、487、498、514
元仙墓誌 108、174
元賢真墓誌 712
元顯魏墓誌 320
元纂妃李媛華墓誌 148、538
元燮造像記 453
元新成妃李氏墓誌 358
元秀墓誌 293
元項墓誌 580
元緒墓誌 414、421
元延明墓誌 472、492、566
元偃墓誌 43、317
元彥墓誌 478、487
元讞墓誌 440
元遙墓誌 381、406、452
元遙妻梁氏墓誌 405
元液墓誌 188
元巎墓誌 660、678、693
元欽墓誌 561
元隱墓誌 343
元佑造像記 494
元祐妃常季繁墓誌 459
元祐墓誌 459
元誘墓誌 520
元誘妻薛伯徽墓誌 520

元愉妃楊奧妃墓誌 432
元羽墓誌 383
元彧墓誌 494、521
元鬱及妻慕容氏墓誌 59、190、224、227、267、297、307、315
元淵墓誌 476、493、517、527、582
元圓墓誌 293、689
元願平妻王氏墓誌 311
元悦妃馮季華墓誌 130、200、249
元瓚墓誌 192、317
元瞻墓誌 578、594
元湛(琛興)墓誌 236、304、423
元湛妻薛慧命墓誌 216、288
元昭墓誌 93、487、508
元琛墓誌 213、252
元楨墓誌 350
元祉墓誌 534、572
元鷙妃公孫甑生墓誌 202、209
元鷙墓誌 273、289、527、553、712
元晫墓誌 514
元子邃及妻李氏墓誌 636
元子邃妻李艷華墓誌 616
元子直墓誌 544、560
元遵(世順)墓誌 396、448、456、490、522、548、568
員標墓誌 320
源延伯墓誌 557
越勤操墓誌 99

Z

張弁墓誌 430
張斌墓誌 284、411
張惇墓誌 215
張景略墓誌 379
張瓊墓誌 620、675、715
張遵墓誌 715

長孫季及妻慕容氏墓誌 31、126、669
長孫儉碑 330、740
長孫儁墓誌 673、704、722
長孫盛墓誌 669
長孫士亮妻宋靈妃墓誌 522
長孫忻墓誌 43
長孫彦墓誌 670
長孫子梵墓誌 670
長孫子澤墓誌 202
趙超宗墓誌 388、398
趙超宗妻王夫人墓誌 388、485
趙胡仁墓誌銘 681
趙謐墓誌 301
鄭君殘碑 631、709
鄭述祖重登雲峰山記 450
鄭羲下碑 289、429、450
鄭邕墓誌 391
鄭子尚墓誌 42、572
朱岱林墓誌 160、614
朱顯墓誌 629、690
朱緒墓誌 161
宗欣墓誌 43、303
祖貫之墓誌 433
祖子碩妻元阿耶墓誌 192、317、505

□伯超墓誌 354、458
□墮暨妻趙氏墓誌 31、380
□憘墓誌 361

圖書在版編目(CIP)數據

魏晉南北朝方鎮年表新編. 北魏卷 / 魯力著. 上海：上海古籍出版社, 2024.12. -- ISBN 978-7-5732-1490-4

Ⅰ. K235.08

中國國家版本館 CIP 數據核字第 202584FX46 號

魏晉南北朝方鎮年表新編（北魏卷）

魯　力　著

上海古籍出版社出版發行

（上海市閔行區號景路 159 弄 1－5 號 A 座 5F　郵政編碼 201101）

（1）網址：www.guji.com.cn
（2）E-mail：guji1@guji.com.cn
（3）易文網網址：www.ewen.co

浙江臨安曙光印務有限公司印刷

開本 850×1168　1/32　印張 25.625　插頁 3　字數 643,000

2024 年 12 月第 1 版　2024 年 12 月第 1 次印刷

ISBN 978－7－5732－1490－4

K·3795　定價：118.00 元

如有質量問題,請與承印公司聯繫